徽州鱼鳞图册研究

上册

栾成显 著

休宁县档案馆 编

黄山书社

国家重点档案保护与开发项目

图书在版编目(CIP)数据

徽州鱼鳞图册研究 / 栾成显著；休宁县档案馆编 . —合肥：黄山书社，2025.1
ISBN 978-7-5461-9641-1

Ⅰ . ①徽… Ⅱ . ①栾… Ⅲ . ①土地登记—史料—研究—徽州地区—明清时代 Ⅳ . ① F329.542

中国版本图书馆 CIP 数据核字（2021）第 014219 号

徽州鱼鳞图册研究
HUIZHOU YULIN TUCE YANJIU

栾成显 著
休宁县档案馆 编

出品人	葛永波
责任编辑	向 焱
装帧设计	钱志刚
责任印制	李 磊
出版发行	黄山书社
地　　址	安徽省合肥市蜀山区翡翠路 1118 号出版传媒广场 7 层　邮编：230071
印　　刷	合肥华苑印刷包装有限公司
版　　次	2025 年 1 月第 1 版
印　　次	2025 年 1 月第 1 次印刷
开　　本	700 mm × 1000 mm　1/16
字　　数	530 千字
印　　张	36
书　　号	ISBN 978-7-5461-9641-1
定　　价	180.00 元

服务热线　0551-63533706
销售热线　0551-63533761
官方直营书店（https://hsss.tmall.com）

《徽州鱼鳞图册研究》编纂委员会

主　　任：吴云忠

副 主 任：唐　进

委　　员：（以姓氏笔画为序）

方　巍　田玉峰　冯腾海　汪　杨　汪朝晖

季必俊　胡国光　洪建坤　程卫华

主　　编：栾成显

副 主 编：徐劲松　黄永强　汪永清

编　　委：（以姓氏笔画为序）

张　眉　胡国云　倪艳丽　徐欣婷　黄和民

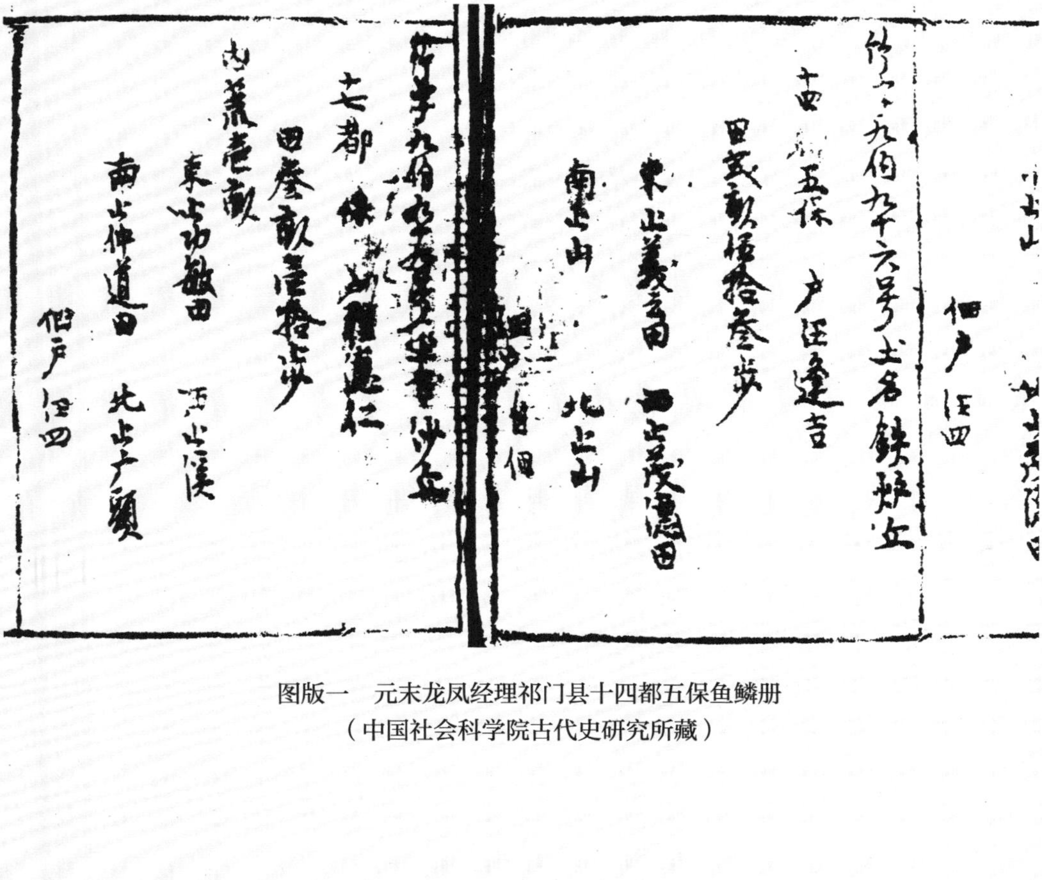

图版一　元末龙凤经理祁门县十四都五保鱼鳞册
（中国社会科学院古代史研究所藏）

東至二三李家田

西至上降分水為界

南至二十李家山

北至土大坵墨毫桂林李田

谷字伍號元十都民戶李維周

見業

十都 保民戶黃士龍

尚山壹角

土名水南塢

東至二三胡家田

西至二十胡家山隨壟上降

南至胡家德和山

北至二三胡家田

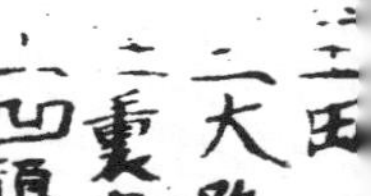

夏山至岸

西至二大降

南至二重直上至大降

北至二四頭後墳山收李佳山

谷字陸號十都金戶胡應是

見業

十一都 保民戶胡得和

尚山拾伍畝 尚地壹畝 夏山壹畝叁角

土名水南塢

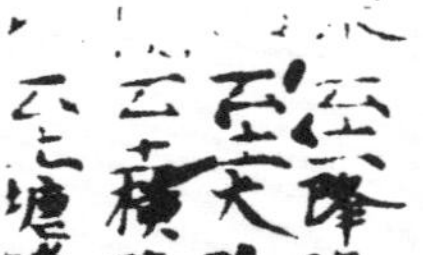

東至二十六降隨壟下至田

西至二十大降直下至田

南至二十橫降

北至二十二塘墩頭上至降

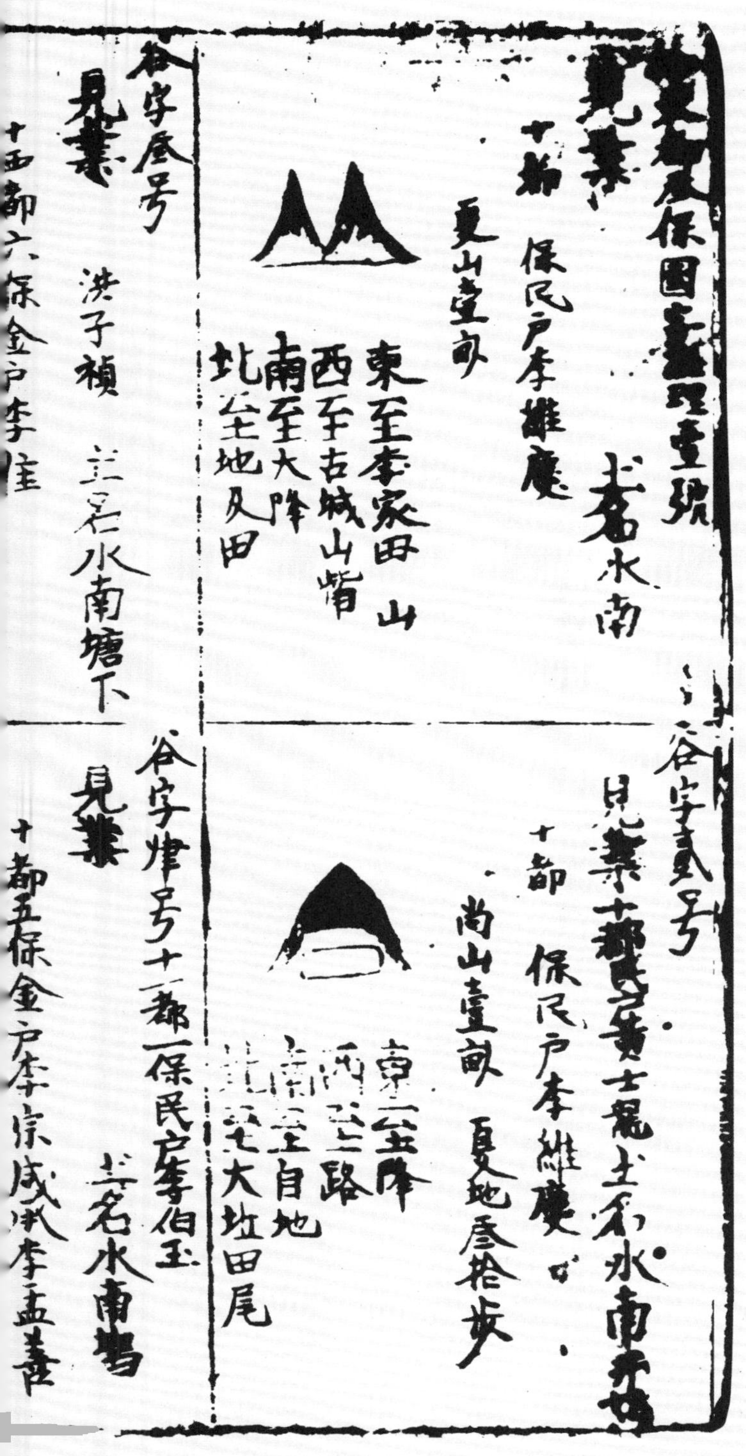

十東都叁保圖壹經理壹號 土名水南

見業 十都 保民戶李雄慶

夏山壹畝

東至李家田 山

西至古城山背

南至大降

北至地及田

谷字叁號

見業

洪子禎 土名水南塘下

十西都六保金戶李住

谷字貳號

見業十都民黄士龍 土名水南

十都 保民戶李雄慶

尚山壹畝 夏地叁拾步

東至降

西至路

南至自地

北至大坵田尾

谷字肆號十一都一保民戶李伯玉 土名水南塢

見業

十都五保金戶李宗成 李孟善

图版二　元末龙凤经理祁门县十东都三保谷字号鱼鳞册

（安徽省博物院藏）

罪字一號　土名獨峰前（仝）

茆山一片吴子昌一畝三角十二步汪伯高一角三十步
原山四畝三角二十六步
汪山甫三角汪敷之三十步汪仁甫五十步
今实
程可甫三十二步朱大才一角十二步程昭甫三十步
汪勝甫三十步汪進甫一角

見業
汪友仁三十步
吴辛保一畝一角
汪呈保一角十步
吴杜壽一角
吴旺三角
汪勝得二角三十步
程遵仁三十步
王干保三角二十四步
汪仲榮二角三十步

東至水坑（仝）
西至十二都界（仝）
南至水坑（仝）（水坑）
北至七都界

原業
十都二汪賜谷三十步
汪仲荣二角三十步
汪寄甫二角二十二步
吴子全一角
吴子昌一角
吴子付三角
楊庚孫三角二十四步
汪進甫一角十步
九都程遵仁三十步

罪字二號　土名岩山背（仝）

貯水塘一口吴子全一角吴子昌一角
原塘七分九厘三毛
胡貴隆三十步程可甫十步
今实
汪名甫三十步

見業
汪克俊一分三厘
吴辛保二分五厘
冊上　吴山二分七厘六毛
汪仲甫七厘三毛
程伯俞六厘三毛
汪迪十七步半
吴杜壽二角六步半
汪克俊三十步
程伯余十五步

東至衆山（自山）
西至衆山（自山）
南至衆山（自山）
北至衆山（自山）

原業
吴子全
吴子昌
汪正龍
汪名甫
程遵仁

罪字三號　土名吴千岩（仝）

茆山汪山甫一畝
原山一畝
今实

見業
吴杜壽二角
吴旺二角

東至吴杜壽田（自田）
西至十二都界（仝）
南至水坑（仝）
北至水坑（仝）

原業
吴子全二角
吴子付二角

罪字四號　土名吴千岩（仝）

次下田汪山甫一角二十步大小八坵
原田一角二十步
今实

見業
吴杜壽一分六厘六毛
吴旺一分六厘柒毛

東至水坑（仝）
西至吴杜壽山（自山）
南至吴杜壽山（自山）
北至水坑（仝）

原業
吴子全
吴子付

图版三　明洪武年间休宁县十都六保鱼鳞册
（中国国家图书馆藏）

弔字貳千伍百肆拾伍號

見業十五都八十三圖八甲十

南

西  東

北

東至路

西至岑脊

南至胡道本山

北至吳奉政地

分庄 程和三七孫捌分貳厘叁毛柒系、

王李壹畝陸分肆厘柒毛肆系

弔字貳千伍百肆拾柒號

土名東山　山陸分零捌毛柒系

見業十五都八圖十甲　胡道本

南

西  東

北

東至路

西至岑脊

南至程正道山

北至自地

分庄

弔字貳千伍百肆拾陸號

見業十五都八圖十甲　胡道本

南

西  東

北

東至路

西至自山

南至自山

北至王李等地

分庄

弔字貳千伍百肆拾捌號

土名東山　山玖分伍厘捌毛玖系

見業十五都八圖十甲　程正道

南

西  東

北

東至路

西至王大岑脊

南至自地

北至胡道本山

分庄

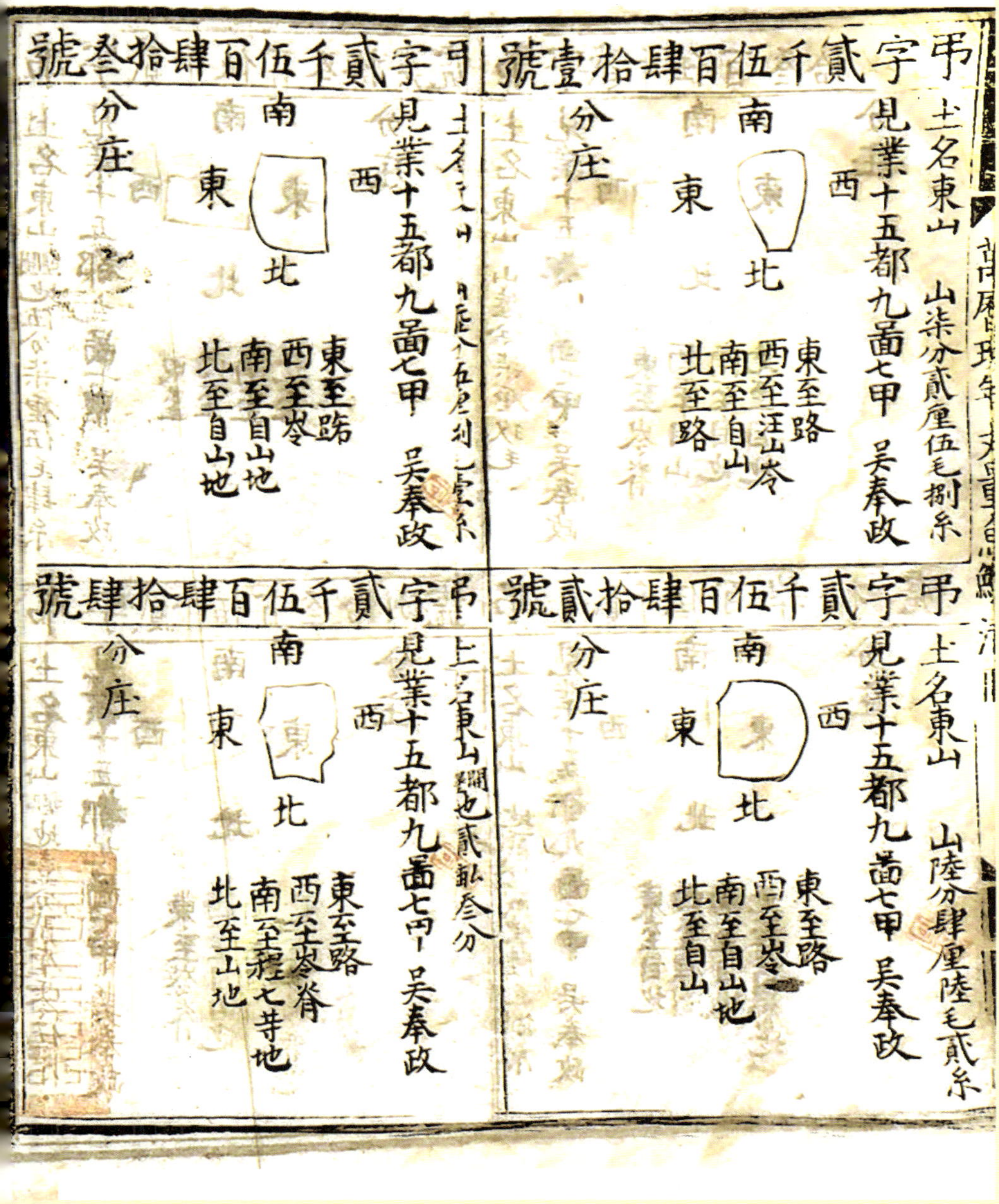

图版四　明万历九年歙县十五都八图、九图鱼鳞册
（徽州税文化博物馆藏）

图版五　明万历休宁十二都一图地理图
（中国社会科学院古代史研究所藏）

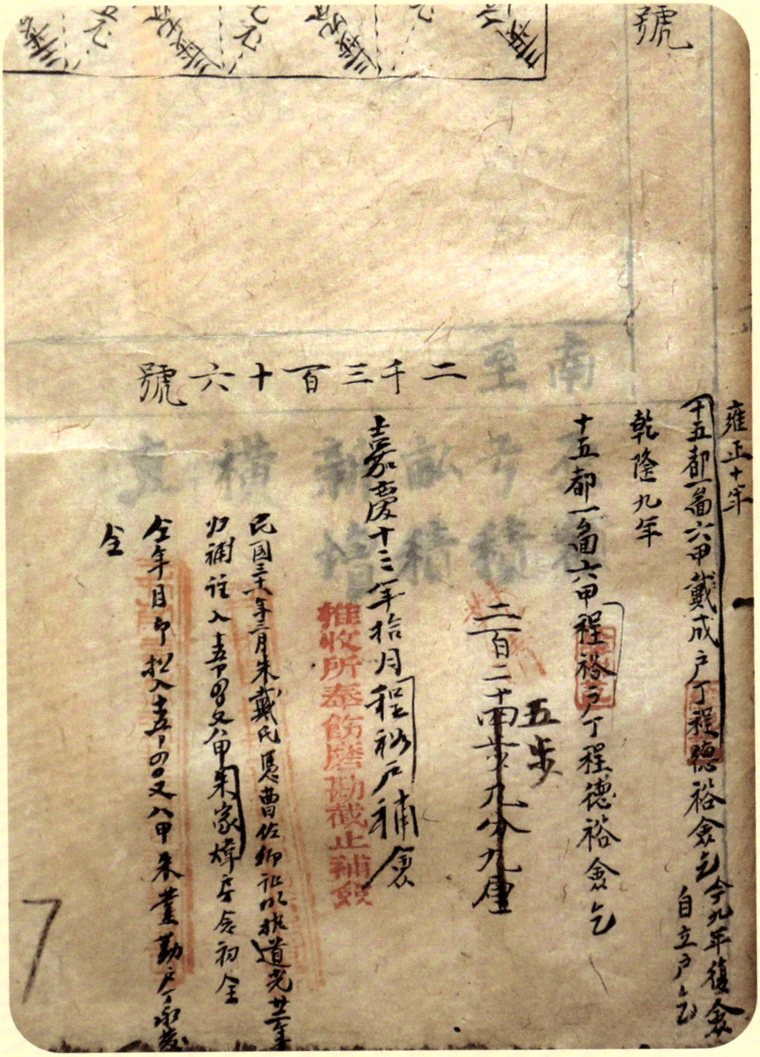

图版六　清雍正休宁十五都一图鱼鳞册
（黄山市休宁县档案馆藏）

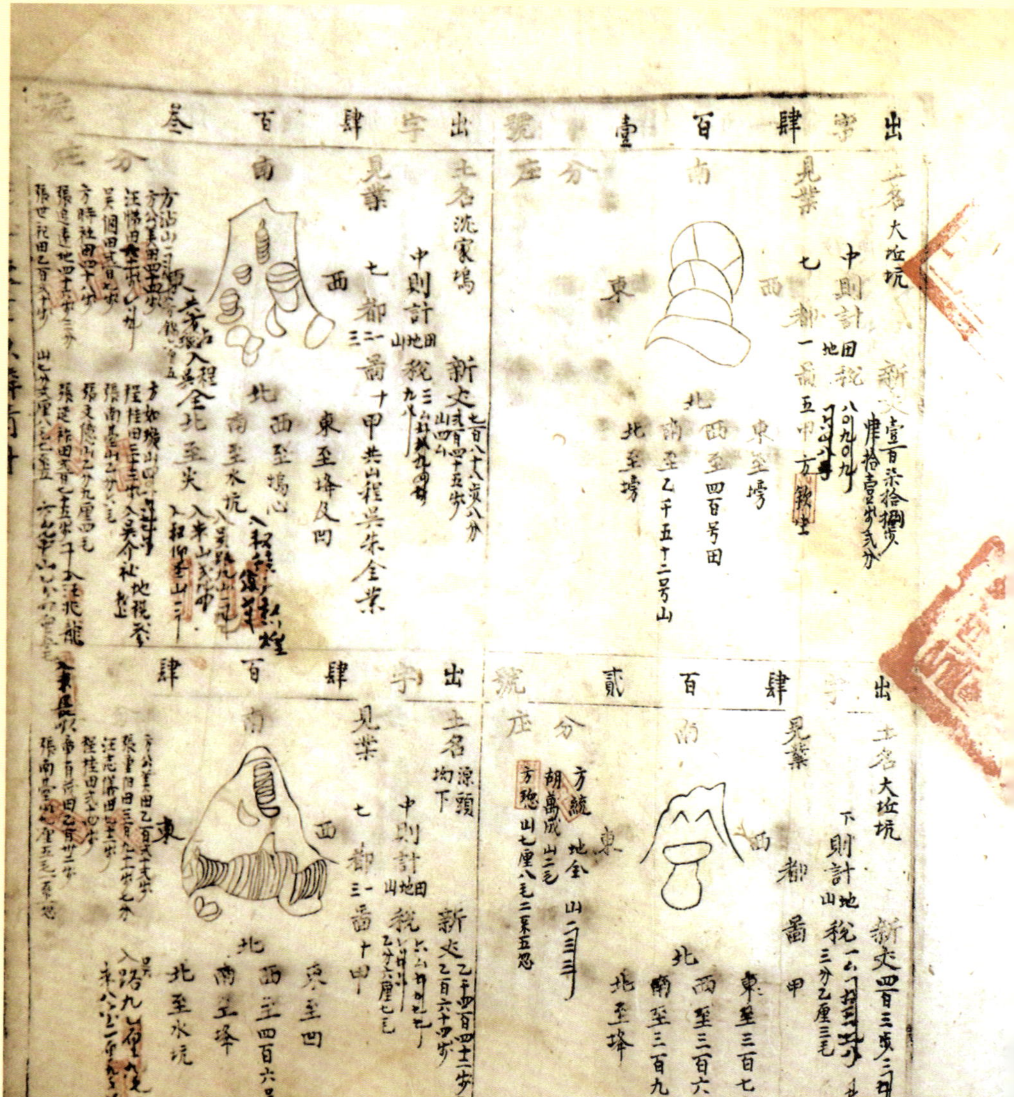

出字肆百壹號
土名 大垃坑
見業 中則計 田 地 税
新丈 壹百柒拾捌步
七都一啚五甲 方
東至塝
西至四百号田
南至乙千五十二号山
北至塝
分庄

出字肆百貳號
土名 大垃坑
見業 下則計 地 山 税
新丈 四百三步
都 啚 甲
東至三百七十八号山
西至三百六十二号山
南至三百九十九号田
北至埄
分庄 方毓 地全 山
胡萬成
方愢

出字肆百叁號
土名 洸家塢
見業 中則計 田 地 山 税
新丈
七都三一啚十甲 共山程吳朱全業
東至埄及田
西至塢心
南至水坑
北至尖
分庄

出字肆百肆號
土名 源頭坳下
見業 中則計 田 地 山 税
新丈
七都三一啚十甲
東至田
西至四百六号田
南至埄
北至水坑
分庄

101

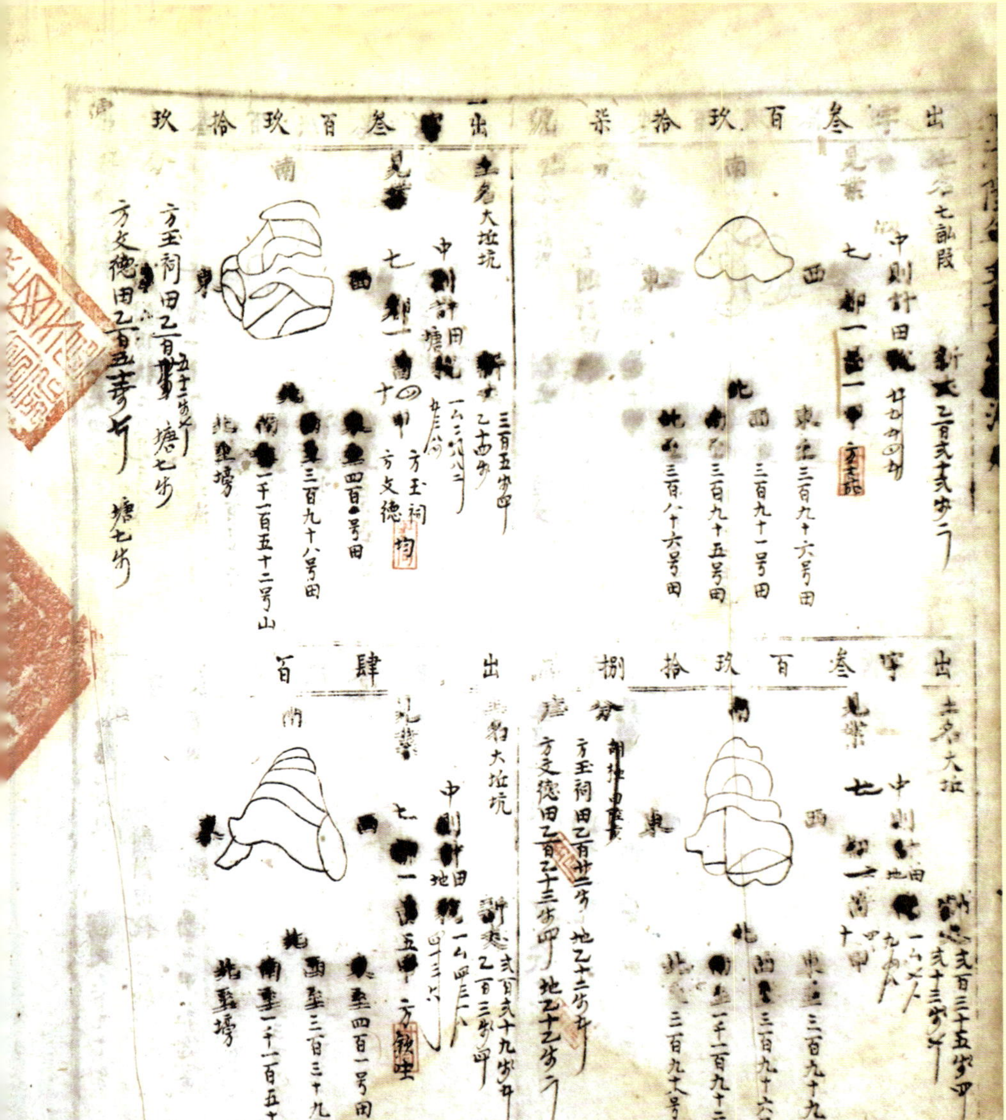

图版七　清顺治六年休宁县七都一图鱼鳞清册
（黄山市休宁县档案馆藏）

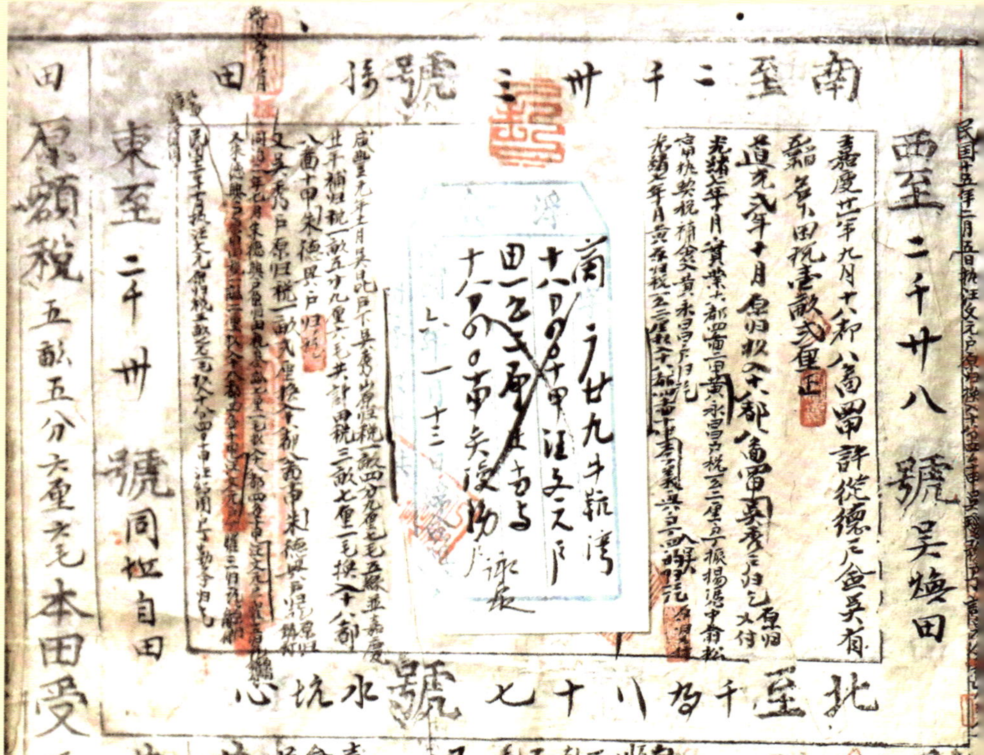

南至二千卅三號楊田

西至二千廿八號吴煥田

東至二千卅號同坵自田

北至千八百十七號水坑心

田

原額稅五畝五分六厘七毛

本田受渠水灌溉

下則

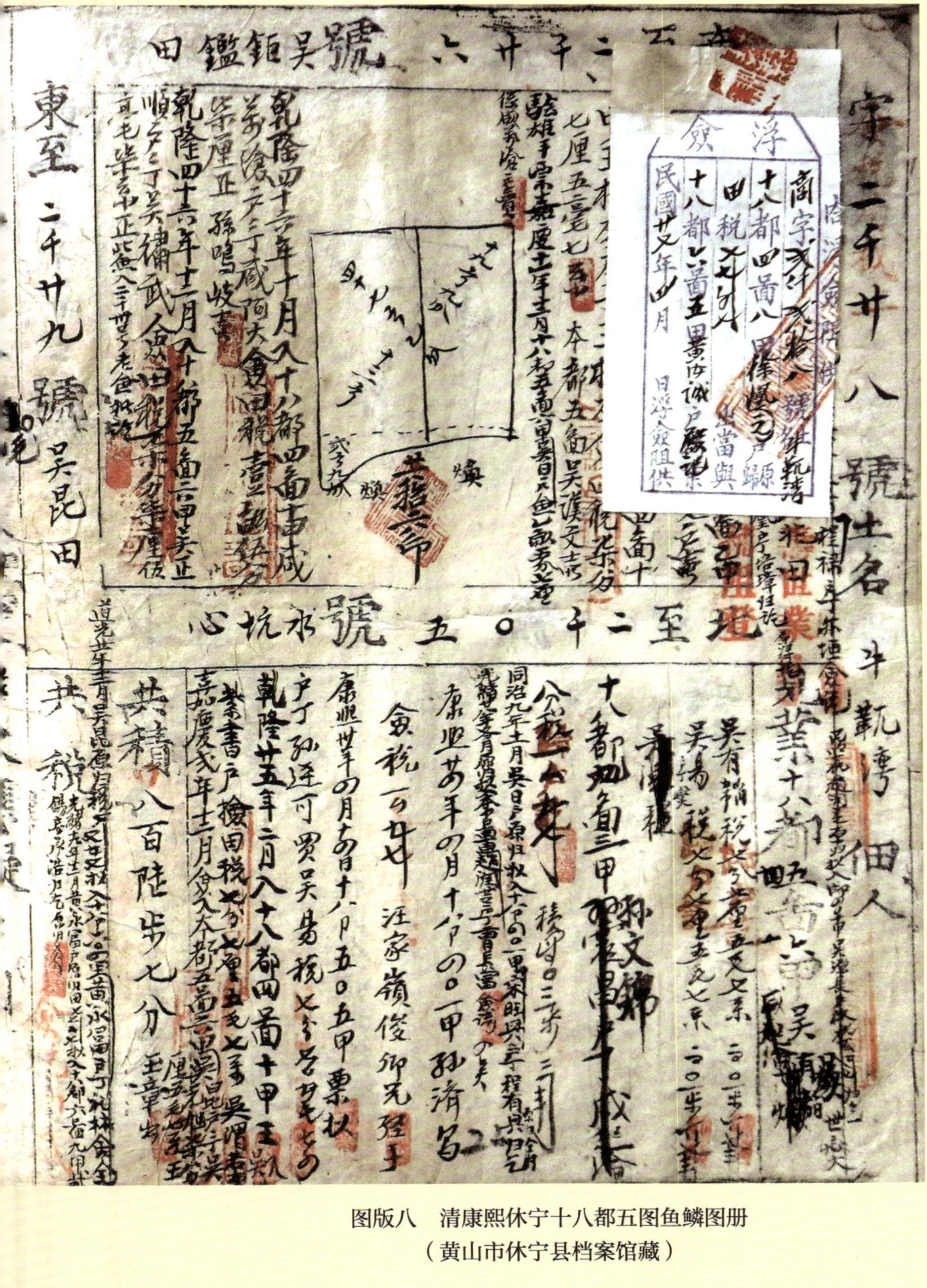

图版八　清康熙休宁十八都五图鱼鳞图册
（黄山市休宁县档案馆藏）

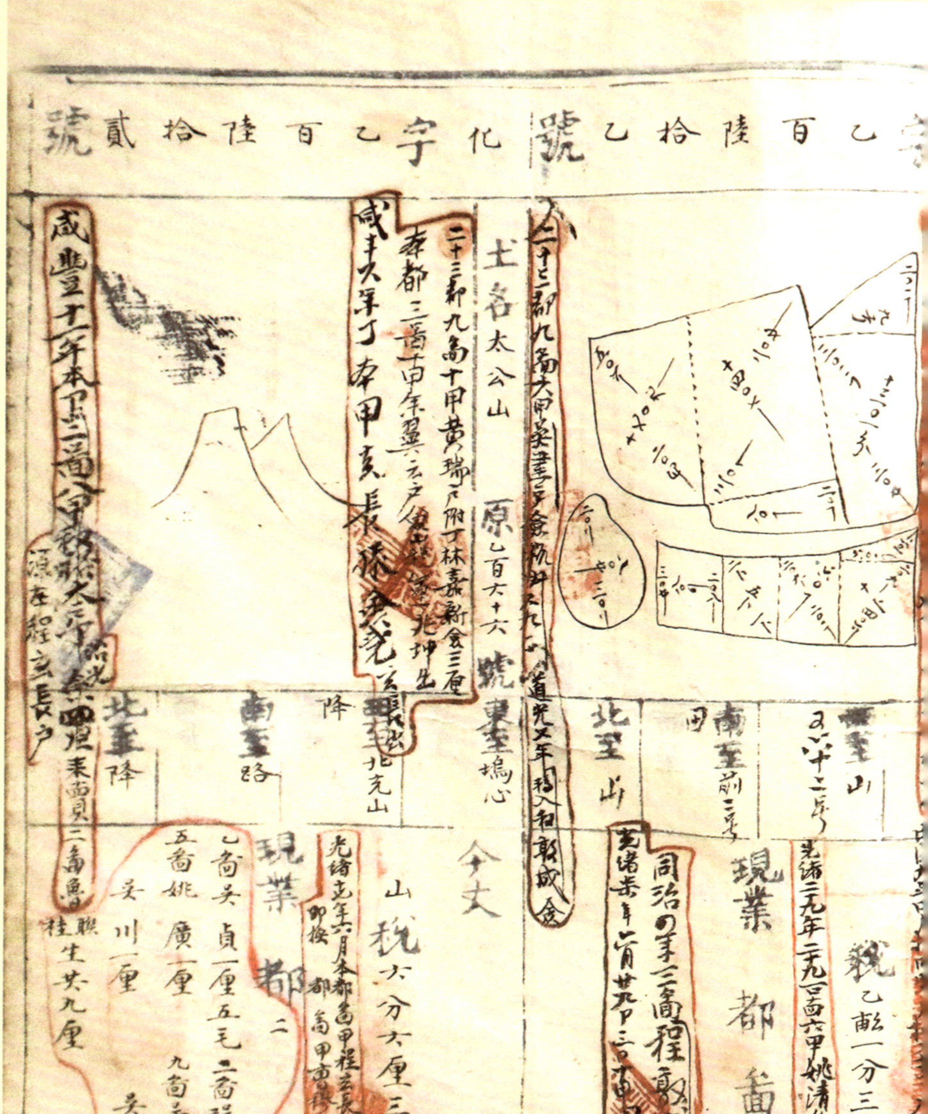
字乙百陸拾乙號
化字乙百陸拾貳號
土名太公山
原乙百六十六號
東至塢心
南至路
北至降
山 稅六分六厘三毛
現業 都 二 甲
現業 都 圖 甲
稅 乙畝一分三厘八毛
61

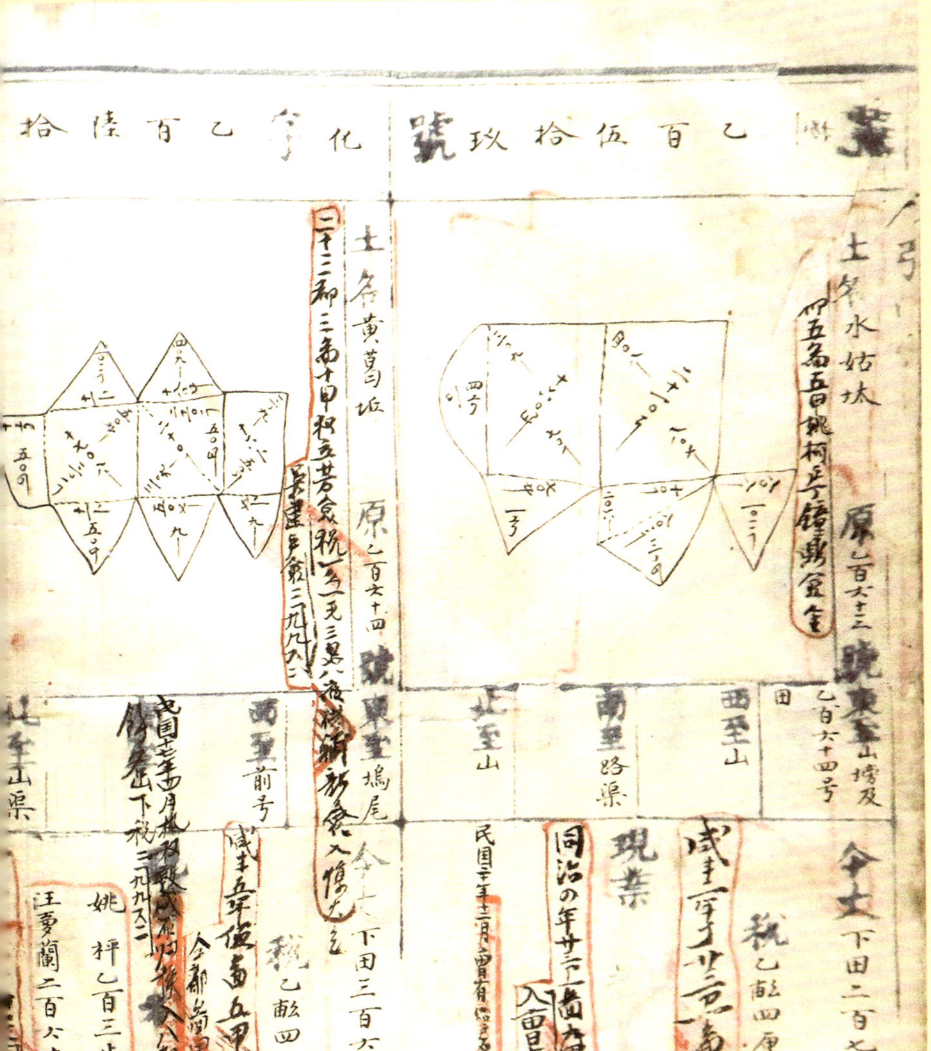

图版九　清休宁县二十三都二图弓口草册

（黄山市休宁县档案馆藏）

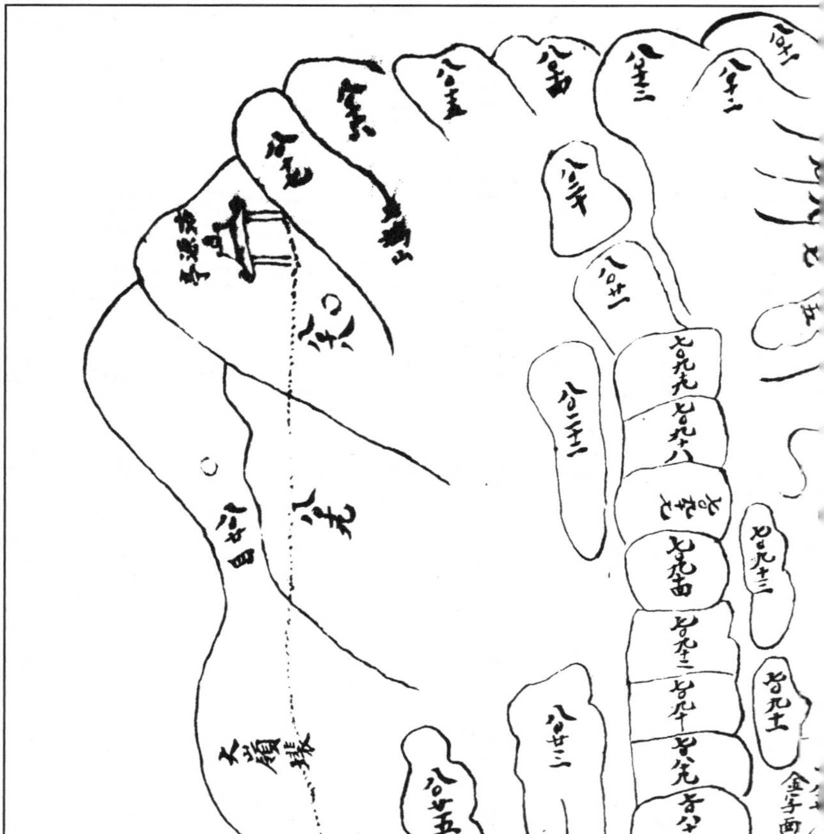
江塘
沾源嶺

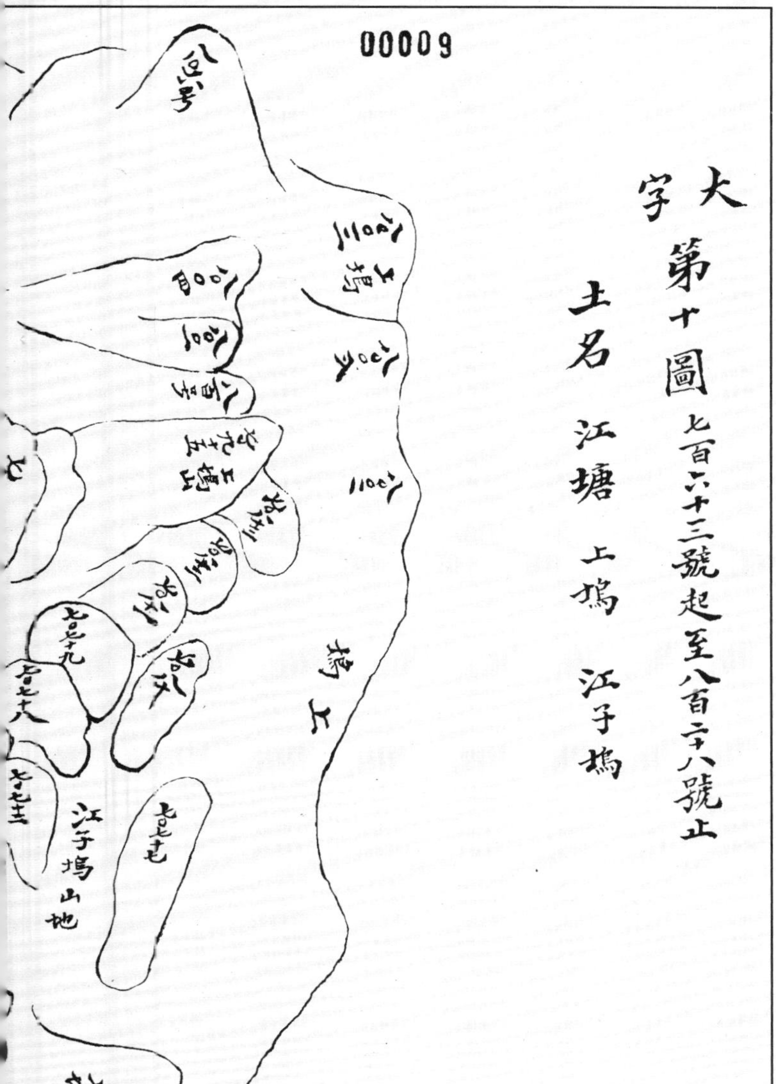

图版十　清休宁二十四都十图鱼鳞摊佥
（中国社会科学院古代史研究所藏）

图十一　民国年间绘土地陈报丘形图（部分）
（黄山市休宁县档案馆藏）

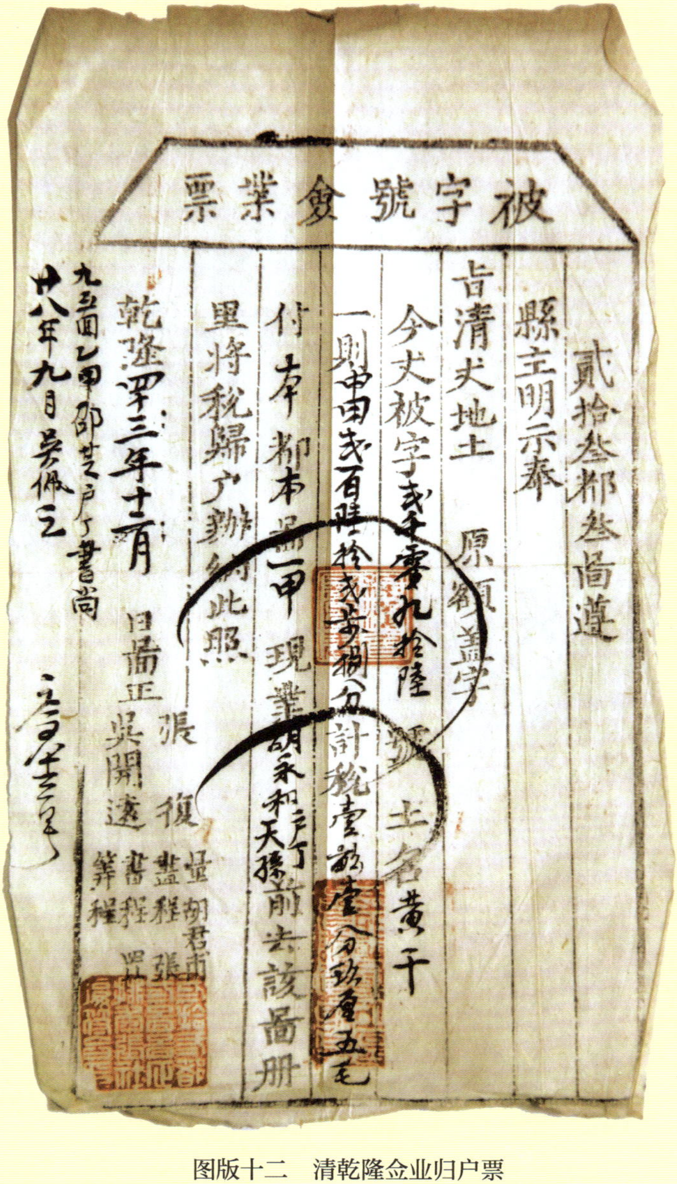

图版十二　清乾隆佥业归户票

（黄山市休宁县档案馆藏）

前　言

徽州位于皖南，地处万山之中，青山环绕，绿水蜿蜒，山峭水清，峰峦掩映，是一片钟灵毓秀的土地。徽州古称新安、歙州。秦汉以前，属吴越之地，生活在这片土地上的主要是山越人。秦置黟、歙二县，中原文化开始渗入。魏晋南北朝时期，先后设新都郡、新安郡。隋唐置歙州，唐大历五年（770），歙州领歙县、黟县、休宁、祁门、绩溪、婺源六县，奠定了此后一千余年的"一府六县"建制格局。宋徽宗宣和三年（1121），改歙州为徽州，徽州之名始于此。从秦汉至宋，中原士族多次大规模迁入，成为居民主体，并形成了新的文化融合。

自古以来，徽州人民世代不息顽强拼搏，辛勤耕耘，创造了光辉灿烂的徽州文化。徽州文化几乎在各个领域都取得了辉煌成就，其水平之高，贡献之大，世所公认。徽州文化既有地方文化之特色，同时也是当时主流文化的一个代表，在中国文化史上占有重要地位，而成为灿烂的中华文化瑰宝之一。徽州文化素称博大精深，既包括精神文明，也包括物质文明，其中一个方面即制度文明。

徽州宗族制度著称于世。徽州宗族最为近古而胜于他邑，成为宗法制度的典范。清代赵吉士说："新安各姓，聚族而居，绝无一杂姓搀入者。其风最为近古。"①徽州教育科举之盛称于天下。"十家之村，不废诵读"②，"自井邑

---

① 〔清〕赵吉士：《寄园寄所寄》卷一一《泛叶寄・故老杂纪》，《续修四库全书》，上海古籍出版社2002年版，第1197册，第127页。

② 康熙《婺源县志》卷二《风俗》，康熙三十三年刻本。

田野以至于远山深谷,民居之处,莫不有学有师,有书史之藏”①,为宋代以后徽州教育普及的真实写照。比屋诗书,衣冠鼎盛,徽州人在宋代以后通过科举考试成为举人、进士、状元,其人数之多、仕宦之众,更是名列宇内前茅。

徽州人在长期的社会实践中,还形成了具有典范意义的多种社会经济制度。这主要是由以下因素促成的。首先,徽州虽不像苏杭地区那样,位于宋代以后社会经济最为发达的核心地带,但距离苏杭并不遥远,与南宋首都临安乃属于同一水系,“其地接于杭睦宣饶,四出无不通”,宋南迁后,“中兴实为辅郡,四朝涵育,生齿日繁,地利日辟,人力日至。”②辅郡,即畿辅之郡;明清时徽州则长期归属南直隶。徽州实处于当时江南最为发达的经济文化圈之内。因而,徽州一直比较忠实地贯彻执行了中央朝廷所下达的各项社会经济政策。其次,徽州社会在宋代之后长达千年的时间内,只经历了元末动乱及太平天国两次较大的冲击,其余则是长期稳定的发展时期。这无疑使传统社会的各种经济制度能够完整地继承下来而不断发展。最后,徽州在南宋以后,经济发达,徽商称雄四海;文化昌盛,号称“东南邹鲁”。经济文化的高度发展,同时也给社会经济制度的实施创造了条件,使之臻于完善,而具有典型意义。

鱼鳞图册制度,即在徽州实施的具有典范意义的一种社会经济制度。

众所周知,徽州山多地少,人均耕地面积大大少于平原地区,因而外出经商成为徽州人谋生的主要手段之一。但徽州人的谋生手段不只是外出经商。翻阅徽州人所著的各种文献,特别是各类族谱,则不难发现,传统时代徽州人谋生的主要途径大致有以下三种:力田、经商、读书,或云“勤俭起家”“商游起家”和“科甲起家”。所谓“勤俭起家”,主要是指以农耕为主,靠经营土地而发家致富;所谓“商游起家”,即是走出徽州,到各地从事商业活动,靠经商积累资财而发家致富;而“科甲起家”,则是读书仕进,通过科举考试获取功名而兴

① 〔元〕赵汸:《东山存稿》卷四《商山书院学田记》,《文渊阁四库全书》,上海古籍出版社1990年版,第1221册,第287页。

② 〔宋〕罗似臣:《徽州新城记》,《新安文献志》卷一三《记》,弘治十年刻本。

家立业。可知在传统的农耕时代，徽州人并没有放弃农业耕作，从事农耕、经营土地，仍然是徽州人谋生的一个主要手段。也正因为山多地少，可耕之地则更为珍贵，寸土寸金，丝忽计较，毫厘必争。于是，不能不在土地管理上下功夫。鱼鳞图册是在南宋时创立的一种新的土地管理制度，其对田土的精细丈量，对业主产权的确认，对土地权属转移的详细记录等，形成了一整套十分周密而完善的土地管理制度。鱼鳞图册制度的精细化管理正与徽州土地经理的高标准要求相契合。鱼鳞图册制度自其推行伊始，就在徽州土地上扎下了根。

鱼鳞图册制度自南宋绍兴时开始推行，至民国时期退出历史舞台，实行时间近千年之久。徽州在这一历史时期，自始至终都实行了鱼鳞图册制度。南宋高宗为解决财赋税收问题，在其统治区域内大力推行新的土地管理制度，即鱼鳞图册制度，史称“绍兴经界”。徽州是践行绍兴经界的一个重要地区，并取得了令人瞩目的成效。元代仁宗实行土地经理，是鱼鳞图册制度的继续，称为“延祐经理”。徽州的延祐经理，相关的文献记载与鱼鳞图册记录均可佐证。至元末，朱元璋先是作为红巾军韩林儿的属下，较早地占据了徽州，并实行土地经理与赋税改革，因当时使用的是韩林儿的宋龙凤年号，故称“龙凤经理”。朱元璋在龙凤时期多次进行土地经理与册籍攒造。朱元璋正式建立大明帝国之后，在全国大力推行黄册制度和鱼鳞图册制度，以作为国家赋役制度的两大基石。徽州在元末经理的基础上，在洪武时期又多次进行土地清丈，攒造册籍，成为当时推行鱼鳞图册制度的重要地区。至明朝中期，不少地方的鱼鳞册籍已废弃不存，然遗存至今的册籍表明，徽州在明朝中期并没有废弃鱼鳞图册制度，而是将其延续下来。明代万历时期张居正在全国推行土地清丈，徽州更是全面进行土地丈量，主持者认真而又得法，从而取得了明显成效。所造册籍成为清初开国征收赋税的一个重要参照。清军入关以后，遂在各地推行土地清丈与鱼鳞图册制度，其后康熙、咸丰、同治、光绪等时期均进行了大规模土地丈量与鱼鳞图册攒造，其他各朝亦丈量不断，土地清丈成为常态。清代的土地清丈扩展到各类田土，并在边疆与少数民族地区加以推广。徽州在顺治初年即进行土地丈量,攒造册籍,成为推行鱼鳞图册制度率先启动的一个地区。其后历朝徽州土地清丈不断,攒造了各种鱼鳞册籍。清代徽州的鱼鳞图册制度既得到了全面推进和发展,又展现了自己的特点,在社会经济演进过程中发挥了不可替代的独特功用。鱼鳞图册制度在徽州一直延续到民国时期,至民国结束才最终消亡。总之,徽州经历了鱼鳞图册制度从产生到消亡的全过程,演绎了鱼鳞图册制度实施的几乎所有重要篇章,成为鱼鳞图册制度实施的典范地区之一。

尤为值得关注的是,徽州历代所造鱼鳞图册实物,至今多有遗存,颇为丰富。这种遗存大致可分为零散遗存和大宗遗存。零散遗存,主要是指各图书馆、博物馆、档案馆,以及科研院所等几十家单位零散收藏的各种徽州鱼鳞图册。其中保存的鱼鳞图册所属时间多不相同,地点各异,并不属于同一册籍体系,较为杂乱,故归于零散遗存。大宗遗存,即今黄山市休宁县档案馆保存的明清徽州鱼鳞图册,其中绝大多数为清代鱼鳞图册,达千册以上。徽州鱼鳞图册保存最早的是元代延祐经理的鱼鳞图册资料。元末朱元璋龙凤经理的鱼鳞图册,不止一部被保存下来。明洪武时期的鱼鳞图册原本则有数部遗存至今。明中期徽州鱼鳞图册亦有数部遗存下来。徽州万历时期丈量所造鱼鳞图册的遗存十分可观,总数在数百册以上。清代徽州鱼鳞图册遗存总数在三千册左右,可谓洋洋大观。

众所周知,自宋代以来鱼鳞图册制度实行的过程中,历代都造有大批鱼鳞图册。由于鱼鳞图册制度实施历史时间长,涵盖地域广,造册类别多,所以在历史上产生了数量巨大的鱼鳞图册文书档案。往往一个府县即达成千上万之巨。然而,由于改朝换代、战乱浩劫、时代变迁等,历代所造数量巨大的鱼鳞图册,多已消失在历史演进的尘埃之中。在如今保存下来的鱼鳞图册中,徽州鱼鳞图册占大多数。其余主要是江苏和浙江等地的鱼鳞图册,它们也有一定数量,各具特点,都具有很高的研究价值。然而,在江浙等地遗存的鱼鳞图册之中,属于清代中期以前的比较少,且多为零散遗存,不成系统;而属于明代以前的鱼鳞图册就更为珍稀了。在遗存的徽州鱼鳞图册之中，有一大批属于清中期以前者，且比较系统；而属于明代以前者亦为数不少，相当可观。如今若对整个鱼鳞图册制度进行长时段的全面考察，在文书档案方面，也只有依靠比较系统的徽州鱼鳞图册遗存了。所以，徽州鱼鳞图册的遗存，不仅是研究徽州鱼鳞图册的第一手资料，也是考察中国古代整个鱼鳞图册制度的难得资料，弥足珍贵。

迄今关于徽州鱼鳞图册的研究并不多。因相关文书资料搜集不易，以及鱼鳞图册文书本身研究难度较大，从事鱼鳞图册研究的国内外学者很少，发表的有关论文不多。20 世纪以来，已发表的关于徽州鱼鳞图册研究的论文不足百篇。2017 年，汪庆元研究员出版了《清代徽州鱼鳞图册研究》一书①，以遗存的鱼鳞图册文书档案为基本资料，以个案考察为主要方法，对清代徽州鱼鳞图册的各个层面，从不同角度进行了全面而深入的考察。又在个案研究的基础上，对徽州土地关系的几个问题进行探索，厘清了对鱼鳞图册文书的某些误读，辩正了权威学者的所谓经典论述，堪称一部深入研究清代鱼鳞图册的力作。不过，对宋至民国整个徽州鱼鳞图册进行全面研究的著作，目前尚付阙如。本书拟以遗存的徽州鱼鳞图册文书档案为基本资料，特别是以黄山市休宁县档案馆所藏鱼鳞图册为中心，对徽州鱼鳞图册的源流与演变历程进行考察，对鱼鳞图册制度的诸多方面予以解读，揭示其编制特色，阐释其社会功用，论述其档案价值，对整个徽州鱼鳞图册进行较为全面的探索与研究，以飨读者。

① 汪庆元：《清代徽州鱼鳞图册研究》，安徽教育出版社 2017 年版。

目　录

上册

第一章 源远流长

一　宋元发端

鱼鳞图册是官府为登录业户产业和征收赋税而编制的土地账籍。官府通过土地清丈，将田土编为字号，标明四至，量度方圆，图画田形，书写步亩，签订业主，登载税粮及地产分割情况，有关田地的自然属性和社会经济信息悉载于册，而成为确立土地权属、征调赋役以及田土诉讼的基本依据。它是中国封建社会后期广泛推行的一项基本土地制度。

鱼鳞图册制度是怎样产生的？徽州鱼鳞图册又缘起于何时？这需要从鱼鳞图册的起源谈起。

（一）鱼鳞图册起源诸说

关于鱼鳞图册的起源，学界有各种说法。大者而论，有南宋说、元代说、明代说。1933年，梁方仲发表《明代鱼鳞图册考》，指出鱼鳞图册起源于南宋。[①] 1982年，刘敏在《明代"鱼鳞图册"考源》中认为，最早的鱼鳞图册是在元代产生的，明代的鱼鳞图册源于元代。[②] 而林增杰等则认为，明太祖朱元璋"在总结宋代经界法及鱼鳞图经验的基础上，创立了鱼鳞图册制度"[③]。时至今日，随着资料的发掘与研究的深入，宋代说已被多数学者认同。

然鱼鳞图册具体起源于南宋何时，研究者又有不同说法。具体而言，可分为绍熙说、嘉定说、绍兴说。首先提出绍熙说的是梁方仲，其在考证"鱼鳞

① 梁方仲：《明代鱼鳞图册考》，《梁方仲经济史论文集》，中华书局1989年版，第3页。

② 刘敏：《明代"鱼鳞图册"考源》，《学习与思考》1982年第3期。

③ 林增杰、严星、谭峻：《地籍管理》，中国人民大学出版社2001年版，第25页。

图册之来源”时，征引的最早史料，是朱熹在绍熙元年《晓示经界差甲头榜》中有关“画鱼鳞图”的记载，因此认为绍熙元年(1190)朱熹在漳州的土地经界为鱼鳞图册来源之始。① 何炳棣说，“划时代的鱼鳞册终于在嘉定十七年编制完成，首次在金华地区出现”②，嘉定十七年即公元1224年，认为这是婺州经界完成的时间，从而判定鱼鳞图册在南宋嘉定时期首次出现。尚平论述了南宋砧基簿与鱼鳞图册的关系，认为鱼鳞图册是由砧基簿演变而来，大致形成于南宋中期。③ 1983年，王曾瑜发表《宋朝的鱼鳞簿和鱼鳞图》，指出宋代有保甲鱼鳞簿和经界鱼鳞图，为两种不同图籍；并认为“从南宋初绍兴年间开始，鱼鳞图已成经界时必备之图籍，而得到相当普遍的行用”④。其他研究者的说法大致不超出以上各家之说范围，不再胪列。

(二)“鱼鳞图”之称首现时间

关于鱼鳞图册的起源时间，研究者多以文献记载中“鱼鳞图”之称首次出现的时间为据，来确定鱼鳞图册的起源时间。南宋时期，现存文献中出现“鱼鳞图”之称的记载，主要有以下几则。其中被引用最多的是《宋史·食货志》中的一段记载：

> 知婺州赵㦤夫行经界于其州，整有伦绪，而㦤夫报罢。士民相率请于朝，乃命赵师岩继之。后二年，魏豹文代师岩为守，行之益力。于是向之上户析为贫下之户，实田隐为逃绝之田者，粲然可考。凡结甲册、户产

① 梁方仲：《明代鱼鳞图册考》，《梁方仲经济史论文集》，中华书局1989年版，第3页。

② 何炳棣：《南宋至今土地数字的考释和评价(上)》，《中国社会科学》1985年第2期。

③ 尚平：《南宋砧基簿与鱼鳞图册的关系》，《史学月刊》2007年第6期。

④ 王曾瑜：《宋朝的鱼鳞簿和鱼鳞图》，《锱铢编》，河北大学出版社2006年版，第578~581页。

簿、丁口簿、鱼鳞图、类姓簿二十三万九千有奇，创库匮以藏之，历三年而后上其事于朝。①

该记载言赵愚夫知婺州推行经界，其后赵师岩、魏豹文继之，行之益力，并言及造有"鱼鳞图"等各种册籍。《宋史》叙其事系始于南宋嘉定八年（1215）。《宋会要辑稿》中也有关于此事的记录：

嘉定十四年十一月四日，臣僚言："臣闻'仁政必自经界始'，孟轲有是言也。然近年经界一事，每难于讲画，而辄败于垂成，惟官吏纵贪而取赢，故民心多疑以求免。有如诸郡赋役不均，豪右得志，穷弱受害，婺之为郡，乃其尤者。迩来谏臣、台察相继论奏，委曲详尽，诏旨赐可，德惠至渥。臣窃聆此令既颁，环婺之境，小民欢呼，豪右失色，可谓盛举。第如守臣赵师岩申台状，则惩前守赵愚夫之覆辙，不无过虑。愚夫经界兰溪，颇见端绪，强家合力，厚有所携，逐去乃已。师岩欲得本台主盟，遇有诉者，勿与受理……"从之。②

从以上所记，可知赵愚夫等在婺州经界所造鱼鳞图册之事，是在南宋嘉定时期。这是鱼鳞图册起源于嘉定说的主要依据。

而研究者又发现，南宋绍熙元年（1190）朱熹在漳州经界时也提到了"鱼鳞图"，其在《晓示经界差甲头榜》中列有下项：

打量纽算，置立土封，桩摽界至，分方造帐，画鱼鳞图、砧基簿，及供报官司文字应干式样，见已讲究，见得次第，旦夕当行。镂版散下诸县，

① 〔元〕脱脱等：《宋史》卷一七三《食货上一·农田》，中华书局标点本1985年版，第4179页。

② 〔清〕徐松：《宋会要辑稿》食货七〇《经界杂录》，中华书局1957年影印本，第6437页。

庶几将来经界，大小甲头等人各通晓，免至临时雇募他人，重有所费。①

其中明确提到在经界田土之际须“画鱼鳞图”，对此何炳棣说，朱熹在“1190 年的榜示很可能是现存文献中最早提到鱼鳞图这个名词的”，这一记载成为鱼鳞图册起源于绍熙说的主要根据。

不过，应注意的是，比上述所引史料更早的关于鱼鳞图的记载，还可在现存南宋史籍中找到。前述王曾瑜发表的《宋朝的鱼鳞簿和鱼鳞图》一文，征引了《历代名臣奏议》所载洪遵的上奏，其中即有“鱼鳞细图”的说法。原文如下：

绍兴中，遵又荐用林珦，上奏曰：“右臣伏睹右通直郎、新差通判、福州军州事林珦，本出书生，敏于为政，治民有爱利之行，持己有公廉之称……后知常州无锡县。旧例，令佐四厅催科，浮民得以为奸，号为杂催者，至七百余人，因缘侵渔，人蒙其害。经界覆实官在县置枷械于门，追呼自便。又于大保长名下勒取丁口图帐七千余本，皆鱼鳞细图，期限严峻，遂以重价就买官中本送纳。珦始至之日，即时禁止。”②

洪遵（1120—1174），南宋绍兴至乾道时大臣，著名钱币学家。其在绍兴时曾任户部侍郎、翰林学士等职，为官正直，多次上奏，荐举贤能。上述奏文说他于绍兴年间曾荐举无锡知县林珦，但具体年份不详。幸南宋咸淳《重修毗陵志》尚存于世，据该志载，林珦是在绍兴十九年十二月至二十年八月任常

---

① 〔宋〕朱熹：《晦庵先生朱文公文集》卷一〇〇《公移·晓示经界差甲头榜》，《四部丛刊》初编，上海涵芬楼藏明刊本，商务印书馆 1929 年版。

② 〔明〕黄淮、杨士奇：《历代名臣奏议》卷一四三《用人》，《文渊阁四库全书》，哈佛大学燕京图书馆藏本第 437 册，第 33 页。

州府无锡县知县的①。

从上述引文中“珦始至之日，即时禁止”可知，文中所言之事，当发生在绍兴十九年（1149）底。而洪遵所上奏文的时间亦不会太晚，当在绍兴二十年（1150）或稍后几年时间。

考绍兴经界，李椿年于绍兴十二年（1142）上经界奏文，次年朝廷正式在各地推行，至绍兴二十年（1150）前后，长江下游地区基本结束。故可确认，林珦在无锡县禁止勒取与购买的“丁口图帐”，正是绍兴经界所产生的存于官府及民间的各种图籍，而从其所言“皆鱼鳞细图”，可知其中有大量的经理田土册籍，并被称为“鱼鳞细图”。史载，洪遵曾于绍兴十五年至十八年（1145—1148）任常州通判②，其后不久所荐无锡知县林珦，乃常州府下属。洪遵是绍兴当时之人，所言为当时之事。鱼鳞图之称在绍兴年间已然出现，乃无疑问。

（三）绍兴经界与所造图籍

那么，绍兴年间所称鱼鳞图到底是怎样一种册籍，绍兴经界又都造有哪些图籍呢？

绍兴经界是南宋初年采取的一项重要社会经济举措。当时，南宋政权刚确立不久，社会经济秩序亟待整顿。

> 兵火之后，文籍散亡，户口租税，虽版曹尚无所稽考，况于州县乎？豪民猾吏因缘为奸，机巧多端，情伪万状，以有为无，以强吞弱，有田者未

---

① 咸淳《重修毗陵志》卷一〇《秩官·知县》，《宋元方志丛刊》第3册，中华书局1989年版，第3037页。

② 咸淳《重修毗陵志》卷九《秩官·郡官》，《宋元方志丛刊》第3册，中华书局1989年版第3027页。

必有税，有税者未必有田。富者日以兼并，贫者日以困弱。①

而在这后面潜在的更大的历史背景是，自唐中叶均田制败坏以后，土地私有成为主流，特别是进入宋代以后，田制不立，不抑兼并，土地私有迅速发展，占据了主导地位。“富者有资可以买田，贵者有力可以占田，而耕田之夫率属役于富贵者也。”②。土地的占有，不再是由官府授田所得，而主要是通过田土买卖或土地兼并等手段获取。于是，业户占有土地的分布形态也呈现出新的局面，大多不是连成一片，“诸色之田，散漫参错，尤难检计”③。一方面，业户土地占有极为分散，加之豪民猾吏机巧多端，情伪万状；另一方面，对统治者来说，土地税收仍为财富来源，乃立国之本、经济命脉，须臾不可离开。这样，官府如何准确地掌握业户占有土地的实际数量，以确保稳定的赋税来源，则成为统治者面临的一个新的历史课题。

关于核实业户田土，宋之前各代曾实行“自实”“手实”“首实”等举措，即先由业户自己陈报，再经官府核实。这种方法的实质，是以人为主，以地从人。在以授田制为主的时代，通过以地从人的方法，官府仍可基本掌握业户占有土地的状况。而在新的历史条件下，业户占有土地极为分散，且土地流转频繁，租佃关系盛行，加之作弊多端，传统的“自实”“手实”，即从人户路径入手核实田土的方法，必致隐漏多多，且无法检核，已很难奏效。在这样一个历史节点上，新的制度萌生了。北宋时期推行的方田法就是一种新的尝试。所谓方田法，即“以东西南北各千步，当四十一顷六十六亩一百六十步，为一方……分地计量……方量毕，以地及色参定肥瘠而分五等，以定税则……揭

① 〔清〕徐松：《宋会要辑稿》食货六《经界》，中华书局1957年影印本，第4897页。

② 〔元〕马端临：《文献通考》卷二《田赋二·历代田赋之制》，万有文库《十通》影印本，浙江古籍出版社2000年版，第43页。

③ 〔宋〕朱熹：《晦庵先生朱文公文集》卷一九《条奏经界状》，《四部丛刊》初编，上海涵芬楼藏明刊本，商务印书馆1929年版。

以示民,一季无讼,即书户帖,连庄帐付之,以为地符。”[1]其实质,则是从清丈土地入手,以地为主,通过以人从地的方法来核实业户的土地,以均赋税。但方田法只能在平原地区施行,有很大的局限性。

南宋的绍兴经界,则继承了方田法清丈土地、以人从地的策略,并有了新的发展和突破。它克服了方田法的局限,使之趋于成熟。

具体来说,绍兴经界乃源起于吴江县的“按图核实”。绍兴十二年(1142)十一月,李椿年在奏请推行经界时说:

> 臣尝闻于朝廷,有按图核实之请。其事之行,始于吴江知县石公辙,已尽复得所倚阁之数外,又得一万亩,盖按图而得之者也。以此知臣前所请不为妄,而可行明矣。臣愚,欲望陛下断而行之,将吴江已行之验施之一郡,一郡理然后施之一路,一路理然后施之天下,行之以渐,而迟以岁月,则经界正,而陛下之仁政行乎天下矣,天下幸甚!诏专委李椿年措置。[2]

这一记载告诉我们,当绍兴经界在全国正式推行之前,平江府(苏州)吴江知县石公辙已在该县实行了“按图核实”,即通过丈量土地,攒造图籍,核实业户田土,并且是成功的。除了完全补足该县“倚阁”(即缓征、拖欠)之数外,又多得一万亩。石公辙是在绍兴初任吴江知县的,此事发生在绍兴初年。[3]李椿年即用“吴江已行之验”多次奏请皇帝,向全国推行经界,从而受到朝廷专委,以措置经界。绍兴十二年(1142)十二月,李椿年在“被旨措置经界事”

---

① 〔元〕脱脱等:《宋史》卷一七四《食货上二・方田》,中华书局标点本 1985 年版,第 4199 页。

② 〔清〕徐松:《宋会要辑稿》食货六《经界》,中华书局 1957 年影印本,第 4897~4898 页。

③ 〔清〕乾隆《吴江县志》卷十九《长官》,《中国方志丛书》华中地方第 163 号,台湾成文出版社 1975 年版,第 541 页。

中，亦首先言明："今欲先往平江府措置，候管下诸县就绪，即以次往其余州军措置经界。要在均平，为民除害，更不增添税额。"①

上述引文中，虽对"吴江已行之验"并未作具体说明，但已指出其关键做法是"按图核实"，其所增田亩数，也是"按图而得之者"。随后，李椿年上言"被旨措置经界"的各项事宜，其中不止一次提到"按图核实"。

今画图，合先要逐都、耆邻、保伍关集田主及佃客，逐丘计亩角押字，保正、长于图四止（至）押字，责结罪状，申措置所，以俟差官按图核实。稍有欺隐，不实不尽，重行勘断外，追赏钱三百贯，因而乞取者，量轻重编配，仍将所隐田没入官。有人告者，赏钱并田并给告人。如所差官被人陈诉，许亲自按图核实，稍有不公，将所差官按劾取旨，重行窜责。如所诉虚妄，从臣重行勘断。②

这里所言主要有两项，首先是"画图"，其次是差官按图核实。其中对按图核实所用文字较多，强调"稍有欺隐，不实不尽"，即重行勘断，对欺隐者加以处罚。但对画图亦有言及，所谓画图，即逐都逐保集结耆邻、保伍及田主、佃客，"逐丘计亩角押字，保正、长于图四止押字"。所言"逐丘计亩角押字"，即包含了对各保每一丘段田土的丈量和面积计算，核准无误，有关人员一一押字，然后上报措置经界所，以俟差官按图核实。可见，画图是经界首先要做到的，是按图核实的前提。

何炳棣认为，"所谓的'画图'实在是田主自绘的丘块示意图"，"南宋土地经界数字并非得自履亩勘丈"，"都是一贯地实行田主自行陈报亩角并自行绘制丘块示意图"。③ 即根本否认打量画图、履亩丈量的存在。这与绍兴经界的

---

① 〔清〕徐松：《宋会要辑稿》食货六《经界》，中华书局1957年影印本，第4897页。

② 〔清〕徐松：《宋会要辑稿》食货六《经界》，中华书局1957年影印本，第4898页。

③ 何炳棣：《南宋至今土地数字的考释和评价（上）》，《中国社会科学》1985年第2期。

历史事实不符。

打量画图的实施及其重要性，从绍兴经界所经历的波折中即可看出。绍兴十五年（1145），李椿年以忧去，命王铁以户部侍郎代之，而改变了李椿年的做法，对“两浙诸州县已措置未就绪去处，更不须图画打量、造纳砧基簿”，“令民十家为甲自陈，不复图画打量，即有隐田以给告者”，结果“缘为未曾差官覆实，致有隐匿亩角土色，不实不尽，诡名挟户之类”①。王铁实行的结甲自陈之法，因不须画图打量，致使隐匿田土、诡名挟户等痼疾重发，而达不到经界的目的。这是否正说明了实施打量画图乃绍兴经界的关键所在。至绍兴十七年（1147）春，李椿年免丧复故官，专一措置经界，他恢复了之前的做法，并在措置两浙路经界事件中说：

> 本路州县经界，已用打量及砧基簿计四十县，欲乞结绝。未曾打量及不曾用砧基簿，止令人户结甲去处，窃虑大姓形势之家，不惧罪责，尚有欺隐，欲乞令措置行下州县，依旧打量画图，令人户自造砧基簿，赴官印押施行讫，申本所差官覆实。稍有欺隐，不实不尽，即依前来已得指挥断罪追赏。②

此外，在该文以下所列各项经界措置中，亦多次申令“今来打量，依实供具，画图入账”“打量画图”“近承画图指挥，依旧打量”等。北宋欧阳修云，“以丈尺量地曰打量”③。所谓“打量”，即丈量田土，为宋代清丈土地的通常说法。

---

① 〔清〕徐松：《宋会要辑稿》食货七〇《经界杂录》，中华书局 1957 年影印本，第 6433、6436 页。

② 〔清〕徐松：《宋会要辑稿》食货七〇《经界杂录》，中华书局 1957 年影印本，第6435 页。

③ 〔宋〕欧阳修：《欧阳文忠公集》卷一二七《归田录卷第二》，《四部丛刊》初编，上海涵芬楼藏元刊本，商务印书馆 1929 年版。

关于绍兴经界中实施打量田土、按图核实的具体事例，还见于其他记载。南宋楼钥《攻媿集》中载有汪大猷行状，其中云：

本贯庆元府鄞县武康乡沿江里汪大猷，字仲嘉，年八十有一，状……遂中十五年进士乙科。秩满，关升左从事郎，为婺州金华县丞。处事益明，期限必信……时户部侍郎李公椿年建议行经界，选公为龙游县覆实官，约束严峻，已量之田，隐藏亩步，不以多寡，率至黥配，盛气临人，无敢忤者。公独曰："愚民不识弓步，不善度量，若田少而所供反多，须使之首覆，乃可并行。"李公问，当何如？公曰："凡有不实，许其自陈，俟验实与改正，悉皆施行，受赐者已不知其几。"既至，躬行阡陌，唱弓量之，目则已默计其广袤之实，吏运筹久之，无毫厘差，观者以为神。凡事俱有方略，邑人鼓舞，旁县皆取为法。事毕，躬纳图帐。①

《金华府志》中亦载有汪大猷的相关事迹：

汪大猷，字仲嘉，鄞县人，由进士绍兴间任。争财者谕以长幼之礼，悦服而退。李椿年行经界法，约束甚严，檄大猷复视，请不实者得自陈，毋遽加罪。②

从该事例可知，在绍兴经界的实际推行中，主持者"躬行阡陌，唱弓量之"，是实施了"打量"即丈量田土这一做法的；初步丈量之后又差官覆实，其执法严峻，"已量之田，隐藏亩步，不以多寡，率至黥配，盛气临人，无敢忤者"，最后并造有图帐上纳。

---

① 〔宋〕楼钥：《攻媿集》卷八八《敷文阁学士宣奉大夫致仕赠特进汪公行状》，清武英殿聚珍版丛书本。

② 成化《金华府志》卷一二《官师二》，台湾学生书局 1965 年版，第 741 页。

其后不久,朱熹在论及经界时,亦对绍兴经界的打量步亩、攒造图帐等做法,特别予以称赞和强调。

经界利害,如前所陈,则其不可不行审矣。然行之详略,又有利害者。盖版籍之所以不正,田税之所以不均,政缘教化未明,风俗薄恶,人怀私意,不能自克。是以因循积弊,以至于此,虽有教化,亦未可以卒然变也。况今吏治何暇及此,而遽欲版图之正,田税之均,是岂不差官、不置局、不打量步亩、不攒造图帐,之所能办乎?所以绍兴年中虽以秦太师之权力、李侍郎之心计,然犹不惮甚劳大费,以至淹历岁时之久,而后能有成也。若如议者之言,即是熙宁手(“手”疑当作“首”,去声——原注)实之法,其初虽若简易,其终必将大起告讦之风,徒伤淳厚之俗,而卒不足以得人户田产有无多寡之实,又反不如偷安度日、都不作为之为愈也。抑绍兴经界立法甚严,人所创见,莫不震悚,然而奸猾之民,犹有故犯之者,况于今日以此苟简之法,施之玩习之民,而欲妄意簿正而税平,岂可得哉!此经界详略之利害者然也。①

这里,朱熹列出了绍兴经界实施的几个重要步骤:差官、置局、打量步亩、攒造图帐,并称赞其“不惮甚劳大费,以至淹历岁时之久,而后能有成也”。所谓甚劳大费,淹历岁久,主要指打量步亩、攒造图帐之事。因为打量一事,最费功力;而攒造图帐,则所费甚巨。关于绍兴经界实行打量步亩之事,朱熹在另一处亦有提及:

至如经界一事,固知不能无小扰。盖驱田里之民,使之随官,荷畚持

① 〔宋〕朱熹:《晦庵先生朱文公文集》卷二一《经界申诸司状》,《四部丛刊》初编,上海涵芬楼藏明刊本,商务印书馆1929年版。

锸，揭竿引绳，以奔走于山林田亩之间，岂若其杜门安坐饱食而嬉之为逸哉？但以为若不为此，则贫民受害，无有已时，故忍而为之，庶其一劳而永逸耳。若一一恤此，必待其人人情愿而后行之，则无时而可行矣。且如此间，绍兴年间正施行时，人人嗟怨，如在汤火之中，是时固目见之，亦以为非所当行，但讫事之后，田税均齐，里闾安靖，公私皆享其利，遂无一人以为非者。①

所言“盖驱田里之民，使之随官，荷畚持锸，揭竿引绳，以奔走于山林田亩之间”，显然是指绍兴经界实施的履亩丈量之事，因其驱民奔走，故招嗟怨。还可证明，履亩丈量是由官府组织的，绝非所谓“一贯地实行田主自行陈报”。

朱熹还将绍兴经界与北宋熙宁年间实行的手实法做了对比，指出手实法虽若简易，但终不足以得人户田产有无多寡之实，反而扰民，不如不做。所以，在论及绍兴经界时，对其实施的打量步亩、攒造图帐这一步绝不能忽略，它不是可有可无的，实为最重要的一环，这是绍兴经界得以成功的关键。

绍兴经界的打量步亩、按图核实，最后则攒造各种图帐。当时称之为“画图供帐”，或“画图入帐”。绍兴二十年(1150)二月，李椿年的继任者宋贶谈及绍兴经界时说：

壬子，权户部侍郎宋贶言，契勘经界本意，务要革去侵耕冒佃、诡名挟户、逃亡死绝、虚供抵当、差科不均、乡司走弄二税之弊，使民有定产、产有定税、税有定籍。后来缘以画图供帐，分立土色等则，均任苗税，转生奸弊，遂致久不能结绝。②

---

① 〔宋〕朱熹：《晦庵先生朱文公文集》卷四九《书·答王子合》，《四部丛刊》初编，上海涵芬楼藏明刊本，商务印书馆 1929 年版。

② 〔宋〕李心传：《建炎以来系年要录》卷一六一，绍兴二十年二月壬子条，《文渊阁四库全书》第 327 册，第 244 页。

画图供帐实施的整个过程，十分繁重而复杂，需动用各方面人力物力，耗时费力。首先必须对都保所属田土，逐丘丈量，计算面积，分立土色，确定税则，核实业主，集合耆邻、保伍及田主、佃客，逐丘计亩角押字，再经覆实官按图核实无误后，最后才能将所画图册攒造成各种帐籍。正因为其十分繁杂，工作量巨大，且牵动面广，难度大，易转生奸弊，遂使绍兴经界耗时较长，致有久不能结绝者。

"画图供帐"，或"画图入帐"的"帐"，一般指的就是册籍。宋之前，与人口和土地有关的官府册籍，一般多称为"帐籍"或"籍帐"，宋代仍延续这种说法，至绍兴时仍是如此。关于绍兴经界所造册籍，现存史料记载并不多，但有关绍兴经界的史料中，多处明确记有"画图供帐"或"画图入帐"等相关文字，如前引仅无锡县丁口图帐就达"七千余本，皆鱼鳞细图"之事例，所以绍兴经界通过打量田土与按图核实，最后造有与丈量土地相关的各种图籍，这是确定无疑的。《宋会要辑稿》中即明确载有绍兴经界中的"打量图帐"：

> 庆元元年二月七日，臣僚言："财赋源流所系在图籍，倘图籍之不明，则财用之不足，此必然之理也。伏自经界之久，打量图帐，一皆散慢（漫），递年税籍，又复走弄，所以州县日益匮乏，莫知所措，虽欲稽考，猝难搜索。乞申严行下，应经界以来打量图帐，与夫逐年乡司税籍，并行拘置官府，以候检核；民间或有隐匿，并与乡司同坐侵移之罪，不以赦降原减。"从之。①

庆元元年即公元1195年，距离绍兴经界结束之时，已有40余年，所言"伏自经界之久"，显然是指之前的绍兴经界，所称"打量图帐"，即指绍兴经界中

① 〔清〕徐松：《宋会要辑稿》食货六九《版籍》，中华书局1957年影印本，第6346页。

所造丈量土地的图籍簿册。由此可知,绍兴经界已专门造有丈量土地的图籍——打量图帐;又可知,这种打量图帐,在绍兴经界后一直是官府检核税赋的重要图籍,乃财赋源流之所系。

关于绍兴经界画图供帐所造册籍,朱熹有颇为全面的论述。

朱熹(1130—1200),于绍兴十八年(1148)登进士及第,绍兴二十一年(1151)授福建同安主簿,后亦在其他地方从政。朱熹是绍兴经界同时代人,深知经界实行与否对国计民生之利害。绍熙元年(1190),"是岁朱熹守漳州,复以三州经界为请。熹初为同安簿,已知经界不行之害。及到任,会臣僚有奏请行于闽中者,诏监司条具利害以闻,监司下其事于州,适与熹初意合。即加访问讲求,纤悉毕至,以至方量算造之法,尽得其说。"①朱熹向朝廷连上《条奏经界状》《经界申诸司状》《再申诸司状》等,极言推行经界之必要。② 然朝廷迟迟不决,直到年底才下旨"先将漳州经界措置施行",但农闲时间即将错过,朱熹只好申请来年十月方行打量。这期间,漳州经界仍受到朝廷与地方各种势力的阻挠和反对。绍熙二年(1191)正月,其长子朱塾卒,朱熹无奈以治子丧请辞,漳州经界终于未能推行下去。不过,朱熹为漳州经界做了大量的筹备工作,诸如选择官吏、招募谙晓算法之人,发布榜示,乃至差人于邻近州县已行经界处取会绍兴年中施行事目等。在其所上奏请和所发榜示之中,详细解释了经界的各种"可行之术",诸如差官、置局、打量、画图、攒造图帐等。朱熹是绍兴经界同时代人,亦是绍兴经界的亲历者,他一再声称,其倡行之经界,乃"仰遵绍兴已行之故典","今来经界乃是绍兴年中已行之法","经界之法当依绍兴年例","绍兴已行之法诚不可易",等等。③ 故其所列各项,

① 〔宋〕《两朝纲目备要》卷一,《文渊阁四库全书》第329册,第702页。

② 〔宋〕朱熹:《晦庵先生朱文公文集》卷一九《条奏经界状》、卷二一《经界申诸司状》,《四部丛刊》初编,上海涵芬楼藏明刊本,商务印书馆1929年版。

③ 〔宋〕朱熹:《晦庵先生朱文公文集》卷一九《条奏经界状》、卷二一《经界申诸司状》、卷一〇〇《公移·晓示经界差甲头榜》,《四部丛刊》初编,上海涵芬楼藏明刊本,商务印书馆1929年版。

既是对漳州经界的筹划，同时也是对绍兴经界的解读。当然其中亦有对绍兴经界“一二未尽善者”加以改进之处，朱熹奏言：

经界之行否详略，其利害已悉具于前矣。今欲行之，则绍兴已行之法，诚不可易。但当时所行，亦有一二未尽善者，如不择诸道监司以委之，而至于专遣使命，不择州县官吏，而泛委令佐，至其中半，又差官覆实以纷更之，此则今日之所不可不革者也……盖县令不能，则择于其佐；佐又不能，则择于他官；一州不足，则取于一路；见任不足，则取于得替待阙之中。皆委守臣踏逐申差，权领县事，要以得其人而后已……则差官置局必可行之说也。

至于打量一事，则其势不得不少劳民力。但一县之地，大者分为数百千保，小者分为数十百保，使之分头散出，各自打量，则亦不致多费时月，而绍兴遗法亦必有能识之者。此打量步亩必可行之说也。

至于图帐之法，始于一保，大则山川道路，小则人户田宅，必要东西相连，南北相照，以至顷亩之阔狭、水土之高低，亦须当众共定，各得其实。其十保合为一都，则其图帐但取山水之连接与逐保之大界总数而已，不必更开人户田宅之阔狭高下也。其诸都合为一县，则其图帐亦如保之于都而已，不必更为诸保之别也，如此则其图帐之费亦当少减。然犹窃虑今日民力困弊，又非绍兴年中之比，此费虽微，亦恐难以陪备，若蒙朝廷矜怜三郡之民，不忍使之更有烦费，则莫若令役户只作草图草帐，而官为买纸雇工，以造正图正帐……此则攒造图帐必可行之说也。①

可知朱熹改进之处主要是，经界差官不再专遣使命，而择州县官吏；打量

① 〔宋〕朱熹：《晦庵先生朱文公文集》卷二一《经界申诸司状》，《四部丛刊》初编，上海涵芬楼藏明刊本，商务印书馆 1929 年版。

步亩，派员分头散出，各自打量，以少劳民力；图帐攒造向上逐级简化，役户只作草图草帐，官为买纸雇工，造正图正帐，以减少负担费用；等等。而经界的基本做法仍是遵循绍兴当年已行之法。

就攒造图帐而言，通过朱熹所述，可证绍兴经界是以都保为单位，逐丘丈量，画鱼鳞图，先造保簿。然后诸保合为一都，只登大界及总数；诸都合为一县，亦如保之于都。前引李椿年与汪大猷的对话中亦谈及于此：

> 李公（李椿年）又欲以十保合为一图，仍与邻都犬牙相入。公（汪大猷）曰："一保之图用纸二百番，已无地可展，又从而十之，不惟不能图画，亦安所用之？徒重劳费，无益于经界也。"由是诸郡俱免催科办事。①

此外，《建炎以来系年要录》亦有相关记载：

> （绍兴十三年闰四月）壬寅，诏人户应管田产，虽有契书而今来不上砧基簿者，并拘没入官，用两浙转运副使措置经界李椿年请也。时椿年行经界法，量田不实者，罪至流徙。江山尉汪大猷覆视龙游县，白椿年曰："法峻民未喻，固有田少而供多者，愿许首复改正。又谓每保各图顷亩林塘，十保合一大图，用纸二百番，安所展视？"椿年听其言，轻刑省费甚众。大猷，鄞县人也。②

这里言汪大猷系江山县尉，与前引《攻媿集》中所记其为金华县丞有所不同。但两则史料关于汪大猷在绍兴经界中相关事迹的记述却是一致的。从

① 〔宋〕楼钥：《攻媿集》卷八八《敷文阁学士宣奉大夫致仕赠特进汪公行状》，清武英殿聚珍版丛书本。

② 〔宋〕李心传：《建炎以来系年要录》卷一四八，绍兴十三年四月壬寅条，中华书局 1988 年版，第 2391 页。

这里首先可以看出，绍兴经界有“一保之图”，“每保各图顷亩林塘”，这与朱熹所言“图帐之法，始于一保”可相互印证，即绍兴经界造有保簿，颇为明确。又，关于“十保合为一图”之事，在汪大猷“覆视”的龙游县似未实行，而绍兴经界是否均未实行，这里并未说明，不过，从后来朱熹建议对“十保合为一都”“诸都合为一县”加以简化来看，当是绍兴经界时较为普遍的做法。

总之，“画图供帐”“画图入帐”是绍兴经界的关键与核心。绍兴经界通过逐丘打量，纽算步亩，核实田主，画鱼鳞图，而造有各种图帐。其中既有描画各田土丘段、详录人户田宅的“鱼鳞细图”，也有“十保合为一图”的鱼鳞总图；既有以保为单位，“每保各图顷亩林塘”的保簿，也有登载合都、合县总数的各级总簿；既有以田土丘段为序、以户从田的土地清丈册，也有登载各户所有田产、以地从人的砧基簿，即归户册。应该说，绍兴经界有关鱼鳞图册的基本框架已经确立，各种鱼鳞册籍雏形已经显现。其中以保为单位的“打量图帐”，成为绍兴经界的基本帐籍。按其大界，攒造都图县图；汇其总数，以造都帐县总；据其细图，核实各户田产，以造砧基簿、类姓簿等。后世鱼鳞图册别称“保簿”，诸如“经理保簿”“丈量保簿”“流水保簿”“佥业保簿”等，即由这种以保为单位的“打量图帐”发展而来，绍兴经界为其源头。

（四）徽州绍兴经界

徽州鱼鳞图册缘起于南宋绍兴经界。

徽州作为南宋畿辅之地，绍兴经界曾在此实施。罗愿于淳熙二年（1175）撰修完成《新安志》，距绍兴经界结束仅20余年。该志载：“绍兴中推行经界，尚书郎章侯为时相，力言民病，请因蠲减重赋，不见听。”①又载：“紫金山，在县

① 淳熙《新安志》卷二《贡赋·杂钱》，《宋元方志丛刊》第8册，中华书局1989年版，第7626页。

东三十五里，旧名金紫山，与绩溪石金山偕号。甘露大士道场，暮夜见种种光相映，绍兴十八年，尚书郎章侯睹而异之，因取佛语改其山曰紫金，而徙置白莲院焉。”①又据明万历《休宁县志·食货志》载：“（宋）高宗绍兴十八年经界田土。”清康熙《婺源县志·食货志》亦载：“（宋）高宗绍兴十八年经界田土。”可知徽州经界实施于绍兴十八年（1148）。

淳熙《新安志》中载有徽州六县绍兴经界前后的田亩数额，如表1-1：

表1-1　徽州六县绍兴经界田亩数额

县名	田亩数额		出处
歙县	祖额	二十五万二千九百八十四亩四十五步	淳熙《新安志》卷三
	经界额	四十六万有奇	
	今额（淳熙）	四十五万八千一百五十六亩二角四十九步半	
休宁	祖额	十八万六千九百五十亩三角十四步 屯田三百二十一亩三角十二步	淳熙《新安志》卷四
	经界额	增多	
	今额（淳熙）	三十万三千九百六十四亩三角二十五步	
祁门	祖额	十九万九千五百六十三亩三十八步半	淳熙《新安志》卷四
	经界额	七十万〔亩〕有奇	
	今额（淳熙）	七十一万七千六百三十六亩二角六步	

① 淳熙《新安志》卷三《歙县·山阜》，《宋元方志丛刊》第8册，中华书局1989年版，第7637页。

续表

县名	田亩数额		出处
婺源	祖额	六十七万九千七百七亩二角	淳熙《新安志》卷五
	经界额	七十九万(亩)有奇	
	今额(淳熙)	七十九万五千七百八十七亩二角五十五步	
绩溪	祖额	十万四千五百三十八亩三十三步	淳熙《新安志》卷五
	经界额	二十九万六千亩有奇	
	今额(淳熙)	三十万九千五百六十六亩三角三十一步	
黟县	祖额	九万二千一百三十五亩	淳熙《新安志》卷五
	经界额	三十三万四千四百三十亩二角五十八步	
	今额(淳熙)	三十三万四千四百四十亩二角五十八步	

按,“角”为宋代亩制单位。《云麓漫钞》载:“绍兴中,李侍郎椿年行经界。有献其步亩之法者,若五尺以为步,六十步以为角,四角以为亩。”①则一角等于六十步,四角为一亩。其中今额,即指绍兴经界后淳熙时的田土数额。

淳熙《新安志》又载徽州六县绍兴经界田土总额:“凡六县田产,未经界前为百五十一万六千三百亩半,经界为三百万余亩,今为二百九十一万九千五百五十三亩有奇,税钱十一万一千七百八贯二百三十九文。”②其中“今”额,即指淳熙时田亩数额。徽州通过绍兴经界,官府掌握的田亩数量增加几近一倍,这表明绍兴经界在徽州是有效实施了的,是成功的。

---

① 〔宋〕赵彦卫:《云麓漫钞》卷一,中华书局点校本 1996 年版,第 10 页。

② 淳熙《新安志》卷二《贡赋 · 税则》,《宋元方志丛刊》第 8 册,中华书局 1989 年版,第 7626 页。

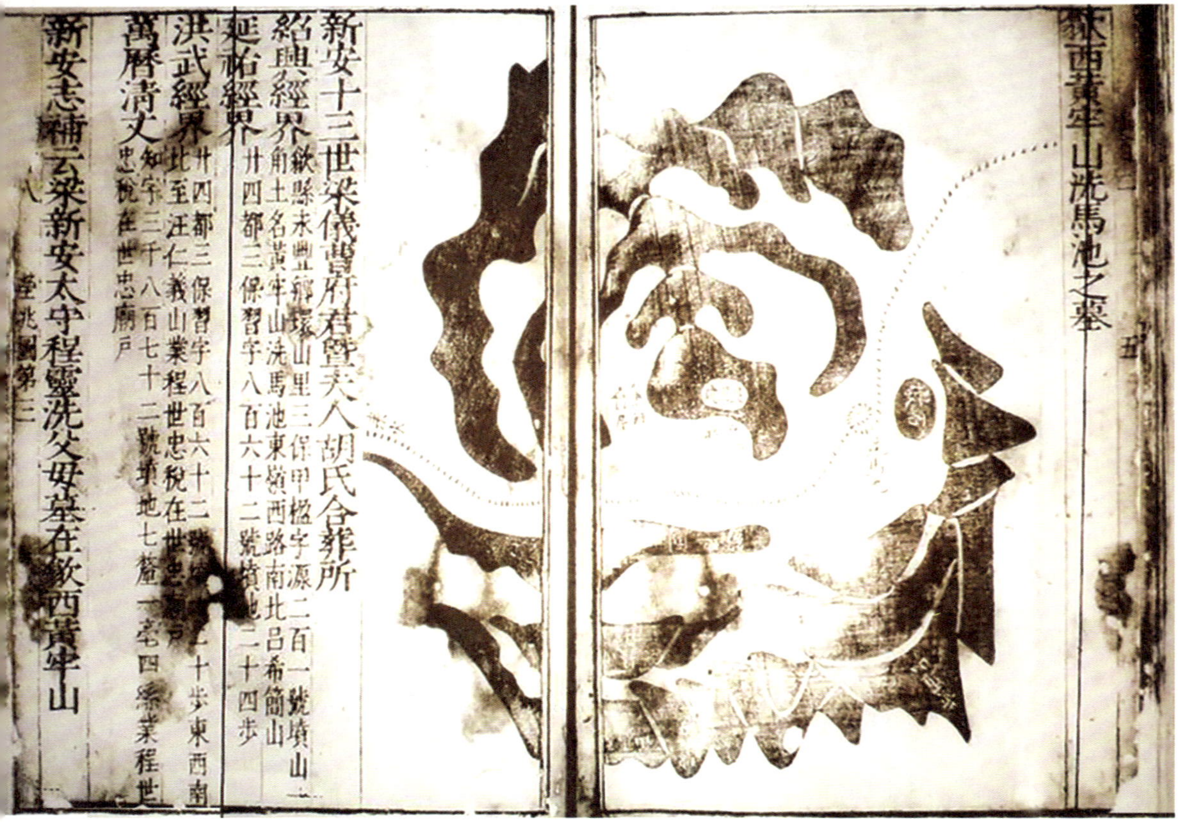

图 1-1　《程典》中的《茔兆图》

在遗存丰富的徽州文献中，如族谱、文集等，亦有关于绍兴经界的记载。《程典》为明代徽州休宁人程一枝于万历间所修程氏族谱，编撰极富特色，所录资料亦相当珍贵。其中“图第三卷《茔兆图》”中，载有新安十三世祖墓图及相关文字，原谱册页如图 1-1。

其所载文字是：

歙西黄牢山洗马池之墓

新安十三世梁仪曹府君暨夫人胡氏合葬所：

绍兴经界，歙县永丰乡环山里三保甲楹字源二百一号，坟山一角，土名黄牢山洗马池，东岭，西路，南、北吕希简山。

延祐经界，廿四都三保习字八百六十二号，坟地二十四步。

洪武经界，廿四都三保习字八百六十二号，坟地二十步，东、西、南、北至汪仁义山，业程世忠，税在世忠庙户。

万历清丈，知字三千八百七十二号，坟地七厘一毫四丝，业程世忠，税在世忠庙户。①

《程典》中又载：

歙西黄墩之墓

新安十四世陈重安忠壮公葬所：

绍兴经界，歙县仁爱乡长沙里二十五都第五源二十一号，坟地二亩十四步，地名黄墩，东路，西程十九园，南路及大溪，北程丙园。

（以下略）②

从《程典》所载可以看出，绍兴经界、延祐经界、洪武经界、万历清丈是序列并连的。其中，绍兴经界载有乡里保甲、字号、田土种类及面积、土名、四至，这些都是后世鱼鳞清丈、保簿登载的基本事项。应特别注意的是，其中载有"榲字源二百一号""第五源二十一号"，表明绍兴经界的打量图帐已有田土流水字号登载。这里的"榲"字某某号，即是按《千字文》编号的。

其实，在绍兴经界之前，北宋经理土地的丈量之中，已经出现了按《千字文》编号的做法，史载：

宣和元年八月二十四日，农田所奏："应浙西州县因今来积〔水〕减退，露出田土，乞每县选委水利司谙晓农田文武官，同与知佐，分诣乡村，检视标记，除出人户已业外，其余远年逃田、天荒田、草葑茭荡，及湖泺退

① 〔明〕程一枝：《程典》图第三卷《茔兆图》，国家图书馆藏万历刻本，第5页。

② 〔明〕程一枝：《程典》图第三卷《茔兆图》，国家图书馆藏万历刻本，第6页。

滩、沙涂等地，并打量步亩，立四至坐落，着望乡村，每围以《千字文》为号，置簿拘籍，以田邻见纳租课比扑，量减分数，出榜限一百日，召人实封投状，添租请佃……”从之。①

所以，绍兴经界的图帐之中出现田土字号并非偶然。徽州绍兴经界所领田土字号也是以《千字文》为号，这从徽州现存的另一家志《歙西溪南吴氏先茔志》的记载中即可得到印证。

《歙西溪南吴氏先茔志》是宋代以后徽州府歙县西溪南吴氏所修的一种家志，主要记载吴氏历代祖先坟茔地产的源流、变迁等各项事迹，其中有各墓地的所在位置、历朝经理、见业分庄，有关的交易契据、合同文书、禁约茔记，以及行实传赞、墓表志铭，等等。书中汇录了有关吴氏墓地产业的各种文书档案资料，颇为珍贵。

在该志所记先祖茔地“历朝经理”中，首列“宋额”，其中多有“某某字源某某号”的记录，如其始祖坔塘山墓载：

历朝经理

宋额，坐落孝悌乡十五都九保，老字源三百二十四号，众坟山一角，地壹亩三角四十步。②

该志所载茔地历朝经理中有关“宋额”的记载如表1-2：

① 〔清〕徐松：《宋会要辑稿》食货一《农田杂录》，中华书局1957年影印本，第4818页。

② 〔清〕《歙西溪南吴氏先茔志·始祖》，日本东京大学东洋文化研究所藏清道光二十九年补刊本。

表 1-2 《歙西溪南吴氏先茔志》“历朝经理”所载“宋额”表①

先祖名	坐落	土名	字号	亩步
唐始祖光公	孝悌乡十五都九保	垄塘山	老字源三百二十四号	众坟山一角 地一亩三角四十步
唐始祖妣安人项氏	孝悌乡十五都十保		纺字源六十六号	坟地三角
唐二世祖昈公	中鹄乡十七都四保	竦塘山	尝字源	
唐三世祖安公	中鹄乡十六都二保	辛桥林	歌字源六十号	众坟地一亩二角三十步
宋四世祖守观公	中鹄乡十六都一保	郑村林	洁字源一百二十一号	众坟地二角三十步
宋四世祖妣守观安人叶氏	中鹄乡十六都一保		银字源五号	下地一角五十步
宋五世祖仲原公	中鹄乡十八都七保	黄祈充	仰字源十九号	坟山一角
宋六世祖文用公	中鹄乡十六都一保	郑村林	洁字源一百二十三号	众坟地二角三十步
宋六世祖妣安人李氏	中鹄乡十六都三保		豫字源一百三十号	柴山二角
宋六世祖继妣安人黄氏	中鹄乡十六都三保		豫字源一百三十三号	柴山二角
宋七世祖仕伋公	中鹄乡十六都三保	西塘山	豫字源一百四号 一百六号 一百七号	众坟地三角一十五步 荒地一亩二角一十一步 柴山二角 共二亩三角二十六步
宋七世从祖仕京公	孝悌乡十五都十保	江祁下项申林	纺字源	
宋七世祖妣安人李氏	中鹄乡十六都一保	郑村林	洁字源一百十八号	坟地一亩三十步

① 〔清〕《歙西溪南吴氏先茔志·始祖至八世祖》,日本东京大学东洋文化研究所藏清道光二十九年补刊本。

续表

先祖名	坐落	土名	字号	亩步
宋八世祖旦公	中鹄乡十六都七保	蛟湖	简字源二十九号	坟地三亩一角五十六步 内坟地二角三十步 地二亩三角二十六步
宋八世祖妣旦安人胡氏	中鹄乡十六都三保	雨泽塘	豫字源	
宋八世祖继妣安人谢氏	中鹄乡十六都一保	郑村林	洁字源一百二十六号	坟地三亩三角二十步

那么,对志中所载这些“宋额”,应怎样理解呢?在上表中最后一项“宋八世祖继妣安人谢氏”的“历朝经理”中,载有如下文字:

历朝经理

宋额,坐落中鹄乡十六都一保,洁字源一百二十六号,坟地三亩三角二十步……

按,同知南窗公遗墨,淳熙四年,吴克思出名买郑高户,洁字源一百二十四号,坟地一亩,东至、西至吴旦祖坟,南至郑四地,北至古巷;

淳熙十三年,吴克忠出名买郑三户,洁字源一百二十四号,下地一角二十步,东至吴旦祖坟,西至吴老智,南至谢桂,北至吴克忠地;

淳熙十六年,吴克忠出名买郑一户,洁字源一百二十四号,下地一角二十步,东至、西至吴旦祖坟,南至、北至自地并郑伯同地;

又原买郑新户,洁字源一百二十四号,下地一角五十步;

又原作谢桂出名买郑四户,洁字源一百二十四号,下地一角二十步;

共二亩一角五十步,众户各税讫,亡宋咸淳经界并十九大婆(七世祖妣安人李氏)坟地,通作洁字源一百二十六号,坟地三亩三角二十步。①

① 〔清〕《歙西溪南吴氏先茔志·宋八世祖继妣安人谢氏》,日本东京大学东洋文化研究所藏清道光二十九年补刊本。

从这段文字可以看出，其“宋额”，是经过淳熙年间的几次买进，又于宋末咸淳时与别的坟地合并而成的。所谓“宋额”，即宋代之额。不过，上表所列16项宋额中，除最后一项有淳熙年间等批注外，其余各项宋额均无批注。前已叙及，《歙西溪南吴氏先茔志》始修于南宋嘉定辛未（1211），其距徽州绍兴经界结束仅60余年，这期间，徽州并无经历其他经界。所以，其所录“宋额”，当是依据徽州绍兴经界的田土数额。特别是这些宋额的字号中，都载有“某某字源某某号”，这与前述《程典》中所载字号“楹字源二百一号”的格式完全相同。而在《程典》之中，则明确将其标识为“绍兴经界”。所以，《歙西溪南吴氏先茔志》所录这些“宋额”，除个别条目之外，其主要反映的当是徽州绍兴经界的情况。

通过《歙西溪南吴氏先茔志》所载，可以见到歙县南宋绍兴经界部分都保字号，诸如十五都九保“老字源”、十五都十保“纺字源”、十六都一保“洁字源”“银字源”、十六都二保“歌字源”、十六都三保“豫字源”①等等，那么，“老、纺、洁、银、歌、豫”这些字又出自何处呢？原来这些字都可在《千字文》中找到。有关《千字文》原文如下：

亲戚故旧，老少异粮。
妾御绩纺，侍巾帷房。
纨扇圆洁，银烛炜煌。
昼眠夕寐，蓝笋象床。
弦歌酒宴，接杯举觞。
矫手顿足，悦豫且康。②

---

① 〔清〕《歙西溪南吴氏先茔志·始祖至八世祖》“宋额”所载，日本东京大学东洋文化研究所藏清道光二十九年补刊本。

② 〔南朝梁〕周兴嗣：《千字文》，国家图书馆藏本。

不过，上述“十五都九保、十五都十保、十六都一保、十六都二保、十六都三保”这些保是顺序相连的，而与其对应的“老、纺、洁、银、歌、豫”诸字在《千字文》中，除洁、银二字之外，其余诸字并不顺序相连，这又该作何解释呢？这表明，其字号虽以《千字文》为序，但并不是像后世那样，每保（图）只领一个《千字文》字号，则相邻都保字号便顺序相连——绍兴经界是每保领有多个《千字文》字号。该志中的记载亦证明了这一点：

历朝经理

宋四世祖守观公……宋额，坐落中鹄乡十六都一保，洁字源一百二十一号，众坟地二角三十步……

宋四世祖妣守观安人叶氏……宋额，坐落中鹄乡十六都一保，银字源五号，下地一角五十步……①

如上所述，这里的“宋额”当指南宋绍兴经界。该记载清楚地表明，其十六都一保所领不止一个《千字文》字号，而同时领有“洁”“银”两个字号。由于一个保领有多个《千字文》字号，则在同一保内，其《千字文》字号相连的可能性较大，“洁”“银”二字在《千字文》中就是相连的；而在相邻各保之间，由于其所领字号较多，就不一定全与邻保字号相连。尽管如此，仍可看出，这些字号的总体顺序还是按《千字文》先后之序排列的。

在上述《程典》及《歙西溪南吴氏先茔志》所载字号之后都有一个“源”字，是徽州地区表示地名的一个后缀词语。在徽州地区，从小土名到地段名称，乃至自然村名等，都有某某源之称，如土名上源、大充源、郑坑源、塘尾源

---

① 〔清〕《歙西溪南吴氏先茔志·四世祖守观公》，日本东京大学东洋文化研究所藏清道光二十九年补刊本。

等，地段名第拾叁源、第拾肆源、第拾伍源等，村名洪源、桃源、瑯源、前源、彰源等。上引《程典》中又有“二十五都第五源”的记载，这与《清休宁县二十九都三图靡字号摊佥》中所载“第拾叁源”等①，可相互印证，“源”字均表示地段名称之意。

此外，明程敏政撰《唐歙州兵马先锋使程府君墓记》中载，其十五世先祖程南节，“唐乾符中，黄巢倡乱，府君佐父起义兵保休宁”，官歙州兵马先锋使，葬休宁县东。又七传至南宋，其二十二世祖“将仕郎瑜，当绍兴经界，尝画正府君之兆域”。② 即在绍兴经界中，重新画正了其先祖程南节的茔地疆界。又，罗愿《新安志》载，“经界之行绩溪，以乡均税，税钱无所归者百余千〔余〕，乃强均配之，上田二百之外，有溢至三百五十者，诉者不已。太守赵监丞子游始至，以问孔目官章愈，章请按沙涨之田税钱当倚阁者，百余千余，以次均减”，而得以解决。③

徽州族谱等有关绍兴经界的记载，不仅证实了经界在地方之有效实施，而且揭示了其所造图帐的一些具体内容。

---

① 《清休宁县二十九都三图靡字号摊佥》，其中载有：“第拾叁源：土名洪坑、千秋岭、程脚坞、赶祭坞、筊笋坞、洗衣坞、打石坞、檡树坞、汉坞”；“第拾肆源：土名洪坑、神坞、枧坑、双坞、张家岭、鸦鹊坞、旱充、俞家坞”；“第拾伍源：土名洪坑、株木林、旱充、丽充、毛枧坑。”中国社会科学院古代史研究所藏 316000000025 号。

② 〔明〕程敏政：《篁墩集》卷一四《记・唐歙州兵马先锋使程府君墓记》，《文渊阁四库全书》第 1252 册，第 250 页。

③ 淳熙《新安志》卷一〇《纪闻》，《宋元方志丛刊》第 8 册，中华书局 1989 年版，第 7770 页。

（五）徽州延祐经理

徽州继宋代绍兴经界之后，至元代又实施了延祐经理。元朝建立之后，世祖至元时期曾“括勘”田土，但效果欠佳，或欺隐尚多，未能尽实；或虚增田亩，小民告病。至仁宗延祐初，则推行土地经理，史称“延祐经理”。延祐元年（1314），采平章章闾建言，于次年遣官至江浙、江西、河南等地，行经理田土之事，并派军队防护。“其法先期揭榜示民，限四十日，以其家所有田，自实于官。或以熟为荒，以田为荡，或隐占逃亡之产，或盗官田为民田，指民田为官田，及僧道以田作弊者，并许诸人首告。”①违者论罪重处。然由于期限猝迫，贪刻用事，富民黠吏，并缘为奸，以无为有，虚具于籍者，往往有之。致使民不聊生，乃至盗贼并起，弊害匪浅。总体来看，延祐经理在全国多地实施，取得了良好成效。《元史·食货志》载有部分地区经理所得土地数字：“河南省，总计官民荒熟田一百一十八万七百六十九顷。江西省，总计官民荒熟田四十七万石四千六百九十三顷。江浙省，总计官民荒熟田九十九万五千八十一顷。”②

徽州在元代属江浙行省，延祐经理在徽州各县曾有效实施。明弘治《徽州府志》载：

（元）本府为徽州路，领州一县五。延祐二年，经理自实到官民田土三万三千五百九十二顷七十八亩五分二厘一毫，除系官公占出赁房地六顷四亩八分九厘，拜神坛、社庙、救〔荒〕田塘堨等地一十五顷九十八亩二

① 〔明〕宋濂等：《元史》卷九三《食货一·经理》，中华书局标点本1976年版，第2353页。

② 〔明〕宋濂等：《元史》卷九三《食货一·经理》，中华书局标点本1976年版，第2354页。

分九厘外，有田土三万三千五百七十顷七十五亩四分五厘三毫。数目粮额，成熟官民田土总计三万三千四百八十六顷五十四亩三分五厘五毫，田一万四千三百二十七顷五十五亩三分八厘六毫，地三千七百二十一顷六十二亩五分九厘五毫，山一万五千二百一十五顷二十八亩一分五厘五毫，塘二百二十二顷八亩二分一厘九毫。①

其下载有各县经理的田土数字，见表1-3。

表1-3 徽州府各县延祐经理田土数额表

县名	田土数额	出处
歙县	四千七百五十四顷七十六亩八分六厘九毫	弘治《徽州府志》卷二
休宁	四千六百四十四顷二十五亩五分二厘二毫	
婺源	一万八十顷六十四亩四分九厘	
祁门	七千二百九十八顷九十亩八分八厘三毫	
黟县	三千五百八十八顷八十六亩八厘五毫	
绩溪	三千二百二十五顷三十四亩七分五厘二毫	

明永乐《祁阊志》亦载有徽州府祁门县延祐经理的田土数额：

延祐经理，县尹薛居信赴省自实为定，计田土七千二百九十八顷九十亩八分八厘三毫，除系官公占基地一顷五十三亩一分七厘外，有成熟官民田土七千二百九十七顷三十七亩七分七厘六毫，数内除官职田土山一十二顷四十三亩一分六厘五毫外，有粮额田土七千二百七十四顷九十

① 弘治《徽州府志》卷二《食货一·田地》，《天一阁藏明代方志选刊》影印本，上海古籍书店1964年版。

四亩六分一厘一毫。邑民感薛尹蠲虚田土之德，纪其事于坚珉，见后集。①

可以看出，其所载田土总计数额与府志所载基本一致。所谓“薛尹蠲虚田土之德”，在该志卷九《碑碣·薛县尹德政记》中详载其事，其文如下：

薛县尹德政记

歙于江南称大州，其属邑一曰祁门，地隘山稠，民贫俗啬，是为下邑。厥田若地，以顷计者七千一百七十六，以亩计者三十六，具载郡志。宋绍兴经界，视前志不及三顷三十九亩有奇。至元二十三年，官行括勘，憸吏侮文，造欺觊赏，赋入虽如常，而亩数虚增，大失其实，在官已久，不知者以为定额焉。

延祐初，命天下经理田粮，于时，邑宰冀宁薛公，夙夜祗敬厥事，躬行阡陌，综核文牒，插木为标，象鳞为图，殚虑疲神，仅符前志，与括勘之数远不可合。时有司督责方严，如额乃上。群僚怖惧以承命，黎首咨嗟而莫宣。公既洞瞩其情，叹曰：“昔虚增而民未病者，以税赋仍旧耳；今将计田定税，民何以堪！”即日趋省垣陈奸弊，辞义感激，得请而还。由是疆理之数得复其旧。

延祐七年春，余分镇是邑，逸民谢本真等合辞踵门，请书于石。余曰：“臣事君在不欺，增虚数瘠民，欺也；隐实数厚民，亦欺也。今薛公实以度田，实以报上，除虚额于傍邑横加希赏之时，发直言于群僚钳口避罪之际，其于事君之忠、爱民之仁、见义之勇，不既得乎？抑公去官已久，而邑民怀德不忘，请辞勒坚，图示永久，人心天理于斯为至，后之览者，将必有所劝矣。”书不可辞。凡除虚增田四万四千一百七十八亩，地三万六千

① 永乐《祁阊志》卷三《田土》，安徽省黄山市祁门县图书馆藏本。

六百三十一亩。公名居信，字仲宣，视其政知其人。

延祐七年三月朔日，忠翊校尉管军千户赵钺撰。①

清康熙《祁门县志》亦收录此文，个别文字略有不同。该文是由管军千户赵钺所撰，成于延祐七年(1320)，此时延祐经理刚刚结束，千户赵钺当时分镇祁门，了解当地情况，因此本文是考察祁门延祐经理难得的历史文献。从其所述可以得知，祁门于至元二十三年(1286)官行括勘，亩数虚增，大失其实。至延祐经理时，县尹薛居信主其事，他夙夜祗敬，实以度田，所得与括勘之数远远不合，遂亲赴省城陈述奸弊，实以报上，得请而还。虚增田亩得以豁除。邑民怀德不忘，请书于石，以示永久。由此可见，延祐经理在徽州祁门是认真实行了的，且成效显著。从其“躬行阡陌，综核文牒，插木为标，象鳞为图”的记载中，又可看出，当时是实施了田土丈量，并造有鱼鳞图册。对此，前述《歙西溪南吴氏先茔志》的记载可为之佐证。

在《歙西溪南吴氏先茔志》先祖茔地的“历朝经理”中，继“宋额”之后，就是“元延祐四年丈量经理”的有关记载，如“唐二世祖昈公”下载：

二世祖昈公，葬十七都四保竦塘山，卯乙山酉辛向，建州术人张子成下。二世祖妣安人何氏、继妣安人张氏葬同处。有元明丈量清册字号，十派佥业分庄，各派家藏遗墨，三埒山向，俱与志相符，佥议修复封树，详列于左。

竦塘山墓图，卯乙山酉辛向。

历朝经理

宋额，坐落中鹄乡十七都四保，尝字源。

① 永乐《祁阊志》卷九《碑碣·薛县尹德政记》，安徽省黄山市祁门县图书馆藏本。个别文字从康熙《祁门县志》卷六所载。

元延祐四年丈量经理编

惟字二百九十二号，众坟地二角，土名竦塘，吴复古报。

惟字二百九十三号，众坟地二角，吴县尹报。

惟字二百九十四号，众坟地二角，吴兰畹报。

惟字二百九十五号，众坟地四十步，吴通报。

惟字二百九十六号，众坟山十步，柴山十六步，吴端报。

惟字二百九十七号，坟地二十步，吴太和报。

惟字二百九十八号，荒地十七步，吴嵩高报。

惟字二百九十九号，地二十步，吴存初报；山一角，吴静观报。

惟字三百号，地一角二十步，吴运泰报。

明洪武十八年丈量十七都四保仍作：

惟字二百九十二号，坟山二角，土名竦塘（边），见业十六都吴忠，分庄吴仲余，下等地五分。①

再如宋八世祖旦公蛟湖茔地：

历朝经理

宋额，坐落中鹄乡十六都七保，简字源二十九号，坟地三亩一角五十六步，内坟地二角三十步，地二亩三角二十六步。

元延祐四年丈量经理

身字二百三十二号，坟地一十八步，吴县尹交并吴大中报，吴承务自实。

身字二百二十七号，坟地一十八步，吴复古报，见业吴大成等。

① 〔清〕《歙西溪南吴氏先茔志·二世祖旷公》，日本东京大学东洋文化研究所藏清道光二十九年补刊本。

身字二百二十一号，坟地一十八步半，吴兰畹报，见业吴春等。

身字二百二十二号，坟地九步，吴通报，见业吴仲杰等。

身字二百二十八号，坟地九步，吴端报，见业吴载等。

身字二百二十六号，坟地十二步，吴太和报，见业同。

身字二百二十九号，坟地九步，吴嵩高报，见业吴嵩高等。

身字二百三十号，坟地十八步半，吴静观报，见业吴大观、安宁等。

身字二百三十四号，坟地二十步，吴倧、存初报，见业同。

身字二百三十一号，坟地一十八步，吴运泰报，见业副使自实。

以上共计二角三十步，族长泰五公（讳应□）存日，将前后地段通片打量左右后，以坟堂内河石墙为界，前明堂直到吴县尹身字二百十六号下水田为界，量该二角三十步，众存荫护十五太公坟墓，余外左右空闲地量计二亩三角二十六步，拨令吴县尹梯己管业，系身字二百十四号。

明洪武十八年丈量十六都七保仍作身字二百二十一号，下等地一十八步半，计税七厘七毫，土名高湖……

右十号土名俱高湖，系泰五公元时丈量护坟之数二角三十步，坐落正坟所。

身字二百十四号，中坟地二亩二角二十六步，计税二亩一分五厘七毫，土名高湖，见业吴大成……

右一号土名高湖，系泰五公元时丈量坟后河石墙外，拨与吴县尹梯己管业之数。①

从以上所引资料可知，首先，徽州延祐经理是在延祐四年（1317）完成的。其次，徽州延祐经理，除“自报”“自实”外，还进行了田土丈量。关于延祐经理

① 〔清〕《歙西溪南吴氏先茔志·八世祖旦公》，日本东京大学东洋文化研究所藏清道光二十九年补刊本。

之法，一般文献记载仅是自实，而在《歙西溪南吴氏先茔志》的文字记载中，则不止一次地明确提到了“丈量经理”“通片打量”“元时丈量”等；在该志“元十三世祖倧公偕配安人史氏”之下，还有如下记载：“公讳倧一，讳应时，字尚贤，号存初居士，行仁一，如川公伯子也，娶安人丛睦坊史氏。公忠厚积德，勤俭创业。延祐四年，举为公正，丈量毫无私曲。”①可知徽州延祐经理，在基层是设有丈量组织的，这与前引《薛县尹德政记》中关于祁门延祐经理丈量的记述可相互印证。再次，徽州延祐经理是造有鱼鳞册籍的。上述志中关于吴氏二世先祖昈公的记述，就明确说“有元明丈量清册字号”；而在该志卷首所列《凡例》中也提到，“今增续者，查元明丈量清册、黄册底籍、清丈新册字号、步亩弓口、见业分庄、四至及原谱志诸文契书，族中各宅家藏遗墨，有实据者，方敢收入，不敢杜撰一字”②。所谓“丈量清册”，即鱼鳞清册，可知该志茔地所记各项田土资料，是根据鱼鳞图册所载而记录的。

通过《歙西溪南吴氏先茔志》所录各都图字号，可知徽州延祐经理所编鱼鳞册字号，是以《千字文》为序，如该志所载歙县十五都九保为“草”字，十五都十保为“木”字，十六都一保为“赖”字，十六都二保为“及”字，十六都三保为“万”字等字号，其“草木赖及万”之序，即取自《千字文》中“化被草木，赖及万方”的文字顺序，且每保编有一个字号，与南宋绍兴经界每保编有多个《千字文》字号有所不同。

特别应注意的是，至明初洪武丈量之际，仍沿用延祐经理的字号，如歙县十七都四保，元延祐四年丈量经理编为“惟”字，至“明洪武十八年丈量十七都四保仍作惟字”；歙县十六都七保，元延祐四年丈量经理为“身”字，至“明洪武十八年丈量十六都七保仍作身字”；等等。再如前引《程典》中所载：“延祐经

① 〔清〕《歙西溪南吴氏先茔志·元十三世祖倧公偕配安人史氏》，日本东京大学东洋文化研究所藏清道光二十九年补刊本。

② 〔清〕《歙西溪南吴氏先茔志》卷首《凡例》，日本东京大学东洋文化研究所藏清道光二十九年补刊本。

界，廿四都三保习字八百六十二号，坟地二十四步。洪武经界，廿四都三保习字八百六十二号，坟地二十步。”亦说明洪武丈量仍旧沿用了延祐经理的字号。此外，国家图书馆藏有《明洪武十九年十都六保罪字保簿》明抄本一册①，系洪武十九年休宁县十都六保罪字保簿原本。该册封面原题“拾都陆保罪字保簿洪武延祐前”（原文“前”字书写略小）。这里所标“洪武延祐”，是指册中载有延祐经理和洪武丈量两种资料，册前扉页第二面记有下列文字：“朱笔延祐，系元朝保簿；墨笔洪武，原业洪武十一年，见业洪武十九年。”查阅册中所载，每一字号皆用朱笔和墨笔两种不同颜色书写相关资料，朱笔表示元延祐经理，墨笔则为洪武丈量，即明代洪武丈量与元代延祐经理的相关资料，皆书写在同一个字号上，表明二者不仅保的字号相同，而且其流水字号也完全相同。

延祐经理曾在全国多地实施，其间，虽有不少问题和弊病，但总体来说，仍取得了良好成效，而成为继南宋绍兴经界之后，承上启下的一次重要土地经理。从徽州延祐经理来看，主持官员十分认真，“实以度田，实以报上”，纠正了以往虚增田亩之数，被颂为“德政”。在实施过程中，于自实、自报的同时，还进行了田土丈量，并造有鱼鳞册籍。徽州延祐经理的田土字号，已改为每保领有一个《千字文》字号，并被明初洪武丈量沿用下来。徽州明初洪武鱼鳞图册所用字号，乃发端于元代的延祐经理。

---

① 国家图书馆善本部藏 16828 号。参阅拙文《洪武鱼鳞图册考实》，《中国史研究》2004 年第 4 期。

二　明代展开

明朝建立伊始，朱元璋即开始推行鱼鳞册制度，多次进行核实田土和鱼鳞图册攒造，并建立黄册制度。“鱼鳞册为经，土田之讼质焉。黄册为纬，赋役之法定焉。”①鱼鳞图册和黄册成为明代赋役制度的两大基石。明万历时期的全国性土地清丈及鱼鳞图册攒造，取得了史无前例的成就，成为张居正经济改革的前提和基础。鱼鳞图册制度在明代全国推广展开。徽州明代鱼鳞图册的实施，则要从元末龙凤经理说起。

（一）龙凤经理

如众所知，朱元璋于元末起事，最初投奔红巾军，属于郭子兴部下。在红巾军与元朝统治者斗争的过程中，他以长江下游为根据地，招贤纳士，收揽英雄，积蓄力量，逐渐发展壮大起来。元至正十七年（红巾军韩宋政权龙凤三年，1357），“三月，明大将邓愈、胡大海取我县，邓愈取我路……是月更我路为兴安府……奉龙凤正朔”，“以枢密院判官邓愈镇我府”，②此后徽州即在朱元璋政权的统治之下，用龙凤纪年。龙凤十年（1364），改兴安府为徽州府。朱元璋吴元年（1367），以徽州府隶中书省。

徽州地区在元末动乱中遭受破坏甚大，民多逃亡，版籍流失，赋役征调无所从；当时又正值改朝换代之际，若无鱼鳞图册之类的版籍，新的科徭制度也

① 〔清〕张廷玉等：《明史》卷七七《食货一》，中华书局标点本1974年版，第1882页。

② 万历《休宁县志》卷一《舆地志·沿革》，国家图书馆藏万历三十五年刻本。

难以确定下来，因而攒造鱼鳞图册之类的册籍，就成为新王朝恢复生产、征调赋役所必需。

据弘治《徽州府志》载，"〔国朝〕……乙巳年查出元戊戌年自实后至甲辰年官民田土二万九顷七十九亩四分九厘"①。戊戌即元至正十八年（宋龙凤四年，1358）。这里明确告诉我们，朱元璋在占领徽州的第二年，就在徽州进行了田土经理自实。康熙《休宁县志》也载有此事："程宾赐，字孟思，山斗人……戊戌自实田，一秉至公，毫发不少假。"②亦是佐证。此可谓徽州地区龙凤时期的第一次土地经理。这次经理所确定的田土数额，直到乙巳改科前的甲辰年（元至正二十四年，宋龙凤十年，1364），一直作为当地赋役征调的依据。但因为这一次田土经理是在"勘定之初"，所以不够彻底。于是，在癸卯至甲辰年（元至正二十三至二十四年，宋龙凤九至十年，1363—1364），徽州地区又进行了龙凤时期的第二次土地经理。《宋学士文集》载有相关事迹：

> 君讳复初，以善其字也，姓端木氏……至正初，以儒试吏……癸卯三月，召为徽州府经历。徽为江东大郡，政繁而赋殷，君悉力佐治，百废俱举，功则归于其长。田赋久不均，民不堪命，君即城东建局，使民自实田，集为图籍，核盈朒，验虚实，而定科徭。吏民阴为欺蔽，痛谪之。不数月而毕。由是民无逋租，官无横敛。③

从这一记载中可以了解到朱元璋政权在徽州经理田土的具体情况。其经理手段是"使民自实田"，这是继承了元代经理土地的方法。目的是"核盈

---

① 弘治《徽州府志》卷二《食货一・田地》，《天一阁藏明代方志选刊》影印本，上海古籍书店1964年版。

② 康熙《休宁县志》卷六《隐逸》，国家图书馆藏康熙三十二年刻本。

③ 〔明〕宋濂：《宋学士文集》卷三五《端木府君墓志铭》，《四部丛刊》初编影印明正德刊本，上海商务印书馆1929年版。

朒,验虚实,而定科徭”。并且,这次田土经理又是“集为图籍”的。

祁门县的有关记载,更证明了这一点。祁门在元末动乱之中所遭浩劫尤甚。至龙凤年间,那里仍是田园荒芜,百废待兴。“壬辰之变(元至正十二年,1352),蕲兵蹂躏,鞠为茂草,邑之遗黎,存者百二三。大军恢复后,莅民者爬梳剔抉,未遑也。”①就是在这一背景之下,魏郡人钟友谅调知祁门县的。“侯名友谅,字明德,聪敏通济,执法不阿。其始至也,薙蓬藋,开市井,招逋逃,垦荒田,捕余丑之梗化者。审理冤抑,核实土田,均其赋役。故民服其教,吏畏其明,美绩彰彰,在人耳目。而又创公署,作三皇庙,筑社稷坛,起谯楼,饬邮传。邑之复兴,实自侯始。”②与此同时,他还兴文教,重风化,修复学校,重建儒学。这里所言“核实土田,均其赋役”,显然是指经理田土之事。那么,这些政绩是在什么时间进行的呢?永乐《祁阊志》载有《重建儒学记》,这是汪克宽等人为表彰钟友谅的政绩而写的一篇记文,其中说:“岁昭阳单阏夏四月,魏郡钟侯以廉明专治之才,迁宰是邑。”“昭阳单阏”即癸卯(1363)别称,就是说,钟友谅是在癸卯年四月调知祁门县的。而这篇记文的末尾所署时间是“甲辰岁三月癸卯”(1364)。所以,包括“核实土田,均其赋役”在内的这些政绩是钟友谅在癸卯至甲辰这两年时间内完成的。这一时间,恰与前述引文中记载的端木复初主持徽州府田土经理的时间相一致。

经过龙凤经理而于乙巳改科中所确立的各县田土数额和税粮科则,此后即作为征调赋役的定额,一直到洪武十年(1377)没有变化。而经过龙凤经理所确立的山场地权,在祁门县甚至延及整个明代乃至清代。道光《祁门县志》即提到龙凤经理之事:“山为云雾山场,佥业定于明洪武前龙凤经理,向无山税,与婺源同,间有古墓茂林,听从民便,报垦起科。”③这里所说的“佥业”,即通过土地经理等而经由官府确定的业户对土地的产业之权。而在清康熙时

① 永乐《祁阊志》卷九《碑碣·重建儒学记》,安徽省黄山市祁门县图书馆藏本。

② 永乐《祁阊志》卷九《碑碣·重建儒学记》,安徽省黄山市祁门县图书馆藏本。

③ 道光《祁门县志》卷一三《食货志一·田土》,国家图书馆藏道光七年刻本,第6页。

所进行的田土买卖交易中，有的在言及田土坐落字号、亩步四至时，“仍照龙凤经理为准”。兹引康熙二十四年（1685）祁门胡公度等卖山地赤契有关原文，以资佐证：

> 同都胡公度同侄仕凯，今立凑全契，原崔家坐、茶园坐、戴家边、前山坞地、小溪山共五处，前明末季先叔伯祖辈曾三次立契，前项山地卖过十分之八，仍存十分之二未曾出契。……兹托亲议说明白，立契将祖遗及买受佥业前项地山应有分法，丝毫无存，坐落字号亩步另载于契尾，四至仍照龙凤经理为准，不及细注，山骨地皮一并在内，立契卖与张亲名下，凑成全业……
>
> 另开坐落字号亩步于后（略）
>
> 康熙二十四年十月初八日立卖契　胡公度（押）
>
> 侄仕凯（押）
>
> 亲人李邦栋（押）
>
> 见人李喜孙（押）①

总之，朱元璋在占领徽州后至明朝正式建国前的龙凤时期内，曾多次进行土地经理，并卓有成效。特别值得注意的是，作为朱元璋龙凤经理所造鱼鳞图册实物，至今仍有不止一部被保存下来。如中国社会科学院古代史研究所藏《祁门县十四都五保竹字号龙凤经理鱼鳞册》②及《祁门县十四都九保民字号龙凤经理鱼鳞册》③；安徽博物院藏《祁门县十东都三保谷字号龙凤经理鱼鳞册》及《祁门县十西都七保唐字号龙凤经理鱼鳞册》抄本；安徽省图书馆

---

① 该契为抄件，夹在祁门十东都三保《谷字号经理》（安徽博物院藏 2：16722 号）册内。抄件上有“契字第 14586 号”字样，可知原契为经官税契，本为赤契。

② 参阅拙文《龙凤时期朱元璋经理鱼鳞册考析》，《中国史研究》1988 年第 4 期。

③ 参阅拙文《徽州府祁门县龙凤经理鱼鳞册考》，《中国史研究》1994 年第 2 期。

藏《祁门县十东都二保逊字号龙凤经理鱼鳞册》等。

关于鱼鳞图册的攒造历史，虽说可以追溯到宋元时代，但因时代久远，现存的鱼鳞图册实物，大部分为明代万历以后所攒造，而明中期以前的鱼鳞图册，已属罕见。至于洪武鱼鳞图册，真可谓凤毛麟角，极为难得。毋庸置疑，这些在洪武之前攒造的龙凤经理鱼鳞册，弥足珍贵。它不仅是朱元璋龙凤时期在徽州进行土地经理的确凿证据，而且对宋元以来的鱼鳞图册制度乃至明清社会经济史的研究亦提供了宝贵的实物资料，具有极高的研究价值。

（二）洪武丈量

1368 年，朱元璋于应天府（南京）称帝，建元洪武，国号大明。洪武元年正月，朱元璋派遣周铸等 164 人往浙西核实田亩。《明实录》载：

> （洪武元年正月）甲申，诏遣周铸等一百六十四人往浙西核实田亩。谓中书省臣曰："兵革之余，郡县版籍多亡。田赋之制不能无增损，征敛失中，则百姓怨咨。今欲经理，以清其源，无使过制，以病吾民。夫善政在于养民，养民在于宽赋。今遣周铸等往诸府县核实田亩，定其赋税，此外无令有所妄扰。"复谕铸等曰："尔经理第以实闻，无踵袭前弊，妄有增损，曲徇私情，以病吾民，否则国有常宪。"各赐衣帽遣之。①

可以看出，核实田亩，定其赋税，确立田赋之制，乃明帝国开国所要做的第一件大事。而只有通过土地经理，才能核实田亩，"以清其源"。随后几年，中书省及户部多次下令经理土地，核实田亩，各地即奉旨意，开展丈量田地，

① 《明太祖实录》卷二九，洪武元年正月甲申条，台湾"中研院"历史语言研究所 1963 年校勘本。

攒造鱼鳞图册。关于洪武初年的土地丈量，浙江地区开展得较为普遍，其中又以浙东金华地区的记载最为引人注目。时人苏伯衡记其事云：

版籍入皇朝，遂有凿空之赋，名曰“虚讹粮”，而其数之多，为田至千三百九顷有奇。民负逋而莫偿，吏惴惴惟岁入不登是惧，而公私交以为病矣。事闻，中书省亟命检核除之。户部援田令，俾以五尺为步，造弓尺以量。符下，皆重改成籍，罔敢自任。既而命明州府通判王琮来治之。甫兴役，又以事罢去。会今王君（王纲）来倅郡，遂以命君，而君亦自以为己任。

盖县统乡十有二。乡统都，上乡七，中乡四，下乡三。都统保，大率十。乃令都择一人焉为量长，保择一人焉为里长。都以五十步为率，筑堠一焉，表其都之界。保以三十步为率，筑堠一焉，表其保之界。田以区为率，树木表一焉，书其甲乙之次；树楮表一焉，书其多寡之数。而旁都比保，分曹易地，相司察焉。有田者则各以名数，如异时诉水旱者，自占书于表而树之田间。择吏之清强者分董其役。以金华县丞钟弼董东南乡，以浦江县丞杜彦董西北乡。侯（王纲）乃出诣诸乡，即寺观以次舍，裹糇粮以食饮，冲冒暑雨，跋涉阡陌，履亩而申量焉。各乘其形之方圆、曲直、长短，绝彼补此，尘累微积，以足亩数，乃以今昔之度准之，有余者增之，不及者减之。岸溪而啮于水者蠲之，山林园池而垦筑耕稼者收之。量既周，乃裒诸所表，为鱼鳞图，为流水册，册以会赋，图以会田。董之以东阳县丞赵斗南。君（王纲）朝夕亲临而程督焉。凡田既除前虚讹之数，其为增者收者总百五十二顷有奇，减者蠲者总三百四十五顷有奇。册以帙计者四百五十有三，图以幅计者如册之数，而皆有副。检量之役，起洪武四年夏四月丙申，讫其年秋八月庚子，积百有二旬有四日。图册之役，起是秋八月壬寅，讫明年夏五月壬子，积二百有五旬而毕，以竣事闻。①

① 〔明〕苏伯衡：《苏平仲文集》卷六《核田记》，《四部丛刊》初编影印明正统刊本，商务印书馆1929年版，第22~23页。

该记载对洪武四年(1371)金华县的土地丈量做了全面而翔实的叙述,实为洪武初年金华田亩清丈的真实写照。其丈量起因是当地"虚讹粮"田亩甚多,公私交以为病,而遵户部援田之令,命官员依弓尺丈量,"重改成籍";其丈量组织是"择吏之清强者分董其役","都择一人焉为量长,保择一人焉为里长";其丈量做法是筑堠以表都保之界,树木以分田亩之区,官吏亲诣田间,跋涉阡陌,履亩丈量,"各乘其形之方圆、曲直、长短,绝彼补此,尘累微积,以足亩数,乃以今昔之度准之,有余者增之,不及者减之";最后则攒造册籍,"为鱼鳞图,为流水册,册以会赋,图以会田"。整个活动持续一年多,其鱼鳞图册实告成于洪武五年(1372)。除金华府外,在浙江的严州府、宁波府、处州府等地,洪武初年亦曾钦承旨意丈量田地,攒造鱼鳞图册,此不一一引述。

洪武初年的土地丈量,不仅限于浙江省,在南直隶松江府,北直隶大名府、赵州,山东诸城县,陕西渭南地区,都曾开展过土地丈量活动,均有文献记载可证。又据《明实录》载,洪武五年(1372),还遣使度四川田土①。总之,洪武初年的田土丈量是一次全国性的土地经理活动。

洪武十四年(1381),朱元璋在全国正式建立黄册制度。在黄册制度推行前后,朱元璋和朝廷又在各地进行了新一轮的全国性土地丈量和鱼鳞图册攒造。洪武十三年(1380),户部下令核实天下田土②;洪武十四年(1381),浙江金华府浦江县鱼鳞图册成③;洪武十五年(1382),"高皇帝遣官量田定经界"④;洪武十九年(1386),"诏天下度田,绘疆畛为图,命太学生莅其役"⑤;洪武十九年,山东安丘县丈量田地,造鱼鳞图册:"十九年丙寅,大括田。此即鱼鳞册也,大约

---

① 《明太祖实录》卷七四,洪武五年六月乙巳条,台湾"中研院"历史语言研究所1963校勘本。

② 〔明〕沈文:《圣君初政记》,《中国野史集成》第22册,巴蜀书社2000年版。

③ 嘉靖《浦江志略》卷三《官守志·册籍》,天一阁藏明代方志选刊本,上海古籍书店1964年版。

④ 万历《休宁县志》卷三《食货志·公赋》,国家图书馆藏万历三十五年刻本。

⑤ 〔明〕方孝孺:《逊志斋集》卷二二《贞义处士郑君墓表》,《四部丛刊》初编影印本,商务印书馆1929年版,第44页。

六尺为步,二百四十步为亩,所用尺今钞尺是也,分上、中、下三则起科。”①

至洪武二十年(1387),浙江及直隶苏州等府县鱼鳞图册成,进呈朝廷。《明实录》载:

> (洪武二十年二月)戊子,浙江布政使司及直隶苏州等府县进鱼鳞图册。先是,上命户部核实天下田土,而两浙富民畏避徭役,往往以田产诡托亲邻、佃仆,谓之铁脚诡寄。久之相习成风,乡里欺州县,州县欺府,奸弊百出,谓之通天诡寄。于是富者愈富,而贫者愈贫。上闻之,遣国子生武淳等往各处,随其税粮多寡,定为几区,每区设粮长四人,使集里甲、耆民,躬履田亩,以量度之。图其田之方圆,次其字号,悉书主名及田之丈尺四至,编类为册,其法甚备。以图所绘,状若鱼鳞然,故号鱼鳞图册。②

显然,《明实录》的这条记载是带有总结性的。从洪武十四年前后开始的各地土地清丈,最后是在洪武二十年完成的。

从以上关于洪武丈量的简略叙述中,首先可以看出,就朝廷政令所下的地区范围来说,洪武丈量是全国性的。诸如“洪武元年春,遣使行天下,经理田土事”③,以及前引史料中“户部下令核实天下田土”“高皇帝遣官量田定经界”“诏天下度田”等记载,这些都是由朝廷向全国各地发布的命令。这表明,洪武丈量实为中央政府主持的自上而下的全国性举措,并非地方性行为。从政令的执行情况来看,尽管其在一些边远省份并未留下记载,或未实施,其他省份亦有草率从事者,但前引史实足以证明,它是在相当广大的地区内认真实施了的。

其次,洪武丈量是在经过元末十几年的战乱、版籍多已不存的背景之下,

---

① 万历《安丘县志》卷一下《总记下》,国家图书馆藏明万历十七年刻本,第18页。

② 《明太祖实录》卷一八〇,洪武二十年二月戊子条,台湾“中研院”历史语言研究所1963年校勘本。

③ 〔元〕杨维桢:《东维子集》卷一《送经理官成教授还京序》,《文渊阁四库全书》第1221册,第384页。

又是在明初改朝换代、需要确定新版籍的形势之下开展的。对此，史籍所载颇多。“明太祖破苏城，张士诚将鱼鳞图籍焚毁，无册可稽。”①“兵革之余，郡县版籍多亡。田赋之制不能无增损。”②“兵兴以来，土田阡陌无定籍可稽。”③“国家草昧之初，户口散亡，图籍不存。”④“元季丧乱，版籍多亡，田赋无准。”⑤而且，朱元璋所强调的是：“尔经理第以实闻，无踵袭前弊，妄有增损，曲徇私情，以病吾民，否则国有常宪。”⑥总之，洪武丈量并非抄袭元朝档册，而是部（朝廷）下弓尺，“重改成籍”的。

又，洪武丈量是在明朝开国之初政令通行的环境中，特别是在朱元璋推行严刑峻法以猛治国的形势下实施的。从丈量事件本身也反映了当时的这种气候。史载：“国初以监生供丈量之差，履亩画图，有差错则罪之，以故法行而难犯。”⑦“明法审令，以布于民。使履亩较籍，稽实覈虚，交纠疏失。宽以致其详，罚以惩其怠。务尽其情，人不敢欺。历三年，始得序次如鱼鳞焉。”⑧“洪武十九年遣官经量田土。先是，申报田土税粮，省不通府，府不通县，故虚伪失实。及空印事起，受罪者众。至是分遣监生，躬临各县，沿丘履亩，逐一经量，编画鱼鳞图籍以记之。”⑨“昔信国量田之时，任严刑，重击断。”⑩“洪武十

① 〔清〕顾公燮：《消夏闲记摘抄》上《苏州鱼鳞册》，民国铅印本，第 3 页。

② 《明太祖实录》卷二九，洪武元年正月甲申条，台湾“中研院”历史语言研究所 1963 年校勘本。

③ 〔元〕杨维桢：《东维子集》卷三《送经理官黄侯还京序》，《文渊阁四库全书》第 1221 册，第 398 页。

④ 〔清〕顾炎武：《天下郡国利病书》原编第二册《北直中 · 大名府志》，《四部丛刊》三编，1929 年影印本。

⑤ 〔清〕张廷玉等：《明史》卷七七《食货一 · 田制》，中华书局 1974 年标点本，第 1881 页。

⑥ 《明太祖实录》卷二九，洪武元年正月甲申条，台湾“中研院”历史语言研究所 1963 年校勘本。

⑦ 〔明〕章潢：《图书编》卷八七《均田论》，《文渊阁四库全书》第 971 册，第 630 页。

⑧ 光绪《松阳县志》卷一一《艺文志 · 邑令石公平赋役碑记》，国家图书馆藏光绪元年刻本，第 7~8 页。

⑨ 万历《金华府志》卷六《田土》，国家图书馆藏明万历六年刻本。

⑩ 〔清〕顾炎武：《天下郡国利病书》原编第二二册《浙江下 · 宁波府志》，《四部丛刊》三编，1929 年影印本。

九年，诏天下度田，绘疆畛为图，命太学生莅其役。太学生有以贿败者，蔓连大家，多坐死。”①在这种严刑峻法的形势之下，敷衍塞责者不可能是大多数。所以，洪武丈量曾在相当广泛的地区内认真实行。

洪武丈量是宋元以来实行的土地丈量与攒造鱼鳞图册制度的继续，同时也是这一制度的重大发展。从丈量地区来说，并不限于两浙，也不限于江南，北方多地也有丈量，比之宋元大为扩展，乃具全国规模；而且洪武丈量使鱼鳞图册制度更加完备，它与同时建立的黄册制度互为经纬，成为明代赋役制度的两大支柱。正如《明史》所言：“黄册以户为主，详具旧管、新收、开除、实在之数为四柱式。而鱼鳞图册以土田为主，诸原坂、坟衍、下隰、沃瘠、沙卤之别毕具。鱼鳞册为经，土田之讼质焉。黄册为纬，赋役之法定焉。”②鱼鳞图册作为明清社会经济方面的一项基本制度，是通过洪武丈量而确立的。后来，随着明朝的灭亡，黄册制度即迅速瓦解；而鱼鳞图册却在清代一直存在，最后延至民国时期。洪武丈量上承宋元经理之传统，下为明清时期的一系列丈量奠定了基础，在宋代以后的土地经理和鱼鳞图册攒造史上，具有里程碑之意义。

（三）徽州洪武丈量

继龙凤经理之后，徽州在洪武时期不止一次经理田土，攒造鱼鳞图册。

按方志所载，徽州在洪武年间的土地经理活动有如下几项：

万历《休宁县志》卷一《舆地志》的“沿革表”中，先在“洪武十年丁巳年”之下的“中书省”栏中载“监察御史巡州县”，并在“特记县事”栏中载“籍田土”；又在“洪武十五年壬戌”之下的“特记县事”栏中载“六月我县遣官量田，

---

① 〔明〕方孝孺：《逊志斋集》卷二二《贞义处士郑君墓表》，《四部丛刊》初编影印本，商务印书馆1929年版。

② 〔清〕张廷玉等：《明史》卷七七《食货一·田制》，中华书局1974年标点本，第1881～1882页。

定经界”①。该志又载:“高皇帝洪武十五年遣官量田定经界。”②

康熙《徽州府志》亦载:“洪武十年丁巳,命监察御史巡行州县,籍田土”,“洪武十五年壬戌,六月蠲本年田租,遣官量田定经界。”③

乾隆《婺源县志》亦载有洪武丈量之事:“(洪武)十年丁巳,遣御史巡行州县,籍田土”,“十五年壬戌,遣官量田,定经界”,“二十年丁卯,鱼鳞图册成”④。

成于万历年间的《丝绢全书》亦多次提及徽州洪武年间的田土丈量。如该书《五邑民人诉辩妄奏揭帖》中说:“洪武乙卯丈量田土,辛酉大造黄册,永为歙县夏税实征额。”⑤洪武乙卯为洪武八年(1375),辛酉为洪武十四年(1381),即徽州曾在洪武八年丈量田土。该书在《婺邑奉催再议申文》《五邑查明丝绢缘由呈词》等其他申文或呈词中也多次提及“洪武乙卯丈量田土”之事。⑥ 又,该书所载万历三年(1575)十二月二十七日歙县知县姚学闵的《歙邑再议申文》则说:“思我太祖高皇帝自戊申登极以后,两经丈量,计亩定税,厥有成规,制度一新,岂附元额之陋”⑦;其《江子贤等妄诋黄册奏疏帖文》中亦说:“若以国朝见征之额言之,则徽州自洪武年间二次丈量之后,每田地一亩科夏麦二升,计亩起科,六县一则。”⑧

综合以上方志与文献记载可知,徽州在洪武时期进行了两次田土丈量与

---

① 万历《休宁县志》卷一《舆地志·沿革》,国家图书馆藏万历三十五年刻本。

② 万历《休宁县志》卷三《食货志·公赋》,国家图书馆藏万历三十五年刻本。

③ 康熙《徽州府志》卷一《舆地志》上《建置沿革表·总隶并纪事栏》,国家图书馆藏康熙三十八年刻本。

④ 乾隆《婺源县志》卷二《疆域志·沿革》,国家图书馆藏乾隆五十二年刻本。

⑤ 〔明〕程任卿:《丝绢全书》石集卷二《五邑民人诉辩妄奏揭帖》,国家图书馆藏明万历七年刻本。

⑥ 〔明〕程任卿:《丝绢全书》石集卷二《婺邑奉催再议申文》《五邑查明丝绢缘由呈词》,国家图书馆藏明万历七年刻本。

⑦ 〔明〕程任卿:《丝绢全书》石集卷二《歙邑再议申文》,国家图书馆藏明万历七年刻本。

⑧ 〔明〕程任卿:《丝绢全书》竹集卷四《江子贤等妄诋黄册奏疏帖文》,国家图书馆藏明万历七年刻本。

鱼鳞图册攒造：一次是在洪武十年(1377)前后，另一次则是在洪武十五年至二十年期间(1382—1387)。无论田土丈量，还是鱼鳞图册攒造，都极为耗力费时，加之各地进度不一，故一轮丈量多累月经年，甚至跨越数年。徽州在洪武时期的田土丈量即反映了这种情况。

遗存的徽州洪武鱼鳞图册实物，亦反映出洪武时期的两次田土丈量情况。如国家图书馆藏《明洪武十九年十都六保罪字保簿》，其封面原题“拾都陆保罪字保簿洪武延祐前”，经考证，该册本为《明洪武十九年休宁县十都六保罪字保簿》①。以该册罪字四号为例，其所载内容及格式如下：

> **罪字四号**　　**土名**　吴干岩　同
>
> 次下田汪山甫一角二十步太小八坵
>
> **原**田一角二十步
>
> **今实**
>
> **东至**同水坑
>
> **西至**自山吴社寿山
>
> **南至**自山吴社寿山
>
> **北至**同水坑
>
> **见业**　吴杜寿一分六厘六毫　吴旺一分六厘柒毫
>
> **原业**　吴子余　吴子付

① 国家图书馆善本部藏16828号，参阅拙文《洪武鱼鳞图册考实》，《中国史研究》2004年第4期。

其扉页载有如下文字："朱笔延祐，系元朝保簿；墨笔洪武，原业洪武十一年，见业洪武十九年。"这里所言"原业""见业"，即反映了洪武时期的两次田土丈量情况。

又如，中国社会科学院古代史研究所藏《明洪武十八年歙县十六都三保万字号清册分庄》①，该册版心刻有"洪武清册分庄　添一"字样，其为洪武鱼鳞图册无疑。又据前揭《歙西溪南吴氏先茔志》所载可证，该清册分庄系洪武十八年（1385 年）攒造。其所载内容及格式如下：

万字三百九十四字
山一角
见业
吴再
原额
先增
今增
土名　前山
佃人
南
东　西
北
东至　运善山
西至　干仁地
南至　景高山
北至　运善山
分庄
吴海壹分二厘五毫
吴文昭四厘二毫
吴天多八厘三毫

每号所载内容有：字号、田土类别、田土面积、见业、原额、先增、今增、土名、佃人、东西南北（图形，未画出）、四至、分庄等项。其中原额、先增、今增各项系刻版印刷事项，虽未填写具体数字，但表明了原设置应填写不同时期的田土数额，其中"原额"当表示元代田土数额，"先增"则表示洪武十年（1377）前后先次丈量的田土增额，而"今增"即表示洪武十八年（1385）丈量的田土增

① 中国社会科学院古代史研究所藏 315010000001 号。

额。在歙县其他洪武鱼鳞图册中亦刻有与此完全相同的版式。

关于徽州洪武丈量与鱼鳞图册攒造，在徽州族谱中亦有不少记录。兹将笔者查阅到的相关资料摘录如下：

1.前揭《歙西溪南吴氏先茔志》，在各先祖茔地的“历朝经理”中，多次详细而具体地记载了歙县“明洪武十八年丈量”及其攒造的鱼鳞图册相关事项，并录有鱼鳞图形。如：

历朝经理……

明洪武十八年丈量十五都九保仍作

草字五百七十号　荒地一亩三角四十步　坟山一角　土名岭塘（又名新塘尾）

见业分庄十六都　吴承务　荒地三角

吴　岳　坟山一角

吴奇叟　地二角四十步

吴副使　地二角

东至王家山（一王桂轩山）　西至汪得云山　南至余再遇山　北至汪家山①

再如：

历朝经理……

明洪武十八年丈量十五都十保

木字四百九十八号　下地二十步　计税八厘三毫　土名中村

① 〔清〕《歙西溪南吴氏先茔志·始祖妣》第4页，日本东京大学东洋文化研究所藏清道光二十九年补刊本。

见业吴生

东至项家地(一项原凯地)　西至项家地(一众地)　南至塘(一金义芳塘)　北至项原地(一项原凯地)①

2.中国社会科学院古代史研究所藏《康熙歙县吴氏家志》关于先祖茔地的记载中,也多有“洪武十八年丈量”之事。如:

经理

明洪武十八年丈量十九都　保

彼字二百八号　柴山地一亩　土名女儿石　坐落灰窑祖坟山地

见业十五都汪学士　汪子士　分庄汪学士山额下等地五分　吴仲升山额下等地五分

东至自田　西至自田　南至自水窟　北至叶伯再田

……

经理

洪武十八年丈量十六都二保清册

及字八百十八号　山二角　土名金充

见业黄浩　分庄十七都黄浩三十步　十八都胡子交一角三十步

东至岭　西至胡得付地　南至岭　北至岭②

3.安徽博物院藏万历《双桥郑氏先茔图志》所记各先祖茔地,多有涉及宋

① 〔清〕《歙西溪南吴氏先茔志·始祖妣》第3页,日本东京大学东洋文化研究所藏清道光二十九年补刊本。

② 王钰欣、周绍泉:《徽州千年契约文书》宋元明编卷九《崇祯歙县吴氏家志》,花山文艺出版社1993年版,第5页、第57页。笔者按:该文书中所录最晚年份的契约系“康熙三十九年”,应定名为《康熙歙县吴氏家志》。

明土地经理之事，如其一世祖载：

> 万三公谱记，始祖公墓，在二十三都七保笃字源四十二号，坟地一角三十一步，土名潭渡村前葵池，东至孙起坟，西至黄仁甫地，南至孙起坟，北至小路。
>
> 洪武十二年丈量，作空字七百二十八号，下等地一角三十一步，新增一角二十一步，二共二角伍十二步，计税七分一厘七毫（民六分九厘二毫，没官田贰厘伍毫），流水清册见业郑吉翁，土名高池，东至刘寿甫地，西至刘仲义地，南至刘寿甫地，北至路。
>
> 洪武十四年造册，不许立膳茔户，作二十五分均庄……①

这里载有“二十三都七保笃字源四十二号”，其中“笃字源”，与前揭《程典》所载“绍兴经界，歙县永丰乡环山里三保甲榲字源二百一号”的格式相同，可知其所载本是南宋绍兴经界事宜；其中洪武丈量所言“流水清册”，即鱼鳞清册，以字号为序编排的鱼鳞清册又称“流水”“流水清册”等；其所言“洪武十四年造册”，即指洪武十四年（1381）大造黄册。

再如，其四世祖载：

> 四世祖妣墓地，在二十三都八保甲业字源四十四号，坟地三十三步，四至皆郑京地。
>
> 洪武十二年丈量，系二十三都八保谷字八百六十号，下地三十三步，内同号下地三角三步，新增二角一十步，土名汪巷口枫树下，见业郑得、郑和、郑显、郑正宗，东至郑仁地，西至郑山甫地，南至路，北至郑贵之地。
>
> 鱼鳞图分庄：

① 万历《双桥郑氏先茔图志》，稿本，安徽博物院藏3830号。

郑仲茂二分四厘六毫，郑仁茂二分四厘六毫……①

其中言洪武丈量“新增二角一十步”，即比原额增加了二角一十步，表明洪武丈量并非抄誊旧额。其六世祖洪武丈量亦有新增步亩：

六世祖小府君墓，在仇村社前，名黄龙吐气，系本都十保丁於字源八十八号，坟地二角，北边次下田二角四步，荒田五十步，吕家塘灌塘一角，其地东至郑京进士地，及方子成田，西黄时美坟，南黄琪坟，北张德广田。

洪武十二年丈量，声字一千三百三十三号，下等地四十六步，下田三角十四步，新增一角十步，土名仇村社前，东黄志地，西黄成地，南黄贵田，北至汪自明田。

洪武十四年册作二十九分分庄。②

4.雍正《歙县潭渡黄氏族谱》卷五《祖墓》载：

向杲寺西田地字号数目

名字四百七十二号，下田一亩一角二十二步半，计一亩三分四厘三毫七丝五忽，东自田，西吴忠仁塘，南吴仲地，北吕卯地、吴忠通路。

名字四百七十七号，下地一角三十九步，计四分一厘三毫，东吴通义路，西吕卯地，南自地，北吴忠通地；元下地一角二十八步，明增十一步。

名字四百七十八号，下地一亩，东圳，西路，南叶社田，北圳；元坟地二角三十步，明增一角三十步。

名字四百七十九号，下田三角四十三步，计九分二厘九毫，下地二角

① 万历《双桥郑氏先茔图志》，稿本，安徽博物院藏3830号。
② 万历《双桥郑氏先茔图志》，稿本，安徽博物院藏3830号。

三十步，田地共一亩二角十三步，东叶社田及甽，西自田，南吴忠通田，北路及自地。

以上四号，俱赡茔签业向所分受者旧谱所载数目，只照元时丈量开数，明新增未入，故数不同，且所开名字四百七十三号，乃吴进卿签业，盖黄赡茔乃四百七十二号，讹二为三，今照流水签业字号数目改正，增入而录之……①

这里所列黄氏各祖坟茔地，乃元时丈量数目，但其中有的字号也标有明代所增亩步。该谱又在《向杲寺西牌边枧头等处祖坟立碑记》的附文中载：

附老赡茔簿内载明万历九年丈量黄赡茔向杲祖坟祠墓赡茔田地

原名字四百六十一号，屋后田，洪武廿四年丈下田九分一厘二毫五丝，签业叶安，弘治十五年过税与本户，于上建造祠屋，至万历九年丈改常字九百八十四号，平田一百五十七步五分七厘三毫，计税七分零三丝三忽。

原名字四百七十二号，坟前田，洪武年丈下田一亩一角二十二步五分，至是丈改常字八百九十一号，平田三百七十九步三分零，计税一亩六分九厘三毫三丝。

原名字四百七十七号，祖坟及名字四百七十九号面前田，洪武年丈下地四分二厘，至是丈改常字九百七十四号，坟地一百六十四步三分五厘三毫，计税五分八厘七毫。

原名字四百七十八号，祠屋后路南高坟三穴及余熟地，洪武年丈坟地一亩，至是丈改常字九百八十五号，平地二百七十九步三分零，计税九分九厘七毫五丝。

---

① 〔清〕《歙县潭渡黄氏族谱》卷五《祖墓》，清雍正九年刻本，上海图书馆藏，第29页。

原名字四百七十九号,祠及南边高坟地,洪武年丈下田九分二厘九毫,下地六分二厘五毫,至是丈改常字九百七十八号,基地二百五十五步零。

以上五号,田五百十二步八分七厘三毫,地六百七十八步七分一厘三毫,二共一千一百九十一步五分六厘,外每号加十步,共田地五亩二分三厘,旧额租谷六十六斗;地二片,连尖角三料,每料二斗三升。南墙外地一片,每年三料各五升。屋外地一片,每年租银(字已磨去)。又,路边窖二只,租银六分,又窖租(字已磨去)。又窖一只,作清明热酒柴钱。其田地向系大海佃种,后于万历十七年交与向杲寺僧义芳等作种,每年硬租纹银一两七钱五分,言定二、八月朔两次各交六钱七分五厘,尚存一钱,作修竭费。臣槐补注。①

这是该族在清代修谱时所抄录的明代老赡茔簿内所载文字,其中多次言及洪武年丈量祖坟田地的字号、亩步及税额。

5.同治《腴川程氏宗谱》卷二八《墓图・唐御史中丞上柱国全礼公墓图》载:

墓在和睦朱紫岭莲塘垓上山,蛇形,癸向。洪武十九年编绘鱼鳞册,载山税五分,与廿三都潘姓共业,本族供税二分,上葬程坟一所,潘坟六所,两姓立有禁墨。自后子孙永远不许再迁,至今遵守。②

---

① 〔清〕《歙县潭渡黄氏族谱》卷五《祖墓》,清雍正九年刻本,上海图书馆藏,第76页。

② 同治《腴川程氏宗谱》卷二八《墓图・唐御史中丞上柱国全礼公墓图》,安徽大学徽学研究中心藏,第4页。

6.明《休宁商山吴氏家谱》同支图系“第十六世”载：

> 良四公，讳天童，字彦诚，明十一公牛之子也……天资儆敏，少时就学，先生长者教之属对，即应口而答，皆知门类，读书三四过目则成诵，人皆奇之。洪武十八年，国朝检核田土，新造鱼鳞图，楷书细字，能者甚鲜，公执笔中度，主领者争聘之填写以塞责。①

此外，徽州族谱中还有一些关于洪武丈量的记述，此不一一列出。徽州族谱所载土地经理资料不仅可与其他文献所载相互印证，而且其中还有一些其他文献都没有记载的史料，这是十分珍贵的，值得我们重视。

总之，徽州方志和徽州族谱等有关记载表明，徽州在明洪武时期曾多次进行田土丈量；族谱所据乃“流水清册”即鱼鳞清册，因而直接反映了洪武鱼鳞图册攒造的相关内容。徽州鱼鳞图册虽沿用了元代延祐经理的字号，但与延祐经理相比，所载各号田土面积多不相同，颇有增加，证明洪武鱼鳞图册并非抄誊旧册，而是进行了认真的土地清丈。徽州地区通过洪武丈量而攒造的正式鱼鳞册籍，钤有官府印信，它作为明朝国家的土地版籍，一直沿用到明后期的万历土地清丈。其所登录的各户佥业，被认为是官府正式确认的业户土地产权依据。洪武时期鱼鳞图册与黄册制度的实施，成为构建明代赋役制度的两大基石。

（四）万历清丈

至明中叶，距洪武丈量已逾百年，无论洪武鱼鳞册籍本身，还是社会经济环境，都发生了很大变化。就鱼鳞图册本身来说，虽然仍以洪武鱼鳞册籍为

① 〔明〕《休宁商山吴氏家谱》同支图系“第十六世”，清抄本，上海图书馆藏。

准,但不少地方的册籍已是“岁久漫漶”,或有损坏,甚至亡佚不可考者,已难以利用。就鱼鳞图册经理的对象——田土而言,也发生了很大变迁。一方面,或因水患坍塌,或因逃亡抛荒,有的地方在册田土已成虚额;另一方面,多年以来又有许多新开垦的土地,旧有的鱼鳞册籍亦无法反映。

明初造册时,朱元璋曾实行田不过都之制,若跨都图购买土地,其土地与税粮,卖者虽作开除,但该土地不许出都图,仍留在原都图内,买者立为子户,以实现“都有额里,里有额田”。这主要是为了限制土地流动,以免官府版图发生紊乱,原额流失。但随着商品经济的发展,这种田不过都之制很快就被打破,致使四海通失初意。明初之后通行的做法是:“惟州县之粮不得过界,而都里之粮则推收无定。”①由于土地买卖频繁,推收不断,业户占有的土地则常常处于变动之中,致使官府册籍所载不符合客观实际,这种情况在明中叶以后愈发严重。

嘉靖时大臣唐龙上疏言:

> 切照国初,计亩成赋,县有定额,岁有常征,收粮均而民不称病。夫何江西有等巨室,平时置买田产,遇造册时贿行里书,有飞洒见在人户者,名为活洒;有暗藏逃绝户内者,名为死寄;有花分子户不落户限者,名为畸零、带管;有留在卖户全不过割者;有过割一二名为包纳者,有全过割者不归本户,有推无收,有总无撒,名为悬挂掏回者;有暗袭京官方面进士、举人脚色,捏作寄庄者,在册不过纸上之捏,在户尤皆空中之影。以致图之虚以数十计,都之虚以数百计,县之虚以数千万计。递年派粮编差无所归者,俱令小户陪偿,小户逃绝令里长,里长逃绝令粮长,粮长负累之久,亦皆归于逃且绝而已。②

---

① 万历《嘉定县志》卷七《田赋考下·田赋条议》,国家图书馆藏万历三十三年刻本。

② 〔明〕唐龙:《均田役疏》,载陈子壮《昭代经济言》卷三,《丛书集成》初编,商务印书馆1935年版,第757册,第41页。

这里主要讲由于富户作弊而导致的赋役册籍败坏问题。它造成了“在册不过纸上之捏，在户尤皆空中之影”，粮差无法派归、业户逃绝的严重后果。

又，至明中叶以后，在社会经济发展的新形势下，此前针对自然经济而制定的传统政策的弊端更加显露出来，而为里胥作弊提供了可乘之机。如赋税征收所设田则问题，明代田亩沿袭宋元之制，分为官田和民田两大类，而官田和民田之下，则据田土肥瘠及历史来源之不同，又各分若干等级，设定不同的税则。如明初徽州府官田起科则例，即有秋粮一等官田、一等学院田、一等前元职田、钦免五分则、全征则、一等元抄没官田、一等续抄没官田、还官公田、学院续置田、寄庄田等，各则之下在各乡又分上田、中田、下田等，所征各不相同；民田在各乡亦分上、中、下三则，而每则所征在各乡亦有不同。整个徽州府田地山塘各起科则例，极为繁多，合计达数百则。[①] 各种田则本是为平均赋役而设定的。然而，由于历史的积累以及其他各种政治经济因素的影响，这种田则越来越多，明中叶以后，在江南一个县即达数千之多。如成化时苏州田则“乃至千余”[②]，正德年间湖州田地竟多达“四千四百四十七则”[③]。役法之中，不论正役，还是杂泛差役，其下均有数不清的各色役目，五花八门，难以枚举。田苦则多，役苦名多。等则既多，里胥遂得以上下其手，大肆作弊。

富户作弊导致了赋役册籍的败坏，而传统社会经济政策的种种弊端也为里胥作弊创造了条件，二者叠加，愈演愈烈。其结果是，造成了土地占有与赋役负担的极大不均。一方面，土地占有越来越向富户集中，“豪家田至七万

---

① 弘治《徽州府志》卷三《食货二・财赋》，《天一阁藏明代方志选刊》影印本，上海古籍书店 1964 年版。

② 〔明〕陈子龙等：《明经世文编》卷一二〇《王文恪公文集・吴中赋税书与巡抚李司空》，中华书局 1962 年影印本。

③ 万历《湖州府志》卷一一《赋役》，上海图书馆藏万历六年刻本。

顷，粮至二万，又不以时纳”[①]；另一方面，小户的赋役负担愈发加重。“富者田连阡陌，坐享兼并之利，无公家丝粒之需；贫者虽无立锥之地，而税额如故，未免缧绁追并之苦”[②]。土地占有不均与税粮负担轻重严重背离。这不仅造成了“私家日富，公室日贫，国匮民穷”的局面[③]，甚至出现了严重的社会危机，“长安棋局屡变，江南羽檄旁午，京师十里之外，大盗十百为群，贪风不止，民怨日深，倘有奸人乘一旦之衅，则不可胜讳矣。非得磊落奇伟之士，大破常格，扫除廓清，不足以弭天下之患。”[④]在这种形势之下，改革的呼声越来越高。赋役不均在于册籍不清，欲清册籍唯有进行土地清丈。嘉靖、隆庆时，遂出现了一股清丈田粮、均田均役的潮流，在南北不少地方都曾进行过土地清丈。例如：

嘉靖元年至二年（1522—1523），广平府成安县，知县桂萼均里甲，核实地土。[⑤]

嘉靖二年（1523），广平府威县，知县钱术丈量田土。[⑥]

嘉靖六年（1527），大名府开州，知州张寰均田，履亩丈量。[⑦]

嘉靖十一年（1532），南阳府裕州，知州安汝山奉檄丈地均粮。[⑧]

嘉靖十五年至十七年（1536—1538），苏州府，知府王仪、嘉定知县李资坤

---

① 〔明〕张居正：《张太岳集》卷二六《答应天巡抚宋阳山论均粮足民》，上海古籍出版社1984年影印本，第317页。

② 〔明〕陈子龙等：《明经世文编》卷八一《徐司空奏议·修改弭灾疏》，中华书局1962年影印本。

③ 〔明〕张居正：《张太岳集》卷二六《答应天巡抚宋阳山论均粮足民》，上海古籍出版社1984年影印本，第317页。

④ 〔明〕张居正：《张太岳集》卷三五《答西夏直指耿楚侗》，上海古籍出版社1984年影印本，第450页。

⑤ 康熙《成安县志》卷一一《艺文·成安政事记》，国家图书馆藏康熙十二年刻本。

⑥ 万历《威县志》卷三《田赋》，国家图书馆藏万历四十八年刻本。

⑦ 嘉靖《开州志》卷九《艺文志·知州张寰均田记》，《天一阁藏明代方志选刊》，1964年版。

⑧ 嘉靖《裕州志》卷三《田赋志》，国家图书馆藏嘉靖二十五年刻本。

等丈量丘亩，均派科则。①

嘉靖二十四年（1545），保定府新城县，丁知州、徐知县丈量地土。②

嘉靖三十年（1551），绍兴府山阴县，知县何璇“履亩均税”。③

嘉靖三十一年（1552），宁国府，“所部六邑，通行丈量”。④

嘉靖三十七年至四十一年（1558—1562），严州府淳安县，知县海瑞丈量田土。⑤

嘉靖四十三年至四十四年（1564—1565），赣州府兴国县，知县海瑞履亩清丈田土。⑥

隆庆元年（1567），杭州府海宁县，知县许天赠丈量田土。⑦

隆庆二年至三年（1568—1569），松江府，沿丘履亩丈量田土。⑧

隆庆六年（1572），和州，奉例丈田均粮。⑨

此外，还有一些地方在嘉靖、隆庆年间进行过土地丈量，此不一一列举。这些土地丈量，涉及南北各地多个州县，范围颇广，形成一股潮流。在清丈中，履亩核田，实施均田均粮；或取消官田、民田繁多等则，实行官民一则，或开始推行一条鞭法，而成为万历清丈的前奏。但总体来看，嘉靖、隆庆时期的土地清丈，主要是一些地方官府为实施均田均粮改革而进行的，是局部性的。

万历元年（1573），张居正为内阁首辅。时神宗年幼，一切军政大事均由张居正主持裁决。张居正深感当时形势之严峻，励精图治，他凭借朝廷力量，

---

① 万历《嘉定县志》卷八《官师考》，国家图书馆藏万历三十三年刻本；嘉靖《太仓州志》卷五《户田》，国家图书馆藏嘉靖二十七年刻本。

② 万历《新城县志》卷四《政教考》，台湾“中研院”图书馆藏万历四十五年刻本。

③ 康熙《山阴县志》卷一〇《田赋志上》，浙江图书馆藏康熙十年刻本。

④ 〔清〕陈梦雷，蒋廷锡编：《古今图书集成 · 食货典》卷一四七《赋役部 · 总论一〇》。

⑤ 〔明〕海瑞：《海瑞集》上编《淳安知县时期》，中华书局1962年影印本。

⑥ 同治《兴国县志》卷二二《名宦》，国家图书馆藏同治十一年刻本。

⑦ 康熙《海宁县志》卷四《赋役》，国家图书馆藏康熙二十二年刻本。

⑧ 崇祯《松江府志》卷八《田赋》，上海图书馆藏崇祯三年刻本。

⑨ 万历《和州志》卷二《田赋志》，国家图书馆藏万历三年刻本。

在全国范围内,实行了一系列改革措施:经济上,清丈土地,推行一条鞭法,官民一则,赋役合一,摊丁入亩,皆以纳银;吏治上,实行综核名实,采取考成法,考核各级官吏,"虽万里外,朝下而夕奉行",政体为之肃然;军事上,任用戚继光、李成梁等名将镇北边,用凌云翼、殷正茂等平定西南叛乱,边防得以巩固;等等。明帝国面貌为之一新,史称"万历新政"。在这一系列改革之中,经济方面的改革为其基础和核心,所实施的一条鞭法,被后世沿用,得以确立下来,为中国赋役制度史上的重大改革之一,具有深远的历史意义。而土地清丈是推行一条鞭法的基础与前提。

张居正主持的全国性土地清丈,于万历六年(1578),"以福建田粮不均,偏累小民,命抚按着实清丈"①,在福建开始试点推行。至万历八年(1580),福建清丈完毕,闽人以为便,取得成功,遂把福建丈田之法推行于全国各地。张居正会同辅臣决定,以朝廷名义颁布各省直清丈田粮条款如下:

> 户部奉旨,令各省直清丈田粮,条为八款以请:
>
> ——明清丈之例。谓额失者丈,全者免。
>
> ——议应委之官。以各右布政使总领之,分守、兵备分领之,府、州、县官则专管本境。
>
> ——复坐派之额。谓田有官、民、屯数等,粮有上、中、下数则,宜逐一查勘,使不得诡混。
>
> ——复本征之粮。如民种屯地者,即纳屯粮;军种民地者,即纳民粮。
>
> ——严欺隐之律。有自首历年诡占及开垦未报者,免罪;首报不实者,连坐;豪右隐占者,发遣重处。
>
> ——定清丈之期。

---

① 《明神宗实录》卷八一,万历六年十一月丙子条,台湾"中研院"历史语言研究所1963年校勘本。

——行丈量磨算之法。

——处纸札供应之费。

上依其议，令各抚按官悉心查核，着实举行，勿得苟且了事，反滋劳扰。①

这一条款，对清丈目的、主持官员、清丈内容、相关政策，以及清丈期限、计算方法、供应经费等都做出了具体而明确的规定，是万历清丈的纲领性文件。清丈条例是以朝廷命令的形式颁布的，各地方官员都必须严格遵守，切实执行，否则严惩不贷。“丈田均粮，但有抗违阻挠，不分宗室、官宦、军民，据法奏来重处。”②实际上，清丈并非一帆风顺，各个方面的阻挠时有发生，阻挠者也因此而受到严厉惩处。由于奉行太过，有的地方不惜采取缩短步弓、加田增税等手法，弄虚作假；又有苟简从事、照抄旧册者。不过，这些舞弊事例仍是少数，并非主流。

万历清丈有统一的条款下达，规定了清丈期限，除少数地方草率从事外，多数地区则按朝廷旨令，履亩丈量，切实执行，按期完成了清丈。万历清丈在南北直隶及十三布政司所辖地区无一例外地都进行了田土丈量，这是明代继洪武丈量之后的第二次全国性清丈。通过土地丈量，清出不少隐匿田土，抵消了小民节年包赔虚粮，核实了田亩数额及业主，使田有定数、赋有定额、征有定户，官府掌控的田土面积有所增加，而无地有粮之民从而得以解脱，在相当程度上改变了税粮负担不均的宿弊。

万历清丈统一了南北亩制，又将“官民田地山塘均为一则”，为一条鞭法的推广创造了条件。

---

① 《明神宗实录》卷一〇六，万历八年十一月丙子条，台湾“中研院”历史语言研究所1963年校勘本。

② 《明神宗实录》卷一一二，万历九年五月庚午条，台湾“中研院”历史语言研究所1963年校勘本。

万历清丈之全国耕地面积总计7亿8千余万亩①。这是通过实地丈量、逐级统计而总括的全国耕地面积,并非"税亩",是比较接近当时历史实际的耕地面积数字。这是中国历史上土地经理与耕地面积统计的一大成就。

万历清丈攒造的鱼鳞册籍,较之洪武图册更加完备。洪武鱼鳞图册攒造,仍延续宋元以来的都保划分之制,与黄册里甲都图划分属于不同系统。而万历鱼鳞图册攒造则多改为都图制,与黄册里甲都图划分趋于一致。万历鱼鳞图册登载事项,较之洪武图册更加详备,更为规范。万历鱼鳞册籍成为清初赋税征收的基本依据。

徽州府于万历九年(1581)进行田土丈量,攒造鱼鳞图册。万历《休宁县志》卷一《沿革表》中记载:万历"九年辛巳,辅臣张居正下令丈量田土。县经界田土增税"②。万历《绩溪县志》亦有相关记载:"万历十年,一则田地山塘三千五百八顷二十六亩五分九厘,内清丈升科田九十七顷五亩一分二厘二毫,塘六顷二十亩五分四厘二毫。"③

那么,徽州万历清丈的具体情况又如何呢?这可从万历九年(1581)休宁县的土地丈量中窥见一斑。

休宁万历九年(1581)清丈是在县令曾乾亨的主持下进行的。

曾乾亨(1538—1594),字于健,号健斋,江西吉水人。万历五年(1577)进士,授合肥令,调休宁,擢监察御史,累官大理寺少卿。曾乾亨出身官宦世家。父存仁,官至云南布政使,"初为仪曹郎,大礼议起,力排何渊,议非是直,声彻海内",又曾抗抑宦官,忤旨被逮系诏狱。④ 兄同亨,官至工部尚书,加太子少

---

① 见《明实录》所载各总督、抚按之清丈报告及《福建通志》、《云南通志》、万历《明会典》有关记载;参阅樊树志《万历清丈述论——兼论明代耕地面积统计》,《中国社会经济史研究》1984年第7期。

② 万历《休宁县志》卷一《沿革表》纪事,第27页,国家图书馆藏万历三十五年刻本。

③ 万历《绩溪县志》卷三《食货志·土田》,第8页,国家图书馆藏万历九年刻本。

④ 〔明〕刘应秋:《刘大司成文集》卷八《明大理左少卿健斋曾先生墓志铭》,明万历刻本。

俣，颇有政绩。曾乾亨生于浙，少被父“携宦闽、粤、黔、滇间”。① 二十一岁中举，其后师从著名理学家罗洪先。曾乾亨注重经世致用，曾说：“学问全在用处，见用处有效，方是学。”②四十岁举进士，开始仕宦生涯。曾乾亨为官清正廉明，刚直不阿。《明史》称：“乾亨言行不苟，与其兄并以名德称。”③

曾乾亨举进士后除合肥令，又调休宁，其中还有一番政治背景。史载：“丁丑（万历五年）成进士。适江陵夺情辅政，先生（即曾乾亨）业具疏且上。而邹尔瞻疏先入，谪戍黔。先生因为尔瞻赋《夜郎赋》，其词激烈悲愤。稍闻之，当事者会除合肥令。合肥衢固剧，先生幼知四方，善理剧。已移休宁，休宁剧视十合肥，然无以难也……休固腴而啬，又善诟。当事以尔瞻故，日伺状实，与邑以为蠹。先生若不闻……”④关于休宁难治，他处亦有记载：“休易（邑）故新都岩邑，民俗习于贾，称多财黠讼。讼不胜，卒能以财致强有力者，术胜之。先有令兹邑者，以卒易败，而邑遂号难治矣。”⑤

然而，合肥与休宁的难治，并没有难倒曾乾亨。先是，曾乾亨任合肥令，政绩卓著，遂“由合肥著名”。万历七年（1579），移治休宁。当时，“客有讽侯（曾乾亨）者曰：‘今天子明圣，综核尚严，而休易（邑）俗狡悍，多积蠹，其政莫若猛。猛则取赫，赫在旦夕耳。’侯曰：‘令称亲民，焉用猛。且天子仁覆天下，岂欲以严绳下哉。将用法，以成其仁也……为政者独患率易耳，易而猛，政之敝也。苟急于名，如民何？敢谢客。’于是，下车召邑父老子弟，至诚谕之，期与更始……虑讼易烦而简之，虑刑易严而宽之，虑举动易轻而慎重之，虑吏胥易肆而防范之……因其地以宜其民，酌其时以矫其治……而神精至意深入于民，真若一家之相为周旋，一体之相为联属也。以故侯初至无赫赫之名，居二

① 〔明〕刘应秋：《刘大司成文集》卷八《明大理左少卿健斋曾先生墓志铭》，明万历刻本。
② 〔明〕刘应秋：《刘大司成文集》卷八《明大理左少卿健斋曾先生墓志铭》，明万历刻本。
③ 〔清〕张廷玉等：《明史》卷二二〇《曾乾亨传》，中华书局 1974 年标点本，第 5798 页。
④ 〔明〕刘应秋：《刘大司成文集》卷八《明大理左少卿健斋曾先生墓志铭》，明万历刻本。
⑤ 〔明〕沈懋学：《郊居遗稿》卷五《曾侯健斋年丈考绩序》，《四库存目丛书·集部》第 163 册，第 653 页。

年而政通人和，上下胥悦。”①“其治大抵略近功，持大体，务教化，薄诛罚，有古循吏之遗风焉。”②“比三年而政成，四境大治。所部章十数上，推贤惟令君。”③“后先荐书凡十，数上，当事败，乃召入侍御史。”④

曾乾亨治休宁的主要政绩有：改靡曼奢侈之俗，申里胥党政之教，朔望视学，肃诸生讲书，重教右文；平冤息讼，案巨猾，磔渠魁，不搞牵连；鞫伪券，杜请托，蠲进牒礼金，树清廉之风等。而其最大的政绩，即他在休宁主持的万历九年(1581)清丈及其以后赋役黄册的攒造。对此，明后期文坛领袖之一、徽籍人汪道昆著有《曾令君经野记》，作了专门记述，其中说：

> 岁辛巳(万历九年)，诏有司经野制赋，严如期。令君(曾乾亨)亟请缓之，开国之籍未去也。所部申令日至，后期者坐不共。庶司皇皇，宇内骚动。令君则曰，是在法，皇皇何为？乃博讨而深求，周诹而独断。既逾月而始定章程，列八议上上官，条二十事示境内。则又曰，法具矣，是在人。邑三百有十里，里为图，图有正，则以驯谨者一人职之。小事从隅都质成，大事专达。郭以内合十里而各为隅，隅有四。其外合三百里而各为都，都三十有三。隅正治隅，都正治都。小事则稽于众而决其成，大事专达，然必择可以使务得端靖长厚者一人职之。如是而令之三，申之五，有众咸作。然后为期日，并履亩而赴工。日有稽，夕有报，旬有会，月有要，具告几终。令君躬行周视，路冕弗具，车徒弗烦，千里裹粮，箪食壶浆弗敢进。于是而绳不法，饬不虔，戮不用命。比税驾，以次报成。盖经始于岁八月下旬，迄岁十有一月而毕事。⑤

---

① 〔明〕沈懋学：《郊居遗稿》卷五《曾侯健斋年丈考绩序》，《四库存目丛书·集部》第163册，第653页。

② 〔明〕刘应秋：《刘大司成文集》卷八《明大理左少卿健斋曾先生墓志铭》，明万历刻本。

③ 万历《休宁县志》卷七《艺文志·经野记》，国家图书馆藏万历三十五年刻本。

④ 〔明〕刘应秋：《刘大司成文集》卷八《明大理左少卿健斋曾先生墓志铭》，明万历刻本。

⑤ 〔明〕汪道昆：《太函集》卷七五《曾令君经野记》，国家图书馆藏明万历刻本。

通过该文记载，首先可以看出，曾乾亨主持的休宁万历九年(1581)清丈，有着不同寻常的背景。它并不是当时一般地方官自发搞起的局部的土地清丈，而属于张居正在全国推行的土地清丈运动的一部分。如上所述，张居正是动用朝廷力量、屡下诏旨推行土地清丈的。特别是在其颁布的《清丈条款》中规定，各地都要"定清丈之期"，"后期者坐不共"，如不按期完成，即受查处。所以，当时各地的土地清丈是在强大的政治压力下进行的。而"庶司皇皇，宇内骚动"局面的出现，还有另一个原因，就是清丈本身的难度。土地清丈，绝非一般政务，它是确定千家万户产业所有、税粮多少的非常复杂繁重的一件大事，在短时间内，对于已被零碎分割、犬牙交错的各业户所有的千万块地段，履亩丈量，一块块地确定其亩步、四至、税则、业主、分庄等，谈何容易。"惟丈量一事，须聪明强力、耐劳而肯尽心、又习知方田之法者，始能究竟其事。"①而万历九年(1581)的土地清丈，又是按新的规则要求，官民田地山塘均为一则，并且是按所谓税亩制的计量方法来进行清丈的。更何况土地清丈，总是要受到隐占田产的大户豪绅之百般阻挠，阻力极大。所以，明代在此之前，只是在朱元璋开国时期进行过一次大规模的土地丈量。洪武时期所攒造的鱼鳞图册，包括休宁县在内在很多地方一直被沿用到万历时期，故曾乾亨有"开国之籍未去也"之说，而对万历时的土地清丈，当时则有"百年旷举"之称。此外，对曾乾亨来说，当时还承受着朝廷当权者"日伺状实"的压力。

关于曾乾亨在休宁主持的万历九年(1581)土地清丈的具体做法，通过《曾令君经野记》以及其他文献记载，可以看出主要有以下几点。

第一，曾乾亨首先是在调查研究的基础上制定了有关章程。曾乾亨对上述当时在土地清丈方面的巨大压力，既没有皇皇不知所措，也没有弄虚作假、

① 〔清〕顾炎武:《天下郡国利病书》原编第七册《常镇》，引《镇江府志·均田法》，《四部丛刊》影印本。

草率从事，而强调其是否有方："是在法，皇皇何为?"他首先花费相当的时间进行调查研究，博讨深求，周诹独断，制定了有关章程，"列八议上上官，条二十事示境内"。可惜，其具体内容如今已不得而知了。别的史籍也有这方面的记载："会江陵兴度田役，下苦束湿，公不疾不徐，事集民苏。"①

第二，章程制定之后，曾乾亨即强调用人。"法具矣，是在人。"他特别慎重于隅正、都正、图正等人选。对图正，"则以驯谨者一人职之"；对隅正、都正，"务得端靖长厚者一人职之"，小事从隅都决成，大事专达。对曾乾亨在休宁主持的土地清丈的成功，当地"诸长老言，令君得人焉尔矣"。汪道昆还评论说："非都鄙乡遂之良不授成，非丘里之良不授事，由是良者作气，否者革心。""有非常之人，而后有非常之事；有非常之事，而后有非常之功，令君是也。"②

第三，制定了周密严格的工作计划。整个清丈定有期日，且"日有稽，夕有报，旬有会，月有要"。

第四，曾乾亨亲自深入实地，"躬行周视"，以身作则。万历《休宁县志》记载："躬自行邑，暴衣露冠之劳凡数月，极其勤笃。"③这可以说是曾乾亨为官的一贯作风，后来他代表朝廷，以监察御史的身份阅视大同边务时，亦是"单车按行部落，所至钱谷纤细必核，而材官即大帅骩众议，不少贷"④。

第五，极为重要的是，曾乾亨本人能够做到廉洁自律，一尘不染。当土地清丈实际进行时，他自带干粮在全县躬行周视，"路冕弗具，车徒弗烦，千里裹粮，箪食壶浆弗敢进"。如果我们将考察的范围稍扩大一些，即可知这里所言

---

① 〔明〕邹元标：《愿学集》卷六《大理左少卿健斋曾公传》，《文渊阁四库全书》第1294册，第278页。

② 万历《休宁县志》卷七《艺文志·经野记》，国家图书馆藏万历三十五年刻本。

③ 万历《休宁县志》卷七《艺文志·邑侯曾公去思亭碑》，国家图书馆藏万历三十五年刻本。

④ 〔明〕邹元标：《愿学集》卷六《大理左少卿健斋曾公传》，《文渊阁四库全书》第1294册，第278页。

并非夸大之词。曾乾亨在休宁及其全部的仕宦生涯中，一直都是十分清廉的。史载，曾乾亨在休宁"诸所为籍亩平徭，一切成自手中，垢弊顿清。各具有政书著为洁法，岁可省浮额数十百缗，它羡金倍是。邑当税券，往事率为黠胥干没地，不肖者至取以润囊橐，而间出其赢赂要津。先生业自矢，择邑人之敦谨者使主进，令民各自以所输金籍记之，季终上其籍于郡大吏而委金焉，先生手自削牍而已。休人谓二百年来亡是也。有邑尉某者，佯为新茗以献，及发函，金卮也。旦日召尉而归之，竟亦绝口不言其廉。平日不苛类此"。① 对于曾乾亨的廉洁，其他史籍亦多有记载。"公莅邑五载，不受一钱一丝，冰霜之操如一日。""信如抚台上治状，一埃不染，万钧莫挠是已。"②"休宁故壮县，人多以簠簋损志，而公泠泠冰操泊如也。""公最严，关键取与廉。"③"卒之日，行李如洗，至不能具蜃车。"④

第六，严格执法。正因为曾乾亨在土地清丈中做到了深入实地而又十分清廉，所以他能够严格执法，"绳不法，饬不虔，戮不用命"。

总之，曾乾亨在土地清丈中的这一套举措可谓十分得法。其对于后世亦不无启迪之处。应该说，曾乾亨乃中国古代少有的公正廉明而又精明强干的清官。

由于曾乾亨在土地清丈中极为认真而又得法，故休宁万历九年(1581)的土地清丈取得了很大成效。

众所周知，万历以前明朝的土地制度基本是承继前代，有官田与民田之分，而官田、民田之下又分成各种不同的等级，其科则极为繁多。休宁县的情

---

① 〔明〕刘应秋：《刘大司成文集》卷八《明大理左少卿健斋曾先生墓志铭》，明万历刻本。

② 万历《休宁县志》卷七《艺文志·邑侯曾公去思亭碑》，国家图书馆藏万历三十五年刻本。

③ 〔明〕邹元标：《愿学集》卷六《大理左少卿健斋曾公传》，《文渊阁四库全书》第1294册，第277页，第278页。

④ 〔明〕刘应秋：《刘大司成文集》卷八《明大理左少卿健斋曾先生墓志铭》，明万历刻本。

况也是如此。其官田科则即“至百三十”①。繁杂的等级科则，不但给赋役的征调带来极大麻烦，亦为里胥作弊提供了可乘之机。作为中国古代赋役制度史上的一次重大改革，将“官民田地山塘均作一则起科”，是通过万历九年(1581)的土地清丈而实现的。前已叙及，万历九年(1581)的土地清丈是按新的规则进行的。经过万历九年(1581)清丈，官民一则，田土计量实行税亩制。所谓税亩制，即把各类不同等级田土的实际面积(几何面积)都换算成相应的纳税面积。这样就大大地简化了以前有关不同等级田土的繁杂的纳税科则。据万历三十五年(1607)《休宁县志》卷三《食货志》所载，万历九年(1581)清丈以后休宁县各类田土的实际面积与税亩面积的换算比率见表1-4。

表1-4　万历九年定休宁县税亩等则与税粮科则表

田土类别		一等正地	二等正地	三等正地	四等正地	上田	中田	下田	下下田
每亩步数		30	40	50	60	190	220	260	300
每亩科则	麦	2升1合4勺							
	米	5升3合5勺							

田土类别		上地	中地	下地	下下地	山	塘
每亩步数		200	250	350	500		260
每亩科则	麦	1升9合8勺7抄				1升7勺	2升1合4勺
	米	3升8合7勺1抄3撮				1升7勺	5升3合5勺

注：(1)万历九年清丈，“山不论步量计分亩”。②
(2)城中各等正地归田税，河潭归田税，芦荻洲归地税。

其次，休宁县经过万历九年(1581)的土地清丈，清出了相当数量的隐匿田土。休宁县在清丈前“原额官民田地山塘五千一百八十一顷一亩二分六厘

① 万历《休宁县志》卷七《艺文志·经野记》，国家图书馆藏万历三十五年刻本。
② 中国社会科学院古代史研究所藏《海阳都谱》(休宁县都图地名字号便览)。

二毫”，经过万历九年（1581）清丈，“实在官民一则田地山塘五千六百九十二顷六十六亩二分八厘五毫”①，共清出隐匿田土五百余顷。而休宁县负担的税粮总额并没有改变，因此使浮粮问题得以解决。汪道昆说：“先是，税粮千二百石失额而浮。既籍，则为之核实黜浮，视故额无所加损，土田均矣。”又说：“余度朗原，营白岳，穷率水，匿商山，足迹几遍四境，所至经界毕正，比屋称平。”②万历十年（1582），即值大造黄册，曾乾亨利用土地清丈取得的成果，又“清黄册，大加厘正，夙弊一清”③。

又，曾乾亨在休宁主持万历九年（1581）土地清丈之际，同时还利用行政力量，有组织地攒造和印刷了大量的鱼鳞图册。至今，在万历《休宁县志》中，还可看到当年曾乾亨为“刊刷保簿”（鱼鳞图册）而写的一个布告④。当时攒造的鱼鳞图册，作为万历九年（1581）土地清丈的一个成果，其后直至明末，乃至清初，在相当长的一段历史时期内，一直在发挥它的作用。这些鱼鳞图册尚有不少被保留至今，成为珍贵的历史资料。

三　清代发展

清朝的基本制度虽带有满族统治的特点，但仍是传统封建体制的继续。“清承明制”，是清朝体制的基本特征，这在社会经济制度方面的表现尤其明显。1644 年入关伊始，清廷即宣布：“自顺治元年为始，凡正额之外，一切加

---

① 万历《休宁县志》卷三《食货志》，国家图书馆藏万历三十五年刻本。

② 〔明〕汪道昆：《太函集》卷七五《曾令君经野记》，国家图书馆藏明万历刻本。

③ 万历《休宁县志》卷四《官师志・名宦》，国家图书馆藏万历三十五年刻本。

④ 万历《休宁县志》卷三《食货志》，国家图书馆藏万历三十五年刻本。

派，如辽饷、剿饷、练饷及召买米豆，尽行蠲免。”①这里的所谓正额，即明万历间所确定的原额。“稽核钱粮原额，汇为《赋役全书》，悉复明万历间之旧。”②而在赋役制度方面，清开国之初也继承了明代的黄册制度和鱼鳞图册制度。不过，黄册制度在清初已纯属具文，因其繁费无益，至康熙七年（1668），遂下令停止攒造。其后赋役黄册即被编审册所代替。而鱼鳞图册制度却长盛不衰，贯穿清代始终。

这其中有深刻的社会经济变迁背景。黄册制度和鱼鳞图册制度虽为明代赋役制度的两大基石，但至明代中后期，黄册制度已开始败坏，并出现被实征册和编审册替代之势，而鱼鳞图册制度则越来越受到重视。在生产力水平低下的时代，社会经济的发展主要依靠人的体力劳动，国家机器的运行靠的是徭役经济。黄册制度以人户为主，是中国几千年封建徭役制度的继续。至明代中后期，随着商品经济的发展，单纯的人的体力劳动开始退居次要地位，徭役制度走到了它的尽头，而土地资财所发挥的作用越来越大。于是，“今日赋税之法，密于田土而疏于户口，故土无不科之税，而册多不占之丁”③。明末清初，有废黄册而专用鱼鳞图册之说：

> 旧制，定赋役有二册，一曰黄册，以人户为母，以田为子，凡定徭役、征赋税则用之。一曰鱼鳞图册，以田为母，以人户为子，凡分号数、稽四至则用之，向来通行无弊。法久玩生，弊且百出，若欲厘整，法宜从简，莫若废黄册专用鱼鳞图册。凡赋税徭役，一以鱼鳞图册为主，即所谓坐图还粮也。其说用黄册有六不便，用鱼鳞册有六便……④

① 《清世祖实录》卷六，顺治元年七月壬寅条，中华书局1986年影印本。

② 《清史稿》志九十六《食货二·赋役》，中华书局1977年影印本。

③ 〔明〕顾起元：《客座赘语》卷二《户口》，中华书局《元明史料笔记丛刊》点校本。

④ 〔清〕陆世仪：《清经世文编》卷二九《户政四·论鱼鳞图册》。

这种认识被越来越多的人所认同，并反映在统治者的政令之中。

关于清代的土地清丈，一般认为，在清入关后顺治朝，只是恢复万历旧制，到康熙初年才在各地开始土地清丈。其实，从顺治初年起，朝廷即多次采纳大臣建议，十分注重土地清丈，屡下丈量田土谕旨。这与当时社会经济的具体背景有密切关系。顺治初年，统治政权刚开始建立，统一战争还在进行之中，政权的运作、军饷的筹备，都急需粮食和银两；扭转财政收入的短缺局面，乃当务之急，刻不容缓。而清丈田土，查实荒熟，核定业主，编造地籍，则是确立新王朝赋税征收体制的前提和基础。

顺治元年（1644），即有大臣建议丈量荒田。顺治三年（1646），朝廷准御史黄赞元之请，履亩清丈江南田土。① 顺治十年（1653），令“以直省州县鱼鳞老册原载地亩、区段、坐落、田形、四至名目，间有不清者，印官亲自丈量。乃定丈量规制，颁部铸步弓尺于天下”。顺治十五年（1658），“命御史二员诣河南、山东，率州县履亩清丈，分别荒熟实数，其地亩绳尺，悉遵旧制”。“凡各省亩数不均者悉令地方官踏丈改正。”②其中所言“鱼鳞老册”，即明万历丈量鱼鳞册。其后，康熙、雍正、乾隆、嘉庆、道光、咸丰、同治、光绪等朝，都曾下达丈量谕旨，开展各种土地清丈活动。

从丈量地域来看，清代有很大扩展。除了中原和沿海地区外，又在边远各地大力推行土地清丈。特别是在清中后期，先后在四川、东北、新疆、贵州、云南、台湾等地，开展了重点地区的田土丈量，颇有成效。

以丈量类别而言，则是多种多样的。其中有比照万历原额、以除荒征实为目的的荒熟地丈量，亦有为编制《赋役全书》而进行的田土清丈；既有查核隐田清丈，也有核实垦荒丈量；此外，还有涨滩地、芦地、盐场荡地、水利工程地亩，以及旗地、屯地、土司田土等各类土地清丈。

---

① 《清文献通考》卷一《田赋考》，中华书局 1988 年《十通》本。

② 《清朝通志》卷八一《食货略》，乾隆五十二年官修本。

丈量弓尺大小关乎田亩计算多少,在土地丈量中十分重要。而各地丈量弓尺向来多不一致,参差不齐。清廷十分注意丈量弓尺的统一标准。除顺治时定丈量规制,颁部铸步弓尺于天下外,康熙年间复行严禁,如有盈缩定以处分;乾隆时又申令直省将该地方见行弓尺式样报部,并重申弓尺盈缩之禁,"嗣后有新涨、新垦升科之田,务遵部颁弓尺丈量,不得仍用本处大小不齐之弓,如有私自增减盈缩,照例处分"①。

总体来看,尽管清代没能推行像明万历丈量那样普遍的全国性统一清丈,但土地清丈在整个清代却普遍开展。其中既有以朝廷名义下达的带有全国性的各类土地丈量,又有各地掌印官发起的地方性土地清丈;既有为制定赋役册籍而清查隐田的一般性土地清丈,也有专为垦荒地、芦地、涨滩地、荡地以及旗地、屯田而实施的各类专门田土清丈;既在中原、沿海各省多次进行土地丈量,更在东北、新疆、贵州、云南、台湾等边远省份开展了全面土地清丈。土地清丈在清代贯穿始终,几乎各朝都多次举行,作为制度已成为常态。

徽州地区在明清鼎革之际所受冲击不大,社会比较稳定。该地鱼鳞图册攒造历史悠久,开展土地清丈、重新编造地籍的条件颇为完备。清代徽州土地清丈在顺治初年即开始进行。汪庆元的研究指出:"明末清初,江南徽州府社会环境相对安定,清朝的政令得以切实执行。顺治四年(1647)、六年(1649)、七年(1650)、十年(1653)的徽州鱼鳞图册实物数十册现存于一些收藏单位。顺治年间的民间清丈合同文书、清丈归户票、归户册、土地买卖契约都反映了徽州清丈的事实。顺治清丈在徽州不是自发的、孤立的,而是自上而下'奉旨'行事。"②

顺治二年(1645),徽州地区即有田土"经理自实"的记载:"国朝顺治二

① 《清朝文献通考》卷四《田赋考》,中华书局 1988 年《十通》本。

② 汪庆元:《清代徽州鱼鳞图册研究》第一章《清顺治土地清丈在徽州的推行》,安徽教育出版社 2017 年版,第 13~14 页。

亡，经理自实官民土田叁千伍百捌顷贰拾陆亩伍分玖厘。”①那么，清初徽州土地的丈量又始于何时呢？民国时期汇辑出版的《明清两朝丈量田亩条例》②，其中载有《清顺治三年丈量条例》，该条例开头文字如下：

为清丈地土事，蒙本府信牌，奉院道宪牌准户部咨前事，仰县照牌事理，即便亲履丘亩，躬亲查丈，要见原额各若干，几等起科，今查若干，可与原额相符，见在成熟若干、抛荒若干，是否有主无主、招人开垦耕种，仍将查过确数造册送府转报。奉此，除示谕外，今将仿古弓步田亩数目并应行条款，及方圆斜直等形图，逐款开列成书，以便各图公正人等依式遵行……

这里所言，即徽州府歙县《清顺治三年清丈条例》的部分内容。如上所述，顺治三年(1646)清廷曾准御史黄赞元之请，下令履亩清丈江南田土。所以，这次清丈本是“奉院道宪牌准户部咨前事”，奉朝廷户部之令而举行的。其中主要是对照原额，即明万历所确定的征额，并查核当时荒熟田土，以便落实业主，除荒征实，向清廷报告。

在遗存的徽州文书中，有一份《大清国清丈田土告示》，其开头言：

正堂佟为清丈地土事，奉兵道张宪牌前事，蒙按院刘批该本道呈宽，爰丈量缘由批升，丈量咨札频催，似不可缓，若再展限秋成，恐干功令，仍丈完册报缴。蒙此，拟合就行，即将丈量田土事，速行料理，以副功令，不必因前牌言宽，就行停止……③

---

① 康熙《绩溪县志续编》卷一《食货志·土田》，国家图书馆藏康熙七年刻本。

② 叶拙园：《明清两朝丈量田亩条例》，歙县集成书局，民国二十六年(1937)版。

③ 《康熙陈氏置产簿》，南京大学历史系资料室藏。

此为顺治四年（1647）二月初七日休宁县发布的清丈田土告示。所言“正堂佟”，即顺治四年（1647）上任的休宁县知县佟应魁。① 其发布日期虽为顺治四年（1647），然从开头所述文字可知，在此之前，就已奉兵道张宪牌清丈田土，其间曾蒙按院批宽缓，而今“丈量咨札频催，似不可缓”，因此“即将丈量田土事，速行料理，以副功令，不必因前牌言宽，就行停止”。表明在此告示发布之前，即已进行了田土丈量，现在则要加速进行。

徽州文书《康熙二年祁门县三四都一图十排年清丈合同》中，有关于顺治三年（1646）清丈记载：“立合同文约三四都一图十排年等，向与顺治三年奉旨清丈，已照粮举报公正、副、算、书、画，苦累一十一年，至十三年方得解册告竣。”②可知，当时徽州的土地清丈并非地方性特例，而是“奉旨清丈”，为当时全国性土地清丈的组成部分。

综合以上文书记载，可明确清初徽州府各县的土地清丈始于顺治三年（1646）。如今，顺治三年（1646）清丈的鱼鳞图册实物也有遗存。

徽州府自顺治三年（1646）丈量以后，在顺治年间还多次进行土地清丈，并造有鱼鳞图册。其中顺治四年（1647）、顺治六年（1649）、顺治七年（1650）、顺治十年（1653）、顺治十三年（1656）等的鱼鳞图册实物，至今仍有相当遗存。仅中国社会科学院古代史研究所、北京大学图书馆、安徽博物院、休宁县档案馆、上海图书馆等处所藏顺治年间徽州所造鱼鳞图册，就有50余部（册）之多。顺治年间的鱼鳞图册，作为徽州地区清朝开国所造地籍，受到重视，其后被长期利用，并被保存下来。

到了康熙初年，朝廷又下令进行土地清丈。《清圣祖实录》载：

（康熙二年癸卯春正月）辛卯，户部议覆兵科给事中硕穆科疏言：“钱

① 康熙《徽州府志》卷四《秩官志中·休宁职官》，国家图书馆藏康熙三十八年刻本。康熙《休宁县志》亦有相同记载。

② 《明嘉靖至清嘉庆承当都长丈量公正里役排年合同议约》，南京大学历史系资料室藏。

粮拖欠，皆由地土不清，地丁确册未立。请差满汉官员，遍历府、州、县，亲行确丈。查地丁钱粮，恐有绅衿富户，串通书吏，共相隐匿者，应先敕各省抚臣，查户口之增减、田地之荒熟，务将欺隐人丁、地亩，彻底查出，备造清册，于二年内题报，再行请旨，差廉干官员清查。”从之。①

康熙二年（1663）清丈土地是一次全国性的土地清丈，曾在全国多地举行。康熙《徽州府志》载：康熙“二年癸卯，诏天下丈量田土。”②即指这一旨令而言。徽州地区认真贯彻朝廷谕旨，各县都进行了田土丈量，并攒造了鱼鳞图册，成为该地有清一代地籍管理之本。

不过，尽管鱼鳞图册之上登载的田土位置、类别、四至、面积等，一般在很长一段时间内是稳定的，少有变动，但其所属业主，却因土地买卖、分析承继、典当租佃等，而常有更易变动，致使产权不清，业去粮存，严重影响官府的赋税征收。因此，过一段时间，对业户产权加以重新确认，就成为必需。

康熙二十八年（1689），福建三明将乐县举人廖腾煃知休宁，为清厘税亩不清之积弊，实行“业主结报”之法，发布告示如下：

清厘田亩示

为厘剔数十年税亩不清之积弊，特设各业主结报之良法，以均额赋事。照得民间置买田地，自应实业供实课，无容丝毫淆混。查休邑因纬册久经废失，图奸里蠹乘机舞弊，卖税飞洒，贿赂公行，富者享无粮之产，贫者受虚税之累，相沿数十载，牢不可破，以致争坟争税，讦告不已，此等大害，亟宜清厘。本县披阅旧案，虽屡经前县举行造册，终无成效。揆厥由来，皆缘豪猾之家，自知业多粮少，诡寄飞洒，竟不佥业归户，而积奸册

---

① 《清圣祖实录》，康熙二年癸卯春正月辛卯条，中华书局 1988 年影印本。

② 康熙《徽州府志》卷四《建置沿革表》，第 43 页，国家图书馆藏康熙三十八年刻本。

里，受贿不举，借端挨延，经年累月，莫能告竣。册未开造，科敛百出，徒滋奸人中饱。欲求清厘，乌可得乎！本县再四筹维，定一结报之法，庶不扰累，除将结式刊板印刷照誊外，合行出示通晓。为此示，仰阖邑粮户人等知悉，的限一月内，各将所有地亩，或属虚粮，或属新垦，照依真确实数，逐号开报交付本甲户头，汇齐呈缴，以凭本县亲较查核。从前隐税，准尔自首，一概免罪。间有溢额开垦与水打沙没田地，俱须填明结内，俟结齐之日，以凭核实。其有结状报数与现在税亩填报不实者，即系有心欺隐，定行详宪，按律治罪。此番设立结报，并无半毫杂费扰累，如有棍徒仍敢借端索骗，于中阻挠，或经本县察出，或被傍人首告，立拿重处，决不宽假。须至示者。①

这种“业主结报”之法，靠的是业主自行呈报，是从人户方面着手的，对清厘田亩虽有一定成效，但仍存在漏洞，欲根本解决问题，还必须从土地方面入手。至乾隆时，奉院司宪牌，安徽省对鱼鳞册籍进行了一次整顿，徽州地区亦贯彻执行。乾隆十二年(1747)八月，休宁县县令发布告示，其文如下：

清乾隆十二年八月休宁县告示

特授休宁县正堂加三级郑，为特饬查议事，案奉院司各宪牌开：安省鱼鳞册籍田地山塘，年久业主更易者固多，以致业去粮存，是以积年钱粮逋欠累累，种种弊窦，皆由此起。总缘该图正不将田地山塘照数佥归注明，现今管业之人名目无由稽查。今年钱粮，荷蒙恩旨蠲免，官吏稍有余闲，正当及时彻底清厘，不使闾阎惊扰，催科有法，了如指掌，官民两便。今特饬应照鱼鳞库册，挨号编成，若一都一图，即天字第一号起，至百千

① 〔清〕廖腾煃：《海阳纪略》卷下，清康熙浴云楼刻本，《四库未收书辑刊》第七辑，第28册，第441页。

号止，某号田地山塘若干，某号之内或系一人管理，或系数户分管，务须厘毫丝忽，按号照册佥归，注明现管业主名目，不得淆混舛错，致滋弊窦。务宜总、撒相符，以图总而合都总，以都总而合县总，装订齐全，送署核对，钤印贮库，以便稽查，粮赋根底，有所凭借，责以交代，不得散失等因到县。奉此，合行出示晓谕，为此示，仰阖邑各图图正，并现管业业户知悉：尔各业户所有置买田地山塘，未经佥归者，速即遵照宪檄，星速换佥，执据输粮，佥就齐全，以便该图正攒造明白，填注弓口清册，送县核对，钤印贮库，毋得毫忽舛错，致取咎戾。该图正亦不得借端滋事，致干察究未便。各宜凛遵毋违。特示。

乾隆十二年八月初六日示

仰二十一都三图实贴①

这份告示是张贴到都图的。这次整顿的要求是："今特饬应照鱼鳞库册，挨号编成，若一都一图，即天字第一号起，至百千号止，某号田地山塘若干，某号之内或系一人管理，或系数户分管，务须厘毫丝忽，按号照册佥归，注明现管业主名目，不得淆混舛错，致滋弊窦。"并要求"图正攒造明白，填注弓口清册，送县核对，钤印贮库"，实为重新攒造鱼鳞图册。

清代徽州像此类鱼鳞图册攒造举措，还有很多。如《黟县三志》载："同治二年四月，奉文清丈田亩，招徕开垦。四年筹办清丈，请领弓尺，五年试办清丈，七年请停清丈。"②至清末光绪年间，朝廷又几次下令清丈土地，徽州地区亦认真执行，并重新攒造了鱼鳞图籍。光绪徽州鱼鳞图册实物，尚有多部遗存至今。如中国社会科学院古代史研究所藏《光绪休宁二十九都六图长字号弓口册》，上海图书馆藏《光绪黟邑鱼鳞册》，安徽省黄山市休宁县档案馆藏

① 周向华：《安徽师范大学馆藏徽州文书》，安徽人民出版社 2009 年版，第 172 页。
② 同治《黟县三志》卷九《政事・田地》，国家图书馆藏同治十年刻本。

《光绪休宁二十三都九图方字号鱼鳞册》等。

总之,在清代徽州,既有多次奉朝廷旨令的土地清丈,也有府县掌印官发起的各种田土丈量活动,在这些土地丈量中攒造了相应的鱼鳞册籍。这些土地清丈及其鱼鳞图册攒造,自清初顺治直至清末光绪年间,几乎各朝都有,已成为常态。其中,顺治和康熙时所造鱼鳞图册,多被视为根本册籍,其后若有土地买卖或产权转移,即在册页之上加以批注,年深岁久,历代佥识,见缝插针,各种笔迹叠加,填满了整个页面,成为清代徽州鱼鳞图册的一大特色。

四　民国延续

由于徽州的鱼鳞册制度历史悠久,特别是在清代,徽州始终都在利用鱼鳞图册进行土地管理,制度颇为成熟,故进入民国时期,鱼鳞图册制度在徽州仍有所延续。

首先,民国政府对清朝遗留下来的鱼鳞册籍进行了重新整理。

从现今遗存的休宁鱼鳞图册档案来看,自民国二年(1913)起,当地政府就对遗存的鱼鳞图册进行了各种整理工作。诸如:

1.**换面**。即对原册换装了新的封面。如现存十四都十图帝字号册封面题有下列文字:“第四十七,辛酉仲秋换面。帝字号,四千六百一号至七百号止。”①这里所题辛酉,即民国十年(1921)。又如一都五图黄字册封面题:“残缺不全,姑存备考。丁卯换面,休宁县推收所。黄〔字〕,元号至一千三百五十号。”②(图1-2)丁卯,即民国十六年(1927)。

① 休宁县档案馆藏鱼鳞图册,第314册封面。
② 休宁县档案馆藏鱼鳞图册,第14册封面。

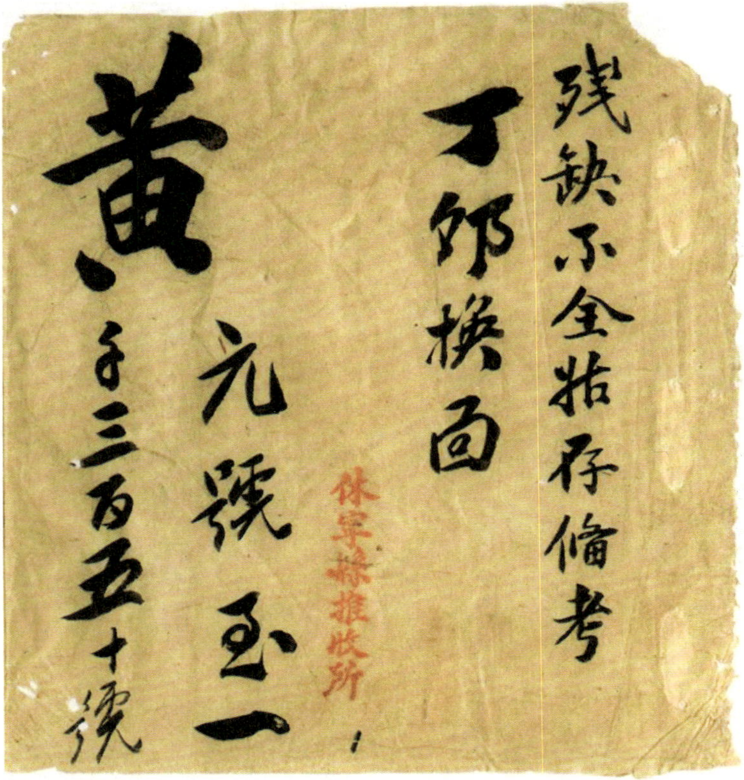

图 1-2　一都五图黄字册封面

2.**重订**。如十七都六图吊字册封面题:“第二。丁巳,休宁县署推收所重订。吊字号,二百一号至四百号止。”①丁巳,即民国六年(1917)。又如五都二图露字册封面题:“丁巳,休宁县署推收所重订。露字号,壹千贰百壹号至壹千四百号止。”②

3.**磨勘**。即查对考核。如二十三都一图场字册封里题:“场字,其中缺数,肆百壹号起至壹仟贰百号止,皆无;其中缺数,贰仟贰百四十五号起至终

① 休宁县档案馆藏鱼鳞图册,第 454 册封面。
② 休宁县档案馆藏鱼鳞图册,第 131 册封面。

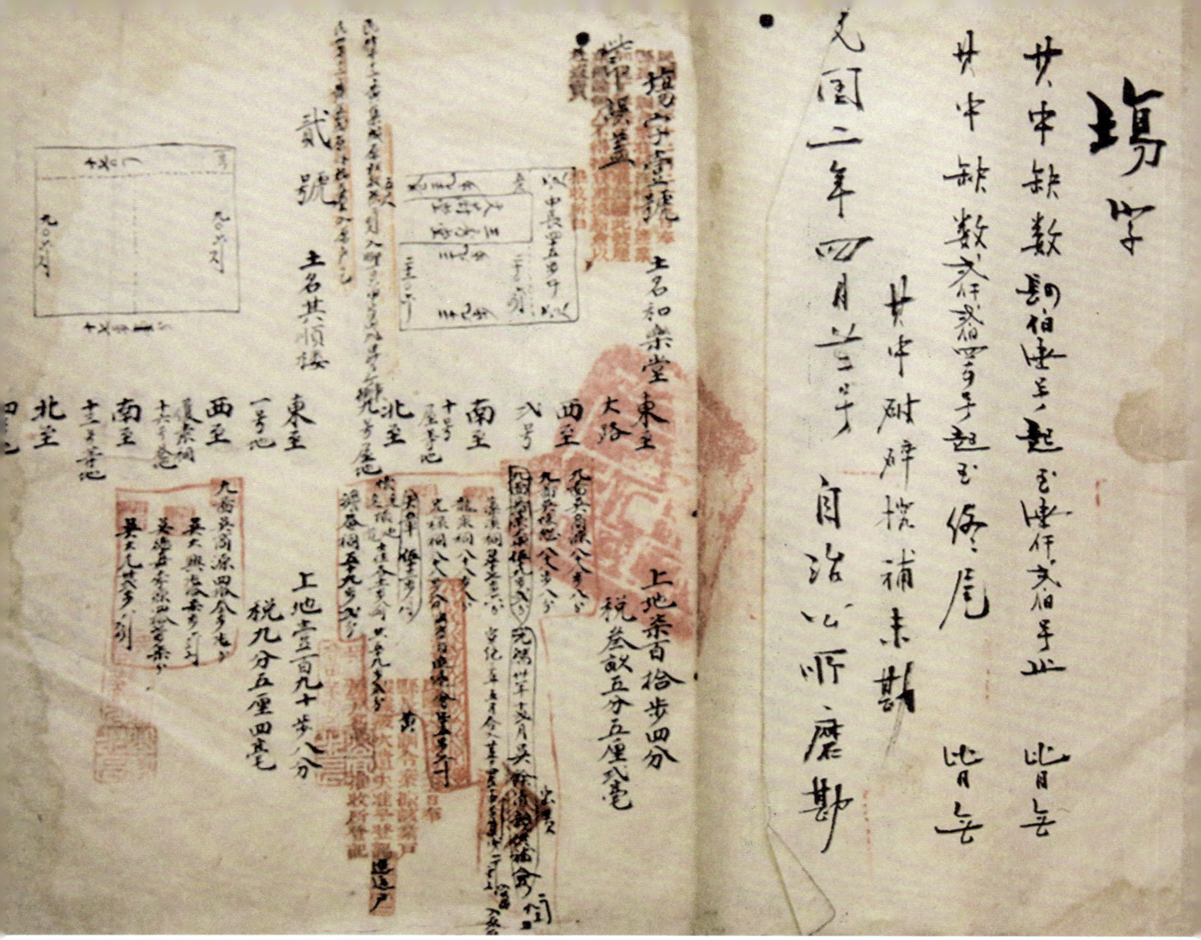

图 1-3　二十三都一图场字册封里及首页

尾，皆无；其中破碎挖补未勘。民国二年四月廿二号，自治公所磨勘。”①（图 1-3）又如二十三都四图草字册封里题：“草字，由壹号起至五千二百八十七号，未知止尾否。其中缺数，贰千号起至贰千五百号止；又，四千一号起至四千五百号止；又，四千七百十四号与四千七百十五号。民国二年四月二十二号，自治公所磨勘。”②再如二十九都五图己字册封里题：“己字，全部陆本，计自壹号至贰千叁百四拾捌号终，无缺页。中华民国贰年四月二十二号，本公所磨勘。”③

---

① 休宁县档案馆藏鱼鳞图册，第 827 册封里。

② 休宁县档案馆藏鱼鳞图册，第 840 册封里。

③ 休宁县档案馆藏鱼鳞图册，第 1106 册封里。

从以上民国所题可知，自民国二年（1913）起，休宁县政府即开始对清朝遗存的鱼鳞册进行各种整理，最初由“自治公所”主持，其后不久改为“休宁县署推收所”。

此外，民国时期还有清代鱼鳞册的誊本和重刊本。

民国时期清代鱼鳞册誊本，为休宁县十六都三图服字号，现存2册。书口题：“休宁县鱼鳞官册誊本，第　页。民国十二年。王宝珊核对，宁穉竹誊。”①其版刻印刷登载事项有：字号、土名，原明额积、税、原业、四至，清代丈积、则、税、见业，都、图、甲、户丁等。四至中间描画田形，填写弓步。下部登载分庄及田土流转佥注。上部印有下列文字：

——誊完送盖县印发用。

——旧册封存备证。

——原注照誊，流水核对复算后，楷入正本。

——原无注及咸丰后不完粮之户，应空白以待。

——新注应填某年月、某都、某图、某甲、某户丁、某佥税若干，由某都图甲某户丁出。

——誊本用双炉魁纸。②

每一号用纸两面，第二面全为线格空白，备填佥注之用。原本形制如图1-4、图1-5。

---

① 休宁县档案馆藏鱼鳞图册，第383册。

② 休宁县档案馆藏鱼鳞图册，第383册。

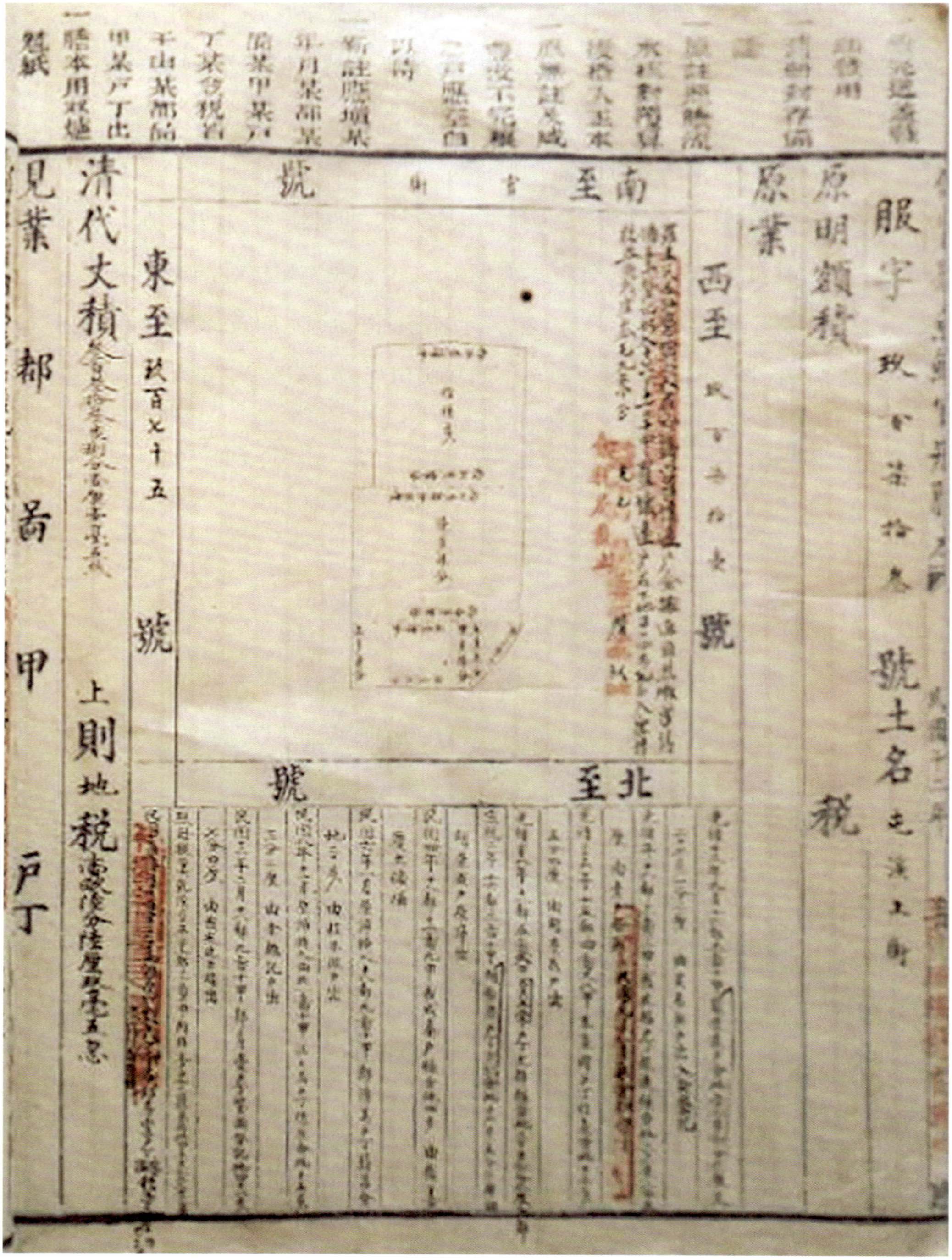

图 1-4　民国时期清代鱼鳞官册誊本册页(一)

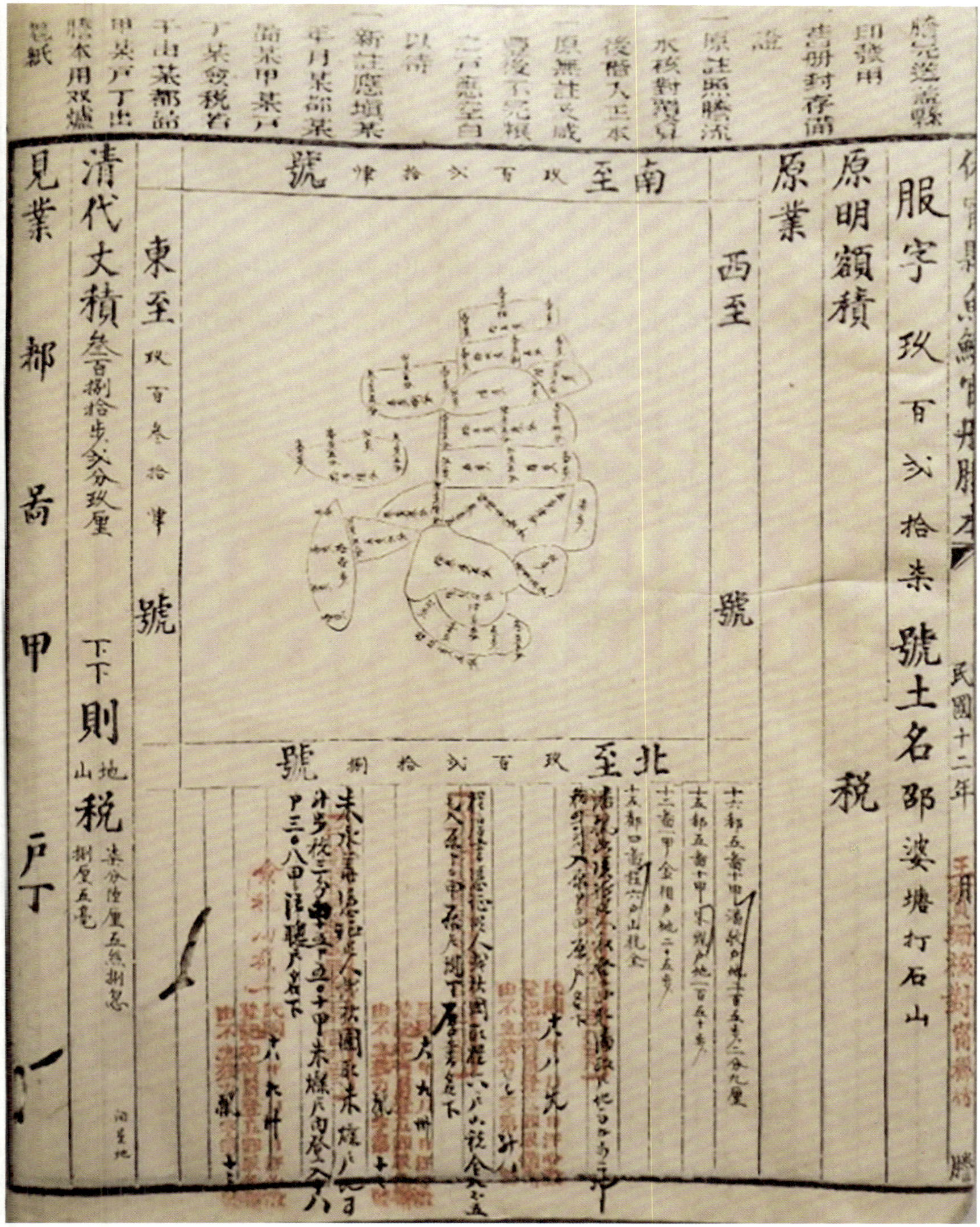

图 1-5　民国时期清代鱼鳞官册誊本册页(二)

民国时期清代鱼鳞册重刊本，为休宁县十都三图果字号，其书口题："休宁县都图字号鱼鳞图册　民国十一年　岁次壬戌　湖村朱民重刊。"（图1-7）每号登载事项有：明醎字号、土名、原客积（步）、税、原业、四至、田形，清代丈积、则、税、见业，都、图、甲、户丁（图1-6）。果字号现存共7册，其中只有一册为民国重刊本，其余为清代原本，重刊本似为补刊而造。

民国政府在整理的基础上，继续利用清代鱼鳞册籍，进行各种土地管理工作。在休宁县现存的诸多清代鱼鳞图册中，继清代各朝的批注之后，多续有民国时期的批注，这种情况非常普遍。

如休宁县十九都五图黎字号图册（图1-8），其书口题"拾玖都伍图丈量佥业草册"，册中各号登载事项中，有"顺治　年　月　日丈过"版刻文字。其黎字伍百叁号所载文字如下：

黎字伍百叁号

土名中街，拟上则。

见业吴应彩等，系　都　图　甲　户。

原额地捌分叁厘，原业吴廷等。

南至伍百贰号地，北至伍百肆、伍号地，西至渠街，东至伍百拾壹、贰、叁等号地。

（四至中间图画地形，填写丈量弓步，略）

佃人（空缺）。

今丈积地壹百陆拾陆步捌分陆厘，计税捌分叁厘肆毫。

顺治　年　月　日丈过。

其余文字均为填写的分庄与历朝佥业注文：

十九都二图五甲吴应彩佥税玖厘；十九都四图十甲吴表相佥税

肆厘伍毫正；康熙四十八年，十九都四图四甲吴廷户佥税陆分玖厘玖毫正。

乾隆二十六年十二月，二十二都五图十甲江杰户取十九都四图十甲吴表相税肆厘伍毫正，改政〔正〕江泰户换票。

乾隆四十一年十二月，十九都四图十甲吴毅夫户丁成侠内取税壹分柒厘伍毫正。

（乾隆）四十六年二月，吴成侠取税壹厘玖毫。又，十九都四图四甲吴际银取税陆分叁厘正，四十八年成侠改六分三厘。

十九都四图十甲吴成侠户丁钜川取全，有据。

民国十年十月一日，执江泰户原归，换入二十九都九图二甲叶复春户丁聚茂佥税四厘五毫，归讫。

民国十年十一月十三日，执叶复春户原归，换入十九都四图十甲邹义兴户丁长生税四厘五毫。

民国三十年二月，吴为政执吴毅夫原登契税内取三分三厘，入十九都四图十甲邹义兴户列珍二十七号。

吴为政凭证明人程家楻，取吴成侠户税六分三厘，登入原户丁星信名下，民国三十年取税三分三厘入邹义兴地。①

又，于各笔佥注之上，多钤有红色戳印，其中有民国“推收所奉饬磨勘截止补佥”等。

在“十九都二图五甲吴应彩佥税玖厘；十九都四图十甲吴表相佥税肆厘伍毫正；康熙四十八年，十九都四图四甲吴廷户佥税陆分玖厘玖毫正”这三笔佥税上，均钤盖“对发佥票讫”红色戳印。这 3 户佥税之和为捌分叁厘肆毫，与该号地的总税额相等，可知这3户是康熙四十八年（1709）时该号地的分

① 休宁县档案馆藏鱼鳞图册，第 651 册，第 3 页。

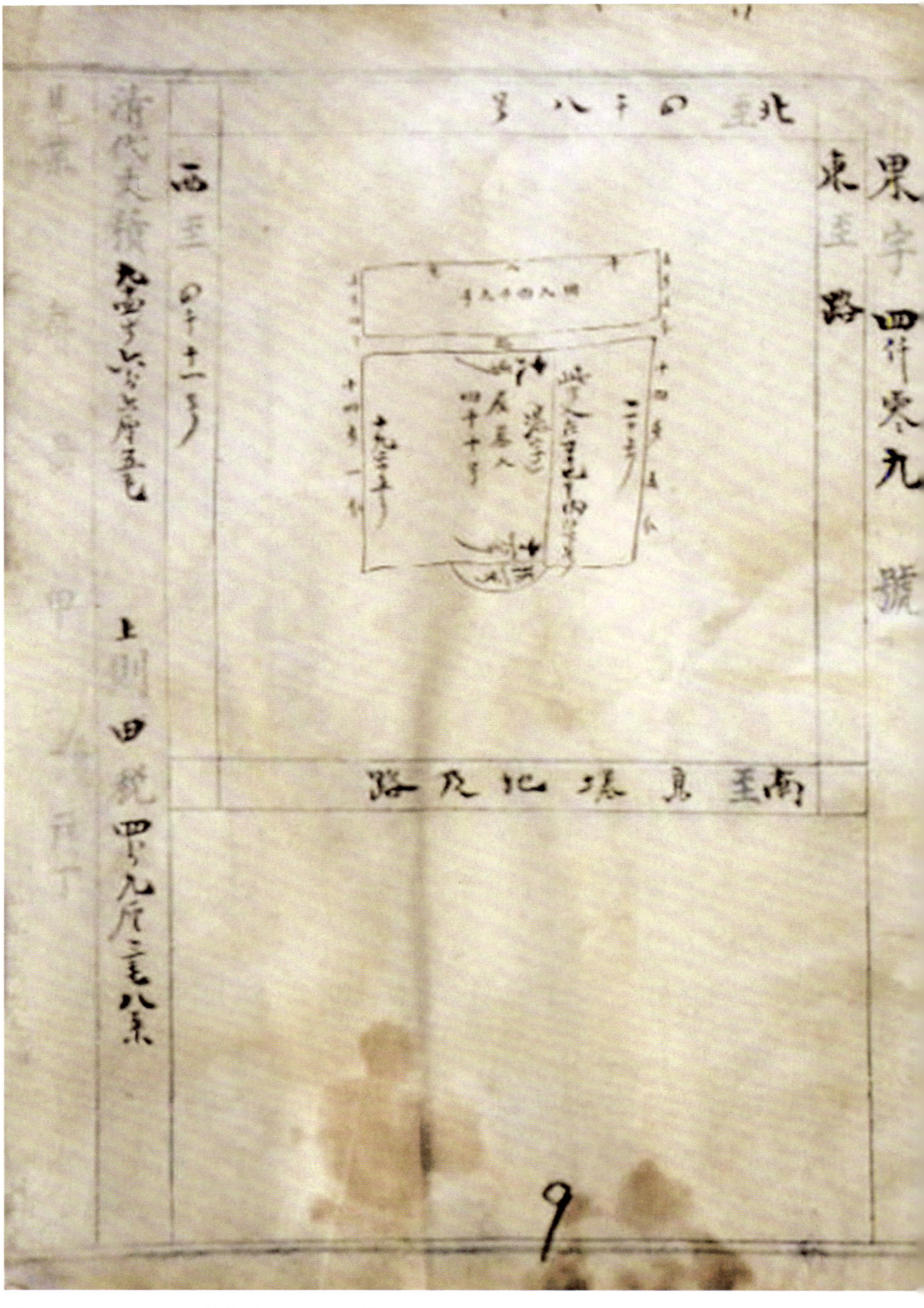

图 1-6　民国重刊本鱼鳞册册页

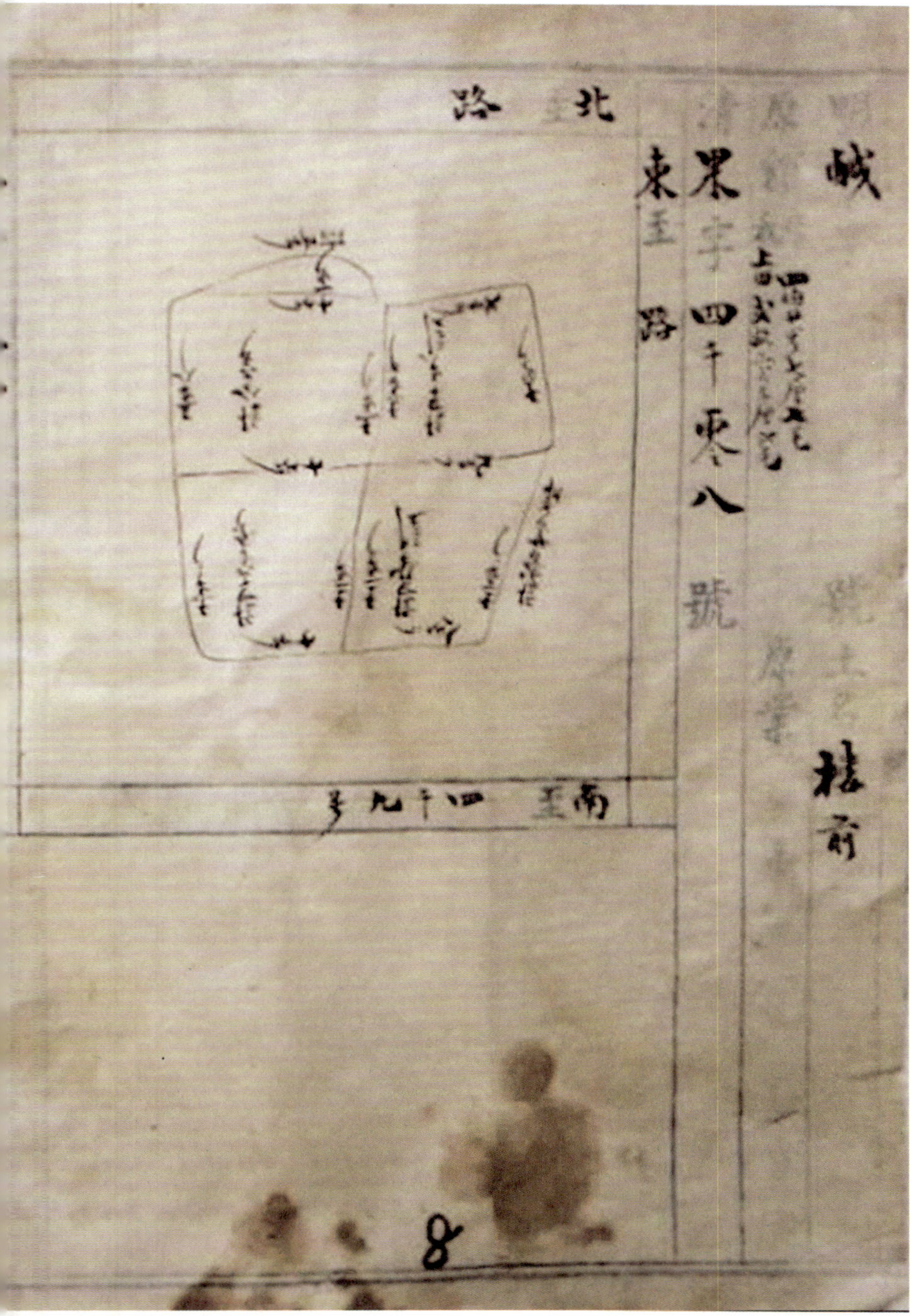
北至路
東至路
南至
果字四千零八號
桂前

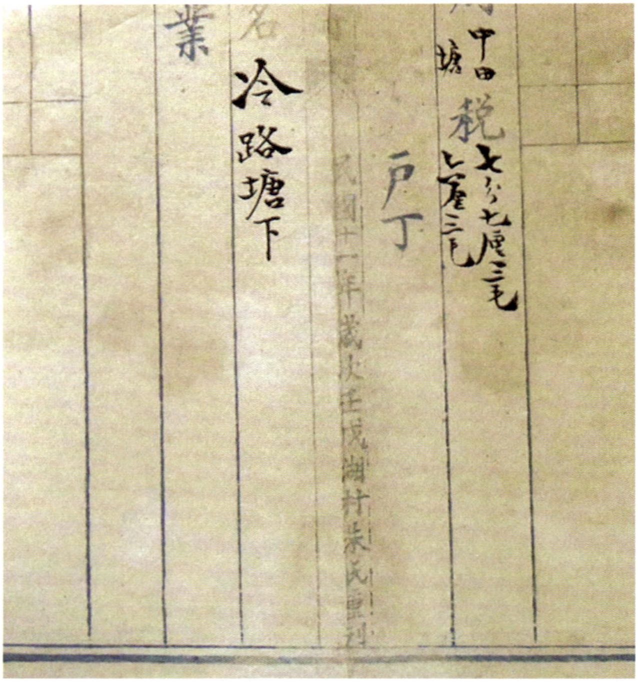

图 1-7　民国重刊本鱼鳞册书口

庄。其后,该号又相继有乾隆和民国时期的多笔佥注,记载详明,时间最晚的为民国三十年(1941)。

在现今遗存的清代休宁鱼鳞图册之上,普遍记有民国时期的各种佥注。

4.补佥。如民国二年(1913)的"亲供补佥",该字据贴在《拾捌都拾贰图拱字丈量登业弓口草册》贰百零伍号页面,其文如下:

十八都十二图贰甲立亲供补佥人戴长松、戴联登,缘祖遗拱字等号,土名、税亩列后,因前清乾隆五十九年间,身祖将拱字等号之屋地佥据当与本家履亨公名下,咸丰兵燹时被其遗失,今身向履亨公祀孙泰生本家取赎,泰生无处检查身家原佥契据,只得凭同两方面亲族房长另立收据注明,老佥日后检出作废,听从补立新佥,执据管业。故此立供,特烦贵

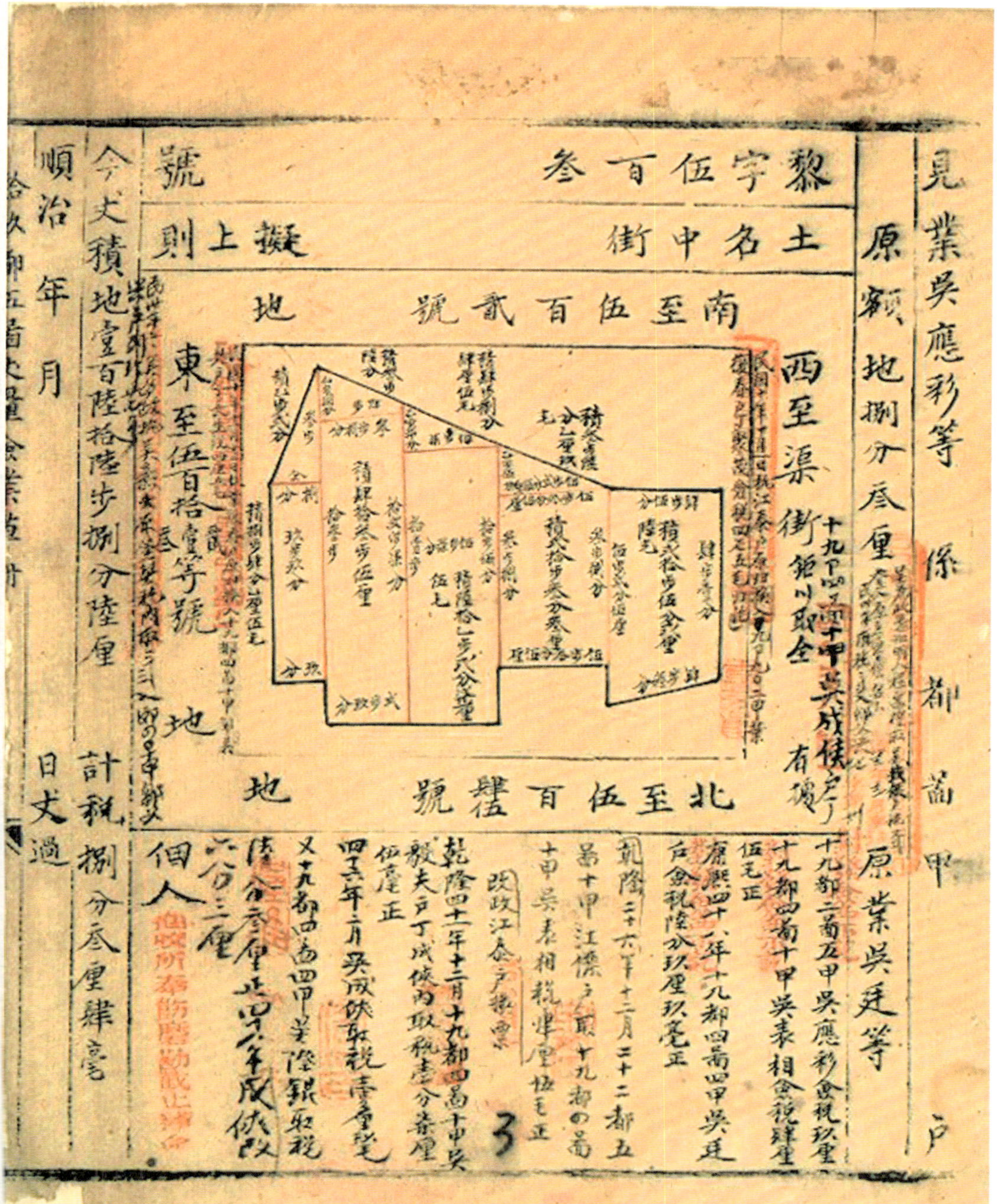

图 1-8　休宁县十九都五图鱼鳞图册册页

司册先生丈明，对册无讹，原补入十八都十二图贰甲身家戴万隆户丁松舟现丁长联名目，以便执据管业，倘有冒补以及亲族内外人言等情，尽是补佥人承值，不涉司册之事。恐口无凭，立此亲供存照。东四区佥册事务所贵监理、经理先生均鉴。

计开

拱字二百〇一号　计税四分七毫七丝八忽七微

又　二百〇一号　同　贰分二厘三毫贰丝

又　二百〇贰号　同　二厘五毫五丝

又　二百〇五号　同　四分四厘六毫五丝

凭原受当主戴履亨祀孙泰生押

凭族长戴秉钧押

凭亲房戴秋甫押

立补佥据亲笔

中华民国贰年阴历十月拾八日立亲供补佥人戴长松押、戴联登押。①

字据上方两角各钤一方红色戳印"东四区自治佥册事务所图记"，左下盖"推收所奉饬〔磨勘截止补佥〕"红色戳印。

该补佥字据所言，即业主在清乾隆年间将屋地出当，后因"咸丰兵燹"，原佥据被当主遗失，今业主要取赎原业，只得凭两方亲族房长另立字据，补立新佥，以凭管业。办理补佥的机关即民国休宁县东四区自治佥册事务所。

5.换佥。如休宁县十九都三图爱字弓口册二千一百十八号中载（图1-9右页）：

民国十五年一月，执程国瑞户原归，挖税六厘，换入十九都三图十甲

① 休宁县档案馆藏鱼鳞图册第579册，第199页。

方元户丁业裘分归讫。

同年月，执程国瑞户原归存税七毫，换入二十都三图九甲程国瑞户归讫。

民国十三年八月，执胡景福户原归税一亩三分三厘三毫三丝，换入十九都三图十甲王南山户丁培敬名下归讫。入方元。

民国十二年五月，执王南山原归税一亩三分三厘三毫，换入十九都一图八甲胡景福户丁裕春归讫。原入王。

民国十一年一月二十三日，执汪思户原归山税一亩三分三厘三毫，换入十九都三图十甲王南山户丁王敬培归讫。入胡。

同日，执曹可遇户山税六分，换入十九都三图十甲方元户丁观进归讫。①

所谓“换佥”，一般是指在业户之间发生土地买卖等交易活动时，必须经过官府，将土地产权的佥业做相应转换，佥业从卖主手中转换到买主手中，以确定该土地产权的转移。这是明清徽州地区土地转移过程中一个重要的法规程序，十分常见，民国时期仍在延续。

6.阻佥。如休宁县十九都三图爱字弓口册二千一百十九号中载（图1-9左页）：

立阻止转登记字人方七十，原因父手昔年买过山地业壹宗，坐落土名百丈盈，系爱字贰千壹佰拾九号，计山地税壹亩九分三厘伍毫正，该业汪姓出卖当成契之日，凭中批明，所有上首原来老契与别业相连，未便缴付，当缴登记由壹纸，当日凭中指明交业现管为定。日后无论内外亲疏人等赴所转登之事，须烦贵所司册员，非身亲临到所者，恳乞一概阻

---

① 休宁县档案馆藏鱼鳞图册，第625册，第18页。

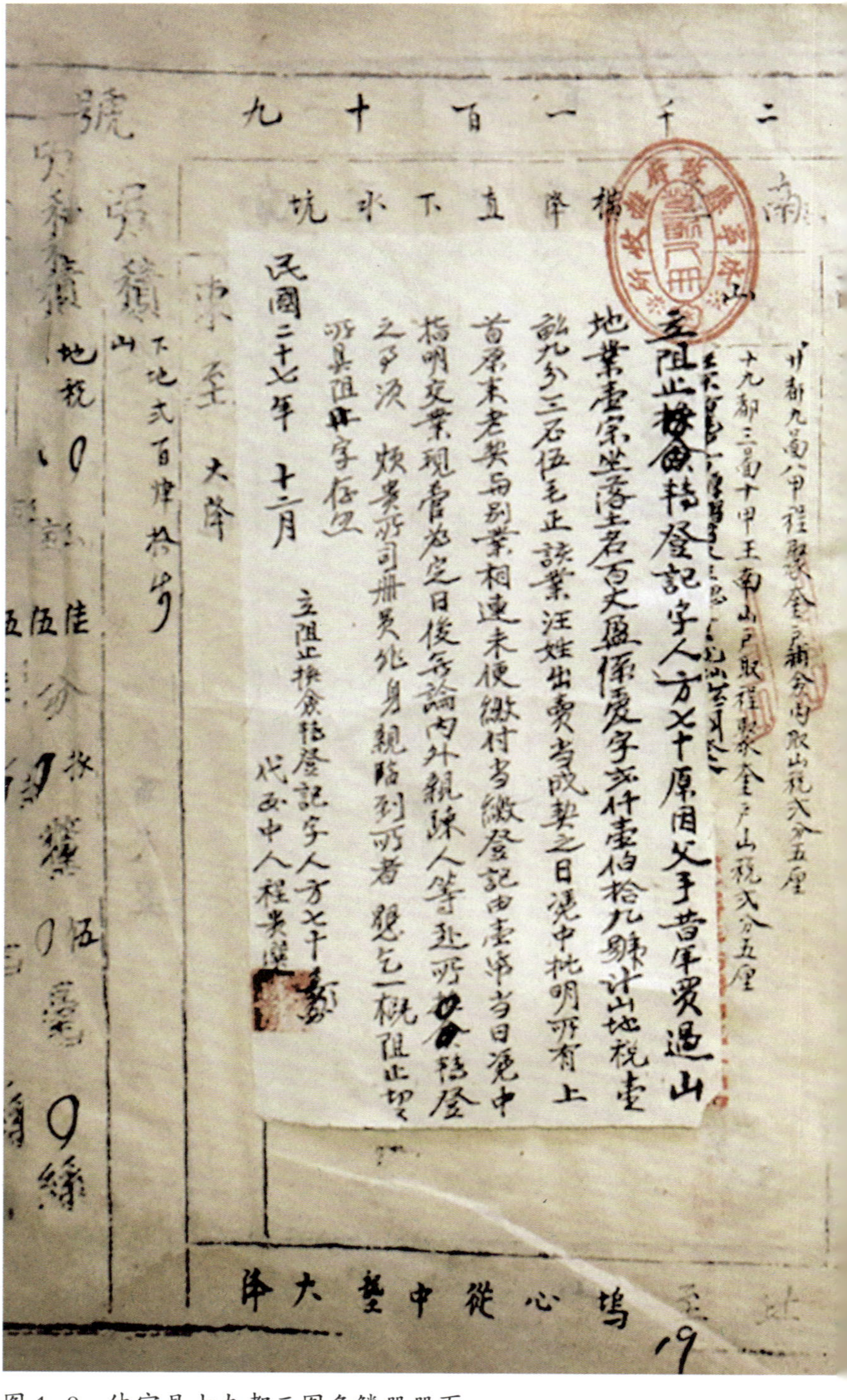

图 1–9　休宁县十九都三图鱼鳞册册页

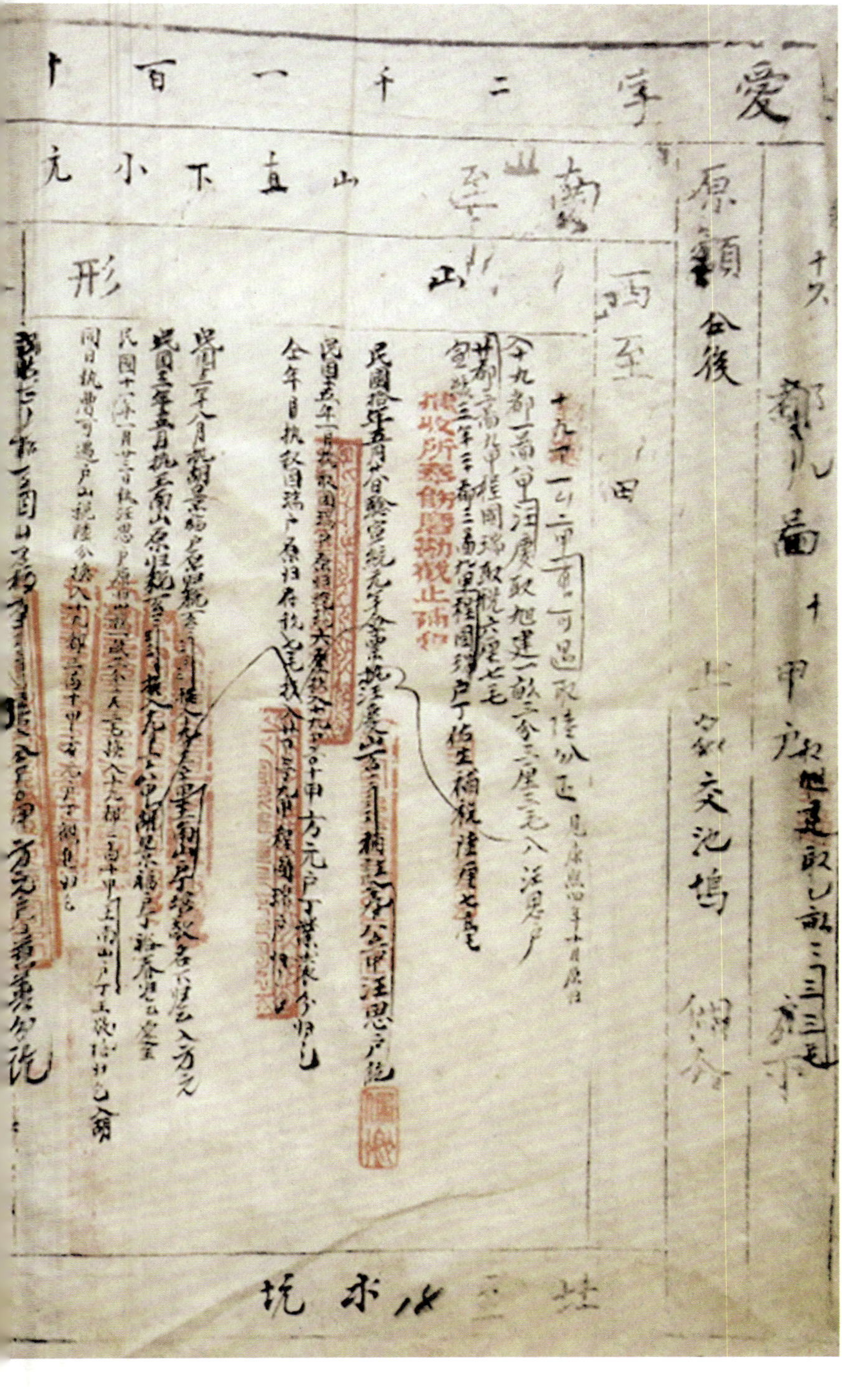

止，切切。所具阻止字存照。

民国二十七年十二月　立阻止换佥转登记字人方七十（押）

代书中人程贵选（戳印）

该阻佥字据粘于爱字二千一百十九号页面之上，其右上角与鱼鳞册页面钤椭圆形骑缝戳印，环戳印文为“休宁县政府推收所”，中间印文为“登记入册”。该阻佥为方姓置买山地，因“上首原来老契与别业相连，未便缴付”，立此字据，以阻止他人转登佥业，属于买业性质的阻佥。而民国时期更多的是典当阻佥，称为“浮佥”。如民国三十年（1941）休宁县一都五图黄字二千八百十三号所贴浮佥（图 1-10）：

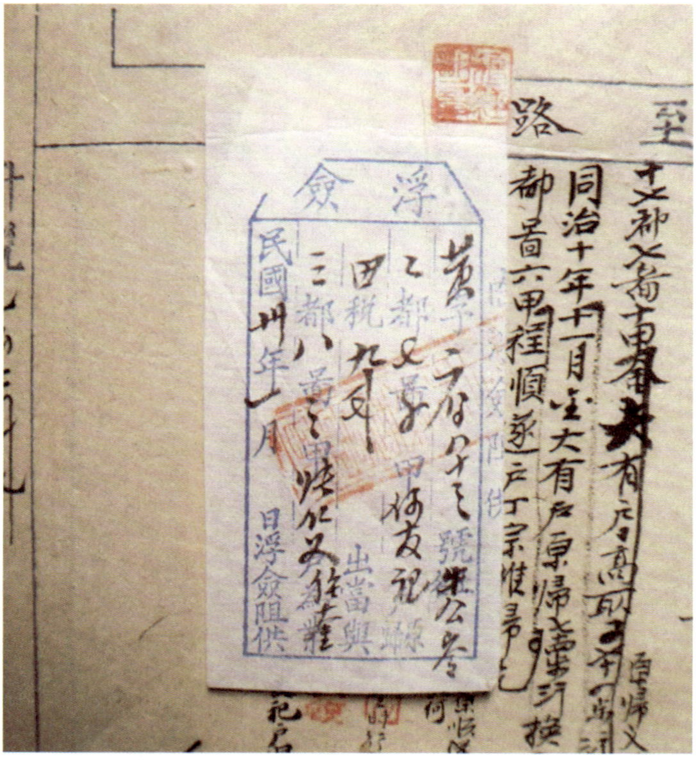

图 1-10　休宁县一都五图鱼鳞册浮佥

浮　佥

黄字二千八百八十三号，土名牛公岭，二都七图五甲何友祀户原归田税九分一厘七毫，出当与三都八图三甲张仁义户住奎为业。

民国卅年一月　日浮佥阻供。

此为民国时期常见的一种浮佥，粘于鱼鳞册该号田土页面。浮佥中写明业户出当的田土字号、土名及税额，出当业主与受当人，后署年月日及“浮佥阻供”字样，以防他人冒认供佥、转佥等。

此外，还有民国时期的“撤销浮佥”“赎回登记”“分佥”“复佥”等等，不再一一列举。翻阅现存的清代休宁鱼鳞图册，可以明显看出，清代实施鱼鳞册制度所引发的各种社会经济活动，在民国时期仍在继续。

民国时期一项新的土地整理活动，是土地陈报工作。徽州地区的土地陈报始于民国二十六年（1937），其间因抗日战争而停止，于民国三十一年（1942）重新开始，至民国三十二年（1943）完成。休宁县档案馆遗存有该县民国土地陈报档案2200余件。民国土地陈报的经过大体是，先期组织宣传与培训，正式开始以后主要工作有：以乡为单位勘界分段；业主插立丘牌，书写姓名、住址、原额等；编号绘图，查核面积；攒造丘领户册，业户具契证核实；最后还造有户领丘册及征册等。①

图1-11为民国休宁县土地陈报所造“丘亩图积丈量簿”册页，即丘领户册，每页顶端为“休宁县　　乡镇第　　段丘亩图积丈量簿　　第　　页”；其登录栏目有：“丘号，地目，土质，坐落土名，四至，丈量亩数，业主姓名、地址，佃户或使用人姓名、住址，丘形”；其底端为分队长、编查员、领查员签署栏。

---

① 参阅余坚：《民国时期休宁县的土地陈报工作》，安徽省徽学学会编《徽学丛刊》第二辑，2004年。

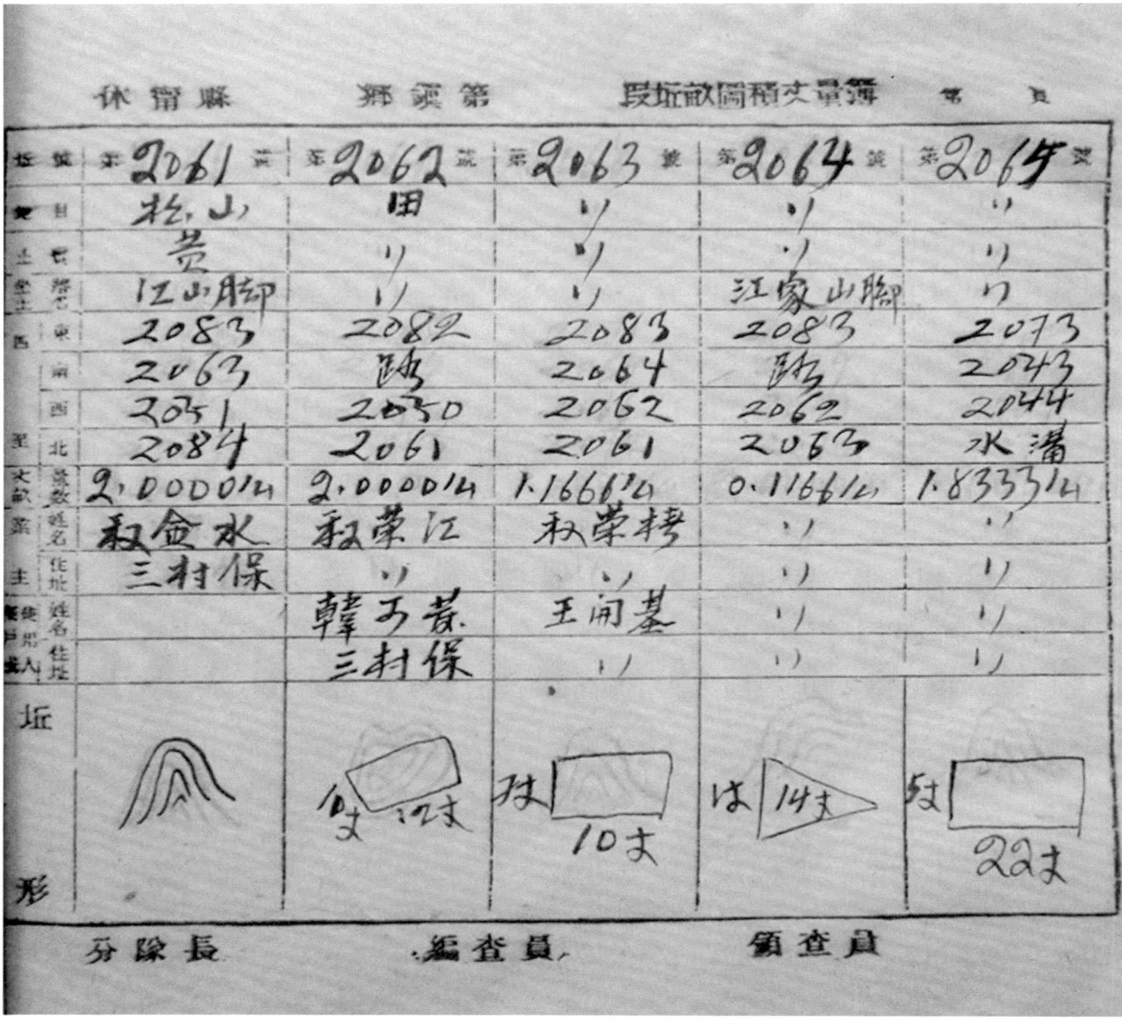

休甯縣　　鄉鎮第　　段坵畝圖積丈量簿　　第　　頁

坵號		第2061號	第2062號	第2063號	第2064號	第2065號
地目		松山	田	〃	〃	〃
土質		黄	〃	〃	〃	〃
坐落		江山脚	〃	〃	江家山脚	〃
四至	東	2083	2082	2083	2083	2073
	南	2063	路	2064	路	2043
	西	2051	2050	2062	2062	2044
	北	2084	2061	2061	2063	水溝
丈畝	畝數	2.00001厶	2.00001厶	1.16661厶	0.11661厶	1.83331厶
業主	姓名	叔金水	叔榮江	叔榮樗	〃	〃
	住址	三村保	〃	〃	〃	〃
使用戶佃人	姓名		韓子蒙	王開基	〃	〃
	住址		三村保	〃	〃	〃
坵形			12丈	10丈	14丈	22丈

分隊長　　編查員　　領查員

图 1-11　民国休宁县土地陈报所造“丘亩图积丈量簿”册页

图1-12为民国休宁县土地陈报所造"户领丘册"册页。页面侧端印刷竖排文字:"安徽省休宁县户领丘册　　乡镇第　　段　　第　　册第　　页";页面内印刷栏目如下:

户号　第　号
业主姓名　　住址
代表人姓名　住址
共有人姓名　业户签证
地号
地类
地目
坐落土名亩数　习惯亩数　丈量亩数　折合亩数
科则　等　则
转移情形　推收日期　推收户名　过入　户、由　户过入　推收亩数
实存亩数　管业执照　字　号
备考

每笔地号之上多钤有"对讫"红色戳印,表明已经核对。每页两面,第二面为续表。每册前面有一表格,填注该段户领丘册共有几册,本段户丘亩数,包括户数,丘数,田、地、山、荡亩数,总面积等及编造员,核对统计员,陈报员等。并标明校对、缮写、审核、统计等人员姓名。册首则有"安徽省休宁县户领丘册业户姓名统计表",将册中所登业户编号,汇为一表,以便检索。

不难看出,民国土地陈报工作的具体做法多与清代鱼鳞册的攒造过程相似,而其所造丘领户册与户领丘册,则分别与鱼鳞清册和鱼鳞归户册的性质相近。可以说,民国的土地陈报工作不乏鱼鳞图册制度之遗意。

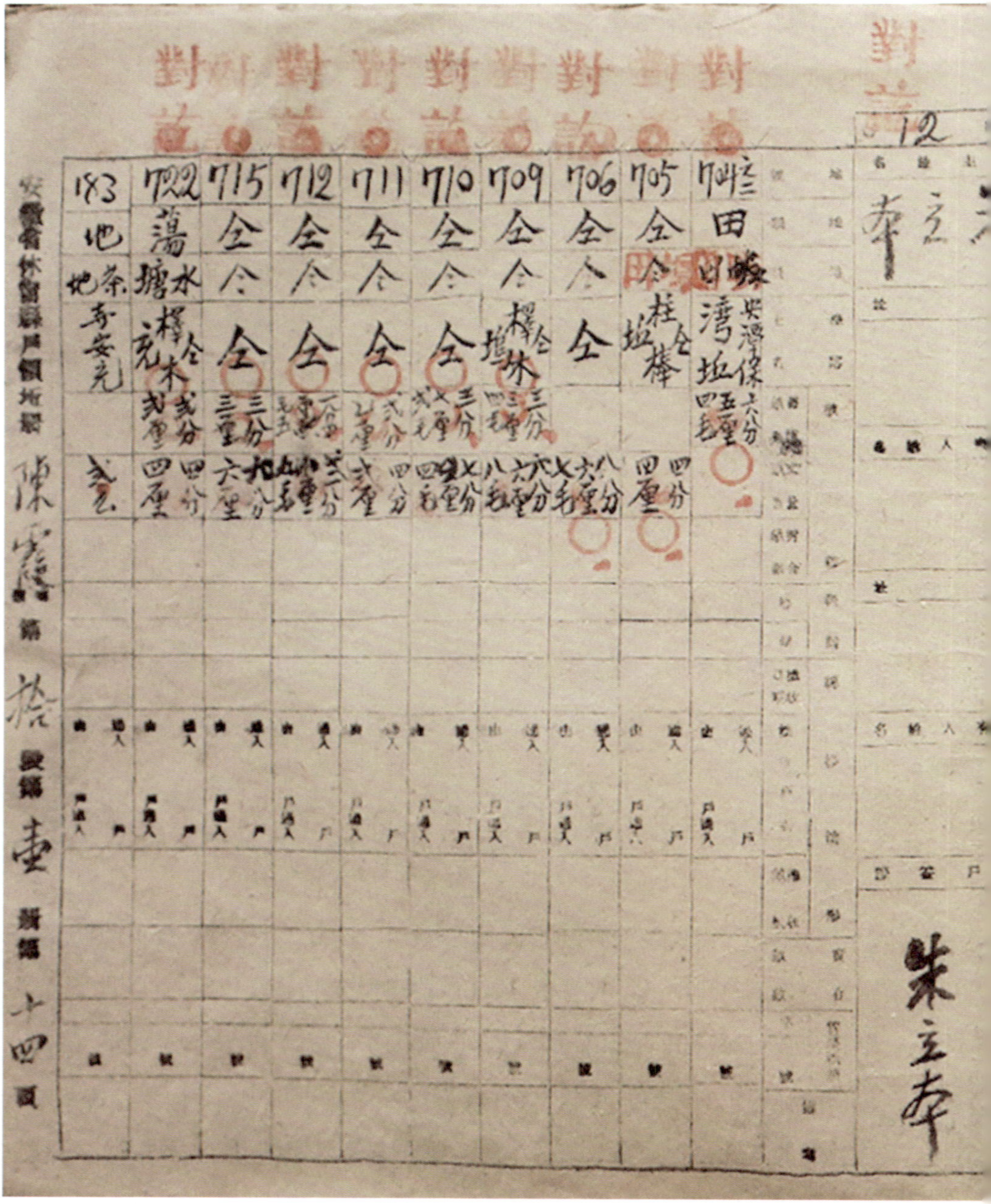
安徽省休宁县户领丘册
183 722 715 712 711 710 709 706 705
地 荡 仝 仝 仝 仝 仝 仝 仝 田
12
朱立奉

图 1-12　民国休宁县土地陈报所造“户领丘册”册页

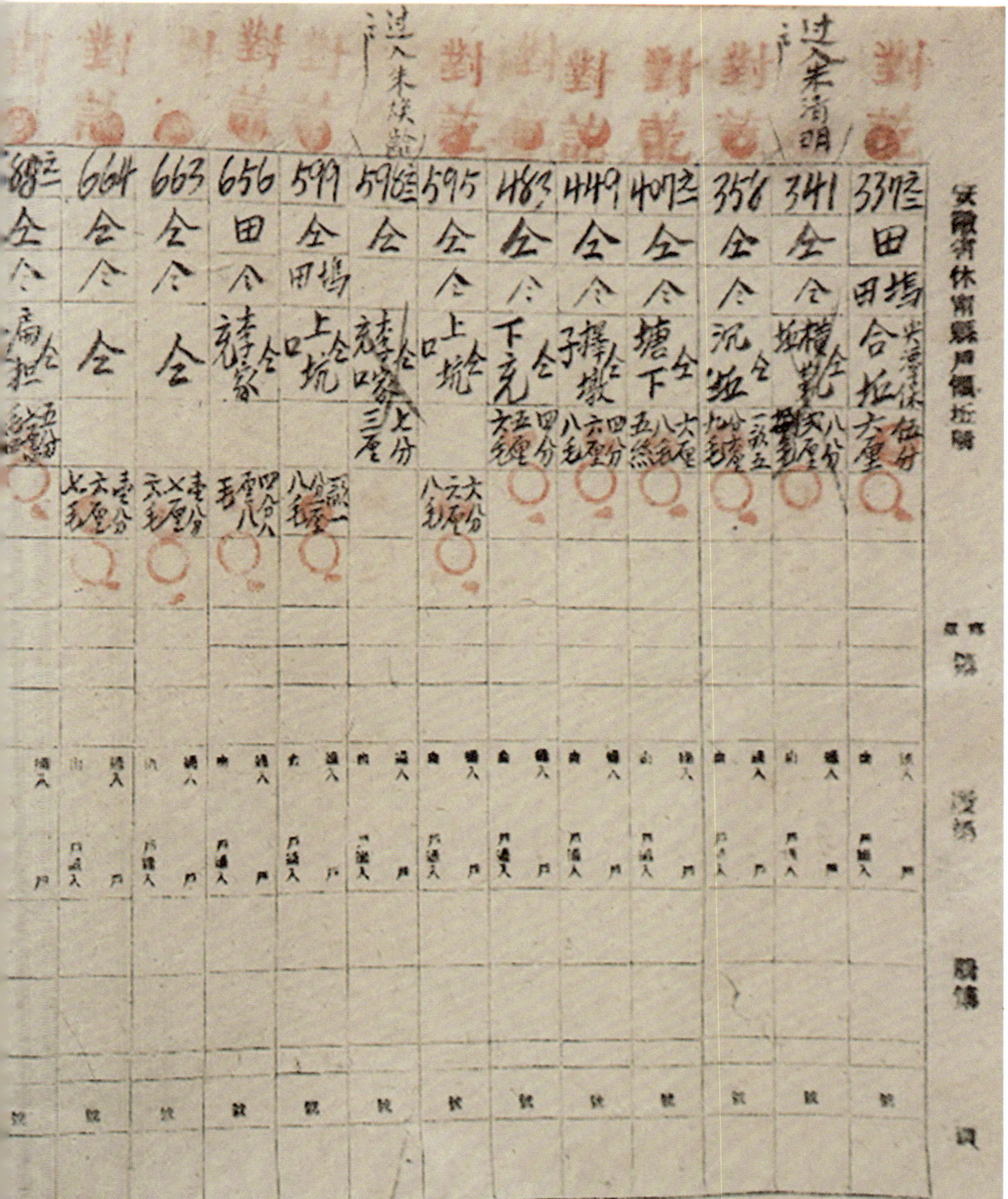
安徽省休寧縣戶領坵冊

第二章　遗存丰厚

鱼鳞图册作为土地管理的一项基本制度，曾在中华大地上长期实施。由于其实行时间长、涵盖地域广、造册类别多，故产生的册籍文档十分巨大。自宋代以来在鱼鳞册制度实行的过程中，历代都造有大批鱼鳞图册，往往一个府县即存有成千上万的鱼鳞图册。史载，南宋大臣洪遵言及绍兴经界所造鱼鳞册籍时说："旧例，令佐四厅催科，浮民得以为奸，号为杂催者，至七百余人，因缘侵渔，人蒙其害。经界覆实官在县置枷械于门，追呼自便。又于大保长名下勒取丁口图帐七千余本，皆鱼鳞细图，期限严峻，遂以重价就买官中本送纳。珦始至之日，即时禁止。"①这里所载"丁口图帐七千余本"，虽不都是鱼鳞图册，但从所言"皆鱼鳞细图"可知，其大多为鱼鳞图册类账籍。再如《宋史·食货志》载："知婺州赵恳夫行经界于其州，整有伦绪，而恳夫报罢。士民相率请于朝，乃命赵师岩继之。后二年，魏豹文代师岩为守，行之益力。于是向之上户析为贫下之户，实田隐为逃绝之田者，粲然可考。凡结甲册、户产簿、丁口簿、鱼鳞图、类姓簿二十三万九千有奇，创库匮以藏之，历三年而后上其事于朝。"②这里所言，是南宋嘉定时赵恳夫等在婺州推行经界，历三年完成，所造鱼鳞图册等册籍达"二十三万九千有奇"，创专库以藏之。后世所造鱼鳞图册数量之巨，更是有过之而无不及。然而，由于改朝换代、战乱浩劫、时代变迁等，历代所造数量巨大的鱼鳞图册，大多已消失在历史演进的尘埃之中。不过，由于当时各地造册数量庞大，故鱼鳞图册文书档案至今仍有相

① 〔明〕黄淮，杨士奇：《历代名臣奏议》卷一四三《用人》，《文渊阁四库全书》第 437 册，第 33 页。

② 〔元〕脱脱等：《宋史》卷一七三《食货上一》，中华书局标点本 1985 年版，第4179 页。

当遗存。

据笔者多年调查与粗略统计,海内外各地至今遗存的鱼鳞图册当在5000册左右。其中徽州鱼鳞图册有3000册以上,占大多数。这是因为徽州地处皖南山区,被万山包围,地理环境相对封闭;宋代以后该地战乱较少,所受冲击有限;特别是其宗族制度十分完备,唐宋世家,比比皆是,千年大族,所在多有,以世家大族为骨干的徽州宗族,世代相传有序,长期稳定发展,这样,与族人相关的各种文书档案与文献,得以世代传承而被长期保存下来。与此同时,徽州人也养成了较强的契约观念,具有惜字如金、重视收藏等良好传统。而最根本的,则是因为徽州自南宋绍兴经界以后,历代鱼鳞图册制度均在此实施,没有间断,又因其一直为畿辅之地,或属直隶所辖,贯彻朝廷政令比较认真,而成为南宋以后鱼鳞图册制度实施与发展的典型地区之一。徽州鱼鳞图册有大量遗存与上述原因密切相关。

一 休宁鱼鳞图册遗存

1984年10月,徽州(后改为黄山市)休宁县档案馆接收了一批重要历史档案,一共有4200余册。这是怎样一批历史档案?其来历又如何呢?

原来,这是休宁县在中华人民共和国成立之初,从国民党县政府那里接收的一批档案,最初归县财税局保管。因其数量巨大,无处存放,便置于当时属财税局管辖的旧城钟鼓楼的阁楼之上。其后,这批历史档案长期被束之高阁,无人问津。"文革"时曾有人提议将这些"废纸"烧掉,被当时的财税局局长朱启祥制止。1983年,县里为改善当时文管所的办公条件,将原属县财税局管辖的钟鼓楼及其平房,一起划拨给县文物管理所。于是,这批历史档案被重新发现。不过,在房屋移交过程中,如何处置这一大堆财税局遗留的"财税档案”？人们仍感到困惑，以致有人提出将其卖给造纸厂打纸浆。当时县文管所所长吴宏仁，刚从省文物局举办的文博培训班回来，一种对文博的职业敏感度促使他断然否定了这一提议。随后，吴所长一方面找到县财税局局长宁来根，让他仔细检查其中是否还有需要的档案；另一方面，则由文管所3名工作人员与临时聘请来的县图书馆馆长朱典鄘一起，费时2个月，将其他古旧资料粗略整理打包，并与有关部门进行联系。于1984年，正式移交给休宁县档案馆。①

经过整理发现，其中有清代鱼鳞图册1141册，征收田赋册390册，赋税清册122册，田赋串票225册，田赋征册48册；民国丘亩图积丈量簿33册，户领丘册归户表657册，户领丘册1164册，土地陈报单348册，土地陈报丘形图108件，等等。② 可以看出，这批历史档案是清代和民国时期的土地文书档案。其中清代的主要为鱼鳞图册以及编审册、实征册等赋役册籍；民国时期，政府仍利用这批鱼鳞图册，进行土地管理，并重新装订修补过，又攒造了与土地陈报相关的各种册籍。其数量巨大，共有4200余册；内容丰富，种类颇多；跨越时间长，从清顺治至民国晚期，长达300余年；虽有残缺，但从整体上看，实为休宁县清代至民国时期比较系统而完整的土地文书档案遗存。

二　编目考辨

其中鱼鳞图册文书档案，休宁县档案馆在接收之后，于1989年曾组织安徽大学历史系有关人员对其进行初步整理，总数为1141册。至1992年2月，

---

① 参阅江志伟：《“鱼鳞图册”：朱元璋的“美政档案”》，《东方收藏》2011年第11期。

② 据休宁县档案馆档案管理股股长张眉2020年3月提供的数据。

该馆从社会上征集到 5 册民间所藏鱼鳞册入馆。2017 年 10 月，又从该县流口乡政府接收 14 册鱼鳞图册入馆，笔者曾见证其事，并鉴定其中有一件为明代鱼鳞图册。现确认休宁县档案馆共藏明清鱼鳞图册总计 1160 册。

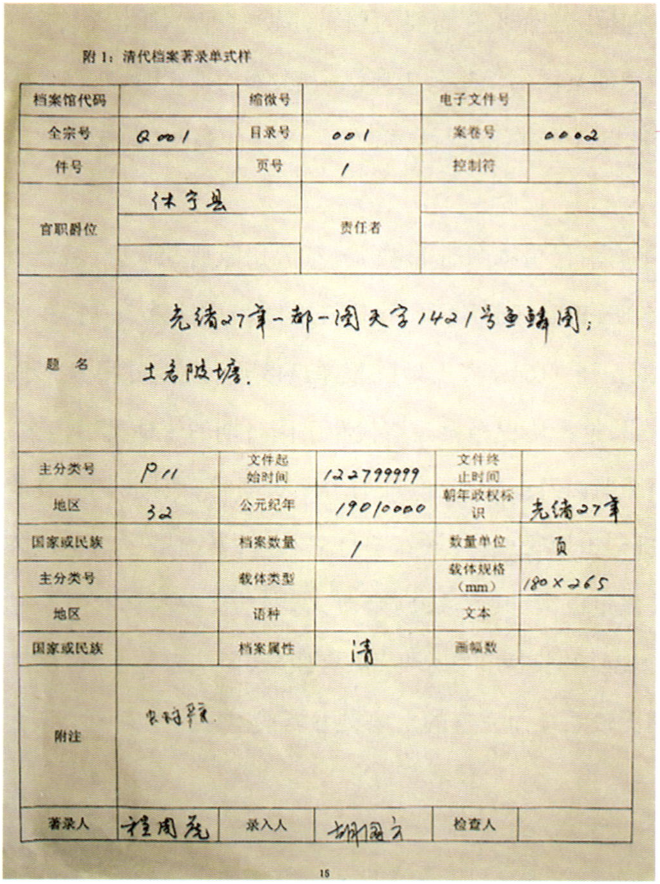

附 1：清代档案著录单式样

档案馆代码		缩微号		电子文件号	
全宗号	Q001	目录号	001	案卷号	0002
件号		页号	1	控制符	
官职爵位	休宁县		责任者		
题名	光绪27年一都一图天字1421号鱼鳞图；土名陂塘				
主分类号	P11	文件起始时间	122799999	文件终止时间	
地区	32	公元纪年	19010000	朝年政权标识	光绪27年
国家或民族		档案数量	1	数量单位	页
主分类号		载体类型		载体规格（mm）	[illegible]
地区		语种		文本	
国家或民族		档案属性	清	画幅数	
附注	[illegible]				
著录人	[illegible]	录入人	[illegible]	检查人	

15

图 2-1　清代档案著录单

其后于 2006 年年底，档案馆又组织相关人员做了进一步整理，每册均附一份“清代档案著录单”，见图 2-1。

其上已登录的项目有“全宗号”“目录号”“案卷号”“官职爵位”“题名”“主分类号”“文件起始时间”“地区”“公元纪年”“朝年政权标识”“档案数量”“数量单位”“载体规格”“档案属性”等。除上述信息外，又对各册鱼鳞册中所见土名做了整理，一一列出土名及其起止号数，附于单后。

现存鱼鳞图册档案每册保管与装订的情况大致是，首附上述的“清代档案著录单”，每册首为牛皮纸封面，上面墨书题名、字号、都图案卷编号，当为 1989 年整理装订所题；次为民国整理时所加封面，题有某字起止号、共几本等；再次为鱼鳞图册文本正文。

休宁县鱼鳞清册案卷目录

案卷号	字号	起止号	地点		起止年代	页数	柜号	备注
			都	图				
1	天	1141—1340	1	1	雍正8年	200	5-001	5-001
2	〃	1421—1500	〃	〃	光绪27年	80		
3	〃	1701—1900	〃	〃	〃4年	200		
4	〃	2002—2122	〃	〃	康熙17年	121		
5	〃	2802—2900	〃	〃	乾隆3年	99		
6	〃	2970—3196	〃	〃	雍正3年	227		
7	〃	3200—3299	〃	〃	乾隆9年	100		
8	〃	4005—4100	〃	〃	康熙50年	96		
9	〃	4101—4200	〃	〃	乾隆10年	100		
10	〃	4201—4278	〃	〃	康熙元年	78		

图 2-2　休宁县鱼鳞清册案卷目录第一页

休宁县档案馆经过多次整理编目，现有“休宁县档案馆监制”《案卷目录》一册（图 2-2）。

其编目的基本原则，是以遗存鱼鳞册的原都图《千字文》字号为序，排列先后，编排目录，这是完全恰当的。休宁县档案馆在接收这批鱼鳞图册档案之后，先后做了几次整理，在编目上做了很多工作，下了很大功夫，其对各册都图字号的判断和编排大部分也是准确的，构建了该鱼鳞册编目的基础。2017 年 9 月，笔者应聘参加了国家档案局“休宁县鱼鳞图册档案保护与开发”项目工作。随后，利用这一编目，对休宁县档案馆所藏鱼鳞图册进行了逐册查阅。在这一过程中，也发现了编目方面的一些问题，尚需做进一步修正。其中主要问题在以下两个方面。

一是对各册所属时间的判断，在著录表上有一项为“朝年政权标识”，其填写很不全面,也不够准确,并且在案卷目录上改为“起止年代”,又填入同样的信息,这很容易被误读为各册的所属时间。其实,在该馆所藏鱼鳞册之中,很多册籍上都有不同朝代、不同年份的各种批注,有的一号田土之下,就有数十笔批注,从顺治朝起,直至民国时期各朝都有,几乎填满了整个页面。形成这种情况的原因是,在鱼鳞图册造成以后,往往发生买卖、典当、析产等产权变动情况,于是就利用原有册籍加以批注,以便及时地反映土地流动情况,它是该号田土在鱼鳞图册攒造完成之后而发生的各种土地流转情况的记录,其上多钤有各种戳记,是具有法律效力的。这种情况相当普遍。这是休宁县档案馆所藏鱼鳞图册的一大特点。而在此前的整理中,只选取这些批注中的某一个年份加以著录,这是不全面的。而若以此作为该册籍的所属年代,则更是不准确的。

二是部分册籍的都图字号编排有误。如上所述,休宁县档案馆遗存的鱼鳞图册,有部分册籍是残缺的,有的头尾均残,且册中字号一栏没有填写,亦付阙如;有的一本册籍之上同时标有不同字号,这些都给鱼鳞图册都图字号的判断与编排带来不少困难。造成错排的一个主要原因是,对清初休宁县鱼鳞图册攒造经过与都图字号演变的复杂情况缺乏了解。遗存文书表明,清初休宁县的土地清丈与鱼鳞图册攒造,在顺治四年(1647)之前就已开始,至顺治四年正式实施,如顺治四年十月十五日所立休宁县九都一图《十排清丈田土合同》①;至今也有多部顺治六年(1649)攒造完成的鱼鳞图册实物遗存下来,如休宁县三十都一图“欲”字号《顺治陆年丈量鱼鳞清册》②等。休宁县至顺治八年(1651),增编五里,正式新编字号,“国朝顺治八年清丈,自东北隅一图改‘甲’字,又自一都一图改‘天’字起,至三拾三都八图‘贤’字止,编号二百一拾四里。”③在顺治八年之前所造鱼鳞图册之中,有的已按新编字号攒造,

① 《康熙陈氏置产簿》,南京大学历史系资料室藏。

② 中国社会科学院古代史研究所藏 316010600003 号。

③ 《休宁县新丈都图字号乡村地名便览》,安徽省图书馆藏 2:38589 号。

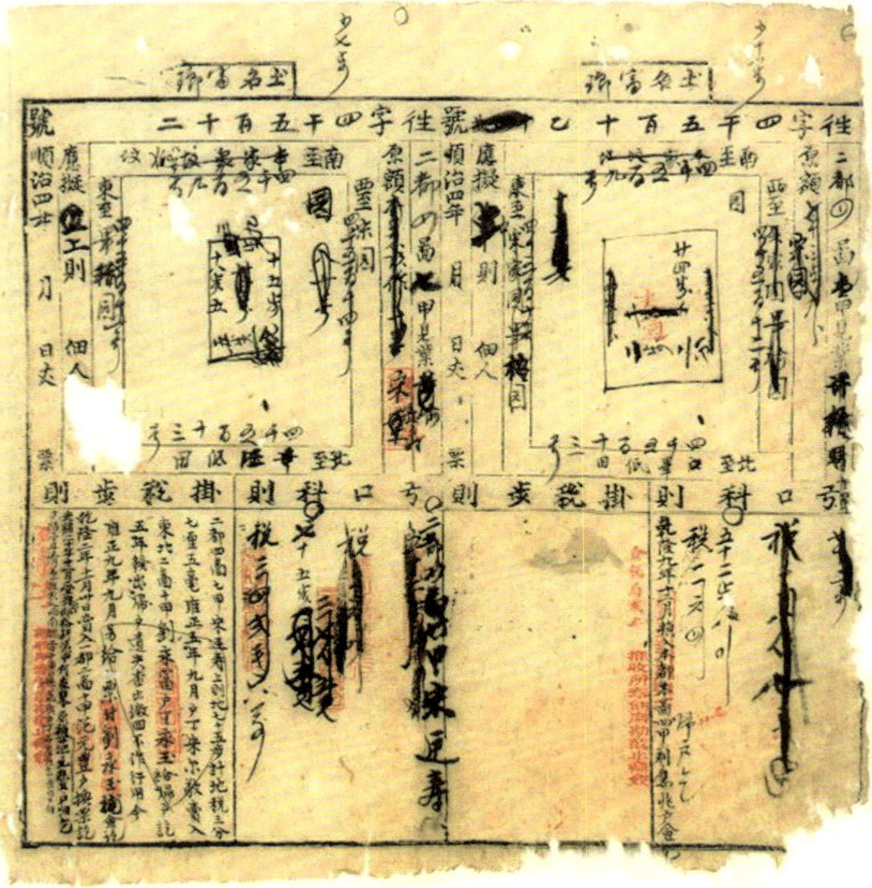

图 2-3 休宁县二都四图往字弓口册

如上述三十都一图“欲”字号鱼鳞册。但其中有的册籍所标字号比较复杂，同一本册籍之上，却标有不同的《千字文》字号。如休宁县档案馆现存《休宁县二都四图弓口册》，该册书口印“休宁县二都四图弓口册”，其为休宁县二都四图的鱼鳞册无疑；册中版刻印刷项目中有“顺治年月日丈票”一栏，其中填写了“顺治四年”“顺治五年”“顺治六年”等，可知该册为顺治年所造。然同一本《休宁县二都四图弓口册》却填有不同的字号，有的填写“往”字

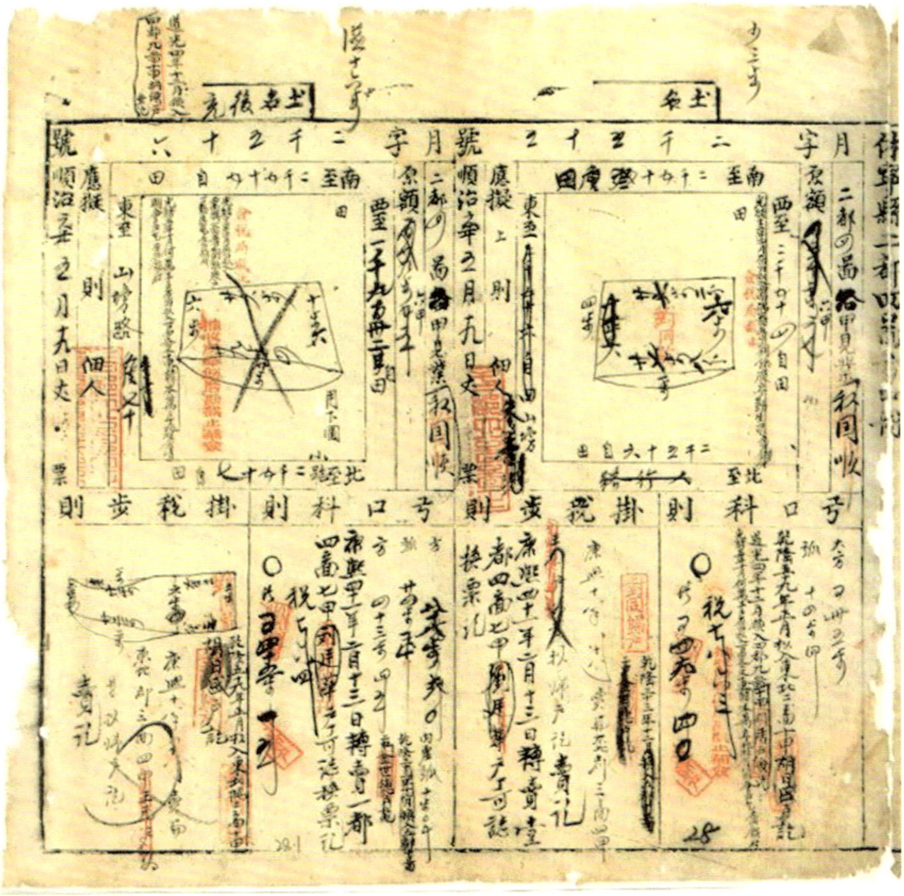

图 2-4　休宁县二都四图月字弓口册

(图 2-3)①,有的填写“月”字(图 2-4)②。于是,馆藏现编目将其中一部分编为二都四图“月”字号(编目第 33—44 号),另一部分则编为三都七图“往”字号(编目第 88、89 号)。此种编排就有误判。原来,“往”字为休宁县二都四图万历丈量时的字号,系旧字号,“月”字则是顺治丈量时的新字号,虽然填写的字号不同,但本是同一个图的册籍,当编在同一个字号下,而不应分开。又,

① 休宁县档案馆藏鱼鳞图册第 89 册,第 56 页。
② 休宁县档案馆藏鱼鳞图册第 37 册,第 28 页。

休宁县清代新丈亦有“往”字,新“往”字与旧“往”字实属不同都图,容易混淆。在现存的休宁鱼鳞图册中,像这种情况还有不少,应特别注意分辨。

笔者不揣浅陋,对发现的原编目中的一些问题,略加考辨,试作修正,在休宁县档案馆藏鱼鳞图册原编目基础之上,作一《休宁鱼鳞图册遗存简表》(表2-1)。表中最后的“备考”栏,则以简要文字言及考辨内容,有的需要比较详细的考辨加以说明,见表后所附文字,表中以(注)号表示。又,关于表中“时代”一栏,有的册籍比较容易判断,如书口题“顺治丈量”,即填写具体朝代“顺治”,有的经过考证可确定具体朝代者亦标明;对只能认定其属于清代而尚不能确定为哪朝者,则只填写“清”,待以后考证其具体朝代。

表 2-1 休宁县档案馆藏鱼鳞图册简表

都图		字号	书口题名	册数	时代	馆藏编号	备考
1	1	天	壹都壹图清丈草册	12	顺治	1—12	据册中批注载,为顺治时造(注 1)
1	5	黄	一都五图丈量登业草册	13	清	13—25	前两页为:“城厢自治鱼鳞经册”,系民国时后补
1	7	宙	壹都柒图丈墨登业草册	3	清	26—28	
2	2	荒	二都二图清丈草册	4	清	29—32	
2	4	月	休宁县二都四图弓口册 又,休宁县鱼鳞经册	14	顺治 顺治	33—44 外加88、89旧“往”字	旧“往”字,新丈“月”字
2	7	辰	二都柒图 又,清丈草册丁亥岁造二都柒图	4	顺治	45—48	新丈 丁亥岁:顺治四年,原系“收”字
3	1	宿	乾隆四十七年九月吴嘉祥接管清造宿字号清丈弓口佥归册	3	乾隆	49—51	

续表

都	图	字号	书口题名	册数	时代	馆藏编号	备考
3	2	列	休宁县三都二图丈量底册	9	清	52—60	
3	3	张	临田丈量田土簿(闰字) 三都三图草册(闰字) 休宁县三都清厘鱼鳞经册	9	清 清 同治	61—69	3都3图旧"闰"字,新丈"张"字
3	4	寒	……都……图……字业户佥归清册	3	清	70—72	70、71为抄本
3	5	来		1	清	73	
3	6	暑	弓口册 佥册	13	康熙	74—86	
3	7	往	休宁县三都七图鱼鳞清册经佥	1	顺治	87	原为87—89,共3册,其中88、89均为旧"往"字,新丈"月"字,已调"月"字
3	8	秋	休宁县鱼鳞经册	3	清	90—92	
3	9	收	三都九图丈量登业草册	9	顺治	93—101	顺治册封面题:"收"字号弓册(民国题)
3	10	冬	三都十图弓口册	14	清	102—115	
4	4	成		2	清	116—117	旧"雨"字,新丈"成"字
5	1	雨	五都一图册底(草册)	10	清	118—127	
5	2	露	封面题:"露"字弓佥册	4	清	128—131	
5	5	霜	清丈册底	4	清	132—135	
5	7	生	休宁县丈量鱼鳞经册	1	顺治	136	与七都七图顺治六年册形制同

续表

都图		字号	书口题名	册数	时代	馆藏编号	备考
7	1	出	顺治陆年丈量鱼鳞清册	4	顺治	137—140	
7	2	昆		5	清	141—145	册面后加题：弓口册
8	1	剑	八都一图清丈“剑”字号 八都一图	10	清	146—155	
8	3	号	八都三图归户册 捌都叁图“号”字号分管曹敦本册底(旧“李”字)	13	清	156—167 外加 203 号	旧“李”字，新丈“号”字
8	4	巨		7	清	168—174	
8	5	阙	〔八〕都五图新旧弓口草册	9	顺治	175—180 外加 204、205、206 号	旧“菜”字，新丈“阙”字
8	6	珠	休宁县丈量鱼鳞号册 八都六图弓口册	4	清	181—184	
9	3	夜	休宁县九都三图弓口鳞册(第189、190 册)	10	清	185—194	
10	2	光	封面题“光字壹册”，“弓口册”(第 1142 册) 弓口册(第 1144 册)	4	康熙等	1141—1144	库册、弓口册，抄本
10	3	果	书口无题 又，休宁县都图鱼鳞图册民国十一年岁次壬戌湖村朱民重刊	7	清 民国	195—201	
11	1	珍		1	清	202	

续表

都图		字号	书口题名	册数	时代	馆藏编号	备考
11	3	李		1	清	203	
12	3	重	清丈草册	5	清	207—208 外加 348、349 及 753 册	旧“潜”字，新丈“重”字
13	1	芥	休宁县丈量鱼鳞经册	1	顺治	209	顺治形制，钤“休宁县印”骑缝印。
13	3	海		2	清	1145 附十三都五保“率”字抄本 1 册	旧“龙”字，新丈“海”字 抄本
13	4	咸	顺治陆年丈量鱼鳞清册	6	顺治	210—215	
14	1	河		8	清	216—223	
14	2	淡	十四都二图弓口册	7	清	224—230	
14	3	鳞	休宁县丈量鱼鳞号册	4	清	231—234	
14	4	潜		3	清	235—237	
14	5	羽	拾肆都伍图弓口册	9	清	238—246	
14	6	翔	拾肆都陆图弓口册	24	清	247—270	
14	7	龙		3	清	271—273	
14	8	师	丈量草簿 十四都八图弓口册	6	清	274—279	
14	9	火	顺治陆年丈量鱼鳞清册	1	顺治	280	
14	10	帝		37	清	281—317	
14	11	鸟	十四都十一图弓口册	9	康熙	318—326	
15	1	官	都图鱼鳞册底 拾伍都壹图鱼鳞册底	13	顺治	327—339	

续表

都图		字号	书口题名	册数	时代	馆藏编号	备考
15	2	人	都图鱼鳞册底 休宁县丈量弓口底册	7	清	340—346	
15	3	皇		1	清	347	
15	4	始	康熙年丈量鱼鳞清册 丈量字号草簿	15	康熙	350—363 外加 1058 册,附始字 1 册,无编号	
15	5	制		7	清	364—370	
15	6	文	休宁县拾伍都六图临田弓口册	11	清	371—381	
16	3	服	休宁县鱼鳞官册誊本	2	民国	383—384 382 册原编为十六都一图“字”字,误,实为二十四都三图“身”字,调去	民国十二年
16	11	推		2	清	385—386	
17	1	国		9	清	387—395	
17	2	有	拾柒都贰图弓口册	5	清	396—400	
17	3	虞	拾柒都三图丈草	18	清	401—418	
17	4	陶	都图丈量登业草册	22	清	419—438 外加后附 1140“陶”字 1 册	
17	5	唐	都图丈量登业草册 十七都五图 休宁县拾柒都五图弓口册	14	清	439—452	
17	6	吊	都图丈量登业草册	18	康熙	453—470	各册多有康熙五年、六年佥

续表

都图		字号	书口题名	册数	时代	馆藏编号	备考
17	7	民	休宁县拾柒都柒图图册 休宁县开垦升科报簿	8	清	471—478	
18	1	伐	拾捌都壹图丈量“朝”字号草簿	6	清	479—482 外加 533、534 两册	旧“朝”字，新丈“伐”字
18	2	罪	拾捌都贰图弓口册	4	清	483—486	
18	3	周	拾捌都叁图原“道”字新“周”字号口册	4	清	549、552、554、556	旧“道”字，新丈“周”字
18	4	发	弓口册 休宁弓口册原“垂”字	17	清	487—503	
18	5	商		3	清	504—506	
18	6	汤	休宁县拾捌都陆图弓口鳞册	17	清	507—523	
18	7	坐	县丈量鱼鳞经册	3	顺治	524—526	
18	8	朝	“朝”字号	12	清	527—540（其中 533、534 移至 63 伐字）	
18	9	问	休宁县丈量弓口底册	5	清	541—544 外加 647 册	旧“育”字，新丈“问”字
18	10	道	拾捌都拾图弓口册	9	清	545—557（内 549、552、554、556 计 4 册系旧“道”字，新丈“周”字，调至“周”字）	
18	11	垂	拾捌都拾壹图丈量“首”字号草簿 拾捌都拾壹图“首”字号临场草簿	25	清	558—578 外加 658—661 共 4 册（旧“首”字、新丈“垂”字）	原错排为十九都六图“首”字，现并于此

续表

都图		字号	书口题名	册数	时代	馆藏编号	备考
18	12	拱	拾捌都十二图丈量“臣”字号草簿 拾捌都拾贰图“拱”字丈量登业弓口草册	10	清	579—588	旧“臣”字，新丈“拱”字
19	1	平	拾玖都壹图弓口册	22	清	589—610	
19	2	章	休宁县鱼鳞经册	3	清	611—613	
19	3	爱	十九都三图弓口册	29	清	614—642	
19	4	育		9	清	643—648（除去 647 册，旧“育”字、新丈“问”字，调“问”字）外加 699—702 计 4 册	旧“遐”字，新丈“育”字 原错排为二十都五图
19	5	黎	拾玖都伍图丈量佥业草册	9	顺治	649—657 原编有：十九都六图首字 658—661 计 4 册，系旧丈“首”字、新丈“垂”字，调出	
20	3	臣	休宁县贰拾都叁图丈量分庄清册	26	清	662—687	
20	4	伏		11	清	688—698	
20	7	遐		4	清	699—702	
20	9	迩	二十都玖图鱼鳞册	8	清	703—710	
21	1	壹		23	清	711—734（其中 724 册属二十五都六图“岂”字，调去）	

续表

都图		字号	书口题名	册数	时代	馆藏编号	备考
21	2	体	休宁县二十一都二图田头弓步册(原)	18	清	735—753(又,第753册原错排为“体”字,实为“重”字,调出)	光绪
21	3	率	二十一都三图“率”字号草册(下题“原‘竹’字号”)	7	清	754—759外加1058所附“率”字1册,无编号	
21	4	宾		4	清	760—763	
21	9	归	休宁县丈量鱼鳞经册	2	顺治	764—765	
22	1	王	丈量田土字号	5	清	766—770	
22	2	鸣		10	清	771—780	抄本,第778册后附“毁”字2244—2268号
22	3	凤	经册	7	清	781—787	
22	4	在		9	清	788—796	抄本
22	5	竹		15	清	797—811	
22	6	白	开头题新丈“白”字佥册	6	清	812—817	抄本
22	9	驹	都图丈量登业草册	5	清	818—822	
22	10	食	二十二都十图	4	清	823—826	
23	1	场		5	清	827—831	抄本
23	2	化	弓口草册	5	清	832—836	
23	3	被		3	清	837—839	抄本
23	4	草		11	清	840—850	抄本
23	5	木		5	清	851—855	
23	7	及		7	清	856—862	
23	8	万	休宁县丈量鱼鳞号册	1	顺治	863	

续表

都图		字号	书口题名	册数	时代	馆藏编号	备考
23	9	方		5	清	864—868	
24	1	盖	丈量草册 二十都图草册 二十都图丈量登业草册	19	顺治 同治	869—886 外加第 925 册	旧“常”字，新丈“盖”字
24	2	此	二十四都二图草册	6	清	887—892	
24	3	身	休宁县丈量鱼鳞经册 顺治陆年丈量鱼鳞清册	3	顺治	893—894 外加第 382 册	382 册原作“字”字，编为十六都一图，实误。该册 2765、2783 等号所载可证为二十四都三图（注 2）
24	4	发	二十四都四图草册 休宁县鱼鳞底册	10	清	895—904	
24	6	四	弓口底册	9	清	905—913	
24	7	大	休宁县新编弓口鱼鳞现业的名库册	1	清	914	
24	8	五		7	清	915—921	抄本
25	1	常		3	民国抄本	922—924（原编有第 925 册，系旧“常”字、新丈“盖”字，调去）	
25	2	恭	休宁县丈量鱼鳞经册	4	清	926—929	
25	4	鞠	顺治陆年丈量鱼鳞清册	1	顺治	930	
25	5	养	图草册	10	康熙	931—940	旧“贞”字，新丈“养”字
25	6	岂	丈量田土	10	清	941—949 外加 724	

续表

都图		字号	书口题名	册数	时代	馆藏编号	备考
25	8	敢	休宁县贰拾伍都捌图弓口册	22	康熙	950—971	
26	1	毁	二十六都壹图“毁”字图册	12	清	972—983	
26	2	伤	二十　都　图　字图册	3	清	984—986	
26	3	女	二十陆都叁图“女”字图册 〔女〕字流水	17	清 顺治	987—1002 外加 1058 册所附“女”字 1 册，无编号	
26	4	慕	休宁县丈量鱼鳞号册	6	顺治	1003—1008	其中第 1006 册前半部分为“二都四图弓口册”，见书口题，系装订错误
26	5	贞	二十六都五图草册	6	清	1009—1014	
26	6	洁	封面题“洁字官册”，后面书口题“洁字弓册”，又题“洁字弓口鳞册”	11	清	1015—1025	
27	1	男	休宁县丈量鱼鳞经册	7	顺治	1026—1032	
27	2	效		11	清	1033—1043	
27	3	才	休宁县贰拾柒都叁图“才”字号签业册	13	清	1044—1056	
27	5	良	都图丈量登业草册	5	顺治	1057—1060 外加 1068 册“良”字（封面标“得”字，系新丈“良”字） 又，1058 册后附另外四种册籍，无编号，已调出	旧“得”字，新丈“良”字 分别为“女”字、“率”字、“始”字、“覆”字，各 1 册

续表

都图		字号	书口题名	册数	时代	馆藏编号	备考
27	6	知	丈量字号簿	5	清	1061—1065	
28	4	改	休宁县丈量鱼鳞号册	2	清	1066—1067	
28	5	能	休宁县丈量鱼鳞号册	2	清	1069—1070	
28	8	忘	封面题“忘字佥册”(民国)	1	清	1071	
28	9	罔	休宁县贰拾捌都玖图“罔”字弓口鱼鳞册簿	2	清	1072—1073	
28	10	谈	二十八都十图草册	9	清	1074—1082	
29	1	彼		7	清	1083—1089	
29	2	短	二十九都二图“短”字册 “短”字丈量田土弓口图册	5	清	1090—1094	
29	3	靡	二十九都三图“靡”字图册	6	清	1095—1100	
29	4	恃	二十九都四图丈量登业草册	5	清	1101—1105	
29	5	己		2	清	1106—1107	抄本
29	6	长		3	清	1108—1110	其中有抄本
29	8	使		1	清	1111	
29	10	可(原“量”字)		7	清	1112—1118	
29	11	覆	顺治拾伍年丈量鱼鳞清册 廿都图草册	12	顺治	1119—1129 外加 1058 册所附“覆”字 1 册，无编号	
29	12	器	临田草册	3	清	1130—1132	
31	3	悲	顺治陆年丈量鱼鳞清册	5	顺治、康熙	1133—1137	

续表

都图		字号	书口题名	册数	时代	馆藏编号	备考
33	1	羊	“羊”字号鱼鳞册	2种 2册	清	流口新入馆	
33	3	行	鱼鳞册	4种 4册	清	原馆藏1138加流口新入馆4册	
33	6	克	休宁县丈量鱼鳞号册 鱼鳞册字号底 鱼鳞册	3种 4册	清	流口新入馆	册中载有“德字号”(万历字号)
33	8	建	鱼鳞图册号丈	1种 1册	明	流口新入馆	
33	8	念	休宁县丈量鱼鳞号册 休宁县丈量鱼鳞经册	3种 4册	清	流口新入馆	

注1:原“朝年政权标识”填写“雍政(正)八年”,不确。册中有顺治、康熙、雍正、乾隆、道光、嘉庆、咸丰、同治、光绪等各朝代不同年份土地流转批注。册中“二千十五号”载:“见业:李福隆,顺治十一年九月卖与一都二〔图〕九甲程瞻”,批注:“李福隆十一硐卖与程瞻,于康熙十四年八月转卖与程仲美,一都二图九甲程永太户。”故表中“时代”栏改为“顺治”。

注2:第382册编目作“宇”字,编为十六都一图。查阅该册,首尾均残,字号一栏并未填写“宇”字,全为空缺。故将其作为“宇”字,编为十六都一图有误。该册第二千七百八十三号分庄载:“乾隆十三年本图十甲程源长户佥讫”,同号批注又载:“道光拾年二十四都三图拾甲程源长户佥税叁厘九毫正”,可知该册所属都图即二十四都三图。又,该册第二千七百六十五号载:“见业本都三图五甲张寄祐。”查《休宁县新丈都图字号乡村地名便览》,其上所载二十四都三图,旧“惟”字,新丈“身”字,五甲排年为“张寄祐、胡素行”二人,二者所载张寄祐实为同一人。综合以上资料,可确认该册为清代休宁县二十四都三图“身”字。

休宁县档案馆所藏这批鱼鳞册,因年代较久,流转多次,保管不善,而颇有破损,亦有相当一部分缺佚。休宁县在明清时期共有33都,其中6都、30

都、32 都的册籍全佚，其他都图的册籍亦有不同程度的缺佚。但总体来看，大部分都图的鱼鳞册仍被保存下来，其中有一大批册籍保存完整。这批鱼鳞册所属地点集中，全为徽州府休宁县的鱼鳞册文书档案；从时代来看，除一件明代的鱼鳞图册外，其余全为清代攒造的鱼鳞册，以顺治、康熙朝居多。有各种草册、弓口册、丈量册、底册、丈量登业草册等，又有鱼鳞清册、鱼鳞经册等，还有归户册、佥业册、弓口佥归册、的名库册等等，册籍种类颇多。这批鱼鳞册从清初攒造之后，直到民国时期，一直都在使用。在各种册籍的许多字号页面上，有不同朝代的各种批注，包括从清朝顺治直至清末光绪，乃至民国时期。最晚的批注为民国三十八年（1949）。往往一个字号田土之上就有多个朝代的批注，密密麻麻，填满了整个页面。长时段地详细登录土地流转与产权变动等各种信息，是这批鱼鳞册最突出的特点。休宁县遗存的这批鱼鳞册，对鱼鳞图册制度及其攒造史的研究不可或缺，并具有经济与社会的多方面研究价值。

附

休宁县流口镇捐赠鱼鳞图册档案接收记

图 2-6　休宁县流口镇移交的鱼鳞图册文书档案

2017 年 9 月，笔者受邀参加国家重点档案保护与开发项目——“休宁县鱼鳞图册档案保护与开发”的有关工作，于 10 月初赴安徽省黄山市休宁县档案馆调研。刚到休宁不久，就听说该县的一个乡镇也发现了一批鱼鳞图册，然具体情况不详。

10 月 18 日中午，休宁县

档案局局长徐劲松对我说:“下午咱们去流口镇,接收一批鱼鳞图册。”原来,在休宁县流口镇保管有一批鱼鳞图册,这批鱼鳞册,是在该镇所辖区域内收集起来的,并作为该镇的一种档案而被保存下来。近日,经与县领导和有关部门协商,决定由流口镇捐赠给休宁县档案馆,正式收藏保管。那天下午,由休宁县副县长(省委党校挂职)黄世福、休宁县档案局局长徐劲松带队前去接收。

流口镇位于休宁县西端,与祁门县错壤相接。从休宁县城出发,路过黟县渔亭,又经祁门属地,才进入流口镇。这里到处山峦起伏,绿水环绕,漫山遍野都是茂密的竹林,翠绿如洗,其间虽布有茶园,但少见人工雕琢,一派天然风貌。到达流口镇镇政府,受到镇党委书记吴真珍、镇长程伟等的热情接待。进入楼上一间办公室,首先映入眼帘的是一只大木匣,如同出土文物,面上已呈蓝色的锈蚀层,漆皮脱落,锈迹斑斑,不知凝结了多少年的历史沧桑。木匣旁放着一堆册籍——这就是此次要移交的鱼鳞图册等文书(图2-6)。吴真珍简单地介绍了这批档案的来历,她说,这批档案主要是镇政府多年来在镇辖区内收集上来的,一直放在镇档案室。笔者大体翻看了一下,主要是鱼鳞图册,也有别的册籍,破损程度不一,一共有16册之多。随后,双方做了简单的交接,这批档案便移交给了休宁县档案馆。当日下午,这批档案连同那只大木匣,随车运回了休宁县档案馆库房。

第二天,受徐劲松局长之嘱,笔者即对这批档案仔细查看,鉴别时代、地点,加以整理。徐局长特意请来了原休宁县档案局局长汪排因协助建档入库。

流口镇捐赠的这批文书档案共计16册,其中有鱼鳞图册文书14册,其他簿册文书2册。目录如下:

1.明万历休宁县三十三都八图“制”字号鱼鳞图册,1种1册,书口刻印“鱼鳞图册号丈”,草册,残册,后有补抄、题记。

2.清康熙休宁县三十三都一图“羊”字号鱼鳞册,2种2册,书口题“羊字号鱼鳞册”。

3.清康熙休宁县三十三都三图“行”字号鱼鳞册,3种3册,底册、鱼鳞册抄本及私家鱼鳞册各一册。

4.清康熙休宁县三十三都六图“克”字号鱼鳞册,3种4册,书口分别刻印“休宁县丈量鱼鳞号册”“鱼鳞册字号底”“鱼鳞册”等,残册,其中一册重残。

5.清康熙休宁县三十三都八图“念”字号鱼鳞图册,3种4册,书口分别刻印“休宁县丈量鱼鳞经册”“休宁县丈量鱼鳞号册”等,均为残册,其中一册重残。

6.清顺治至道光年间休宁流口李氏抄契簿,1册。

7.清乾隆休宁县流口李氏标分山业合同,1册,封面题“李启裕堂丽记”。

以上文书共14种16册,其中鱼鳞图册文书计12种14册。这些文书档案均为明清时期休宁县三十三都的册籍,该都位置大致在今流口镇属地。

在这批文书档案中,最引人注目的是一本明万历时期的丈量鱼鳞图册(图2-7)。该册为一残册,现存第757—1105号,后有数页补抄,又有题记。各页书口刻印“鱼鳞图册号丈”。每号登载事项有字号、土名(其下填写土名及丈量亩步)、税则、见业都图甲(填写业户名)、田形、四至、分庄。其中字号一项均填写“建”字。

查考休宁县的鱼鳞图册字号,“建”字为明万历丈量休宁县三十三都八图的鱼鳞字号,是休宁县万历丈量的最后一个字号,而整个清代休宁县的鱼鳞图册均未设“建”字号。由此可知,该册为休宁县万历丈量时所造鱼鳞册,这是确定无疑的。该册还有数十号页面上注有“原卑字某某号”,“卑”字本是明洪武丈量休宁县三十三都九保的鱼鳞字号,一直用到

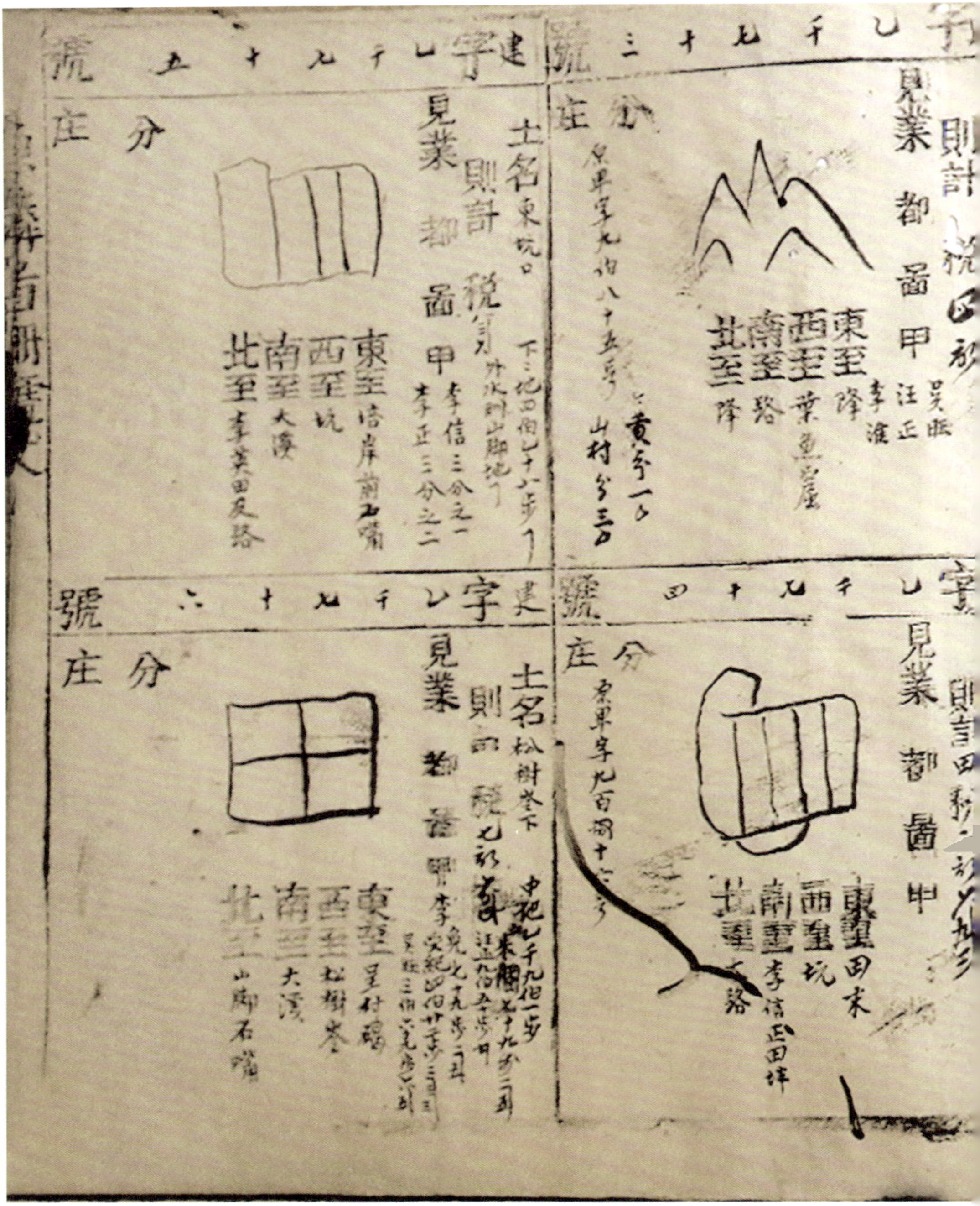

图 2-7　明万历丈量休宁县三十三都八图建字鱼鳞图册

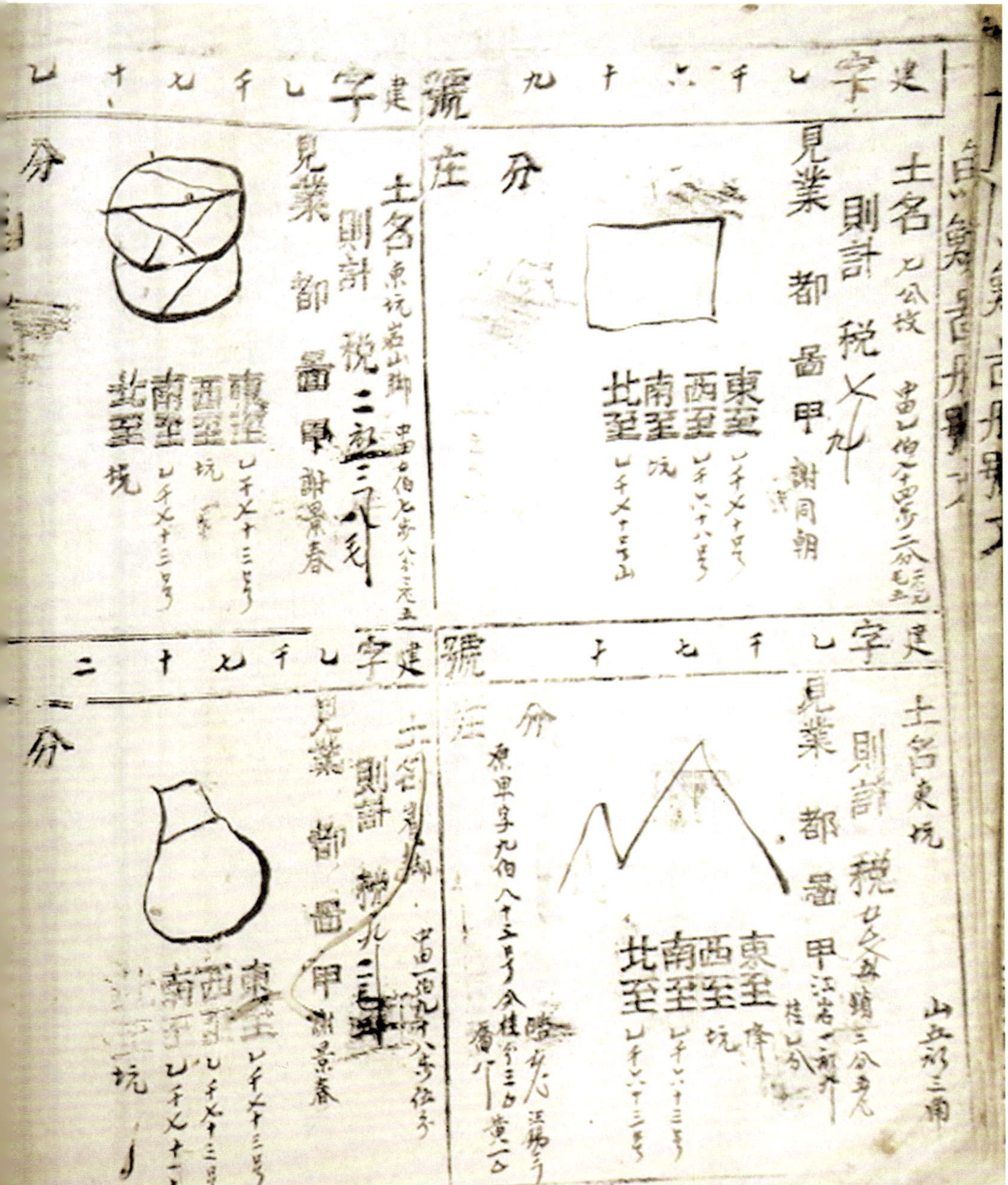

土名
則計
見業
税
都
啚
甲
東至
西至
南至
北至

万历九年丈量之前。万历丈量由都保制改为都图制,是在整合原来的鱼鳞字号的基础上而编制的,故万历册中注有“原卑字某某号”。由于都保编制与都图编制不是完全对应的,故在该册中有的字号标注了“原卑字某某号”,有的字号则没有标注。这也是该册为万历鱼鳞图册的一个证明。

在这批鱼鳞图册中,还有一册清康熙休宁县三十三都三图“行”字号鱼鳞图册,其书口刻印“廻源”“汪观海置”,每页双面,每面分为16格,每两格填写一个田土字号,仅有字号、土名、四至、今丈、见业几个事项。这是一部私家鱼鳞册,在休宁县档案馆原藏中少有。此外,还有“清顺治至道光年间休宁流口李氏抄契簿”及“清乾隆休宁县流口李氏标分山业合同”两部簿册文书,保存十分完好。

总之,休宁县流口镇捐赠的这批以鱼鳞图册为主的文书档案,很有价值。休宁县档案馆以其所藏千余部鱼鳞图册而闻名于世,然此前该馆所藏全是清代以后的。此次包含明代鱼鳞图册的这批文书档案入藏休宁县档案馆,为其增添了新的内容,大大丰富了该馆馆藏。又,徽州文书自20世纪40年代面世以来,流散各地,甚至海外,对其保护与研究都带来极大的不便。此种局面至今亦然。流口镇党政领导注意收集徽州文书档案,最后捐赠国家公藏单位,这种做法很值得赞扬,这种精神应大大提倡。

三　徽州地区所藏

除休宁县档案馆外，鱼鳞图册在原徽州所属其他地区的一些单位亦有收藏。

歙县博物馆藏有鱼鳞图册 6 种 8 册。其中有明万历九年（1581）丈量歙县十三都二图制字号鱼鳞清册 1 册，万历九年丈量歙县十六都一图发字号鱼鳞清册 1 册，万历九年丈量歙县三十七都五图资字号鱼鳞清册 3 册（图 2-8），其余为清初所造鱼鳞册。

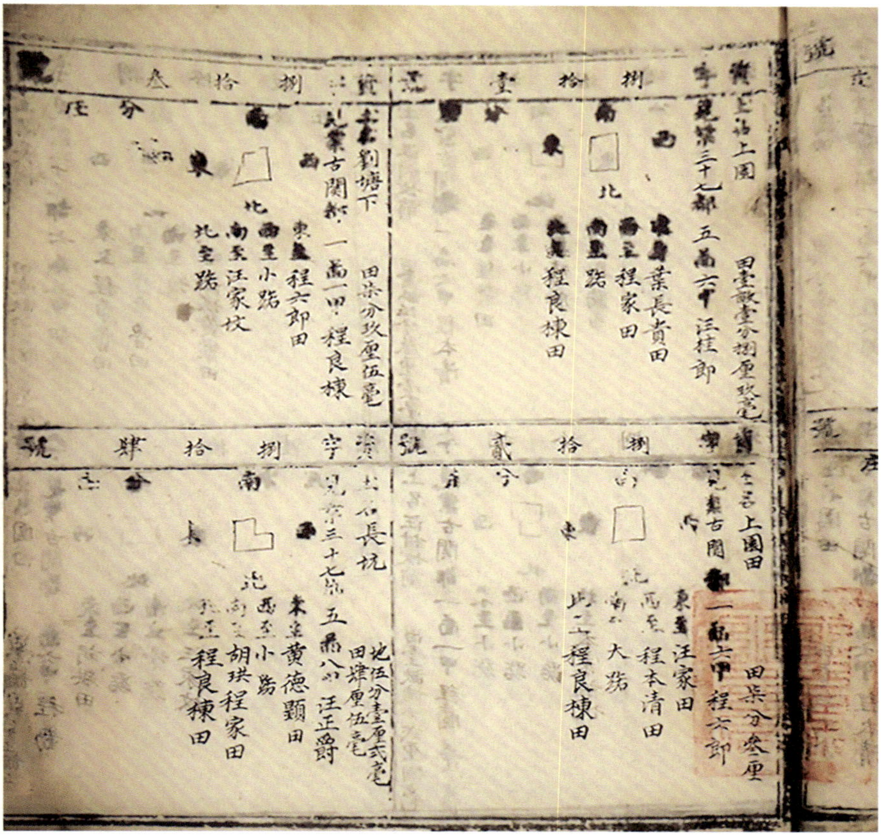

图 2-8　万历九年歙县三十七都五图鱼鳞清册

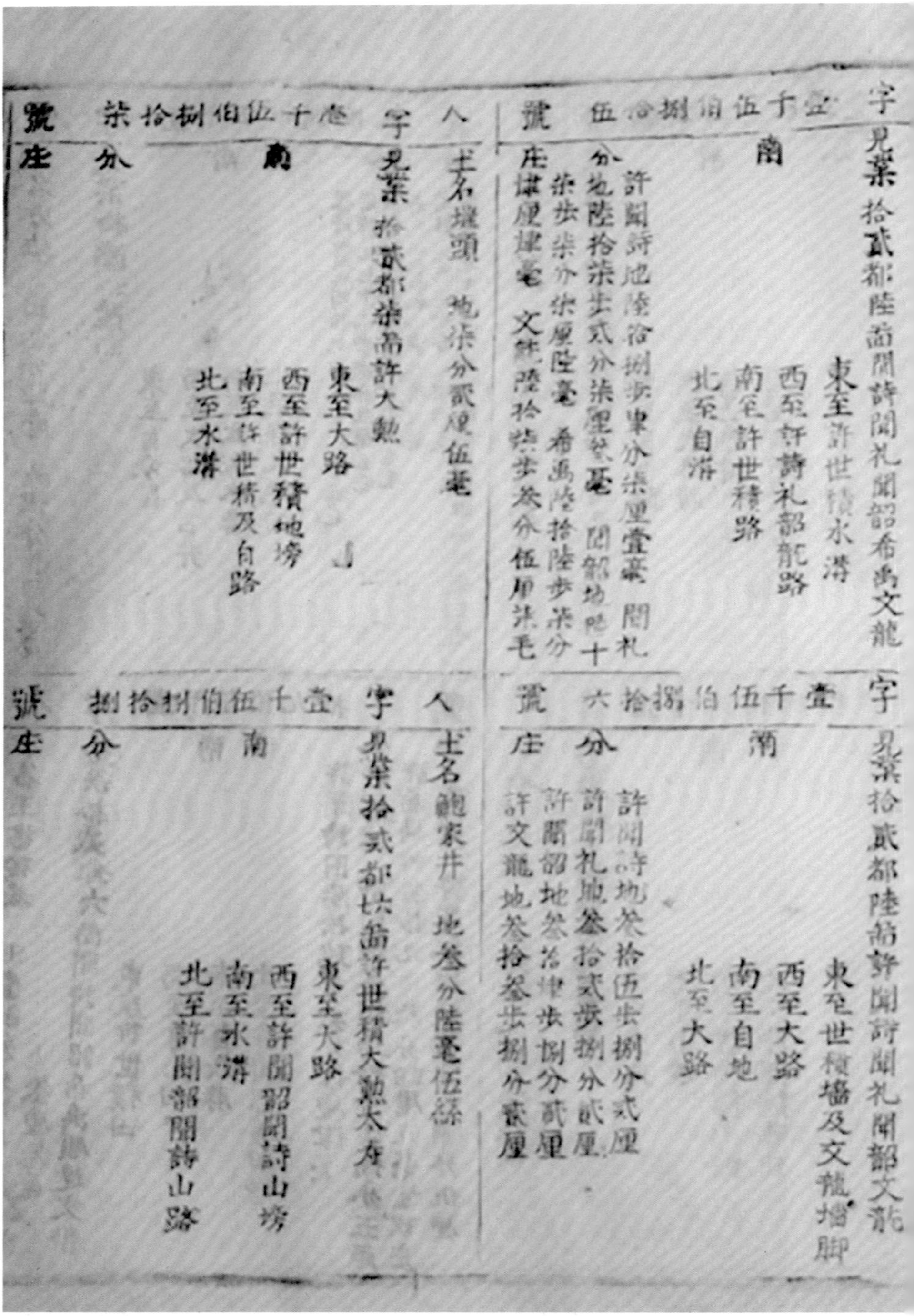

图 2–9　明万历丈量歙县十二都六图鱼鳞清册(木活字版)

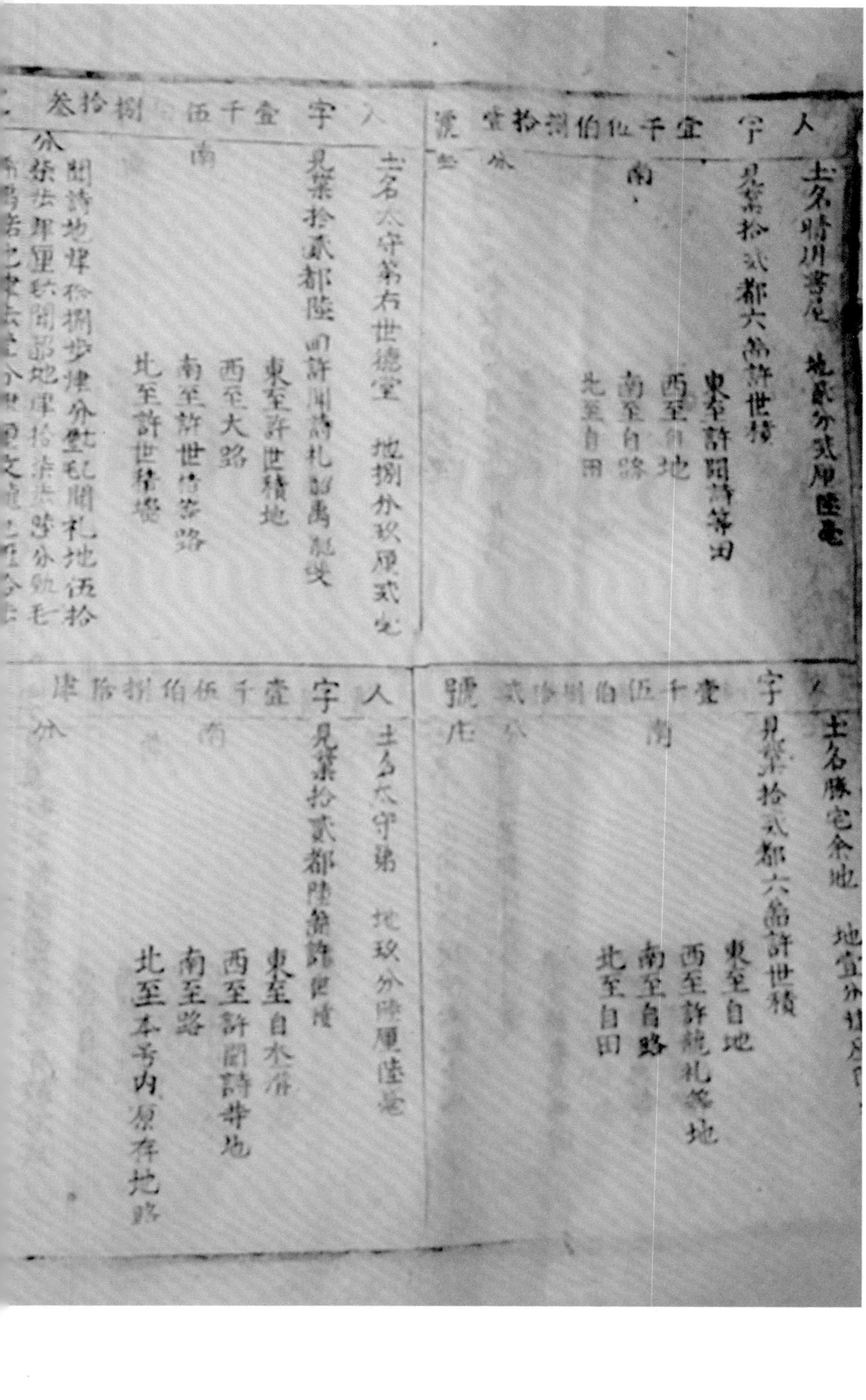
人字壹千伍佰捌拾壹號
土名晴川害尾　地叁分贰厘陆毫
見業拾贰都六啚許世積
東至許聞詩等田
西至自地
南至自路
北至自田

人字壹千伍佰捌拾叁
土名太守弟右世德堂　地捌分玖厘贰毫
見業拾贰都陸啚許聞詩礼部禹經
東至許世積地
西至大路
南至許世偕等路
北至許世積塍

字壹千伍佰捌拾贰號
土名麻宅余地　地壹分捌厘
見業拾贰都六啚許世積
東至自地
西至許純礼等地
南至自路
北至自田

人字壹千伍佰捌拾肆
土名太守弟　地玖分陆厘陆毫
見業拾贰都陸啚許世積
東至自水滽
西至許聞詩等地
南至路
北至本号内原存地路

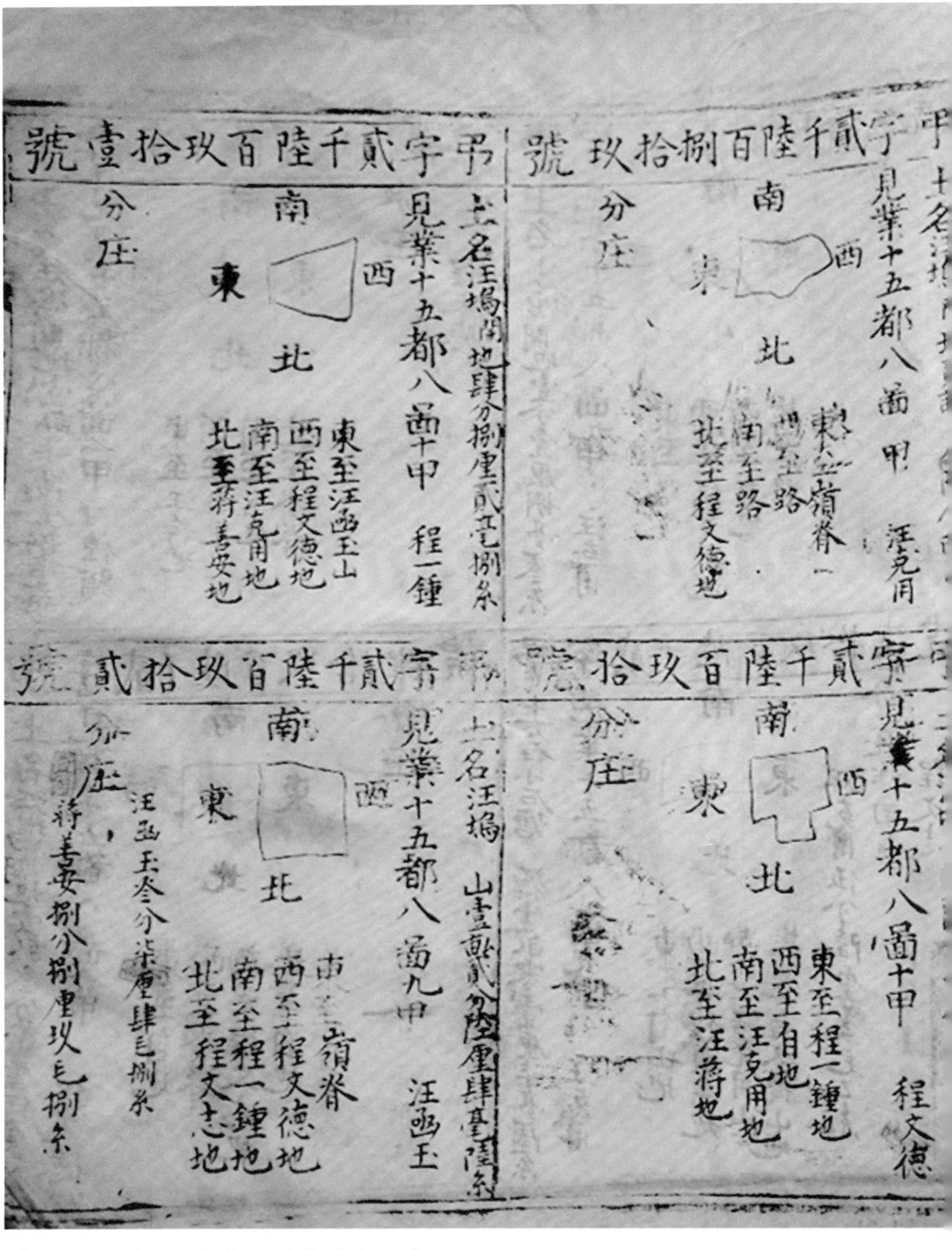

图 2-10　明万历九年丈量歙县鱼鳞清册

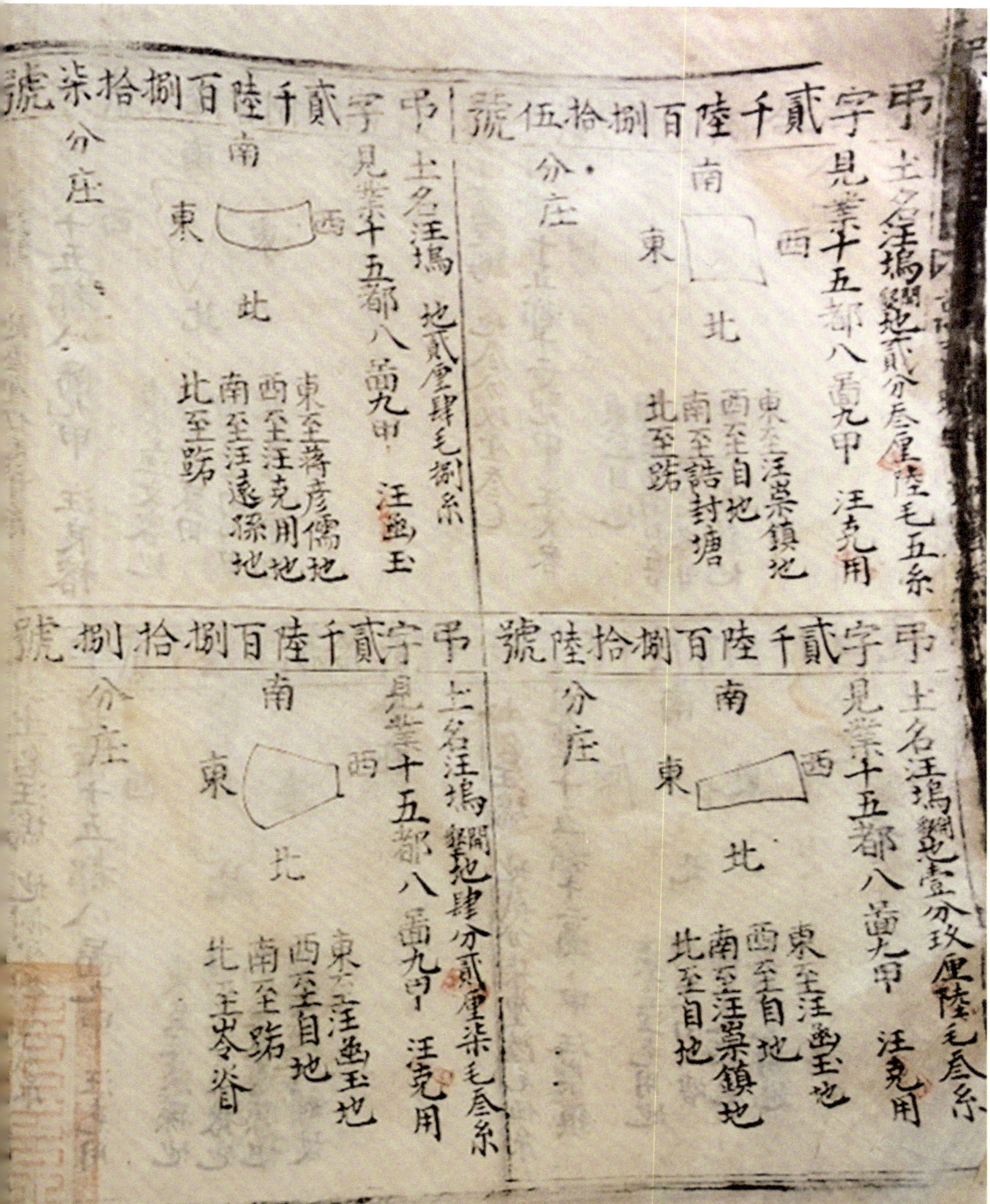

甲字貳千陸百捌拾伍號
土名汪塢鬮地貳分叁厘陸毛五糸
見業十五都八啚九甲　汪克用
分庄
南　東　西　北
東至汪梁鎮地
西至自地
南至語封塘
北至踽

甲字貳千陸百捌拾柒號
土名汪塢　地貳厘肆毛捌糸
見業十五都八啚九甲　汪盈玉
分庄
南　東　西　北
東至蔣彥儒地
西至汪克用地
南至汪遠孫地
北至踽

甲字貳千陸百捌拾陸號
土名汪塢鬮地壹分玖厘陸毛叁糸
見業十五都八啚九甲　汪克用
分庄
南　東　西　北
東至汪盈玉地
西至自地
南至汪梁鎮地
北至自地

甲字貳千陸百捌拾捌號
土名汪塢鬮地肆分貳厘柒毛叁糸
見業十五都八啚九甲　汪克用
分庄
南　東　西　北
東至汪盈玉地
西至自地
南至踽
北至山岺脊

绩溪县档案馆藏“顺治陆年丈量鱼鳞清册”1种,“暑”字号,原为1册,因其破损,重新裱褙后现分为5册。1987年收藏入馆。

安徽中国徽州文化博物馆(原黄山市博物馆)藏徽州鱼鳞图册多种,其中有《万历年丈量歙县拾贰都六图鱼鳞清册》(木活字版,图2-9)、《万历九年临田弓口鱼鳞清册》、《顺治四年清丈各户田地山塘佥业》、《顺治拾伍年丈量鱼鳞清册》、《康熙叁年丈量鱼鳞册号》、《康熙年丈量鱼鳞底册》、《清康熙李字号册》、《清祁门县新丈汇册》、《祁门县鱼鳞号册》、《休宁县鱼鳞经册草簿》、《清休宁县二十八都忘字号弓口册》、《清休宁县二十八都改字号弓口册》、《婺源六都汪口菜字号鱼鳞册》,又有祁门龙凤经理抄本等,然该馆所藏徽州鱼鳞图册尚未整理编目,计50余种60余册。

创建于2005年位于黄山市的中国徽州税文化博物馆,以赋税文化为中心,收藏徽州文书2万余件,所收藏的黄册、鱼鳞册、税契文凭、土地买卖文契、盐引、茶引等,多有品相上乘、价值珍贵者。其中收藏的鱼鳞图册类文书颇为丰富,既有罕见的鱼鳞总图,又有珍稀的鱼鳞清册;既有鱼鳞草册,又有鱼鳞正册;既有鱼鳞号簿,也有鱼鳞归户册等。此外,还有与鱼鳞图册相关的各种文书,如佥业票、册书照票、业户执票、清丈土地条款等。如,《明休宁县鱼鳞摊佥》(鱼鳞总图)、《成化十一年祁门县丈量归户册》(按,该册扉页题“成化十一年祁门县丈量归户册”,但其所录内容自“律”字壹号起,顺序流水登录,疑非归户册,而是丈量清册;系抄本,并非原册;其上多有“新丈”字样,所属年代待考)、《万历玖年丈量鱼鳞清册》、《明歙县二十八都六图“赞”字草册》、《顺治陆年丈量鱼鳞清册》、《乾隆四十一年新造鱼鳞清册》,以及元末明初鱼鳞册抄本等,计70余册,又有清代及民国归户清册150余册。图2-10为该馆所藏《明万历玖年丈量歙县鱼鳞清册》之一页。

四　其他馆藏

20世纪50年代以来,随着徽州文书的大规模面世,其中为数不少的徽州鱼鳞图册随之流散各地,如今被各地图书馆、博物馆、档案馆,以及科研院所等单位收藏,其概况如下。

中国社会科学院古代史研究所图书馆藏有鱼鳞图册文书240余种,280余册。其中有鱼鳞清册、鱼鳞草册、丈量册、鱼鳞总图等110余种,各种鱼鳞归户册130余种,多是在20世纪50年代末、60年代初从中国书店收购的。除4册浙江严州府遂安县鱼鳞册外,其余均为徽州鱼鳞图册。其中有元末龙凤经理鱼鳞册、洪武清册分庄、弘治抄录鱼鳞册、万历清丈鱼鳞册等30余种,其余为清代徽州鱼鳞册,多属顺治、康熙时期所造鱼鳞册。①

中国社会科学院经济研究所藏有明清鱼鳞图册数十种,有明代早期鱼鳞册、清代江苏苏州鱼鳞册等,其中徽州鱼鳞册多种,约50册。章有义先生利用这些资料发表过相关研究论文。②

中国国家图书馆藏有鱼鳞图册近200册,分为善本和普通古籍本。善本鱼鳞册近20种,其中有明浙江绍兴府诸暨县鱼鳞册48册、浙江严州府遂安县清丈鱼鳞册、常熟县清丈鱼鳞册等,其余多为徽州鱼鳞册,有明洪武鱼鳞册1本,属徽州休宁县鱼鳞图册。

中国国家博物馆藏有明清鱼鳞图册数十种,尚未整理公布。其中多数为徽州鱼鳞图册。

---

① 王钰欣等编:《徽州文书类目》,黄山书社2000年版,第530~548页。

② 章有义:《康熙初年江苏长洲三册鱼鳞簿所见》,《中国经济史研究》1988年第4期。

中国第一历史档案馆藏有明清鱼鳞图册数百种。笔者于20世纪90年代初为中国社会科学院历史研究所购买鱼鳞册，与历史研究所图书馆的夏其峰先生（曾在中国书店工作）一起，到过北京琉璃厂中国书店的一个库房，看到地板上堆放着一大堆鱼鳞图册，至少有几百册，但多有破损，残缺不全，其中多为徽州鱼鳞图册。我们只给历史研究所选了几种，都是徽州鱼鳞图册。后来，据夏其峰先生说，这些鱼鳞图册都转到了中国第一历史档案馆。如今是否整理，情况不详。

北京大学图书馆藏鱼鳞册90余种，250余册。有明代鱼鳞图册30余种，其余为清代鱼鳞册。① 多保存完好，研究价值较高。其中有多部徽州鱼鳞图册，又有《山西丈地简明文册》一种5册，系万历十年（1582）都察院右佥都御史辛应乾主持山西清丈时所造通省州县清丈文册，十分珍贵。②

天津图书馆藏明清鱼鳞册19种，26册。皆为徽州鱼鳞图册，涉及歙县、休宁、绩溪等邑。③

上海图书馆藏鱼鳞册230余种，360余册，种类多，数量大，所属地区甚广。有明代鱼鳞册50余种，其中以万历清丈鱼鳞册最多，其余为清代鱼鳞册，并有少量民国鱼鳞册。清代鱼鳞册主要是顺治、康熙两朝所造册籍。鱼鳞册所属地区仍以徽州地区最多，但其他地区的亦有不少。

南京图书馆藏鱼鳞册30余种，40余册。其中仍以徽州鱼鳞册居多，又有江苏溧阳县、常熟县鱼鳞册，以及浙江东阳县鱼鳞册等。

在南京大学历史系所藏大量簿册文书中，亦有鱼鳞图册类文书，计16册，其中明代鱼鳞册11册，以万历年间居多；清代5册，主要为顺治、康熙、雍正三

---

① 参阅北京大学图书馆编：《北京大学图书馆藏古籍善本书目》六《邦计——赋税财政》，北京大学出版社1999年版，第183~186页。

② 参阅张海瀛：《张居正改革与山西万历清丈研究》，山西人民出版社1993年版。

③ 参阅刘尚恒，李国庆：《天津馆藏珍本徽学文献叙录》，载赵华富编《首届国际徽学学术讨论会文集》，黄山书社1996年版，第305~314页。

朝所造。除明代浙江杭州府昌化县、严州府遂安县鱼鳞册各1册外，其余均为徽州鱼鳞图册。①

安徽省图书馆藏鱼鳞册50余种，70余册。有明初及明中期的鱼鳞册，而以明万历和清初的鱼鳞册居多。属地以徽州各县为主，又有宁国、宣城、太平、石棣等地鱼鳞册。其中有草册、正册多种，又有归户册，并有明木活字本鱼鳞册。此外，还有鱼鳞摊佥（鱼鳞总图）及都图字号便览、土地丈量算法等。

安徽博物院藏鱼鳞册30余种，50余册。数量虽不多，但质量较好。绝大多数为徽州鱼鳞图册。其中有元末明初鱼鳞册、明中期鱼鳞册和万历时期鱼鳞册及清代鱼鳞册，还有2部旌德县鱼鳞册。所藏清代康熙《休宁县新编弓口鱼鳞现业的名库册》很有特色，汪庆元发表了相关研究论文。② 据黄山市博物馆原馆长朱开霖先生说，省博物馆的鱼鳞册、契约文书及古籍有不少是从黄山市博物馆藏中选去的。

安徽师范大学藏鱼鳞册20余种，30余册。系20世纪五六十年代及近年来购藏。有明代鱼鳞册数种，其余为清代鱼鳞册。皆为徽州鱼鳞图册。

安徽大学徽学研究中心伯山书屋藏徽州鱼鳞图册7种14册，刘伯山教授个人藏徽州鱼鳞图册8种15册。

中山大学图书馆藏鱼鳞图册近30种，30余册。这些鱼鳞册主要为梁方仲先生于20世纪收藏，亦包括近年来该馆购藏。其中有明代万历清丈鱼鳞册数种，而以清代鱼鳞册居多，涉及顺治、康熙、乾隆等朝。亦多为徽州鱼鳞图册。③

上海交通大学图书馆藏徽州清代鱼鳞图册3种29册。

---

① 夏维中，王裕明：《南京大学历史系所藏徽州文书评介》，《中国社会经济史研究》2000年第4期。

② 汪庆元：《清代徽州鱼鳞图册研究——以〈休宁县新编弓口鱼鳞现业的名库册〉为中心》，《历史研究》2006年第4期。

③ 梁方仲：《历代户籍、地籍、租约、赋役册诠释》，载同氏《中国社会经济史论》，中华书局2008年版，第1~89页。

此外，厦门大学图书馆、湖南省图书馆、陕西历史博物馆等单位也分别藏有数种徽州鱼鳞图册。另外，还有一些单位和个人也藏有数量不等的鱼鳞图册，恕不一一列举。

五　相关文书

如今，在有大批徽州鱼鳞图册实物遗存的同时，还有不少与鱼鳞图册相关的文书也被保存下来。诸如土地丈量条款、清丈告示、里排清丈合同、佥业归户票等。如南京大学历史系藏《康熙陈氏置产簿》中载有清初清丈田土告示，其文如下：

大清国清丈田土告示

正堂佟为清丈地土事，奉兵道张宪牌前事，蒙按院刘批该本道呈宽，爰丈量缘由批升，丈量咨札频催，似不可缓，若再展限秋成，恐干功令，仍丈完册报缴。蒙此，拟合就行，即将丈量田土事，速行料理，以副功令，不必因前牌言宽，就行停止。所用耆老、书、算、弓手，务寻身家德行之人，以重其任。万不可因而索民酒食，踏民田麦，荒民春作，有一此者，候县不时查出，拿解本道重究，以儆其余，不得违错等因。奉此，拟合给示晓谕，为此示，谕概县图正、量、画、书、算诸民人等知悉，即将各图田土，速行清丈，但各里有未报者，速行佥报；未认者，速行具认状立等，造册报府转报，所报图正、书、算、量、弓手，务寻身家德行之人，以重其任，限本月内报完造册申报。万不可因而索民酒食，踏民田麦，荒民春作，有一此者，本县不时查出，拿解〔重〕究，决不姑贷。速速特示。

顺治四年丁亥岁二月初七日示①

这是清顺治四年(1647)休宁县知县佟应魁发布的一份清丈田土告示。由该告示可知,此前休宁县已蒙兵道信牌开始进行土地清丈,其间曾蒙按院刘批宽缓,而县接丈量咨札频催,似不可缓,遂发此告示,晓谕都图丈量人员,加速田土清丈。在《康熙陈氏置产簿》中,还录有数份里排清丈田土合同,如《蓝渡六甲、七甲、九甲三排年合同》,其文如下:

蓝渡六甲、七甲、九甲三排年合同

九都一图立议约合同。蓝渡排年六甲陈泰茂、七甲汪辰祖、九甲陈粱,今因遵奉新例,清丈田地山塘,十排会议,本图地方辽远,独力难承,仍照前朝旧规,三村朋当,立有合同墨,佥报陈程芳为图正,王世绍为量手,郑以升为画手,公呈本县,三村各设任事之人。

本村蓝渡三排年议作三股,一应公费食用等项,俱系三股均贼。但见官下会,各认名目,陈远铨〔认〕图正,汪时乘〔认〕量〔手〕,陈泰钥〔认〕画〔手〕,三人不得推诿。赞画经理,复议二人陈守侃、陈懋昭。一甲郑积盛,原附本村应贼职事,候齐,另议目。今承认之后,各人同心协力,秉公勤慎,不得受贿坏法。倘有此等情弊,事觉罪坐在经手,不涉众人。其公贮银物,及造册纸笔之资,设立公匣,眼同收支注账,清算月朔。表誓事完,照股均分。但有怀私肥己,察出见一罚十。如违,听众从呈官理治。今恐无凭,立此议约合同,一样三张,各执一张存照。

其七甲汪辰祖该股贼银系六甲陈泰茂代贼,待事完照股算还。再批。

顺治四年丁亥二月初七日立合同②

---

① 《康熙陈氏置产簿》,南京大学历史系资料室藏。

② 《康熙陈氏置产簿》,南京大学历史系资料室藏。

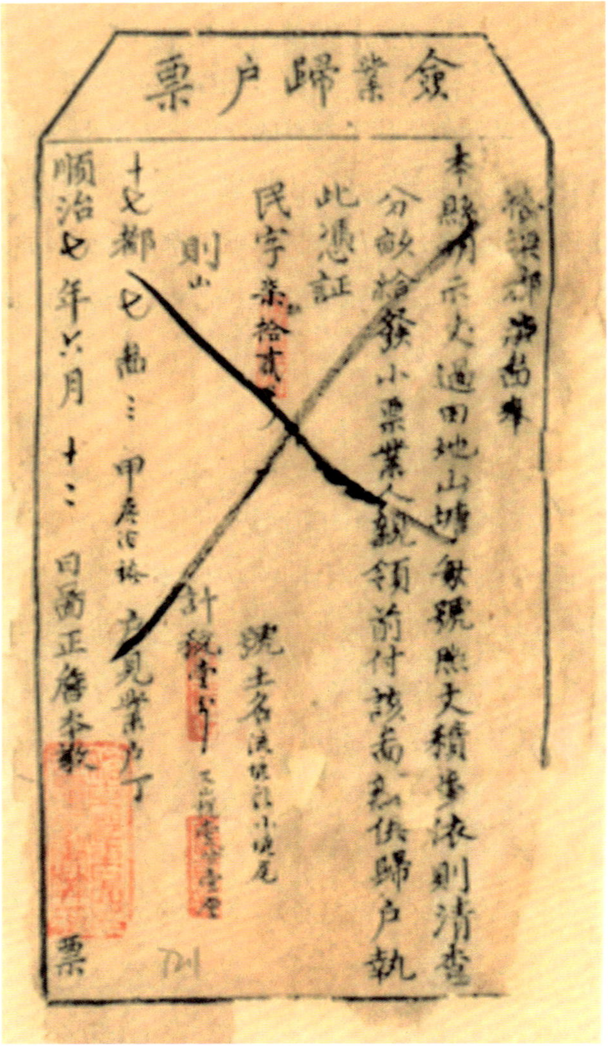

图 2-11 顺治七年休宁县十七都七图佥业归户票

这类合同披露了土地清丈运作的许多具体情节，是研究当时清丈活动的原始资料。

在徽州文书中，还有相当多的佥业归户票遗存至今。佥业归户票是在每号田土清丈完毕之际，经图正等有关清丈人员签署认可，发给该号田土业户的土地凭证。若发生田土诉讼，佥业归户票具有法律效用，故被业户珍藏而有不少被保存下来。如顺治七年(1650)休宁县十七都七图佥业归户票(图2-11)：

佥业归户票

拾柒都柒图奉本县明示，丈过田地山塘，每号照丈积步，依则清查分亩，给发小票，业人亲领，前付该图亲供归户。执此凭证。

民字柒拾贰号　土名流塘头小塘尾

则山　计税壹分　又　山税壹分壹厘

十七都七图三甲詹德裕户　见业户丁

顺治七年六月十二日　图正詹本敬①

再如乾隆四十三年(1778)休宁县二十三都三图被字号佥业票(见正文前图版十二):

被字号佥业票

贰拾叁都叁图遵县主明示,奉旨清丈地土,原额盖字,今丈被字贰千零九拾陆号,土名黄干,一则中田贰百陆拾贰步捌分,计税壹亩壹分玖厘五毫,付本都本图一甲现业胡永和户丁天孙,前去该图册里将税归户办纳。此照。

乾隆四十三年十二月　日　图正　张　复　吴开远

量〔手〕　胡君甫

画〔手〕　程　张

书〔手〕　程　置

算〔手〕　程②

此外,还有不少与鱼鳞图册相关的各种文书,在徽州文书中多有遗存。这些文书多是与鱼鳞图册的攒造同时产生的,为鱼鳞图册资料的重要组成部分,也是研究鱼鳞图册的第一手资料。其中多为鱼鳞册籍本身都难得一见的珍贵资料,这些文书提供了许多细节,使鱼鳞图册的研究资料更为丰富。

① 休宁县档案馆藏鱼鳞图册,第471册夹条。

② 休宁县档案馆藏鱼鳞图册,第837册夹条。

第三章　清丈过程

鱼鳞图册的攒造是土地清丈的结果。欲对鱼鳞图册有所了解，则须知晓土地清丈的大致过程。大规模的土地清丈，一般由皇帝或户部下旨，地方官府贯彻执行，是一种官府行为。其大致过程是，皇帝下旨，各级官府奉旨发牌，张贴告示；地方官颁布清丈条例，组织清丈人员，沿丘履亩，逐号丈量；官府复查，攒造册籍等。但田地山塘种类多样，丘段数量成千上万，地块方圆凹凸不一，形状百态，丈量计算绝非易事；特别是土地清丈涉及千家万户，触动各阶层的实际利益，需要处理的问题繁多。而且一次土地清丈，需要广泛征用各里甲人员，往往经年累月，耗费甚大，堪称役大费繁。清丈田土的实际过程相当复杂，现分述如下。

一　官颁条例

土地清丈是传统社会经国理政的一件大事，关乎钱粮国课，各级官员系奉旨刻期考成，不得延缓。在皇帝与朝廷下达谕旨之后，各级地方官府随即贯彻执行。各级地方官府要发布奉旨清丈的告示，出示晓谕，此外，还有申饬丈量举措告示及催丈告示等。而作为具体执行土地清丈的县令还要颁行清丈条例，详列有关田土清丈的各项具体条款，以备开展清丈时遵照执行。这种条例拟好后，先向上级官府申禀裁夺，待批复后即出示晓谕。徽州府休宁县知县曾乾亨，于明万历九年（1581）奉旨清丈，邑人汪道昆撰有《曾令君经野记》，专记此事，其中说曾乾亨“乃博讨而深求，周诹而独断。既逾月而始定章程，列八议上上官，条二十事示境内”①。这里所言“条二十事示境内”，即曾乾亨在当时所拟的清丈土地章程条款。再如，顺治三年（1646）徽州府歙县发布的清丈土地条款：

歙县正堂宋为清丈地土事，蒙本府信牌，奉院道宪牌，准户部咨前事，仰县照牌事理，即便亲履丘亩，躬视查丈。要见原额各若干，几等起科，今查若干，可与原额相符？见在成熟若干、抛荒若干，是否有主无主？招人开垦耕种，仍将查过确数，造册送府转报。奉此，除出示晓谕外，今将仿古弓步田亩数目并应行条款，及方圆斜直等形图，逐条开〔列〕，刊刻成书，以便各图公正人等依式遵行。

计开：

——颁弓口绳车。查得前次清丈量田土，向以钞尺五尺为一步，今访取万历九年公正所遗旧弓到县，着今各里新报公正，照式成造木弓，须用铁包定，绳车以蜡拖为准，中用红丝为分寸，竹簰为弓步，俱要较准画一，验押印烙，给发遵行。务宜秉公清丈，无盈无缩，裕国便民，敢有擅更长短分寸，查出重究。

——公正乃公道正直，兼有才干，众所推服者，方为公正，既承斯役，当秉公心，毋徇私情，无受贿赂。况丈量乃朝廷重务，须上不亏课，下不损民，方称斯役。尔等果能守法奉公，定行奖赏。如量、画、书人等，或有夤缘作奸者，许公正直举，以凭革换，通同者一体究治。

——前丈公正子孙，即将万历九年丈量亩步四至鱼鳞清册，交与新报公正，各将该图原丈田地山塘各若干，限十日内，开一图总手册送县，以便算合大总，磨对实征，如有隐匿数目，致亏国课者，查究。旧役故为

① 〔明〕汪道昆：《太函集》卷七五《曾令君经野记》，国家图书馆藏明万历刻本。

执留册籍不交,致稽公务者,一并拘究。

——界址。照得丈量之法,经界为先,本县大界与昌化、淳安、太平、绩溪、休宁为邻。临丈时,交界公正须与彼县遵照旧址分界,丈量如或恃强越占启争,许即赴县禀,以凭委官会钉。其各都图亦照原额树旗为界,以便丈量,如有豪强越争者,重究。

——丈量田土系奉旨刻期考成,不得延缓,尔公正人等乘今田麦不长之时,正宜佥丈,若延至春末,二麦发生,恐致伤损。本县已于腊月初六日开弓为始,速行清丈,每一日限量二百亩,两月之间,可以报完。每日量一丘,印入鳞册一丘,遇晚将本日所量之田地山塘对册,公同封记公正处。丈完之日,公正收草册一部,造正册一部送县,以凭复丈。其能刻期报完无弊,本县花(红)相送,以示优礼。其量过田地山塘,仍用灰印印过,以防遗漏,晚将印记公同封锁,以防盗用。如故延挨者,定行重究。

——有业之家,每号之上先置木牌一面,上书原额某字几号,田若干,或地或塘若干,注明四至,听候佥丈。如非业主,冒认他人之业者,查究。公正人等亦须查明,毋容混冒。

——徽歙人稠地窄,寸土寸金。凡屋基、风水,与寻常田地不同,须当仔细清丈。如基地造屋在上,不能入屋丈量,按业户当先于屋内,遵照官给弓步先量,将前后左右丈明各若干步,贴一浮票于门首,俟公正再以蜡绳将屋周围方定后,公折算定,是否相同,方许入册,不许容忍〔隐〕。如系众屋,或有分〔庄〕纳税者,俱一一注明,不得混为己业,致滋多事。其风水一节,尤为吃紧,徽人酷信堪舆,强者谋为争占,当事诸人须秉公照额清丈,不得受贿徇私,移甲为乙,以多丈少,以少丈多,致起争端,为害不小。违者一并重究。

——徽歙之民,十室九商,佥丈之日,未必回家,有等势豪奸棍,乘业主不在,指作无主之产,意图强占混佥。或贪牛眠吉穴,而遂认为祖坟;或涎有木之山,冒作自己之业。间有不法公正,受贿朦胧,待原主归,多致失业。查出及告发，一体连坐不贷。

——前朝万历九年清丈之前，田有三等九则，因其太繁，改为一例，平田二百二十四步为一亩，开垦之田二百六十步为一亩，地二百八十步为一亩，山、塘三百二十步为一亩，合仍照此例为便。但经六十余年，桑田沧海更变，有将田、塘填成地基者，有地开垦成田、未经升科者，须调取原额查明，照依见业清丈，庶无隐漏。惟山一节，虽以三百二十步为一亩，歙居万山，高下不等，低山则可量丈，如北乡十三都，南乡三十都、三十二都，多属高巅险峻，不能开弓，向系喝数，多有不均，况人（又）有阴阳肥瘠不同，如阳山、土山，肥而长〔木〕，阴山、石山，瘠不生〔茅〕，若一律喝丈，更为不均。今次佥丈，须将阳培土山，照原额量加，阴山、石山，照原额量减，不得仍以“旧管”番作“实在”，致使赋税不均。公正人等务秉公道，不许藉此生端。违〔者〕重究。

——凡佥丈，一号是独业者，则注一人为见业。如一号之中，众人有分者，则为分庄，以多者为业首，分庄者逐一注明某人若干，务期总撒相合，公正照册仍给业户佥业票一纸，以便收入实征。于中有累累之冢者，更要分明，毋许恃强多注，致贫懦之人失所。查出重究。

——量法。照得田地山塘形容不齐，最难下手，量狭则多，量宽则少，此最为弊薮，相应仿古颁形，以便清查丈〔量〕。公正人等，凡丈量之时，公同相其形势，除方正依弓丈算外，其尖围凹凸异样之状，俱要仔细折算均量，毋使丢弓，毋使之（乏）弦，各照本县所刻量法，相形下手，庶不致生弊也。如本县复丈之时，有以宽作狭、以狭作宽，故欺隐者，定行重究。

——衙门、公馆基址及乡村市井官巷、路，俱免丈。其民间私巷，仍丈。其庵堂寺观，除田丈量外，基地俱丈明作地起科。

——溪河两岸沙洲淤地，多属西没东生，原有田税，被水冲沙淤成地者，准照地税丈量，果冲没成溪者，豁免。如原无业主淤成洲地，可以耕种，并官山、官沙洲，有人成（承）丈者，该册里、公正酌量议价，呈报批准佥业。若原有业主者，听本人自佥，不得混冒。

——凡开垦田地，如系高山之上，间有锄〔种〕成地，十年九或不收，若一概以地派粮，恐贻日后之害。合定山脚成田地者，照开垦亩步丈量。其在山高者，仍作山丈起科。至于田塝小水圳，田内枯井水堀，原系田开，仍作田丈，〔庶〕无遗漏。

——本县亲临四乡复丈正量，带人役自备供给，先远后近，逐段复量。如有隐漏作弊及刁措需索业主者，许沿途禀究。所到各图，士夫生监人等，里长先行代辞，概不接见，以免嫌疑。

——公正人等丈量，不无有饭食、纸札之费，各业户应照田亩酌量派出资助，苦乐适均，可杜需索。不许预先科敛，以滋扰民。如有索骗不遂，故意多量亩步者，查出重责枷示。业户逞刁不服丈量者并究。

——编立字号以便丈量。查前次万历九年丈量，共注二百六十四里，以一都一图编为天字号起序，至西北隅一图以（似）字号止。今查丈后又分一十四里，共计二百七十八里，今当编审之期，又有告分者，示（未）经详定，不便编立字号，各图公正一面先行丈量，候分图详定，再发字号填注。仰各遵守。

——颁丈量算法，便（使）各通晓，并刻方圆斜直凹凸等项形图，以便折算。

——议明赏罚。照得信赏伪罚，此从政者之所不可易也。况一人之耳目，难以周一县之诈伪，法行不严，则作奸者得以滋弊；赏格不立，则奉公者何以示劝。目今本县多方给示，许人首告得实者，给欺隐之田一半充赏，仍密加体访。丈完之日，委官看守城池库狱，本县亲行复丈，遍历山谷之中，计一月可以竣事。其奉公者，公正给以牌匾，仍免一丁；书算弓手，点差之人，各免一丁，以示劝。其作奸者，不论公正、书算、田主人等，一概用一百斤枷号一月，以示惩。其田土仍行入官。如有世家大族阻挠丈法者，许指名申究。庶赏罚既明，民心有所畏惧，而奸弊可以潜消矣。

——鳞册。照得丈量之法，逐丘相连，如鱼鳞相搭，俱以《千字文》编号。一都一图以天字编号，一号起至几千几百号止。其余都图依次相及，照序编入鱼鳞册内，毋得参差。其各都各图，田在本图内者，仍听本图丈量，以防欺隐。山塘田地，俱照顺序编号画形，以为日后之遵守也。其鳞册各页例(捌)格为定式，册首一页，仍载本图丈过田若干，地若干，山若干，塘若干，带丈某都某图某人田若干，地若干，山若干，塘若干，以便派米。

国初顺治三年十二月　日给

（以下附"业户预将木牌佥田内式""佥业票式""棕印式""灰印式""均田图式并附算法"等，从略）①

此为顺治二年（1645）上任的徽州府歙县知县宋希肃②，在顺治三年（1646）发布的歙县清丈土地条款。这一清丈条款正文共开列20条，加上附件，计万余字，当时被刊刻成书，散发各里，以便各图公正人等依式遵行。其中多次提到"前次万历九年清丈"，可知这一条款是在总结此前清丈经验的基础上，并结合当时清丈要求而拟的。

条款首先颁布"弓口绳车"，丈量弓口绳车是否标准，直接关系到丈量步亩盈缩，非常重要。条款规定由官府统一给发，必须使用"较准画一，验押印烙"的弓口绳车，不许擅更分寸，否则查出重究。

各图公正是承担清丈任务的关键人物，条款特别提到各图公正"当秉公心，毋徇私情，无受贿赂""果能守法奉公，定行奖赏"，并要求其管理好量、画、

① 《顺治三年歙县清丈土地条款》，中国徽州税文化博物馆藏，抄本。

② 康熙《徽州府志》卷四《县职官 · 歙县》，国家图书馆藏康熙三十八年刊本。

算、书手等下属清丈人役。

丈量之法，经界为先。丈量时有各县之间大界，又有各都图之界，必须预先划清，以免致启争端。条款要求对相邻各县临丈时，交界公正须与彼县遵照旧址分界，不许恃强越占启争；其各都图亦照原额竖旗为界，以便丈量，如有豪强越争者，重究。

条款中对丈量期限、丈量弓口、量法折算及亩步换算都有明确规定；对屋基地、路、巷以及沙洲淤地、开垦田地等各种特殊类型的土地如何进行清丈，皆一一申明；此外，还言及官府复丈、清丈费用、赏罚规定及鱼鳞图册攒造等。关于土地清丈的各项事宜，条款所列颇为全面，且具体详明。可以看出，土地清丈条款不是一般性的规章制度，而是经由官府制定的统一的土地清丈章程，是具有法规性质的官府条令，必须遵照执行。

明清时期，徽州府各县在土地清丈之际，都有这样的清丈条例发布，在清丈过程中发挥着重要的指导作用。

二 清丈组织

在清丈条例发布之后，即需组织一套精干得力的清丈人马，这是土地清丈能否成功的一个关键。土地清丈一般都是由知县正堂亲自挂帅，主管该县清丈各项事务。基层清丈组织的人员则包括公正、丈手（或称量手、弓手）、画手、算手、书手等。公正又称图正，统领丈、画、书、算手，总管一图清丈与田土事务，或因一图所管田土太多，又有公副即副公正之设；丈手依据各号田土不同形态，相其形势，设定方案，执弓丈量；画手按照丘块形状，图画每号田形，填写相应丈量弓步；算手根据丈量弓步计算各号田土面积和税额；书手则负责填写鱼鳞草册和正册等。这样，公正、公副，连同丈、画、书、算手，共有六个职役，统称为清丈六役。而实际上，丈、画、书、算手亦有二人或多人承当的情况。公正需要熟悉清丈事务，丈、画、算、书手则需具备一定的专业技能，但最重要的是要求他们具有公德，“务寻身家德行之人”，以负其任。

公正本是一种职役，原于里甲各类人户中选举产生。至明万历清丈时，这种情况已有所改变。徽州府歙邑《大明万历九年丈量条例》“议选人役”条说：“一图之中，当选公正一名，书手二名，弓手二名，算手二名，但责之举报，未免开诓骗之门。且歙县里排类多有身家之民，亦不必于他求也。合无俯恳即于里排之中，选择田多殷实为公正，其余以次相及。如里排之中无人可充公正者，本县于人户之中另选，庶委任得人，可以分理其事，而责成有赖，亦知各效其职矣。”①这就是说，关于公正的选举，先于里排之中遴选；里排之中无人可充者，再于人户之中另选。表明清丈职役的佥充与原来的里甲职役有密切关系，是在原来里甲职役的基础上佥充的。②

从明万历清丈至清初顺治丈量，清丈职役的佥充更有新的情况出现。

至迟到明中后期，由于里甲赋役繁重，多致大户破产，不唯钱粮赋役户籍，在乡约保甲、清丈职役等其他领域，朋名朋充的现象越来越多，里役朋充渐趋普遍。③ 继万历丈量之后，清代徽州土地丈量人役的佥充，多有朋充这样的方式。如清初休宁县九都一图《十排清丈田土合同》所载：

十排清丈田土合同

九都一图公议图正、量、画、书、算合同。里役郑积盛、程世和、程上达、陈世芳、程恩祖、陈泰茂、汪辰祖、陈琛、陈梁、陈世明等，奉朝廷清丈

---

① 〔民国〕叶拙园：《明清两朝丈量田亩条例》，歙县集成书局1937年版，第2页。

② 〔韩〕权仁溶：《从祁门县“谢氏纷争”看明末徽州的土地丈量与里甲制》，《历史研究》2000年第1期。

③ 刘道胜：《明清徽州赋役户籍和基层职役的“朋名”》，《安徽大学学报》（哲学社会科学版）2019年第2期。

田土,本图十排公立事务,各分条例,拈阄应管本图图正、量、画、书、算。议立三村均管,佥名图正陈程芳,量手汪世绍,画手郑以升,书手程世钥,算手陈明伟,现里陈泰茂公报,各以应定名目。其衙门等项事务,托在赵光祖,其在官丈量造册名目,俱系十排朋名管充当。今排内出身经管之人,另列的名于后。自承认管事务,各乘尽心任事,不得徇私坏法,如有此等之辈,坐在经手。其丈量使费等项,十排照粮,每石先出五钱应用,如不敷,再斗五钱,合每石一两之数。其甲首贴当书、算使费等项,每粮一石,贴银一两五钱,斗众注簿存匣,以使造册等费开支。如有拗不出者,十排众取公用。但丈量一应归户笔纸之资,俱要眼同众手贮匣,以备公用,不得徇私。如有此情,察出见一罚十。今各任事阄定,日后不得推诿误公。今恐无凭,议立合同一样十张,各执一张存照。

计开列各任事于左:

一议图正陈程芳管造丈量弓口册籍,三村朋管。

一议图正贮众银匣,环珠陈缨晖经管。

一议图正簿匣、图记、灰印,蓝渡陈远铨经管。

一议图正锁钥,西管程溉、栋经管。

一议各村非当事者不得插入混乱,如有此辈,十排公举。

一议丈量管事等项坏法者,坐在经手,不涉众人。

一议派使费从粮斗起升合,不许私开。

一议里长有户寄在别甲,照甲首贴银书算造册使费。

一议参官下会,轮月应答,不得误公,使费众支。

一议六甲现年管理备办支应,用帐历盈。(号)

三村图正陈程芳(号)(号)(号)

一甲排年郑积盛户丁一礼,管理画手。(号)

二甲排年程世和户丁文镗,管理量手。(号)

三甲排年程上达户丁溉、栋,管理图正锁钥、量手。(号、号)

四甲排年陈世芳户丁缨、晖，管理图正众收银匣。（号）

五甲排年程思祖户丁知时，管理书手。（号）

六甲排年陈泰茂户丁远铨，管理图正簿帐印匣。（号）

七甲排年汪辰祖户丁懋进，管理画手。（号）

八甲排年陈琛户丁卫伟，管理算手。（号）

九甲排年陈梁户丁钥照，管理书手。（号）

册里排年陈世明户丁祖积，管理算手。（号）

以上壹拾贰人管理，不得混乱。

顺治四年丁亥十月十五日。共样合同十张，各排收执一张存照。

代书人　赵梦麒（号）

中见人　赵光祖（号）①

这份合同是在清顺治四年（1647），由徽州府休宁县九都一图十排年共同签订的。其开头云“九都一图公议图正、量、书、画、算合同”，清楚地表明该合同是一份清丈田土合同，公议如何承当图正、量、书、画、算这些职役，以共同完成官府下达的清丈任务。按要求，这些清丈职役必须向县衙佥报，以便官府掌握控制。故合同中说：“议立三村均管，佥名图正陈程芳，量手汪世绍，画手郑以升，书手程世钥，算手陈明伟，现里陈泰茂公报，各以应定名目。其衙门等项事务，托在赵光祖。”

下面一段文字则应特别注意：“其在官丈量造册名目，俱系十排朋名管充当。今排内出身经管之人，另列的名于后。”这就是说，其所佥报的在官丈量造册名目都是“朋名”，而里排内议定的实际经管之人才是“的名”，则另列于后。即合同内所议清丈职役名单共有两份，一份是向官府佥报用的，这些都是朋名，属朋充性质；另一份则是里排内议定的实际经管人名单，即列于该合

① 《康熙陈氏置产簿》，南京大学历史系资料室藏。

同最后的12人名单，所列均为某甲排年户丁某某，这份名单才是实户的名。①其实际承当清丈职役者，竟有12人之多。可以看出，清丈职役的承当采取了朋充这一方式，该图的十排年都分别承当了不同的清丈职役，清丈职役的佥充尽量做到由里甲排年平均负担。

此案并非个例。关于清初以朋充方式承当清丈职役，还可举出其他例证。《顺治四年歙县张义朋等立签报图正合同》载：

(立)议墨合同人张义朋、张时旸、张之遵、张之问、张同溶，今奉上司明文，遵奉新朝创制，更行丈量。蒙县主明示，佥报图正等役，以备监临丈量田土。今图现里议报本甲图正名目，本都图地里间隔广阔，各业更改存没，分析不一，系干重务，实难独力管承。本甲各户今虽另籍，原系一脉流传，今凭众议，张之遵、张时旸、张之问、张同溶四人协力，立墨串名“义朋”，具认承役在官……②

为佥报图正等役，张之遵等四人协力，“立墨串名‘义朋’，具认承役在官”，明显属于朋充性质。又如《顺治五年休宁张起鹗免役禀文》：

三十一都三图府学生员张起鹗，禀为恳恩准照超死难，免烦役，以恤老孤事。本图图正向佥吴宪充当，扳生长子张大赓，户名张麟聚，朋役串名吴麟宪，认状在官。因春二月，大赓蒙召面台，领帖联络西乡之际，金、洪二贼兵起三十三都浮梁界，过三十一都地面，次迫城下，大赓统乡兵截拒，遵命不违，兵无接应。生仅二子，俱从死难。清丈举行，犹恐误公。

① 夏维中、王裕明：《也论明末清初徽州地区土地丈量与里甲制的关系》，《南京大学学报》(哲学·人文科学·社会科学)2002年第4期。

② 《顺治四年歙县张义朋等立签报图正合同》，载《槐溪张氏茂荆堂田契册》，上海图书馆藏。

生年八旬，老病莫能举移，孙孤五岁，家无次丁，乞念生老孙幼，□□遇死难事，经仁台耳目叩批，原佥吴宪承当图正，豁免张麟聚朋役，赐印准照，庶上不误公，下恤老幼，感恩无任，激切具禀！

张大赓既死，故准免图正，着吴宪充当，不许扳扯。（县批，钤休宁县印）

顺治五年七月十三日具（钤休宁县印）

抱禀人汪表①

这是一件准免图正朋役的文书，原本吴宪与张起鹗（子张麟聚）以“朋役串名吴麟宪”，朋充图正清丈之役，今因遇死难事，张起鹗乞免朋役而被获准。

相关遗存文书表明，清丈职役朋充现象至迟在明代中后期就已出现。前引《蓝渡六甲、七甲、九甲三排年合同》中说：“九都一图立议约合同。蓝渡排年六甲陈泰茂、七甲汪辰祖、九甲陈梁，今因遵奉新例，清丈田地山塘，十排会议，本图地方辽远，独力难承，仍照前朝旧规，三村朋当。”②说明清初图正朋充乃沿袭前明旧规。至清代，朋充图正等职役已相当普遍。清丈职役的朋充多是在原里甲排年的基础上运作。里甲排年通过合议阄定，各司其职，分工明确。认状在官的清丈六役之名，多系朋名、串名，并非的名。其实际负担清丈各役的人数要大大超过佥报在官者。

① 王钰欣、周绍泉主编：《徽州千年契约文书·清民国编》卷一，花山文艺出版社 1993 年版，第 20 页。

② 《康熙陈氏置产簿》，南京大学历史系资料室藏。

三　田土丈量

当清丈人役确定之后，土地清丈的核心工作田土丈量便开始了。

田土丈量起先是由业主自报原额，以备丈量时核对参考。前揭清丈条例言：“有业之家，每号之上先置木牌一面，上书原额某字几号，田若干，或地或塘若干，注明四至，听候佥丈。如非业主，冒认他人之业者，查究。公正人等亦须查明，毋容混冒。”清丈条例内还画有业户自报各号原额木牌样式（图 3-1），上面所书文字如下：

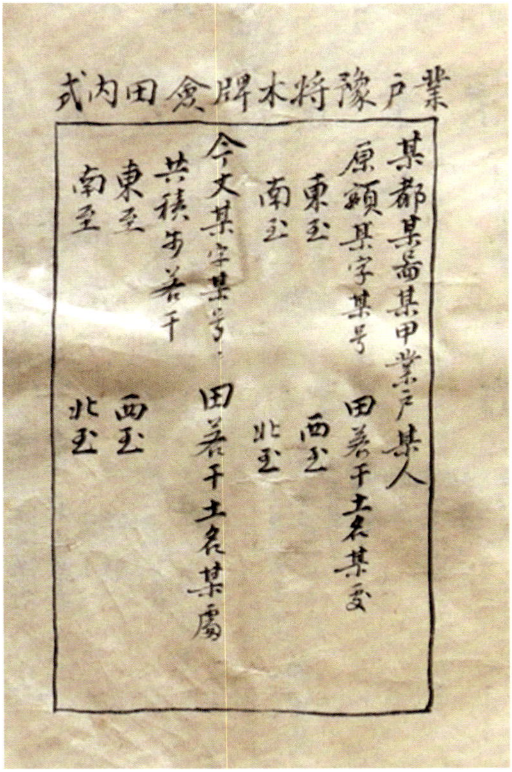

图 3-1　清丈条例载业户自报原额木牌样式

某都某图某甲业户某人

原额某字某号　田若干　土名某处

　　东至　　　西至

　　南至　　　北至

今丈某字某号　田若干　土名某处

　　共积步若干

东至　　西至

南至　　北至

开弓丈量起首，须择吉日。这一天，是个隆重的日子，要摆供纸马，烧香敬神，并置办整桌酒席。前引清顺治四年(1647)休宁县九都一图《十排清丈田土合同》后附“众议”：

众议

十一月十一吉日，上和合敬神，众匣内出支买办福事，整酒七席，每席十二品；每排麻饼叁只，寿桃叁只。

十八日，蓝渡六甲、七甲、九甲开弓丈量起首，整饭七桌，每桌荤素五品；整酒七席，每席荤素十品。

丈量陈　　田　礼一封

丈量陈君照屋地　礼一封

丈量　　山　礼一封

丈量　　塘　礼一封

十二月初二日，西管二甲、三甲、五甲开弓丈量起首，整饭七桌，每桌荤〔素〕五品；整酒七桌，每桌荤素十品。

丈量　　田　礼一封

丈量五伦堂众厅基地　礼一封

丈量里屋德润堂基地　礼一封

丈量　　地　礼一封

丈量　　地　礼一封

丈量　　山　礼一封

丈量　　塘　礼一封

又载：

本村三排四甲、八甲、十甲各户照粮每石派出银五钱，以备香烛纸马敬神，候十排开弓整酒饭支费。（下略）

十二月初八吉日，环珠四甲、八甲、十甲开弓丈量起首，整饭七桌，每桌荤素五品；整酒七桌，每桌荤素十品。（下略）①

可以看出，除烧香敬神、置办酒席外，丈量田、地、山、塘、屋基地之际，还要另外置备礼品，这些费用均照粮摊派，所费不赀。

开弓起始之后，便按所编田土字号顺序，沿丘履亩，依次丈量。虽然官府发布的清丈条例之中，一般都附有丈田的各种成式、图式及算法，如对方田形、圆田形、直田形、尖田形等，都有现成的丈量与计算方法，但临田丈量时所遇到的实际情况却复杂得多。所编田土各号，内含丘块数量颇为不一，面积大小多不相同，特别是其田形千差万别，形状各异，丈量之际，必须相形下手，依据不同的田土形状，使用不同的丈量方案。若田形较为规整，如呈方形或圆形，即以成式图形丈量计算；若田形不规整而面积又较大，则需将整块田形分割成若干成式图形，分别丈量弓步计算，最后求和。方法多种，相形而定，其中颇有丈量技巧和技术含量。按官府条例要求，每日量一丘，即印入鳞册一丘，每日对册封记。已量过的田地山塘，用灰印“丈过”印记，以防遗漏；遇晚，将印记公同封锁，以防盗用。每丈完一丘，即给该丘业户佥发“佥业归户票”，以便业户执票赴册里归户实征。每日都有规定的丈量田亩数，以便按官府期限完成清丈任务。

在丈量过程中，还会遇到许多常见的实际问题。

① 《康熙陈氏置产簿》，南京大学历史系资料室藏。

徽州人稠地窄，寸土寸金。凡屋基、坟地，俱在丈量税额之内。其与寻常田地不同，更须仔细清丈。如基地造屋在上，不能入屋丈量，按条例规定，许各业户先于屋内，遵照官给弓步先量，将前后左右丈明各若干步，贴一浮票于门首，俟公正再以蜡绳将屋周围方定后，公折算定，核对相同，方许入册，不许隐漏。如系众屋，或有分庄纳税者，俱一一注明。其风水坟地一节，尤为吃紧，徽人酷信堪舆，强者谋为争占，当事诸人须秉公照额清丈，不得受贿徇私，致起争端。

又有桑田沧海变更的情况。有将田、塘填成地基者，有地开垦成田、未经升科者，则须调取原额查明，照依见业清丈。然山地一节，更为复杂。徽居万山，高下不等，低山则可量丈，而高巅险峻者，不能开弓，向系喝数，多有不均，况又有阴阳肥瘠不同，如阳山、土山，肥而长木，阴山、石山，瘠不生茅，若一律喝丈，更为不均。丈量时，须将阳培土山，照原额量加；阴山、石山，照原额量减，不得仍以“旧管”番作“实在”，致使赋税不均。

溪河两岸沙洲淤地，多属西没东生，原有田税，被水冲沙淤成地者，准照地税丈量，果冲没成溪者，豁免。如原无业主淤成洲地，可以耕种，并官山、官沙洲，有人承丈者，该册里、公正酌量议价，呈报批准佥业。若原有业主者，听本人自佥，不得混冒。

凡开垦田地，如系高山之上，间有锄种成地，十年九或不收，若一概以地派粮，恐贻日后之害。合定山脚成田地者，照开垦亩步丈量。其在山高者，仍作山丈起科。至于田塝小水圳，田内枯井水堀，原系田开，仍作田丈，庶无遗漏。

丈量时还有其他一些情况，此不赘述。

当各都图丈量完毕时，最后还有官府复丈这一环节。一般由县令另组一套人马，亲临四乡，逐段复量。“如有隐漏作弊及刁措需索业主者，许沿途禀究。所到各图，士夫生监人等，里长先行代辞，概不接见，以免嫌疑。”万历九年(1581)休宁清丈最后,知县曾乾亨“躬行周视,路冕弗具,车徒弗烦,千里裹粮,箪食壶浆弗敢进。于是而绳不法,饬不虔,戮不用命。比税驾,以次报成”①,也是官府复丈环节的一个写照。

四　册籍攒造

经过官府复查,纠正差错之后,整个清丈并未结束。田土丈量必须落实到册籍攒造上,是为最后结果。实际上,田土丈量与册籍攒造是结合在一起的。在田土丈量过程中,按官府清丈条例要求,“每日量一丘,印入鳞册一丘,遇晚,将本日所量之田地山塘对册,公同封记公正处”,这样,边丈量边攒造,丈量报完之日,鱼鳞草册即已基本成形。不过,攒造的鱼鳞册籍除草册外,还有其他册籍。请看顺治六年(1649)《休宁县九都一图十排合约》所言:

一议本图内芥字号共有一万字号,十排公议,今奉县主翁爷清丈,紧急时间,难以丈完,今十排公派三村,西管三排管理丈量底册叁仟号,南(蓝)渡三排管理丈量叁仟号,环珠三排管理叁仟号,郑村一排管理丈量底册一仟号。倘有底册差错迟误,官究使费,本村排年自认,无得推众。但各村册底造完之日,约至二月初旬完日,书算领去,写造正册。其各村丈量饭食,每号给银壹分,管众支用。其开垦、水打、沙涨〔田土〕,十排眼同公众,怀私者见一罚十。其丈量册底,每排众给银肆两,以备丈量先生饭〔食〕。

一议归户各姓纸笔,四村眼同注簿收支公用,内有私取,察出罚白米一石公用。

---

① 〔明〕汪道昆:《太函集》卷七五《曾令君经野记》,国家图书馆藏明万历刻本。

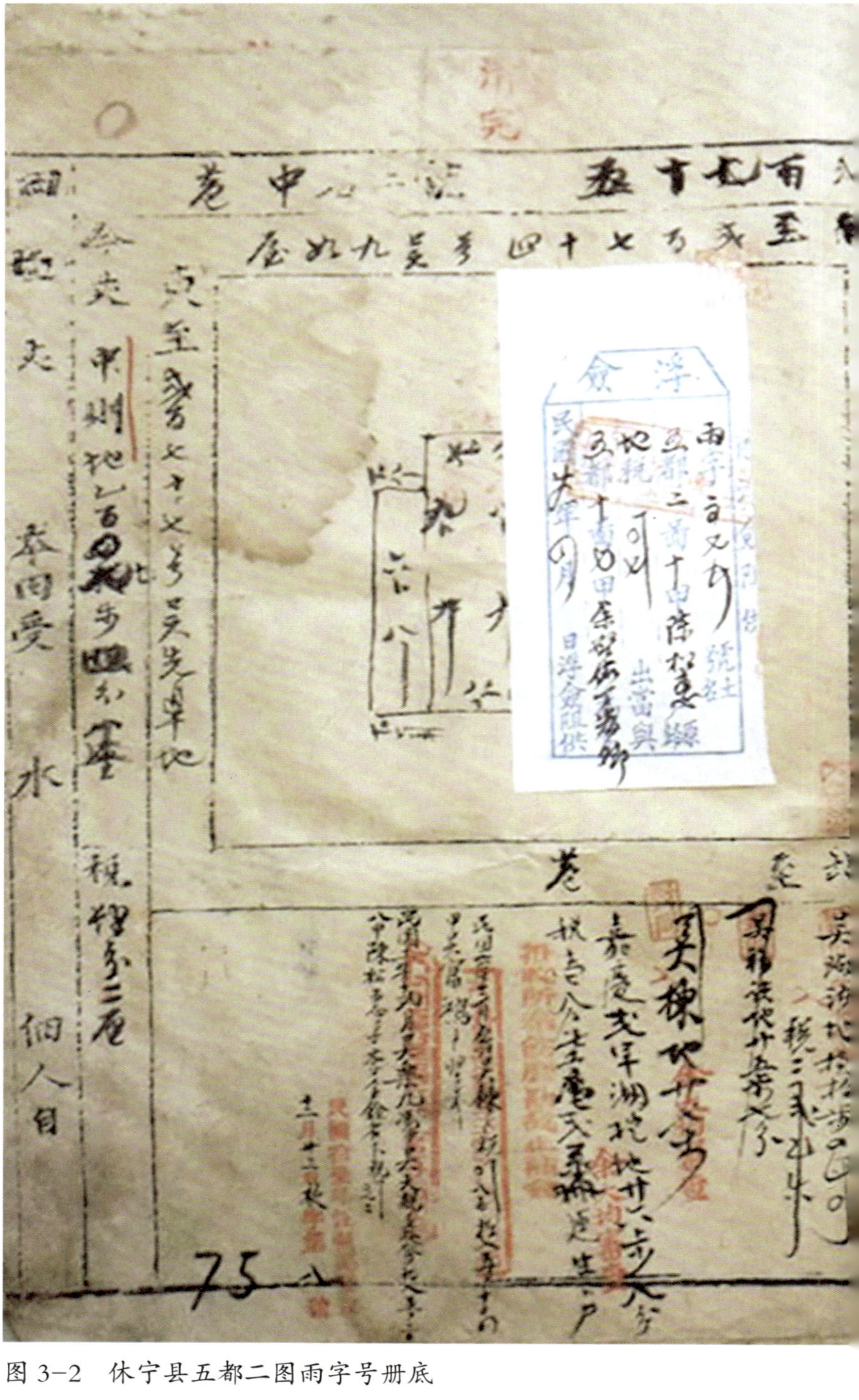

图 3-2　休宁县五都二图雨字号册底

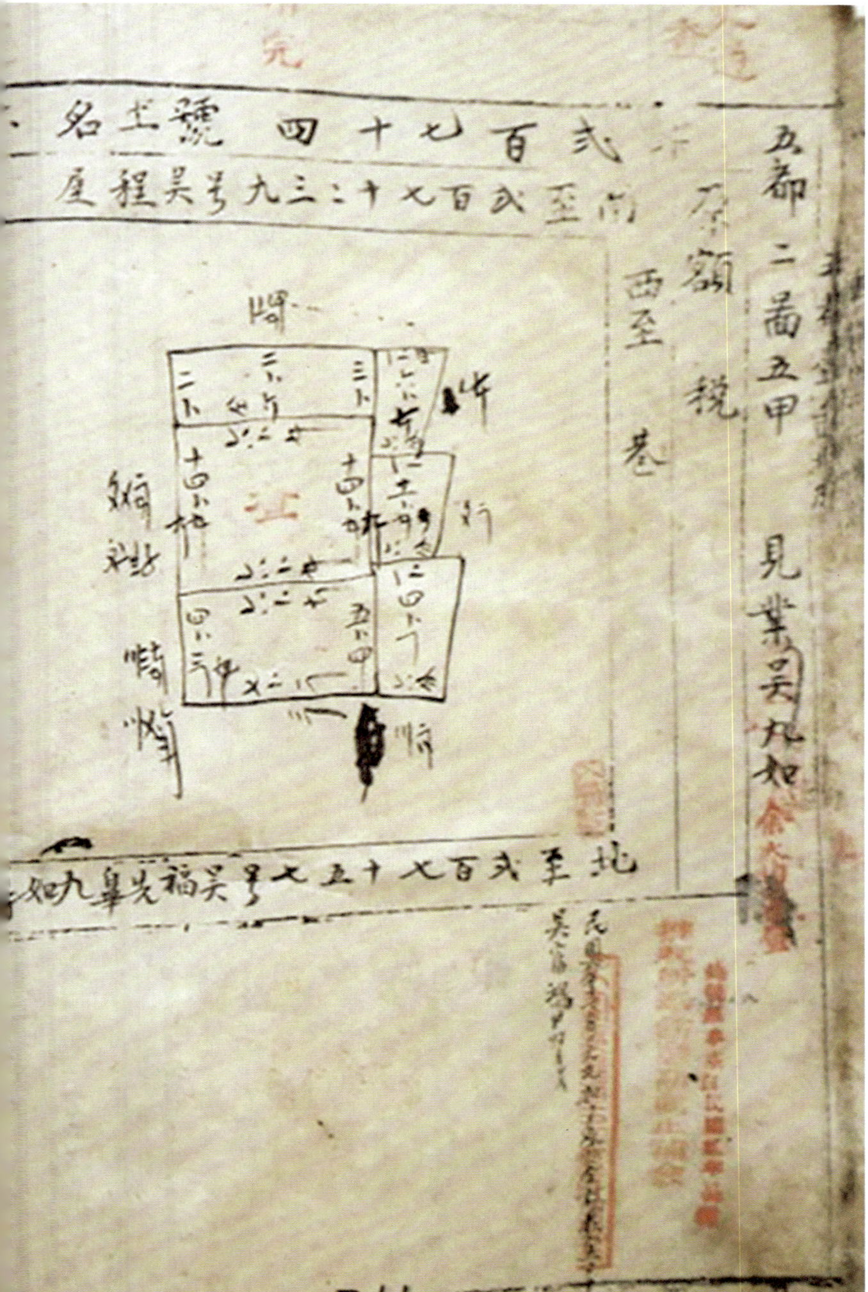
五都二啚五甲
見業吳九如
西至
巷

一议图正答应见官，每周年众支柒两贰钱，四季支付，不得推托，倘违公事，工食扣除。

一议遇下会应答官事，贴银壹钱。

其丈量遇卯，众支顾倩。

顺治六年己丑正月十六日十排立约一纸，付赵茂先收执。十排俱各画字。①

合约中言道，休宁县九都一图内"芥"字号（按，"芥"字系万历九年清丈字号，清初新丈为"称"字号）共有一万余流水字号，数量很大，因清丈时间紧急，难以丈完，故十排公议，三村公派，各管理丈量数千号不等，分开丈量，各自负责，以加快丈量进度。从该合约又可看出，土地清丈之际要求攒造的鱼鳞册籍至少有以下几种：底册、正册、归户册。

首先是丈量底册。九都一图十排公议，三村公派，各"管理丈量底册"数千号。这种底册是随着沿丘履亩、挨号丈量而攒造的，整个丈量报完，即告基本完成——这是最先攒造的鱼鳞册籍。鱼鳞底册，或称草册，又称弓口册、临田册等。在遗存的鱼鳞图册实物中，鱼鳞底册或草册或弓口册等颇为不少。如《休宁县五都二图雨字号册底》（图 3-2）②：

该册书口题"五都二图册底"，每页登载 1 号丈量田土内容，其登载事项有：

字号　土名

都图甲　见业

原额　税

西至　东至　南至　北至（中间画田形，详细填写丈量弓步）

① 《康熙陈氏置产簿》，南京大学历史系资料室藏。

② 休宁县档案馆藏鱼鳞图册，第 119 册，第 74、75 页。

今丈　则(田地山塘丈量积步)　税

田　丘　丈　本田受　水　佃人

分庄

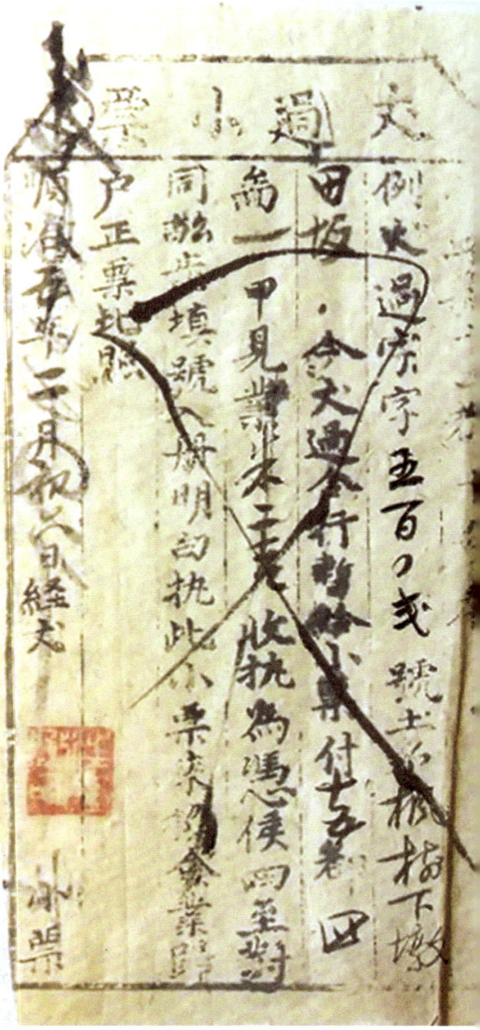

图 3-3　丈过小票

特别应注意的是,其册页之上多处分别钤有“丈过”“查”“审查”“清完”“清存”“对同”“入册”“入册讫”等红色戳记,这些印文清楚地表明了该册为丈量底册即草册。如所画田形之中,有一“查”字戳记,即该号田土已被审查过,其右下角又钤有“入册讫”戳记,这里的册当指正册,即该号田土丈量弓步与所画图形,经过审查无误,已入正册。

其次是正册。草册核对无误,交由书手、算手、画手,写造正册。正册要钤盖官印,即某某县印,为鱼鳞图册的正式文本,呈送官府保存。

此外,还要造鱼鳞归户册。合约中提到“归户各姓纸笔”,即指此事。鱼鳞底册、正册各号田土虽亦登载业户姓名,但都是以土地为母、以人户为子、以田土丘号为序而攒造的一种册籍,而业户土地占有分布多散在诸乡,田土字号并不相连。归户册即将业户分散登载于鱼鳞图册上的各号田土,集中归于该业户名下的一种册籍,以确定业户土地占有总的数量,这样才能落实实征税额。

归户册的攒造在田土丈量的过程中即已进行。在丈量每一号田土时,就给该号田土的业主佥发一张“佥业归户票”,业主持此票到其所在都图册里进行归户。为核对准确,在正式发放佥业归户票之前,还要先发一张“丈过小票”(图 3-3):

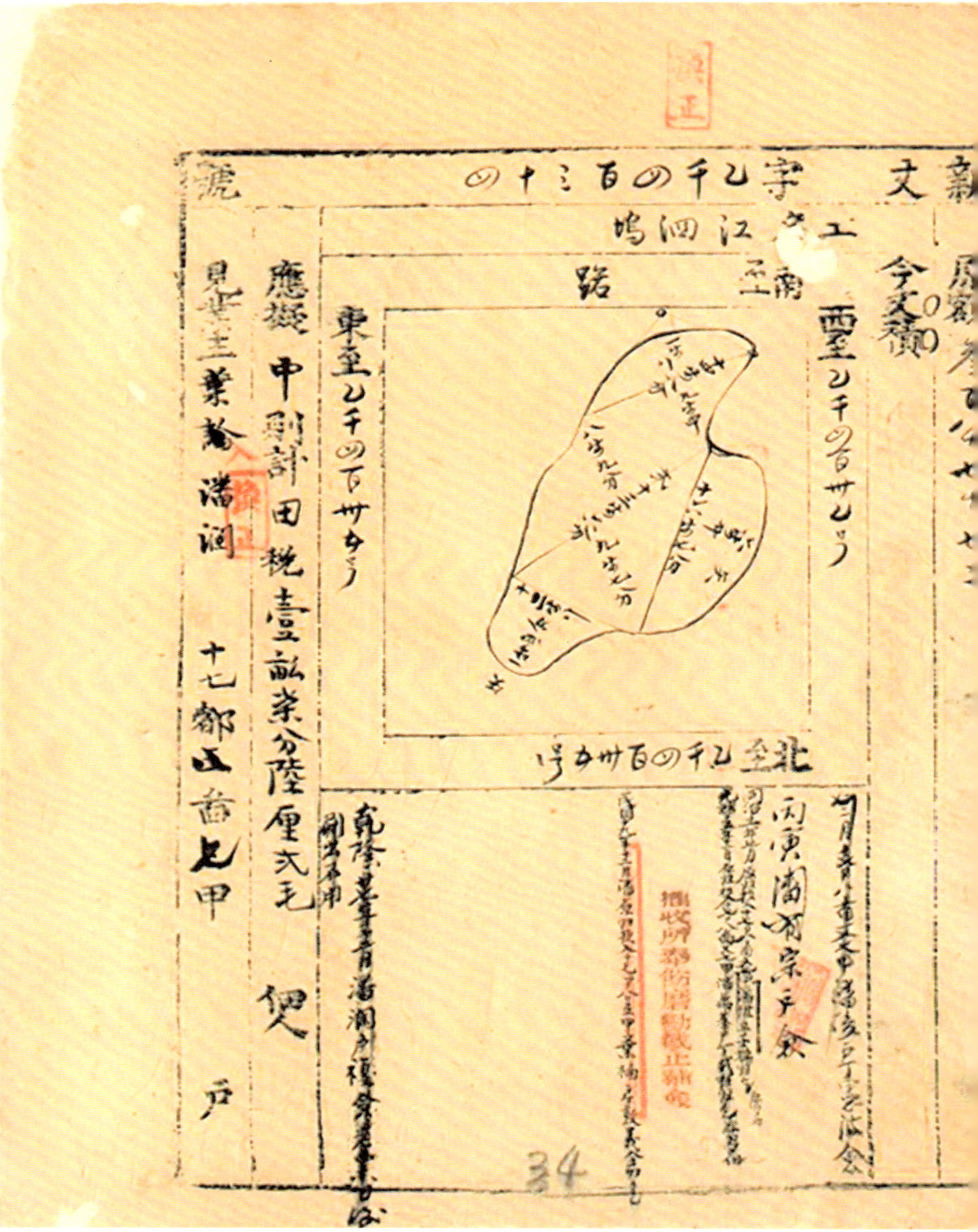

图 3-4　十七都三图文草

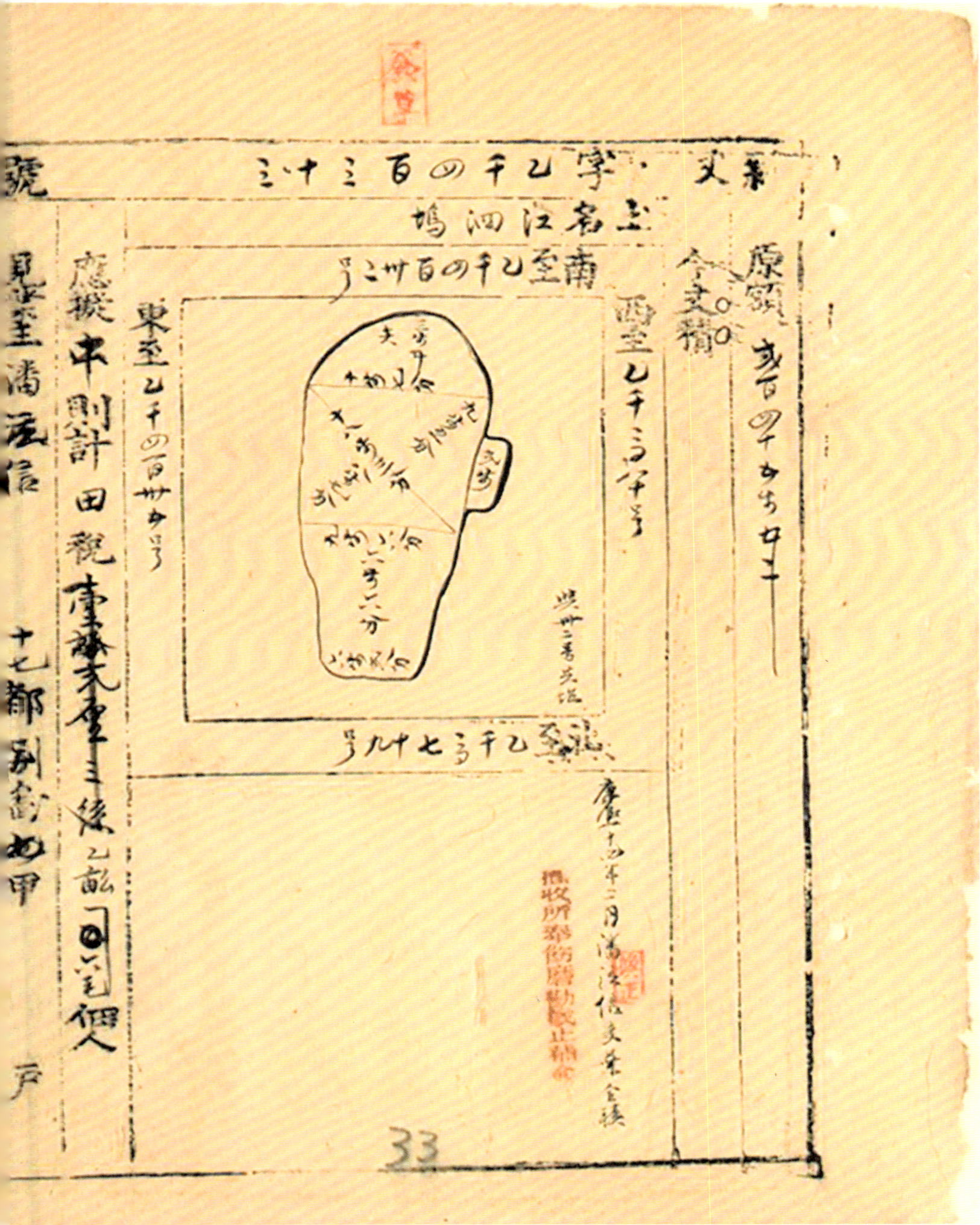

此为夹在休宁县鱼鳞图册之中的“丈过小票”①，所载文字如下：

丈过小票

休宁县十四都十图奉例丈过字字五百〇贰号，土名枫树下墩田坂，今丈过，合行暂给小票，付十五都四图一甲，见业朱二吉收执为凭，候四至对同，亩步填号入册明白，执此小票来换佥业归户正票。此照。

顺治五年二月初六日经丈（戳印）小票

从其所言“执此小票来换佥业归户正票”可以看出，这种丈过小票是与佥业归户正票相对而言的，它是丈量田土时最初发给业主收执的凭据，待田土“四至对同，亩步填号入册明白”后，执此换取佥业归户票。这是田土丈量时佥发佥业归户票的一个过程。

在遗存的其他鱼鳞草册中，亦可发现类似的造册过程。如休宁县档案馆藏《十七都三图丈草》，系清初所造草册，在其所载各丈量字号以及分庄业户之上，多钤有“发草”“对会”“换正”等红色戳印，如图3-4。

这里的“草”，当指上述“丈过小票”一类的草票。所谓“发草”，即已发过丈量草票，再经“对会”即核对，便可“换正”，即换取佥业归户正票，以攒造鱼鳞归户册。

在清丈过程中，徽州府休宁县为亲供归户汇造实征，还印发有一种亲供税印单（图3-5）：

休宁县为严行佥业亲供归户以成实征事，照得清丈一案，解册已经报竣，查贮库册业主、分庄，俱多空白未填，甚属违玩，本应重究，姑据禀称，人户不行佥业，无凭填注，□□万历九年则例，照依设立亲供印单，每

① 休宁县档案馆藏鱼鳞图册，第286册夹条。

户各给一张，册里领散各排，各排分散各户，作□□佥业归户，旧丈照册，新买验契，若旧册无凭与新契未印，一概不许混佥，□□占等弊。各户将承丈各图字号税亩，照图正佥业票，遵依后式逐一填入，同原□□验对，汇造归户实征纬册，征纳实在钱粮，庶豪强无隐占之奸，贫弱□□纳之苦，归户一清，征输两便。敢有隐漏不开，及违限不报，一并重究不贷。须至□□。

二十四都二图　甲　　甲下一户（钤满汉对照“休宁县印”）

新丈实在

田

地

山

塘

以上产土，俱照承丈各号见业从实开报，并无遗漏，如有□□□□甘入官，究罪无辞。所供是实。

亲供税印单

顺治伍年正月　日户给

本管里长①

（单中钤两方满汉对照“休宁县印”）

该文书现装订在休宁县档案馆藏清代鱼鳞图册第887册中，该册为休宁县二十四都二图此字号，载此字1号至400号。该文书被装订在册首，可以看出，原是利用旧公文纸加以折叠，作为封面而使用的，因折叠缝开裂，而露出文书原文。文书中所填写的都图，与该鱼鳞册的都图字号是一致的，都是二十四都二图，这并非偶然，说明这应是二十四都二图册里所散发的一张文书。

① 休宁县档案馆藏鱼鳞图册，第887册册首。

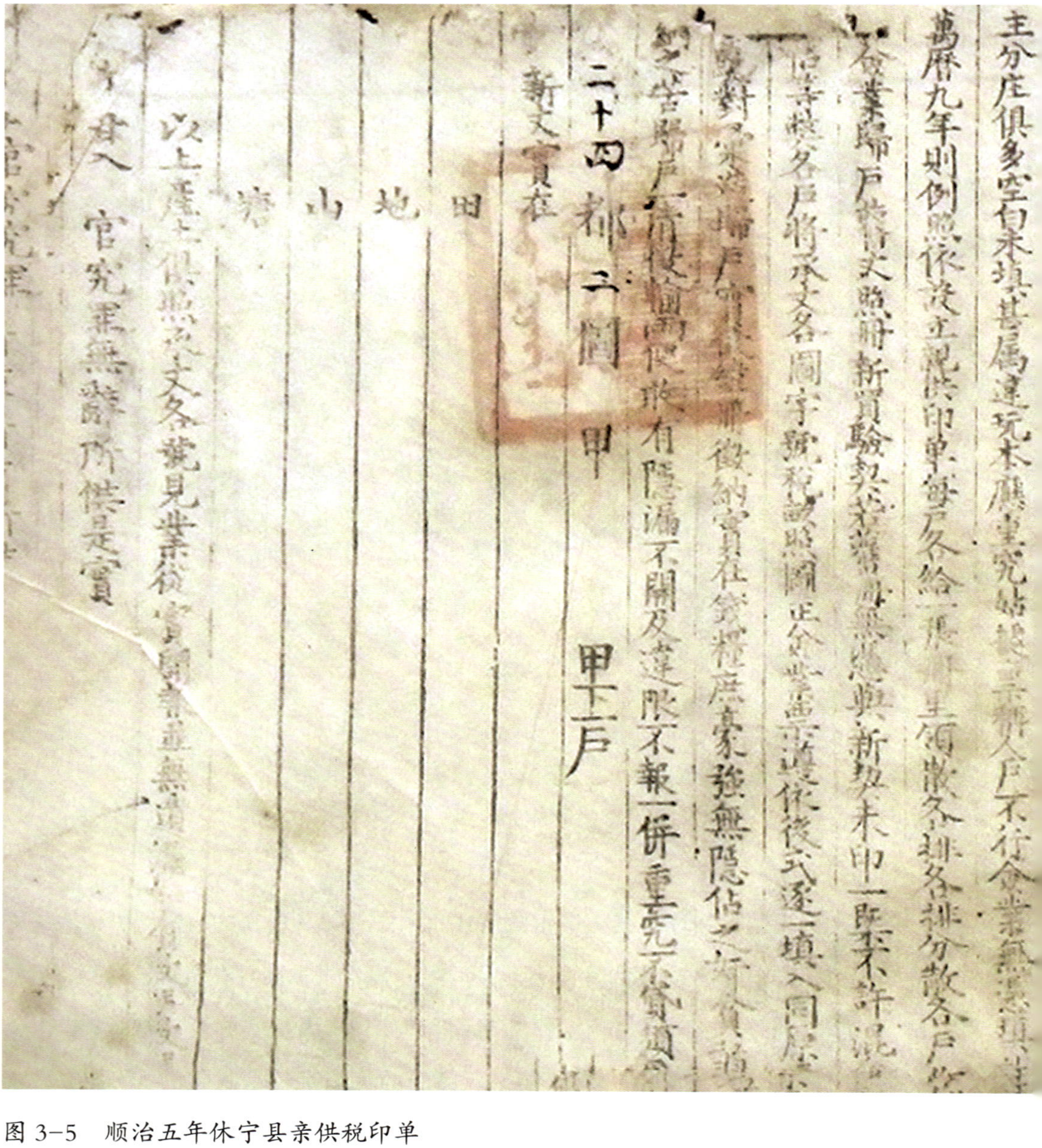

图 3-5　顺治五年休宁县亲供税印单

順治伍年正月

该文书为清顺治清丈土地之际，由官府印发的佥业归户亲供税印单，其上钤有满汉对照“休宁县印”。其主要内容是，要求各户将承丈各图字号税亩，照图正佥业票，遵依后式逐一填入，以汇造归户实征纬册，即归户实征册，其性质与鱼鳞归户册相同。应注意的是，这种做法，是依照明“万历九年则例”，即在明朝已经实行。表明归户册为明清土地清丈中必须攒造的一种册籍。

总之，清丈田土的实际过程相当复杂，往往经年累月，耗费甚大，役大费繁。在皇帝与朝廷下达谕旨之后，各级地方官府随即贯彻执行，发布奉旨清丈的告示，出示晓谕。作为具体执行土地清丈的县令要颁布清丈条例，详列有关田土清丈的各项具体条款，它是由官府制定的统一的土地清丈章程，是具有法规性质的官府条令。土地清丈一般是由知县正堂亲自挂帅，主管该县清丈各项事务。基层清丈组织的人员主要为公正，又称图正，统领丈、画、书、算手，总管一图清丈与田土事务。明清时期清丈职役的佥充多在原来里甲职役的基础上进行。明万历清丈至清初顺治丈量，人役佥充多以朋充形式。开弓丈量起首，须择吉日，摆供纸马，烧香敬神，并置办酒席。丈量之际，必须相形下手，依据不同的田土形状，使用不同的丈量方案。此外，还要解决清丈时遇到的各种实际问题。各都图丈量完毕，又须经过官府复丈。土地清丈最后要落实到册籍攒造上，所要攒造的鱼鳞册籍有底册、正册、归户册等。

第四章　都图字号

土地清丈与鱼鳞图册攒造都是以县为单位而实施的。以土地面积来说，一个县的耕地相当广阔，多在数千顷以上；就丈量田土的丘块而言，整个县更是多以百万计。土地清丈如何着手，首先遇到的就是界域划分问题，即所谓正疆界。其中最主要的，是各乡之下的区域划分问题。而土地清丈又不可能完全另搞一套，必须利用原有的区域划分行政组织。宋代以降，随着社会经济的发展，县域之下的区划和机构多有变革，土地清丈的区域划分亦随之变迁。南宋至元，县之下乡村区划多为都保，明清时则改为都图。土地清丈所造鱼鳞图册即以都保或都图区划为单位，用《千字文》字号加以统领。以字号领各都之下图保，每一字号之下则编流水号若干，以统其下所属田土丘块，一般统称为字号。都图字号亦因县域之下的行政区域变革与清丈区划的变更而演变。

一　都保划分

（一）宋元乡村都保

就乡村基层组织而言，宋代乡村社会中存在多种组织体系，相互交错，彼此影响，而呈现一种演变趋势。①

北宋王安石变法虽以失败告终，但保甲法却得以逐步推行。保甲之设原本旨在治安捕盗，但随着其在各地实施，功能不断扩展，而逐渐演变成乡村基层的赋役与行政组织。绍兴五年(1135)十二月，知静江府胡舜陟奏言：

伏睹熙宁间，王安石当国，变祖宗画一之制，创立新法，而保甲居其一……至元祐间，司马光秉政，一切罢去，民获苏息，盗亦销弭。及章惇、蔡京祖述安石弊法而侈大之，复行之于东南。虽不授弓弩，教之战阵，然于一乡之中以二百五十家为保，差五小保长，十大保长，一保副，一保正，号为一都。凡州县之徭役，公家之科敷，县官之使令，监司之迎送，一州一县之庶事皆责办于都保之中。②

保甲法为王安石所创，北宋后期推行于东南各地。其法五户为一保，二十五户为一大保，二百五十户为一都保。至南宋时，保甲除了行使治安功能外，“凡州县之徭役，公家之科敷，县官之使令，监司之迎送，一州一县之庶事皆责办于都保之中”，已演变成了乡村基层的赋役与行政组织。这样，县域之下的各个乡村，逐渐形成了都保建制的区划模式。

绍兴十三年(1143)，南宋经界开始实行。经界法的推行即利用了都保建制这一区划模式，以保为单位进行田土丈量，以保为单位进行田土核实。李椿年所规划的经界法中说：

今画图，合先要逐都、耆、邻、保、伍，关集田主及佃客，逐丘计亩角押

① 夏维中：《宋代乡村基层组织衍变的基本趋势——与〈宋代乡里两级制度质疑〉一文商榷》，《历史研究》2003年第4期；梁建国：《南宋乡村区划探析——以都保为中心》，《烟台大学学报》(哲学社会科学版)2006年第1期。

② 〔宋〕李心传：《建炎以来系年要录》，中华书局1988年版，第1586页。

字，保正、长于图四至押字，责结罪状，申措置所，以俟差官按图核实。稍有欺隐，不实不尽，重行勘断外，追赏钱三百贯，因而乞取者，量轻重编配，仍将所隐田没入官。有人告者，赏钱并田并给告人。①

田土丈量的做法是，“逐都、耆、邻、保、伍，关集田主及佃客”，所画丈量之图，最后由保正、长押字，责结罪状申报，即土地丈量是以都保为基本单位而展开的。宋楼钥《攻媿集》载，绍兴经界中，李椿年与婺州金华县丞汪大猷曾有一番对话：

李公（李椿年）又欲以十保合为一图，仍与邻都犬牙相入。公（汪大猷）曰：“一保之图用纸二百番，已无地可展，又从而十之，不惟不能图画，亦安所用之，徒重劳费，无益于经界也。”由是诸郡俱免催科办事。②

此外，《建炎以来系年要录》亦有相关记载：

（绍兴十三年闰四月）壬寅，诏人户应管田产，虽有契书而今来不上砧基簿者，并拘没入官，用两浙转运副使措置经界李椿年请也。时椿年行经界法，量田不实者，罪至徒流。江山尉汪大猷覆视龙游县，白椿年曰：“法峻民未喻，固有田少而供多者，愿许首复改正。又谓每保各图顷亩林塘，十保合一大图，用纸二百番，安所展视?”椿年听其言，轻刑省费甚众。大猷，鄞县人也。③

---

① 〔清〕徐松：《宋会要辑稿》食货六《经界》，中华书局 1957 年影印本，第 4898 页。

② 〔宋〕楼钥：《攻媿集》卷八八《敷文阁学士宣奉大夫致仕赠特进汪公行状》，清武英殿聚珍版丛书本。

③ 〔宋〕李心传：《建炎以来系年要录》卷一四八，绍兴十三年四月壬寅条，中华书局 1988 年版，第 2391 页。

两则史料言汪大猷所任县职虽有所不同，但关于汪大猷在绍兴经界中相关事迹的记述却是一致的。所谓“每保各图顷亩林塘，十保合一大图”，表明了绍兴经界的都保区划，即绍兴经界是以保为基本单位，每都分为十保，是在保甲法的都保之制基础上推行的。

舒璘论荒政所言亦可为之佐证：

> 窃见经界之法，每都分为十保，保各自有字号。为今之计，不若令检踏官先排定都分，取见各都经界字号，将每都田亩随字号分而为十，其一号之内，如皆丰熟，则不须检视；若其荒歉去处，一号之内虽有丰凶不等，若履亩而视，决不能遍……①

舒璘是在乾道至绍熙年间出任徽州州学教授的，距绍兴经界时间不远，其所言“经界之法，每都分为十保”，既是指绍兴经界，也包括徽州在内。

绍兴经界后不久，朱熹在总结绍兴经界、奏言“图帐之法”时，亦言及于此：

> 至于打量一事，则其势不得不少劳民力。但一县之地，大者分为数百千保，小者分为数十百保，使之分头散出，各自打量，则亦不至多费时月，而绍兴遗法亦必有能识之者。此打量步亩必可行之说也。
>
> 至于图帐之法，始于一保，大则山川道路，小则人户田宅，必要东西相连，南北相照，以至顷亩之阔狭，水土之高低，亦须当众共定，各得其实。其十保合为一都，则其图帐但取山水之连接与逐保之大界总数而已，不必更开人户田宅之阔狭高下也。其诸都合为一县，则其图帐亦如保之于都而已，不必更为诸保之别也，如此则其图帐之费亦当少减。然

① 〔宋〕舒璘：《舒文靖公类稿》卷三《再与陈英仲论荒政》，复旦大学图书馆藏清雍正九年刻本。

> 犹窃虑今日民力困弊，又非绍兴年中之比，此费虽微，亦恐难以陪备，若蒙朝廷矜怜三郡之民，不忍使之更有烦费，则莫若令役户只作草图草帐，而官为买纸雇工，以造正图正帐……此则攒造图帐必可行之说也。①

这里所言“图帐”，包括“图”和“帐”，既指鱼鳞总图，也指画有顷亩阔狭的鱼鳞清册，泛指鱼鳞图册的攒造。朱熹说得十分明确，“图帐之法，始于一保”“十保合为一都”“诸都合为一县”，这就是绍兴经界时所实行的都保区划。在这里，保是土地经界的基本单位，以保为单位而攒造的图籍是经界的最基本帐籍。按其大界，攒造都图县图；汇其总数，以造都帐县总；据其细图，核实各户田产，以造砧基簿、类姓簿等。后世鱼鳞图册别称“保簿”，诸如“经理保簿”“丈量保簿”“流水保簿”“佥业保簿”等，即由这种以保为单位的“打量图帐”发展而来。

绍兴经界的这种以保为基本单位、十保合为一都的土地经界区划，遂被后世很多地方延续下来。

南宋绍兴经界以后，在部分地区又进行了经界、推排、自实等土地经理活动，在这些活动中，可看出绍兴经界以保为基本单位、十保合为一都的土地经界区划没有改变。如宋理宗年间《常熟县端平经界记》云：

> 县五十都，都十保，其履亩而书也。保次其号，为核田簿；号模其形，为鱼鳞图；而又稡官民产业于保，为类姓簿；类保都乡于县，为物力簿。②

南宋末年咸淳时，司农卿兼户部侍郎季镛上言：

---

① 〔宋〕朱熹：《晦庵先生朱文公文集》卷二一《经界申诸司状》，《四部丛刊》初编，上海涵芬楼藏明刊本，商务印书馆1929年版。

② 〔宋〕杜范：《清献集》卷十六《常熟县版籍记》，《文渊阁四库全书》，第1175册，第736页。

> 盖经界之法，必多差官吏，必悉集都保，必遍走阡陌，必尽量步亩，必审定等色，必细折计算，奸弊转生，久不迄事。乃若推排之法，不过以县统都，以都统保，选任才略公平者，订田亩税则，载之图册，使民有定产、产有定税、税有定籍而已。①

其中所言经界之法“必悉集都保”，推排之法不过“以县统都，以都统保”，显然都是指利用都保建制的区划模式。

南宋的土地经界，是在利用保甲法的都保建制区划的基础上而推行的，另一方面，土地经界的实施，也加强了乡村基层的都保建制这一模式，并延续至元明时期。

元代乡村仍不乏延续都保建制的区划模式。如至元《嘉禾志》载，崇德县下属十二乡，“乡别为三十一都，都又分为十保”。②

元代徽州乡村亦是如此。徽州延祐经理仍沿用南宋的都保建制。前揭《歙西溪南吴氏先茔志》有关徽州延祐经理的记载中，所言鱼鳞图册字号，均为某都某保，如歙县十五都九保“草”字，十五都十保“木”字，十六都一保“赖”字，十六都二保“及”字，十六都三保“万”字等，其“草木赖及万”之序，即取自《千字文》中“化被草木，赖及万方”的文字顺序，而且，还应注意《千字文》中“木”“赖”二字是相连的，这样，十五都十保“木”字，与十六都一保“赖”字也是相连的，二者之间不会有其他都保字号，从而可确定，十五都共有十保，其他都保亦当如此，系都分十保这种建制。

元代的乡村建置，也出现了新的变化。万历《休宁县志》载：“以县领乡，以乡领里，自宋始。改乡为都，改里为图，自元始。明兴因之，都里稍异焉。”③

---

① 〔明〕王圻：《续文献通考》卷一《田赋考》，明万历三十年松江府刻本。

② 至元《嘉禾志》卷三《乡里》，《宋元方志丛刊》第五册，第4435页。

③ 万历《休宁县志》卷一《舆地志·沿革》，国家图书馆藏万历三十五年刻本。

万历《绩溪县志》载："县之领乡，乡之领里，自宋始。改乡为都，改里为图，自元始。明兴，因元之制，都里亦稍异焉。"①明末清初顾炎武亦说："宋时登科录，必书某县某乡某里人。《萧山县志》曰：改乡为都，改里为图，自元始。《嘉定县志》曰：图即里也。不曰里而曰图者，以每里册籍首列一图，故名曰图是矣。今俗省作图。"②可知元代出现了改里为图的做法。

（二）明代都保与都图

都图之称的普及，是在明初以后。洪武十四年（1381），朱元璋在全国推行黄册制度，《明实录》载：

> （洪武十四年正月）命天下郡县编赋役黄册。其法以一百一十户为里。一里之中，推丁粮多者十人为之长。余百户为十甲，甲凡十人。岁役里长一人，甲首十人，管摄一里之事。城中曰坊，近城曰厢，乡都曰里。凡十年一周，先后则各以丁粮多寡为次。每里编为一册，册之首总为一图。③

这里所言"每里编为一册，册之首总为一图"，与《嘉定县志》所说"图即里也。不曰里而曰图者，以每里册籍首列一图，故名曰图"是一致的。黄册制度作为基本的户籍与赋役制度，自创立以后，有明一代在全国有效推行，影响甚大。于是，或称图里，或称里图，或简称图，图即里，遂成普遍之称。

在探究明代乡村基层建置时，经常会遇到这样的问题，不少地方在都之下既有图的建制，又有保的建制。那么，都图与都保到底是怎样一种关系呢？

---

① 万历《绩溪县志》卷二《舆地志・建置沿革表》，国家图书馆藏万历九年刻本。

② 〔清〕顾炎武：《日知录》卷二二《图》，清乾隆刻本。

③ 《明太祖实录》卷一三五，洪武十四年正月条，台湾"中研院"历史语言研究所 1963 年校勘本。

或认为:“都、保为保甲制的两级单位,与都、图同义。不论民间契约,还是历史文献,保与图都可以通用。”①

其实,都图与都保并非同义,保与图在很多场合不可通用。

明代各地乡村基层建制并不统一,称呼也多种多样。南北方区别很大;即使在南方,各地也不尽相同。都图与都保,是两种不同的地方建制。图与保,二者既有某种交叉,又各成系统,区别十分明显。

上述征引的文献记载,以及遗存的黄册底籍等实物,都证实了明代黄册的里甲编制是以人户为中心的。都图属于黄册里甲编制这一系统的。而都保则属于土地清丈与鱼鳞图册攒造这一系统。这是宋元以来土地清丈的遗制。如洪武初年浙东金华县的土地清丈,时人苏伯衡记其事云:

> 盖县统乡十有二。乡统都,上乡七,中乡四,下乡三。都统保,大率十。乃令都择一人焉为量长,保择一人焉为里长。都以五十步为率,筑堠一焉,表其都之界。保以三十步为率,筑堠一焉,表其保之界。田以区为率,树木表一焉,书其甲乙之次;树楮表一焉,书其多寡之数。而旁都比保,分曹易地,相司察焉。②

金华府所属浦江县关于洪武丈量及其攒造鱼鳞图册,亦有相关记载。嘉靖《浦江志略》载:

> 大明洪武十有四年,定图籍,隶于隅都。民以一百一十户为一图,共图一百六十有六,每图设里长一人,十年一役。……都分十保。县共三十都,每都设都长一人。每都各分十保,设保长一人,专管田地山塘古今

---

① 张传玺:《中国历代契约会编考释》(下),北京大学出版社,1995年版,第713页。

② 〔明〕苏伯衡:《苏平仲文集》卷六《核田记》,《四部丛刊》初编影印明正统刊本,商务印书馆1929年版,第22~23页。

流水、类姓等项印信文册，防民争夺。……

浦江地袤百里，以县统乡，以乡统都，以都统图，如身使臂，臂使指，势联属而民用一矣。不但是也，保分矣，而经界之法不紊；区画矣，而税粮之责有归。分画之详，维持之密，即古者井邑丘甸之遗制也。①

大明洪武十有四年，造田土流水文册，共三百四十册。内开每都佥都长一名，保长一十名。每遇造册之年，照号挨踏入册，图画田地山塘段样，开载原业某人、今业某人，及米麦科则数目，庶无隐漏飞诡。②

以上所载十分明确地告诉我们，明代浦江县于洪武十四年（1381）建立黄册里甲以后，在都以下实际上有两种建置系统，一为都图，以人户划分为主，属黄册里甲系统；一为都保，以地域划分为主，属鱼鳞图册系统。兹据该志所载资料，洪武时期浦江县都图与都保划分情况如表4-1。

表4-1 洪武时期浦江县都图与都保建置情况表

都名	一	二	三	四	五	六	七	八	九	十
图数	9	7	4	4	4	5	4	4	4	4
保数	10	10	10	10	10	10	10	10	10	10
都名	十一	十二	十三	十四	十五	十六	十七	十八	十九	二十
图数	5	3	9	7	9	12	8	8	5	6
保数	10	10	10	10	10	10	10	10	10	10
都名	二一	二二	二三	二四	二五	二六	二七	二八	二九	三十
图数	4	7	4	5	5	8	2	3	2	1
保数	10	10	10	10	10	10	10	10	10	10

① 嘉靖《浦江志略》卷一《疆域志·乡井》，天一阁藏明代方志选刊本，上海古籍书店1964年版。

② 嘉靖《浦江志略》卷三《官守志·册籍》，天一阁藏明代方志选刊本，上海古籍书店1964年版。

通过该表可以看出,洪武时浦江县各都之下虽均分为10保,但其所置图数却各不相同,少者仅为1图,多者达12图。这显然是因为,保是以地域为界,而图是以人户划分,即二者的划分标准不同。

徽州地区的情况也是如此。关于明代该地都图与都保划分情况,有关方志中虽无明确记载,但从遗存至今的徽州文书中可以看出,如在徽州府休宁县、祁门县、歙县等地,明代各都之下亦有都图与都保两种不同的建置,各都之下一般多分十保,系鱼鳞图册的经界区划,而都之下所属各图却为数不等,是以人户为主的黄册里甲编制。

以休宁县十二都为例,通过遗存的土地买卖文契可知其下各保字号。据安徽博物院藏洪武二十六年(1393)十二月休宁县李资衮卖田赤契载:"十二都九保住人李资衮,今将本户田一号,系八保'迩'字一千五百七号,田一亩六分二厘五毫……"①洪武二十六年(1393)十二月休宁县朱宋寿卖田赤契载:"十二都九保住人朱宋寿,今为日食不给,同母亲吴氏己姑商议,愿将承父户下有田二号,系九保'乙(壹)'字一千七十二号田,取五分二厘一毫……"②中国社会科学院古代史研究所藏建文三年(1401)八月九日休宁县胡社卖田赤契载:"太平里拾贰都十保住人胡社,原有妻伯朱铁干批拨到本都十保'体'字叁佰壹拾陆号,田玖分伍厘捌毫……"③像这样记载休宁县十二都八保的经理字号是"迩"字,九保是"壹"字,十保是"体"字的卖田契,在安徽博物院及中国社会科学院古代史研究所还可找出很多件。明清时期徽州地区鱼鳞图册的编造字号,每县均以《千字文》为序,而《千字文》中"体"字前面的十个字按顺序是:黎、首、臣、伏、戎、羌、遐、迩、壹、体。由此即可推知,当时休宁县十二

① 安徽博物院藏契2:16802号,见安徽省博物馆编《明清徽州社会经济资料丛编》第一集,中国社会科学出版社1988年版,第1页。

② 安徽博物院藏契2:26638号,见安徽省博物馆编《明清徽州社会经济资料丛编》第一集,中国社会科学出版社1988年版,第1页。

③ 中国社会科学院古代史研究所藏契115020308003号,见安徽省博物馆编《明清徽州社会经济资料丛编》第二集,中国社会科学出版社1990年版,第21页。

都一保至十保的经理字号分别为：一保，“黎”字；二保，“首”字；三保，“臣”字；四保，“伏”字；五保，“戎”字；六保，“羌”字；七保，“遐”字；八保，“迩”字；九保，“壹”字；十保，“体”字。该都在万历清丈以前，下分十保，其一保至十保所属鱼鳞字号分别为“黎、首、臣、伏、戎、羌、遐、迩、壹、体”等十个字号，而十二都之下图的建置却只有三个图，后缺第二图，仅为一图和三图，图与保的建置并不相同。

又如该县十都，国家图书馆藏有《明洪武十九年十都六保“罪”字保簿》一册，即属休宁县十都六保洪武时期丈量的鱼鳞册。由此可知，明初该县十都六保的经理为“罪”字号。簿中还载有如下文字：“六保‘罪’字保长，前半是汪克进造，后半是汪士良造。”正可以与前引嘉靖《浦江志略》中的当时保长是专管土地经理的说法相印证。又从遗存的土地买卖文契中可知，十都四保的经理字号为“民”字①，若再根据《千字文》中的原文顺序：“……推位让国，有虞陶唐，吊民伐罪，周发殷汤，坐朝问道，垂拱平章，爱育黎首，臣伏戎羌……”以及上述十二都的土地经理字号，即可推知，明初休宁县十都、十一都之下亦均分为十个保，而其图的建置却是：十都，三个图（后缺一图，仅有二图和三图）；十一都，七个图（后缺二、四、五、六、七图，仅有一图和三图）。图与保的建置亦不相同。

明代休宁县共有三十三个都。从遗存的土地买卖文契中可知，明初休宁县三十三都八保的土地经理字号为“尊”字②。而“尊”字在《千字文》原文中是第三百二十七个字，由此亦可推知，明初休宁县各都之下保的建置，除个别都会有出入外，绝大多数都之下均分为十保，三十三个都共有三百二十余保，

---

① 安徽博物院藏天顺六年休宁杨元观卖田赤契，见安徽省博物馆编《明清徽州社会经济资料丛编》第一集，中国社会科学出版社 1988 年版，第 46 页。

② 《成化八年休宁江源卖山赤契》，见安徽省博物馆编《明清徽州社会经济资料丛编》第二集，中国社会科学出版社 1990 年版，第 449 页。

而洪武十四年(1381)该县"编户二百四十七里"①,即共有二百四十七图,图与保的建置之不同,十分明显。

再如祁门县,从现存的土地买卖文契中可知,其九都、十一都各有十个土地经理字号,均分为十保。其十都原亦分为十保,因明初析为十东都与十西都,则十东都领上五保,十西都领下五保。② 又据土地买卖文契载,明初祁门县五都五保为"水"字③,六都六保为"夜"字④,八都四保为"龙"字⑤,十二都三保为"章"字⑥,十三都一保为"羌"字⑦,再参考《千字文》所载原文顺序,即可得知,该县五都、六都、七都、八都以及十二都等各都之下均分为十保。而这些都的图的建置却与保的建置大不相同。有关这些都的图与保的建置情况请看表4-2。

表4-2 明初祁门县五至十二都都图与都保建置情况表

都名	五	六	七	八	九	十东	十西	十一	十二
图数	1	2	2	2	2	2	1	2	3
保数	10	10	10	10	10	5	5	10	10

综合以上所载,可知明代在万历丈量之前,徽州府歙县、休宁、祁门等县土地经理的区划为县下统都,都下一般多分十保,此为鱼鳞图册的都保建置;

① 万历《休宁县志》卷一《舆地志·方域》,国家图书馆藏万历三十五年刻本。

② 参阅拙文《徽州府祁门县龙凤经理鱼鳞册考》,《中国史研究》1994年第2期。

③ 《弘治八年祁门方宪卖田赤契》,见安徽省博物馆编《明清徽州社会经济资料丛编》第二集,中国社会科学出版社1990年版,第43页。

④ 《弘治十五年祁门僧人元亨卖山赤契》,见安徽省博物馆编《明清徽州社会经济资料丛编》第二集,第478页。

⑤ 《万历二年祁门程寿卖山赤契》,见安徽省博物馆编《明清徽州社会经济资料丛编》第二集,中国社会科学出版社1990年版,第513页。

⑥ 《正统十三年祁门章克余卖山赤契》,见安徽省博物馆编《明清徽州社会经济资料丛编》第二集,中国社会科学出版社1990年版,第440页。

⑦ 《景泰七年祁门章思饱卖山赤契》,《明清徽州社会经济资料丛编》第二集,中国社会科学出版社1990年版,第442页。

而在都之下又各有图的建置，是以人户为主的黄册里甲编制，二者为两种不同的建置系统。

二　字号演变

宋代以降，随着社会经济的发展，县域之下的区划和机构多有变革，土地清丈的区域划分则随之变迁，鱼鳞图册字号亦有所演变。

下面以徽州府歙县为例，看一下南宋以来土地经理的字号演变情况。据《歙西溪南吴氏先茔志》所载，可知歙县南宋绍兴经界至明洪武丈量部分都保与字号情况①，如表 4-3：

表 4-3　歙县南宋绍兴经界至明洪武丈量部分都保与字号表

都保	绍兴经界字号	元祐四年经理字号	洪武十八年丈量字号
孝悌乡十五都九保	老	草	草
孝悌乡十五都十保	纺	木	木
中鹄乡十六都一保	洁，银	赖	赖
中鹄乡十六都二保	歌	及	及
中鹄乡十六都三保	豫	万	万
中鹄乡十六都五保		盖	盖
中鹄乡十六都七保	简	身	身
中鹄乡十七都一保		五	五
中鹄乡十七都四保	尝	惟	惟
中鹄乡十八都七保	仰	才	才

① 〔清〕《歙西溪南吴氏先茔志》，始祖至八世祖宋额所载，东京大学东洋文化研究所藏清道光二十九年补刊本。

续表

都保	绍兴经界字号	元祐四年经理字号	洪武十八年丈量字号
中鹄乡十八都十保		过	过
中鹄乡十九都九保		彼	彼

通过《歙西溪南吴氏先茔志》所载，可以窥见歙县南宋绍兴经界部分都保字号，如上表所示，有“老、纺、洁、银、歌、豫、简、尝、仰”等字号。而通过本书第一章的分析得知，这些字号都可在《千字文》中找到；又，上述歙县都保虽是顺序相连，但其所领《千字文》字号并非顺序相连，表明绍兴经界不是每保领有一个字号，而是领有多个字号。

从上表还可看出，到了元代延祐经理，已变为一个保只领一个字号，并一直延续至明洪武丈量，没有改变。

据中国社会科学院古代史研究所藏《崇祯歙县吴氏家志》所录洪武十九年(1386)卖山地契文载：“歙县十五都五图住人汪用弘，今自情愿同父亲商议，将续买到十九都吴禅保名下，原系本家出卖与十九都九保‘彼’字二百八号内柴山地二角，坐落土名女儿石……”①即洪武丈量歙县十九都九保为“彼”字。

又据中国社会科学院古代史研究所藏洪武《清册分庄》②，系徽州府歙县十六都三保“万”字号。上海图书馆藏鱼鳞册“女”字号③，系徽州府歙县十八都一保册籍。安徽省档案馆藏鱼鳞册“场”字号，系徽州府歙县十五都六保册籍；同馆藏“名”字号④，系徽州府歙县二十三都一保册籍。综合《歙西溪南吴氏先茔志》及这些鱼鳞图册实物所载字号，再参考《千字文》的相关文字顺序，可知元延祐经理至明洪武丈量时期，徽州府歙县部分都保建置与鱼鳞图册字号情况如表4-4：

① 王钰欣、周绍泉主编：《徽州千年契约文书》宋元明编卷九《崇祯歙县吴氏家志》，花山文艺出版社1993年版，第5页；该契亦载《歙西溪南吴氏先茔志·十六世祖》。

② 中国社会科学院古代史研究所藏315010000001号。

③ 上海图书馆藏(明)鱼鳞册563663号。

④ 安徽省档案馆藏46-1-214号。

表 4-4　延祐至洪武歙县部分都保建置与鱼鳞图册字号表

保 字号 都	1	2	3	4	5	6	7	8	9	10
十五	在	竹	白	驹	食	**场**	化	被	**草**	**木**
十六	**赖**	**及**	**万**	方	**盖**	此	**身**	发	四	大
十七	**五**	常	恭	**惟**	鞠	养	岂	敢	毁	伤
十八	**女**	慕	贞	洁	男	效	**才**	良	知	**过**
十九	必	改	得	能	莫	忘	罔	谈	**彼**	短
二十	靡	持	己	长	信	使	可	覆	器	欲
二一	难	量	墨	悲	丝	染	诗	赞	羔	羊
二二	景	行	维	贤	克	念	作	圣	德	建
二三	**名**	立	形	端	表	正	空	谷	传	**声**
二四	虚	堂	习	听	祸	**因**	恶	积	福	缘

按：表中黑体字号为又载遗存文献或文书者。

通过这一表格可明确看出，延祐至洪武歙县的都保建置，系每都分为十保，每保鱼鳞图册领一个字号，是以《千字文》为序排列的。当然，不排除该县个别都之下所领保数会有不同，由于现存史料不足，难以详考。

明代洪武丈量的鱼鳞图册字号，一直使用到万历清丈之前。明代乡村之下两种不同的建置系统，至万历清丈时有所改变，鱼鳞图册字号亦随之变更。

如上所述，自洪武时起，明代在各地乡村普遍推行黄册制度。凡核定户籍、编排赋役，皆委之黄册里甲。不论常设正役，还是杂泛差役，均派征里甲承担。诸如追征钱粮、勾摄公事、清理军匠、追捕逃亡、质证争讼、挨究事由，乃至接应宾旅、祭祀鬼神，官府有所征求，民间有所争斗，皆由里甲承值奔走。这样，里图成为明代乡村最基本的组织单位，几乎包揽乡村的各种职役，发挥着重要作用。而明初以来的乡村都保建置，本是宋元遗制，随着黄册制度的普遍建立,其原来的赋役与行政组织功能早已丧失,明代都正、保正的职责主要是负责土地清丈和保管鱼鳞图册。由于都保建置与都图建置并不统一,难免给施政带来不便。于是,至万历清丈时,江南很多地区就不再延续宋元的都保建置,而变为利用都图里甲。在徽州地区亦基本如此。

前引徽州府歙县《大明万历九年辛巳岁丈量条例》中,有如下条款:

> 一议正疆界。照得丈量之法,经界为先,不正,则影射之弊所不免矣。歙县在浙省与淳安、遂安、昌化为界,在直隶则与太平、绩溪、休宁隔界,合无俯恳预开各县差巡捕官一员,会同各执清册保簿,查明各县界址,立以土墩,竖以高旗,以为彼此之界。其各都各图责令公正、里长人役,各都立一都界,各图立一图界,仍挑以土墩,竖以小旗,以便识认。其本图田地山塘,虽有客庄,许本图公正人等丈量入册,不得花量,以滋欺隐之弊。①

从这里所言“其各都各图责令公正、里长人役”“许本图公正人等丈量入册”等,不难看出,歙县万历清丈乃责令各图公正、里长承办,已不再是都保系统。而从其所造鱼鳞图册来看,已变为某图某字号。如《歙西溪南吴氏先茔志》“宋四世祖守观公”载:“历朝经理。宋额,坐落中鹄乡十六都一保,‘洁’字源一百二十一号,众坟地二角三十步……元延祐四年丈量经理编‘赖’字一千四百二十六号……明洪武十八年丈量十六都一保仍作‘赖’字一千四百二十六号……万历九年清丈十六都一图改编‘发’字九百二十九号……”②“宋六世祖继妣安人黄氏”载:“历朝经理。宋额,坐落中鹄乡十六都三保,‘豫’字源一百三十三号,柴山二角;元延祐四年丈量经理编‘万’字号……明洪武十八年丈量十六都三保仍作‘万’字号……万历九年清丈十六都二图改编‘商’

① 〔民国〕叶拙园:《明清两朝丈量田亩条例》,歙县集成书局印本,1937年版。
② 《歙西溪南吴氏先茔志·四世祖》,东京大学东洋文化研究所藏清道光二十九年补刊本。

字六百十四号……”①等等。而万历丈量的歙县十六都一图“发”字号的鱼鳞图册实物，至今仍有遗存，其书口题“万历玖年丈量鱼鳞清册”（图4-1）②；又，钤有“歙县之印”、书口题“万历玖年歙县叁拾柒都伍图丈量鱼鳞清册”的鱼鳞册实物亦遗存至今。③

休宁县亦是如此。汪道昆专为休宁县县令曾乾亨主持的万历九年（1581）丈量而撰写了《曾令君经野记》，其中说：“邑三百有十里，里为图，图有正，则以驯谨者一人职之。小事从隅都质成，大事专达。郭以内合十里而各为隅，隅有四。其外合三百里而各为都，都三十有三。隅正治隅，都正治都。小事则稽于众而决其成，大事专达，然必择可以使务得端靖长厚者一人职之。”④可见，休宁县在万历九年（1581）丈量中已变为都图区划，责令都正、图正主持其事。

在中国社会科学院古代史研究所藏《明万历至天启休宁汪氏实征册》中，录有一份“休宁县为清查隐粮以正版图事”告示，其中云：“休宁县为清查隐粮以正版图事。照得奉例清丈，其事系各都图公正经手开报，百结总数，合对原额。”⑤亦表明休宁县万历九年（1581）清丈是各都图公正经手的。

从遗存的鱼鳞图册实物来看，亦可得到证明。

2017年10月，休宁县流口乡向县档案馆捐赠了一批鱼鳞册，当时，笔者正在该馆调研，有幸参加了相关活动，见证了这批鱼鳞册的接收过程。其中有一鱼鳞图册书口题“鱼鳞图册号丈”，册中字号栏为墨笔填写“建”字，现存“建”字757号至1490号，册页有残缺，最后为补抄册页，以及该册田土丈量亩步与折税题记。万历三十五年（1607）修《休宁县志》“隅都”载：

---

① 《歙西溪南吴氏先茔志·六世祖》，东京大学东洋文化研究所藏清道光二十九年补刊本。

② 黄山市歙县博物馆藏437号。

③ 黄山市歙县博物馆藏439号。

④ 〔明〕汪道昆：《太函集》卷七五《曾令君经野记》，国家图书馆藏明万历刻本。

⑤ 《明万历至天启休宁汪氏实征册》，中国社会科学院古代史研究所藏215140000011号。

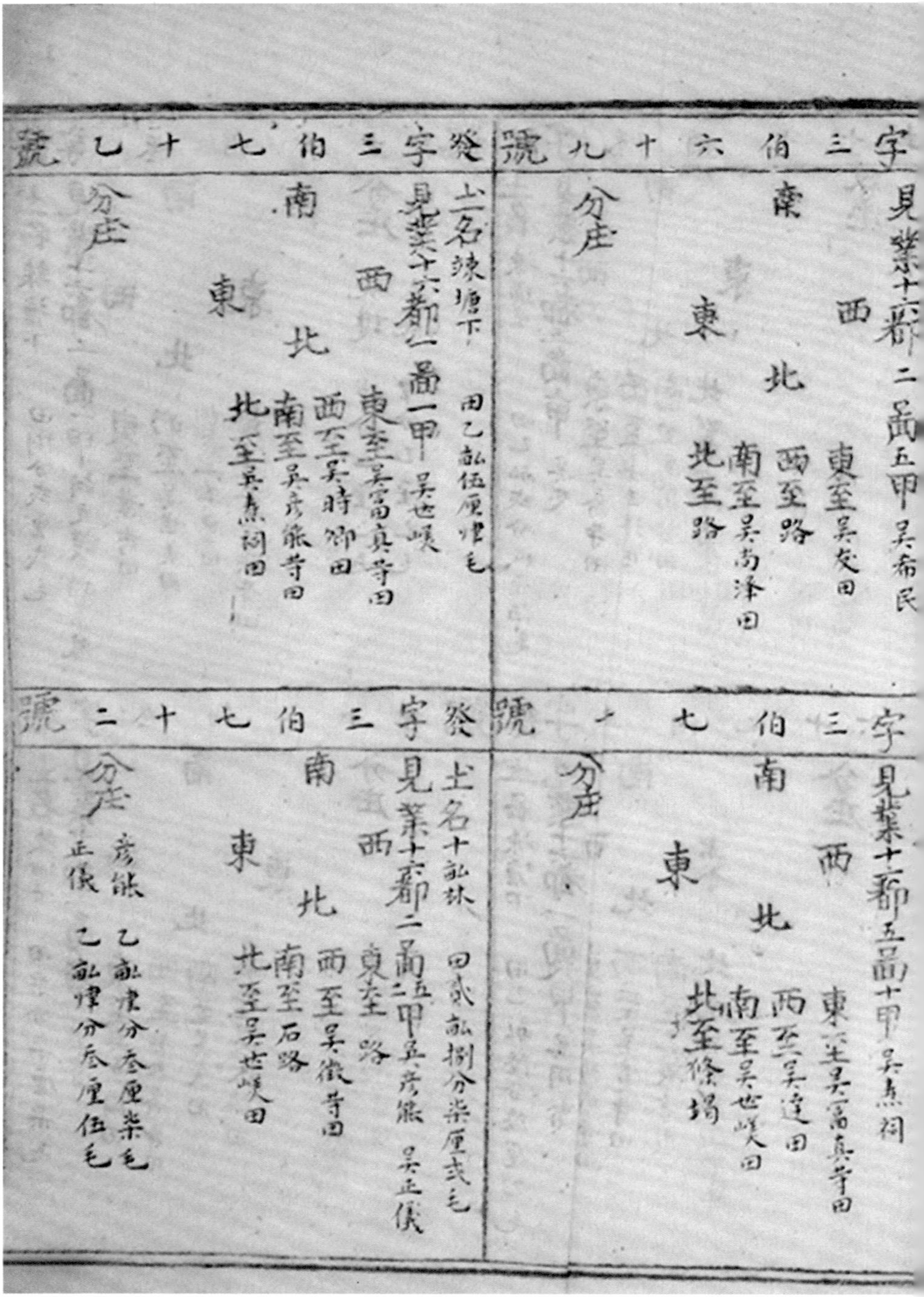

图 4–1　万历九年丈量歙县十六都一图鱼鳞清册

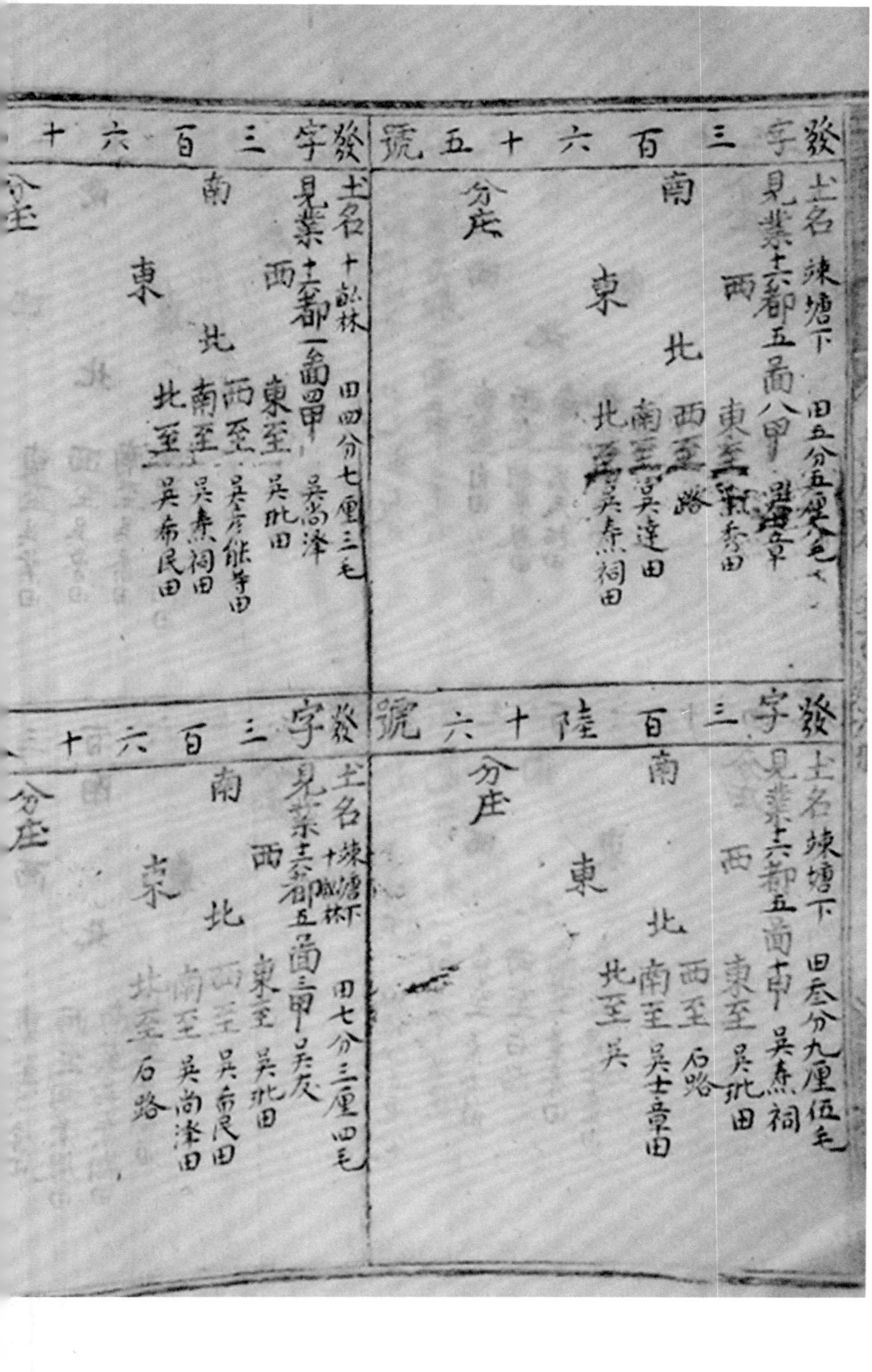

發字三百六十五號
土名竦塘下　田五分五厘八毛
見業十六都五啚八甲　吳士章
東　東至吳秀田
西　西至路
南　南至吳達田
北　北至吳焘祠田
分庄

發字三百六十
土名十畝林　田四分七厘三毛
見業十六都一啚四甲　吳尚泽
東　東至吳玭田
西　西至吳彦能等田
南　南至吳焘祠田
北　北至吳希民田
分庄

發字三百陸十六號
土名竦塘下　田叁分九厘伍毛
見業十六都五啚　吳焘祠
東　東至吳玭田
西　西至石路
南　南至吳士章田
北　北至吳
分庄

發字三百六十
土名十畝林竦塘下　田七分三厘四毛
見業十六都五啚三甲　吳友
東　東至吳玭田
西　西至吳希民田
南　南至吳尚泽田
北　北至石路
分庄

> 三十三都，共七图，缺七。贤、克、念、作、圣、德、建号。茗洲、鹏源、流口、冯村、泉坑、前源。①

即万历丈量之后休宁县三十三都共有七个图，缺七图，其各图经理字号分别是：一图，“贤”字号；二图，“克”字号；三图，“念”字号；四图，“作”字号；五图，“圣”字号；六图，“德”字号；八图，“建”字号。由此可知，“建”字号系休宁县三十三都八图的经理字号，是休宁县万历丈量时重新编排的田土字号。休宁县三十三都，共七图，故“建”字号也是该县万历丈量时的最后一个田土字号。至清代，休宁县的田土字号又有新的编排，整个清代，休宁县的田土字号编排已无“建”字。所以，笔者考证该册是明万历丈量时所攒造的休宁县三十三都八图“建”字号鱼鳞图册，这是确定无疑的。

该册的页面之中，还有不少注有“原卑字”某某号，如图片中“建”字一千七十号载“分庄，原‘卑’字九百八十三号”；“建”字一千七十四号载“分庄，原‘卑’字九百八十六号”；等等。这里所载“卑”字某某号，是该号田土洪武丈量时的字号，在吴子玉所纂《茗洲吴氏家记》中，即言及万历时茗洲清丈田土改易字号之事。

> 万历七年为邑令君曾公，任之三年，会制诏天下清理疆事，谓之清丈。令君作清丈条规一册，都有都正，图有图正，有书、算手，而里之长兼督其事。复差定字号，予都图故“卑”字，新易“德”字。时里之长为族吴夏生，而算手初签有吴衮名，族众户名也。②

---

① 万历《休宁县志》卷一《方舆·隅都》，国家图书馆藏万历三十五年刻本。

② 〔明〕吴子玉：《茗洲吴氏家记》卷一二《杂记》，日本东京大学东洋文化研究所藏抄本。

据遗存的土地买卖契约所载，洪武丈量休宁县三十三都八保字号为“尊”字①，按《千字文》所载顺序，可知“卑”字是洪武丈量三十三都九保的田土经理字号。至万历丈量时，已变为图的字号。由于图与保并非完全对应，所以，这种字号变更，也不是完全对应的简单改变，而是一种整合。至万历丈量时，“卑”字或整合为“建”字某某号，或整合为“德”字某某号。总之，三十三都的遗存资料亦证明了休宁县在明万历丈量时，田土字号已由都保系统变为都图系统。

又，《万历休宁鳞字号鱼鳞摊佥册》中载有下列文字：

(“鳞”字)一号起至一百二十八号止，原“黎”字一号起至七十七号止。

“鳞”字一百二十六号起至三百十六号止，原“黎”字七十四号起至一百六十七号止。

“鳞”字叁百拾七号起至五百四十贰号止，原“黎”字一百六十八号起至三百一号止。

(下略)

“鳞”字贰千零三十五号起至贰千壹百陆拾肆号止，“首”字按旧保簿壹号起至九拾九号止。一图。

“鳞”字贰千一百六十五号起至贰千三百十七号止，按旧保簿“首”字一百号起至二百叁十八号止。第二图。

“鳞”字贰千三百拾八号起至贰千叁百八十叁号止，原“首”字二百三十九号起至二百八十五号止。第三图。

(下略)

---

① 《成化八年休宁江源卖山赤契》，见安徽省博物馆编《明清徽州社会经济资料丛编》第二集，中国社会科学出版社1990年版第449页。

（鳞字）三千零叁拾五号起至三千二百九十四号止，按旧保簿“臣”字一号起至一百九十一号止。

“鳞”字三千四百七十八号起至三千六百七十四号止，按旧保簿“臣”字三百肆十八号起至五百二十一号止。

新丈“鳞”字叁千六百七十五号起至叁千七百七十号止，按旧保簿“臣”字五百二十二号起至五百八十五号止。

（下略）

“鳞字”四千二十七号起至四千九十九号止，原“伏”字一号起至五十六号止。

（下略）

“鳞”字四千七百四十二号起至四千九百四十一号止，原“戎”字一号起至一百五十二〔号〕止。

（下略）①

在徽州地区，鱼鳞总图一般称为“攤佥”。《万历休宁鳞字号鱼鳞攤佥册》，是万历丈量时休宁十二都一图“鳞”字号的鱼鳞总图，装订成册，现存图计 34 幅，每幅图上标明“鳞”字起止号与相对应的原保簿起止号等文字。上面所摘录的，是题于各图之上的一些文字。前文已经叙及，其中“黎”字、“首”字、“臣”字、“伏”字、“戎”字，分别为万历丈量前十二都一保至五保的鱼鳞图册字号，均有遗存文书可证。在该攤佥册所载文字中，万历丈量前各保字号则标为“原黎字”“原首字”“旧保簿”等，已不再用各保字号，变为按图编号，“黎、首、臣、伏、戎”等各保字号经过整合，统编为十二都一图“鳞”字号。如前所述，由于保与图并非等同，属于两个系统，所以，万历丈量鱼鳞字号的改变，

① 王钰欣、周绍泉主编：《徽州千年契约文书》宋元明编卷一一《万历休宁鳞字号鱼鳞攤佥册》，花山文艺出版社 1993 年版，第 215～276 页。

并非单纯的鱼鳞字号的变更，而是土地经理的区划由都保系统向都图系统的一种转变。

在祁门县，一份清初清丈田式条款中说：

> 祁门县正堂郭，为清丈地土事，蒙本府信牌，奉院道宪牌，准户部咨前事，仰县照牌事理……等因，奉此，除出示晓谕外，今将仿古弓步田亩数目并应行条款，及方圆斜直等形图，逐一开列，刊刻成书，以便各图公正人等依式遵行。计开……
>
> 一、编立字号。祁邑共计四十九里，查前朝万历九年丈量，以在城一图编为"天"字号起，序至二十二都二图"剑"字号止，今仍照旧丈造，不必另编字号，以滋烦扰……
>
> 顺治　年　月　日刊①

此为祁门县县令郭启凤所刊布的清丈条款，最后没有填写年月日。查康熙《徽州府志》，郭启凤是在顺治五年（1648）上任的，而顺治六年（1649）祁门攒造的鱼鳞图册有多部遗存至今，因此，这份条款的刊布当在顺治五年（1648）或稍后。从条款所言可知，祁门顺治清丈土地是委任各图公正进行的，并叙及该县明万历时所编字号："查前朝万历九年丈量，以在城一图编为'天'字号起，序至二十二都二图'剑'字号止。"祁门县明万历时及清初所编里图为 49 里（图），"剑"字为《千字文》第 49 个字，可知每图编为一个字号。至清顺治时，仍照旧丈造，没有另编字号。遗存的《顺治六年祁门县三四都二图月字号鱼鳞清册》实物②，亦可证明，该清册的册页之上钤有满汉合璧"祁门县印"。以上均反映了明万历丈量以后，祁门县的土地经理也改变了之前的都

---

① 安徽大学徽学研究中心刘伯山教授藏复印件。

② 王钰欣、周绍泉主编：《徽州千年契约文书·清民国编》卷一九《顺治六年祁门县三四都二图月字号鱼鳞清册》，花山文艺出版社 1993 年版，第 3～202 页。

保区划，而变为都图区划，里图编制与鱼鳞字号划分已趋于一致。

不过，祁门县在万历清丈之后，以前的经理字号有的地方仍在使用。如《万历四十年祁门谢阿程卖田白契》载："十西都谢阿程，今有承祖佥业田一备，坐落本保土名流罗坑长湾。系新丈经理'唐'字四十二号，共积五百二十五步四分，折实税二亩一分五厘二毫六丝。计田八丘……万历四十年十一月廿四日立卖契妇谢阿程……"①该契立契时间是万历四十年（1612），在万历九年（1581）清丈之后，契中称"新丈经理'唐'字四十二号"，当指万历清丈，但"唐"字为万历经理之前十西都七保的字号，并非万历新丈图的字号。至清代，祁门县鱼鳞册的攒造中仍可看到保的痕迹，即《清代祁门县新丈四保收字鱼鳞册》②、《清丈东都四保收字鱼鳞册》③等鱼鳞图册实物。"收"字已是清代祁门十东都二图新丈字号，然其所造鱼鳞册仍冠以"四保"字样。下图为《清代祁门县新丈四保收字鱼鳞册》之一页，其字号栏有"保""字""号"等版刻印刷字，而业户栏则印有"图""甲"等字（图 4-2）。

在徽州府婺源县和绩溪县，万历清丈以后，虽然土地经理改为以图为单位，亦以《千字文》为序编号，但并非像休宁和歙县那样，每图编为一个字号，而是一图之下编有多个字号。如清代婺源县一都有两个图，其下所领字号为"寒、来、暑、往、秋"五个字号，四都有一个图，其下所领字号为"霜、金、生、丽、水、玉、出、昆、冈、剑"十个字号④；清代绩溪县十都只有一个图，其经理字号为"莫、忘、罔、谈、彼、短、靡、恃、己、长、信、使、可、覆、器、欲、难、量、墨、悲"二十

---

① 《万历四十年祁门谢阿程卖田白契》，见安徽省博物馆编《明清徽州社会经济资料丛编》第二集，中国社会科学出版社 1990 年版，第 100 页。

② 中国社会科学院古代史研究所藏 315000000013 号，载《徽州文书类目》第 531 页，该书编作"明祁门县十东都四保'收'字号鱼鳞册二册"，然册中载有"今康熙新册""原顺治丈量"等文字，实为清代鱼鳞册。

③ 上海图书馆藏 563357-60 号。

④ 《婺邑户口都图》抄本所载都图字号，黄山学院图书馆藏复印本。

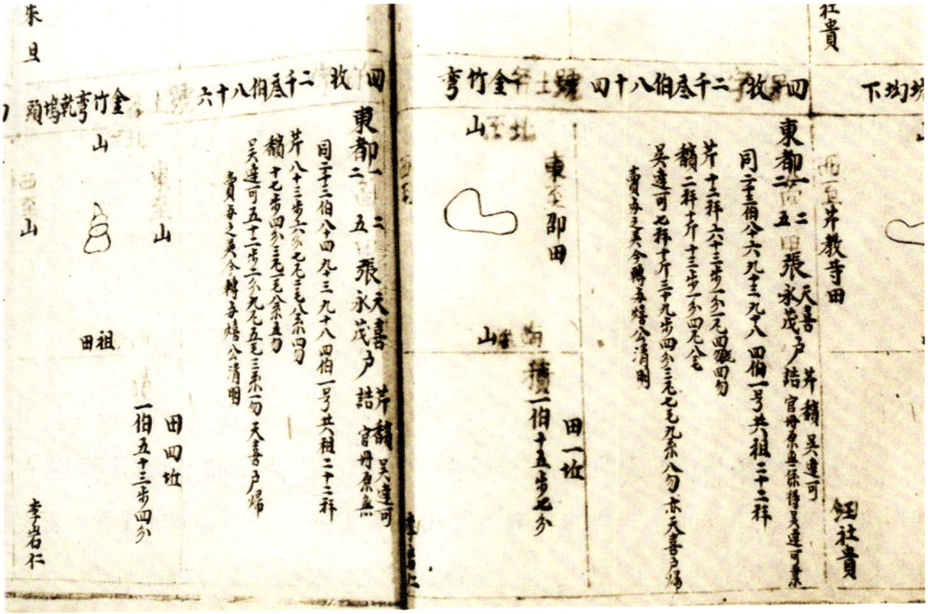

图 4-2　清代祁门县新丈四保收字鱼鳞册之一页

个字号。① 如上所述，徽州绍兴经界各保领编多个字号，这种情况，或许是南宋绍兴经界的遗制。

通过徽州鱼鳞图册字号的演变历程，可知徽州鱼鳞图册所领字号是有一定规律可循的。南宋时期鱼鳞图册发端伊始，鱼鳞图册字号是以《千字文》为序而攒造的，一般每都分为十保，每保领编多个字号。其后，由于乡里划分与乡村基层组织的变迁，鱼鳞图册的编号原则亦发生变化。元代延祐经理仍实行都保制，由南宋经界每保领有多个字号，变为每保各领一个字号。至明代万历丈量，鱼鳞图册编号则由都保制改为都图制，每图领编一个字号，直至清代仍是如此。不过，这只是一个大致的演变过程。都分十保，每图领编一个字号，都不是绝对的。徽州各县的鱼鳞字号因地而异，差别颇大。在万历丈

① 乾隆《绩溪县志》卷一《方舆·隅都》，乾隆二十一年刻本，《中国方志丛书》华中地方第 723 号，成文出版社 1985 年版。

量之后，徽州地区里甲编制与鱼鳞图册的字号划分并非完全一致，或以保为单位的经理字号仍在使用，或一图之下仍领有多个字号，这反映了明清时期徽州地区土地经理字号演变的复杂性。

三　休宁字号

在遗存的徽州鱼鳞图册之中，休宁县的鱼鳞图册保存最多，也比较集中，但元代延祐经理以前休宁县的鱼鳞图册相关资料遗存极少，难知其详。国家图书馆藏有《明洪武十九年休宁县十都六保罪字保簿》，该册封面原题“拾都陆保罪字保簿洪武延祐前”（原文“前”字为小字）。册前扉页第二面题：“朱笔延祐，系元朝保簿；墨笔洪武，原业洪武十一年，见业洪武十九年。”①册中每一字号分别用朱笔、墨笔两种颜色填写相关内容，在同一流水号下，朱笔所录为元朝延祐经理内容，墨笔所填为洪武丈量内容，清楚地表明延祐经理与洪武丈量的鱼鳞图册字号没有改变，连流水号都是相同的。前已叙及，在徽州府歙县大致亦可见到同样的情况。

至万历丈量，休宁县与徽州府其他县一样，田土清丈由都保区划改为都图区划，字号也由都保改为都图，做了较大调整。即洪武丈量时每都基本分为十保，每保领一个字号，至万历丈量时，则以各都之下的图为单位攒造鱼鳞图册，变为每图领一个字号。如休宁县十二都洪武丈量，都之下分为十保，每保领一个字号，共十个字号；至万历丈量时则按其下两个图的区划，每图领一个字号，变为只有两个字号。据《休宁县新丈都图字号乡村地名便览》载：“本县于万历九年清丈，自东北隅一图‘天’字起，至三拾三都八图‘建’字止，编号

---

① 国家图书馆善本部藏16828号。

二百壹拾里(内缺三十三都四图‘作’字号)。”①即万历丈量时休宁县每图领一个字号,共编有二百一十个字号,最后一个字号为休宁三十三都八图“建”字号。

至清代,顺治丈量时休宁县鱼鳞图册字号则出现了新的变化:“国朝顺治八年清丈,自东北隅一图改‘甲’字,又自一都一图改‘天’字起,至三拾三都八图‘贤’字止,编号二百一拾四里(内缺三十三都四图‘景’字号)。”②即清代休宁县顺治丈量的字号与明万历丈量的字号有所不同,万历丈量全部是以《千字文》为序编号的,而顺治丈量将城隅图改为“甲乙丙丁戊己庚辛壬癸”十干编号,各乡都图则以《千字文》为序编号。康熙清丈时编号又有少许变动。休宁县鱼鳞图册万历丈量前、万历丈量、顺治丈量、康熙丈量字号变迁对比情况如表4-5:

表 4-5　明清休宁县田土字号演变情况表

隅都	图	万历九年以前	万历九年	顺治八年	康熙二年以后	备注
北隅	一 二 三		天 地 玄	甲 乙 丙		
西北隅	一 二		黄 宇	丁 戊		
东南隅	一 二 三		宙 洪 荒	己 庚 辛		
西南隅	一 二		日 月	壬 癸		

① 《休宁县新丈都图字号乡村地名便览》,安徽省图书馆藏 2:38589 号。
② 《休宁县新丈都图字号乡村地名便览》,安徽省图书馆藏 2:38589 号。

续表

隅都	图	万历九年以前	万历九年	顺治八年	康熙二年以后	备注
一都	一 二 四 五 六 七 八	宇宙洪荒日月盈昃辰宿	盈 昃 辰 宿 列 张 寒	天 地 玄 黄 宇 宙 洪		缺三图
二都	二 三 四 五 六 七	列张寒来暑往秋收冬藏	来 暑 往 秋 收	荒 日 月 盈 昃 辰		缺一图 “盈”字万历十年增
三都	一 二 三 四 五 六 七 八 九 十	闰余成岁律吕调阳云腾	冬 藏 闰 余 成 岁 律 吕 调 阳	宿 列 张 寒 来 暑 往 秋 收 冬		
四都	一 二 三 四 五 六 七 八 九 十 十一 十二	致雨露结为霜金生丽水	云 腾 致 雨 露 结 为 霜 金 生 丽 水	藏 闰 余 成 岁 律 吕 调 阳 云 腾 致		

续表

隅都	图	万历九年以前	万历九年	顺治八年	康熙二年以后	备注
五都	一 二 三 四 五 六 十	玉出昆冈剑 号巨阙珠称	玉 出 昆 冈 剑 号 巨	雨 露 结 为 霜 金 生		缺七、 八、九图
六都	一 二 三	夜光果珍李 柰菜重芥姜	阙 珠 称	丽 水 玉		
七都	一 二 三	海咸河淡鳞 潜羽翔龙师	夜 光 果	出 昆 冈		
八都	一 三 四 五 六	火帝鸟官人 皇始制文字	珍 李 柰 菜 重	剑 号 巨 阙 珠		缺二图
九都	一 三 五	乃服衣裳推 位让国有虞	芥 姜	称 夜		缺二图 五图顺治 八年增
十都	二 三	陶唐吊民伐 罪周发殷汤	海 咸	光 果		缺一图
一一都	一 二 三 四 八	坐朝问道垂 拱平章爱育	河 淡	珍 李 柰		八图万历二十年 增 二图、四图顺治 八年增
十二都	一 三	黎首臣伏戎 羌遐迩一体	鳞 潜	菜 重		缺二图
十三都	一 二 三 四	率宾归王鸣 凤在竹白驹	羽 翔 龙 师	芥 姜 海 咸		

续表

隅都	图	万历九年以前	万历九年	顺治八年	康熙二年以后	备注
十四都	一 二 三 四 五 六 七 八 九 十 十一	食场化被草木赖及万方	火帝鸟官人皇始制文字乃	河淡鳞潜羽翔龙师火帝鸟		
十五都	一 二 三 四 五 六	盖此身发四大五常	服衣裳推位	官人皇始制文		“皇”字旧增
十六都	一 二 三 四 五 十一 十二 十三	恭惟鞠养岂敢毁	让国有虞陶唐吊民	字乃服衣裳推位让		
十七都	一 二 三 四 五 六 七 八	伤女慕贞洁男效才良知	伐罪周发殷汤坐	国有虞陶唐吊民		八图顺治八年新增

续表

隅都	图	万历九年以前	万历九年	顺治八年	康熙二年以后	备注
十八都	一 二 三 四 五 六 七 八 九 十 十一 十二 十三	过必改得能莫忘罔谈彼	朝 问 道 垂 拱 平 章 爱 育 黎 首 臣	伐 罪 周 发 殷 汤 坐 朝 问 道 垂 拱		十三图顺治八年新增
十九都	一 二 三 四 五	短靡恃己长信使可覆器	伏 戎 羌 遐 迩	平 章 爱 育 黎		
二十都	一 三 四 五 六 八 九	欲难量墨悲丝染诗赞羔	一 体 率 宾 归 王 鸣	首 臣 伏 戎 羌 遐 迩		缺二、七图
二一都	一 二 三 四 九	羊景行维贤克念作圣德	凤 在 竹 白 驹	一 体 率 宾 归		缺五、六、七、八图

续表

隅都	图	万历九年以前	万历九年	顺治八年	康熙二年以后	备注
二二都	一 二 三 四 五 六 九 十	建名立形端 表正空谷传	食 场 化 被 草 木 赖 及	王 鸣 凤 在 竹 白 驹 食		缺七、八图
二三都	一 二 三 四 五 六 七 八 九	声虚堂习听 祸因恶积福	万 方 盖 此 身 发 四 大 五	场 化 被 草 木 赖 及 万 方		
二四都	一 二 三 四 六 七 八	缘善庆尺璧 非宝寸阴是	常 恭 惟 鞠 养 岂 敢	盖 此 身 发 四 大 五		缺五图
二五都	一 二 三 四 五 六 八	竞资父事君 曰严与敬孝	毁 伤 女 慕 贞 洁 男	常 恭 惟 鞠 养 岂 敢		缺七图 “洁”又作“烈”

续表

隅都	图	万历九年以前	万历九年	顺治八年	康熙二年以后	备注
二六都	一二三四五六	当竭力忠则尽命临深履	效才良知过	毁伤女慕贞洁		六图万历二十年增 康熙《休宁县志》所载该都字号多了一个“男”字
二七都	一二三五六	薄夙兴温清似兰斯馨如	必改得能	男效才良知	效才良知过	缺四图 二图万历二十年增
二八都	一二三四五七八九十	松之盛川流不息渊澄取	莫忘罔谈彼短靡恃己	过必□改得能莫忘罔	必改得能莫忘罔谈	新丈无字号 缺六图
二九都	一二三四五六七八十十一十二	映容止若思言辞安定笃	长信使可覆器欲难量墨悲	谈彼短靡恃己□长信使可	彼短靡恃己长信（误作墨）使可覆器	新丈无字号
三十都	一三四	初诚美慎终宜令荣业所	丝染诗	覆器欲	欲难量	缺二图

续表

隅都	图	万历九年以前	万历九年	顺治八年	康熙二年以后	备注
三一都	一 三 四	基籍甚无竟 学优登仕摄	赞 羔	难 量 墨	墨悲丝	旧增
三二都	一 二 三 四	职从政存以 甘棠去而益	羊 景 行 维	悲 丝 染 诗	染诗赞羔	
三三都	一 二 三 四 五 六 八	咏乐殊贵贱 礼别尊卑上	贤 克 念 作 圣 德 建	赞 羔 羊 景 行 维 贤	羊景行维 贤克念	顺治八年并四图 于三、五图内 康熙时增四图

说明：

1.本表系据万历《休宁县志·隅都》、康熙《休宁县志·隅都》、道光《休宁县志·隅都》、《休宁县新丈都图字号乡村地名便览》、《海阳都谱》，以及遗存契约文书、鱼鳞图册等资料制作。

2.明万历九年(1581)以前字号，系据遗存契约文书与鱼鳞图册所载资料，其中有的都图并无相关资料遗存，是据已知字号并结合《千字文》所载顺序推知的，或有不确，仅供参考。

3.明万历九年(1581)丈量字号，所据为万历《休宁县志》卷一《舆地志·方域》所载隅都资料。

4.清顺治八年(1651)字号，系据《休宁县新丈都图字号乡村地名便览》所载资料。康熙《休宁县志·沿革》载："顺治八年辛卯，编户二百一十六里，增五里。"《休宁县新丈都图字号乡村地名便览》亦载："国朝顺治八年清丈，自东北隅一图改'甲'字，又自一都一图改'天'字起，至三拾三都八图'贤'字止，编二百一拾四里。"据此，可知清初改编都图字号是在顺治八年(1651)。

5.清康熙二年(1663)以后字号，所据为康熙《休宁县志·隅都》、道光《休宁县志·隅都》、《海阳都谱》等所载资料。道光《休宁县志》卷一《疆域·隅都》载："国朝顺治八年，增编五里，后又并去一里。康熙三年增编二里，总二百二十一里。按，人户以黄册，田土以鱼鳞册。康熙二年丈量经界田土，鱼鳞图册二百一十一图，图设正，谓之公正。在城四隅，以十干编号，乡都以千〔字〕文编号，起'天'字，止'念'字。"

四　其他字号

（一）祁门鱼鳞图册经理字号

迄今为止，尚未发现有关祁门全县鱼鳞图册经理字号的系统记载，但祁门的契约文书与鱼鳞图册遗存颇多，特别是元明时期的文书所占比例很大，为我们考察祁门县鱼鳞图册经理字号提供了重要依据。如中国社会科学院古代史研究所及安徽博物院所藏元明祁门契约文书十分可观①，其中很多文书上都明确载有元明时期祁门鱼鳞图册经理字号。黄忠鑫根据契约文书资料，结合族谱、文献所载，对明清时期祁门全县鱼鳞图册经理字号做了较为详细的考证与复原。② 以下即据遗存的相关文书与文献所载，综合已有的研究成果，试对元明清时期祁门鱼鳞图册经理字号加以整理，见表4-6：

① 见安徽博物院编《明清徽州社会经济资料丛编》第一集，中国社会科学出版社1988年版；中国社会科学院古代史研究所徽州文契整理组编《明清徽州社会经济资料丛编》第二集，中国社会科学出版社1990年版。

② 黄忠鑫：《明清徽州土地字号的分配与使用实态》，《中国经济史研究》2020年第1期。

表 4-6　元明清祁门鱼鳞册经理字号一览表

时期 / 都别	元延祐经理至明万历丈量前										万历丈量至清			
在城	天(字)										城 1	城 2	城 3	城 4
											天	地	玄	黄
一	一保	二保	三保	四保	五保	六保	七保	八保	九保	十保	一图	二图	三图	
	地	玄	黄	宇	宙	洪	荒	日	月	盈	宇	宙	洪	
二	一保	二保	三保	四保	五保	六保	七保	八保	九保	十保	一图	二图		
	昃	辰	宿	列	张	寒	来	暑	往	秋	荒	日		
三四	一保	二保	三保	四保	五保	六保	七保	八保						
	收	冬	藏	闰	余	成	岁	律			一图	二图		
	一保	二保	三保	四保	五保	六保	七保	八保	九保	十保	月	盈		
	吕	调	阳	云	腾	致	雨	露	结	为				
五	一保	二保	三保	四保	五保	六保	七保	八保	九保	十保	一图			
	霜	金	生	丽	水	玉	出	昆	冈	剑	昃			
六	一保	二保	三保	四保	五保	六保	七保	八保	九保	十保	一图	二图		
	号	巨	阙	珠	称	夜	光	果	珍	李	辰	宿		
七	一保	二保	三保	四保	五保	六保	七保	八保	九保	十保	一图	二图		
	奈	菜	重	芥	姜	海	咸	河	淡	鳞	列	张		
八	一保	二保	三保	四保	五保	六保	七保	八保	九保	十保	一图	二图	三图	
	潜	羽	翔	龙	师	火	帝	鸟	官	人	寒	来		
九	一保	二保	三保	四保	五保	六保	七保	八保	九保	十保	一图	二图		
	潜	羽	翔	龙	师	火	帝	鸟	官	人	暑	往		
十东	一保	二保	三保	四保	五保						一图	二图		
	位	逊	国	有	虞						秋	收		
十西						六保	七保	八保	九保	十保	一图			
						陶	唐	吊	民	伐	冬			
十一	一保	二保	三保	四保	五保	六保	七保	八保	九保	十保	一图	二图	三图	
	罪	周	法	商	汤	坐	朝	问	道	垂	藏	闰		
十二	一保	二保	三保	四保	五保	六保	七保	八保	九保	十保	一图	二图	三图	
	拱	平	章	爱	育	黎	首	臣	伏	戎	余	成	岁	

续表

时期 都别	元延祐经理至明万历丈量前										万历丈量至清			
十三	一保	二保	三保	四保	五保	六保	七保	八保			一图	二图		
	羌	遐	迩	一	体	率	宾	归			律			
十四	一保	二保	三保	四保	五保	六保	七保	八保	九保	十保	一图	二图		
	王	鸣	凤	在	竹	白	驹	食	场	化	吕	调		
十五	一保	二保	三保	四保	五保	六保	七保	八保	九保	十保	一图	二图	三图	
	被	草	木	赖	及	万	方	盖	此	身	阳	云	腾	
十六	一保	二保	三保	四保	五保	六保	七保	八保	九保	十保	一图	二图		
	发	四	大	五	常	恭	惟	鞠	养	岂	致	雨		
十七	一保	二保	三保	四保	五保	六保	七保	八保	九保	十保	一图	二图		
	敢	毁	伤	女	慕	贞	洁	男	效	才	露	结		
十八	一保	二保	三保	四保	五保	六保	七保	八保	九保	十保	一图	二图		
	良	知	过	必	改	得	能	莫	忘	罔	为	霜		
十九	一保	二保	三保	四保	五保	六保	七保	八保	九保	十保	一图	二图	三图	
	谈	彼	短	靡	恃	己	长	信	使	可	金	生	丽	
二十	一保	二保	三保	四保	五保	六保	七保	八保	九保	十保	一图	二图		
	复	器	欲	难	量	墨	悲	丝	染	诗	水	玉		
二十一	一保	二保	三保	四保	五保	六保	七保	八保	九保	十保	一图	二图		
	赞	羔	羊	景	行	维	贤	克	念	作	出	昆		
二十二	一保	二保	三保	四保	五保	六保	七保	八保	九保	十保	一图	二图		
	圣	建	德	名	立	形	端	表	正	空	冈	剑		

说明：

1.祁门县元代延祐经理仍延续南宋都保制，一般都分为十保，但改为每保只领一个字号，至明初洪武丈量未改。然明初祁门都的建置，稍有变动，三都、四都合为一都，称“三四都”；十都分为“十东都”与“十西都”，十东都领上五保，十西都领下五保，字号仍旧。此后祁门都的建置未变，直至清末。

2.据清初祁门县县令发布的清丈田式条款载：“编立字号。祁邑共计四十九里，查前朝万历九年丈量，以在城一图编为‘天’字号起，序至二十二都二图‘剑’字号止，今仍照旧丈造，不必另编字号，以滋烦扰。”①即祁门县明万历时及清初所编里图为四十九里(图)，“剑”字为《千字文》第 49 个字，可知每图编为一个字号。至清顺治时，仍照旧丈造，没有另

① 安徽大学徽学研究中心刘伯山教授藏复印件。

编字号。又据同治《祁门县志》卷三《舆地志·都图》载:"国朝祁门境内仍二十二都,而在城及各都仍四十九图。康熙三十年新增图三,八都增图一,十一都增图一,十三都增图一,共为五十二图。"①该表所列图的字号,反映的是明万历丈量及清初情况,康熙三十年(1691)新增图是否领有字号,待考。

3.该表主要依据遗存的契约文书、族谱及相关文献记载,并参照黄忠鑫《明清徽州土地字号的分配与使用实态》(载《中国经济史研究》2020年第1期)相关图表而制作,其中有的都保与都图字号,是在相关证据的基础上按《千字文》顺序推演出来的,或有不确,使用时请加以考辨。

(二)绩溪县鱼鳞册经理字号

清乾隆《绩溪县志》载有该县各乡都图鱼鳞图册经理字号。可明显看出,其经理字号与徽州休宁、歙县、祁门等县明清时经理字号有所不同,绩溪县"坊市"共有11个图,但经理字号只有"天地玄黄"4个,其中当有共号者;而其余各都图,均是一图领有多个字号。② 兹按其所载,列表如下(表4-7):

表4-7 乾隆绩溪县鱼鳞册经理字号表

乡	都	图数	经理字号
坊市乡	坊市	11	天地元(玄)黄
	一	1	宇宙洪荒,日月盈昃,辰宿列张,寒来暑往,秋收冬藏
	九	3	伤,女慕贞洁(烈),男效才良,知过必改,得能

① 同治《祁门县志》卷三《舆地志·都图》,《中国方志丛书》第240号,成文出版社1982年版,第189页。

② 乾隆《绩溪县志》卷一《坊市·都》,天津图书馆藏乾隆二十一年刻本。

续表

乡	都	图数	经理字号
南三乡	十	1	莫忘，罔谈彼短，靡恃己长，信使可覆，器欲难量，墨悲
	十一	2	丝染，诗赞羔羊，景行维贤，克念作圣，德建名立，行端表正，空谷传声，虚堂习听，祸因恶积，福缘善庆
	十二	3	尺璧非宝，寸阴是竞，资父事君，曰严与敬
	十三	1	孝当竭力，忠则尽命，临深履薄，夙兴温清，似兰斯馨，如松之盛，川流不息，渊澄
	十四	1	取映，容止若思，言辞安定，笃初诚美，慎终宜令，荣业
	十五	1	所基，籍甚无竟，学优登仕，摄职从政，存以甘棠，去而益咏，乐殊贵贱，礼别尊卑，上和
北三乡	二	1	闰余成岁，律吕调阳，云腾致雨，露结为霜，金生丽水
	三	2	玉出昆冈，剑号巨阙，珠称夜光，果珍李柰，菜重芥姜
	四	2	海咸河淡，鳞潜羽翔，龙师火帝，鸟官人皇，始制文字
	五	1	乃服衣裳，推位让国，有虞陶唐，吊民伐罪，周发殷汤
	六	1	坐朝问道，垂拱平章，爱育黎首，臣伏戎
	七	1	羌，遐迩一体，率宾归王，鸣凤在竹，白驹食场，化被草
	八	1	木，赖及万方，盖此身发，四大五常，恭惟鞠养，岂敢毁

其中该志载："国朝分仁慈乡一，南北乡各三，都图仍旧。"由此可知，其各都图鱼鳞图册经理字号，当是沿用旧号。通过该表可以看出，绩溪县各都图所领字号，清楚地显示出《千字文》"天地玄黄……"之顺序，然其各都图则不是按顺序排列的；另一方面，若各都图按顺序排列，则其所领《千字文》顺序就要被打乱。如何解释二者不一致的原因呢？这恐怕是由不同时期的建置所

致。徽州历史上图的设置始于元代,而土地经界与鱼鳞册字号则源于南宋绍兴经界,二者建置时期的确不同。又如前所述,据《歙西溪南吴氏先茔志》载,徽州绍兴经界一个保即领有多个字号,因此,绩溪县这种一个图领有多个字号的情况,或是南宋绍兴经界的遗制。不只是绩溪县,徽州府婺源县也有类似情况。

(三)婺源县鱼鳞册经理字号

明清徽州府婺源县鱼鳞册经理字号现存记载较少,笔者仅见《婺邑户口都图》中载有相关资料。《婺邑户口都图》,一册,抄本,黄山学院图书馆藏复印本。该册首录婺邑赋役全书户口、田亩总数、科则银两等各项内容,其中载有清顺治、康熙多个年份,最早为顺治二年(1645),最晚为康熙十五年(1676);其次所列为婺邑"坊里花名",即各都图里甲职役名册;最后所录即婺源县城坊和各乡都图鱼鳞册经理字号与乡村地名。而乾隆《婺源县志》所载都图与此略有不同,由此可知《婺邑户口都图》所录属于清康熙时期。现据其所载,将婺源县鱼鳞册经理字号列表如下,见表4-8:

表4-8 清婺源县鱼鳞册经理字号表

坊都	图数	字号
福泽坊	1	天
昭义坊	1	地
双桂坊	1	玄
集贤坊	1	黄
太平坊	1	宇
兴善坊	1	宙(抄本为"善兴坊",据康熙《婺源县志》改)
牧民坊	1	洪
明道坊	1	荒

续表

坊都	图数	字号
兴孝坊	1	日
种德坊	1	月
泽民坊	1	盈
闻善坊	1	昃
崇化坊	1	辰
登瀛坊	1	宿
〔锦绣坊〕		〔列〕
〔旌善坊〕		〔张〕
一都	2	寒来暑往秋
二都	1	收冬藏闰余成岁律吕调
三都	2	阳云腾致雨露结为
四都	1	霜金生丽水玉出昆冈剑号
五都	4	巨阙珠称夜光果珍
六都	2	李柰菜重芥姜海咸河淡鳞潜羽
七都	7	翔龙师火帝鸟官人皇始制文
八都	8	字乃服衣
九都	5	裳推位让国有虞陶
十都	5	唐吊民伐罪周发殷汤坐
十一都	4	朝问道垂拱平
十二都	4	章爱育黎首臣伏戎羌
十三都	4	遐迩一体率宾归羊(王)鸣凤
十四都	2	在竹白驹食场化被草
十六都	4	木赖及万方盖此身发四
十七都	3	大五常恭惟鞠养岂
十八都	7	敢毁伤女慕贞洁男
十九都	3	效才良知过必改得能莫忘罔
二十一都	5	谈彼短靡恃己长信
二十三都	5	信使可覆器欲难
二十四都	3	量墨悲丝染诗赞羔羊景行

续表

坊都	图数	字号
二十五都	5	维贤克念作圣德建
二十七都	2	名立形端表正空谷
二十八都	4	传声虚堂习听祸因恶积福缘善庆尺
三十都	4	璧非宝寸阴是竞资
三十一都	3	父事君曰言(严)与敬孝
三十三都	2	当竭力忠
三十四都	3	则尽命临深履
三十五都	2	薄夙兴温
三十六都	6	清似兰斯馨如松之盛川流不息渊澄取映容止若
三十八都	2	思言辞安定笃
三十九都	5	初诚美慎终宜令荣业
四十一都	4	所基籍甚无竟学优登
四十二都	3	仕摄〔职〕从政存以甘棠
四十三都	3	去而益咏
四十五都	2	乐殊贵贱礼别尊卑
四十六都	2	上和下睦夫唱妇随
四十七都	2	外受傅训入奉母仪
四十九都	2	诸姑伯叔犹子比儿孔怀
五十都	2	兄弟同气连枝交友投分

按《婺邑户口都图》所载顺序排列，其最后一都为“五十都”，但其中缺第十五、二十、二十二、二十六、二十九、三十二、三十七、四十、四十四、四十八都，计 10 个都，实有共 40 个都。这与康熙《婺源县志》所载都名与数量完全相同。又，县志所载市坊共 16 坊，而《婺邑户口都图》所载市坊为 14 坊，缺“锦绣坊”“旌善坊”，系城外之坊，本表据县志增补。《婺邑户口都图》所载坊都之下的图数计 14 图，乡村都图计 139 图；县志亦云，“为都四十，为图将百四

十”①，二者所载相同。不过，仅《婺邑户口都图》载有鱼鳞册经理字号。其所载坊图与乡村都图合计153图，所领字号计364个。从表中可以看出，除坊图外，各都图所领字号多少不一，并非每图领有一个字号，如一都共2图，领有“寒、来、暑、往、秋”5个字号；二都1个图，领有“收、冬、藏、闰、余、成、岁、律、吕、调”10个字号；等等，多是一图领有多个字号，这与前述徽州府绩溪县的情况相同，或为南宋绍兴经界的遗制。

① 康熙《婺源县志》卷二《疆域·坊都》。

第五章　册籍种类

鱼鳞图册是有关土地制度的基本册籍，为土地管理之本，具有多种功用，故鱼鳞图册所造册籍不止一种，而是册籍繁多，类别多样。有草册与正册之分，有清册与总册之别，又有归户册、分庄册、佥业册等各种册籍，现分述如下。

一　鱼鳞草册

草册是土地清丈最初攒造的一种鱼鳞图册。其名称有：鱼鳞草册、经理草册、鱼鳞清丈册、清丈册簿、清丈细底、丈量鱼鳞号册、丈量图册、复丈底册、弓口册、弓口草底、弓口册底等，其上录有字号、土名、业主、丘块四至，多画有田形草图，详载丈量弓步与应纳税额等。在休宁县遗存的鱼鳞图册中，草册、底册等占相当大的一部分。

（一）顺治休宁二都四图弓口册

顺治休宁二都四图弓口册，现藏于休宁县档案馆，共14册（图5-1）。系清初丈量二都四图“月”字号图册，旧“往”字号图册。该册每号特设“顺治　年　月　日　丈　付票”一栏，填写的最早年份为“顺治四年丈”，又有“顺治五年

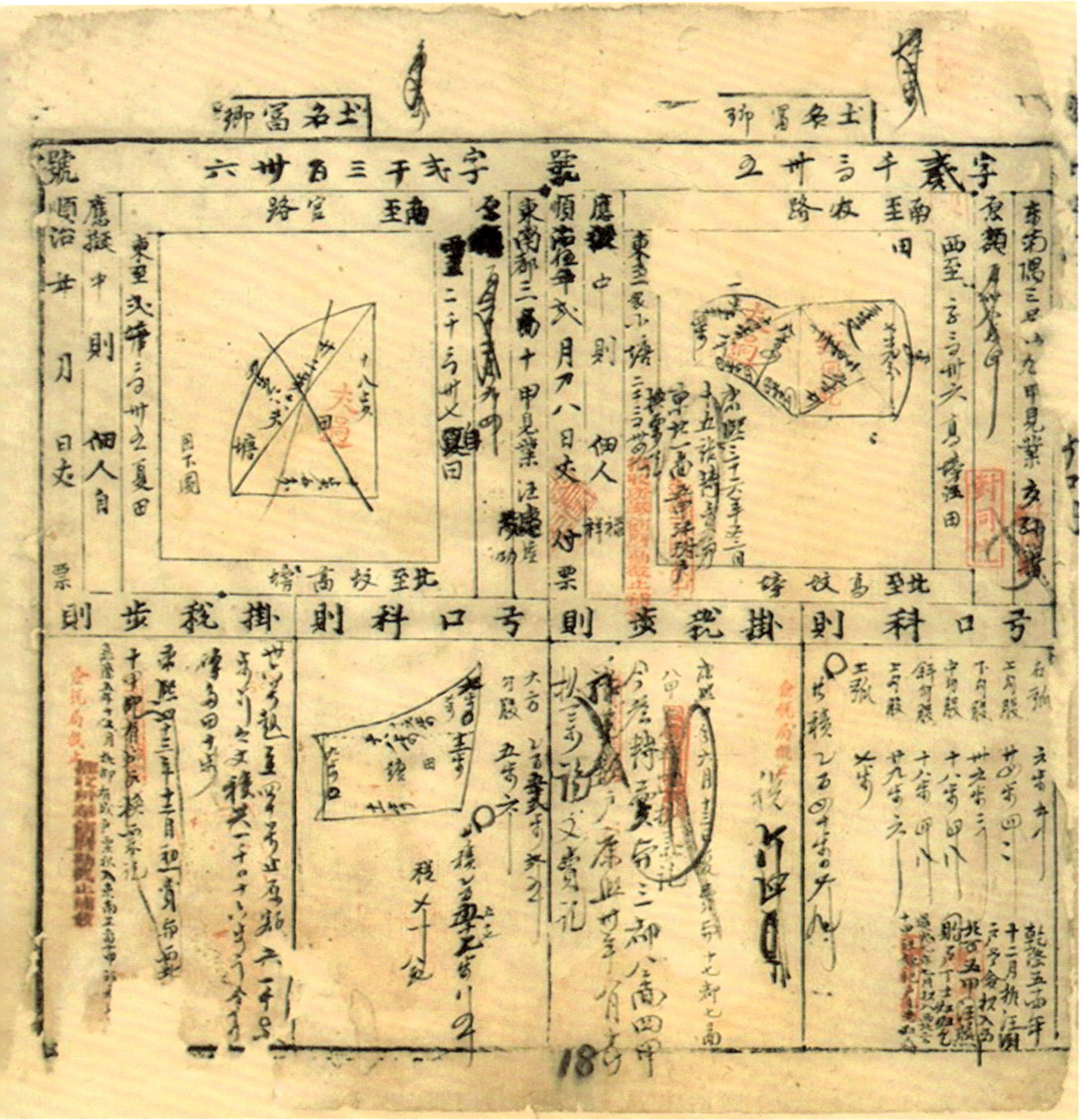

图 5-1　顺治休宁二都四图弓口册

丈”“顺治六年丈”等,其为清初顺治年所造册籍无疑。①

该册书口题“休宁县二都四图弓口册”。如图所示,每号天头置小栏头,

① 休宁县档案馆藏鱼鳞图册,第 37 册,第 18 页。

系“土名”栏；上部横向通栏填写“字号”，其下分为上、下两大部分。上面右部竖向通栏填“都、图、甲、见业”各项，其次一栏填“原额”；中部画田形，详注丈量弓口，田形四周填注四至；次为“应拟田则”及“佃人”栏，最左侧填“顺治　年　月　日丈　付票”。下面分两大部分，右部为“弓口科则”栏，注丈量图形面积弓步及共积面积；左部为“挂税步则”栏，填税额及该块田土买卖等历朝佥识。页面中钤有“丈过”“对同讫”等红色戳印。

草册的主要特征是画有田形，并在田形中详细注明各种丈量弓步，同时又将各种丈量图形面积一一注明，最后写明该块田土的共积面积。以上图二都四图“月”字二千三百三十五号为例，其在“弓口科则”栏内所注各种丈量图形面积弓步如下：

弓口科则

右　弧　六步五分一厘

上勾股　二十四步四分二厘

下勾股　三十六步三分

中勾股　十八步四分八厘

斜勾股　十八步四分八厘

上勾股　二十九步六分

上　弧　七步

共积一百四十步〇七分九厘，税六分四厘①

土地清丈之际，一般是将田土丘块划分为可以计算的各种几何图形，上面所列“弧”“勾股”即是，然后分别丈量计算，最后求积，即该丘块的总面积。

① 休宁县档案馆藏鱼鳞图册，第37册，第18页。

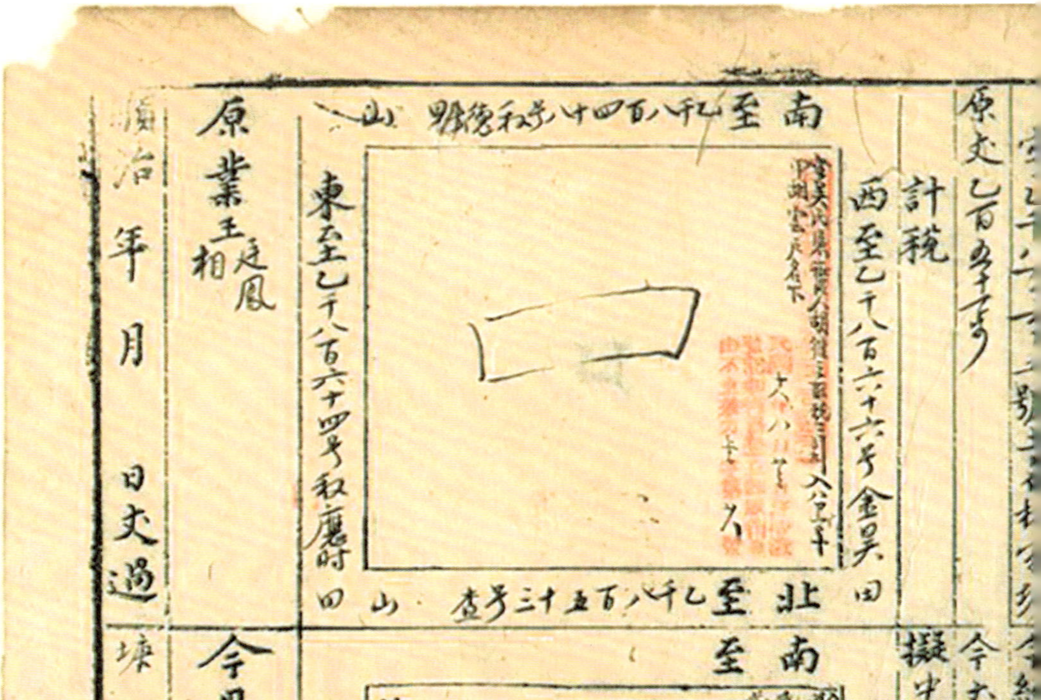

图 5-2　顺治休宁八都五图新旧弓口草册

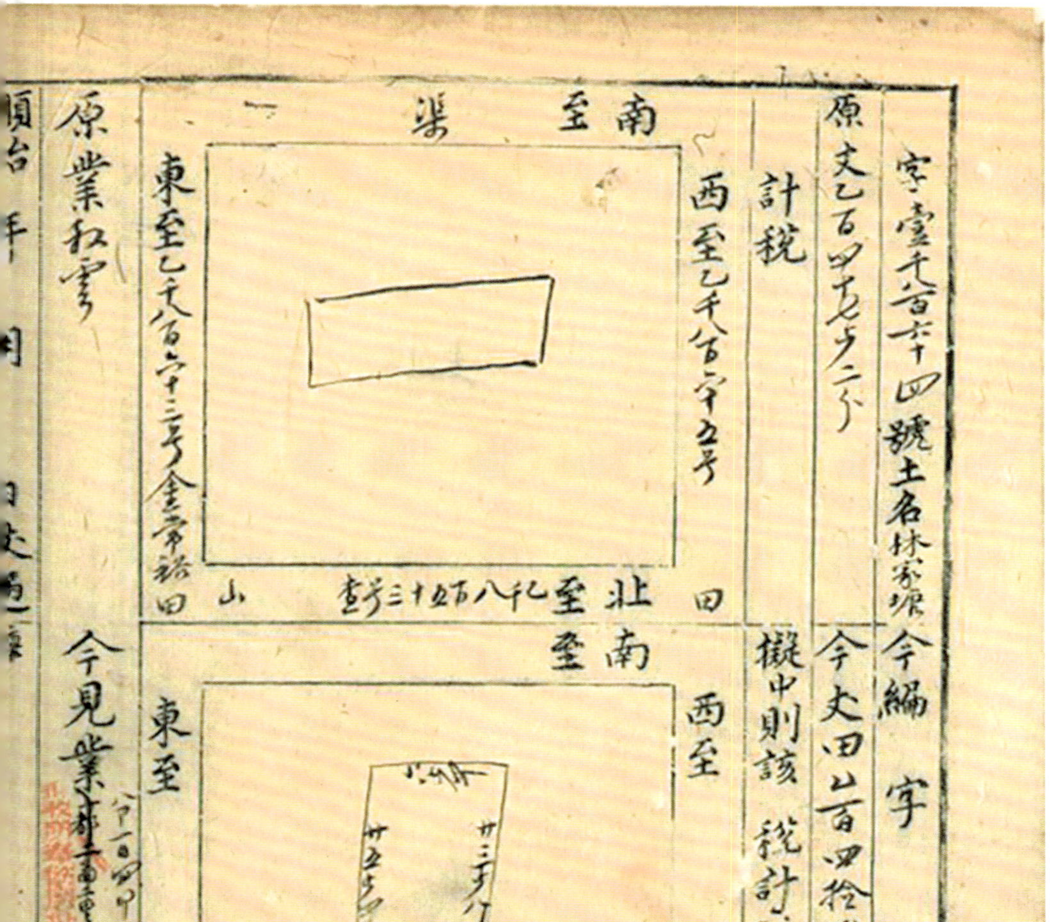
南至
北至
東至
西至
計稅
原業
今見業
今編
號土名

（二）顺治休宁八都五图新旧弓口草册

该册于20世纪80年代编辑目录时，标为"'菜'字十二都一图"，系错排。册中有的字号标有"菜"字某某号，但系该图旧弓口字号，清初丈量时八都五图已改为"阙"字号。册中多处贴有民国阻供浮佥，其上所载均为"阙"字。如该册第1862号所贴浮佥载：

阙字一千八百六十二号之业，系金姓出卖于汪姓受业，契佥均存外地，未曾携归。兹恐该业有人冒丁（顶）出卖，特此阻止。

民国二十七年十二月二十二日。计田税一亩二分五厘四毫五丝。

八都五图五甲汪守美户现丁植三阻供。①

该册各号页面所载如图5-2②：

该册书口题"都五图新旧弓口草册"。各号页面分为上、下两部分，上部为原字号所载内容，其项目有：字号、土名、原丈弓步、计税，中画田形四至，次为原业，最后为"顺治　年　月　日丈过"一栏；下部为今编字号、今丈弓口、拟则、该税计，中画田形四至，详注弓口，次为今现业，最后填写田土类别及佃人。

该册特点是分别详载新旧字号两部分内容，画有新旧弓口田形，可以相互对照。如图中"阙"字1865号"原丈一百五十一步""今丈田一百五拾八步"，可以看出新旧所丈弓口之不同。

① 休宁县档案馆藏鱼鳞图册，第206册，第59页。
② 休宁县档案馆藏鱼鳞图册，第20册，第61～62页。

（三）清休宁县十九都一图弓口册

该册书口题“拾玖都壹图弓口册”，丈量字号为“平”字（图 5-3）。以“平”字五千四十号为例，其所载项目如下：

平字伍千四拾**号**

二十**都**九**图**八**甲**　**户，见业**程理厚。

原额田贰百九拾六步叁分四厘七毫五丝。　**土名**下坑。

田形　**西至**伍千四十贰号，**东至**伍千三十九号，**南至**伍千四十一号，**北至**高塝。

今丈田贰百九拾六步叁分四厘柒毫五丝。　**佃人**

积亩壹**亩**一分四**厘**　**毫**　**丝**　**系**　**水**　下**则**

历朝田土转移佥注（略）①

（按，黑体字为版刻印刷项目，其余为墨笔填写文字）

该弓口册所画田形见图 5-4。从该图可以看出，清丈时将田土丘块分割成若干几何图形，分别丈量，标明弓步，加以计算，再总计求和，即该丘块的面积。其所画田形颇为精细，各个丈量图形都写明了所丈弦与径的弓口，同时还以《千字文》“天、地、玄、黄、宇、宙、洪、荒、日”等字为序，标明了各丈量图形的顺序，以便统计。

---

①　休宁县档案馆藏鱼鳞图册，第 604 册，第 40 页。

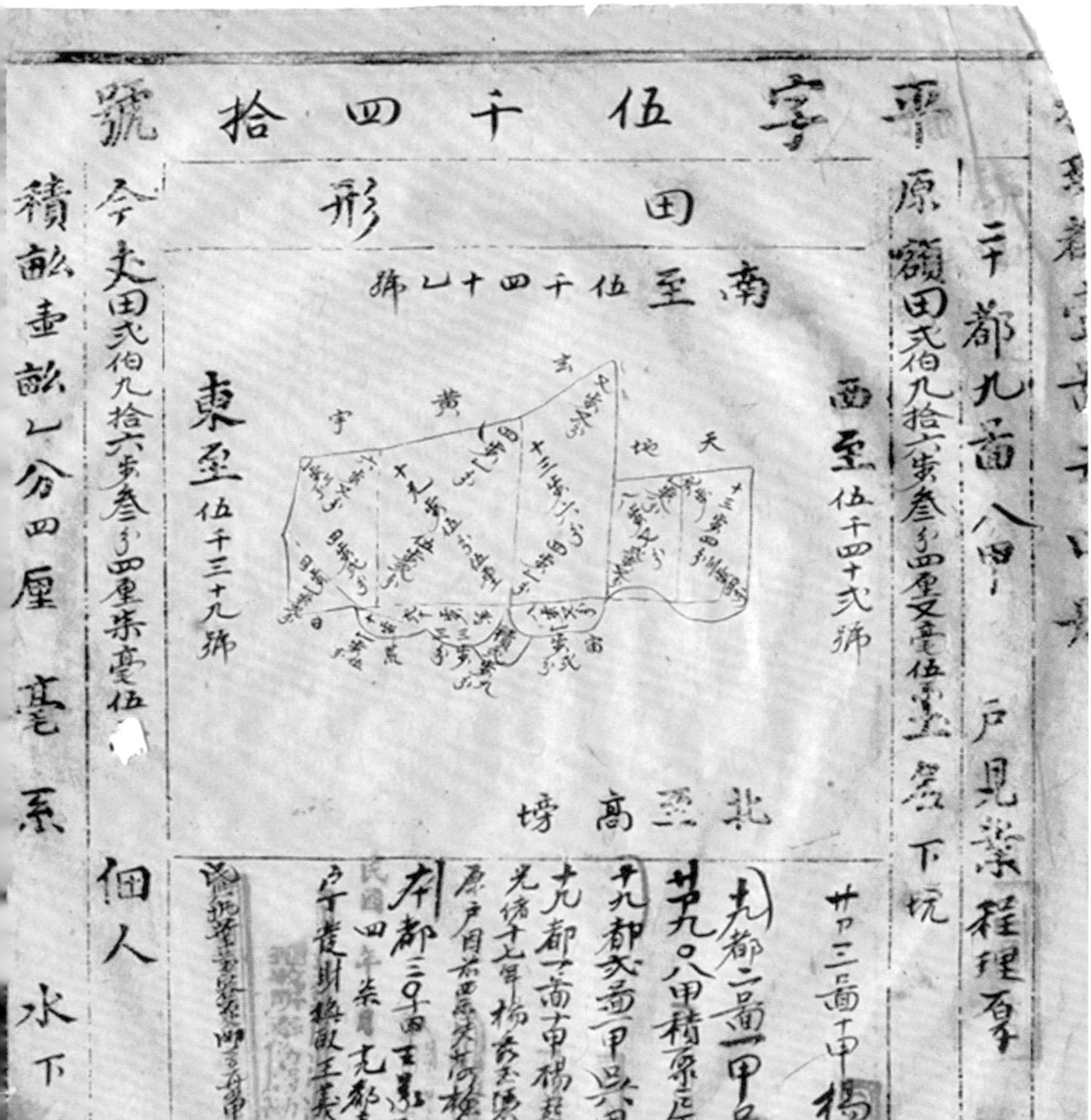

图 5-3 清休宁县十九都一图弓口册

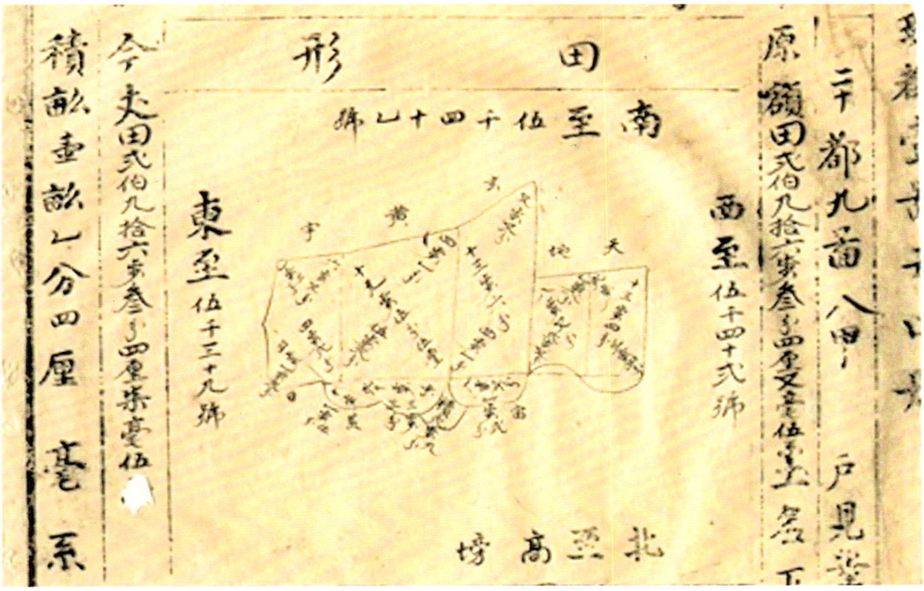

图 5-4　清休宁县十九都一图弓口册田形图

（四）清休宁县十五都四图丈量字号草簿

该册书口题“丈量字号草簿”。册中每号登载项目有：字号、都图、见业、田形、四至、原额、弓积、亩积、新增、直、横、积、土名、（受）水、佃人等。其中“原额、弓积、亩积、新增、直、横、积”这些登载项目，均为田土丈量而设，体现了丈量草册的特点。在所画图形之中，除标注丈量弓口外，还盖有“照”字红色戳印，表示所画田形无误，照此图登载正册之意（图 5-5）。①

① 休宁县档案馆藏鱼鳞图册，第 351 册，第 23~24 页。

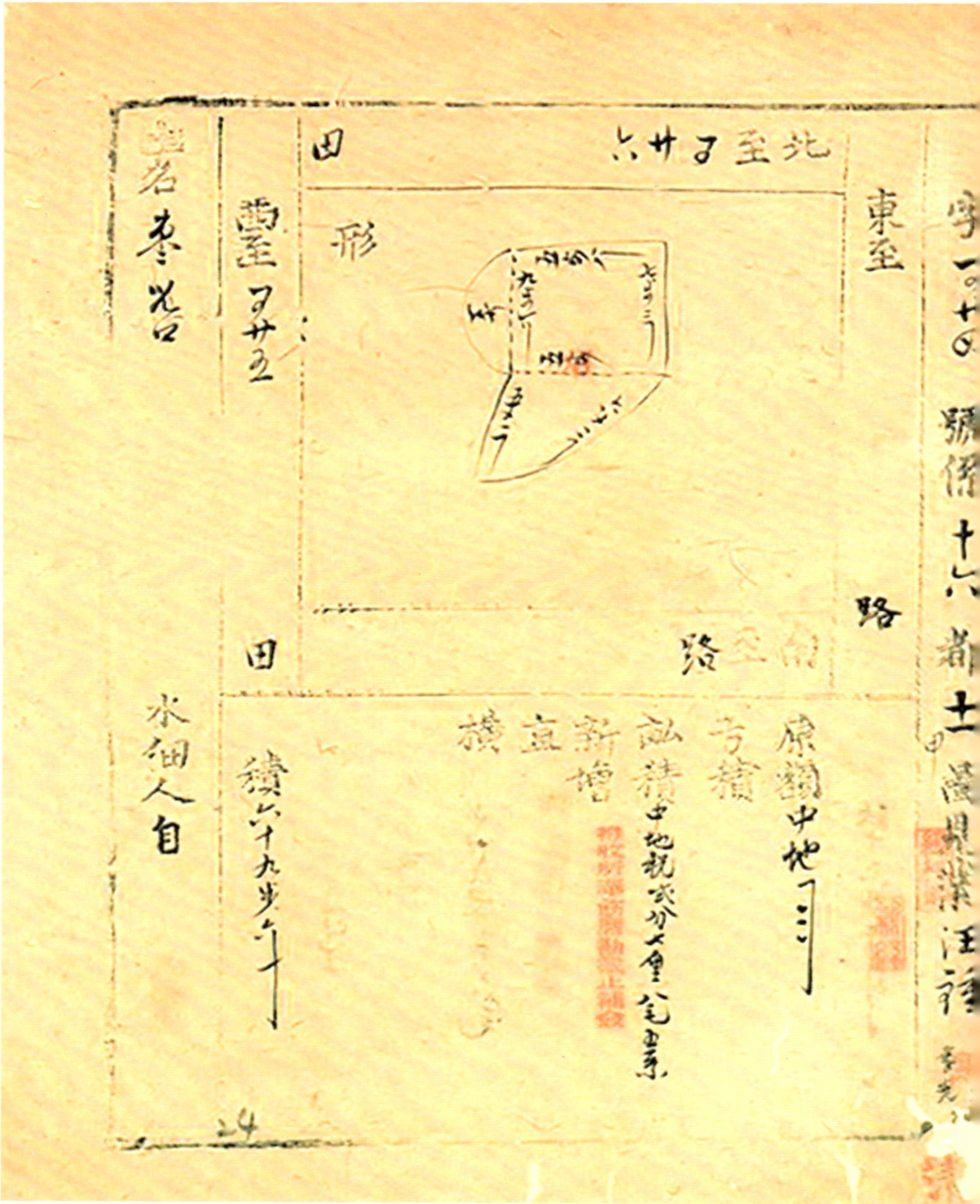

图 5–5　清休宁县十五都四图丈量字号草簿

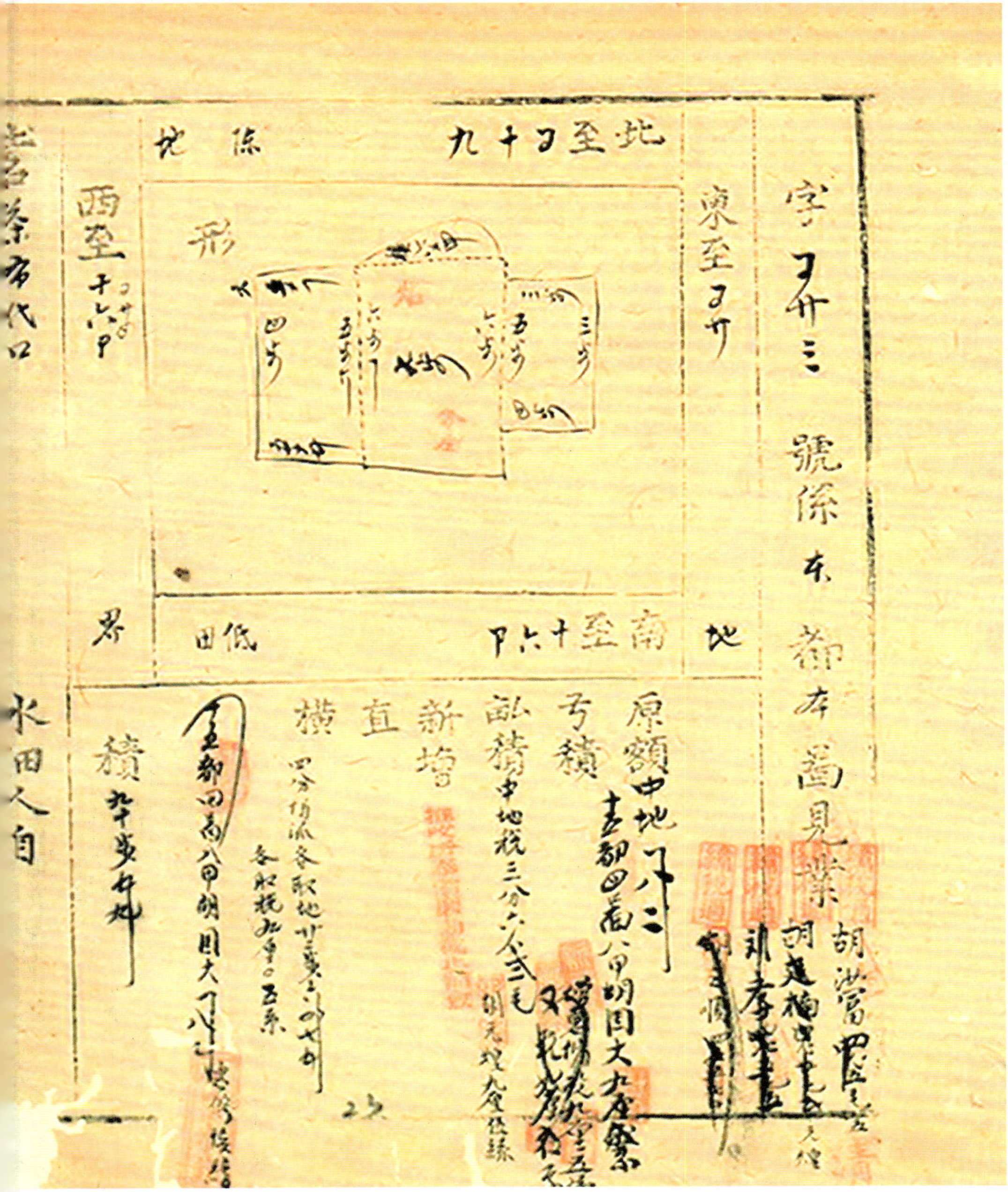
字
號係
都
圖
見業
北至
東至
西至
形
南至
原額
弓積
新增
直
横
積

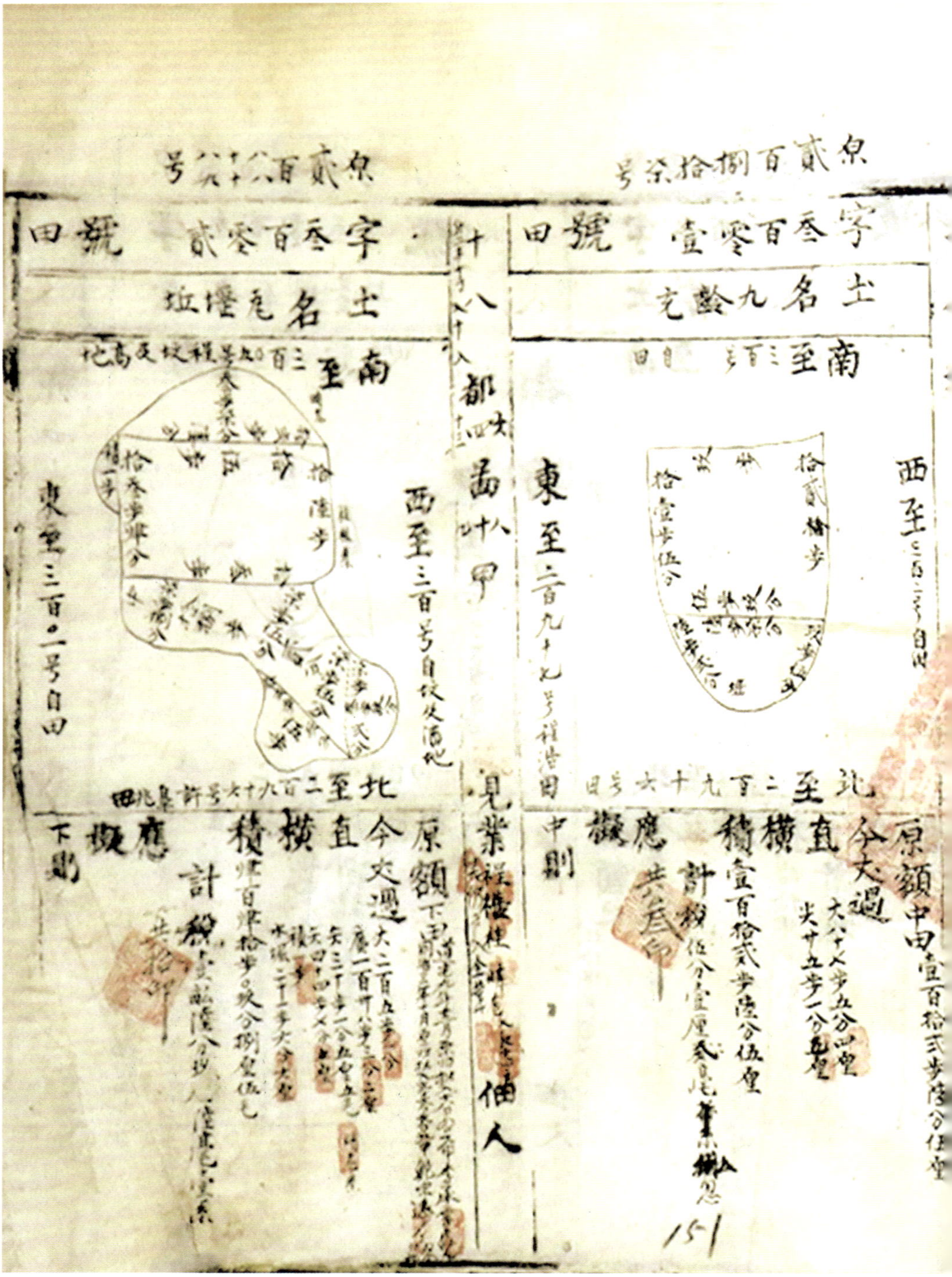

图 5-6　清休宁县十八都四图弓口册

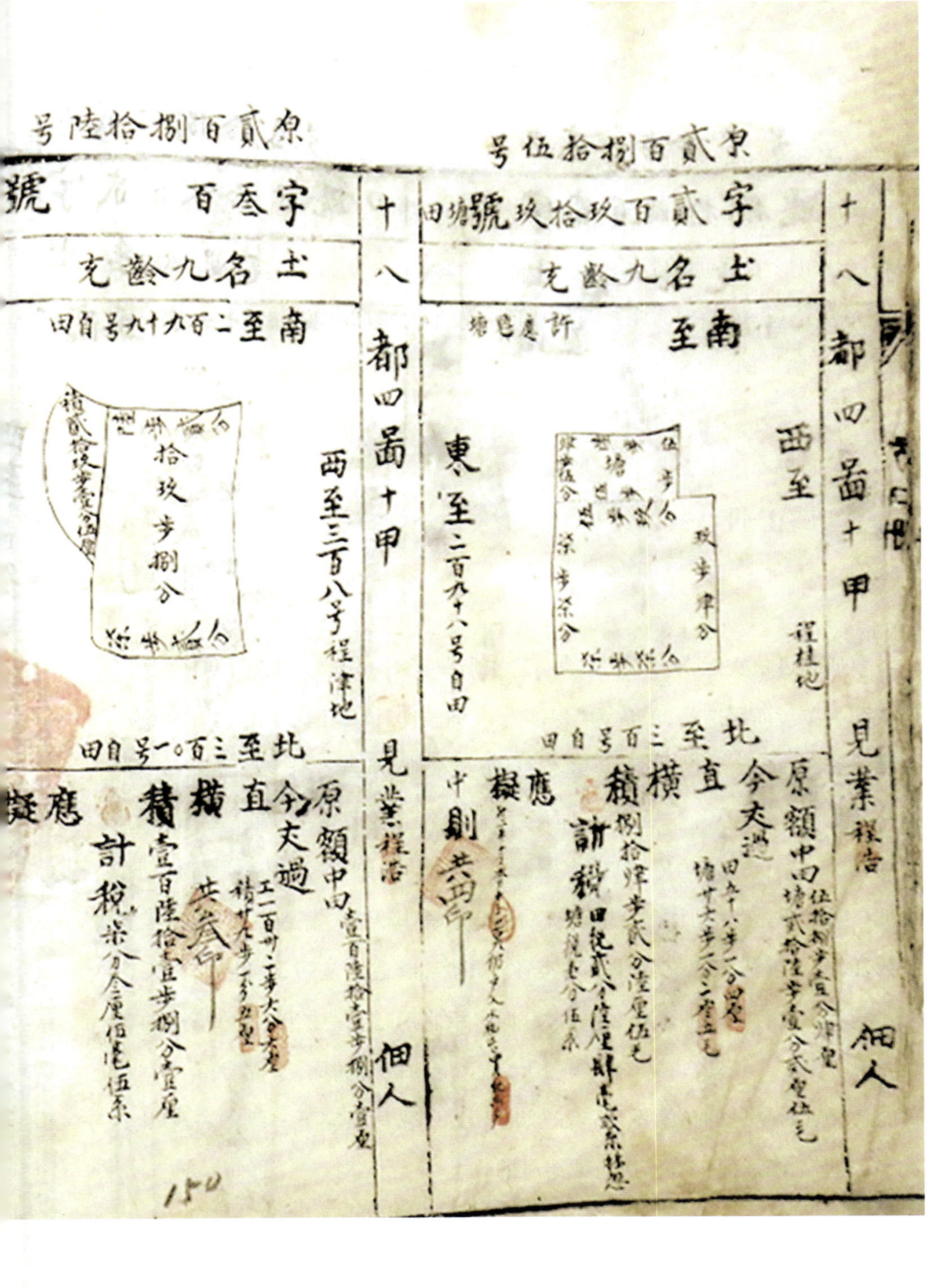
泉貳百捌拾伍号
字貳百玖拾玖號塘田
土名九龄充
十八都四啚十甲
南至
東至二百九十八号自田
西至
程桂地
北至三百号自田
見業程浩
佃人
原額中田
泉貳百捌拾陆号
字叁百號
土名九龄充
十八都四啚十甲
南至二百九十九号自田
西至三百八号程津地
北至三百一号自田
見業程浩
佃人
原額中田

（五）清休宁县十八都四图弓口册

该册书口题“弓口册”。册中每号登载项目有：原（字号）、（今）字号、都图甲、见业、土名、田形、四至、原额、今丈过、直、横、积、计税、应拟田则等。该册在所画田形中详注丈量弓口，在页面下部另设“今丈过、直、横、积”等填写项目，此外，还钤有骑缝官印。鱼鳞草册一般不钤官印，但亦有丈量草册钤盖官印者，此即一例（图 5-6）。①

二　鱼鳞正册

草册经过核实无误，即依据草册造正册。正册一般称为鱼鳞清册，是以保或图为单位而攒造的，或称为“保簿”，或称某图“鱼鳞清册”等，其名称有：鱼鳞清册、鱼鳞册、鱼鳞图册、鱼鳞经册、鱼鳞京册、鱼鳞号册、鱼鳞弓口清册、保簿、经理保簿、经理簿、经理册、印信经理、亩步佥业收税册、流水号簿等，其上按其所编田土字号为序，登载各号田土丘块的详细信息，又称“流水”册。这种鱼鳞清册是鱼鳞册中最基本的一种册籍，按其大界，攒造都图县图；汇其总数，以造都总县总；据其细图，核实各户田产，以造砧基簿、类姓簿、归户册等。其上多钤有县印。正册之中，又有向各级官府（包括中央官府）呈送的鱼鳞图册。呈送县、府的鱼鳞图册多贮于县衙、府衙的架阁库，又称“库册”。这种向各级官府呈送的鱼鳞图册，或逐级简化，只载其相应下一级的各种田土数字，不列细图。但也有呈送鱼鳞清册的。

① 休宁县档案馆藏鱼鳞图册，第 487 册，第 150~151 页。

（一）万历九年歙县丈量鱼鳞清册

中国徽州税文化博物馆藏。该册书口题“万历玖年丈量鱼鳞清册”，其字号栏版刻印刷“吊字”，见业栏多填写为“十五都”业户（图5-7）。据该馆藏《歙县都图地方总录》所载，明万历丈量以后，“吊”字为歙县十五都八图字号，故可知该册为明万历九年（1581）丈量歙县十五都八图鱼鳞清册。

以该册所载2692号为例，其所载项目与填写文字如次：

吊字贰千陆百玖拾贰号

土名汪坞　山壹亩贰分陆厘肆毫陆丝

见业十五**都**八**图**九**甲**汪亟玉

东　西　南　北（中画田形）　**东至**岭脊

西至程文德地

南至程一钟地

北至程文志地

分庄

汪亟玉叁分柒厘肆毫捌丝

蒋善安捌分捌厘玖毫捌丝①

（按，黑体字为版刻印刷项目，其余为墨笔填写文字）

该册版刻字体方正，填写工整，册中钤有明代“歙县之印”骑缝官印，是比较典型的明代万历丈量鱼鳞清册。

---

① 中国徽州税文化博物馆藏，万历九年丈量鱼鳞清册，第2692号。

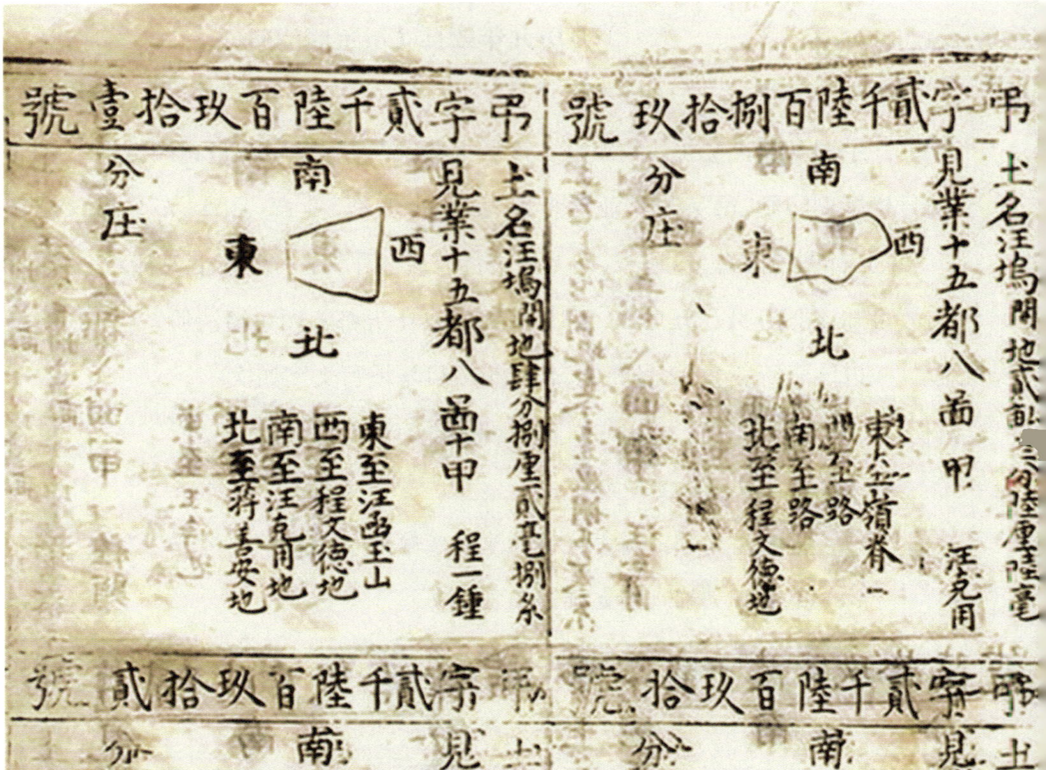

图 5-7 万历九年歙县丈量鱼鳞清册

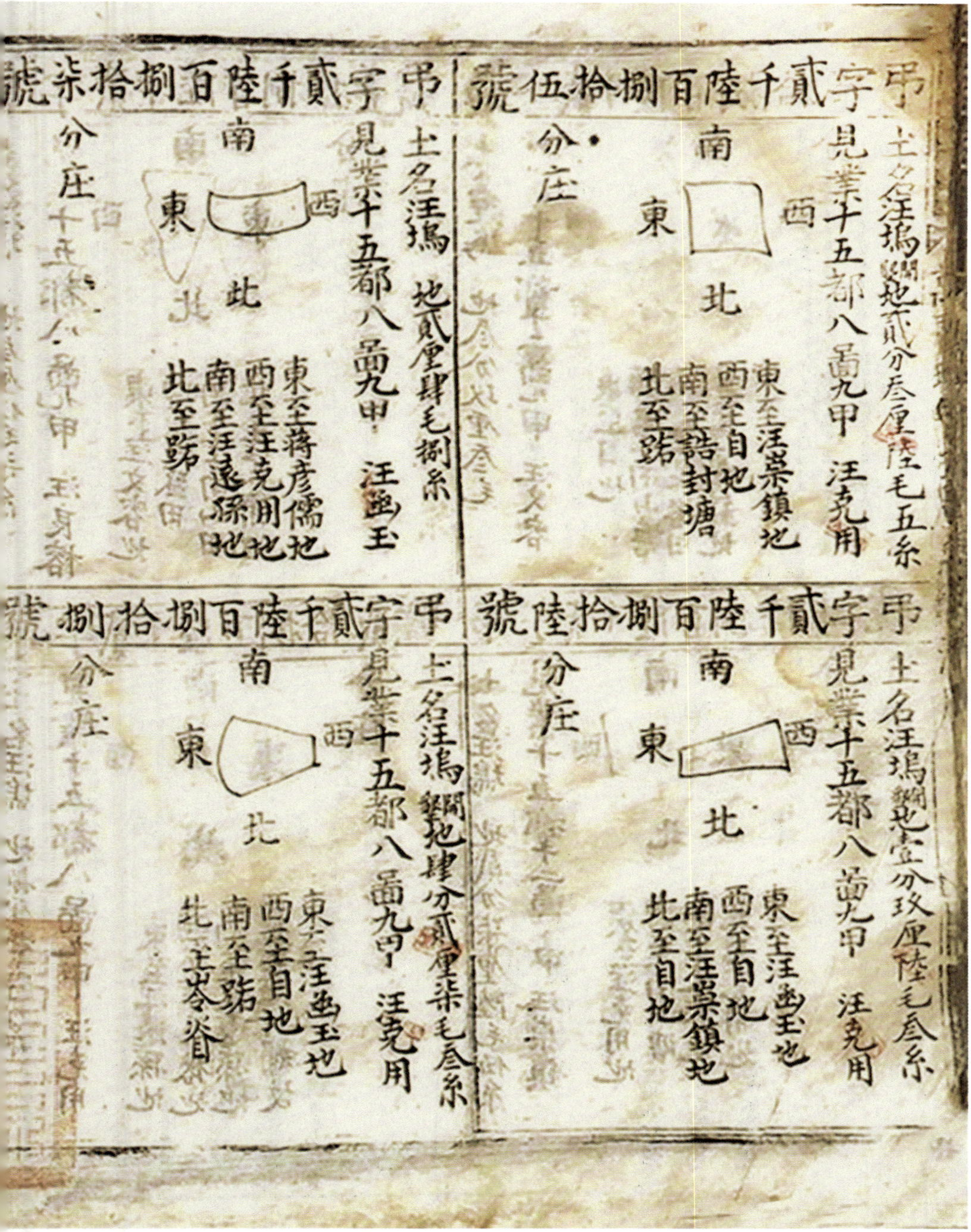

弔字貳千陸百捌拾伍號
土名汪塢 地貳分叁厘陆毛五系
見業十五都八啚九甲 汪克用
分庄
南 東 西 北
東至汪榮鎮地
西至自地
南至語封塘
北至路

弔字貳千陸百捌拾柒號
土名汪塢 地貳厘肆毛捌系
見業十五都八啚九甲 汪畫玉
分庄
南 東 西 北
東至蔣彥儒地
西至汪克用地
南至汪遠孫地
北至路

弔字貳千陸百捌拾陸號
土名汪塢 地壹分玖厘陆毛叁系
見業十五都八啚九甲 汪克用
分庄
南 東 西 北
東至汪畫玉地
西至自地
南至汪榮鎮地
北至自地

弔字貳千陸百捌拾捌號
土名汪塢 地肆分貳厘柒毛叁系
見業十五都八啚九甲 汪克用
分庄
南 東 西 北
東至汪畫玉地
西至自地
南至路
北至王今脊

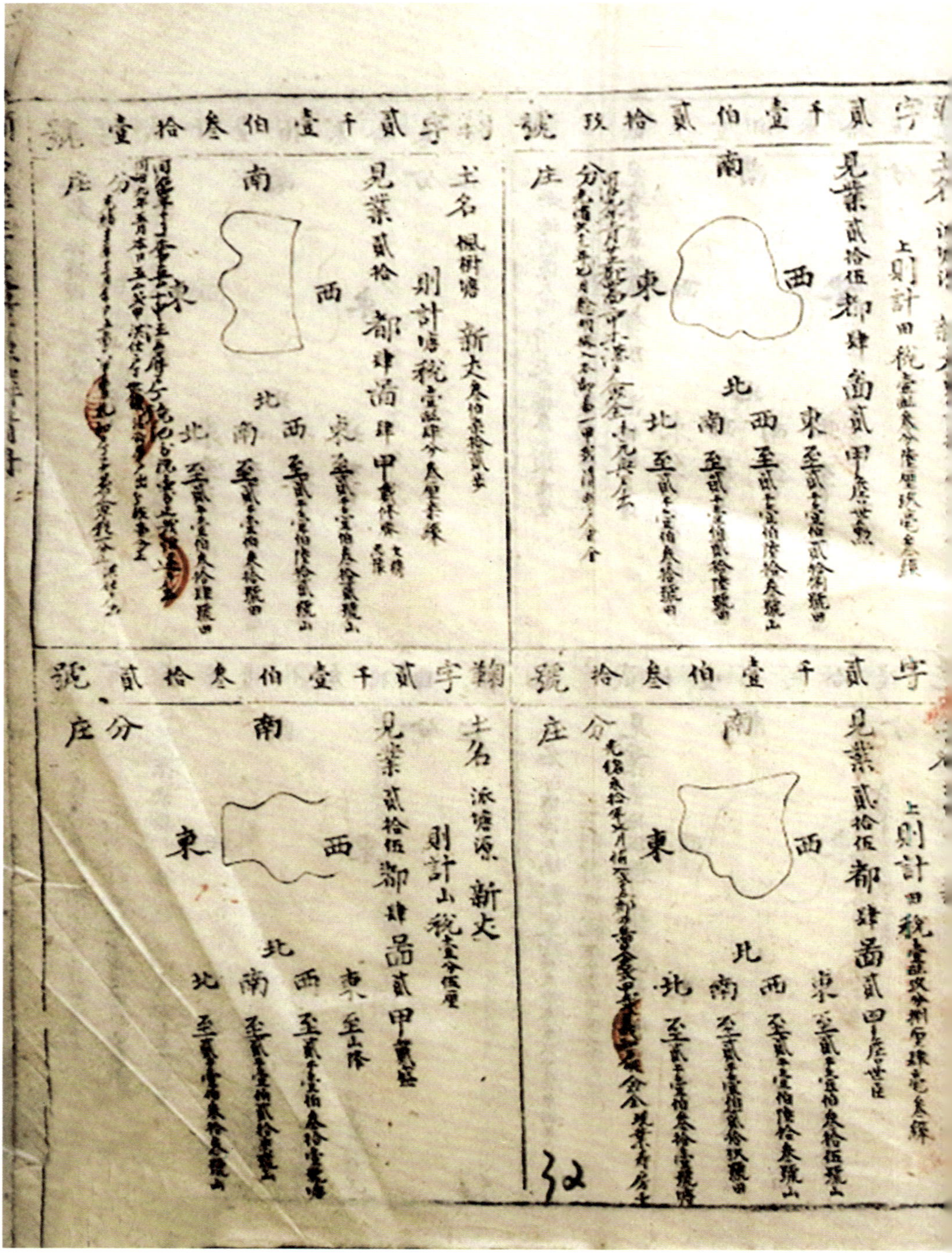

图 5-8　顺治六年休宁县丈量鱼鳞清册

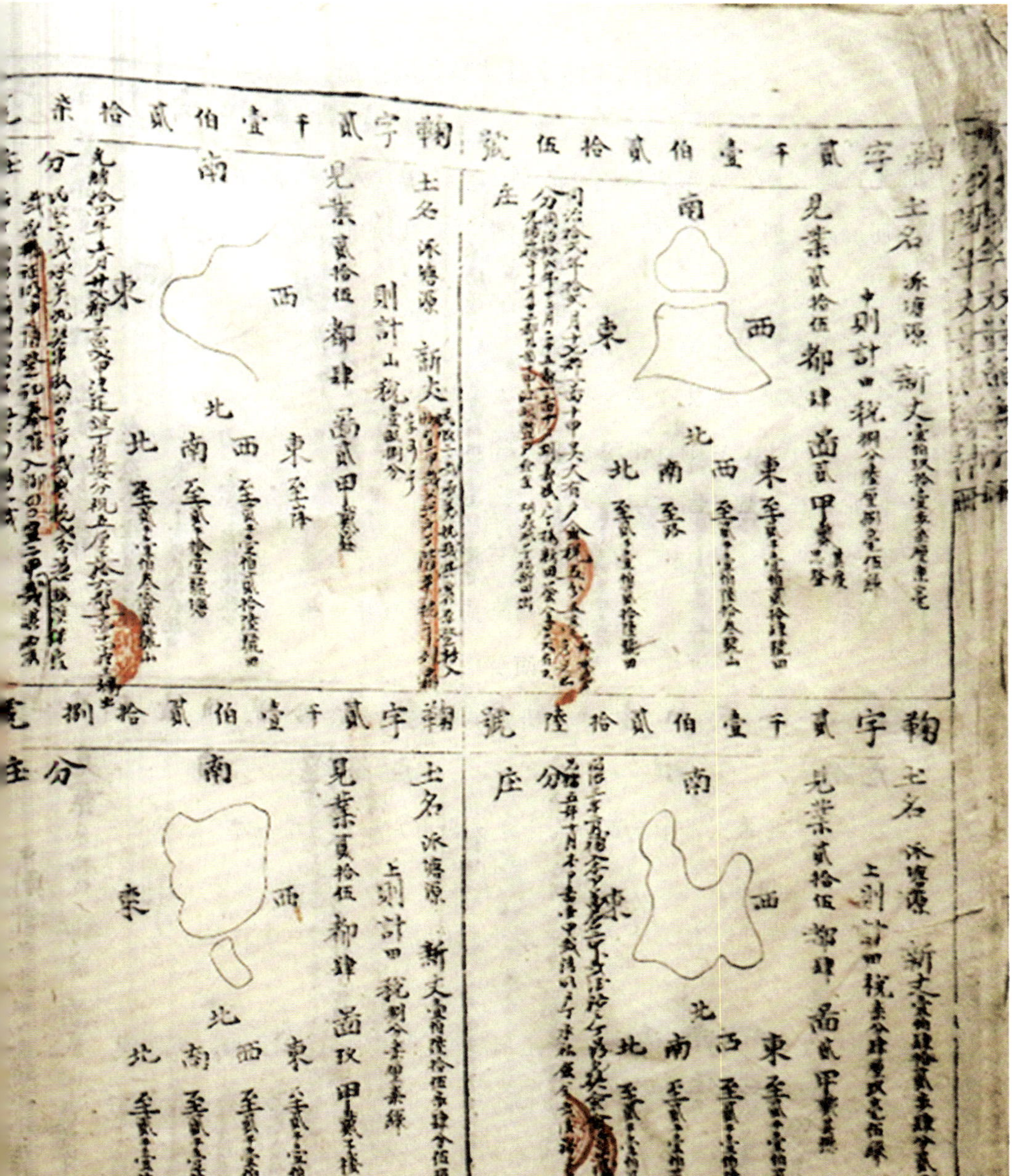
鞠字貳千壹伯貳拾伍號
土名
見業
東
西
南
北
鞠字貳千壹伯貳拾柒號
土名
見業
東
西
南
北
鞠字貳千壹伯貳拾陸號
土名
見業
東
西
南
北
鞠字貳千壹伯貳拾捌號
土名
見業
東
西
南
北
31

（二）顺治六年休宁县丈量鱼鳞清册

该册书口题："顺治六年丈量鱼鳞清册。"系休宁县二十五都四图"鞠"字号鱼鳞清册。以该册二千一百二十五号为例，其登载项目与填写文字如下：

鞠字贰千壹百贰拾伍**号**

土名派塘源　**新丈**壹百玖拾壹步柒厘柒毫

中**则计**田**税**捌分陆厘捌毫伍丝

见业贰拾伍**都**肆**图**贰**甲**戴其度　戴思登

东　西　南　北（中画田形）　**东至**贰千壹百贰拾肆号田

西至贰千壹百陆拾叁号山

南至路

北至贰千壹百贰拾陆号田

分庄

同治拾贰年拾贰月十七都一图十甲吴大有户佥税五分五毫程永盛户彦廷出

同治拾贰年十二月二十五都一图十户（甲）胡义盛户丁杨新田佥全吴大有出

光绪二拾年十二月二十三都九图十甲江颐丰户佥全　胡义盛户丁杨新田出①

（按，黑体字为版刻印刷项目，其余为墨笔填写文字）

---

① 休宁县档案馆藏鱼鳞图册，第930册，第31页。

册中各号所载项目有字号、土名、新丈、田则、计税、见业、田形、四至、分庄，其上有历朝田土转移佥注。与草册相比，清册登载项目略有不同，比较简明，所画图形只标方向，不注弓口；填写字迹工整，并钤有官印。这是鱼鳞清册的基本特点。

（三）康熙祁门县清丈鱼鳞册

该册书口题“康熙年江南徽州府祁门县清丈鱼鳞册”，藏于南京大学历史系资料室，见图5-9。

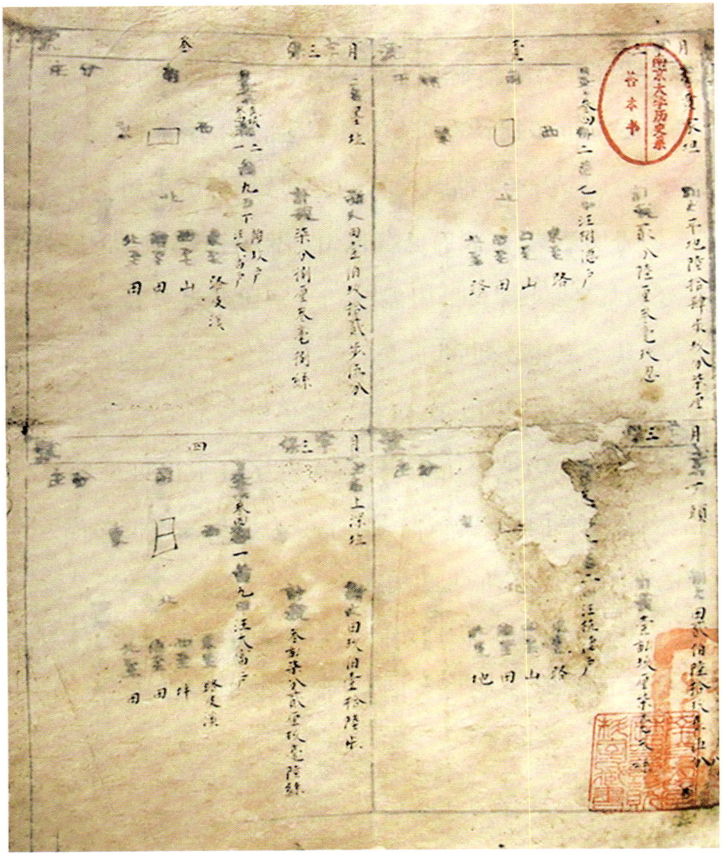

图 5-9　康熙祁门县清丈鱼鳞册

以该册1号所载为例，其所载格式与项目如次：

月**字**三**保**壹**号**

土名黄家坦　**新丈**平地陆拾肆步玖分柒厘

计税贰分陆厘叁毫玖忽

见业叁四**都**二**图**七**甲**汪树德户

东　西　南　北（中画田形）　**东至**路　**西至**山　**南至**田　**北至**路

分庄

（按，黑体字为版刻印刷项目，其余为墨笔填写文字）

其所载项目与清初顺治册项目大致相同，较为简明，所画田形仅标东、西、南、北，不注弓口。该册钤有“祁门县印”官印，为常见的鱼鳞清册。值得注意的是册中所登字号栏与都图项目，其字号登载的项目为某字某保某号。如前所述，至明万历清丈，徽州府已普遍由都保变为都图，即鱼鳞字号由此前的某都某保变为某都某图，与里甲编制趋于一致。这种体制上的变动，在徽州府歙县、休宁县等都比较彻底，此后已不见都保字号。但在祁门县，一方面土地清丈开始变为委托里甲组织，鱼鳞字号也以某都某图编制；另一方面，旧保编制并未完全废弃，仍被保留下来，在鱼鳞字号中仍可见到“保”的名称。如图5-9所示，康熙祁门县三四都“月”字号为该都一图的鱼鳞字号，是万历及清初新编的都图字号，但在鱼鳞图册之上又有“月字三保”字样，且“保”字为版刻印刷，是正式登载项目。在祁门县现存鱼鳞册之中，还有同类情况。如祁门县十东都二图“秋”字号鱼鳞册，册中字号栏登载为“四保收字某某号”①。

① 中国社会科学院古代史研究所藏316010000003号，《徽州文书类目》第533页。

三　鱼鳞总图

鱼鳞清册是以图保为单位,以田土丘块为对象,将其编为流水字号,从一号起至成百上千,乃至万号,而攒造的一种册籍。各号所反映的是每一田土丘块的各种属性。而要了解各块田土的具体位置,单靠鱼鳞清册还不能解决问题。鱼鳞清册中每一号田土,虽多画有丘形图,但从田形来说,只是一种"撒"的情况。那么,又如何反映一个图保乃至乡、县田土"总"的情况呢?这就需要攒造另一类配套册籍,即鱼鳞总图。

关于鱼鳞总图的起源,亦可追溯至南宋绍兴经界,在李椿年主持的绍兴经界中有下列记载:

> 本贯庆元府鄞县武康乡沿江里汪大猷,字仲嘉……为婺州金华县丞。处事益明,期限必信……时户部侍郎李公椿年建议行经界,选公为龙游县覆实官,约束严峻,已量之田,隐藏亩步,不以多寡,率至黥配,盛气临人,无敢忤者……李公又欲以十保合为一图,仍与邻都犬牙相入。公曰:"一保之图用纸二百番,已无地可展,又从而十之,不惟不能图画,亦安所用之,徒重劳费,无益于经界也。"由是诸郡俱免催科办事。①

其后不久,朱熹在参照绍兴经界而筹划漳州经界时说:

① 〔宋〕楼钥:《攻媿集》卷八八《敷文阁学士宣奉大夫致仕赠特进汪公行状》,清武英殿聚珍版丛书本。

至于图帐之法，始于一保，大则山川道路，小则人户田宅，必要东西相连，南北相照，以至顷亩之阔狭，水土之高低，亦须当众共定，各得其实。其十保合为一都，则其图帐但取山水之连接与逐保之大界总数而已，不必更开人户田宅之阔狭高下也。其诸都合为一县，则其图帐亦如保之于都而已，不必更为诸保之别也，如此则其图帐之费亦当少减。然犹窃虑今日民力困弊，又非绍兴年中之比，此费虽微，亦恐难以陪备，若蒙朝廷矜怜三郡之民，不忍使之更有烦费，则莫若令役户只作草图草帐，而官为买纸雇工，以造正图正帐……此则攒造图帐必可行之说也。①

通过以上记载可知，在绍兴经界中，曾造"一保之图"，又"以十保合为一图"，即造有乡都图，乃至一县之图，这些都是当时所造鱼鳞总图。从其所言"一保之图用纸二百番"，可知鱼鳞总图所画极为细致，"大则山川道路，小则人户田宅，必要东西相连，南北相照，以至顷亩之阔狭，水土之高低"，均备载无遗。上面所引李椿年绍兴经界中"十保合为一图"，主要是讲汪大猷覆实龙游县经界的事，其在该县曾中止实行，而绍兴经界是否实行，这里并未说明。不过，从后来朱熹建议对"十保合为一都""诸都合为一县"加以简化来看，当是绍兴经界时较为普遍的做法。朱熹为节省造册费用，遂略有改进，提出自都之图帐起，向上逐级简化，成为可行之法。后世亦采用之。

其实，在绍兴经界之前，宋代经理屯田地土之际已出现总图类的图册。据《宋会要辑稿》载，绍兴六年(1136)正月，都督行府言江淮州县屯田事，措置相关条例榜示，其中言：

(绍兴六年正月)二十八日，都督行府言："江淮州县自兵火之后，田

① 〔宋〕朱熹：《晦庵先生朱文公文集》卷二一《经界申诸司状》，《四部丛刊》初编，上海涵芬楼藏明刊本，商务印书馆1929年版。

多荒废。朝廷昨降指挥，令县官兼管营田事务，盖欲劝诱广行耕垦。缘诸处措置不一，至今未见就绪。今改为屯田，依民间自来体例，召庄客承佃，其合行事件，务在简便。今条具下项……”

每庄摽拨定田土，从本县依地段彩画图册，开具四至，以《千字文》为号，申措置屯田官类聚，缴申行府，置籍抄录。①

这里所言“依地段彩画图册”，显然是一种鱼鳞总图类的册籍。

关于绍兴经界造有鱼鳞总图之事，还可从宋代地图测绘之发达加以佐证。宋代的地图测绘，不仅运用于军事、河工等方面，还广泛应用于城市建设、房屋营造，以及保甲治安、灾荒救济、农田管理等民政方面，已成为当时行政实施的一个重要工具，如南宋哲学家袁燮在言及救灾时说：“经理田野之政自一保始，每保画一图，凡田畴、山水、道路、桥梁、寺观之属靡不登载，而以民居分布其间，某治某业，丁口老幼凡几，悉附见之。合诸保为一都之图，合诸都为一乡之图，又合诸乡为一县之图。可以正疆界，可以稽户口，可以起徒役，可以备奸偷。凡按征发、争讼、追胥之事，披图一见可决。”②又如，南宋台州临海县令“均其民之力役，图县乡之地，几都几保，合为大图，地之所有，皆物数之”③，等等。可知当时的地图测绘技术已相当成熟，各种不同功用的地图频现，颇为普及。所以，绍兴经界中各种鱼鳞总图的出现并非偶然。

至明初，鱼鳞图册制度更加完善，鱼鳞清册、鱼鳞总图的攒造已较为普遍。《明实录》载：

---

① 〔清〕徐松：《宋会要辑稿》食货六三《屯田杂录》，中华书局1957年影印本，第6036～6037页。

② 〔宋〕真德秀：《西山文集》卷四七《显谟阁学士致仕赠龙图阁学士开府袁公行状》，《文渊阁四库全书》第1174册，第749页。

③ 〔宋〕叶适：《水心集》卷一五《彭子复墓志铭》，《文渊阁四库全书》第1164册，第285页。

(洪武二十年二月)戊子,浙江布政使司及直隶苏州等府县进鱼鳞图册。先是,上命户部核实天下田土,而两浙富民畏避徭役,往往以田产诡托亲邻、佃仆,谓之铁脚诡寄。久之相习成风,乡里欺州县,州县欺府,奸弊百出,谓之通天诡寄。于是富者愈富,而贫者愈贫。上闻之,遣国子生武淳等往各处,随其税粮多寡,定为几区,每区设粮长四人,使集里甲、耆民,躬履田亩,以量度之。图其田之方圆,次其字号,悉书主名及田之丈尺四至,编类为册,其法甚备。以图所绘,状若鱼鳞然,故号鱼鳞图册。①

这里主要讲洪武二十年(1387),浙江及直隶等府县向朝廷进呈鱼鳞图册之事。又追溯此前朱元璋"命户部核实天下田土",并遣国子生往各处划分粮区,设定粮长,"使集里甲、耆民,躬履田亩,以量度之。图其田之方圆,次其字号,悉书主名及田之丈尺四至,编类为册,其法甚备。"说明鱼鳞图册作为一种制度与其攒造方法在明初已相当完备。其中特别提到"以图所绘,状若鱼鳞然,故号鱼鳞图册",其"以图所绘,状若鱼鳞然",即指鱼鳞总图而言。

迄今为止,并未发现洪武鱼鳞总图实物遗存。此前在诸多论著中作为洪武鱼鳞总图而被广泛引用的所谓"洪武丈量鱼鳞图",并非洪武鱼鳞总图实物,而是《歙西溪南吴氏先茔志》中所附一幅插图,详见本书第六章"洪武鱼鳞图册"有关考证。但从文献记载来看,历史上洪武鱼鳞总图确实是存在的。

明朝著名阁臣顾鼎臣,为清查田粮而建言进行土地清丈,于嘉靖六年(1527)上疏言:

乞敕巡抚、巡按,并议差前项官员,督委各该州县正官,于农隙之时,责令各属里甲、田甲业户,公同将本管轻重田地、涂荡,仿照洪武、正统年

① 《明太祖实录》卷一八〇,洪武二十年二月戊子条,台湾"中研院"历史语言研究所1963年校勘本。

间鱼鳞、风旗式样，攒造总撒图本，细开原额田粮、字圩、则号、条段、坍荒、成熟步口数目，府州县官重复查勘的确，分别界址，沿丘履亩，检踏丈量明白，申呈上司。应开垦者，召人开垦；应改正者，照旧改正；应除豁者，奏请除豁。则事既易集，而民亦不扰。①

这里所言"仿照洪武、正统年间鱼鳞、风旗式样，攒造总撒图本"，换句话说，就是要仿照洪武、正统年间的鱼鳞图册式样，而攒造鱼鳞总图与鱼鳞清册。所谓"鱼鳞"，即指鱼鳞总图所画鱼鳞式样，因其上所画各号田土相连，状若鱼鳞而得名；所谓"风旗"，即指鱼鳞清册所画各丘田土式样，因其上所画丘块田土，类似风旗招展而得名。"鱼鳞""风旗"合起来，是鱼鳞图册的另一形象称谓。其后行文"总撒图本"亦是如此，"总"代表鱼鳞总图，"撒"则指鱼鳞清册，"总撒图本"也是鱼鳞图册的另一称谓。"鱼鳞风旗"与"总撒图本"不无对仗之意。顾鼎臣所言，乃明初土地丈量时既造有鱼鳞清册，又造有鱼鳞总图的一个证明。

其后，嘉靖、万历之际名臣王樵亦有论述：

人民之丁产事业，官府必有册；土田之鳞次栉比，乡里必有图。按图以稽其荒熟，为某人见业，则田不可隐；按册以稽某家某户占田若干，坐落某处，则税不可逋。嘉靖九年，大学士桂公萼尝建议清图清籍，该户部看得，图者地图也，所以图其地亩坐落之形。

洪武二十二年（笔者注：当为二十年），核实天下地土，遣监生丈量，画图编号，名鱼鳞图籍者，册籍也……凡丈量田地，必如国初之制，造为鱼鳞图，始可以杜绝奸弊。盖古者田为母，人为子，故易考。后世田不为

① 〔明〕顾鼎臣：《顾文康公文草》卷一《陈愚见铲积弊以裨新政疏》，《四库全书存目丛书·集部》第55册，第267~268页。

母，反以田系户，户有升降，田有转易，过割之际，欺隐之弊由之而生。田土者，不动之物也，而可以飞洒、可以隐没；税粮者，随田者也，而或有田无税，有税无田，则以惟在里书之笔端，官府无可按据以知其实也。鱼鳞图者，田仍为母也。田有区段，各有四至，内开某人见业。乡有封界，又有大四至，内计为田若干，自一亩以至于万亩，自一里以至于百里，各以邻界挨次而往，造成一图，则一县之田土，山乡、水乡、陆乡、洲田，与沿河有水利常稔之田，其间道路之所占几何，皆按图可见。故《周礼》地讼以图正之，可见图之与册相须而不可无者也。图者，以土统人也；所以立砧基册者，以田归户也，所以稽常税而定科差……鱼鳞图、归户册，县总者收贮在库，官府掌之；乡总者收贮在乡，里老掌之。皆丈量官用有印信，专官以掌之。县乡相对，总撒相符，前后相付，不使奸人得以磨灭改易，则在在之田赋常清矣。①

这是一段关于鱼鳞图册的相当全面的阐释，涉及鱼鳞图册的缘起、特质与明初所造鱼鳞图册制度等。其中言及各种鱼鳞总图，“田有区段，各有四至，内开某人见业”，是指一个图（保）内各区段的鱼鳞总图；而“乡有封界，又有大四至，内计为田若干，自一亩以至于万亩，自一里以至于百里，各以邻界挨次而往，造成一图，则一县之田土，山乡、水乡、陆乡、洲田，与沿河有水利常稔之田，其间道路之所占几何，皆按图可见”，则指乡级与县级的鱼鳞总图而言。这种鱼鳞总图，能将一个图（保）的土地占有落实到各个业户，可按图索骥，确定业户土地占有权属，特别是其占有田土位置；可落实一个乡乃至一个县的土地分布，“县乡相对，总撒相符，前后相付”，实为构成鱼鳞图册系统不可或缺的一种册籍。

---

① 〔明〕王樵：《方麓集》卷一六《紫薇堂札记》，《文渊阁四库全书》，第1285册，第472～474页。

那么,现今鱼鳞总图文书遗存的情况又如何呢?

与鱼鳞草册、清册相比,现今鱼鳞总图的遗存相对较少。但在徽州鱼鳞图册中,尚有一些鱼鳞总图遗存下来。以下略举几本遗存的徽州鱼鳞总图实物。

(一)万历休宁县十二都鳞字号摊佥册

中国社会科学院古代史研究所藏。① "鳞"字系万历丈量休宁十二都一图所领字号。该册封面为休宁十二都一图地理图(见图 5-10),图的方位是上西、下东、左南、右北,其上绘有十二都所属村落、庙宇街亭、山岭河流、田畴分布、地段土名等。具体标识名称有:石门寺、行坑、排岭、岩坑、梓溪、双溪街、谷林、郝坞、店椌、黄充、黄土培、麻榨、上干、霓湖、程坑、庙降、方坑、汪坑、外何、西坑等。周边绘有旗杆,以标识图界:西黟县界,西北七都界,西南祁门界,南三十都界,北三图界。

其后则为该图所属各地段之鱼鳞总图。明洪武丈量时徽州各县沿用元延祐经理字号,各都之下一般多分为十保,每保之下所辖田土流水号数少者五六百号,多者一千余号。万历丈量以后改以图为单位编领字号,一个图所辖土地范围要大得多,一个鱼鳞册字号上所编流水号数少者数千,多者甚至上万。在一张鱼鳞总图之中,无论如何也绘不下成千上万个流水字号,因此,与一个保或一个图的鱼鳞清册相对应的鱼鳞总图,一般多分段编绘,以各地段为单位,分别编绘,最后合为一册。徽州地区将这种鱼鳞总图称为"摊册"或"摊佥"。鱼鳞总图中一张张以各地段为单位而编绘的幅图,一般称为"幅""图""单"等。万历休宁十二都"鳞"字摊佥册,一册,共 33 幅图,图5-10为其中之一。

① 中国社会科学院古代史研究所藏 1000193 号,见王钰欣、周绍泉主编:《徽州千年契约文书》宋元明编卷一一,花山文艺出版社 1993 年版,第 215~276 页。

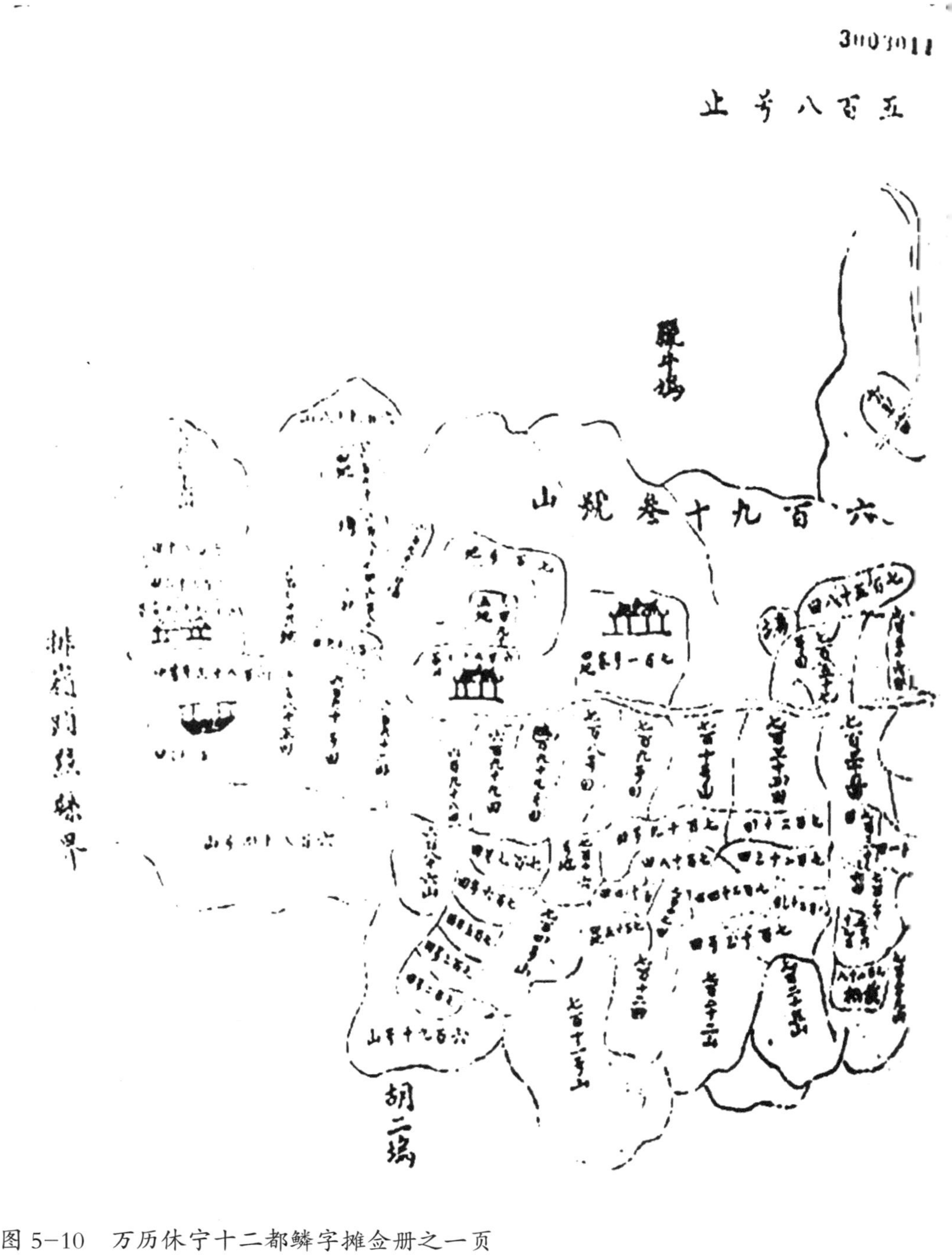

图 5-10　万历休宁十二都鳞字摊佥册之一页

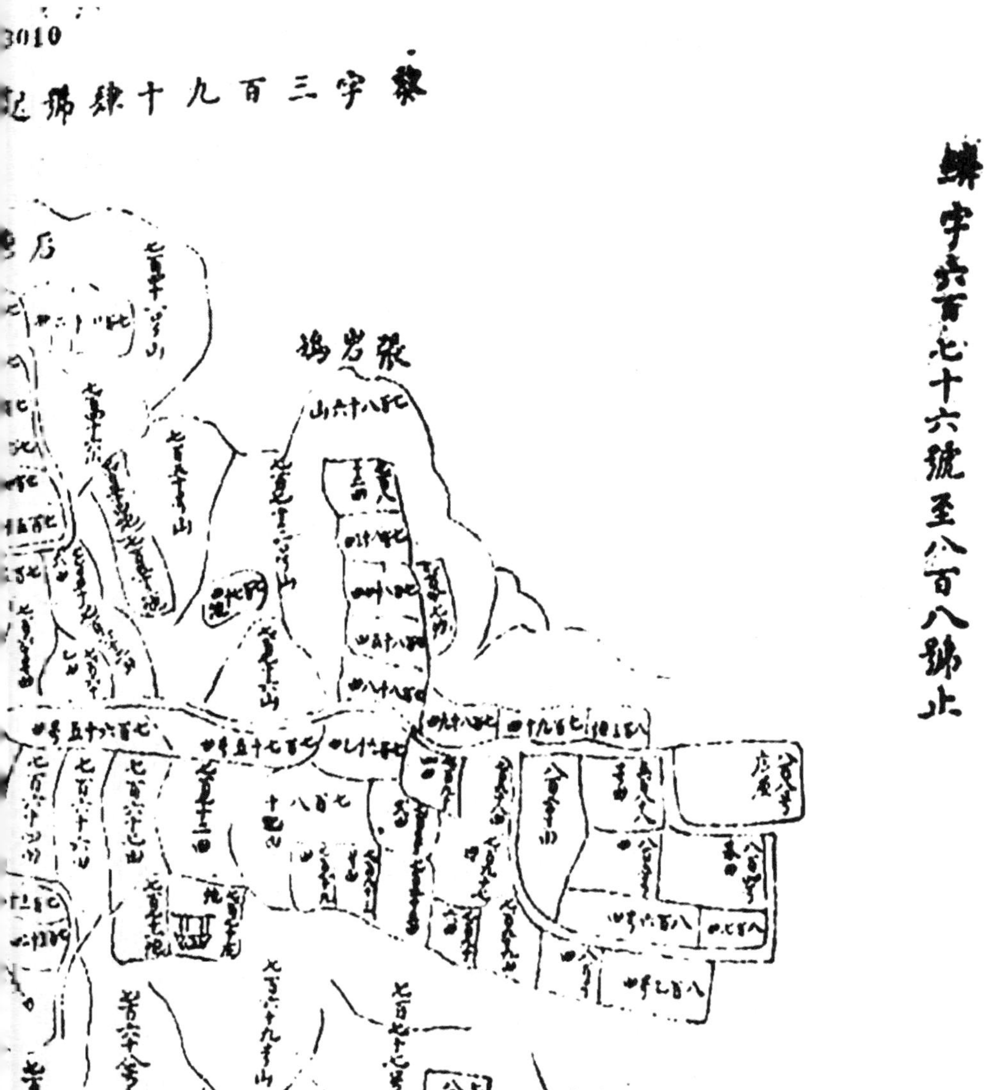
3010
黎字三百九十肆號起
黎字六百七十六號至八百八號止
張岩鴿

该图右边题“鳞字六百七十六号至八百八号止”,上部标识“黎字三百九十肆号起至五百八号止”。这里所标“鳞”字,即万历休宁县十二都一图新丈字号。洪武丈量时休宁十二都分为十保,分别领“黎、首、臣、伏、戎、羌、遐、迩、一、体”等10个字号,万历丈量时对原来各保字号进行整合,改以图为单位新编字号,十二都只有一图和三图,新编“鳞、潜”二字,“鳞”字为十二都一图万历新丈字号,整合了洪武丈量时“黎、首、臣、伏、戎”各字号,图上所标“黎”字是洪武丈量保簿字号,该册有的图上直接题有“旧保簿”“原黎字”等文字。如该册第一图题:“鳞字一号起至一百二十八号止,原黎字一号起至七十七号止”,第二图题:“鳞字一百二十六号起至三百十六号止,原黎字七十四号起至一百六十七号止”,等等。册中各图之上,均标识了万历新丈字号所整合的原洪武丈量编号,反映了万历丈量整合洪武丈量字号的具体情况。

该图所画田土四周标有张岩坞、店塘头、腊牛坞、瓦窑坞、胡二坞等土名,左边还标有“排岭头黟县界”,反映了该地段的大四至情况。图中标出的一个个号数,是该图在鱼鳞清册中所登录的流水字号,总图上显示了各号所在的具体位置,一目了然,以备查询。因纸幅所限,在鱼鳞总图中,一般只标识字号和田土类别,如“七百七十五号田”“七百七十八号地”“七百七十三号山”“六百八十七(号)田、塘”等,另外,还特别标出“庄地”“基田”“基地”“店屋”,并画有建筑屋形。

该册各幅图中还有一些批注,如第一图批注:“鳞字一百十一号、一百十二号、一百十三号、一百十四等号山,悉凭旧保簿,坐落中有不得自行己意,故新图不载。”第二图批注:“二百二十号无图,二百二十一重号,应查。”第四图批注:“六百四十六号无图,应查。已查,有图系山。”等等。这些批注表明,鱼鳞总图所绘各幅地段图形,并非示意图,而是根据鱼鳞清册登录的鱼鳞流水字号,按其所在实际位置,而加以绘制的。鱼鳞总图亦有草册与正册之分,最后需经核对查实。

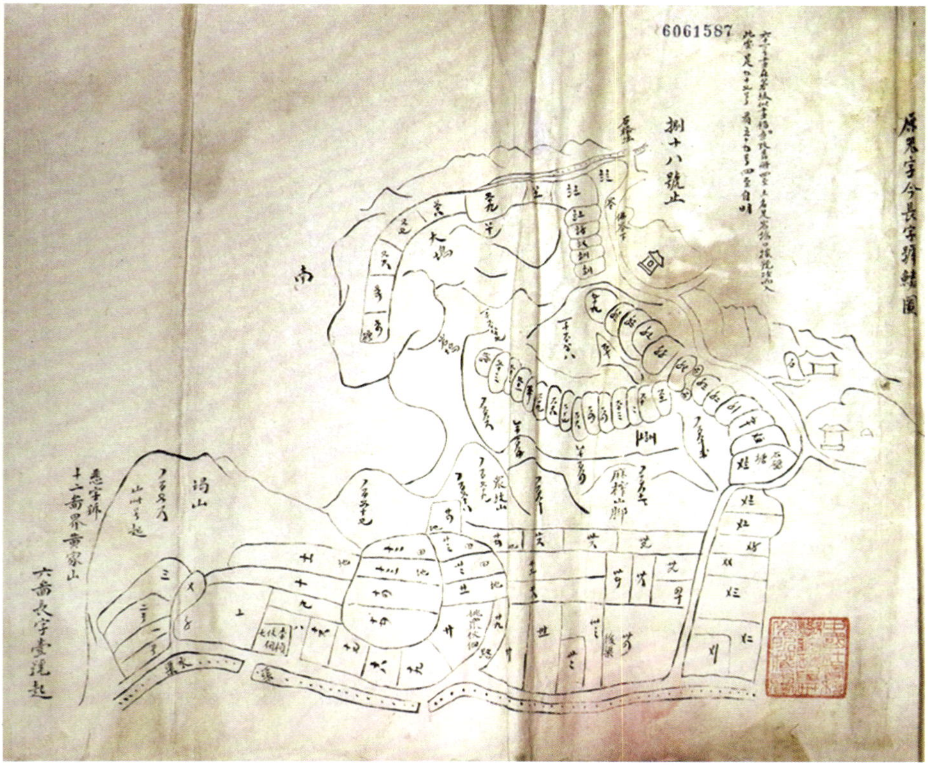

图 5-11　清代休宁二十九都六图长字号鳞图之一

（二）清代休宁二十九都六图长字号鳞图

中国社会科学院古代史研究所藏。一册，计 15 图。① 图 5-11 为该册第一图，其右边上题“原器字今长字号鳞图”。休宁二十九都六图，明万历丈量为“器”字，清顺治丈量为“己”字，康熙丈量改为“长”字。故该鱼鳞总图当为清代康熙或其以后所绘。该册计 15 图，共载“长”字 1675 个号数。第一图方位是上西、下东，左南、右北。左边标“悲字号十二图界黄家山”，即该图南部

① 中国社会科学院古代史研究所藏 1000196 号。

边界。左边下题“六图长字壹号起”,右边上题“捌十八号止”,即该图所载号数。图中所载土名有:石桥丘、佛岭下、大坞、岩坞、埸山、石壁、麻榨山、后渠等。下部绘有河渠。图中还标有“众坟山”“姚众伙佃”“李桢伙佃”等文字。其右上角批注:“六十一号画在茅坟,似画错。查考鳞册四至,土名是岩坞口,挨号次该入此处,是五十七号,看五十五号四至自明。”这段文字亦表明,鱼鳞总图是需经与鱼鳞清册核对的。

四 归户册籍

在鱼鳞图册之中,无论草册还是正册,其各号田土的登载事项都有“见业”(现业)、“业主”一栏,登录该号田土的业主姓名,确认该号田土的产权归属,从某种意义上说,这也是一种归户。然业户占有土地的分布形态多不是连成一片,也不是集中于一个图或一个都,而是颇为分散。这样,在以流水号为序、以一保或一图为单位的鱼鳞清册中,并不能反映某一业户所占有的全部土地。而核实各业户占有的全部土地,则是攒造鱼鳞图册的根本目的,更是官府赋役征调的重要依据。因此,每当清丈土地、攒造鱼鳞图册之际,除造有鱼鳞草册与正册之外,还必须攒造鱼鳞归户册。鱼鳞归户册种类颇多,构成了鱼鳞图册文书的一个子系统,其名称有:归户鱼鳞册、归户清册、亲供归户册、归户鳞册、归户册、田土号簿、田土号单、分庄归户、归户底籍、清丈产簿、户领丘册等。

（一）归户册的由来、性质与攒造

所谓归户册，即将各业户所有的、分散于不同都图、不同地点的各色田土，都汇集到各业户名下而攒造的册籍文书。《明史·食货志》载："神宗初，建昌知府许孚远为归户册，则以田从人，法简而密矣。"①有人据此认为，归户册是明代后期才出现的一种土地文书。其实不然，归户册的由来可以追溯到宋代。

南宋李椿年以户部侍郎主持绍兴经界事，曾建言攒造砧基簿。"今欲乞令官、民户各据画图了当，以本户诸乡管田产数目，从实自行置造砧基簿一面，画田形丘段，声说亩步四至、元典卖或系祖产，赴本县投纳点检，印押类聚。限一月数足，缴付措置经界所，以凭照对画到图子，审实发下，给付人户，永为照应。日前所有田产虽有契书，而不上今来砧基簿者，并拘入官。今后遇有将产典卖，两家各赍砧基簿及契书赴县，对行批凿。如不将两家簿对行批凿，虽有契帖干照，并不理为交易。县每乡置砧基簿一面，每遇人户对行交易之时，并先于本乡砧基簿批凿。"②

砧基簿在南宋绍兴经界之前即已存在，从其源流来看，则属于唐宋以来户帖这一范畴。唐至北宋时期，户帖之上详载该户的田产及其应纳税额，而成为州县催科赋税的重要依据。于是在绍兴经界以后，作为具有户帖性质的砧基簿，依然扮演着十分重要的角色。不过，应注意的是，在南宋绍兴经界之后，砧基簿则主要是依据鱼鳞图册而攒造的，先攒鱼鳞册，后造砧基簿。

砧基簿的归户性质始终没有改变。在南宋乃至元代，不少地方都实行过砧基簿。绍兴十二年（1142），"诏人户田产，多有契书，而今来不上砧基簿者，

---

① 〔清〕张廷玉等：《明史》卷七七《食货一》，中华书局标点本1974年版，第1883页。

② 〔清〕徐松：《宋会要辑稿》食货六《经界》，中华书局1957年影印本，第4898页。

皆没官”①。又如,《名公书判清明集》载,“照得朱氏七契,一契印于绍定三年,六契印于嘉熙四年,其印于嘉熙四年者固若可疑,但所置施文霸桑地,其一亩已于绍熙四年经官,批上砧基簿;其二亩一角十九步又于庆元五年经官,批上砧基簿。又该载嘉定六年分书,并有官印官押分明……”②又,“三房之子皆其犹子,虽不立嗣,而祭祀不绝矣。故绍定二年十月,立砧基簿,簿首言长男熙甫既亡,不愿分产……簿尾系通一、母陈氏着押,兄弟同签,是有父命明矣。砧基文书,皆已印押讫”③。

对宋元以来史籍中所言砧基簿,论者或不加区分,将其笼统归于鱼鳞图册一类文书。但如上述史籍所载,所谓砧基簿,其上虽“画田形丘段,声说亩步四至”,而其所载内容乃“本户诸乡管田产数目”,是以田系户,其上既钤官府印鉴,同时又着业户签押。严格说来,它与以保或图为单位、按田土丘段顺序攒造、以人从田的鱼鳞图册是有区别的。“图者,以土统人也;所以立砧基册者,以田归户也,所以稽常税而定科差。”④不难看出,其实砧基簿是将业户所有的散在诸乡的各色田土归到一起而攒造的一种归户文书。

在南宋的土地经界中,一些地方还造有户产簿、类姓簿等。“知婺州赵悫夫行经界于其州,整有伦绪,而悫夫报罢。士民相率请于朝,乃命赵师岩继之。后二年,魏豹文代师岩为守,行之益力。于是向之上户析为贫下之户,实田隐为逃绝之田者,粲然可考。凡结甲册、户产簿、丁口簿、鱼鳞图、类姓簿二十三

---

① 〔元〕马端临:《文献通考》卷五《田赋考五 · 历代田赋之制》,《文渊阁四库全书》,第610册,第140页。

② 〔明〕张四维:《名公书判清明集》卷六《争田业 · 王直之朱氏争地》,《续修四库全书》,第973册,第398页。

③ 〔明〕张四维:《名公书判清明集》卷八《立继类 · 嫂讼其叔用意立继夺业》,《续修四库存全书》,哈佛大学燕京图书馆藏本,第973册,第431页。

④ 〔清〕顾炎武:《天下郡国利病书》原编第七册常镇,引《镇江府志 · 均田法》,《四部丛刊》影印本。

万九千有奇，创库匮以藏之。”①

元代亦有关于类姓簿的记载。王祎记元至正十年（1350）肃政廉访使董守悫均役之法：“下令使民有田者，各以状自陈所有之田几何；复俾各都之役于官曰里正、曰主首者，与练习田事之人，履亩而核其得业之人为谁；又稽故所藏籍，以质其是否；三者克合，乃定著为籍。其以田之图相次，而疏其号名、亩税粮之数，与得业之人于下者，曰‘流水’，亦曰‘鱼鳞’；以人之姓相类，而著其粮之数于后者，曰‘类姓’；以税粮之数相比，而分多寡为后先者，曰‘鼠尾’。”②

以上宋元史籍中所言“类姓簿”，又为何种册籍呢？读一下明代的有关记述即可明了。嘉靖《浦江志略》载：“大明洪武十有四年，造田土流水文册，共三百四十册。内开每都佥都长一名，保长一十名。每遇造册之年，照号挨踏入册，图画田地山塘段样，开载原业某人、今业某人，及米麦科则数目，庶无隐漏飞诡，查明方上四截文册、田土类姓文册，共三百四十册，随流水编造，如一都一保，田土不拘另籍，或张姓李姓选作一处，以便查考。”③这里所言洪武十四年所造“田土流水文册”，即指洪武时期攒造的鱼鳞图册。而随同鱼鳞图册一起攒造的“田土类姓文册”，则是对田土“不拘另籍”，按同一人户“选作一处”，并按同姓类编。这种以田从人的类姓簿，显然亦是一种归户册。

在遗留至今的徽州府休宁县《明洪武十九年拾都陆保罪字保簿》④这一鱼鳞图册实物中，第三百二十五号业户汪售甫、汪保下附有这样一段注文：“乡保簿见业是汪售甫、汪保二人，官印保簿是见业汪再、汪善二人。今详查归类

---

① 〔元〕脱脱等：《宋史》卷一七三《食货上一·农田》，中华书局标点本1985年版，第4179页。

② 〔明〕王祎：《王忠文集》卷九《婺州路均役记》，《文渊阁四库全书》，第1226册，第202页。

③ 嘉靖《浦江志略》卷三《官守志·册籍》，天一阁藏明代方志选刊本，上海古籍书店1964年版。

④ 国家图书馆善本部藏16828号。

庄户，并洪武十九年紫阳书院对同棋盘米麦册，俱是汪售甫、汪保名目，并无汪再、汪善名目。又且汪再、汪善分厘与原签山分厘大不相侔，决是誉官印者之谬录也。”很明显，这里所说的“归类庄户”，是当时攒造的一种归户册。

关于明代归户册的记载，除上述已言及者外，还可举出一些例子。例如，崇祯《松江府志》载：“（隆庆）三年己巳，佥事郑元韶尽数清丈，悉去官民召佃之名，分作上、中、下三乡定额，田有字圩号数，册有鱼鳞归户。至今田额以是为准。”①又如同治《益阳县志》载，“万历初为归户册，以田从人”②。

宋元以来至明代攒造的归户册类文书，从其内容上看，大致有以下几种：一是以一户为单位，将其所有的散在各处的全部田产汇到一起，而各自攒造的归户文书，如宋元时期的砧基簿，即此种文书。二是只将一保或一图的鱼鳞册所登录的各号田土，按户头归并到一起而攒造的鱼鳞归户号簿，如中国社会科学院古代史研究所藏《弘治九年抄录鱼鳞归户号簿》③，即此种文书。三是以一保或一图为单位，将其下所属业户在各都图的所有全部田土，都分别归到各业户名下，而汇集攒造的归户册。这种归户册有“鱼鳞归户册”“吊号归户册”“归户亲供册”等名称。如中国社会科学院古代史研究所藏《万历九年清丈二十七都五图归户亲供册》、《明黟县归户鱼鳞册》、《遂安县吊号归户册》等，即属此种文书。

关于归户册攒造的具体做法，一般是在清丈之际，对鱼鳞图册所编每一号田土，都分别印制一种小票，其上载有字号、土名、清丈亩步、田则、税额、所属业主都图姓名等，颁发给该号田土的业主收执，然后业主执此小票，在其所属都图亲供归户。这种小票在明代称为“归户票”。其由来至迟可追溯到元代。元“至正二年(1342)，浙东海右道肃政廉访司檄绍兴路总管府，以余姚州

---

① 崇祯《松江府志》卷八《田赋一》，上海图书馆藏崇祯三年刻本。

② 同治《益阳县志》卷五《田赋志一》。

③ 王钰欣、周绍泉主编：《徽州千年契约文书》宋元明编卷一一，花山文艺出版社 1993 年版。另参阅拙文《弘治九年抄录鱼鳞归户号簿考》，载《明史研究》第一辑。

田赋未均，乃属同知州事刘侯(刘辉)专治其事。……侯受檄以来，出宿公宇，日一还，问太夫人起居而已。昼夜悉心，须发为变。田一区，印署盈尺之纸以给田主，为之乌由，凡四十六万余枚。田后易主，有质剂，无乌由，不信也”①。又，余阙《均役记》中载，“至正十年(1350)秋……义乌县则复以衢州路录事范公琇为之辅，而总管陈伯颜不华总领之。……令既浃，乃保以一正，属民履亩而书之，具其田形、疆畉、主名，甲乙比次以上官，官按故牍而加详核之。曰鱼鳞册，以会田；别为右契，予民使藏之。曰乌由，以主业。其征之所会曰鼠尾册，以诏役”②。以上史籍中所言“乌由”“右契”，都是按田土丘段或鱼鳞册的编号，发给其所属业主的凭证，显然是归户票之类的凭证文书。

归户票是发给业主的某块田土的权属凭证，具有法律效用。田产转移时，老票缴付，官府佥发新票给新业主，称为“换佥”或“换票”；若发生土地纠纷诉讼，业户则执归户票以证明其产权所有，得到官府认可。因此，归户票受到业户的珍重，而有不少被保存下来。在徽州文书中，万历清丈时颁发的清丈“归户票”“分亩归户票”“分税归户票”等实物被保存至今。

归户票多由各都图分别印制，故名称、格式略有不同。从其所载文字可以看出，归户票的作用主要有二，一是业主据此“前付该图，亲供归户”，攒造归户册；二是业户“仍执凭票”，作为该号土地所有者的凭证之一。归户票可视为近世土地证之滥觞。

(二)顺治休宁十四都十一图胡氏鱼鳞归户册

安徽省图书馆藏，一册，首尾均缺③，见图5-12。以现存该册首页所载33号为例，其各号登载项目与填写文字如次：

---

① 〔明〕危素：《说学斋稿》卷一《余姚州核田记》，《文渊阁四库全书》本，第1226册，第655页。

② 〔元〕余阙：《青阳先生文集》卷九《宪使董公均役之记》，《四部丛刊》续编影印明刊本。

③ 安徽省图书馆藏2:38604号。

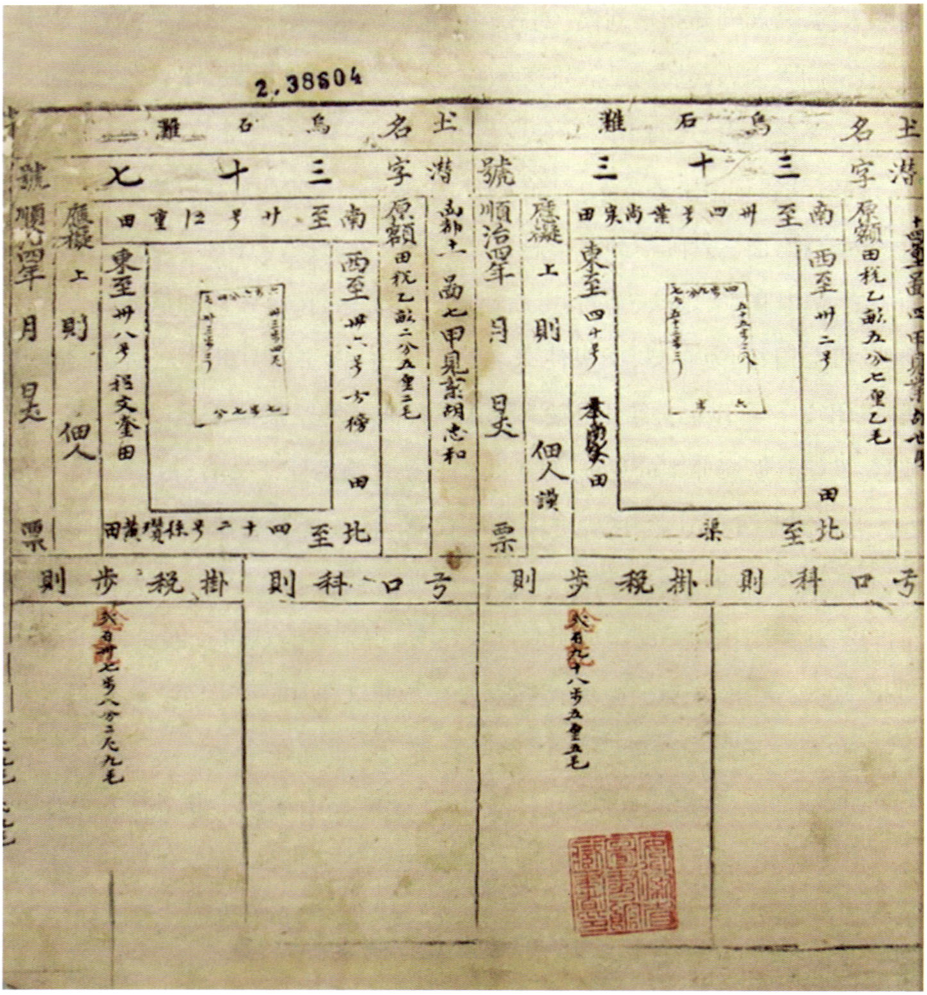

图 5-12 顺治休宁十四都十一图胡氏鱼鳞归户册

土名乌石滩　潜字三十三号

十四都十一图四甲见业胡世贤

原额田税一亩五分七厘一毫

田形　(东)五十三步三分　(西)五十五步三分八厘

　　　(南)四步九分七厘　(北)六步

　　　东至四十号本家田　西至三十二号

南至三十四号叶尚实田　北至渠

应拟上则　佃人谟

弓口科则

挂税步则　贰百九十八步五厘五毫

顺治四年　月　日丈　票

根据其上版刻印刷“顺治四年　月　日丈”文字可知，该册当为清初顺治年所造。又载“潜”字号、“十四都十一图”等文字，据安徽省图书馆藏《休宁县新丈都图字号乡村地名便览》载，十四都十一图“潜”字号是清初休宁县新丈字号。应注意的是，册中所载字号顺序，并非像一般鱼鳞册那样是连续的流水号数，如图中同一页所载“潜字三十三号”，接着则是“潜字三十七号”，两者字号并不连续。此外，册中还载有其他鱼鳞字号的内容，如：

土名呈婆宅　养字叁千号

都　图　甲　见业

原额山税五分二厘三毫

田形(略)

东至大路　西至　南至　北至

应拟　则　佃人

弓口科则

挂税步则

顺治四年　月　日丈　票

其上注有下列文字：“长岭祖茔，原贞字三千〇二十二号，今改养字三千号。”据有关文献所载，休宁县清初二十五都五图字号即原“贞”字今改“养”字，与此处所注文字相符。由此可知，这一号田土原载于清初二十五都五图

“养”字号鱼鳞清册之中。因其为胡氏祖茔之地，为其所有，故收载于此。总之，其字号并不连续，并载有其他都图字号内容，因其同为胡氏所有而被收载于一册之中，明显呈现出鱼鳞归户册籍性质。册中所载业主姓氏绝大多数为胡氏，不过亦杂有少量他姓，如“土名鹅胫丘，潜字伍拾叁号”，其见业栏载有两个业户，一户为“十四都一图十甲见业孙赞黄，税四分六厘一毫”；一户为“十四都十一图四甲胡世贤，税九分二厘五毫”。再看其田形四至：“东至五十四号本家田，西至五十二号孙赞黄田，南至六十号本家田，北至渠”，即可明了，胡、孙两家的田土是相邻的，该号田分别有胡、孙两家各自的田土，故出现了他姓孙氏。册中又有一号载有见业方氏，其田四至载：“东至七十九号方胡地，西至七十一号本家园，南至八十号应文屋，北至七十七号本家田。”也是因为与胡氏本家之田相邻才被收载的。册中杂有少量他姓，均是因其与胡氏所有田土相关而登载的。综合上述所载内容，可以看出该册实为清顺治时所造休宁十四都十一图胡氏鱼鳞归户册。

（三）顺治四年休宁二十八都八图“莫”字佥业归户册

安徽中国徽州文化博物馆藏，一册，见图5-13。封面无题字，正文所载如下：

> 顺治四年清丈各户田地山塘扦(佥)业
>
> 朱仕可户
>
> 莫字一千四百〇六(号)　田九分八厘八毫　熨斗丘　入朱良户
>
> 一千五百〇二　山五毫四丝八忽三　旧七毫四丝　盈尖　入仕可户
>
> (以下略，计100笔)
>
> 朱君懋挂业
>
> 一千四百四十　田四分八厘　长岭墓　入朱良户

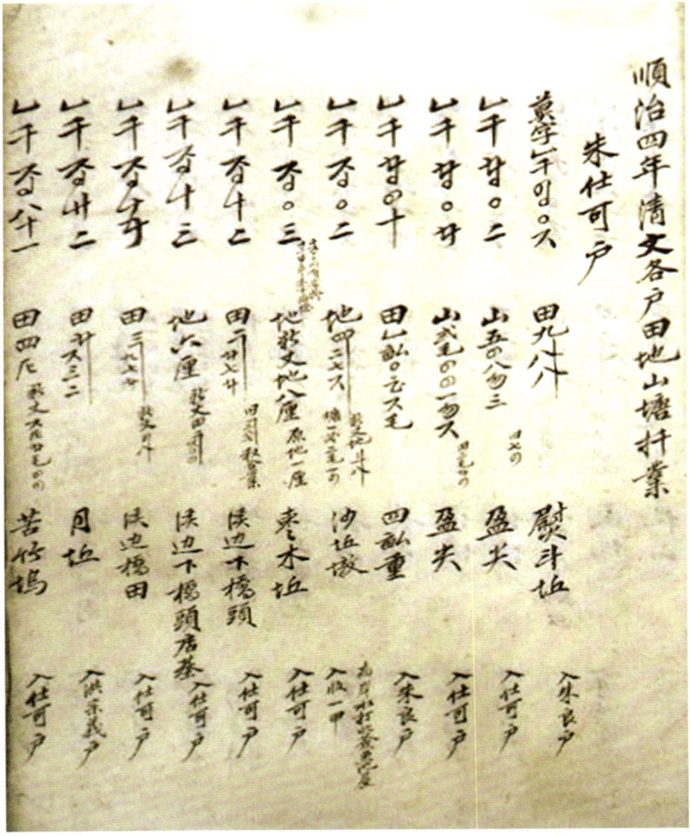
顺治四年清丈各户田地山塘抃業
朱仕可户

图 5-13 顺治四年休宁二十八都八图莫字佥业归户册

一千四百五十四　山二厘三毫五丝四忽　长岭　入朱世昭户

（以下略，计 9 笔）

其后还连续载有“朱启挂业”“朱恩学挂业，承恩公、承学公两房”“朱同庆挂业”“朱天泽挂业”“朱世昭挂业”“朱隆隐挂业”“八甲朱仕可”“八甲程云升”等户下各笔字号佥业，全册共载 10 户。每户所载鱼鳞字号并不连续，属归户性质无疑，但所载鱼鳞字号只有“莫”字，故该册当属清顺治清丈“莫”字号部分业户鱼鳞归户册。

五　其他册籍

（一）清徽州休宁县三都六图“暑”字佥册

在遗存的休宁县鱼鳞图册之中，有一种“佥册”，如《清徽州休宁县三都六图“暑”字佥册》，现存共 5 册，载暑字第 1—1600 号及第 2001—2399 号，第 1—1200 号所载保存较完整，第 1201—1600 号及第 2001—2399 号所载多有残缺。① 每页书口刷印“佥册”二字，见图 5-14。蓝色版刻印刷。册页每面登载 2 个丘号，每号所载事项有字号、见业、都图甲、今丈积、土名、税、分庄，不画田形，亦不载丈量弓步，见图 5-15。

图 5-14　清徽州休宁县三都六图暑字佥册书口

① 休宁县档案馆藏鱼鳞图册，第 75 册，77 册，79 册，80 册，84 册。

在休宁县三都六图“暑”字鱼鳞册中，同时还保存有“暑”字号弓口册，现存共8册①，载“暑”字第1—200号、第401—800号及第1401—2399号，其中有少量残缺。每页书口刷印“弓口册”三字。册页每面登载1个丘号，每号所载事项有字号、都图甲、见业、原额、税、今丈积、土名、应拟则、计税，每号上部画有田形，标注丈量弓步及四至，下部填写分庄与佥注，见图5-16。

将上述三都六图佥册与弓口册对照，可知现存两册所载有相当多号数为“暑”字同一丘号，如弓口册所载“暑”字一号，在佥册中亦载有“暑”字一号；弓口册所载“暑”字二号，在佥册中亦载有“暑”字二号；等等。现存两册所载同号者有千余号。由此可知，两者均是有关三都六图“暑”字号的鱼鳞册籍。对比两者各号所载，既有多项相同，也有显著不同。

首先，其所载字号、土名、都图甲、见业、户名、今丈积等这些基本项目多是相同的。但如上所述，在弓口册中各号画有田形，并详注丈量弓步，而在佥册之中，则不设田形一项，亦不载丈量弓步，这是两者的显著不同之处。

其次，两者对分庄与佥注所载有所不同。以“暑”字六百九十五号为例，先看弓口册所载：

暑字陆百九十五号，土名石坪口。

叁都陆图贰甲见业闵之荣、吴一坤，九甲朱大旭，众香花会。

原额　税　今丈积壹百四十一步三分柒厘五毫。

田形(略)　南至六百九十四〔号〕界，北至六百九十六〔号〕界，西至渠界，东至路界。

应拟中田则，计税陆分四厘贰毫六丝壹忽。

内三都六图三甲闵之荣归税六厘，计十三步，转本图贰甲吴一坤。

内三都四甲吴永寿户归七十步六分八厘柒毫，十二年转本图九甲朱

① 休宁县档案馆藏鱼鳞图册，第74册，第76册，第78册，第81册，第82册，第83册，第85册，第86册。

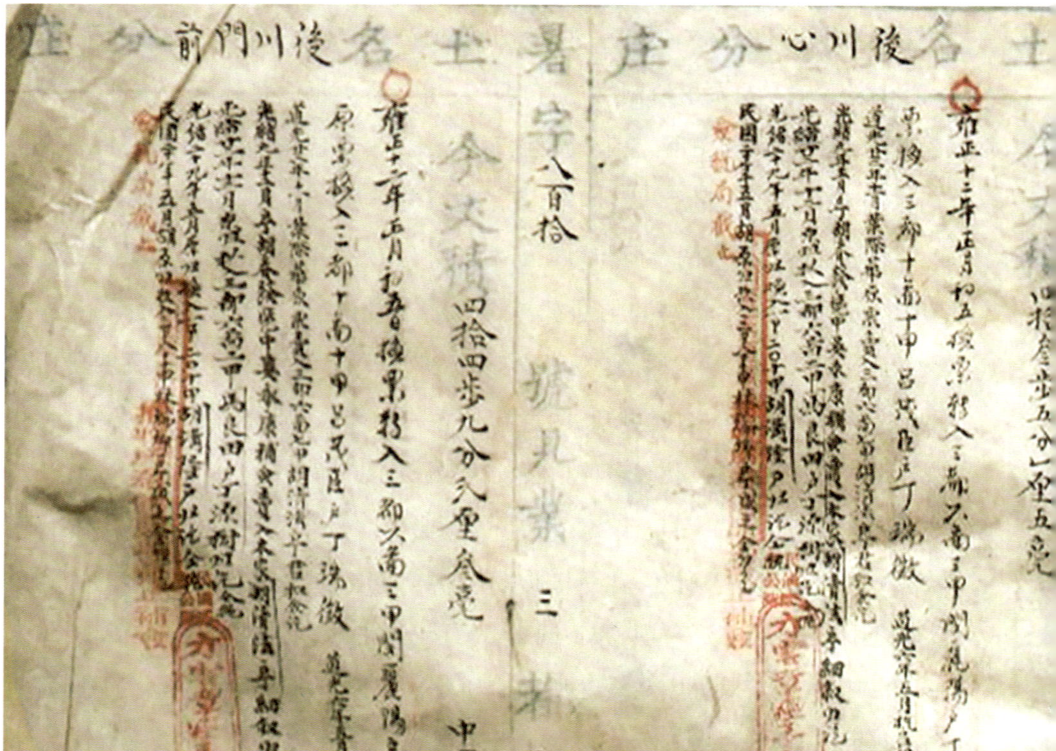

图 5-15　清徽州休宁县三都六图暑字佥册

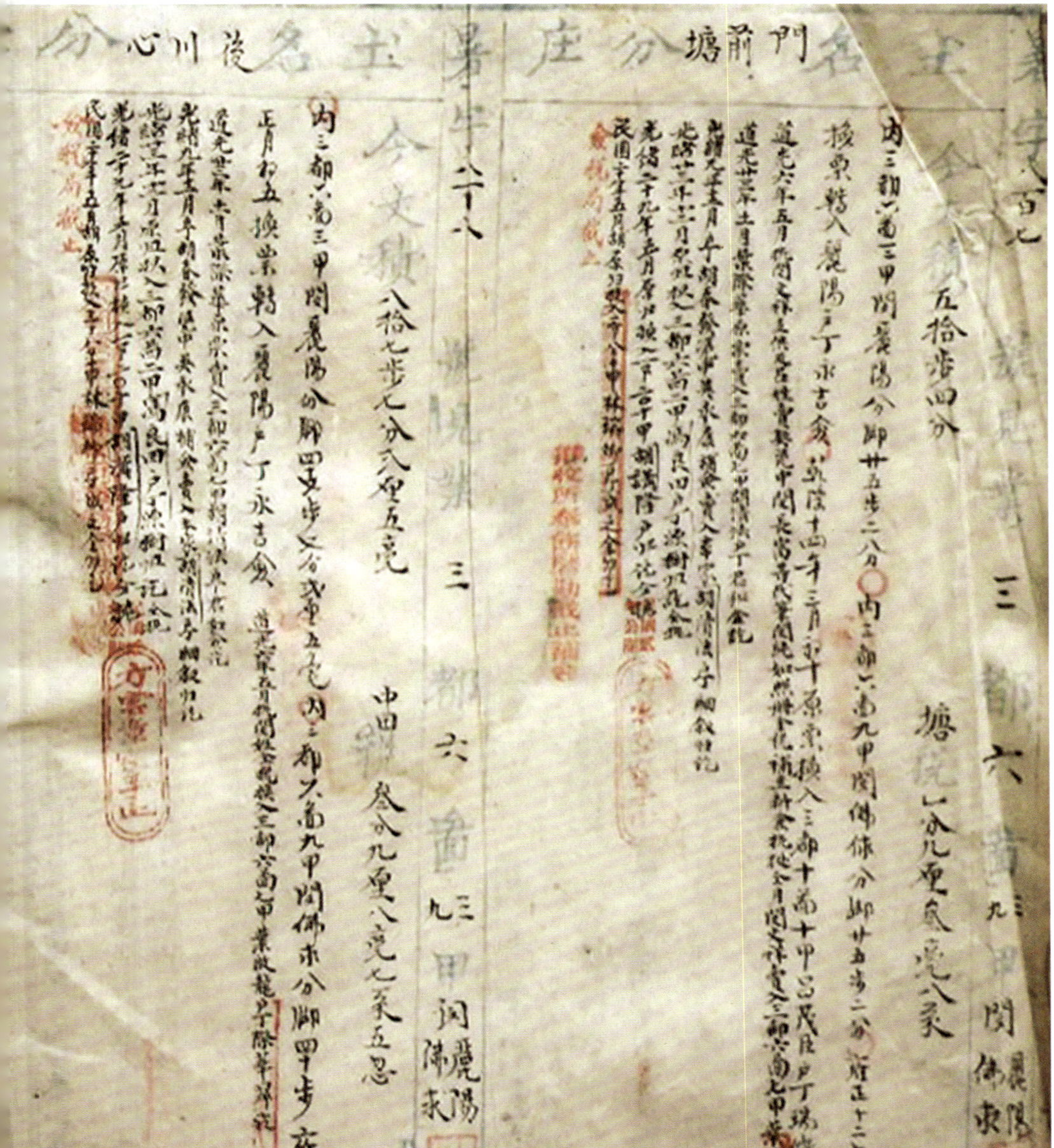

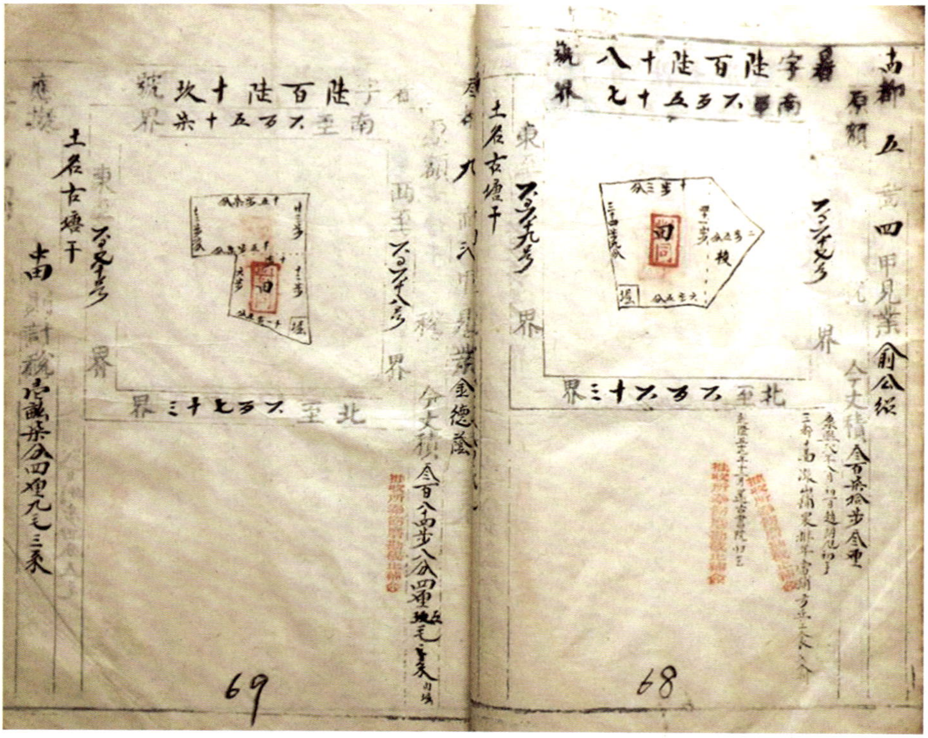

图 5-16　清徽州休宁县三都六图暑字弓口册

大旭。

内三都六图四甲吴文运分归五十七步四分八厘九毫，转与本图贰甲吴一坤户。①

再看“暑”字佥册同号所载：

暑字陆百九拾五号，土名石坪。

见业三都六图二甲吴一坤，九甲朱大旭。

① 休宁县档案馆藏鱼鳞图册，第78册，第95页。

今丈积壹百四拾一步叁分七厘五毫。

中田，税六分四厘贰毫六丝一忽。

内三都六图二甲吴一坤分脚七十步六分八厘七毫五丝，于康熙三十二年执吴一坤原票，换入子新户，归讫。即日换入二十七都五图七甲潘必生户丁尔达乞。于四十三年十一月十三日执尔达原票，换入东南隅一图六甲吴四旺户丁子安。

内三都六图九甲朱文翰分七十步六分八厘七毫，康熙十五年九月初三日发票。康熙十五年十二月，执朱文翰票换入同都六图七甲吴廷龙户丁元梅，归乞。入何。

嘉庆二年十二月，执吴四旺原佥换入三都六图四甲吴衍德户丁荆山，归乞。

道光二十三年五月，吴衍德原归卖入三都八图二甲汪懋琪户丁修道，佥讫。

咸丰七年二月，汪懋琪户原佥换入三都六图十甲汪五丰户，归讫，同执。

光绪七年贰月，汪五丰户佥换入东北隅一图一甲胡广户，归乞。

光绪十三年十月，胡广户票换入贰都柒图五甲何宾户丁宾，归乞，同执。并入汪。

光绪十五年十一月，元梅票换入贰都七图五甲何骝驰户丁星记，归乞。

民〔国〕二十六年，执何原归贰张共税六分四厘二毫六丝〇五微，换入三都一图十甲汪志洁户，归乞。①

以上“暑”字同一丘号，弓口册所载与佥册所载在字号、土名、都图甲、见

① 休宁县档案馆藏鱼鳞图册，第77册，第148页。

业、户名、今丈积、税额等方面基本相同,而在分庄与佥注方面则有明显差别。从分庄与佥注上看,弓口册所载比较简略,而佥册所载则颇为详细。弓口册上只有康熙时的一些分庄与换佥记录,而佥册之上,不仅对各笔分庄与佥注的记载详细,而且所跨时段很长,其上不只有康熙时的记录,还有康熙后的多笔转卖与换佥记载,涉及清嘉庆、道光、咸丰、光绪,直至民国时期,前后相接,转换有序。

从整体上看,两册对比亦是如此。佥册之中所载各号分庄与佥注内容,要比弓口册所载详细得多。有的同一换佥事例,弓口册所载简略,而佥册所载则很详细;有的同一时期发生的各笔换佥事例,弓口册所载不全,而佥册所载要多出几笔,且前后转换顺序明确。两者所载分庄与佥注虽然有交叉重复,但总体来看,弓口册上对康熙时发生的各笔佥注记载较多,而佥册对乾隆之后的转卖与换佥记载更为频繁。两册有的同一丘号,如"暑"字五百九十五号,弓口册该号仅载有康熙时的分庄与换佥,而佥册该号只载有乾隆之后的各笔佥注。再结合各册中填写的笔迹,可以看出,弓口册当为康熙初年所造,佥册应为乾隆时攒造。

明清时期,徽州土地产权普遍被称为佥业。所谓佥业,即通过土地清丈,经过官府认定,而登录于国家版籍即鱼鳞图册上的土地产业。从业户的角度来说,佥业则指经过官方认定的土地业主。在土地清丈之际,一般每丈量一个丘号,就发给有关业户一张"佥业归户票",以作为业主归户之证据;同时,佥业归户票也成为业主对该丘号土地所有的一种书证,成为土地所有之凭证。业户如从事土地买卖、转让、典当等交易活动,亦需完成对佥业归户票进行改佥、换佥、挂佥等手续,以完成土地产权之转换。正因为这是一种土地产权转换行为,所以不能在交易各方私下进行,如同签发佥业归户票那样,还必须有保正、图正、公正等相关的基层组织管理人员主持与介入,才能完成。同时,还要在鱼鳞图册上进行登记,加以确认,即时佥注,以使官方随时掌握土地业主的变换情况。不过,有关土地产权转换佥注的记载,在现存的明代鱼鳞图册之中很少见到，而在清代徽州鱼鳞图册中，特别是休宁县鱼鳞图册中，则十分普遍。清代徽州将土地产权转换记载纳入鱼鳞图册管理，即时佥注，实施动态管理，这成为鱼鳞图册管理的一个重要内容，甚至是主要内容。这是清代徽州鱼鳞图册的一个突出特点。徽州鱼鳞册中佥册的存在，在一个较长时段内专门登录土地产权转换佥注等各项事例，集中体现了鱼鳞图册的动态管理。

（二）康熙休宁县新编弓口鱼鳞现业的名库册

册纵 34.5 厘米，横 30 厘米，皮纸，休宁县档案馆藏，现存一册，载“大”字 2349—3092 号，计 694 号田土资料。① 书口刻印“休宁县新编弓口鱼鳞现业的名库册”。每页双面，每面登载四号田土。每号登载内容分为两部分。上部首行横书字号、土名，其下自右向左竖列：见业都、图、甲，新丈亩步，田形居中，周标四至，其上详注丈量弓口，则税一项在左；下部右边版刻“分庄现管业户”，登载分庄与历朝各笔佥注，见图 5-17。

如前所述，每次攒造鱼鳞图册，在核准草册的基础上，最后造有正册。在鱼鳞正册系统中，有保存在都保或都图的正册，又有保存在官府州县的正册。后者保存在府州县的架阁库，故有库册之称。一次大的清丈攒造库册是必不可少的。库册也是经由乡保或都图而攒造的。乡里的鱼鳞正册保存在图正、里书手中，秘藏不宣，有被私下篡改的可能。库册由官府掌握，被视为标准的鱼鳞册籍，或称官册。其作用在于建立一套由官府掌握的标准鱼鳞图册体系，以防被篡改之虞。在明清田土纠纷案例中，库册所载多成为官府最后定案的关键证据。

---

① 休宁县档案馆藏鱼鳞图册，第 914 册。

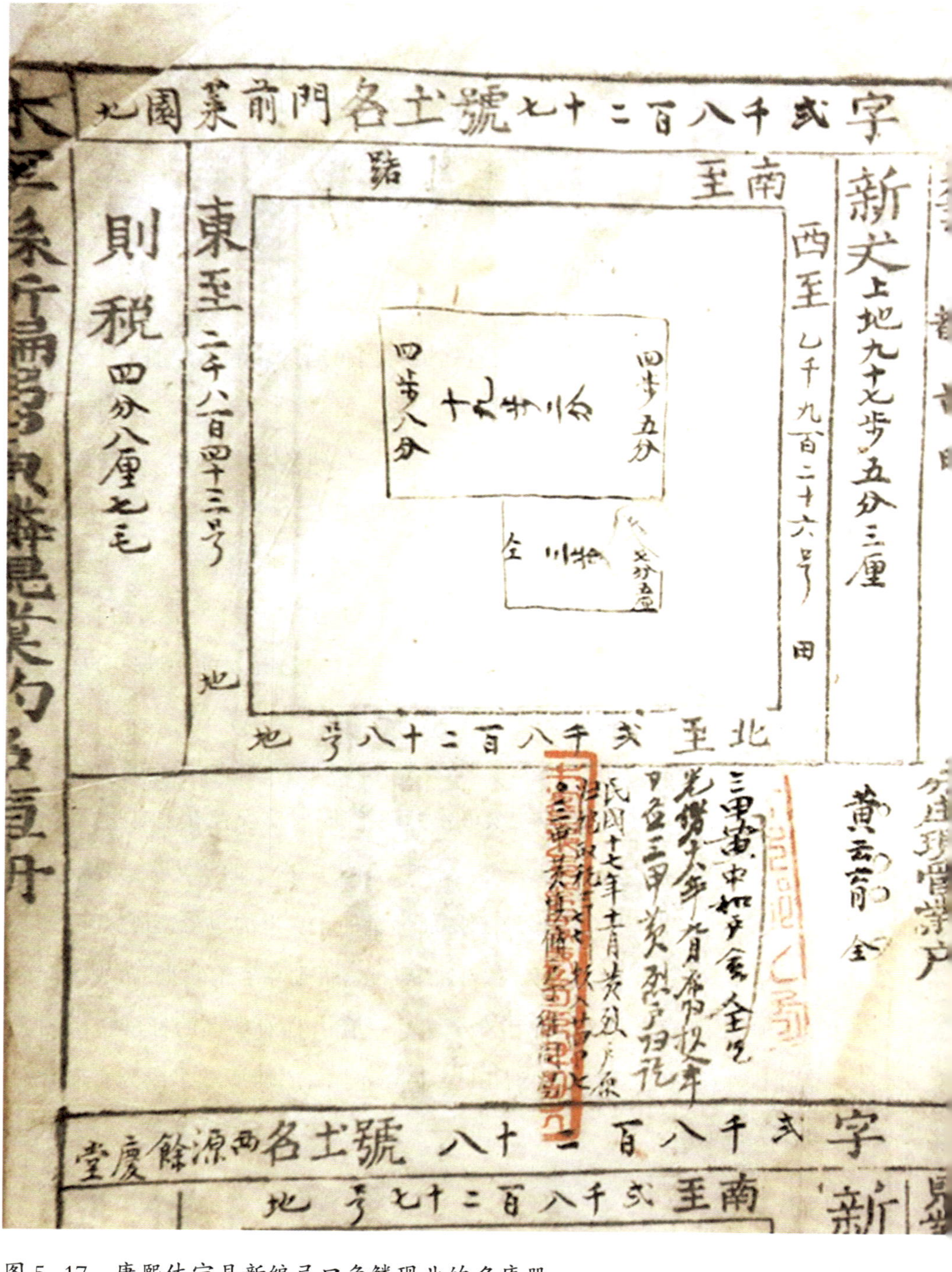

图 5-17　康熙休宁县新编弓口鱼鳞现业的名库册

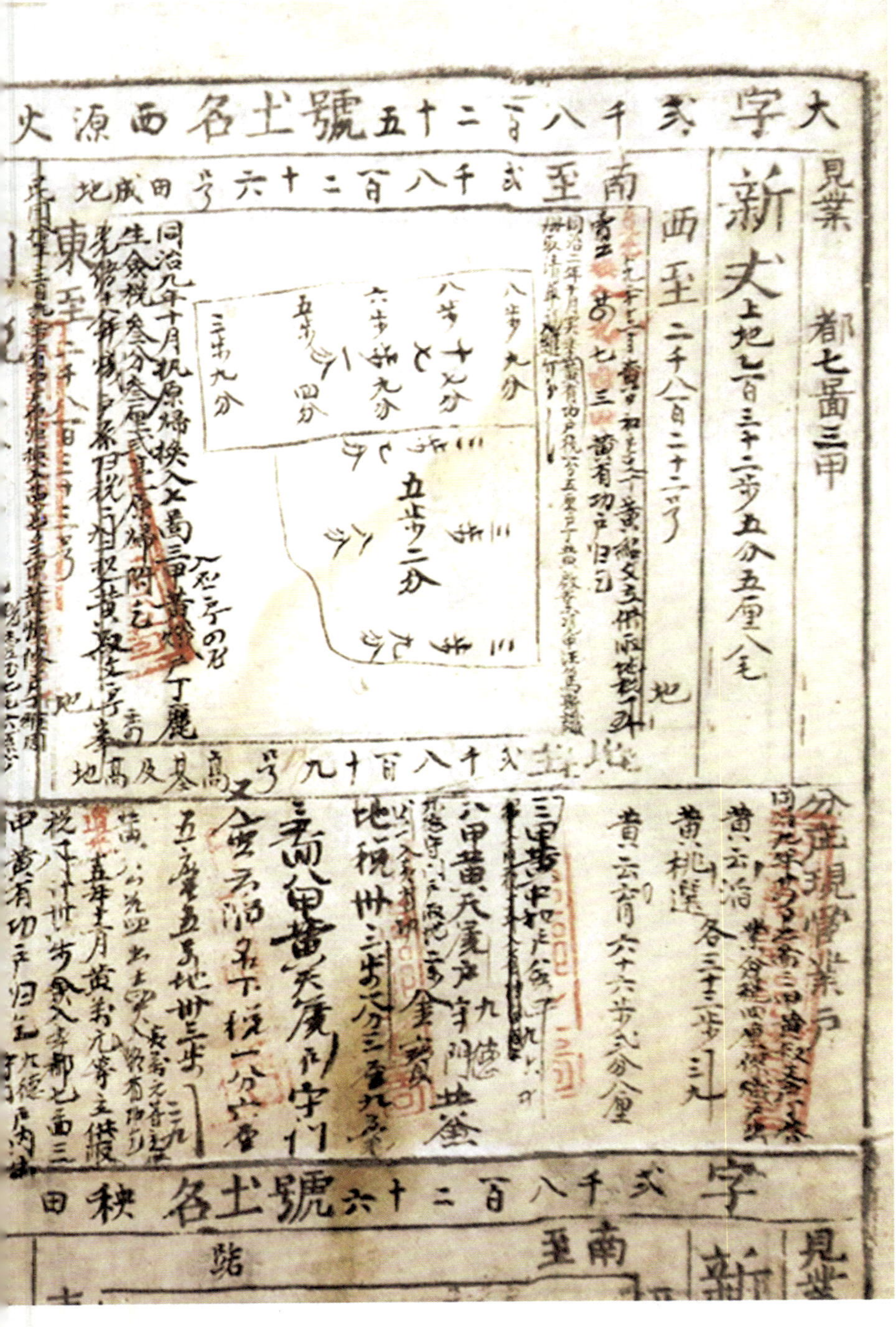
大字弍千八百二十五號土名西源火
南至弍千八百二十六號田成地
字弍千八百二十六號土名秧田

作为鱼鳞正册，一般均钤盖官印，或称印册。康熙休宁县新编弓口鱼鳞现业的名库册亦有印册被保存下来，现藏于安徽博物院。① 汪庆元曾对该册进行专题研究。② 而休宁县档案馆藏康熙休宁县新编弓口鱼鳞现业的名库册册页之间均没有钤盖官印，其与印册对照，同为“大字号”，填写笔迹相同，可知当为该鱼鳞图册之底册。据《海阳都谱——休宁县都图地名字号便览》所载，“大”字为清代休宁县二十四都七图的田土字号，此即该鱼鳞图册的所属地点，在休邑之南遐富（霞阜）、西充一带。

据汪庆元考证，“此册攒造于康熙五十五年（1716）前，在七百八十五号‘分庄现管业户’栏内有‘康熙五十五年十二月，六甲程天弟卖与本甲程圣和’的记载，造册时间要早于此”③。查休宁县档案馆藏该册底册，其二千九百十七号又载：

> 大字贰千九百十七号，土名路口。
>
> 见业本都本图十甲石廷凤。（下略）
>
> 分庄现管业户
>
> 康熙二十五年，石阿金同男石韩超卖与程元阳户文珠，全业。
>
> 于乾隆二十五年，转卖程永春，换佥乞。
>
> 同治六年十贰月，二十四都七图八甲程永春户丁邦钧，凭中程国楹立供据补佥，全归乞。
>
> 民国十三年四月，程永春户换入西北（隅）一图十（甲）金念勤户，全归乞。④

① 安徽博物院藏 2:28103 号。

② 汪庆元：《清代徽州鱼鳞图册研究——以〈休宁县新编弓口鱼鳞现业的名库册〉为中心》，《历史研究》2006 年第 4 期。

③ 汪庆元：《清代徽州鱼鳞图册研究——以〈休宁县新编弓口鱼鳞现业的名库册〉为中心》，《历史研究》2006 年第 4 期，第 55 页。

④ 休宁县档案馆藏鱼鳞图册，第 914 册，第 143 页。

可以看出，该号造册时现业的名为石廷凤，其后于康熙二十五年，石姓将全业卖与程姓，这是发生在造册以后之事。由此可知，该册造册时间当在康熙二十五年（1686）之前，即在康熙初年。

按鱼鳞图册种类划分，库册本属鱼鳞正册系列。不过，康熙休宁县新编弓口鱼鳞现业的名库册又自有其特色。

一是各号田形所注弓口颇为详细。查阅该册，可以看到，各号田形所注弓口，十分详细，几无空缺，见图5-18。而其他事项所载，则详略不一，甚至多有空白。

二是强调“现业的名”。徽州地区自宋元以来，墓产、祖业乃至众业等产业，在官府户籍与赋役册籍上登载的户名，多不是的名，即不是真实姓名，或为拟制户名，由族众立约拟一户名，共同管理祖先墓产，户名之下并无实丁；或为朋名，即由二人合为一名，或由数人而假一名；或为总户姓名，其下不登子户姓名；或为先祖之名，延续使用百年以上；等等，这种情况十分普遍。户名不实，赋税最终难以落实，而给官府的赋役征调带来很大困难。由明至清，屡禁不止，一直存在。该鱼鳞册强调现业的名，原因即在于此。不过，即使在造册时登载的业户名是真实姓名，也有其时效的局限性。几十年之后，因家产传承、土地买卖等，原来登录的业主的名也过时了，必然被新业主所代替。反映在该“现业的名”库册中，有的田土丘号在康熙中后期即出现“换佥”记录，而自雍正、乾隆之后，嘉庆、道光、咸丰、同治、光绪、宣统各朝，乃至民国时期，田土换佥、业主转换的记载都相当多，原来登载的业户的名也早已被他姓所替代了。

（三）休宁县开垦升科报簿

休宁县档案馆现存一册休宁县开垦升科报簿，册纵29.5厘米，横27厘

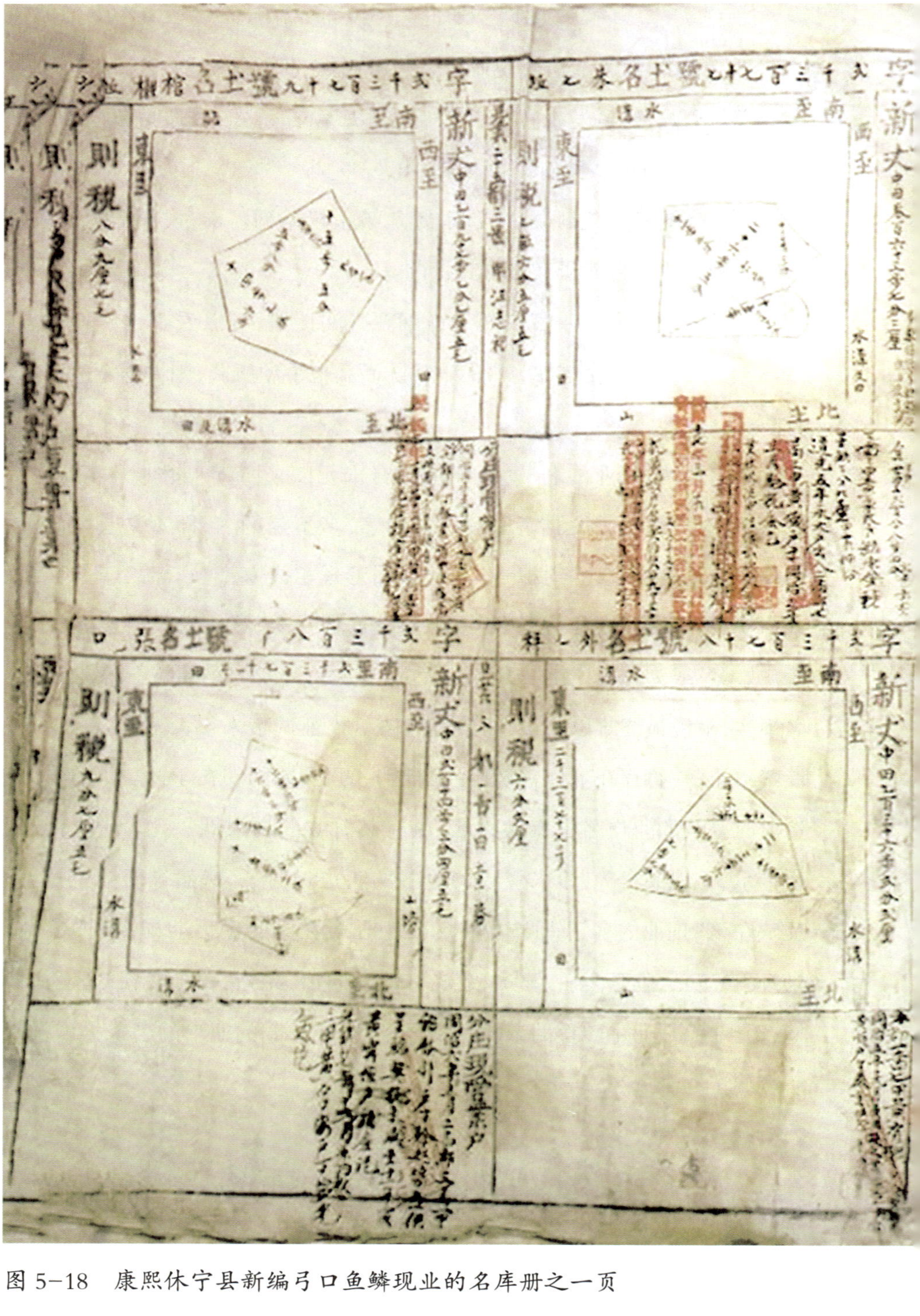

图 5-18　康熙休宁县新编弓口鱼鳞现业的名库册之一页

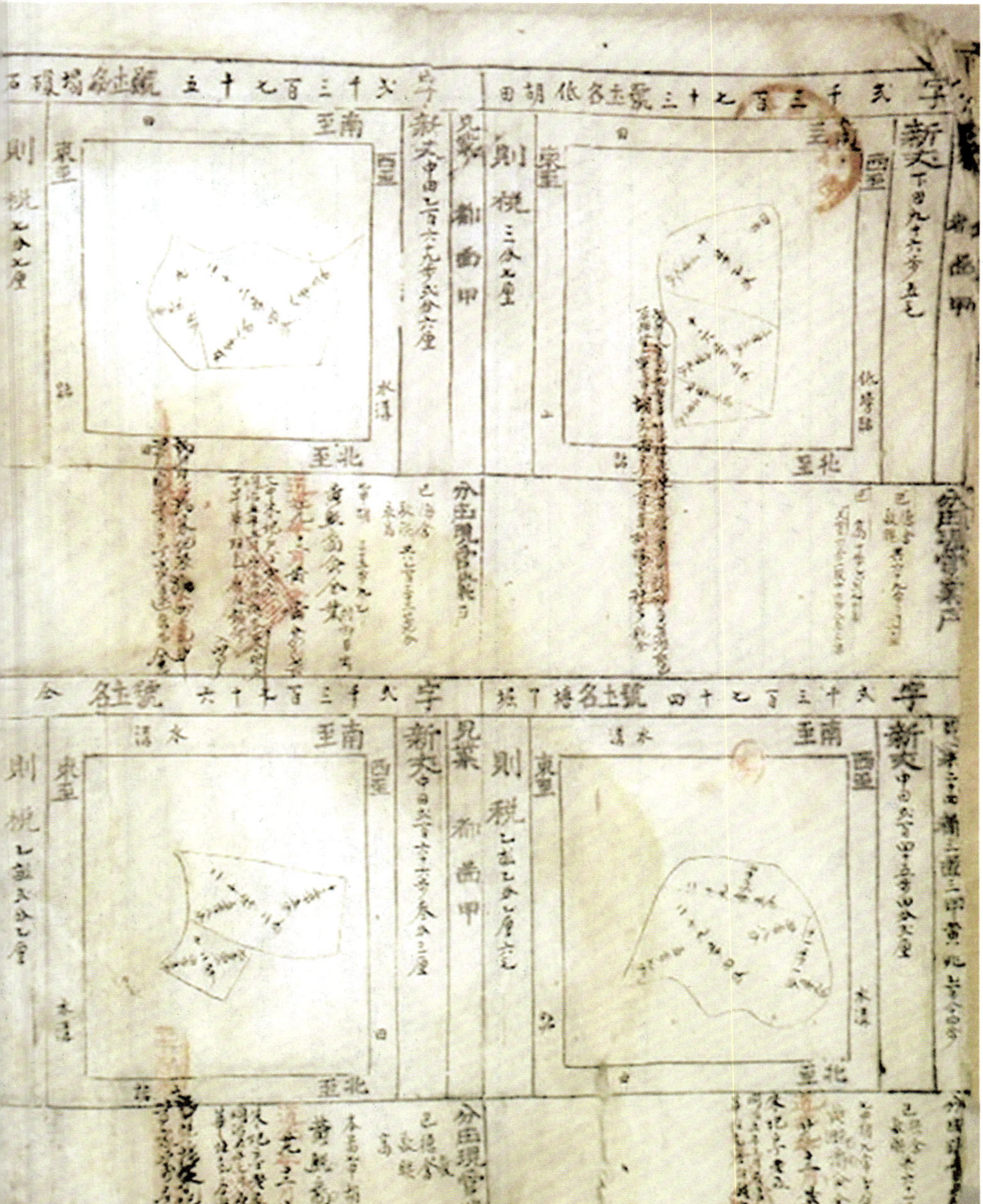

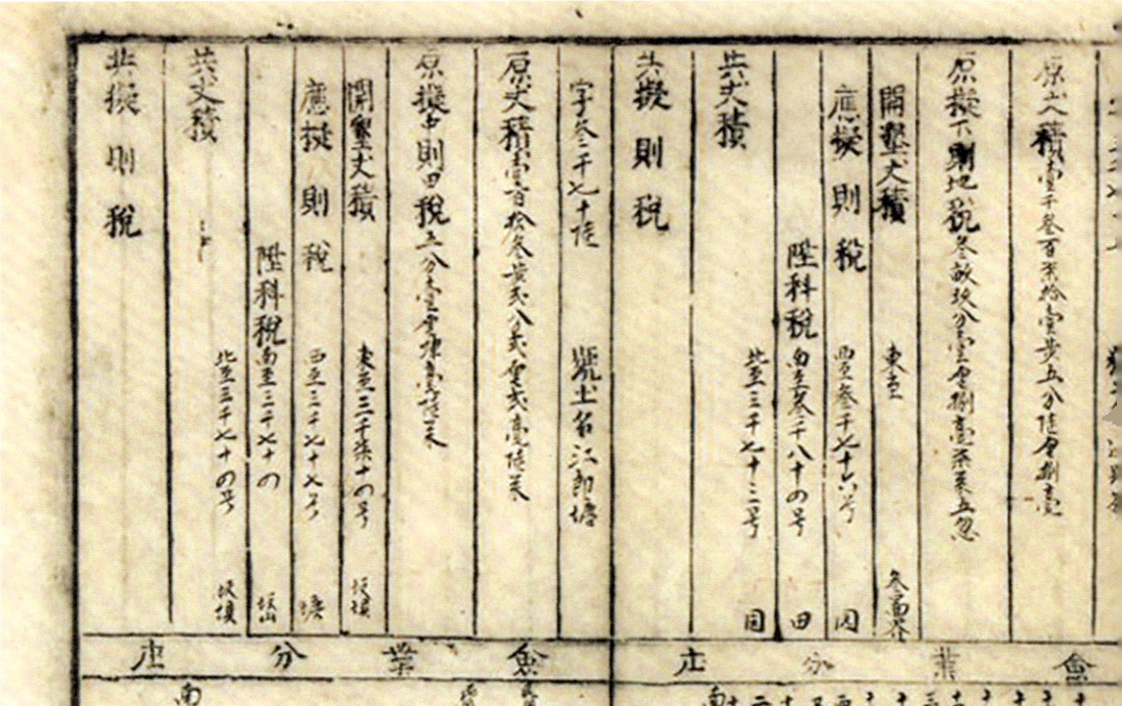

图 5–19　休宁县开垦升科报簿

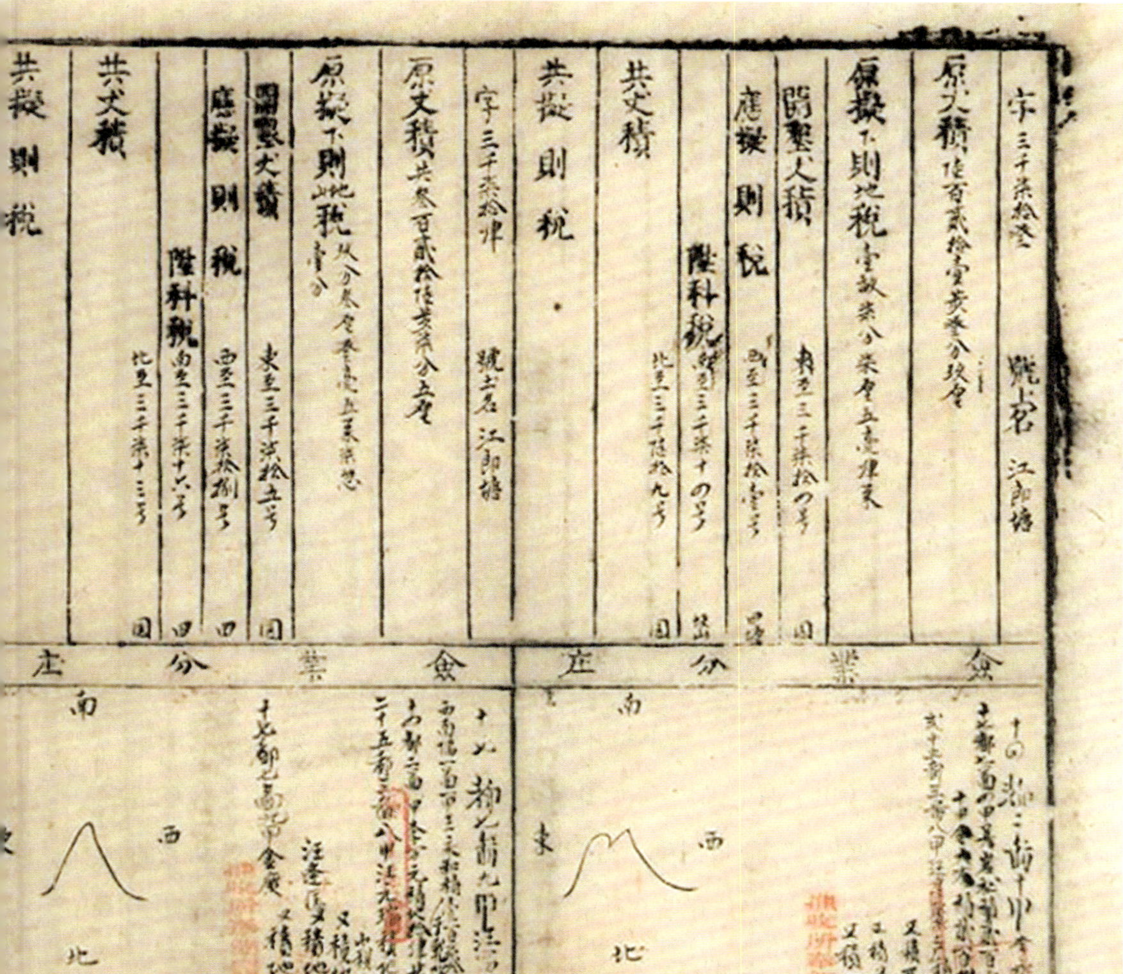
字三千柒拾叁
號土名　江郎塘
原丈積　陆百贰拾壹步叁分玖厘
原擬下則地稅　壹畝柒分柒厘五毫肆
闘丈積
應擬則稅
陞科稅
東至三千柒拾四號
西至三千柒拾壹號
南至三千柒十四號
北至三千陆拾九號
共丈積
共擬則稅
僉業分庄
南
西
東
北
字三千柒拾肆
號土名　江郎塘
原丈積　共叁百贰拾陆步柒分五厘
原擬下則地稅　玖分叁厘叁毫五丝柒忽
闘丈積
應擬則稅
陞科稅
東至三千柒拾五號
西至三千柒拾捌號
南至三千柒十六號
北至三千柒十三號
共丈積
共擬則稅
僉業分庄
南
西
東
北

米。现存3061—3397号,为一残册。[1] 见图5-19。"休宁县开垦升科报簿"系版心刻印字体,册中每面登录两个田土丘号,每号版刻登载事项如下:

字　　号,土名

原丈积

原拟　则　税

开垦丈积

应拟　则　税

升科税

共丈积

共拟　则　税

佥业分庄

田形　南　北　西　东

从该册填写的内容来看,其中与开垦升科直接相关的各项内容,并未填写,其下所填多为田土四至,似与开垦升科无关。不过,从该册版刻登载事项来看,诸如"开垦丈积""应拟则税""升科税"等,均是与开垦升科直接相关的事项,其版心亦刻印"休宁县开垦升科报簿",由此判断,当时存在一种开垦升科鱼鳞图册,这是确定无疑的。在与徽州府相邻的浙江衢州府开化县即有清嘉庆开垦图册(鱼鳞印册)遗存至今[2],可为之佐证。

---

① 休宁县档案馆藏鱼鳞图册,第478册。

② 中国社会科学院古代史研究所藏0006478号。

徽州鱼鳞图册研究

下册

栾成显 著

休宁县档案馆 编

黄山书社

国家重点档案保护与开发项目

目　录

下册

第六章　图册考析

鱼鳞图册实物是鱼鳞图册制度实施的结果和集中体现。对鱼鳞图册实物进行考察分析,是鱼鳞图册研究的重要课题。以下拟对一些现存有代表性的徽州鱼鳞图册实物作考察分析。

一　元末鱼鳞册

迄今发现遗存较早的徽州鱼鳞图册实物,为元末朱元璋龙凤时期所造。在中国社会科学院古代史研究所、安徽博物院、安徽省图书馆、安徽中国徽州文化博物馆、中国徽州税文化博物馆等单位,藏有多部元末鱼鳞图册实物或钞本,为鱼鳞图册研究提供了珍贵资料。

(一)龙凤经理祁门县十四都五保鱼鳞册

20 世纪 80 年代,在中国社会科学院古代史研究所藏徽州文书档案中,发现一本原编目题为《明成化有印鱼鳞册》,经笔者多方考证,发现其年代更早,本是龙凤时期朱元璋在徽州府祁门县经理的一本鱼鳞册。① 这是迄今为止发现的保存年代较早的一本鱼鳞册实物,既是一件十分珍贵的历史文物,又是

① 中国社会科学院古代史研究所藏 314150000001 号。

一份研究价值极高的历史文献。以下对其所属时代作一考证，并就其所载资料试作统计与分析。

该鱼鳞册纵 40.6 厘米，横 37.5 厘米，厚约 1 厘米，计 48 叶（古装筒子页），96 面，原册第一、第二两叶已不存，现存者为后来补抄。

原册第三叶至第二十六叶尚存，但边缘部分多有残缺，每叶均加衬纸，补抄了残缺部分。第二十七叶至第四十七叶前半面保存基本完好。最后一叶半（3 面）原册叶已不存，亦为补抄。补抄的文字，有几处不全；现存原册叶中的文字也有数处残缺。但总的看来，文字部分保存基本完好。

第一面首书（图 6-1）：

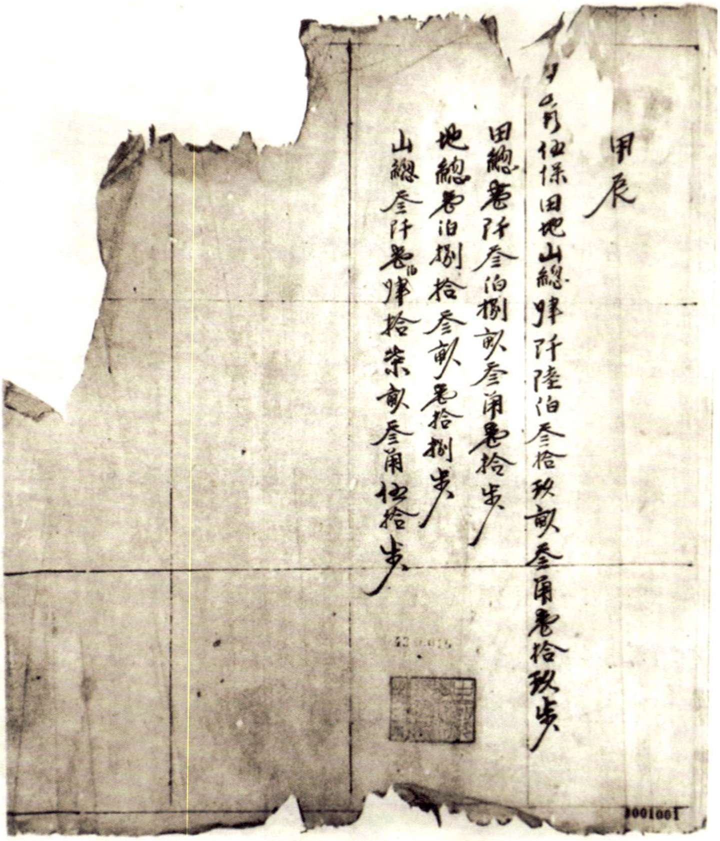

图 6-1　龙凤经理祁门县十四都五保鱼鳞册首页

甲辰

十四都五保田地山总肆阡陆佰叁拾玖亩叁角壹拾玖步

田总壹阡叁佰捌亩叁角壹拾步

地总壹佰捌拾叁亩壹拾捌步

山总叁阡壹佰肆拾柒亩叁角伍拾步

仔细查阅该鱼鳞册所载全部文字，除“甲辰”外，再无与时间有关的文字记载。原编目将该鱼鳞册定为明成化年间，可能主要是根据该册所载“甲辰”二字。不错，明成化年间确有甲辰年，即成化二十年（1484）。但“甲辰”二字并不一定表明就在成化年间，因为按干支纪年，每六十年就有一个甲辰，如成化前后，元至正二十四年（即宋龙凤十年，1364）、明永乐二十二年（1424）、成化二十年（1484）、嘉靖二十三年（1544），均为甲辰年，那么，该鱼鳞册所载到底是哪一个甲辰呢？

关于该鱼鳞册所属时代问题，可以从以下几个方面进行考证。

1.该鱼鳞册原册页用纸及衬纸均为皮纸。衬纸呈黄色，质地较细。原册页用纸已变暗，略呈黑灰色，质地较为粗糙，可见块状桑皮纤维。二者显然属于不同时代。从纸上的帘子纹来看，衬纸上的较窄，不足一指，似为明中期以后所造；而原册页用纸上的帘子纹很宽，可达两指，这一点与宋元时期所造的一些纸张特征相符。

该鱼鳞册的墨书字体亦与元代及明初时流行的行书体相近。元代及明初徽州土地文书中的一些互相通用文字，如“至”与“止”，“新”与“辛”，“森”与“申”等，在该册中多处出现。

2.从形制上看，该鱼鳞册的绘制格式与现存的明清时期的鱼鳞图册显著不同。该鱼鳞册系十四都五保经理“竹”字号，自一号至一千一百二十八号依次排列登载，每号所载内容有：字号、土名、都保、业户、田土面积、荒田面积、

四至、佃户等。以该册所载九百七十七号为例,所载格式及文字如次:

竹**字**九百七十七号　**土名**庄前
十四**都**五**保**　**户**汪逢吉
田肆亩壹角叁拾陆步
内荒贰亩壹拾步
东止功效田　**西**止山
南止胡宅田　**北**止路
佃户自佃

其中,“字、土名、都、保、户、东、西、南、北、佃户”诸字为木刻板黑色印刷字,其余的字均为行书墨笔填写。从每号所列文字项目来看,与现存明清时期鱼鳞图册中所载基本项目大致相同。但值得注意的是,每号均不绘田土形状,根本没有田形一项。这与明清时期的鱼鳞图册是不同的。明朝建立伊始,朱元璋即遣使行天下,经理田土,攒造鱼鳞册。杨维桢的《东维子集》中载:“今天子龙飞金陵……又遣使行天下,以经界为重务也。而北庭黄侯万里氏在选中,分按华亭履亩事,事毕还京。邑士朱辉为绘田间竿尺图以见。侯勤于王事,而敏有成功也。”①这里所说的“田间竿尺图”即指绘有田形的鱼鳞图册。洪武二十年二月“戊子,浙江布政使司及直隶苏州等府县进鱼鳞图册。

① 〔元〕杨维桢:《东维子集》卷三《送经理黄侯还京序》,《文渊阁四库全书》第1221册,第398页。

图 6-2　龙凤经理祁门县十四都五保鱼鳞册之一页

先是,上命户部核实天下田土……遣国子生武淳等往各处,随其税粮多寡,定为几区,每区设粮长四人,使集里甲、耆民,躬履田亩,以量度之。图其田之方圆,次其字号,悉书主名及田之丈尺四至,编类为册,其法甚备。以图所绘,状若鱼鳞然,故号鱼鳞图册。”①从现存的明清时期的鱼鳞图册实物来看,各册之内几乎都绘有各号田土的图形,有的简略,有的则相当精细。即使个别鱼鳞图册在填写时没有画上田土形状,也空着一块地方,列有图形一项。当然,根据文献记载,宋元时期的鱼鳞图册亦有绘制图形的。像该册这样不绘图形的鱼鳞册,当是较早时期攒造的鱼鳞册形制还不够完备的一种表现。

又,该鱼鳞册版心无字,无版口,每页两个单面用单线印刷版框,每面的版框内,又以单线竖三横四分成十二个小框,登载十二个号数的田土情况(图6-2)。这种格式亦与明清时期的鱼鳞图册根本不同。明清时的鱼鳞图册大多数都是每单面分成四个小框,登载四个号数的田土情况。也有因登载的项目较多,每单面分成两个小框,只登载两个号数田土情况的。像该鱼鳞册这样,每个单面登载十二个号数田土情况的,十分少见。

总之,该鱼鳞册不绘图形,形制较为粗略简单,不似明洪武以后所攒造的鱼鳞图册。

3.该图册所使用的田土面积丈量单位是“亩、角、步”。这种亩制是宋元时期所普遍使用的。“其步田之法者,若五尺以为步,六十步以为角,四角以为亩,使东西南北之相等,则各以其数乘之。”②至明初,这种亩制在某些地区民间仍沿用未改,但官府已改用“亩、分、厘、毫”的十进位亩制。从现存的有关明代土地文书来看,徽州地区除山地之外,明中期以后,包括民间在内,已普遍使用“亩、分、厘、毫、丝、忽”的十进位亩制。从该鱼鳞册使用“亩、角、步”这种亩制来看,其时代要更早一些,当不晚于明初。

4.该鱼鳞册原册页每两页之间下方皆在骑缝处钤盖官印,印文钤本(含边框)6.7厘米见方。多数印文清晰可辨,为“祁门县印”四字。印色古旧,与现存元末明初徽州土地文书中所钤官印的印色十分相近。

---

① 《明太祖实录》卷一八〇,洪武二十年二月戊子条,台湾“中研院”历史语言研究所校勘本。

② 〔宋〕赵彦卫:《云麓漫钞》卷一,中华书局点校本1996年版,第10页。

为进一步鉴定印文，笔者将其与中国社会科学院古代史研究所现存的元明徽州土地文书中所钤印文有“祁门县印”者一一作了对照。首先，发现该印文与元代祁门县印印文有显著区别①。一是尺寸大小不同。按，元代州县印大小仍沿袭唐、宋、金制，一般方一寸八分，现存元代祁门县印钤本均为5.5厘米见方，与此大体相符；而该鱼鳞册印文方6.7厘米，约为二寸一分，要大得多。又，元代祁门县印边框一般仅3~4毫米宽，而该印文的边框较宽，竟达8毫米。二是印文不同。元代至元以后，遂通行八思巴文。② 现存的元代土地文书上所钤祁门县印印文即元代特有的八思巴文。而该鱼鳞册所钤印文是九叠篆文，二者明显不同。

该册所钤印文又与明代祁门县印印文不同。在中国社会科学院古代史研究所现存的明代徽州土地文书中，除建文、宣德两朝（按，这两朝均无甲辰纪年）外，其他朝的“祁门县印”钤本印文都可找到③。明代各朝的祁门县印印文亦不尽相同，各朝稍有区别，但一般是6.7厘米左右见方（相当于明代市尺二寸一分），均为九叠篆文。这与《明史·舆服志》中关于百官印信的记载是相符的：“正七品、从七品，铜印，方二寸一分，厚三分。……以上俱直纽，九叠篆文。”④官印印文用九叠篆自唐宋以来就有。九叠篆，又称上方大篆，“名曰九叠者，以九为数之终，言其多也。叠数多寡之故，大抵因印文多寡而为增损，或因时代不同，而所铸各殊，或如三代尚数，各有定仪。明九叠篆印，取乾

---

① 参阅中国社会科学院古代史研究所藏契0004786号、0004164号、0004235号、7000233号及至元二十八年李阿林卖山契。

② 〔明〕宋濂等：《元史》卷二〇二《释老传》，中华书局标点本1976年版，第4517~4518页。

③ 参阅中国社会科学院古代史研究所藏契0003667号、0006170号、0006171号、0002480号、0004280号、0002070号、0004283号、0007335号、0002966号、0003309号、0004348号、0004055号、00043411号、000636号。

④ 〔清〕张廷玉等：《明史》卷六八《舆服四》，中华书局标点本1974年版，第1662页。

元用九之义"①。笔者首先将明成化二十年(甲辰1484)祁门县土地文书上所钤印文②,与该鱼鳞册所钤印文作了对照,二者并不相同,特别是在篆文叠数与风格方面有显著不同。又仔细观察了明代各朝祁门县印的九叠篆文,发现其每一个字的叠数均为九叠,整个明代都是一致的,十分统一,无一例外。该鱼鳞册所钤"祁门县印"亦为九叠篆文,但每一个字的叠数却是十叠,笔画曲折,更为复杂,这是其与明代各朝"祁门县印"印文的一个明显的不同之处。

总的看来,该鱼鳞册所钤印文与明代祁门县印印文大小、边框基本相同,形制相近,又同属九叠篆文,只是印文叠数不同。这种情况与宋龙凤时期的官印特征相符。从现存的几枚龙凤时期的官印印文来看③,与元代官印根本不同,而印文大小、边框宽窄以及篆文风格都与明代相近,只是九叠篆文的叠数不同。现存的两枚龙凤官印的九叠篆文俱为八叠。其中有一枚"津宁县印"印文,其大小、边宽都与该鱼鳞册所钤印文相同,篆文式样也很相近,二者只是叠数不同,这大概是由于当时政权还没有完全统一。

总之,该鱼鳞册所钤印文与元代官印根本不同,跟明代官印亦有区别,而与元末农民起义宋龙凤时期的官印相近。龙凤时期恰有一个甲辰年,即龙凤十年(元至正二十四年,1364)。印文是判断该鱼鳞册所属时代的一个重要依据。

5.该鱼鳞册共载人名117个,其中可考者有汪仲仁、汪仲祥、汪仲云、汪永宁、汪时中等人。据徽州地区《汪氏通宗世谱》(以下简称《世谱》)所载,在"祁邑武山乡"汪氏爽公派的世系图中,录有汪仲仁、汪仲祥、汪仲云、汪永宁、汪时中等人的名字。现据该世谱所载资料④,将其世系图简略编绘如下:

---

① 沙孟海:《印学概论》,转引自邓散木《篆刻学》上篇,人民美术出版社1979年版,第29页。

② 参阅中国社会科学院古代史研究所藏契0004292号、0004293号。

③ 《上海博物馆藏印选》,上海书店出版社1979年版,第131~133页。

④ 乾隆《汪氏通宗世谱》卷一〇一《西中部》,中国社会科学院古代史研究所藏。

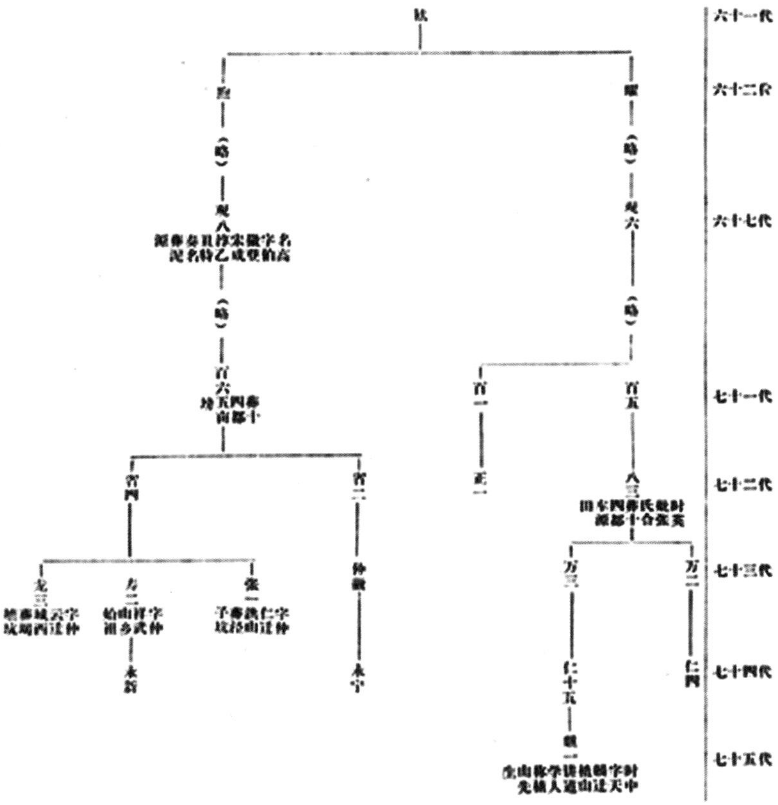

“祁邑武山乡”,即祁门县十四都所在乡,元明时期,祁门十四都均在武山乡①。从该世系图可以看出,汪仲仁等的祖先有数代都是十四都居人,“葬十四都”。该世系图中的汪仲仁、汪仲祥、汪仲云、汪永宁等人的名字与鱼鳞册中所载名字完全相同,一字不差;二者相同的人名有这么多,绝非偶然。又,汪仲云的名字下注有“迁城西”字样;而鱼鳞册中所载汪仲云是“一都”人,据弘治《徽州府志》载,祁门一都在“县市西南”②,《世谱》所载与鱼鳞册的记载也是相符的。从以上诸点来看,《世谱》所载汪仲仁等人无疑就是该鱼鳞册所

① 弘治《徽州府志》卷一《厢隅都图》,《天一阁藏明代方志选刊》影印本,上海古籍书店1964年版。

② 弘治《徽州府志》卷一《厢隅都图》,《天一阁藏明代方志选刊》影印本,上海古籍书店1964年版。

载汪仲仁等人。

那么从《世谱》来看，汪仲仁等人是什么时代的人呢？该世系中的人多数在《世谱》中别无传略、行状等其他记载，生卒年多不可考。只有第六十七代“观八”，其名下记有：“登宋咸淳乙丑特奏名”。宋咸淳乙丑即南宋咸淳元年，1265年。所谓“特奏名”，北宋初年已开始实行①，至景祐时则规定：“‘凡年五十，进士五举、诸科六举；尝经殿试，进士三举、诸科五举；及尝预先朝御试，虽试文不合格，毋辄黜，皆以名闻。’自此率以为常”②。即以特奏名之途被取士者，年龄都在50以上。这就是说，汪观八在南宋咸淳元年（1265）登特奏名时已年过五十。其与汪仲仁、汪仲祥、汪仲云等人相隔六代，与汪永宁相隔七代，每代相传以25年至30年计算起，则汪观八传至汪仲仁等人当有150年至200年左右。若从南宋咸淳元年（1265）算起，则至多向后推100年至150年左右，当在1365年至1415年前后，即元末明初之际。

再从《世谱》中与汪仲仁等人同宗的最近一支人的情况来看，也证明了这一点。从本文所绘世系图中可以看出，汪仲仁等人的先祖煦公与曜公都是汪氏第六十一代铉公之子，曜为兄，煦为弟，本是同胞兄弟。曜公一支传至第七十五代麒一公，名叫汪时中。而该鱼鳞册第七百六十七号业主的名字也叫汪时中，所属都保是“在城”。据弘治《徽州府志》载：“汪时中，字天麒，祁门西隅人，博学善吟，不乐仕进。元季隐查山筑书堂，与从兄克宽讲学，学者称查山先生，所著有《三分稿》，藏于家。”③再查道光《祁门县志》，元末及明代祁门县城内县治“正街以西为西隅”④。所以，鱼鳞册上“在城”的记载与府志上“西隅”的记载是一致的，从而可证明鱼鳞册所载汪时中即《世谱》中所载汪时中，

① 〔元〕脱脱等：《宋史》卷一五五《选举一》，中华书局标点本1977年版，第3606页。

② 〔元〕脱脱等：《宋史》卷一五五《选举一》，中华书局标点本1977年版，第3612页。

③ 弘治《徽州府志》卷九《隐逸》，《天一阁藏明代方志选刊》影印本，上海古籍书店1964年版。

④ 道光《祁门县志》卷三《舆地志》，国家图书馆藏道光七年刻本。

二者实为一人。再者,汪时中既然与汪仲仁等人为同宗近支,那么,都在同一都保中占有田土也是不足为怪的。关于汪时中,《汪氏通宗世谱》中载有他的事迹,名曰《七十五代麒一公行状》,其中说:"先生讳时中,字德乡,幼名麒寿,字天麒。……值元兵乱嘉,遁碧山,潜心理学,而最邃于《易》,别号碧山道人。……大明洪武戊申六月十有四日整衿端坐而逝,享年六十有五。"①戊申,即洪武元年(1368)。由此可知,汪时中是元代人,卒于明洪武元年(1368)。这是该鱼鳞册所属时代当在明洪武之前的又一个有力证据。

6.在安徽博物院所藏徽州祁门《郑氏誊契簿》中有一件对换文书,摘其文如下:

> 十二都胡鼎卿有夏地一段,坐落十五都四保土名黄荆坞口上,系"赖"字九百四十四号。其地与十五都尊姑夫郑世京原买汪元鹦"赖"字九百四十二号山与九百十四号地抵界;鼎卿见于黄荆坞口山内迁造风水……愿将"赖"字九百四十四号,号内取与郑世京抵界夏地上截一段,对换郑世京黄荆坞口新结石塍外小丘田一截,其田价地对面结石塍为界……今二家对换之后,据从评人言议,愿意对换,各不许悔,如悔者愿罚中统钞一十贯与不悔人用,仍依此文书为准。今恐无凭,立此对换文书为用。
>
> 至正十年正月十五日
>
> 胡鼎卿
>
> 主议对换人 郑贵夫②

这里记载的胡鼎卿与该鱼鳞册五百一十八号业主胡鼎卿的名字完全相

① 《汪氏通宗世谱》卷一一一《七十五代麒一公行状》,中国社会科学院古代史研究所藏。

② 安徽博物院藏《郑氏誊契簿》,转引自《南京大学学报专辑》,1984年第8期。

同。而且，二者所属都的地点也相同，都是十二都人。又，从对换文书中看，十二都人胡鼎卿在十五都四保占有地一段；而该鱼鳞册所载是十二都人胡鼎卿在十四都五保占有田一丘，计三亩一角四十五步，并出租给佃户郑社。二者所载，都是胡鼎卿在外都保占有土地，这一点也是相同的。因此，二者所载胡鼎卿实为一人。这样，此对换文书上所记至正十年（1350）即元末这一时间，当成为该鱼鳞册所属时代的证据之一。

综合以上几个方面的考证，不难看出，该鱼鳞册上所记“甲辰”年，当属于元末之甲辰年，即元至正二十四年、宋龙凤十年（1364）之甲辰年，而不是明成化二十年（1484）之甲辰年。

7.从文献记载来看，朱元璋在正式建立明朝之前，于宋龙凤甲辰年前后，在徽州地区确实实行过田土经理。徽州地区自元末农民战争开始以后即发生战乱。至正十七年（1357），朱元璋派大将邓愈、胡大海攻取徽州，“改徽州路为兴安府”①，徽州随即置于其政权管辖之下。当时，朱元璋以应天为中心，视江东徽州等府为其股肱之郡，十分注意对这一地区的经营。他两次亲临徽州，召见儒士耆老，委派官吏，修筑城池，安抚百姓，恢复生产。据弘治《徽州府志》载：“（国朝）本府初领州一县五，洪武二年己酉以后，婺源州降为县，领县六。乙巳年查出元戊戌年自实后至甲辰年官民田土二万九顷七十九亩四分九厘。”②“乙巳年”，即元至正二十五年（宋龙凤十一年，1365）；“元戊戌年”，即元至正十八年（1358）。也就是说，朱元璋在攻取徽州的第二年，即实行了土地经理自实。这件事在康熙《休宁县志》中亦有记载：“程宾赐，字孟思，山斗人……戊戌自实田，一秉至公，毫发不少假……明太祖深嘉之。”③但

① 《明太祖实录》卷五，丁酉岁（1357）七月乙酉条，台湾“中研院”历史语言研究所校勘本。

② 弘治《徽州府志》卷二《食货一》，《天一阁藏明代方志选刊》影印本，上海古籍书店1964年版。

③ 康熙《休宁县志》卷六《隐逸》，国家图书馆藏康熙三十二年刻本。

这一次实田毕竟是在“戡定之初”，不够彻底。其后不久，又在徽州地区认真地实行了一次土地经理自实。《宋学士文集》载：“君讳复初，以善其字也，姓端木氏……至正初，以儒试吏……癸卯三月，召为徽州府经历。徽为江东大郡，政繁而赋殷，君悉力佐治，百废俱举，功则归于其长。田赋久不均，民不堪命，君即城东建局，使民自实田，集为图籍，核盈朒，验虚实，而定科徭。吏民阴为欺蔽，痛谪之。不数月而毕。由是民无逋租，官无横敛……丙午冬，改通判吉州府。”①癸卯（元至正二十三年，1363）即甲辰的前一年，丙午（元至正二十六年，1366）即甲辰后的第三年。这一记载更具体地说明了龙凤时期朱元璋政权在徽州经理自实田土的情况。弘治《徽州府志》载：“（国朝）戡定之初，犹据郡志所载元初旧则，以田亩起税钱，以税钱科税粮。至乙巳年，中书省查勘本府钱粮，为见癸卯、甲辰两年册内花户田粮增减不同，行拘本府并所属州县首领官吏、贴书、算人等到省，委自本省照磨帖木儿不花监督查勘，攒造归一得实文册。”②光绪《婺源县志》又言：“明洪武元年之前，甲辰年初定田赋。乙巳年，更定田赋科则有差。旧志以龙凤纪年，今去之。”③从“癸卯、甲辰两年册内花户田粮增减不同”及“甲辰年初定田赋”这些记载来看，端木复初的土地经理很可能就在甲辰年。后来，道光《祁门县志》也提到龙凤经理之事：“山为云雾山场，佥业定于明洪武前龙凤经理，向无山税，与婺源同，间有古墓茂林，听从民便，报垦起科。”④从以上这些记载可以看出，当时田土经理的手段是“使民自实田”，这是继承了元代土地经理的方法。其目的是“核盈朒，验虚实，而定科徭”。经理的结果是确定了佥业（即管业）的业主。而这次的土地经理又是“集为图籍”的。由此看来，新发现的这一龙凤时期的鱼鳞册是当时

① 〔明〕宋濂：《宋学士文集》卷三五《端木府君墓志铭》，四部丛刊初编，影印明正德刊本，上海商务印书馆 1929 年版。

② 弘治《徽州府志》卷三《食货二・财赋》，《天一阁藏明代方志选刊》影印本，上海古籍书店 1964 年版。

③ 光绪《婺源县志》卷一五《食货二・公赋》，国家图书馆藏光绪九年刻本。

④ 道光《祁门县志》卷一三《食货志・田土》，国家图书馆藏道光七年刻本。

土地经理的一件实物。

关于明代鱼鳞图册始造于何时，有洪武二十年（1387）说①、洪武十三年（1380）说②、洪武二年（1369）说③、洪武元年（1368）说④等。新发现的这一鱼鳞册实物及当时的文献记载证明，早在龙凤时期朱元璋就在徽州地区实行过土地经理，攒造了鱼鳞册。尽管这一次的土地经理是在明洪武之前，但明代弘治《徽州府志》中却把它列为"国朝"开国后的第一次土地经理，认为它是具有重要意义的。因此，明代鱼鳞册的始造时间，当追溯至元末龙凤时期，这是没有疑问的。

龙凤年间的土地经理，固然为元末农民战后确定地权、征调赋役所必需，而就徽州地区而言，它的实行绝非偶然。南宋绍兴施行经界，徽州地区就是其中之一。弘治《徽州府志》载："（宋）本府初为歙州，后改徽州，领县六。未经界前，田百五十一万六千二百亩半。绍兴中经界为三百万余亩，后为二百九十一万九千五百五十三亩有奇。"⑤这里所言经界，即经界田土，其中是造有图籍的。南宋时朱熹曾说："窃见经界一事最为民间莫大之利，其绍兴年中已推行处，至今图籍有尚存者，则其田税犹可稽考，贫富得实，诉讼不繁，公私其间，两得其利。"⑥《宋史》亦明确记载，当时经界田土时是造有鱼鳞图的。从遗留下来的宋代徽州祁门土地买卖文契来看，其上清楚地写有乡都、业主、土

---

① 翦伯赞主编：《中国史纲要》，人民出版社1964年版；吴晗：《朱元璋传》，生活·读书·新知三联书店1985年版。

② 〔明〕沈文：《圣君初政记》，《中国野史集成》，巴蜀书社2000年版。

③ 〔明〕吴侃：《在是集》，上海图书馆藏崇祯十四年刻本。

④ 梁方仲：《明代鱼鳞图册考》，《地政月刊》第1卷第8期；唐文基：《明代鱼鳞图册始造于洪武元年》，《社会科学战线》1981年第3期。

⑤ 弘治《徽州府志》卷二《食货一》，《天一阁藏明代方志选刊》影印本，上海古籍书店1964年版。

⑥ 〔宋〕朱熹：《晦庵先生朱文公文集》卷一九《条奏经界状》，《四部丛刊》初编，上海涵芬楼藏明刊本，商务印书馆1929年版。

名、字号、四至、田土面积等项目①，这是根据当时鱼鳞图册之类的册籍而抄录下来的。

元代，曾进行过较大规模的土地经理，尽管在许多地区并未真正实行下去，但徽州地区却是实行了的。"（元）本府为徽州路，领州一县五。延祐二年，经理自实到官民田土三万三千五百九十二顷七十八亩五分二厘一毫。"②现在保存下来的徽州祁门元代土地买卖契约也可证明这一点。如延祐六年（1319）祁门十六都汪润翁的卖山契中云："十六都汪润翁有山地一段，坐落十八都七保土名深渡胡家坞上，山四亩一角，元系'国'字第一百二十八号，经理系'出'字一千四十五号，东至高尖，西至青龙臂篱堑，南至祖坟庵后左篱堑随坴分水直上至降，北至大坞下弦……"。③ 像这样原系某字，经理系某字某某号的说法，在其他徽州祁门元代的土地买卖文契中每每可见。同时，也都清楚地写有都保、业户、土名、四至等项目，特别是在字号之后常常写有数百以至上千的数字，这只能是根据按字号依次排列的鱼鳞图册之类的簿籍而抄录下来的。史籍所载亦可佐证。至正二年（1342），刘辉主持余姚州核田，"又核站田一万五千二百廿余亩，俾得田者助其役，其画田之形，计其多寡以定其赋，谓之流水不越之簿。又画图，谓之鱼鳞才（依）次之图。其各都田亩则又所谓兜簿者焉"④。土地买卖文契中字号之后数百上千的数字，正好与这里的"鱼鳞依次之图"的记载相印证。元末至正五年（1345）徽州休宁县仍有核田之事，五月开始，"八月讫事，上其籍于郡"⑤。

---

① 中国社会科学院古代史研究所藏《宋淳祐二年李思聪等卖田山文契》《淳祐八年胡梦年卖山契》。

② 弘治《徽州府志》卷二《食货一》，《天一阁藏明代方志选刊》影印本，上海古籍书店1964年版。

③ 安徽博物院藏《郑氏誉契簿》，转引自《南京大学学报专辑》，1984年第8期。

④ 〔明〕危素：《说学斋稿》卷一《余姚州核田记》，《文渊阁四库全书》，第1226册，第656页。

⑤ 〔明〕危素：《说学斋稿》卷一《休宁县尹唐君核田记》，《文渊阁四库全书》，第1226册，第658—659页。

总之,龙凤年间的土地经理,可以说是徽州地区宋代以来土地经界的一个继续,它上承元代经理,下开明代丈量。所以,该鱼鳞册作为这次经理的一件实物,从中既可窥见宋元时期鱼鳞图册的某些特征,又能对比出明清时期鱼鳞图册有哪些继承与发展,在鱼鳞图册的攒造史上,无疑占有十分重要的位置。

以下,对该鱼鳞册所载田土资料作一统计分析。

该鱼鳞册登录的是祁门县十四都五保"竹"字 1 号至 1128 号(1128 号为终止号)的土地资料。其中,52 号、271 号、1105 号各重复写了一次,实际共有 1131 号。现存册内有 14 个号数的土地资料全缺;17 个号数的土地资料部分残缺,有的缺业主姓名,有的土地面积部分残缺。现存该册各号田地山(包括部分残缺资料)统计总面积为 4575 亩 3 角 30.5 步,比该册首页记载的"田地山的总 4639 亩 3 角 19 步"少 63 亩 3 角 48.5 步。这与该册已略有残缺的情况是相符的。由此可证明,首页所载田地山总面积数字当是造册时的最初统计。同时又可看出,现在该鱼鳞册基本完整地保存了该保的土地资料。以下,就其所载资料,试作一统计与分析。

关于田土形态

据首页所载资料,各类田土总面积及所占比例如表 6-1:

表 6-1　各类田土面积及所占比例表　　单位:亩

类别	田	地	山	总计
面积	1308.792	183.075	3147.958	4639.825
%	28.2	3.9	67.9	100

从表 6-1 可以看出,该保山场面积最多,占田地山总面积的三分之二以

上。徽州地区号称在“万山中”,“田地少,户口多”①,但所属各县情况亦有所不同。其中,歙县、休宁两县山场面积相对要少一些,婺源、黟县、绩溪三县山场面积较多,而祁门山场面积最多,比田地的面积多两倍以上。该保各类田土面积比例也反映了这一特征。

再从该鱼鳞册登载的各号田土的四至情况来看,也说明了这一点。据该册各号田土四至分类统计,田的四至中,仍以山、坑、溪、路、高塝、石坎、坞口、坞头、石嘴、埂塍、垄、堨头等自然地形为多,占近60%,其中以山、坑、溪、路为最多;而田与田相邻的情况只占40%。至于山的四至中,降、垄、岭、尖、坞口、高坎、弯心、溪、坳等自然地形占80%以上,山与田地相连的情况仅占20%。这充分反映了当地山多田少,田地零星分散,不似平原地区连成一片的特有形态。

从该鱼鳞册所载各号田土面积来看,其中一亩以上者占绝大多数。田各号在一亩以上者有398丘段,占丘段总数的72%;面积为1227.9396亩,占田的总面积的94%。其中,以2亩至5亩的丘段数为最多,所占面积亦超过其他类别。面积最大的一号田为16亩2角(16.5亩、297号)。山各号在一亩以上者有409丘段,占丘段总数的90%;面积为3046.6251亩,占山的总面积的99%。其中10亩以上的有100段,面积为1985.5亩,占总面积的65%。面积最大的一号山场为80亩(807号)。地各号在一亩以下的丘段却占多数。在鱼鳞图册上,小块地多附属于山场,与山场编为一号。这种情况的地在该册中共有89丘段,面积为85.8583亩,占地的总面积的43%。附于山场的面积最小的地仅为1步、2步、3步(647号、738号、737号)。

该鱼鳞册中各号田土面积在一亩以上者占绝大多数这一点,与该地区明后期及清代的鱼鳞图册中的情况相比,显著不同。后者鱼鳞图册各号田土面

① 弘治《徽州府志》卷二《食货一》,《天一阁藏明代方志选刊》影印本,上海古籍书店1964年版。

积在一亩以上者很少,而一亩以下者占绝大多数。需要说明的是,鱼鳞图册所载每号田土面积,并不一定只是一丘田土面积,特别是在田地“层累而上,数十级不能为一亩”的徽州地区,鱼鳞册中所载一号田土有时多达一二十丘。这从后期的鱼鳞册中所画田地图形中即可看出。因此,鱼鳞图册中各号田土面积变小,多不是丘段本身面积发生了变化,与其自然形态并无多大关系。但它却表明,随着时间的推移,由于人口增加及土地所有权变化等因素,对土地的分割则日趋严重。

关于土地占有与租佃关系

据该鱼鳞册所载资料,按业户占有田地山的总面积多少分类,如表6-2;按业户占有山的面积多少分类,如表 6-3;按业户占有田的面积多少分类,如表 6-4。以上诸表所载共业土地,分别是指十四都五保本身业户之间的共业土地或其他都保本身业户之间的共业土地,十四都五保业户与其他都保业户之间的共业土地未计入。

表 6-2　业户占有田地山的总面积分类表　　单位:亩

都保 \ 类别		5 以下	5~10 不满	10~30 不满	30~50 不满	50~100 不满	100 以上	共业	总计
十四都五保	户数	9	1	4	4	5	2		25
	面积	17.8833	8.0875	70.4375	146.5333	322.1583	458.0375	366.7375	1389.8749
	%	1.3	0.6	5.1	10.5	23.2	32.9	26.4	100
其他都保	户数	19	15	14	10	3	6		67
	面积	47.025	103.5708	234.7438	468.8167	211.9917	1705.2042	172.7917	2944.1439
	%	1.6	3.5	8	15.9	7.2	58	5.8	100

表 6-3　业户占有山的面积分类表　　单位：亩

都保	类别	5 以下	5~10 不满	10~30 不满	30~50 不满	50~100 不满	100 以上	共业	总计
十四都五保	户数	6	0	4	6	1	2		19
	面积	11.025	0	92	243.5	76.5	264.5	328.75	1016.275
	%	1.1	0	9.1	24	7.5	26	32.3	100
其他都保	户数	5	8	11	8	4	4		40
	面积	9.25	59.5	174.75	307.25	258.5833	968.75	92	1870.0833
	%	0.5	3.2	9.4	16.4	13.8	51.8	4.9	100

表 6-4　业户占有田的面积分类表　　单位：亩

都保	类别	5 以下	5~10 不满	10~30 不满	30~50 不满	50~100 不满	100 以上	共业	总计
十四都五保	户数	12	3	4	0	1	1		21
	面积	15.0458	19.5542	64.4292	0	82.2792	100.4625	16.9875	298.7584
	%	5	6.5	21.7	0	27.5	33.6	5.7	100
其他都保	户数	22	13	7	3	8	2		55
	面积	56.1042	84.7125	117.4521	110.0875	210.5146	317.6063	69.4167	965.8939
	%	5.8	8.8	12.1	11.4	21.8	32.9	7.2	100

通过表 6-2、6-3、6-4，可以看出该鱼鳞册所载十四都五保的土地占有情况有如下特点。

第一，土地占有集中的情况十分明显。按该册所载，十四都五保共有业户 27 户，佃户 21 户。其中自耕农兼佃户，或佃户兼自耕农者计 6 户。所以该保实际共有 42 户。其他都保共有业户 67 户、佃户 1 户，计 68 户。就业户占有田地山的总面积来说，十四都五保占有 30 亩以下土地的业户有 16 户（包括仅有共业田土的 2 户），加上根本没有土地的 15 户佃户，共 31 户，占该保总户数的 70%以上，但所占有的土地却仅占 7%。其中占有 5 亩以下土地的业户有 9 户，占该保总户数的 21%，但所占有的土地仅占 1.3%。而占有 30 亩以上土地的业户只有11户，占该保总户数的26%，却占有67%的土地。其中占有百亩以上土地的业户有2户，仅占总户数的4.7%，所有的土地却占总数的32.9%。其他都保占有30亩以下土地的业户有48户，亦占其他都保总户数的70%以上，但所有的土地却仅占总数的13.1%。其中占有5亩以下土地的业户有19户，占其他都保总户数的28%，所有的土地仅占总数的1.6%。而占有30亩以上土地的业户有19户，占其他都保总户数的28%，却占有81.1%的土地。其中占有百亩以上土地的业户有6户，占总户数的9%，所有的土地却占总数的58%。业户占有山的面积的情况及占有田的面积的情况也与此类似。

第二，十四都五保业户所占有的土地要比其他都保业户在该保占有的土地少得多。从占有田地山的总面积来看，十四都五保仅占1389.8749亩，而其他都保却占2944.1439亩，二者比例约为1∶2。十四都五保平均每户占有土地33亩，其中有15户是根本没有土地的佃户。而其他都保平均每户占有土地43亩以上，其中只有1户是没有土地的佃户。这种情况在田的占有方面更为突出。十四都五保占田仅有298.7584亩，而其他都保占田达965.8939亩，二者比例约为1∶3.2。十四都五保平均每户占田7.1亩，其中有21户根本不占有田的面积，占该保总户数的50%。其他都保平均每户占田14.2亩，其中有18户不占有田的面积，占其他都保总户数的26%。总之，十四都五保的田土绝大部分被其他都保的业户所占有，而这些田绝大部分又被十四都五保的佃户以租佃方式耕种。这是有关土地占有与租佃方关系的一个十分典型的例子。

据该鱼鳞册所载田的方面资料，按其户别，可分为以下八个阶层：土地出租户、土地出租兼自佃兼佃户、自佃兼土地出租户、自佃户、自佃兼佃户或佃户兼自佃户、小土地所有户、佃户兼小土地所有户、佃户。以上八个阶层户别田的占有面积及比例如表6-5。

表 6-5　各类户别田的占有面积及比例表　　单位：亩

都保 \ 类别		土地出租户	土地出租兼自佃兼佃户	自佃兼土地出租户	自佃户	自佃兼佃户或佃户兼自佃户	小土地所有户	佃户兼小土地所有户	佃户	总计
十四都五保	户数	1	1	1	6	3	9	2	15	38
	面积	18.8583	100.4625	82.2792	52.7167	18.3417	7.0791	3.8012	0	283.5387
	%	6.7	35.4	29	18.6	6.5	2.5	1.3	0	100
其他都保	户数	34	0	0	1	0	15	0	1	51
	面积	835.3354	0	0	3.9833	0	57.1583	0	0	896.477
	%	93.2	0	0	0.4	0	6.4	0	0	100

以下对该鱼鳞册所载各类户别试作一介绍与分析。

土地出租户。这是指占有田土并明确写有佃户某某的一类业户。土地出租户占有田土面积分类如表 6-6。

表 6-6　土地出租户占有田土面积分类表　　单位：亩

类别	5 以下	5～10 不满	10～30 不满	30～50 不满	50～100 不满	100 以上	总计
户数	9	12	6	3	3	2	35
面积	28.9292	79.2958	107.7604	110.0875	210.5146	317.6063	854.1938
%	3.4	9.3	12.6	12.9	24.6	37.2	100

土地出租户占田面积总计为 854.1938 亩，再加上共业中出租田土23.4542 亩，共为 877.648 亩，占该保田的面积的 67.6%，即该保的大部分田为土地出租户所占有。

从田的占有面积来看，土地出租户大体可分为两类。一类是占有田土面积较多的土地出租者，其无疑属于农村中的地主阶层。土地出租户占田面积在 30 亩以上者共有 8 户（均为其他都保的业户），计占田 638.2084 亩，占土地出租户田土总面积的 74.7%。其中占有百亩以上田的出租户有 2 户。一户叫胡茂德,占田 184.4438 亩,为该鱼鳞册中占田最多的一户。其占有田地山的总面积为 377.9438 亩。另外,尚有与他人共业田地山计 22.5417 亩未计入。另一户叫胡申甫,占田133.1625亩,其占有田地山的总面积达 597.1208 亩,为该鱼鳞册中占有土地总面积最多的一户。另有与他人共业田地山计 155.4542 亩未计入。这两户都是十二都人,在鱼鳞册中是外都保的业户,其在十四都五保占有如此多土地,那么,在其本身所在都保以及其他都保中一定还会占有不少的土地。就徽州地区来说,已属于较大的地主之列。

另一类是占有田土面积较少的土地出租户。土地出租户占田面积在 30 亩以下者共 27 户,计占田 215.9845 亩,占出租户田土总面积的 25.3%。其中占田 10 亩以下的土地出租户有 21 户,占田计 108.255 亩,平均每户占田仅 5 亩多。这类业户较为复杂,并非一定都是地主。因为宋元以后,租佃关系十分发达,土地出租的情况极为普遍。就徽州地区来说,人口多,田地少,很多人外出经商,于是,将留在家乡的小块田土出租给他人的情况是很普遍的。这种情况除商人兼地主外,有的则是小商人兼小土地出租者。十四都五保土地出租户只有 1 户,叫王一宁,占田 18.8583 亩,其中,出租田仅 11.0833 亩。像这样的土地出租者,无论就占田面积,还是就田的出租量来说,很难说其一定就是属于地主这一阶层的。然而,鱼鳞册中占有田土面积较少的土地出租者,若属于外都保的业户,情况与此又有所不同。从现存的徽州土地文书来看,有的业户占有土地的总数量并不少,但分散在各都保之间,若只从一都一保来看,其占有的土地数量并不多。因此,该鱼鳞册中属于外都保的占田较少的土地出租户,也可能有一部分是属于占有土地较多的地主这一阶层的。但也有土地在外都保,仅因“管业不便”而出租他人的,这类业户并非一定就是地主。总之,占有田土面积较少的土地出租户情况较为复杂,须作具体分析。

土地出租兼自佃兼佃户。一户,汪龙云,十四都五保人。占田 100.4625 亩,其中除去荒田 26.2542 亩,自佃(该词系攒造鱼鳞册时在“佃户”栏下所填写的，指本户所有的田土由自己耕种，即自耕之意）23.4542 亩，出租44.1458 亩，共有 4 个佃户。另外还租佃别人田1.625亩。这是一个以土地出租为主的土地出租兼自佃兼佃户。该户占有田地山的总面积为 230 亩，当属于地主兼自耕农兼佃户。

自佃兼土地出租户。一户，汪逢吉，十四都五保人。占田 82.2792 亩，其中除去荒田 46.975 亩，自佃 22.7625 亩，出租 7.975 亩。这是一个以自佃为主的自佃兼土地出租户。该户占有田地山的总面积为 228.0375 亩，当属于自耕农兼地主。

自佃户。共有 7 户，其中只有 1 户是十四都四保人，其余均为十四都五保人。其中占田最多的是十四都五保的汪功敏，计25.0708亩，除去荒田 14.8042 亩，自佃 9.2667 亩。联系上述土地出租兼自佃户中自佃土地均为 20 余亩的情况，可以看出，徽州地区自耕农一般耕种的土地在 10~20 亩。其余自佃户占田都很少，自佃田土更少，多在 5 亩以下，均非标准的自耕农。

自佃兼佃户或佃户兼自佃户。共 3 户，均为十四都五保人。其中汪仲祥占田 10.2167 亩，除去荒田 3.0833 亩，自佃 4.5833 亩，同时还租佃了 0.2833 亩田，该户共有田地山计 60.7583 亩，当属于自耕农兼佃农这一阶层。其余 2 户都是以租佃为主的佃农兼自耕农。一户是韩子龙，租佃田 12.1875 亩，自佃田仅 1.1667 亩。另一户是王应士，租佃田 55.1042 亩，自佃田仅 5.4583 亩。

小土地所有户。这里所说的小土地所有户，并非一般意义上的小土地所有者，而是仅指鱼鳞册中记载的占有小块田土，既无佃人、又无自佃的一类业户。十四都五保的有 9 户，其他都保的有 15 户。户数最多，而总计占田面积却不到 10%。十四都五保的小土地所有户共占田7.0791亩，平均每户占田仅0.7866亩。其他都保这类业户共占田57.1585亩，平均每户占田 3.8106 亩。这类业户的性质较为复杂。就十四都五保而言，小土地所有户一般当属于占有田土数量很少的业户。但属于其他都保的，有的也可能是属于占田分散、而总占田量并不少的业户。

佃户兼小土地所有户。2户，均为十四都五保人。汪四，租佃田65.4667亩，另占田2.375亩。汪德甫，租佃田6.3292亩，另占田1.4292亩。均是以租佃为主的佃农兼小土地所有者。

佃户。该鱼鳞册所载佃户共22户，属于外都保的仅1户。其中佃户兼各类业户者6户，根本没有土地的佃户16户。按佃户租佃田土多少分类及所占比例如表6-7。

表6-7　佃户租佃土地面积分类表　　单位：亩

类别	10以下	10~20不满	20~30不满	30~50不满	50以上	总计
户数	8	5	3	0	6	22
面积	28.471	60.4957	74.0646	0	391.975	555.0063
%	5.1	10.9	13.4	0	70.6	100

从该鱼鳞册所载资料中，可看出关于佃户与租佃关系的几个特点。第一，佃户耕种的田土占该保实际耕种田土的大部分。按实际统计，十四都五保共有田1310.7604亩，其中除去荒田387.025亩，实际耕种田土923.7354亩，佃户租佃耕种田土总计555.0063亩，占其60%以上。第二，佃户租佃的田土属于十四都五保的仅有63.2041亩，其余491.8022亩都是其他都保业户占有的田土，占88.6%。第三，租佃50亩以上田土的佃户有6户，总面积达391.975亩，占全部租佃田土的70%以上，见表6-8。

表6-8　租佃50亩以上田土的佃户表　　单位：亩

姓名	王清	汪寄	王圣	汪四	叶六乙	王应士	总计
租佃面积	78.3813	67.075	65.7063	65.4667	60.2417	55.1042	391.975
备注				兼小土地所有户		兼自佃户	

这6户中的王应士前面已经介绍过，是个佃户兼自耕农，自己还占有田地山共37.7292亩。另一户汪四亦占有2.375亩土地。前文已经叙及，该鱼鳞册所载资料表明，徽州地区一户自耕农所耕种的田土一般在10亩至20亩，而有一部分佃户每户竟租佃一般自耕农户两至三倍的田土，这或许是由于该佃户劳动力较多。但少数佃户掌握该保租佃田土的大部分这一现象是值得注意的。第四，地主在选择佃户方面有一定的集中性，即地主出租田土时，一般多集中租给少数一两个佃户。或者说，地主与佃户之间有一定的对应性。如地主胡申甫共出租田72.7083亩，其中56.0917亩集中租给了佃户王清。又如地主王君信共出租田54.3146亩，其中47.0542亩集中租给了佃户王应士。徽州地区很早以前就是佃仆制发达的地区之一，地主在选择佃户上所表现出的集中性或许是佃仆制的一种反映。

总之，通过该鱼鳞册所载各类业户及佃户情况，可以看出，不少业户多兼有几种身份，在土地占有及租佃关系上呈现出十分复杂的局面。另一方面又可看出，土地集中的情况十分明显，租佃关系是主要的。

在业户占有土地方面，该鱼鳞册还载有一部分共业土地。其中田95.9917亩，地43.0417亩，山527.25亩，计666.2833亩，占土地总面积的14.6%。共业土地绝大多数都是两户共业，少数有三户共业，有一号土地是六户共业（496号）。该鱼鳞册中，除极少数外，共业土地绝大多数没有写明各个业主该得多少。共业土地的形成最初多因共继祖产所致。兄弟、叔侄等共继祖产而尚未摽分，或已经摽分而鱼鳞册中仍为一号田土，遂形成共业土地。该鱼鳞册中有一些共业土地，如七号田，业户胡桂云、叔达；四百九十号地，业户谢寿卿、庄孙，虽写有两个业主名字，但其上却明确写为“一户”，即属上述情况。以后，其中一户若将自己一份田产出卖他人，即形成异户之间或异姓之间的共业土地。亦有将自己田产的一部分出卖他人而形成与他人共业的情况。此外，还有两户共买一块田产而形成共业的，等等。总之，共业土地的形成是与土地继承和土地买卖有密切关系的。

宋元时期，寺院占有大量田土。这在该鱼鳞册中亦有所反映。该册的业户栏中载有两所寺院。一是十二都的白杨院，占田23.0792亩，地 4.125 亩，山 55 亩，计 82.2042 亩。白杨院在该册中属于其他都保业户，其在自己所在都中当占有更多土地。二是十四都的东松庵，占田 1.375 亩，地 1 亩，山 12 亩，计 14.375 亩。弘治《徽州府志》载："白杨院，在十二都。宋元祐二年建。建炎间朝散郎胡俊杰请赐今额……元废"①"东松庵，在十四都。当官道之冲，而邸舍辽远，暮行者患之。宋熙宁间悟法寺僧子珣为庐舍数十楹，设床榻，备薪蔬，以给往来……元，寺毁，徙叶家源。"②这些记载亦可佐证该鱼鳞册的所属时代。

关于荒田

该鱼鳞册所载田土中有大量荒田。其中有一般荒田 317.65 亩，"积砂""砂荒"65.225 亩，"成溪"4.15 亩。多数是整块田土全荒，亦有部分荒掉的，在鱼鳞册上写作"内荒"，属于内荒田土的共 57.6042 亩。各类荒田总计 387.025 亩，占全部田的面积的 29.5%，比例颇大。这一点也证明了该鱼鳞册当是元末明初动乱时代的田土记录。在徽州地区的历史上，元末所遭战乱尤为突出。"徽之为郡，介乎万山，昔有革代，招附以安。曩岁淮兵，渡江窥浙，直捣于徽，肆其燔劫，突来荐至，奔北相仍，六胜六负，哀哉民生。"③"近年以来，南北变乱，兵革不息，田畴荒芜，民多饥馁。"④"祁门为新安属邑……壬辰之变，蕲兵蹂躏，鞠为茂草，邑之遗黎，存者百二三。"⑤结合这一时代背景，该鱼鳞册作为

① 弘治《徽州府志》卷一〇《寺观 · 祁门县》，《天一阁藏明代方志选刊》影印本，上海古籍书店 1964 年版。

② 弘治《徽州府志》卷一〇《寺观 · 祁门县》，《天一阁藏明代方志选刊》影印本，上海古籍书店 1964 年版。

③ 〔明〕朱升：《朱枫林集》卷七《行枢密院判官邓公勋德碑颂》，《四库全书存目丛书》第 24 册，第 347 页。

④ 〔元〕舒頔：《贞素斋家藏集》卷一《绩溪县劝农文己亥岁作》，清道光二十六年刻本。

⑤ 弘治《徽州府志》卷一二《祁门重建儒学记》，《天一阁藏明代方志选刊》影印本，上海古籍书店 1964 年版。

朱元璋攻取徽州后不久的一次经理记录，其上载有大量荒田，当是不足为奇的。

以上，仅就该鱼鳞册记载的土地方面的资料粗略作了一下统计与分析。最后要提及的是，只就一个都保的鱼鳞册资料而进行统计与分析，其资料并不十分完全，因而在某些方面不免带有局限性，只是相对的。尽管如此，从鱼鳞册这类原始档案中挖掘出来的东西，当更接近于历史的真实。特别是在数据资料十分难得的情况下，它就更显得宝贵。

（二）龙凤经理祁门县十西都九保鱼鳞册

在中国社会科学院古代史研究所收藏的徽州契约文书中，现存一本首尾均残的鱼鳞册，纵 32.5 厘米，横 27.5 厘米，厚约 1.5 厘米，皮纸，雕版填写本。[①] 每两页之间均钤骑缝官印。每页（古装筒子页）双面，现存计 109 页（最后一页残），217 面。四周双边，每面以十字形单线分为四格，载四个号的田土内容，现存册中载有九〇六号至一七四〇号各号田土内容。每号所载内容有：字号、都保、户籍、业户姓名、土名、田土类别、田土面积、四至等。以该册一千四十七号为例，其所载内容及格式如下：

字　一千四十七号九保金户汪日新
土名　坳上
下山　壹亩
下地　壹角
东至　李家地
西至　田
南至　自山
北至　佛子坐

① 中国社会科学院古代史研究所（以下简称古代史所）藏 1000179 号。

其中,“字、土名、东至、西至、南至、北至”诸字为雕版黑色印刷字体,其余的字均为行书墨笔填写。粗略看去,这一鱼鳞册与现存的明清时期的鱼鳞册并无多大区别,但仔细查看其形制与内容,又与现存的明末以后的鱼鳞册有不同之处。而且,该鱼鳞册首尾均残,现存册中亦无关于该册所属时间与地点的直接记载,其所属时间和地点均不明确。那么,该鱼鳞册到底是什么时代攒造的?其所属地点在什么地方?它与当时的社会经济制度之间的关系又如何呢?

关于该鱼鳞册所在地点的考证

该鱼鳞册各页之间所钤骑缝官印印文为“祁门县印”四字,由此可知,其所属地点在徽州府祁门县。又,该鱼鳞册登载的业户所属都保中,多处出现“十东都”“东都”字样。据永乐《祁阊志》载,祁门元代“乡凡六……定都二十有二。……入国朝,乡因之,都削其名,合三四为一都,析十为东、西两都,凡二十二都,编五十一里”①。弘治《徽州府志》亦有类似记载②。再查有关文献记载,徽州府所属各县中,只有祁门县在明代以后有十东都和十西都的建置。因此,这亦是该鱼鳞册的所属地点在徽州府祁门县的一个佐证。

然而,该鱼鳞册中关于各业户所属都保登载有六保、七保、九保、十东都五保、一都、五都、六都、八都、十一都、在城,等等。那么,本都保业户的所在地,即该鱼鳞册的所属都保又是其中的哪一个呢?

查该册各号所载字号,其为何字经理,多空缺没有填写。但其中 1042 号至 1044 号、1064 号、1071 号至 1074 号、1193 号等皆明确写有“民”字——以上各号均为该鱼鳞册顺序登载系列中的字号。由此可知,该册其他田土的经理字号亦为“民”字,其没有填写,只是一种省略而已。按,自宋元以来,徽州地区在经理田土攒造鱼鳞册时,各县均以《千字文》为序编排字号,所以,“民”

① 永乐《祁阊志》卷一《乡都》,安徽省黄山市祁门县图书馆藏本。
② 弘治《徽州府志》卷一《厢隅乡都》,《天一阁藏明代方志选刊》影印本,上海古籍书店 1964 年版。

字这一经理字号,则为我们确认该鱼鳞册的所属都保提供了一个极为重要的线索。

不过,若从“民”字这一经理字号来确认该鱼鳞册的所属都保,还必须了解当时祁门县其他都保的田土经理字号情况。据现存徽州土地买卖等契约文书所载,元代延祐经理以后至明代,徽州府祁门县部分都保所属字号如表6-9:

表 6-9 徽州府祁门县部分都保所属字号表

文书	都	保	字号	馆藏	出处
永乐三年吴希哲卖山赤契	九	六	乃	古代史所	《丛编》二,页 422
嘉靖九年祁门县吴琦卖山赤契 正德十三年祁门李德玺等卖山赤契	十	一	位 位[1]	安博 古代史所	《丛编》一,页 350 《丛编》二,页 486
洪武二十四年祁门李魏相等卖山赤契[2]	十	二	逊	安博	《丛编》一,页 302
“谷”字号经理鱼鳞册[3]	十	三	谷	安博	
永乐二十二年李茂昭卖山赤契	十	四	有	古代史所	《丛编》二,页 434
洪武十九年祁门李思礼等卖山白契	十	五	虞	古代史所	《千年契约文书》宋元明编卷一,页 29
洪武十六年祁门李斌全卖山赤契	十	六	陶	安博	《丛编》一,页 299
洪武十五年谢允恭卖山地赤契	十	七	唐	古代史所	《千年契约文书》宋元明编卷一,页 28
至正十一年贵池谢安得等卖坐落祁门山赤契	十	八	吊	古代史所	《千年契约文书》宋元明编卷一,页 18
弘治十六年祁门程舟乞卖山地赤契	十	九	民	古代史所	《丛编》二,页 214
洪武二十五年祁门谢芳卖地赤契	十	十	伐	安博	《丛编》一,页 237
永乐八年李生等卖地赤契	十一	一	罪	古代史所	《丛编》二,页 175
永乐二十年汪伯敬卖山赤契	十一	二	周	古代史所	《丛编》二,页 431

续表

文书	都	保	字号	馆藏	出处
洪武二十五年祁门吴仲祥等卖山赤契	十一	三	发	古代史所	《丛编》二,页 421
永乐八年祁门汪永恭卖山赤契	十一	四	商	古代史所	《丛编》二,页 423
永乐九年祁门李显初卖山赤契	十一	五	汤	古代史所	《丛编》二,页 424
洪武十八年祁门胡康保郎等卖山地赤契	十一	六	坐	古代史所	《丛编》二,页 171
永乐二十年汪伯春卖山赤契	十一	七	朝	古代史所	《丛编》二,页 432
永乐二十二年祁门汪伯春等卖山地赤契	十一	八	问	古代史所	《丛编》二,页 181
成化十五年祁门程道容卖田赤契	十一	九	道	安博	《丛编》一,页 48[4]
永乐二十二年祁门李再昌卖山赤契	十一	十	垂	古代史所	《丛编》二,页 434

注:[1]安徽博物院藏契只载十东都"位"字号,未载明所在保,古代史所藏契只载一保"位"字,未载明所在都。参照二者,即可得知十东都一保为"位"字。

[2]洪武二十四年祁门李魏相等卖山赤契,安徽博物院藏契 2:26637 号。该书将此契拟题为"休宁县李魏相等卖山赤契",其中"休宁县"实误,应为"祁门县"。因休宁县从未有十东都的建置,只有祁门县在明开国以后有十东都的建置。又,参阅该书 350 页所载"祁门县胡辉卖山赤契",亦可知该契属祁门县十东都。

[3]"谷"字号经理鱼鳞册,安徽博物院藏 2:16722 号。该鱼鳞册封面题"谷字号经理",而其开头明确载有"拾东都叁保国字号经理壹号",自第二号以下皆为"谷"字;又,现存的徽州土地买卖文契中,祁门十东都三保亦皆载为"谷"字,可知"谷"与"国"通用。

[4]该书将此契拟题为"休宁县程道容卖田赤契",其中"休宁县"实误,应为"祁门县"。

[5]表中简称"古代史所"即中国社会科学院古代史研究所,"安博"即安徽博物院,《丛编》即《明清徽州社会经济资料丛编》,《千年契约文书》即《徽州千年契约文书》。

通过上表可知,元末明初祁门县九都六保为"乃"字;十都一保为"位"字,二保为"逊"字,三保为"国"(谷)字,四保为"有"字,五保为"虞"字,六保为"陶"字,七保为"唐"字,八保为"吊"字,九保为"民"字,十保为"伐"字;十一都一保为"罪"字,二保为"周"字,三保为"发"字,四保为"商"字,五保为"汤"字,六保为"坐"字,七保为"朝"字,八保为"问"字,九保为"道"字,十保为"垂"字。又如上所述,祁门县十都自明国初以后析为十东都、十西都,却没有明确记载其是如何析分的。从现存的有关契约文书中可以看出，十都虽分为东西二都，其经理字号却没有变动；又，有关十东都的记载只有一保至五保，有关十西都的记载只有六保至十保。因此，我们可以判断十东都的建置为原十都的一保至五保。十西都的建置为原十都的六保至十保。综上所述，兹将明代祁门县九都、十东都、十西都、十一都的都保建置及所属字号列表（表6-10）如下：

表6-10　明初祁门县九至十一都的都保建置及所属字号表

保／字号／都	1	2	3	4	5	6	7	8	9	10
九	（皇）	（始）	（制）	（文）	（字）	乃	（服）	（衣）	（裳）	（推）
十东	位	逊	国	有	虞					
十西						陶	唐	吊	民	伐
十一	罪	周	发	殷	汤	坐	朝	问	道	垂

这些字号的编排顺序，与《千字文》中的有关原文“……龙师火帝，鸟官人皇。始制文字，乃服衣裳。推位逊国，有虞陶唐。吊民伐罪，周发殷汤。坐朝问道，垂拱平章”是完全一致的。

从以上叙述不难看出，对于“民”字号的土地经理，即使没有关于其所属都保的明确记载，只要确认其前后字号的所属都保，亦可按《千字文》顺序准确地推断出其所属都保。而现存的徽州契约文书中亦有关于“民”字号经理所属都保的明确记载，如古代史研究所藏永乐二十二年（1424）祁门李茂昭卖山赤契中即载：

西都李茂昭，承祖有山肆号，坐落东都四保，土名方村等处山壹号，系“有”字二千柒百五十九号……又壹号，计山伍分，坐落西都九保，土名开溪口堨头，“民”字一千三百廿八号。其山东至田，西至降，南至谢家

山，北至一都界田……①

又如，弘治十六年(1503)祁门程舟乞卖山地赤契亦载：

西都程舟乞，有民□山一备，坐落本都九保，土名冷水堀前老虎弯，系经理“民”字……号，共计山地……亩。新立四至，东至大溪及芦金坞口，西至张山，南至田及溪，北至大岭降……②

所以，祁门县“民”字号经理的这一鱼鳞册，其所属地点在十西都九保。

那么，十西都九保具体的地理位置又在何处呢？据万历《祁门志》及道光《祁门县志》卷首所载图③，可知县治之南为一都，一都之南偏东即十西都。而该鱼鳞册所载田土四至中，数处标明“北至一都界”④，可知九保位于十西都北部，与一都接壤。

嘉靖《徽州府志》和万历《祁门志》又载：“十西都，一图。其村：旸源村、大岭下、倒弯、板乔山、魁溪。”⑤“十西都，图一。其村：王源、大岭下、倒弯、板溪石、魁溪。”⑥安徽博物院藏嘉靖三十六年(1557)祁门徐七保等养山文约□亦出现“魁溪”的土名：“在城徐七保、徐玄，今承揽到五都洪瑚山一备，坐落土名魁溪口塔埸涤山，系经理民字一千五百四十一号，新立四至，东至田，西至岭，南至谢山，北至一都界。……共计山地二亩，李仲齐四分中合得二分，洪瑚四

① 永乐二十二年李茂昭卖山赤契，古代史研究所藏契002455号，《明清徽州社会经济资料丛编》第二辑第434页。

② 弘治十六年祁门县程舟乞卖山地赤契，古代史研究所藏契002961号，《明清徽州社会经济资料丛编》第二辑第214页。

③ 见万历《祁门志》卷首《图》，安徽省图书馆藏万历刻本。道光《祁门县志》卷首《四境图》，国家图书馆藏道光七年刻本。

④ 见该鱼鳞册1541号、1648号等。

⑤ 嘉靖《徽州府志》卷一《乡隅》，国家图书馆藏嘉靖刻本。

⑥ 万历《祁门志》卷四《人事志·乡市》，安徽图书馆藏万历刻本。

分中合得一分，张满四分中合得一分。"①查"民"字号经理鱼鳞册，其一千五百四十一号所载内容如下："（空缺）字一千五百四十一号，土名塔堨蓧山。李府谕内取下山贰角，李季全内取下山贰角，李循正内取下山贰角，李复报内取下山贰角。东至田，西至岭，南至谢家山，北至一都界。"将上述养山文约与鱼鳞册所载内容对照，可以看出，二者所载四至、田土类别、田土总面积都完全一致，土名亦基本一致，只是业户姓名不同。显然是因为二者所属时间不同。所以，上述养山文约中所载"魁溪口塔堨涤山"即该鱼鳞册的所在地点，再联系嘉靖《徽州府志》和万历《祁门志》所载十西都村名，可知十西都九保，即该鱼鳞册的所在地点在魁溪一带。

又据万历《祁门志》载，十西都的堨有"开溪堨"②，该鱼鳞册所载田土的土名中亦多处出现"开溪""开溪堨头""开溪口"③的名称，此亦是该鱼鳞册所载田土地点在十西都的一个佐证。

这里的"开溪"与上述的"魁溪"，本是指同一条溪水，因当地方言"魁""开"同音，谐变，故有时写法不同。据有关调查，至今祁门县当地仍有开溪自然村，在县城东南方向，洪村以南，属洪村乡。

关于该鱼鳞册所属时间的考证

（1）前文已经叙及，该鱼鳞册看上去与现存的明清时期的鱼鳞图册很相似，但仔细查看其形制与内容，发现其与现存的明末以后的鱼鳞册又有不同之处。首先可从该册登载田土面积时所使用的计量单位上看出来。该册使用的计量单位是"亩""角""步"，具体算法是六十步为一角，四角为一亩。此乃宋元时期计量田土面积时普遍使用的一种换算方法。明代虽未废止，但主要是明初在该地一些土地文书中作为前朝遗制仍在使用，正式场合已多改用

---

① 嘉靖三十六年祁门徐七保等养山文约，安徽博物院藏契 2：16813 号，《明清徽州社会经济资料丛编》第一集，第 454 页。

② 万历《祁门志》卷四《人事志 · 乡市》，安徽图书馆藏万历刻本。

③ 分别见该鱼鳞册 1325 号、1424 号、1498 号。

亩、分、厘、毫的十进位制。从该册以亩、角、步作为田土面积的计量单位这一点，可以看出其攒造年代较早，至迟当不晚于明初。

（2）该册各叶骑缝所钤“祁门县印”，印色古旧，与现存的元末明初徽州土地文书中所钤印文印色相同，但从其印文大小、形制来看，与元代官印有显著区别。现存的元代土地文书中所钤“祁门县印”印文一般5.5厘米见方，而该鱼鳞册所钤“祁门县印”印文方达6.5厘米。又，现存的元代祁门土地文书中的官印为八思巴文，而该鱼鳞册所钤印文是九叠篆文，二者明显不同。该鱼鳞册所钤官印与明代土地文书中所钤“祁门县印”相比，形制几乎完全相同，均为九叠篆文，每字叠数亦均为九叠；但明代土地文书中所钤“祁门县印”一般方6.7厘米，而该鱼鳞册所钤官印方6.5厘米，要略小一些。总之，从印文上看，可以确定该鱼鳞册不是元代所攒造。但也不能据此断定该册是洪武以后攒造之物，因为在洪武之前的龙凤时期，即已出现形制与元代官印根本不同，而与明代官印基本一致的官印①。

（3）如前所述，该鱼鳞册在记载业户都保时，多处出现“十东都”“东都”字样。“十东都”“十西都”，或“东都”“西都”这类记载，在明清时期祁门的土地文书中常常可以见到。所谓“东都”“西都”即“十东都”“十西都”。永乐《祁阊志》中明确记载，“入国朝”之后，即明朝之后在祁门县才有十东都、十西都的建置。其在元代本为十都，明初才析为十东都、十西都。弘治《徽州府志》关于祁门县亦载：“国朝因之，置六乡，并三四为一都，析十为东西都，仍计二十二都。”②那么，这里所谓“国朝”又开始于何时呢？一般很容易理解为洪武以后。然而，在徽州地区，所谓“国朝”，是指朱元璋占领徽州、结束元朝统治以后，即元至正十七年（宋龙凤三年，1357）之后。这从明代徽州地区方志的有关记载行文中即可判明。如永乐《祁阊志》有关《田土》的记载：“宋田园

① 《上海博物馆藏印选》，上海书店出版社1979年版，第131、132页。

② 弘治《徽州府志》卷一《厢隅乡都》，《天一阁藏明代方志选刊》影印本，上海古籍书店1964年版。

租额一十九万九千五百六十三亩三十八步半……元至元二十三年官行括勘法……国朝戊戌年自实后至甲辰年官民田土五百九十一顷六十三亩七分九厘八毫。”①戊戌即元至正十八年（宋龙凤四年，1358），甲辰即元至正二十四年（宋龙凤十年，1364）。事实上徽州文书中已有记载证明，祁门县十都析为十东、十西两都是自龙凤时期开始的。如安徽博物院藏龙凤时期经理的鱼鳞册中，即出现“十东都”“十西都”的记载②。

总之，从该鱼鳞册所钤印文形制及出现“十东都”“十西都”的记载这两点来看，可判明该册不是元代所攒造的；但二者最早又都可以追溯到龙凤时期。那么，该册到底是在龙凤时期攒造的，还是在洪武以后攒造的，仅据上述两点还不能作出判断。

（4）该鱼鳞册所登载的业户姓名，有一部分在现存的徽州契约文书中亦可找到，其中，在洪武时期的土地买卖契约中出现的姓名有李孟善③、李宗裕④、汪日辛⑤、李祖仁⑥、李弥高⑦、李教谕⑧、李子熹⑨等。这些人不但与该

---

① 永乐《祁阊志》卷三《田土》，安徽省黄山市祁门县图书馆藏本。

② 安徽博物院藏 2:16722 号。

③ 洪武十一年祁门胡仕可等卖山赤契、洪武十二年徐有成卖山赤契，均见安徽博物院藏契 2:16802 号，《明清徽州社会经济资料丛编》第一辑第 298 页。又，洪武十五年李宗裕卖山地赤契，古代史研究所藏契 HZS3010007 号。

④ 洪武五年祁门李丹勉卖山契、洪武二十七年李宗裕出典文契，《徽州千年契约文书》宋元明编卷十所载《崇祯祁门李氏誊契簿》之三一、九。又，洪武十三年李宗晟卖山地屋宇赤契，《徽州千年契约文书》宋元明编卷一 HZS3010006 号。又，洪武十八年李宗裕卖山地赤契，古代史所藏契 HZS3010010 号。

⑤ 洪武十三年汪守位出批山契，南京大学历史系资料室藏 000066 之 00024 号。

⑥ 洪武十八年李宗裕卖山地赤契，古代史研究所藏契 HZS3010010 号。

⑦ 洪武二十四年祁门谢景春卖山赤契，安徽博物院藏契 2:16802 号，《明清徽州社会经济资料丛编》第一辑，第 301 页。

⑧ 洪武二十五年刘氏乙娘卖山赤契，安徽师范大学历史系藏。又，洪武二十六年祁门李子熹卖山赤契，古代史所藏契 002421 号，《明清徽州社会经济资料丛编》第二辑，第 421 页。

⑨ 洪武二十六年祁门李子熹卖山赤契，古代史所藏契 002421 号，《明清徽州社会经济资料丛编》第二辑，第 421 页。

鱼鳞册所载姓名完全相同,所在都图亦是一致的。但这些文契所记载的田土事项,并不属于十西都九保"民"字号经理,所以,尚不能据此就断定该鱼鳞册是洪武时期所攒造的。因为其中有的人虽然出现在洪武时期的契约文书中,但同时亦可在龙凤时期的徽州文书中找到。又,有的即便出现在洪武时期的契约文书中,但按其所载,其本身是时代更早,或至晚是元末时代的人。例如,洪武十三年祁门汪守位出批山契①载:

立出批山契岳汪守位,今有承祖汪日辛签业山柒号,坐落西都十保"伐"字一千七百九号,土名胡廷坑,上地拾伍步……前山柒号,所有四至悉照该保经理可查。今为身乏子,仅生一女,出室谢则成名下为妻,因身家业淡薄,妆饰无措,愿将前山柒号出批与谢则成名下入山为业,以作妆饰之资。……

洪武十三年五月蒲日立出批契

岳　汪守位(押)契

中见亲　胡文贞(押)

该契所载汪日辛即与鱼鳞册上所载姓名相同,并同为十西都人,二者所载实为一人。但按该契所载,汪守位在洪武十三年已是以岳父身份出现的人,年龄自然不小;而汪日辛,又是汪守位的祖辈,其所处时代当然更早,推断其为元代人当无疑问。

又如,洪武二十六年祁门李子熹卖山赤契②载:

十西都李子熹,承祖户教谕户有山二号,坐落本都八保,土名大坞,

---

① 洪武十三年祁门汪守位出批山契,南京大学历史系资料室藏000066之00024号。

② 洪武二十六年祁门李子熹卖山赤契,古代史所藏契002421号,《明清徽州社会经济资料丛编》第二辑,第421页。

经理系“吊”字二千一百九十六号，计山一亩。其山东止（至）谢嵩山，西至谢四十山，南至田，北至孙大冢……今将前项八至内山并地骨大小杉本宅合分得一半，尽行立契出卖与同都住人谢舍禄名下……

洪武二十六年七月十三日李子熹（押）契

该契所载李子熹、李教谕，在鱼鳞册上记载为“李教谕、子希（熹）”①，亦是上下辈继承关系，二者所载相同。但是，李子熹的名字还出现在龙凤时期的有关文书档案中，特别值得注意的是，李教谕的名字在元代的有关土地文书中亦可见到，如延祐二年（1315）祁门李教谕买山田税契凭证②载：

皇帝圣旨里，徽州路祁门县务，今据李教谕赍文契壹纸，用价钱中统钞壹贯叁锭，买受汪子先夏山、次不及田，赴务投税讫。所有契凭须至出给者。

右付本人收执。准此。

延祐二年七月　日（押）

由于人的一生时间跨度常常有五六十年，多者甚至达七八十年，所以同一个人出现在不同时期的有关记载中，并不奇怪。而上述有关契约文书所记载的田土事项，又均不涉及十西都九保“民”字号经理，在这种情况下，上述记载只能证明该鱼鳞册的所属时间大体是在元末明初，而不能据此断定该鱼鳞册的攒造时间就是在洪武时期，或在元末，这是显而易见的。

（5）该鱼鳞册登载的各类户籍有军户、民户、儒户、禁子户、金户等。其中“金户”特别引人注目。此乃元代诸色户计中的一种，为每年向官府上纳金课

---

① 见该鱼鳞册 1017 号、1024 号。

② 延祐二年祁门李教谕买山田税契凭证，安徽博物院藏 2:29643 号。

的一种专门税役户。据弘治《徽州府志》载，元世祖至元十八年(1281)，徽州路宣课提举司于婺源县募人淘金，每户岁纳金一钱，凡二百四十户，共纳金二十四两，徽州课金自此始。至元十九年(1282)，建康路置淘金总管府，差拨徽州金夫六百二十五户，每户纳金不等，共纳金二锭二十五两七钱二分。至元二十六年(1289)，省府定于苗米五石之下、三石之上户内签拨金户一千五百，办金十二锭。其后主管衙司、课金数量亦多有变动。到至元二十九年(1292)，因建康路金户逃移，仍于徽州路补拨金户五百，每户以苗米五石为则，岁金五钱五分，共五锭二十五两。在此以前的金户被称为"原签金户"，夏、秋二税并免征。元贞二年(1296)，置江浙金银铜冶转运司，增拨金户一千六百五十，每户以苗米四石为则，岁纳金五钱五分，共一十八锭七两五钱，谓之"续签金户"，免秋粮，不免夏税。徽州五县一州前后通拨金户四千五百一十五户，岁课金四十九锭三十二两二钱五分。延祐经理之后，金随岁办，不复以户数拘。① 其实，徽州府本不产金，"故有金课，实民间买纳"②。

以《宋会要》考之，出金之州十，于歙无与。又按十道图，贡金之州四，贡麸金之州十有一，歙亦初不与焉。凿井取沙，箕运山积，爽以金斗，漾以金床，赤体沾濡，手足皲龟，罢其日力，幸而有得，不过星粟之微。或并溪连凿数井，且不见金。或闭气从潭底求之，腰石而入，畚沙以出，往往脑鼻流血，得不偿劳。盖其难且险如此，人户率于他州买纳。输纳之际，又有弊焉③。

---

① 弘治《徽州府志》卷三《食货二·财赋·(元)金课》，《天一阁藏明代方志选刊》影印本，上海古籍书店1964年版。

② 弘治《徽州府志》卷二《食货一·土产》，《天一阁藏明代方志选刊》影印本，上海古籍书店1964年版。

③ 弘治《徽州府志》卷三《食货二·财赋·(元)金课》，《天一阁藏明代方志选刊》影印本，上海古籍书店1964年版。

所以金课实为元代一大弊政。

至明初，有关史籍记载金课已被罢除。如永乐《祁阊志》载："（金课）元，岁输金四锭三十五两九钱五分。国朝罢之。"①弘治《徽州府志》亦载："元赋虽不增，而额外又有金铁诸课，民不聊生。我国朝稽古定制，贡赋有常。而额外无名之征，一切革罢。"②然而，对金课罢除的具体时间，有关史籍均未明确记载。那么，金课到底是在哪一年被罢除的呢？这首先须对明初徽州地区的税制变化作一考察。

前已叙及，朱元璋于元至正十七年，即宋龙凤三年（1357）派大将邓愈、胡大海攻取徽州，此后徽州便一直在朱元璋政权的统治之下。关于朱元璋占领徽州之后在当地实行的税制，弘治《徽州府志》上有明确记载：

> （国朝）戡定之初，犹据郡志所载元初旧则，以田亩起税钱，以税钱科税粮。至乙巳年，中书省查勘本府钱粮，为见癸卯、甲辰两年册内花户田粮增减不同，行拘本府并所属州县首领官吏、贴书、算人等到首，委自本省照磨帖木儿不花监督查勘，攒造归一得实文册。帖木儿不花以田土则例不等，呈省乞照邻郡田粮，从新定拟则例，遵守科征。省官公议，更定一州五县，除官重租基地及歙、绩溪山塘，照依近上则例起科，其民田、塘元科秋粮五升之上、地秋粮三升之上，亦照元额科征，其余不等田、地、山、塘零碎名色，合比应天府则例，田、塘每亩起科秋粮五升，夏麦三升；地每亩秋粮三升，夏麦二升；山每亩秋粮一升……如此改科，庶官有成规，民知定则。于当年四月初一日，本省官启准改科③。

---

① 永乐《祁阊志》卷三《租赋》，安徽省黄山市祁门县图书馆藏本。

② 弘治《徽州府志》卷二《食货一按语》，《天一阁藏明代方志选刊》影印本，上海古籍书店1964年版。

③ 弘治《徽州府志》卷三《食货二・财赋》，《天一阁藏明代方志选刊》影印本，上海古籍书店1964年版。

这里所说“癸卯”，即元至正二十三年、宋龙凤九年(1363)，“甲辰”即元至正二十四年、宋龙凤十年(1364)，“乙巳”即元至正二十五年，宋龙凤十一年(1365)。也就是说，朱元璋从元至正十七年占领徽州到至正二十四年(宋龙凤三年至十年)这一段时间，在当地仍然按“元初旧则”起科，实行的仍是元朝旧制。这显然是因为刚占领徽州，尚未及进行税制改革。直到至正二十五年(1365)才进行了税制改革。至正二十五年即乙巳年，故史称“乙巳改科”。乙巳改科在徽州地区是一次十分重要的税制改革，它是作为明朝开国之初，首次废除元代税制、确立明代税制而进行的一次改革。其所确定的各项征收税额，一直持续到洪武十年(1377)都没有变化；而其所确立的新的征税体制，则成为该地有明一代税制的基本原则。

为备后人考览，弘治《徽州府志》还详载了未改科以前甲辰年夏秋二税和乙巳年改科的数目则例。通过二者对比即可发现，作为徽州地区元代税目之一的金课，其在至元十七年至二十四年，即龙凤三年至十年(1357—1364)朱元璋占领徽州以后，仍以“元初旧制”起科的这一段时间里，是依然作为征收税目而存在的；金课正是经过乙巳改科才被革罢的。据弘治《徽州府志》载，在甲辰年徽州府及其下属各县的征收税目中，均有“秋粮金课”一项，而乙巳年的征收税目中，则已不见金课，只有“秋粮米”了①。永乐《祁阊志》的记载亦与此完全相同：“国朝戊戌年自实后至甲辰年夏秋租税……秋粮金课共米一千一十八石八斗七升九合三勺。乙巳年改科后至洪武十年夏税租税……秋粮米七千三百二石六斗四升八合二勺八抄二撮。”②又，从徽州府甲辰年与乙巳年所征收的秋粮数的巨大差额中亦可看出金课是在乙巳年被革罢的。徽州府甲辰年的秋粮征收额为“秋粮金课共米四万四千七百三十五石二斗九升二合九勺一抄”，乙巳年的秋粮征收额为“秋粮米九万五千六百九十五石三

---

① 弘治《徽州府志》卷三《食货二·财赋》，《天一阁藏明代方志选刊》影印本，上海古籍书店1964年版。

② 永乐《祁阊志》卷三《租赋》，安徽省黄山市祁门县图书馆藏本。

斗一升二合八勺三抄”①，后者要比前者增加一倍多。这既不是因为乙巳改科后纳粮的田土面积增加了一倍，查弘治《徽州府志》有关记载，该府乙巳年与甲辰年的官民田土总额完全相同；也不是因为乙巳改科后税则增加了一倍，而主要原因在于有无金课之征。从前面引文中即可看出，作为徽州府的四千五百多金户，每岁因输纳金课而被免征秋粮，其中近三千户夏税亦免。而这些金户原来都是负担三四石乃至五石以上科粮的大户，为秋粮税课的主要负担者，因此除去他们，税粮数额自然就大大减少了，而在免除金课之后，税粮数额即增加了一倍之多。

从金户在乙巳改科中被革罢的这一事实不难看出，在业户的户籍中明确填写有“金户”的这一鱼鳞册，当是在甲辰年，即元至正二十四年、宋龙凤十年（1364）以前攒造的；再联系上述其区别于元代的一些确凿证据，我们可以断定，该鱼鳞册本是在朱元璋占领徽州之后至乙巳改科前，即龙凤三年至十年（1357—1364）这一时期所攒造的。

那么，在乙巳改科、金课被革罢以后，当攒造鱼鳞册时，会不会按乙巳改科前的情况填写户籍，依然写上“金户”呢？应该说这是不可能的。从前引史料中可以看出，户籍类别本是确定百姓如何向官府纳税或服役的最基本的依据，如若定为“金户”，按规定在上纳金课的同时，则“免秋粮”，或“夏秋二税并免征”，对关乎税粮这样一个于国家和百姓利益都密切相关的重大问题，在盖有官府印信的正式攒造的鱼鳞册上，是绝不会随便填写的。所以，从乙巳改科后金课被革罢的这一事实，可以断定该鱼鳞册是在龙凤时期攒造的，这一判断当不致有误。

此外，从现存的徽州文书中，还可找到不少作为该鱼鳞册为龙凤时期经理之物的佐证。

---

① 弘治《徽州府志》卷三《食货二·财赋》，《天一阁藏明代方志选刊》影印本，上海古籍书店 1964 年版。

首先,安徽博物院现收藏一本祁门十西都七保的鱼鳞册抄本①,其所抄内容本是龙凤时期攒造的鱼鳞册。查该册所载业户姓名,其中有多人(达19人)与十西都九保的鱼鳞册所载业户姓名完全相同,各业户所在都保亦相同,所以,该册亦可佐证十西都九保鱼鳞册的攒造时间是在龙凤时期。

其次,安徽博物院还收藏一本"谷"字号经理鱼鳞册②,其本是龙凤时期经理祁门县十东都三保的鱼鳞册。查该册所载业户姓名,其中亦有多人(达18人)与十西都九保的鱼鳞册所载业户姓名完全相同,各业户所在都保亦一致,所以,龙凤时期十东都三保"谷"字号经理鱼鳞册,亦成为判断十西都九保鱼鳞册攒造时代的一个佐证。

最后,中国社会科学院古代史研究所现藏有一本元至正二十四年,即宋龙凤十年(1364)由朱元璋政权攒造的祁门县十四都五保鱼鳞册③,其中该册所载业户"一都汪明甫""一都谢子善""在城张庭实",与本文介绍的十西都九保鱼鳞册中登载的业户"一都汪明甫""一都谢子善""在城张庭实"等姓名完全相同,所在都的地点亦相同,两册所载同名之人实为同一个人。而已知的汪明甫等人的所处时代为龙凤时代,即龙凤时期。此亦成为判断十西都九保鱼鳞册攒造时间的一个依据。

现将上述文书中可证明十西都九保鱼鳞册所处时代的有关业户姓名及其所在都保列表如下表(6-11):

① 安徽博物院藏2:16715号。该册为抄本。根据有关族谱资料和现的存其他徽州契约文书等,可证实其所抄内容为龙凤时期攒造的鱼鳞册。

② 安徽博物院藏2:16722号。根据该册所附资料,可证明其本是龙凤时期经理的鱼鳞册。

③ 中国社会科学院古代史研究所藏314150000001号,《徽州千年契约文书》宋元明编卷一一 HZY2000001号,参阅本章"龙凤经理祁门十四都五保鱼鳞册"有关考证。

表 6-11　十西都九保鱼鳞册所属时间相关业户姓名与所在都保表

十西都九保 鱼鳞册		十西都七保 龙凤经理鱼鳞册		十东都三保 龙凤经理鱼鳞册		十四都五保 龙凤经理鱼鳞册	
都保	姓名	都保	姓名	都保	姓名	都保	姓名
在城	汪仲朝	在城	汪仲朝				
十西十保	谢大志	十西十保	谢大志				
十西七保	谢魁弃	十西七保	谢魁弃				
十西六保	李施正	十西六保	李施正				
十西六保	李复振	十西六保	李复振				
十西六保	李子敬	十西六保	李子敬				
十西六保	李长卿	十西六保	李长卿				
十西六保	李弥高	十西六保	李弥高	十西六保	李弥高		
十西六保	李教谕	十西六保	李教谕	十西六保	李伟长 教谕		
十西六保	李子熹	十西六保	李子熹	十西六保	李子熹		
十西六保	李府谕	十西六保	李府谕	十西六保	李府谕		
十西六保	李伟翁	十西六保	李伟翁	十西六保	李伟翁		
十西六保	李仁甫	十西六保	李仁甫	十西六保	李仁甫		
十西六保	李以成	十西六保	李以成	十西六保	李以成		
十西六保	李世昌	十西六保	李世昌	十西六保	李世昌		
十西六保	李季全	十西六保	李季全	十西六保	李季全		
十西六保	李循正	十西六保	李循正	十西六保	李循正		
十西六保	李德厚	十西六保	李德厚	十西六保	李德厚		
十东五保	李孟善	十东五保	李孟善	十东五保	李孟善		
十东五保	李宗裕			十东五保	李宗裕		
十东都	李祖仁			十东都	李祖仁		
十东都	李志德			十东都	李志德		
十东都	李朝宗			十东都	李朝宗		

续表

十西都九保鱼鳞册		十西都七保龙凤经理鱼鳞册		十东都三保龙凤经理鱼鳞册		十四都五保龙凤经理鱼鳞册	
十西六保	李饶章			十西六保	李饶章		
十东都	胡应博			十东都	胡应博		
一都	汪明甫					一都	汪明甫
一都	谢子善					一都	谢子善
在城	张庭实					在城	张庭实

从表6-11可以看出，十西都九保鱼鳞册所载业户姓名中，共有28人分别在十西都七保、十东都三保以及十四都五保的龙凤时期经理的鱼鳞册中出现，其中李弥高等12人又同时在十西都七保和十东都三保的龙凤经理的鱼鳞册中出现。该鱼鳞册中有如此众多的人在其他都保龙凤时期攒造的鱼鳞册中出现，绝非偶然，这不仅是因为其中有的鱼鳞册与十西都九保相邻近，更重要的是因为它们在攒造时间上是一致的。

此外，需要指出的是，将十西都九保鱼鳞册上所钤印文，与龙凤经理十四都五保鱼鳞册上所钤印文相对比，二者略有区别，前者所钤印文6.5厘米见方，每字叠数为九叠；后者为6.7厘米见方，每字叠数为十叠。由于二者所在都保不同，可能在攒造时间上并不完全一致，或许是在龙凤时期的不同年份攒造的。

关于该鱼鳞册所载田土资料的分析

前已叙及，该鱼鳞册为一残册，现存906号至1740号，其所保存的资料当为原册一半以下，是很不完全的。尽管如此，若依据现存资料作一些粗略统计与分析，亦可在某种程度上显露出有关当地土地与社会经济制度方面的一些特点。

按现存该册所载资料统计，其各类田土面积总计如表6-12。

表 6-12　十西都九保各类田土面积统计表　　单位：亩

类别	田					地		山	
	上田	中田	下田	次下田	次不及田	上地	下地	上山	下山
面积	223.35	168.879	215.05	51.929	6.983	29.831	23.265	568.292	355.804
总计	666.191					53.096		924.096	

按现存资料统计，该册有田 666.191 亩、地 53.096 亩、山 926.096 亩（该册中另有山 2 亩，未载明山的类别，故未计入上表）。由此亦可看出当地山多田少的特点。徽州地处万山之中，多数地区都是山多田少。而在徽州所属六县中，祁门地区这种情况又最为突出。

该册现载业户共 144 户，其中九保业户仅 36 户，外都保业户 108 户，外都保业户为本保业户的 3 倍。九保业户共占有土地 430.191 亩，外都保业户共占有土地 1215.192 亩，后者接近前者的 3 倍。在外都保业户中，在城业户 34 户，一都业户 10 户。这些情况，当与该保所处的地理位置，即与一都相邻、距县城很近这一点有很大关系。

据现存该册所载资料，按业户占有田地山总面积多少分类，如表 6-13。

表 6-13　十西都九保业户占有田地山总面积分类表　　单位：亩

都保	十西都九保			其他都保		
类别	不满 10	10 以上	总计	不满 10	10 以上	总计
户数	31	5	36	85	23	108
面积	131.486	298.705	430.191	407.446	807.746	1215.192
%	30.6	69.4	100	33.5	66.5	100

应该指出，这里仅是据该册残存的资料所统计的，各类业户实际占有的田土数量要比这里统计的多得多。但仅据此表可以看出业户在土地占有方

面的某些特征。从表 6-13 可以看出,该册记载九保(本保)业户 36 户,占有田地山总计 430.191 亩,其中占有 10 亩以上的业户仅 5 户,计占有 298.705 亩,达三分之二以上。其中最多的一户占有 198.29 亩,几乎达本保田土的二分之一。其他都保业户 108 户,占有田地山总计 1215.192 亩,其中占有 10 亩以上的业户 23 户,计占有 807.746 亩,亦接近外都保田土的三分之二。总之,土地占有集中的现象十分明显。

在业户占有土地方面,还有一点值得注意的是,凡是“金户”都占有较多的土地。关于各金户占有土地的情况见表 6-14。

表 6-14　十西都九保金户占有田土面积表　　单位:亩

都保	十西都九保		其他都保						
业户	金户	其他	金户						其他
	汪日辛	35 户	李循正	李世昌	李子敬	李季全	李长卿	李公复	102 户
面积	198.29	231.901	189.056	31.025	21.271	18.378	17.748	7.242	930.472
总计	198.29	231.901	284.72						930.472

该册现载金户 7 户,共占有土地达 483.01 亩,占田土总额的四分之一强。金户中有 6 户在该鱼鳞册中属于外都保的业户,这说明其在本都保当占有更多的土地。又,九保金户汪日辛占有土地 198.29 亩,六保金户李循正占有土地 189.056 亩,为现存该册中占有土地最多的两户。那么,因何金户成为占有土地较多或最多的业户?这从前面引述的有关文献记载中可以看出。原来元代至元起在徽州课金,起初是募人淘金,不久即改为“于苗米五石之下、三石之上户内签拨金户”;后又拨补金户,每户或以苗米五石为则,或以四石为则①。若以苗米五石为率,其占有田当在百亩上下,或百亩以上,在徽州地区,

① 弘治《徽州府志》卷三《食货二·财赋》,《天一阁藏明代方志选刊》影印本,上海古籍书店 1964 年版。

皆系富户。所以该册中所载金户，均为占有土地较多者，就不足为怪了。这也说明，该鱼鳞册所载田土情况确系反映了元代遗制，亦可谓其所属时代较早的一个证据。

二　洪武鱼鳞图册

明洪武时期的土地丈量及其攒造的鱼鳞图册，作为明代社会经济史上的一件大事，一直备受学者关注。中外有关明史的各种论著对其多有叙及，而所谓"洪武丈量鱼鳞图册"亦被广泛引用。然而，自 20 世纪 80 年代以来，美籍学者何炳棣先生多次发表论著，称明初全国各地履亩丈量绘制的《鱼鳞图册》根本不是史实而是传奇。那么，明洪武时期攒造的鱼鳞图册到底是传奇还是史实？所谓"洪武丈量鱼鳞图册"的真相又如何呢？

（一）所谓"洪武丈量鱼鳞图册"并非鱼鳞图册实物，而是《歙西溪南吴氏先茔志》所配插图

迄今在许多中国通史、断代史、专史以及论文之中，叙及明洪武时期的土地丈量时，多配有一幅"洪武丈量鱼鳞图册"的图片，见图 6-3。

这幅"洪武丈量鱼鳞图册"图片被中外学者广泛引用。仅据笔者初步调查，引用该图片的论著至少可举出以下 16 种（按出版时间顺序）：

1.李洵著《明清史》，人民出版社 1957 年版，插图 2，题作"洪武丈量鱼鳞图（《歙西溪南吴氏先茔志》所载）"；

2.韦庆远著《明代黄册制度》，中华书局 1961 年版，图五，题作"鱼鳞图册（中国历史博物馆藏）"；

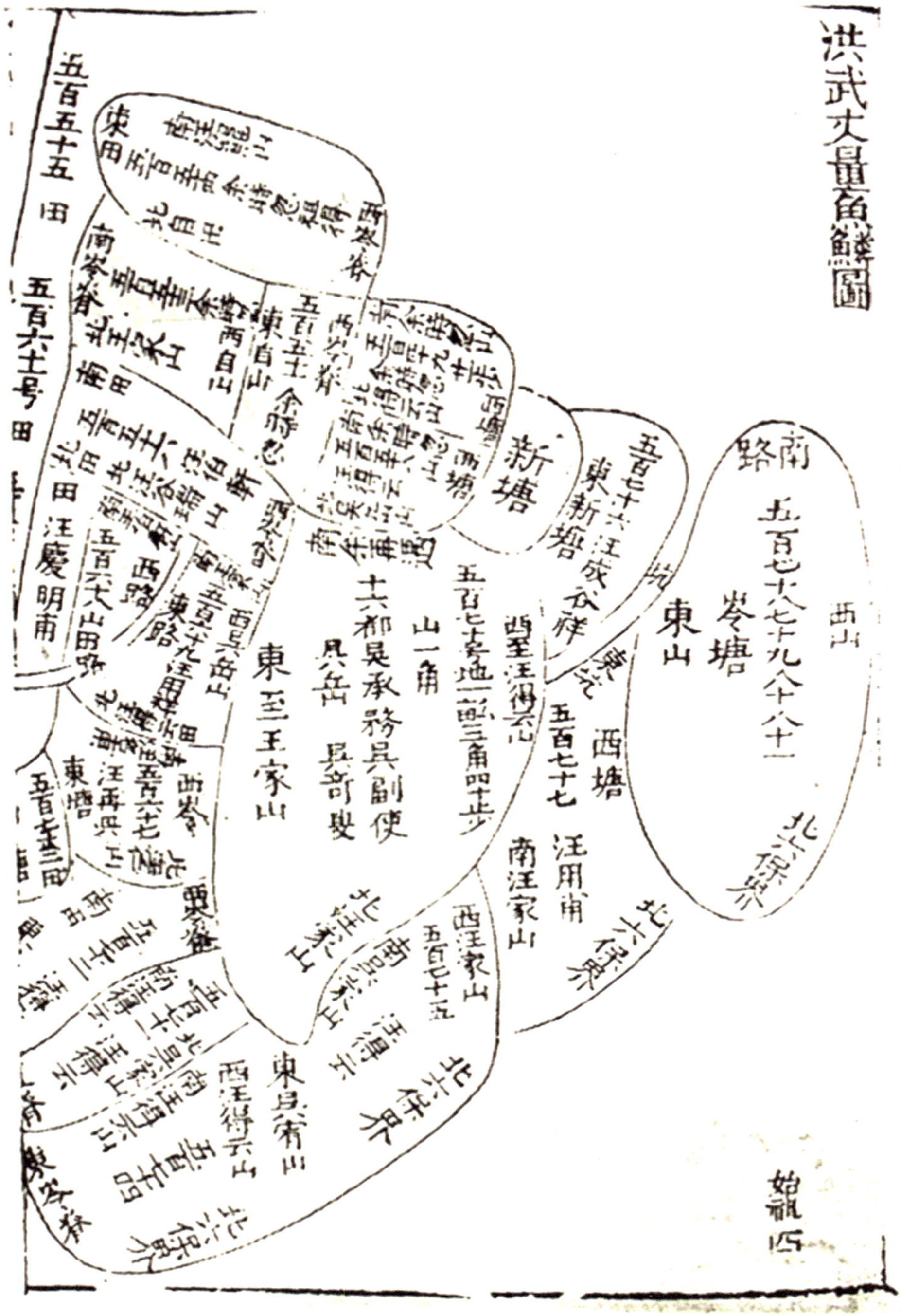

图 6-3 洪武丈量鱼鳞图册

3.〔日〕山根幸夫编《图说中国的历史》7《明帝国和日本》,讲谈社 1977 年版,第 30 页图 16,题作“洪武鱼鳞图册”;

4.(台)梁嘉彬编撰《中国历史图说》10《明代》,新新文化出版社有限公司 1979 年版,第 203 页,题作“鱼鳞图册”;

5.〔日〕土井正兴等编《新世界史》,三省堂三订版 1979 年版,第 70 页,题作“鱼鳞图册(摹刻版)”;

6.中国历史博物馆编《简明中国历史图册》第八册《封建社会·明清》,天津人民美术出版社 1980 年版,第 11 页,题作“洪武丈量鱼鳞图册”;

7.李永炽编《锦绣系列·中国全集》2《历史中国》,锦绣出版社有限公司 1982 年版,第 191 页,题作“洪武年间的鱼鳞册”;

8.汤纲、南炳文著《明史》上册,上海人民出版社 1985 年版,图版八,题作“洪武丈量鱼鳞图册”;

9.〔日〕小山正明著《东亚的变迁》,讲谈社《世界历史》第 11 卷,1985 年版,第 106 页,题作“洪武鱼鳞图册”;

10.《中国史稿》编写组著《中国史稿》第六册,人民出版社 1987 年版,第 55 页,题作“洪武时鱼鳞图册”①;

11.《中国大百科全书·中国历史Ⅲ》,中国大百科全书出版社 1992 年版,第 1417 页,题作“洪武鱼鳞图册”;

12.蔡美彪等著《中国通史》第八册,人民出版社 1994 年版,第 47 页,题作“洪武鱼鳞图册”;

13.刘泽华主编《中华文化通志》第四典《制度文化·土地赋役志》(葛金芳撰),上海人民出版社 1998 年版,第 403 页图 7,题作“明初洪武年间

① 《中国史稿》第六册插图系笔者编选,选用“洪武丈量鱼鳞图”时在该书中亦未作说明。1987 年 10 月 3 日笔者在日本东洋文库演讲时指出,该图并非洪武鱼鳞图册实物。参阅拙文《关于朱元璋攒造的龙凤时期的鱼鳞册》(鹤见尚弘译),载〔日〕《东洋学报》1989 年第 70 卷第 1-2 号,第 26~27 页。

(1368—1398)的鱼鳞图”;

14.朱大渭主编《中国通史图说》八《明代》(丁琼著),九洲图书出版社1999年版,第190页图二八八,题作“黄册及洪武丈量鱼鳞册”;

15.〔美〕赵冈著《简论鱼鳞图册》,《中国农史》2001年第20卷第1期,第44页图一,题作“洪武鱼鳞册总图”;

16.葛剑雄主编《制度文明与中国社会》之《编户齐民——户籍与赋役》(宋昌斌著),长春出版社2004年版,第17页,题作“洪武丈量鱼鳞图”,其在引用该图时删去了原图中的“洪武丈量鱼鳞图”及“始祖四”等文字。

以上各种论著所引图片完全相同,均为本书图6-3之图片。可以说,“洪武鱼鳞图册”之图片已得到中外学界的公认。不过,各家对该图片的题名则有多种说法,或作“洪武丈量鱼鳞图”,或作“洪武丈量鱼鳞图册”,或作“洪武鱼鳞图册”,或作“洪武鱼鳞册总图”,或作“鱼鳞图册”,等等。但可以看出,其中多数是题作“洪武鱼鳞图册”的,这样就很容易使读者将该图片理解为一种鱼鳞图册实物。关于其来源,有的标为“《歙西溪南吴氏先茔志》所载”,有的则标为“中国历史博物馆藏”,而大多数引用者并未指明其出处。那么,这幅图片到底源于何处呢?其究竟是不是洪武鱼鳞图册实物呢?

查其来源,它并不是中国历史博物馆所藏鱼鳞图册实物。笔者曾多次到中国历史博物馆调查,该馆根本没有这样一本所谓“洪武丈量鱼鳞图册”实物。正如李洵等先生在引用这幅图片时所标明的那样,它其实原是“《歙西溪南吴氏先茔志》所附”的一幅插图(见图6-4)。

图6-4是笔者从《歙西溪南吴氏先茔志》一书翻拍下来的。只要把本文的图6-3与图6-4两相对照,立刻就会发现,上述各种论著中所引“洪武鱼鳞图册”之图片,与《歙西溪南吴氏先茔志》所载图片,完全相同。前者引自后者,十分明了。还有一点也很清楚,各论著引用的图片并不是《歙西溪南吴氏先茔志》所载图之全部,只是其中的一部分。原书插图分载于一页双面,引用者只选取了其第一面所载之图。

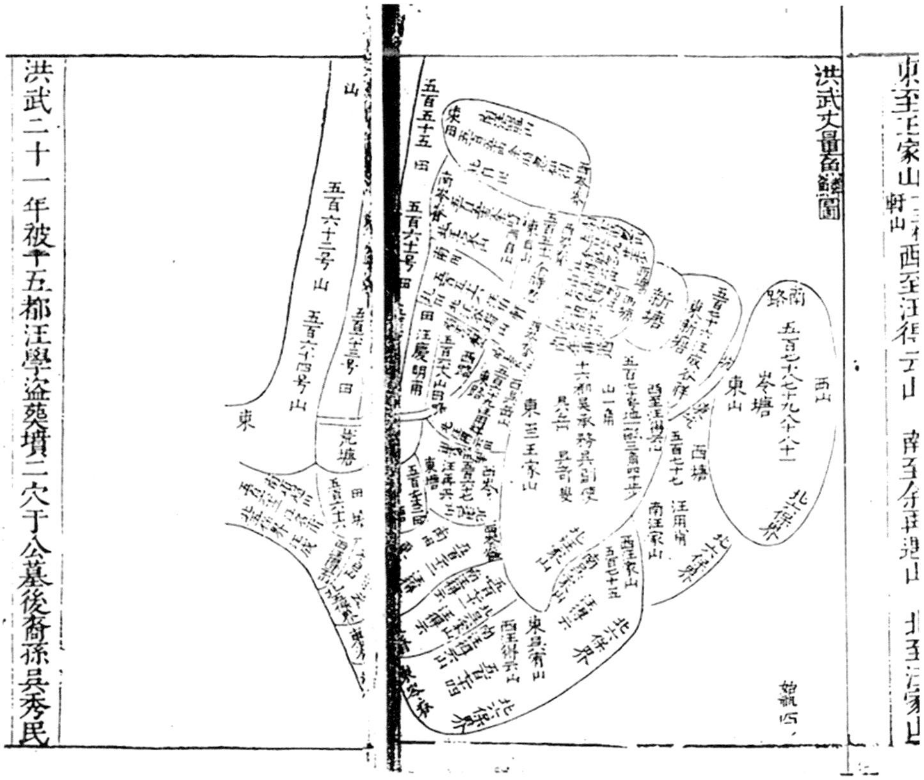

图 6-4　《歙西溪南吴氏先茔志·始祖墓》所载洪武丈量鱼鳞图

《歙西溪南吴氏先茔志》是宋代以后徽州府歙县西溪南吴氏所修的一种家志，主要记载吴氏历代祖先坟茔地产的源流变迁等各项有关事迹，其中有各墓地的所在位置、历朝经理、见业分庄，有关的交易契据、合同文书、禁约茔记，以及行实传赞、墓表志铭等，书中汇录了有关吴氏墓地产业的各种文书档案资料，颇为珍贵。该志始修于南宋嘉定年间，历经元明，延及清代。其序文中载有“览前志，自嘉定辛未讫万历癸未，四百年来作者十余曹”等文字①。现存于世的多为清代刊本。最先引用《歙西溪南吴氏先茔志》所载有关洪武丈

① 《歙西溪南吴氏先茔志》卷首《元士叔重修先茔志序》，东京大学东洋文化研究所藏清道光二十九年补刊本。

量史料的是日本学者清水泰次[①]。笔者所见该志为日本东京大学东洋文化研究所藏道光补刊本。首刊崇祯八年(1635)、崇祯十七年(1644)、康熙二十八年(1689)序文,次为凡例。再次即正文,首题"歙西溪南吴氏先茔志　附图",署"裔孙正绥元士重修"。其下从"始祖"开始,按世次顺序依次刊载。正编迄二十五世止(清康熙),续编自二十六世起至三十一世止(清道光)。"洪武丈量鱼鳞图"是载于该志"始祖·历朝经理"部分的一幅插图。

那么,这幅插图又是否是洪武丈量鱼鳞图册实物原封不动的摹本呢?我们来看一下"洪武丈量鱼鳞图"上所载内容,就会得到答案。

第一,该图的右下角刊有"始祖四"三个字,鱼鳞图册属官府册籍,并非私家所修,每册以保或图为单位编造,登录各业户所属每块田土相关内容,在洪武丈量鱼鳞图册的原物上显然不会有"始祖四"这类在家志上记载的文字。

第二,该鱼鳞图中所绘各鳞片形之内的记载颇为详细,其中有号数、亩步、四至、见业及分庄等。这与遗存的鱼鳞图册总图类文书所载很是不同。明清时期徽州鱼鳞图册总图又称"摊佥"。现存徽州文书之中,明清两代的鱼鳞图册总图类文书都有遗存,每张鱼鳞总图所绘各鳞片形中所载,只有号数与田土类别,或只有号数,并无其他各项内容,明清两代都是如此(参阅图 6-5)[②]。这是因为,一张鱼鳞总图中要登录相当多的鱼鳞字号,所绘鳞片图形甚多,因而每一鳞片之中不可能载有更多内容,仅录号数与田土类别而已。由此可知,《歙西溪南吴氏先茔志》所刊之"洪武丈量鱼鳞图"并非鱼鳞图册实物的摹本。

第三,细看"洪武丈量鱼鳞图"中各鳞片形内所载文字,有的如上所述,颇为详细;而有的亦很简略,只有号数;有的甚至一个图形之内载有几个字号,很不统一。这种情况在正式的鱼鳞图册总图之中是不可能出现的。该图所载大致分为以下四种情况。一是图中间的鳞片五百七十号所载最为详细:

---

① 〔日〕清水泰次:《明初的版籍研究》,《兴亚经济研究所纪要》一,1943 年版。

② 参阅《万历休宁鳞字号鱼鳞摊佥册》,见王钰欣、周绍泉主编:《徽州千年契约文书》宋元明编卷一一,花山文艺出版社 1993 年版,第 217~276 页。

“五百七十号，地一亩三角四十步，山一角；十六都吴承务，吴副使，吴岳，吴奇叟；东至王家山，西至汪得云山，南余再遇，北汪家山”；二是五百七十号周围文字稍详，如“五百六十九汪用祥，东路，西吴岳山，南汪家山，北汪得云田”等；三是在周边一个鳞片中标多个字号，又标明四至和土名，如“五百七十八、七十九、八十、八十一，岭塘，东山，西山，南路，北六保界”等；四是在周边一个鳞片中标多个字号，但只标字号和田土类别，如“五百六十二号山、五百六十四号山”等，文字简略。总之，该图是以五百七十号田土为中心，向外各鳞片所载文字逐渐减少，而详略不一。从迄今遗存的明清鱼鳞总图实物来看，其上各鳞片所载文字，多只有字号和田土类别，格式相同，无详略之别。从该图所载详略不一、又有“始祖四”等文字可以看出，该图是为配合家志正文所叙，以洪武丈量草字五百七十号为中心所绘之图，系私家志簿所绘鱼鳞图，并非洪武鱼鳞图册原封不动之摹本。

《歙西溪南吴氏先茔志》中在“洪武丈量鱼鳞图”之前，还载有下列一段文字：

历朝经理

宋额　坐落孝悌乡十五都九保

“老”字源三百二十四号，众坟山乙角，地壹亩三角四十步。

元延祐四年丈量经理编

“草”字五百七十号，坟山一角，荒地乙亩三角四十步。

……

明洪武十八年丈量十五都九保仍作

“草”字五百七十号，荒地一亩三角四十步，土名岭塘，又名新塘尾，坟山一角。

见业分庄十六都　吴承务　荒地三角

吴　岳　坟山一角

吴奇叟　地二角四十步

吴副使　地二角

东至王家山，一王桂轩山，西至汪得云山，南至余再遇山，北至汪家山。①

“洪武丈量鱼鳞图”是为说明这段文字而配的一幅插图。可以看出，图的中心所绘便是“草”字五百七十号所载基本内容，图中这一号所载最为详细。其四周所录内容渐次减少，边缘部分甚至有数号合并载于一个鳞片图形之内的情况。如五百七十八、七十九、八十、八十一号即合并载于一个鳞片图形之内，五百五十五号田、五百五十六号田也合并载于一个鳞片图形之内等。

当然，据《歙西溪南吴氏先茔志·凡例》所载可知，该书所配插图是以“元明丈量清册”为据而刊刻的，它也反映了洪武鱼鳞总图的基本形制，对于了解洪武鱼鳞总图是有参考价值的。但从以上考证分析中则不难看出，它是专为说明《歙西溪南吴氏先茔志》的所载内容重新绘制、有所详略而附的一幅插图，并非洪武丈量鱼鳞图册实物原封不动的摹本。所以严格地说，迄今中外学者广泛引用的所谓“洪武鱼鳞图册”图片，既不是洪武鱼鳞图册实物，也不是洪武鱼鳞图册实物的摹本，只是《歙西溪南吴氏先茔志》所配的一幅插图。

（二）与“洪武丈量鱼鳞图”所配的“分图”根本不是洪武时期的鱼鳞册，而是万历清丈鱼鳞册

从鱼鳞图册的分类来说，其中有鱼鳞总图和鱼鳞分图。鱼鳞总图是以字号为单位，标绘某一鱼鳞字号内所属各号田土位置的一种文书，其状极似鱼鳞。由于某一鱼鳞字号所属各号田土一般都有几千号，所以鱼鳞总图亦多分为若干张绘制，而装订成册。徽州鱼鳞总图的名称有：摊佥册、摊佥总图、摊

① 《歙西溪南吴氏先茔志·唐始祖光公》，东京大学东洋文化研究所藏清道光二十九年补刊本，第3页。

册、全图等，如图6-5所示“万历休宁十二都一图鳞字号摊佥（鱼鳞总图）”。

而鱼鳞分图，则是按田土流水字号顺序排列，详载每号田土所属各项内容，诸如所属字号、都保（或都图）、业主姓名、土名、田土类别、四至、丈量弓步、税亩面积、分庄、佃户姓名等。一般都绘有各号田土形状，但亦有不绘者。其名称有：鱼鳞清册、鱼鳞经册、鱼鳞号册、鱼鳞弓口清册、保簿、经理保簿、经理册、弓口鱼鳞册、流水号簿、清册分庄等。作为完整的鱼鳞图册文书，鱼鳞总图与分图是配套的。即当时一个保或一个图的鱼鳞图册，既有鱼鳞总图，又有鱼鳞分图。

在上述引用“洪武丈量鱼鳞图”的论著之中，又有数种著作是将该图作为洪武鱼鳞图册“总图”，同时并配以“分图”（见图6-6）而一并引用的。

作如此引用的有如下著作（按出版时间顺序）：

1.韦庆远著《明代黄册制度》，中华书局1961年版，图五，题作“鱼鳞图册（中国历史博物馆藏）”。首列“洪武丈量鱼鳞图”，其下题作“（一）总图”；其次配以分图，题作“（二）分图”。

2.〔日〕山根幸夫编《图说中国的历史》7《明帝国和日本》，讲谈社1977年版，第30页图16，上列“洪武丈量鱼鳞图”，下列分图。其文字说明如下：“上为《歙西溪南吴氏先茔志》所载，并非洪武年间鱼鳞图册的现存实物。下为记载每笔字号、所在地、所有者、面积、四至等的分图。”

3.（台）梁嘉彬编撰《中国历史图说》10《明代》，新新文化出版社有限公司1979年版，第203页，上列“洪武丈量鱼鳞图”，下列“分图”。其文字说明如下：“图上为鱼鳞册，取于《歙西溪南吴氏先茔志》所载，图下为字号、所在地、所有者、面积、四至的分图。”

4.〔日〕小山正明著《东亚的变迁》，讲谈社《世界历史》第11卷，1985年版，第106页，右列“洪武丈量鱼鳞图”，左列“分图”。其文字说明如下：“洪武鱼鳞图册。作为租税赋课基础的一种土地账籍，见于宋代以后。一般认为，至明代在江苏、浙江、江西、山东、河南、湖广、福建等地广泛实施。右为《歙西

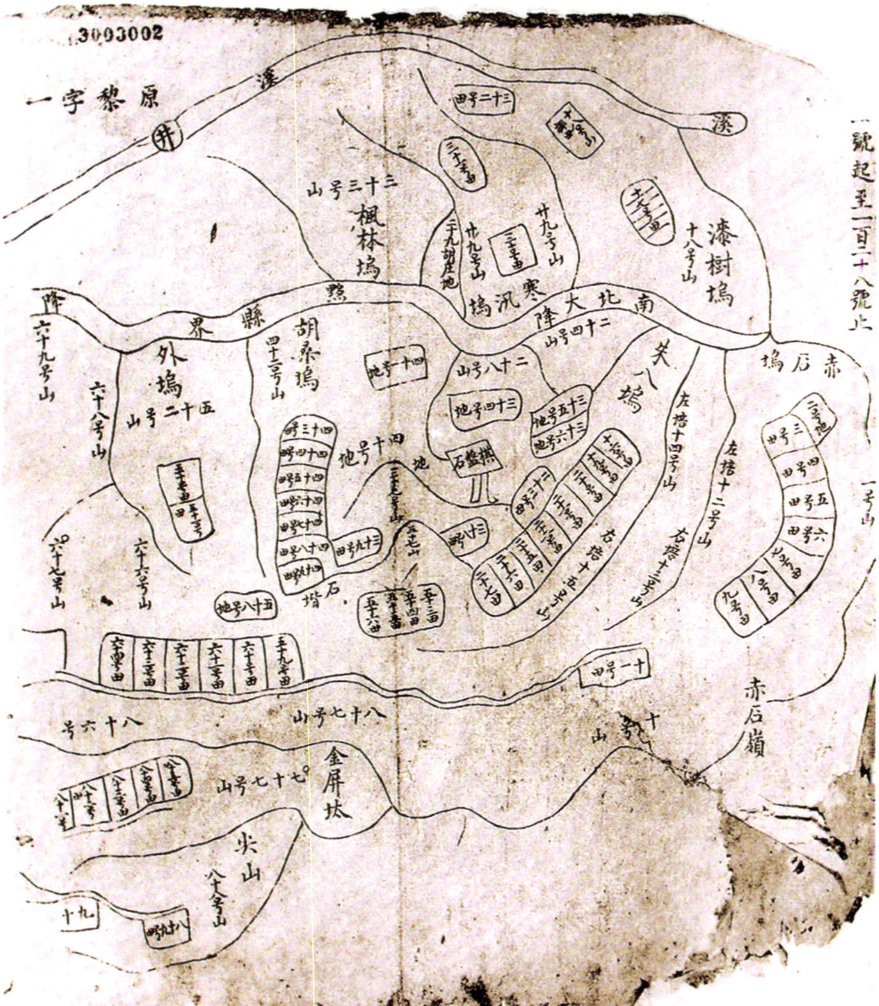

图 6-5　万历休宁十二都一图鳞字号摊佥(鱼鳞总图)

溪南吴氏先茔志》所载《洪武丈量鱼鳞图》,表示一定区划的总图;左为记载每笔土地字号、所在地、界至、种类、所有者等的分图。”

5.蔡美彪等著《中国通史》第八册,人民出版社 1994 年版,第 47 页,右列“洪武丈量鱼鳞图”,左列“分图”,未作任何文字说明。

6.刘泽华主编《中华文化通志》第四典《制度文化 · 土地赋役志》(葛金芳

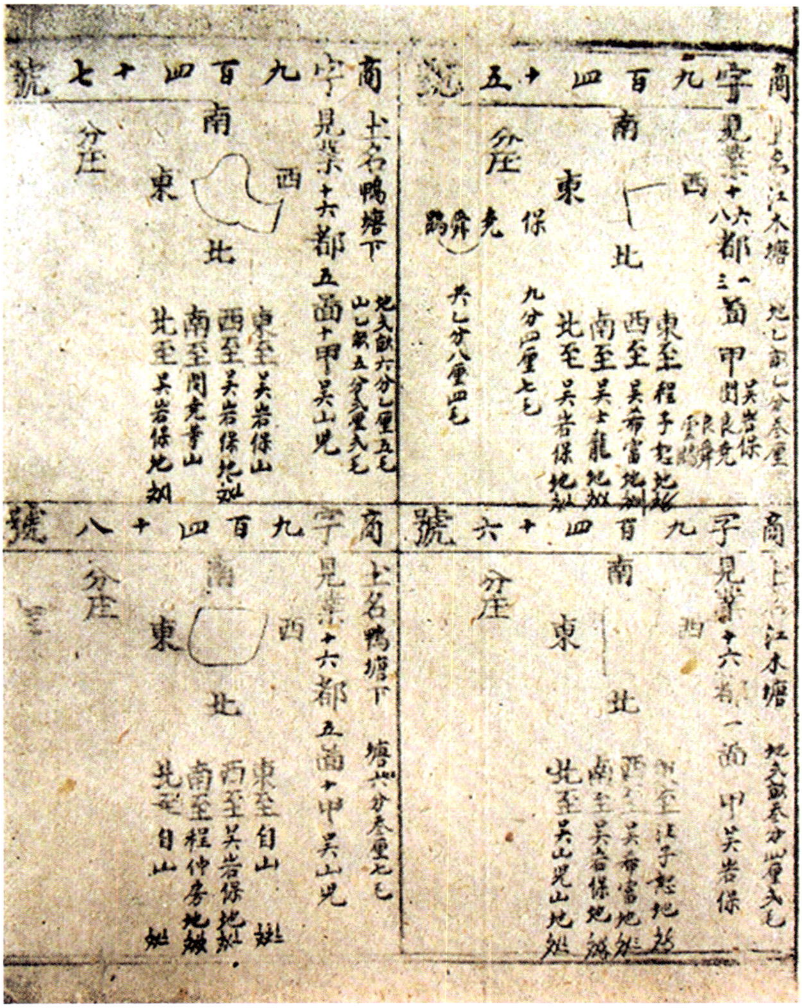

图 6-6　各书引用的鱼鳞分图

撰)，上海人民出版社 1998 年版，第 403 页图 7，左列“洪武丈量鱼鳞图”，右列“分图”。其下文字说明是：“明初洪武年间(1368—1398)的鱼鳞图。右图记载地产的字号、坐落、所有者、面积及四至；左图是各户的分布图(采自《图说中国的历史》)。”

7.朱大渭主编《中国通史图说》八《明代》(丁琼著)，九洲图书出版社 1999 年版，第 190 页图二八八，左列“分图”，右列“洪武丈量鱼鳞图”，题作

"黄册及洪武丈量鱼鳞册"。

以上各论著中所引的"分图",除朱大渭主编《中国通史图说》八《明代》(丁琼著)将其作为"黄册"(实误)外,其余都是作为与洪武丈量鱼鳞图"总图"相配而引用的。而且,从其所附文字说明来看,均认为这一分图就是洪武时期的鱼鳞分图。

其实,这一"分图"虽然引自中国国家博物馆所藏鱼鳞图册实物①,但它并不是洪武时期的鱼鳞图册。1982 年日本学者鹤见尚弘先生在中国作鱼鳞图册探访时首先对其提出了质疑。1987 年笔者在日本东洋文库所做的演讲中指出其为万历九年清丈的鱼鳞图册②。1993 年鹤见尚弘发表论文又对其作了翔实的专门考论③。如上所述,但其后仍有学者将其作为洪武时期的鱼鳞分图而加以引用。关于其所属时间,这里拟作进一步的考证。

首先,"洪武丈量鱼鳞图"总图所载字号与"分图"所载字号,分别属于明代不同历史时期的鱼鳞字号。明初洪武时期的土地丈量,多承宋元旧制,在区域划分与字号编排上,仍沿袭宋元以来的都保制。嘉靖《浦江志略·疆域志》载:

> 大明洪武十有四年,定图籍,隶于隅都。民以一百一十户为一图,共图一百六十有六,每图设里长一人,十年一役。……都分十保。县共三十都,每都设都长一人。每都各分十保,设保长一人,专管田地山塘古今流水、类姓等项印信文册,防民争夺。④

---

① 1982 年日本学者鹤见尚弘在中国作鱼鳞图册探访时,经笔者之手从中国国家博物馆借阅过该鱼鳞册。

② 参阅拙文《关于朱元璋攒造的龙凤时期的鱼鳞册》(鹤见尚弘译),载〔日〕《东洋学报》1989 年第 70 卷第 1-2 号,第 25~48 页。

③ 鹤见尚弘:《中国历史博物馆藏万历九年清丈徽州府一种鱼鳞册》,载《和田博德教授古稀记念·明清时代的法与社会》,汲古书院 1993 年版,第 565~591 页。

④ 嘉靖《浦江志略》卷一《疆域志·乡井》,天一阁藏明代方志选刊本,上海古籍书店 1964 年版。

即在都之下有两种建置系统，一为都图，以人户为主，属黄册里甲系统；一为都保，以地域划分为主，属鱼鳞图册系统。① 文献记载表明，土地丈量和鱼鳞图册编制方面所实行的这种都保制，明初在江南相当多的地方都曾实行过。徽州地区也是如此。现存徽州方志中对其虽无明确记载，但从徽州文书的记载之中仍可看出，徽州地区在明初洪武时的土地丈量和鱼鳞图册编制方面，也是实行都保制的。其所攒造的鱼鳞图册多称"保簿"。然而，到万历九年（1581）清丈时，这种情况则发生了变化，其鱼鳞图册字号的编制不再以保为单位，而是以图为单位，即一个图编为一个字号，遂使鱼鳞图册系统与黄册系统合二为一。这样，从鱼鳞图册字号编制系统的不同，即可看出其所属时期之区别。

具体来说，据前引《歙西溪南吴氏先茔志》记载可知，"洪武丈量鱼鳞图"中五百七十号地实系"明洪武十八年丈量十五都九保"草字号。在《歙西溪南吴氏先茔志》中还录有下列契文：

> 十五都三图立卖契人吴元学、元桂，今将续买原"草"字五百六十五号，今丈新编"唐"字　　号，山税九厘六毫，其山土名山凹下，东至汪家山，西至岭，南至王家山，北至路，今将四至明白凭中立契出卖与十六都　图吴　名下为业。……
>
> 万历十年二月二十三日　立卖契人吴元学　吴元桂……②

由此可知，十五都九保"草"字号至万历九年（1581）清丈时已改为"唐"字号了。所以本为十五都九保"草"字号的"洪武丈量鱼鳞图"，乃属洪武时期的鱼鳞图册字号编制系统，已属无疑。

---

① 参阅拙著《明代黄册研究》第九章《黄册制度的几个基本问题》，中国社会科学出版社1998年版，第293~306页。

② 《歙西溪南吴氏先茔志·始祖》，东京大学东洋文化研究所藏清道光二十九年补刊本，第16页。

再看一下“分图”中所载的具体内容，是“商字九百四十五号”至“商字九百四十八号”，其中“见业”项下需要填写的栏目已不见“某都某保”字样，而是“某都某图某甲”，属都图系统，说明鱼鳞图册的编制已与黄册的都图系统合二为一了，从而可知其为万历九年(1581)清丈以后所编制的鱼鳞册。关于这一点，亦可在《歙西溪南吴氏先茔志》的记载中得到证明，其有关宋六世祖妣安人李氏墓地记载如下：

历朝经理

宋额　坐落中鹄乡十六都三保

豫字源一百三十号，柴山二角，该载吴禛分上。

元延祐四年丈量经理编

万字　号，吴禛户报。

明洪武十八年丈量十六都三保仍作

万字　号，详吴禛派子孙下。

万历九年清丈十六都二图改编

商字六百十号，山税四亩四分二毫，土名西塘山，坐落七世祖墓左，见业十六都吴俊楷等。①

很明显，十六都二图“商”字号在洪武丈量时编作十六都三保“万”字号，而直到万历九年(1581)清丈时才改编作“商”字号的。所以，明确载有“商”字号的这一鱼鳞“分图”，实为万历九年(1581)清丈编造的鱼鳞册，确无疑问。

其次，从二者使用的田亩计量单位来看，亦反映出其所属时期之不同。如“洪武丈量鱼鳞图”中载：“五百七十号地一亩三角四十步”，其所使用的田

---

① 《歙西溪南吴氏先茔志·六世祖妣安人李氏》，东京大学东洋文化研究所藏清道光二十九年补刊本，第1页。

亩计量单位是“亩、角、步”。这本是宋元时代土地丈量时所使用的田亩计量单位。“绍兴中，李侍郎椿年行经界，有献其步田之法者，若五尺以为步，六十步以为角，四角以为亩。”①作为宋元时代的遗制，明初土地丈量及其攒造的鱼鳞图册，在表示土地面积时，仍使用这种“亩、角、步”的田亩计量单位；在表示税额时才使用“亩、分、厘、毫”这种计量单位，常常是二者并用。而“分图”中使用的田亩计量单位只是“亩、分、厘、毫”，如图中“商字九百四十七号”载“地贰亩六分乙厘五毛（毫），山乙亩五分贰厘贰毛〔毫〕”。这是明万历九年（1581）土地清丈及其攒造的鱼鳞图册所普遍使用的计量单位，与“洪武丈量鱼鳞图”中使用的计量单位有所不同，从而证明了二者本属于不同的历史时期。

应该说，洪武时期土地丈量所攒造的鱼鳞图册，既有状若鱼鳞的总图，也有清册分庄之类的分图。但是，将万历清丈的鱼鳞清册不加说明地作为洪武丈量的鱼鳞分图来使用，显然不妥，当予辨正。

（三）洪武鱼鳞图册并非传奇，而是史实

通过以上考辨可知，所谓“洪武丈量鱼鳞图”并非鱼鳞图册实物，而与之配套的“分图”也根本不是洪武时期的，那么，洪武鱼鳞图册实物如今是否存在呢？它到底是怎样的呢？

在历来关于洪武鱼鳞图册的研究中，有以下两种观点。一种观点认为，洪武时期朱元璋的土地丈量及其所编造的鱼鳞图册，与当时实行的黄册制度一样，是全国性的。明史专家吴晗、韦庆远等均持此种观点。②与此相反，自

① 〔宋〕赵彦卫：《云麓漫钞》卷一，中华书局点校本1996年版，第10页。

② 吴晗：《朱元璋传》，人民出版社1987年版，第184页。韦庆远：《明代黄册制度》，中华书局1961年版，第74~75页。

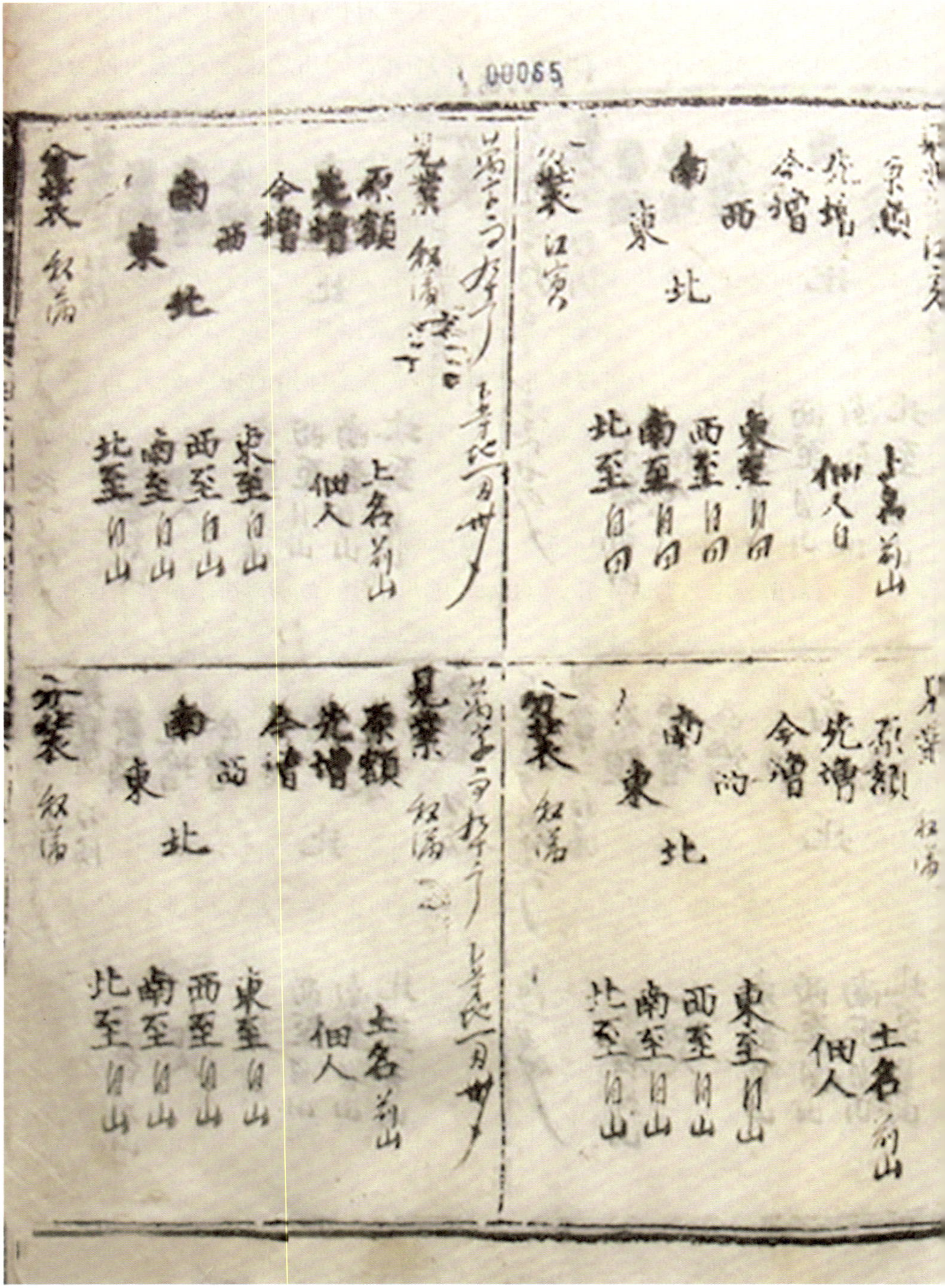

图 6-7　明洪武十八年歙县十六都三保万字号清册分庄

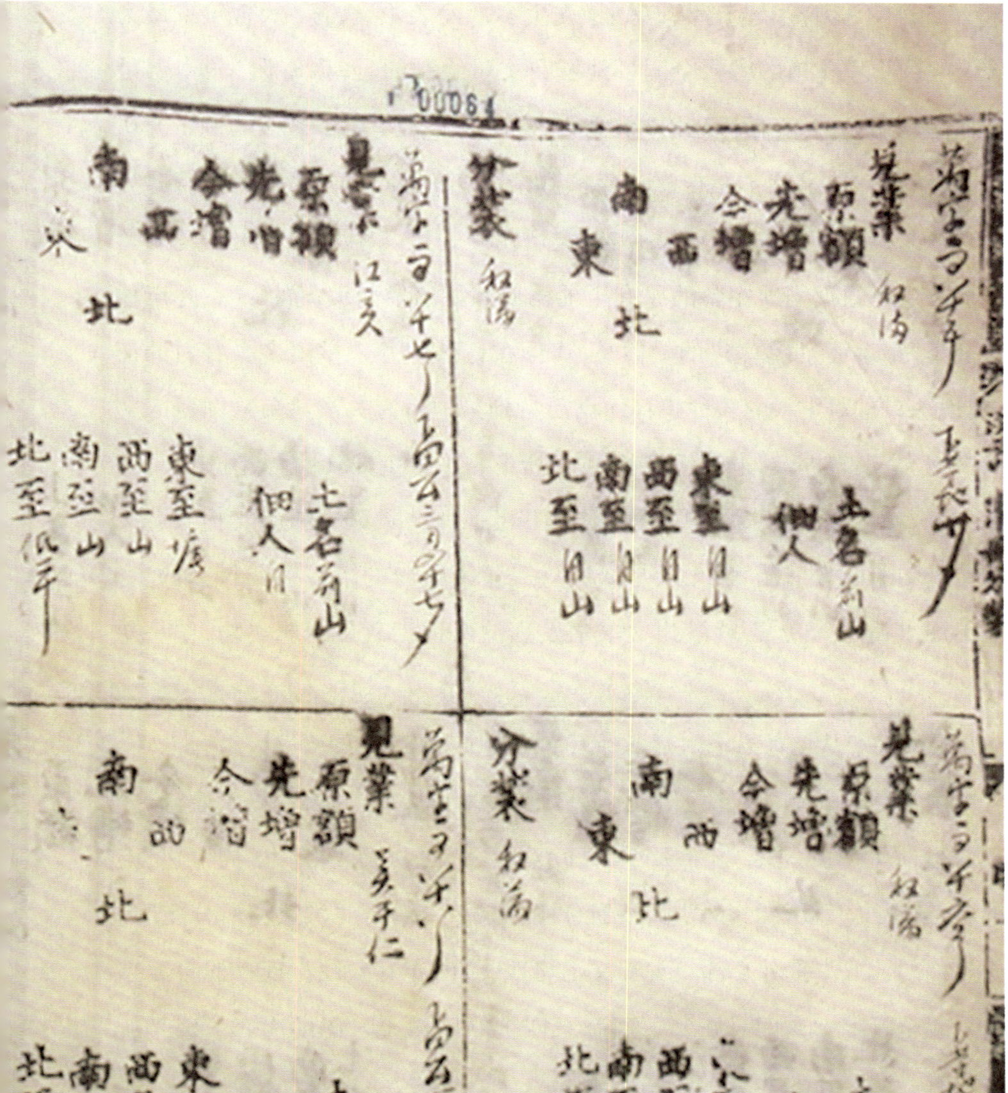
見業
原額
先增
今增
分業
南
東
西
北
土名 荊山
佃人
東至 自山
西至 自山
南至 自山
北至 自山
見業
原額
先增
今增
南
西
北
土名 荊山
佃人
東至
西至 山
南至 山
北至
見業
原額
先增
今增
分業
南
東
西
北
土名 荊山
佃人
東至 自山
西至 自山
南至 自山
北至 自山
見業
原額
先增
今增
南
西
北
土名 荊山
佃人
東至
西至
南至
北至 自田

20世纪50年代以来,美籍学者何炳棣先生多次发表论著,称"六百年来最为传统及当代史家称道的明初全国各地履亩丈量绘制的《鱼鳞图册》根本不是史实而是'传奇'"①。何氏还以"重要的'内证'"特别举出了徽州的例子。认为徽州鱼鳞图册"显然不是根据当年实际情况实地勘丈而来的,因为府属方志根本从未提到明初曾举行过勘丈。徽州在同一年几个月时间内编就的鱼鳞图册一定是根据当地完备的原有土地档册照抄照描而编就的"②。并声称其考证是"最多面,最缜密"的。但是,何氏在论著中并未举出多少有力的证据,其说法只是对史料的一种解释而已。特别是他对有关洪武鱼鳞图册的文书档案,丝毫没有提及,未作任何考察,则所下结论未免难以令人信服。

如今,就在徽州文书之中,已发现了不止一种洪武鱼鳞图册实物。有关洪武鱼鳞图册的文书档案,无疑是研究洪武鱼鳞图册的第一手资料,研究者不能不加以关注。以下,就徽州文书中发现的两种洪武鱼鳞册实物,作一初步介绍与考察。

1.明洪武十八年歙县十六都三保万字号清册分庄(见图6-7)

中国社会科学院古代史研究所藏,315010000001号。册纵32.5厘米,横26.7厘米,厚约1.6厘米。白绵纸。每叶双面,每面分成四格。四周双边,上下黑口,双鱼尾。版心刻有"洪武清册分庄　添一"字样。"洪武清册分庄"为该册名称,"添一"系刻工名。该册首尾均残,册内亦有残缺。现存册自万字一七号起至万字六九四号止。每面登录四个顺序田土号码的内容。每号所载内容有:字号、田土类别、田土面积、见业、原额、先增、今增、土名、佃人、东西南北图形(均未画出)、四至、分庄等。以该册三百九十四号为例,其所载内

---

① 何炳棣:《中国历代土地数字考实》序言,台北联经出版事业公司1995年版,第7页。此前,何氏曾于20世纪50年代著书《明初以降人口及其相关问题:1368—1953》(见该书第6章,中译本三联书店2000年版);80年代又发表论文《南宋至今土地数字的考释和评价》,《中国社会科学》1985年第2、第3期;后汇集成书《中国古今土地数字的考释和评价》,中国社会科学出版社1988年版,在以上论著中均持此种观点。

② 何炳棣:《中国历代土地数字考实》,台北联经出版事业公司1995年版,第66~67页。

容及格式如下：

万字三百九十四号　山一角
见业　吴再
原额　土名前山
先增　佃人
今增
南
西　　东
北
东至运善山
西至干仁地
南至景高山
北至运善山
分庄
吴海壹分二厘五毫
吴文昭四厘二毫
吴天多八厘三毫

其中，“见业、原额、先增、今增、土名、佃人、东、西、南、北、东至、西至、南至、北至、分庄”诸字为雕版黑色印刷字体，其余的字均为行书墨笔填写。

该鱼鳞册在20世纪50年代曾见诸报道，1958年余庭光在《文物参考资料》第四期上发表《歙县发现明代洪武鱼鳞图册》一文，称：“最近在歙县溪南乡发现了明代洪武鱼鳞图册。这本册子仅残存百余册（原文如此），残破不堪，但却是一件珍贵的历史资料。”①并附有照片。但其后很长一段时间该鱼鳞图册都下落不明。20世纪90年代初，中国社会科学院古代史研究所在整理徽州文书的过程中，又重新发现了该鱼鳞图册。将该鱼鳞册与《文物参考资料》上的照片核对，可确认这本鱼鳞册就是余庭光文中所说的洪武鱼鳞册。该册现存计169页，由此可知余庭光文中所说“这本册子仅残存百余册”实为

① 《文物参考资料》1958年第4期，第74页。

“百余页”，最后一个“册”字当是误排。

据《歙西溪南吴氏先茔志》所载，“明洪武十八年丈量，十六都三保仍作万字”，志中并载有吴氏所属“万”字各号经理的内容摘要，其所载与这本鱼鳞清册中登录的内容，几乎完全一致。如该志《七世祖》之下载：

> 明洪武十八年丈量，十六都三保……
>
> 万字三百九十四号，山乙角，计税二分五厘，土名前山。
>
> 见业吴再等。分庄吴福海乙分二厘五毫，吴天多八厘三毫，
>
> 吴文昭四厘乙毫。
>
> 东至运善山，西至关仁地，南至景高山，北至运善山。①

志中所载与前引鱼鳞册中三百九十四号所载两相对照，除个别文字外（册中“吴海”，志中作“吴福海”；册中分庄“吴文昭四厘二毫”，志中作“四厘乙毫”），其余完全一致。类似的例子还可举出很多。所以，可确认该册为“明洪武十八年丈量歙县十六都三保万字号”的鱼鳞册。

2.明洪武十九年休宁县十都六保罪字保簿

国家图书馆善本部藏，16828 号。著录于该馆所编善本书目②。编目定名：明洪武十九年十都六保罪字保簿。明抄本。一册（见图版三）。该册封面原题“拾都陆保罪字保簿洪武延祐前”（原文“前”字为小字）。册纵 33 厘米，横 31 厘米，厚约 1.5 厘米。封面为双层厚皮纸，册页均为白绵纸。丝线装订。连封皮计 94 页。每页双面。白口四周单边，线鱼尾。每面分成四格，登录四个田土号码的内容。每号所载内容有：字号、土名、原（田土类别及面积）、今实、四至、见业、原业等。各号均未画出图形。以该册“罪”字四号为例，其所

---

① 《歙西溪南吴氏先茔志 · 七世祖仕伋公》，东京大学东洋文化研究所藏清道光二十九年补刊本，第 5 页。

② 《北京图书馆古籍善本书目》史部《政书类》，书目文献出版社 1987 年版，第 1072 页。

载内容及格式如下：

罪字四号
次下田汪山甫一角二十步太小八丘
土名
吴千岩
同
原田一角二十步
今实
东至
同
水坑
西至
自山
吴社寿山
南至
自山
吴社寿山
北至
同
水坑
见业
吴社寿一分六厘六毫
吴旺一分六百柒毫
原业
吴子余
吴子付

册中每号分别用朱笔、墨笔两种颜色填写相关内容，册前扉页第二面记有下列文字："朱笔延祐，系元朝保簿；墨笔洪武，原业洪武十一年，见业洪武十九年。"上图中用黑体字表示的"罪字、号、土名、原田、今实、四至、见业、原业"等字，为册中雕版黑色印刷字体；仿宋体字表示的为册中朱笔填写的元代延祐经理的内容，楷体字表示的为册中填写的洪武时期的内容。册中填写的字迹极为工整，始终如一。该册封面、封底虽略有破损，册页亦有被虫蛀之处，但总体看来保存较为完好。几个已被虫蛀字，可据上下文补订。册内所载自"罪"字一号起至"罪"字七百二十号止，计载720号，完整无缺。尤其是册中还完整地保存了该保元代延祐经理及洪武十一年的有关资料，弥足珍贵。

该鱼鳞册封面虽题有"拾都陆保罪字保簿"，但并未言明其所属府县。不过，在该册正文第一页线框外右侧下部，钤有五方小红印，其第一方印文为"演口胡氏"。演口系地名，据万历《休宁县志》载："十都，共二图。……横街、演口、尚资、渭桥、方塘、板桥。”①可知演口为休宁县十都的一个自然村。又，该鱼鳞册第十一号载：“罪字十一号，土名黎壁阶……北至齐云山……”齐云山即位于徽州府休宁县境内。还有，遗存的徽州文书亦可为之佐证。《天顺六年休宁杨元观卖田赤契》载有下列文字：

> 十都四保住人杨元观，今将续置己田一号，坐落本保土名李家坞，系“民”字一百五十一号，计田壹亩捌分有零，其田东至汪舟保田，西至水坑，南至小路，北至水坑。今来本家缺少物用，自情愿将前项四至内田，原买得柒分整，尽行立契出卖与同里人吴道真名下，面议时值狮头银肆两肆钱整。其价银当成契日，一并交收足讫。今从出卖之后，一听买主自行收苗受税，永远管业为定。如有内外人占拦及重复交易、一切不明等事，并是出卖〔人〕抵当，不及买人之事。所有来脚当即缴付。今恐人心无凭，立此出卖契文为用。
>
> 天顺六年十二月十六日　出卖人　　杨元观
>
> 主名(盟)父　杨升千
>
> 见　人　　杨元辉
>
> 同见人　　吴奇安
>
> 今就契内领去价钱并收足讫，同年　月　日再批。②

该契为赤契，钤有“休宁县印”，证明休宁县十都四保的鱼鳞册字号系“民”字。而鱼鳞图册字号的编排是以《千字文》为序，其有关“民”字一句的原文是“吊民伐罪”。已知休宁县十都四保为“民”字，那么，十都五保即“伐”字，十都六保即“罪”字，这与鱼鳞册上所题“十都六保罪字保簿”完全一致。

① 万历《休宁县志》卷一《舆地志·方域·隅都》，国家图书馆藏万历三十五年刻本。

② 安徽省博物馆编：《明清徽州社会经济资料丛编》第一集《天顺六年休宁杨元观卖田赤契》，中国社会科学出版社1988年版，第46页。

该册所属地点当在休宁县，乃无疑问。所以，该鱼鳞册应定名为：明洪武十九年休宁县十都六保罪字保簿。

洪武鱼鳞图册实物的发现，结合有关的文献记载，使我们对徽州地区洪武时期的土地丈量及其编造的鱼鳞图册，至少可以得到以下几点认识。

第一，所谓徽州“府属方志根本从未提到明初曾举行过勘丈”，完全不是史实。查阅一下遗存的徽州府属方志，即可看到以下记载：

1.万历《休宁县志》卷一《舆地志》的“沿革表”中，先在“洪武十年丁巳年”之下的“中书省”栏中载“监察御史巡州县”，同时在“特记县事”栏中载：“籍田土”；又在“洪武十五年壬戌”之下的“特记县事”栏中载：“六月我县遣官量田，定经界。”①该志又载：“国朝高皇帝洪武十五年遣官量田定经界。”②应注意的是，以上这些记录，并非方志中的一般性记载，而是作为一件大事，载于“沿革表”之“特记县事”中的。

2.康熙《徽州府志》亦载：“洪武十年丁巳，命监察御史巡行州县，籍田土”，“洪武十五年壬戌，六月蠲本年田租，遣官量田定经界。”③

3.康熙《婺源县志》载：“明太祖洪武十五年，遣官量田定经界。”④

4.乾隆《婺源县志》亦载有洪武丈量之事：“（洪武）十五年壬戌，遣官量田，定经界”“（洪武）二十年丁卯，鱼鳞图册成。”⑤

第二，徽州地区洪武时期的鱼鳞册的攒造并不是“在同一年几个月时间内编就的”，而是历经数年之久才完成的。

上述万历《休宁县志》中载“国朝高皇帝洪武十五年遣官量田定经界”“六

---

①　万历《休宁县志》卷一《舆地志·沿革》，国家图书馆藏万历三十五年刻本。

②　万历《休宁县志》卷三《食货志·公赋》，国家图书馆藏万历三十五年刻本。

③　康熙《徽州府志》卷一《舆地志》上《建置沿革表·总隶并纪事栏》，国家图书馆藏康熙三十八年刻本。

④　康熙《婺源县志》卷七《食货·公赋》，国家图书馆藏康熙三十三年刻本。

⑤　乾隆《婺源县志》卷二《疆域志·沿革》，国家图书馆藏乾隆五十二年刻本。

月我县遣官量田定经界”；[1]前引《康熙歙县吴氏家志》《歙西溪南吴氏先茔志》中则多次提到了“明洪武十八年(1385)丈量”之事，遗存的歙县十六都三保的鱼鳞册亦言是在洪武十八年(1385)丈量的，而休宁县十都六保的鱼鳞册又是在洪武十九年(1386)攒造的，所以可知徽州地区洪武时期鱼鳞图册并不是在同一时间攒造的，整体来说，至少是历经了四五年之久才完成的。所谓徽州鱼鳞册是“在同一年几个月时间内编就的”说法，显然不符合历史事实。

第三，徽州地区洪武时期鱼鳞图册的攒造并不是根据原有土地档册照抄照描而编就的，而是经过丈量重新攒造的。徽州地区洪武时期鱼鳞图册的攒造，到底是不是根据原有土地档册照抄照描而编就的，《明洪武十九年休宁县十都六保罪字保簿》这一鱼鳞图册实物，给我们提供了很好的研究素材。如上所述，该册除登录了洪武十九年的资料之外，还保存了该保元代延祐经理及洪武十一年(1378)的相关资料。如果徽州鱼鳞图册的编造只是为了敷衍官府而照抄照描的话，又怎能将不同时代的资料汇录于一册呢？这样做岂不是不打自招？将该册洪武时新造的资料与元代延祐经理的资料相对照就会发现，二者有相当多号数的田土面积并不相同，或有增加，或有减少，而增加者占多数。如“罪字九号”载：“土名竹阶源，(原称)竹阶下，原(延祐经理)田二角三十步，今实田一亩二十一步。”“罪字十号”载：“土名竹阶源，(原称)竹阶下，原(延祐经理)田三角四十步，今实田一亩二十四步半。”在该鱼鳞册的册首还载有下列文字：

本保延祐经理

田地山塘一十七顷三十九亩二十三步半

田一十四顷四十一亩五十八步

地五十四亩一角六步

---

① 万历《休宁县志》卷一《舆地志·沿革》，国家图书馆藏万历三十五年刻本。

山一顷五十五亩一角十步

塘八十八亩一角九步半

洪武通保并出田土一十八顷五十五亩七分五毫

也就是说,该保洪武时所攒造的鱼鳞册,要比延祐经理原额统共多出1顷16亩多田土。这怎么能够说,其“一定是根据当地完备的原有土地档册照抄照描而编就的”呢?

第四,徽州洪武鱼鳞图册上所载各号田土数值,既有丈量面积,即实际田土面积,又有纳税田亩面积。二者用不同的计量单位表示,但表示的面积却是相等的,当时的税亩并非折亩。洪武鱼鳞册上载有两种计量单位,一为“亩、角、步”,其进位是60步为1角,4角为1亩;一为“亩、分、厘、毫”,即十进位制。前者是作为宋元时代的遗制而在明初使用的,后者则是明初开始普遍推行的田亩计量单位。在明初,一般在表示田土实际面积时仍多使用“亩、角、步”制,在表示田土纳税面积时则使用“亩、分、厘、毫”制。上述洪武鱼鳞图册中,每号田土的总面积使用“亩、角、步”这种计量单位,分庄则用“亩、分、厘、毫”计量单位。如前揭洪武十八年(1385)歙县十六都三保“万”字三百九十四号中所载,“山一角”,这是该号山的总面积,如前所述,一角为一亩的四分之一,相当于二分五厘;其后分庄项下分别载有一分二厘五毫、四厘二毫、八厘三毫,三者合计亦为二分五厘。所以,分庄之下虽表示的是税亩面积,但其总和仍相当于“山一角”换算成“亩、分、厘、毫”制的面积数值,二者是相等的,并非折亩。其他各号所载皆是如此。再如前揭洪武十九年(1386)休宁县十都六保“罪”字四号所载,“田一角二十步”,这是该号田的总面积;其后分庄项下分别载有一分六厘六毫、一分六厘七毫,合计为三分三厘,分庄之下虽表示的是税亩面积,但其总和仍相当于“田一角二十步”换算成“亩、分、厘、毫”制的面积数值,二者相等,也不是折亩。明初直至明中叶的普遍做法是,将各类田土划分为不同的等级,定其田则,再依田则定其税则。田则和税则都是以实际耕地面积为准的。上述洪武鱼鳞图册中所载即可证明。税亩实行折亩制,明中期以前在有的地方虽已出现,但其普遍实行则是在明后期一条鞭法推行以后。何炳棣认为,宋代以后包括明初官府册籍上的土地数值,都是折亩制之税亩,并非实际耕地面积,这显然有悖于基本史实。

第五,徽州洪武时期所攒造的鱼鳞图册是当时订立契约文书的基本依据,在土地买卖、诉讼质证等社会生活中发挥着实际效用。前揭《康熙吴氏家志》中即载有这样的事例。该志首录洪武十八年(1385)丈量鱼鳞册“彼字二百八号”之有关内容,后附注文,接着录有洪武十九年(1386)关于该号田土的买卖契文与合同文书,兹将有关原文抄录如下:

经理

明洪武十八年丈量十九都　　保

“彼”字二百八号,柴山地一亩,土名女儿石,坐落灰窑祖坟山地。

见业十五都汪学士、汪子士,分庄汪学士山额下等地税五分、吴仲升山额下等地税五分。

东至自田,西至自田,南至自水窟,北至叶伯再田。

此号山地本家买得汪子士户下汪用弘山地税五分,今与汪学士子孙共业。立合同本家分在北边,汪分在南边。

【契】歙县十五都五图住人汪用弘,今自情愿同父亲商议,将续买到十九都吴禅保名下、原系本家出卖与十九都九保“彼”字二百八号内柴山地二角,坐落土名女儿石,其山地东至路并田,西至汪学士田并路,南至汪德章地及塘,北至行路及田,今将前项四至内山地凭吴彦中为见,永业(远)立契出卖与十六都吴仲升名下,三面评议时值价钱宝钞三百四十五贯文,其钞自成契日当便一并收领足讫,既无欠少,亦无准折之类。其山地听自收产人日下管业,于吉便处扦作风水用度,于上本家即无新旧文穴。如有内外人拦占,并系出产人抵当,不干买人之事。其山地自立契之先,并不曾与他人重复交易,亦无出卖未尽亩步。自卖之后,本家子子孙孙永远不在(再)取赎之限。自成契之后,两家各不许番悔,亦无瞒昧尊长。如有番悔及难异等件,甘罚宝钞五百贯文与不悔之人用,仍依此契为准。其税于本户起割支解。今恐无凭,立此永远立契出卖文书为用。

洪武十九年四月十六日　立契人汪用弘　父亲汪仲嘉

见人吴彦中　汪用仁①

这是徽州府歙县的一桩田土买卖交易,发生在洪武十九年(1386),即在该县洪武土地丈量和鱼鳞图册编成之后的第二年。该交易是汪姓将洪武鱼鳞册"彼"字二百八号所载田土的一半卖给了吴姓,属不同族姓之间的田土买卖交易。契中详载有关的鱼鳞字号、田土类别、田土面积、坐落、四至等。契中所言与引文前面所录鱼鳞图册是一致的。显然,鱼鳞图册是该土地买卖契约订立的基本依据。这种情况绝不限于此例。在《康熙吴氏家志》中,还录有多份这样的土地买卖契约、合同等,其中所叙田土交易事项,均以洪武丈量鱼鳞图册所载为据。洪武鱼鳞图册也是其后很长一段时期内土地买卖交易的基本依据。在土地买卖契约中,以鱼鳞图册为依据,写有田土的字号、土名、坐落、田土类别、土地面积、四至等,已成惯例。有的文书中甚至将亩步四至省略,直接写有"其田四至字号亩步,并依经理(鱼鳞图册)可照"②及"田、山亩步字号,自有本保经理可照"③等这样的字句。如果鱼鳞图册不是经过实地勘丈而攒造的,而是"抄袭前代档册、敷衍塞责"之物,所载不实,并不可信,那么,它怎么会在当时的土地买卖、诉讼质证等社会生活中发挥实际效用呢?

---

① 王钰欣、周绍泉主编:《徽州千年契约文书》宋元明编卷九《崇祯〔康熙〕歙县吴氏家志》,花山文艺出版社1993年版,第5~7页。

② 王钰欣、周绍泉主编:《徽州千年契约文书》宋元明编卷一《永乐十一年祁门吴希仁、汪伯春换田赤契》,花山文艺出版社1993年版,第72页。

③ 安徽省博物馆编《明清徽州社会经济资料丛编》第一集《(嘉靖十二年)歙县倪廷贤卖田赤契》,中国社会科学出版社1988年版,第53页。

人们又怎么会把它视为家珍而保存至今呢?

从现存的文献资料及鱼鳞图册实物遗存情况来看,即从洪武时期的土地丈量和鱼鳞图册攒造的实施情况来看,说它是全国性的,尚有待继续发掘史料,作进一步证实。但其实施也存在这样那样的弊病。然而,洪武时期的土地核实与丈量,是朱元璋和中央朝廷多次下达的全国性政令。而且,它是在经过元末十几年的战乱、版籍多已不存的背景之下,在明初改朝换代、急需确定新版籍的形势之下而实行的。它又是在明朝开国之初政令通行的环境中,特别是在朱元璋推行严刑峻法以猛治国的形势下实施的。因此,这一举措曾在相当广大的地区内认真实行。徽州文书中洪武鱼鳞图册实物的发现有力地证明了这一点。它确凿地表明,洪武丈量及其鱼鳞图册的攒造并非传奇,而是史实。

三　弘治鱼鳞册

中国社会科学院古代史研究所收藏的《徽州契约文书》中,有一册弘治九年(1496)抄写的鱼鳞归户号簿,将该保鱼鳞图册所载各号田土分类归户,按户头为序登录,保存基本完好,较完整地记载了一个保的有关土地资料。现存徽州契约文书中,这类资料被保存下来的很少;属于明代中期以前的,尤为罕见。因此,这是一份研究明代鱼鳞图册与土地制度的十分珍贵的文书档案资料。以下拟对该簿记录的时间、地点,以及所载内容作一初步考证与分析。

该册纵 32 厘米,横 27.5 厘米,厚约 1 厘米。皮纸。每页折成双面。原抄正文末尾附记:“弘治九年六月抄写莲(连)皮伍拾捌叶良道(押)。”①现存五十八页,一百一十六页。原封皮、封底均失,现存的封皮、封底为后来补装。第一、第二两页各残存半页,第三页至第十三页左上角残,文字亦稍缺。正文为墨笔行书,文中抄录的数字有用朱笔改动之处,看来经过核对。因封面已失,故无册名标题。现残存的第一、第二两页为该册抄录的户头人名索引,人名之下用朱笔书写编号。从第三页开始即抄录正文,首列户头姓名,下列各类田土,每类田土先列总数,其次为各丘田土细目,分列田土面积、丘号、土名。各户头姓名均用朱笔标识编号。其形式如图 6-8:

乙(壹)　汪义和

田　六十六亩六分八厘二毫

　　三分四厘　一千六十号　后塘

　　三亩五分四厘二毫　二百二十四号　塘充口

　　……

地　四分一厘七毫　八百十五号程坑口

山　四亩六分八厘四毫

　　三分七厘五毫　一千三百五十号　竹鸡山

　　三分九厘二毫　九百五十六号　潘坑

　　……

从内容上看,该簿抄录的田土面积、丘号以及土名等,均为鱼鳞图册登录的基本项目。因此,可初步看出,这是一份从鱼鳞图册上抄录下来的各业户所有田土数目的归户号簿。笔者试图将该簿抄录的各号田土按顺序排列,结

① 中国社会科学院古代史研究所藏契 1000210 号,载《徽州千年契约文书》第十一卷,第 101~214 页。

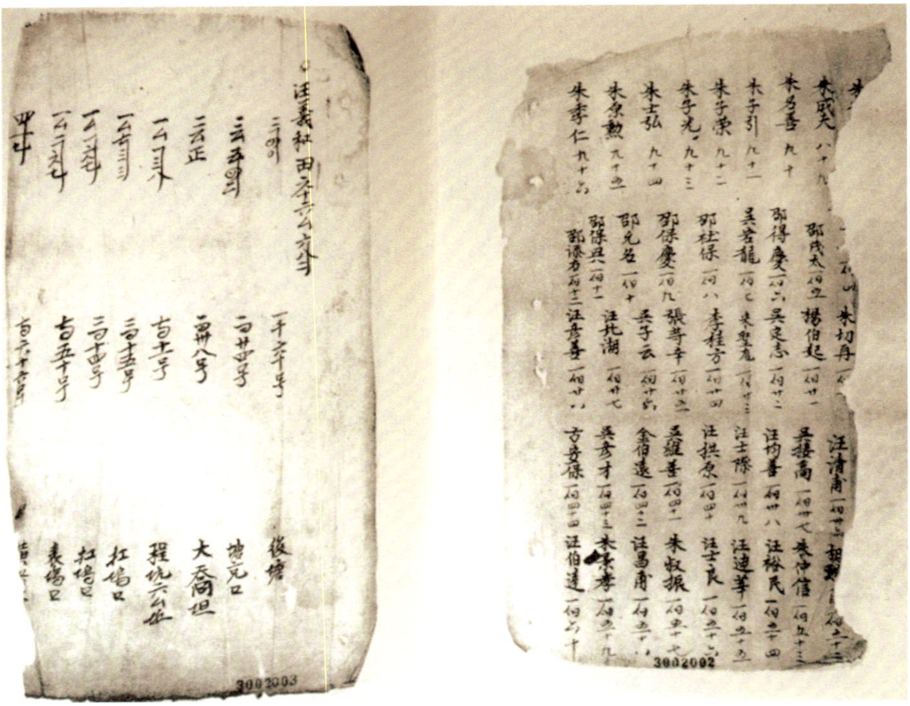

图 6-8　弘治九年抄写鱼鳞归户号簿

果可以从一号排至一千二百七十二号,得出了一份鱼鳞图册的复原资料。其中仅缺五十余号(该册第一、第二两页部分残缺是其原因之一),这完全证实了该簿的内容是从一本鱼鳞册上抄录下来的。但该簿并不是将业户在各都图的所有全部田土加以登录的那种“吊”号归户册,如古代史研究所藏遂安县吊号归户册①,而是将一个保的鱼鳞图册所登录的各号田土按户头归并抄录的鱼鳞归户号簿。

该归户号簿前面所列大多数业户姓名之前并没有标出所属都图地点,只在后面抄录的一些业户姓名之前标出其所属都的地点,计有三十都、三十一都、十三都、二都、十七都、十都、东南隅、西北隅等。那么,该簿所载田土是否

---

① 中国社会科学院古代史研究所藏契 1000181 号。

就在这些都隅中？很明显，大多数业户姓名之前没有标出都图地点，是一种省略；而少数标出都图地点的业户，恰是因为其不在本都，所以才特意标出。又，这些标出的都隅属于徽州府哪一县亦不明确。因此，需要对该簿所载田土地点加以考证。

1.《徽州府志》载："（休宁县）洪武十八年设置粮长，置十二乡，统四隅三十三都。洪武二十四年编户一百六十里。忠孝乡：东南隅、西南隅、东北隅、西北隅、一都。"[①]嘉靖《徽州府志》又载："（歙县）国朝关厢十六，统都三十有七。……关厢曰东南隅，二图；西南隅，二图；东北隅，三图；西北隅，一图。"[②]而徽州府所属其他各县，婺源、祁门、黟县、绩溪均无四隅设置的记载。可知明代徽州地区有四隅设置的只有休宁、歙县两县。因此，该归户号簿所载田土地点是在徽州府休宁、歙县两县范围之内。

2.该归户号簿户头第一百六十八号载："没官圆通庵田六亩九分一厘九毫"；一百六十九号载："没官石桥院田四十亩九分五厘七毫"。查弘治《休宁志》："圆通庵在三十三都。"[③]又载：

> 石桥院在十二都履仁乡太平里，唐元和五年建。先是，刺史韦绶梦僧来谒，曰："能相记否？"绶不省。僧言："昔与公同修证，今为二千石，遽忘我耶？"绶问所居，曰："在公部下休宁之石桥岩。"旦问左右，无知者。索图经阅之，岩在县西六十里，有石室、讲堂、佛像。遣视，信然，乃建精舍。会僧元立以游方来，问所须，愿住此岩，是为开山祖。[④]

---

① 弘治《徽州府志》卷一《厢隅乡都》，天一阁藏明代方志选刊本，上海古籍书店 1964 年版。

② 嘉靖《徽州府志》卷一《厢隅乡都》，国家图书馆藏嘉靖刻本。

③ 弘治《休宁志》卷一《山川》，国家图书馆藏弘治四年刻本。

④ 弘治《休宁志》卷五《寺院》，国家图书馆藏弘治四年刻本。

该志又载：

石门岩在白岳山西，高二百仞，周二十里，天宝中有僧居之。石室中有龛像、讲台、石梯之属。其东有高岩，岩腰有石洞，东西通彻，可以往来。乾元中道士龚栖霞绝粒，隐此。元和四年，刺史韦绶感梦，置精舍，名石门寺。①

即石桥院又名石门寺。根据上述记载，可初步确定该归户号簿所载田土地点是在休宁县；但圆通庵在三十三都，石桥院在十二都，二者地点并不相同，因此尚不能确定该归户号簿的具体都图地点。

3.该归户号簿所列的田土丘号，一般都未写明其所属的鱼鳞图册字号。细查全文，仅在第二十一号户头胡庚右所列田土细目的丘号中，出现“黎字二号”的字样。如前所述，该簿所列田土丘号是从一号至一千二百七十二号，而二号为其中的一个，由此可推知其他田土字号亦当属“黎”字。在现存的徽州契约文书中，可找到数件明代休宁县十二都一保的土地买卖文契，其上都清楚地写明十二都一图一保的经理字号为“黎”字。将这些土地买卖文契与该归户号簿所载有关资料相对照，二者所记田土类别、字号及土名等都完全相同，仅因时间相异，其所载业主或田土面积而有所不同。兹举安徽博物院藏正统八年(1443)休宁县金舟原卖田赤契为例：

拾贰都壹保住人金舟原，同弟舟显商议，将承父经理本保“黎”字贰佰玖拾陆号田，共捌亩贰分捌厘三毫，其田四至自有经理保簿可照。今来缺物支用，自情愿将前项字号〔内〕田取田四亩，佃自每年硬上租粗谷贰拾捌砠，系是吴宅石砠。自情愿出卖与同都汪希美名下，面议时值价

① 弘治《休宁志》卷一《山川》，国家图书馆藏弘治四年刻本。

籼谷一百四十砠。其价当成契日一并收足。其田今从出卖之后，一听买人自行闻官受税、收租，永远管业。如有四至、来历不明及重复交易，内外人拦占，一切不明等事，并是出卖人自行之当，不及买人之事。所有上首(手)来脚契文与别产相连，缴付不便，日后要用，本家索出参照不词。其前项字号田系土名七亩墣。今恐人心无凭，立此文契为照。

正统八年九月初四日　　出产人　金舟原　契

同弟　金舟显

侄　　周民

依口代书人　黄思成

见人　黄思清

今领前项契内价谷并收讫，同〔日〕再批。①

该归户号簿第一百四十三号户头载："吴彦才：田……八亩二分八厘三毫，二百九十六号，七亩墣。"二者除业主外，其他所载完全相同。很明显，这些钤有明代"休宁县印"的十二都一保经理"黎"字的土地买卖文契，当是该归户号簿所属具体地点的确凿证据。

又，该簿正文的末尾记有："朱金陵收佛记山，四分五厘八毫，'黎'字九百九十号……二保，一分六厘七毫，'首'字六百九十二号……六厘三毫，三保'臣'字。"据安徽博物院藏洪武二十六年(1393)十二月休宁县李资衮卖田赤契载："十二都九保住人李资衮，今将本户田一号，系八保'迩'字一千五百七号，田一亩六分二厘五毫……"②洪武二十六年(1393)十二月休宁县朱宋寿卖田赤契载："十二都九保住人朱宋寿，今为日食不给，同母亲吴氏己姑商议，愿将承父户下有田二号，系九保'乙(壹)'字一千七十二号田，取五分二厘一

---

① 安徽博物院藏契 2:16667-8 号，《明清徽州社会经济资料丛编》第一集，第 34 页。

② 安徽博物院藏契 2:16802 号，《明清徽州社会经济资料丛编》第一集，第 1 页。

毫……”①古代史研究所藏建文三年(1401)八月九日休宁县胡社卖田赤契载:“太平里拾贰都十保住人胡社,原有妻伯朱铁干批拨到本都十保‘体’字叁佰壹拾陆号,田玖分伍厘捌毫……”②像这样记载休宁县十二都八保的经理字号是“迩”字,九保是“壹”字,十保是“体”字的卖田契,在安徽博物院及古代史研究所还可找出很多件。明清时期徽州地区鱼鳞图册的编造字号,每县均以《千字文》为序,而《千字文》中“体”字前面的十个字按顺序是:黎、首、臣、伏、戎、羌、遐、迩、壹、体。由此即可推知,当时休宁县十二都一保至十保的经理字号分别为:一保,“黎”字;二保,“首”字;三保,“臣”字;四保,“伏”字;五保,“戎”字;六保,“羌”字;七保,“遐”字;八保,“迩”字;九保,“壹”字;十保,“体”字。这与该归户号簿中明确记载的二保“首”字、三保“臣”字完全相符。因此,我们可以断定,载有“黎”字号的这一休宁县鱼鳞归户号簿,其所在具体都图地点当是休宁县十二都一保。

4.该簿所载各丘土名,在明清各休宁县志中均不见记载。难得的是,古代史研究所现存的徽州契约文书档案中有一件万历时期的摊佥册③,即鱼鳞总图册。该册所绘各幅鱼鳞总图中,多标有“鳞字某某号起某某号止,原黎字某某号起某某号止”,这证明,该摊佥册恰是休宁县十二都的一份鱼鳞总图册。同时也表明,休宁县十二都在万历九年(1581)清丈以后,一图各保的鱼鳞图册都重新总编为“鳞”字号(十二都仅有一图和三图,分别编为“鳞”字和“潜”字),因此,原十二都一图一保的经理字号即在其中。该摊佥册封面有一幅总图,图中可找到“石门古寺”的位置,其侧绘桥一座,注“石桥”二字。根据前引弘治《休宁志》的记载,石门寺即石桥院,此亦说明该摊佥册所绘正是弘治九年(1496)抄

① 安徽博物院藏契 2:26638 号,《明清徽州社会经济资料丛编》第一集,第 1 页。

② 中国社会科学院古代史研究所藏契 002486 号,《明清徽州社会经济资料丛编》第二集,第 21 页。

③ 中国社会科学院古代史研究所藏契 1000190 号,《徽州千年契约文书》宋元明编第一卷,第 215~276 页。

写的归户号簿所载田土的鱼鳞总图。归户号簿上所载土名,如排岑、岩坑、方坑、黄充、上坞、下坞、金子坑、铁店坞、月子山、杨梅段、白羊塘、麻榨坞、丁伯塘、黄干坳等等,在这一摊佥册中都可一一找到,二者可以相互印证。

根据此摊佥册的绘图及万历《休宁县志》卷首所绘地图,可知休宁县十二都的地理位置是在该县西部山区,紫溪河上游,西部、西北部分别与祁门县、黟县相邻,本县三十都、七都、十都等皆在其周围,而十二都一保则位于该都的西北部,今休宁县渠口乡岩坑、呈坑、黄充一带。

以下对该簿所录内容的时代作一考证。

据该归户号簿末尾附记,其抄写时间是在弘治九年(1496),但细看全文,其所载内容的时代却要复杂得多。

1.在各号业户户头姓名之下,多处记有某某即某某的情况,如"汪成寄即汪奉""程干寿即程仲名""金得享即金堂甫""金海孙即金宗孙",等等。从书写的文字来看,显然不是同人异名。在第一页残存的各户人名索引中,第二十二号明确记有"朱子怡,父朱佛奴户";而正文中第七十八号业户户头则载:"胡福孙,今曹右善户。"很明显,这里表明的是一种顶户继承关系。而"某某即某某"的情况,有的很可能也是指这样一种关系。一方面,明清时期土地买卖越来越频繁,"土田之贸易无恒主"①,田产流动性增强;但另一方面,一户的田产作为祖业原封不动地传给下一代或亲族的现象仍很普遍,有的甚至是数代相传,往往延续很长时间。由此看来,该归户簿所记业主姓名虽是弘治时代的人,但所记土地状况向上追溯,要比弘治时代早得多。又,该簿第一百六十号户头载:"汪伯达即朱义和",而一百六十四号户头又载:"朱义和即汪伯达",即二者已并为一户,但在该簿中仍列两号户头记载。此外,该簿五十六号与八十号、一百五十六号与一百六十一号、一百五十八号与一百六十二号

① 〔明〕危素:《危学士全集》卷六《休宁县尹唐君核田记》,《四库存目丛书·集部》第24册,第734页。

的记载也与此相同。其中五十六号记有："胡隆太全户入胡寿孙"。从虽已并户、但仍列两号户头分别记载这一点来看，该簿所载仍是并户以前的情况，这也说明了该簿记载土地所有状况要早于弘治时代。

另外，从前文引述的正统八年(1443)休宁县金舟原等卖田赤契中亦可看出，该簿所载土地状况及业主所属时代，有的则是非常早的。如前所述，该契所卖田土与归户号簿中所载田土字号、类别、面积、土名等完全一致，仅是业主不同。契文称该项田土系金舟原兄弟经理，而归户号簿上载该项田土的业主是吴彦才。从卖契的行文来看，"其田今从出卖之后，一听买人自行闻官受税、收租，永远管业。如有四至、来历不明及重复交易，内外人拦占，一切不明等事，并是出卖人自行之当，不及买人之事"。即该项田土当时系金氏兄弟管业是没有疑问的。但该契中又有如下文字："佃自每年硬上籼租谷贰拾捌砠，系是吴宅石砠。"由此看来，该项田土与吴氏又不无关系。所谓"吴宅石砠"的说法并非偶然。应该说，这与归户号簿上载该项田土业主亦为吴氏是相吻合的。这说明，该项田土正统时虽在金氏手中，但原系吴宅所有，故"吴宅石砠"的租谷标准一直沿袭下来。而金氏兄弟在正统时又是"承父经理"，因此，该项田为吴宅所有时，当是更早的事了。

2.业主所属各丘田土细目的记载中，有很多丘之下用小字批注"入某某"字样，如五号业户汪寿太的一丘田便这样记载："七分八厘三毫，入汪应龙，一千一百四十号，下坑口。"查业户汪应龙的名下已有该号田土。很明显，这是一种土地所有权的转移。其转移方式，簿内不见记载，但从现存的数量颇为可观的徽州田土买卖契约来看，主要是通过土地买卖实现的。这种某丘田土已入某某人，即关于田土转移的记载簿内共有126处之多，占全簿记载的丘号数总和的近十分之一。数量如此众多的土地所有权的转移，绝不是在短时间内同时发生的，所经历的时间一定是相当长的。簿内关于这种土地所有权转移的记载，只有两处写明了具体时间，一是十五号户头汪进太的一块山："一亩五分，上年入黄舟圣，七十八号，前培。"一是七十三号户头程再兴的一块山："一分六厘七，永乐元年入杨树，一千十号，社屋。”这两处记载恰巧说明了这些土地所有权的转移至少是发生在永乐元年至弘治八年（1403—1495）近百年的这段历史时期之内。而这同时也说明了该归户簿正文所抄录内容的时代之早，可追溯到永乐之前，即洪武时期。

3.在各丘田土面积之下，有的还有一种小字注文：“增××步，×厘×毫”，如一号户头汪义和的一丘田，“一亩四分七厘一毫，增十三步五厘四毫”，即增出十三步，合五厘四毫。又如十四号户头汪社太的一块地，“一分二厘五毫，今一分四厘二毫，增出一厘七毫”，等等，即正文所表示的是原来的田土面积，注文所表示的是现在增加的田土面积。像这种田土面积发生变化的丘号数，也有不少，共有64处，其所经历的开垦时间也必然是相当长的。

万历《休宁县志》载：“洪武十五年壬戌六月，我县遣官量定经界”，“洪武十九年置乡隅都图”①，又载：“洪武二十年鱼鳞图册成。”②前文引述的洪武二十六年休宁县李资衮卖田赤契和朱宋寿卖田赤契中，已分别提及十二都八保经理“迩”字、九保经理“壹”字等事，这也证明，同都一保“黎”字号鱼鳞图册的编成亦当在洪武时期。而洪武鱼鳞图册在编成以后，其上所载有关田土的各项内容，在明代很长一段时间内，一直成为官府税收、土地买卖、田土诉讼、祖产继承等的重要依据。这种情况一直持续到万历九年（1581）张居正重新丈量土地之时。前文提到的万历摊佥册即可证明。甚至在万历九年（1581）丈量之后，洪武鱼鳞册仍是民间土地买卖的依据之一。如万历二十一年（1593）十一月十七日休宁县汪文观卖田赤契即称：“十二都一图汪文观今将续置田壹号，坐落土名扛桐坞，原‘黎’字一千一百十九号，今丈‘鳞’字一千六百十二号，计税叁分叁厘贰毫……”③因此，弘治时期抄录的鱼鳞归户号簿的内容，依据只能是洪武时期攒造的鱼鳞图册。联系前面介绍的种种情况，我们完全可以推断，该归户号簿正文中

---

① 万历《休宁县志》卷一《舆地志·沿革》，国家图书馆藏万历三十五年刻本。

② 万历《休宁县志》卷三《食货志·公赋》，国家图书馆藏万历三十五年刻本。

③ 中国社会科学院古代史研究所藏契0003297号。

有关田土的各项内容,基本是以洪武时期攒造的鱼鳞图册为蓝本抄录的,而正文之下的注文则是表示从洪武后期到弘治九年(1496)发生变化了的情况。

以下据该归户号簿所载田土资料试作一统计与分析。

关于田土形态

根据该簿所载各户田地山塘资料加以统计,包括新增土地面积在内,弘治时休宁县十二都一图一保有土地1639.691亩。各类田土面积及所占比例如表6-15。据弘治《徽州府志》所载资料①,弘治五年(1492)徽州府以及休宁县田地山塘各类田土总面积及所占比例如表6-16。通过表6-15与表6-16相比可以看出,由于十二都一保地处山区,所以山的面积较多,所占比例比府县都高,而塘和地的面积很少,所占比例大大低于府县所占比例,但该保水田的面积并不少,虽略低于县所占比例,却高出府所占比例很多。

表6-15 十二都一保各类田土面积及所占比例表 单位:亩

类别	田	地	山	塘	总计
面积	1089.052	61.346	487.597	1.696	1639.691
%	66.5	3.7	29.7	0.1	100

表6-16 徽州府与休宁县各类田土面积及所占比例表 单位:亩

类别		田	地	山	塘	总计
徽州府	面积	1476815.252	361656.206	660216.522	29058.605	2527746.585
	%	58.4	14.3	26.1	1.2	100
休宁县	面积	355263.108	80481.729	71283.26	10158.033	517186.13
	%	68.7	15.6	13.8	1.9	100

① 弘治《徽州府志》卷二《食货一·田土》,天一阁藏明代方志选刊本,上海古籍书店1964年版。

表 6-17　十二都一图各类田土面积及所占比例表　　单位：亩

类别	田	地	山	塘	总计
面积	2592.582	343.34	524.5617	22.448	3482.9317
%	74.4	9.9	15.1	0.6	100

表 6-17 为万历九年(1581)丈量以后十二都一图各类田土面积所占比例表①。因难以找到万历以前十二都一图的田土总面积资料,故录此表以作参考。通过该表可以看出,万历九年(1581)丈量以后,十二都一图的田土总面积为 3482 亩多,而弘治时十二都一图一保的田土总面积为 1639 亩多,占一图总面积的 47%。据前引万历摊佥册载,十二都一图"鳞"字号的田土面积包括原十二都一保"黎"字、二保"首"字、三保"臣"字、四保"伏"字、五保"戎"字的田土面积。该册后部有残缺,资料并不完整。又据万历十四年(1586)休宁邵文桂等卖山赤契称,十二都原"羌"字号亦编在"鳞"字号中②。"羌"字原为十二都六保字号,即万历时十二都一图"鳞"字号的田土面积至少包括了原十二都一保至六保的田土面积;而一保的田土总面积与一图的田土面积相比,占近二分之一,由此可知,十二都一图一保为一图中最大的一个保。

如前所述,笔者将该簿抄录的各号田土按顺序排列,得出了十二都一保鱼鳞图册的复原资料,根据这一资料,按各丘号的面积大小分类,各类丘号田土的丘数、总面积及所占比例如表 6-18。由于该册第一、第二两页登载各丘田土细目部分有残缺,故表 6-18 的总面积少于表 6-15 的总面积。

① 根据中国社会科学院古代史研究所藏《天启休宁汪氏实征册》所载资料编制。

② 中国社会科学院古代史研究所藏契 000754 号,另见安徽省博物馆编《明清徽州社会经济资料丛编》第二集,中国社会科学出版社 1990 年版,第 520 页。

表 6-18　十二都一保鱼鳞册各类丘号面积及所占比例表　单位:亩

类别	0.1 以下	0.1~0.5 不满	0.5~1 不满	1~2 不满	2 以上	总计
丘号数	65	284	336	385	251	1321
面积	3.592	79.705	223.342	480.951	844.329	1631.919
%	0.3	4.8	13.7	29.5	51.7	100

通过表 6-18 可以看出,该保鱼鳞册中丘号面积在一亩以上者为数很多,丘号数占近 50%,总面积占 80%以上,其中最大的一丘号田亩面积达 9.930 亩(“黎”字 1148 号),最大的一号山面积达 28 亩(“黎”字 48 号)。每一丘号平均面积达 1.235 亩多。而到了明代后期,鱼鳞图册上的丘号数大大增加,丘号面积都相应变小,各丘号中面积在一亩以上的已变为少数,即以该归户号簿所在都保来看,在前引万历摊佥册上,“鳞”字 1 号至 1428 号则标有“系原黎字”1 号至 980 号;又,前文提及的万历二十一年(1593)十一月十七日休宁十二都一图汪文观卖田赤契中亦说,“原‘黎’字一千一百十九号,今丈‘鳞’字一千六百十二号”,也就是说,万历时的丘号数增加了 40%以上。查万历摊佥册,在原“黎”字号部分中新垦土地仅有 5 个丘号,为数极少,说明鱼鳞册中田土丘号数的增加主要是对原有土地分割的结果。需要指出的是,这里所说的丘号面积,并非指田土自然丘段面积,在“层累而上,数十级不能为一亩”①的徽州地区,田地的自然丘段面积在一亩以上者一直是很少的;所谓丘号面积是指攒造鱼鳞册时所划分的各号田土面积。明代后期鱼鳞册中丘号数增多、面积变小这一现象,反映了由于人口增加、土地所有权发生变化等,对土地的分割日益严重的趋势。

该归户号簿中标出的原丘号面积增加者共有 49 处,但新增土地面积都很

① 弘治《徽州府志》卷二《食货一·田土》,《天一阁藏明代方志选刊》影印本,上海古籍书店 1964 年版。

小,少者仅8毫,最多的也不过2分5毫,总计2.547亩,所占比例极小。这说明,由于该地的开发历史很长,已经没有多少开垦的余地了。

关于土地占有情况

该归户号簿所录虽然仅是一个保的土地,但田土占有情况复杂,种类很多。既有民田,又有官田;除本保业户之外,还有其他都保的业户等。田土占有的分类面积及所占比例见表6-19。

表6-19　十二都一保田土占有面积分类表　　单位:亩

类别	官田(田地山塘)				民田(田地山塘)	
	义役官田	没官民兵田	没官寺院田	没官程伯善田	本保	其他都保
面积	1.496	9.901	69.084	259.450	981.456	318.304
总计	339.931				1299.76	
%	21				79	

就土地占有种类而言,与明代其他地区一样,该保田土亦分成官田和民田两大类。通过表6-19可以看出,本保田土中官田的数量颇为可观,比例相当大,竟达五分之一强。根据《明史·食货志》及正德《大明会典》所载资料①,弘治时官田在全国田土总额中约占七分之一,在徽州府志田土总额中占3%强,本保官田所占比例比上述二者都高,其种类也不少。今按该簿所载名目,分别叙述如下。

1.义役官田

该簿户头第一百六十六号载:"义役官田杨景章田,一亩四分九厘六毫。"明代官田种类繁多,仅《明史·食货志》中提到的就达15种之多,但没有叙及义役官田一项。所谓"义役官田"亦是明代官田的一种,按正德《姑苏志》等的

① 〔清〕张廷玉等:《明史》卷七七《食货一》,中华书局标点本1974年版。正德《大明会典》卷一九《户部四·田土》,正德六年刊本。

解释,“义役田,民出助保正差役者”①。其渊源可追溯至南宋时期,“乾道五年,处州松阳县倡为义役,众出田谷,助役户轮充,自是所在推行”②。施行中至有强令下户出钱买田入官,别置役首,编排役次者,朱熹曾有《奏义役利害状》,谓义役有未尽善者四事③。淳熙十年,“冬十月乙未,诏两浙义役从民便。”④其后遂行“劝谕人户各出义田均给保正、户长”之法⑤。义役官田的来源主要是通过购买或民间自行向官府捐献而取得的。嘉靖《淳安县志》、《天下郡国利病书》中均有记载:“诏给官价,买义役田”⑥;“嘉靖二十七年,知县宋仪望置买公田助役”⑦。该归户号簿所谓“义役官田杨景章田”,很可能原本是由杨景章捐助的,故得此名。该簿所记十二都一保的役义官田面积很少,仅有一亩多。但弘治《徽州府志·食货志》中休宁县“旧官田”税则项下却载有:“义役田,每亩正米四斗五升九合二勺。”⑧这说明,当时休宁县的义役官田尚有一定数量。

2.没官民兵田

该簿户头第一百六十七号载:“没官民兵田沈周右田,一亩三厘二毫”;又,第八十号户头亦称“民兵胡寿孙”。明代民兵之设,始于国初龙凤时期。《明太祖实录》载,龙凤四年(元至正十八年,1358)“十一月……辛丑,立管领

---

① 正德《姑苏志·田制》,《天下郡国利病书》原编第六册《苏松》,四部丛刊影印本。

② 〔元〕脱脱等:《宋史》卷一七八《食货上六》,中华书局标点本1977年版,第4335页。

③ 〔宋〕朱熹:《晦庵先生朱文公文集》卷一八《奏义役利害状》,《四部丛刊》初编,上海涵芬楼藏明刊本,商务印书馆1929年版。

④ 〔元〕脱脱等:《宋史》卷三五《本纪第三十五·孝宗三》,中华书局标点本1977年版,第680页。

⑤ 〔宋〕朱熹:《晦庵先生朱文公文集》卷一八《奏义役利害状》,《四部丛刊》初编,上海涵芬楼藏明刊本,商务印书馆1929年版。

⑥ 嘉靖《淳安县志》卷一一《人物一》。

⑦ 〔清〕顾炎武:《天下郡国利病书》原编第六册《苏松》,四部丛刊影印本。

⑧ 弘治《徽州府志》卷三《食货二·财赋》,天一阁藏明代方志选刊本,上海古籍书店1964年版。

民兵万户府。谕行中书省臣曰：‘古者寓兵于农，有事则战，无事则耕，暇则讲武。今兵争之际，当因时制宜。所定郡县，民间岂无武勇之材，宜精加简拔，编辑为伍，立民兵万户府领之，俾农时则耕，闲则练习，有事则用之，事平有功者一体升擢，无功令还为民。如此则民无坐食之弊，国无不练之兵，以战则胜，以守则固，庶几寓兵于农之意也。’”①万历《休宁县志》中也提及此事：“民兵远戍。洪武戊戌年（即元至正十八年，龙凤四年，1358），诏良家子弟愿从军者赐免事牌面。我邑少年俱奋勇入籍，初发新安卫守城。”②然而，民兵之设，甚累于民。弃家远戍，田园荒芜。衣装兵具，皆民苦之。元末明初徽人舒頔以诗文记此事，甚是凄惨。

己亥（龙凤五年，1359）冬十一月，立民兵万户府，招农家充军，数余七百。意犹未已，衣装兵具，民皆苦之。乃作诗以记其事。

兵家招军无老丑，民畏从军挈家走。
老天不念民穷困，疫疠刀兵亡八九。
匹夫耀武黄荆旗，小卒扬威红结首。
饥岁凶年事可知，荒凉谁为耕南亩。
古来军旅起于民，今日充军民罕有。
况乃衣食出农桑，农不力田将谁咎？
催促上道打衢州，裂采纫衣愁各妇。
居者蠢蠢缩角蜗，行者累累丧家狗。
东村西村声呜呜，破屋磬具犹掣肘。
……③

① 《明太祖实录》卷六，戊戌岁（元至正十八年，龙凤四年，1358）十一月辛丑条，台湾“中研院”历史语言研究所1963年校勘本。

② 万历《休宁县志》卷八《通志考·佚事》，国家图书馆藏万历三十五年刻本。

③ 《贞素斋家藏集》卷三《招军行》，清道光二十六年刻本。

在这种情况下，发生民兵举家逃亡、抛弃田园的事就不足为奇了。该簿所载“没官民兵田”，即将这种逃亡民兵弃置的田土没为官田。弘治《徽州府志》中也记有“逃亡军兵田”“逃亡军兵地”等①，亦是证明。

3.没官寺院田

该簿户头第一百六十八号载：“没官圆通庵田，六亩九分一厘九毫”；第一百六十九号载：“没官石桥院田，四十亩九分五厘七毫”。值得注意的是，圆通庵的地址在三十三都，这是跨都在十二都一保占有的土地，其在本都保当曾占有更多的田土。宋元时期，寺院占有大量土地。其中有的寺庵由于年代久远，至元末已变成废寺。明初官府将这类废寺占有田土没为官田，此即没官寺院田。弘治《徽州府志》亦著录有这种官田，称其为“没官废寺田”“无僧住寺院田”“无僧住持庵院地”等②，说得更为清楚。

4.没官程伯善田

该簿户头第一百七十号载：“没官程伯善田二顷三十亩七分九厘七毫”。明代的没官田，从广义上讲，上述的“没官民兵田”“没官寺院田”等当然都包括在内，但最主要的是指籍没之田。籍没田，亦称抄没田，宋代已有。明代的籍没田主要是明初在江南苏松一带籍没了张士诚集团的大量土地。其次是凡“民间有犯法律该籍没其家者，田土令拘收入官。户部书填勘合，类行各布政司府州县，将犯人户丁、田土、房屋召人佃赁，照依没官则例收科”③。即籍没犯法土豪的田土也是其来源之一，无论是在全国，还是在徽州地区，这种籍没田在官田中都占绝大多数，以休宁县为例，嘉靖十一年(1532)官田土总计

① 弘治《徽州府志》卷三《食货志·财赋》，天一阁藏明代方志选刊本，上海古籍书店1964年版。

② 弘治《徽州府志》卷三《食货志·财赋》，天一阁藏明代方志选刊本，上海古籍书店1964年版。

③ 万历《大明会典》卷一七《户部四·田土》，明万历内府刻本。

为147顷97亩6分2厘[1]，根据弘治《徽州府志》乙巳改科（元至正二十五年，龙凤十一年，1365）时的记载，该县在朱元璋开国之初的籍没田土中，仅“钦免五分原抄没入官田土”一项（“钦免五分者，国初没官后钦免其半也”[2]）就达74顷83亩2分8厘5毫，超过其官田总额的一半。此外，还有“先次续抄没”“后次抄没”等多种籍没田名目，如果加上这些，其所占比例将更大[3]。没官程伯善田在十二都一保的官田总额中亦占绝大多数，田地山塘共259亩余，占官田的四分之三强。同时，这也是该簿所载官民田中占田数额最大的一个户头。没官田多依籍没前的私租起税，且科则繁多。这是明代官田的一个特点。由于没官前各家私租不同，因而没官后科则各异。这样籍没后的官田仍称“没官某某田”，以示区别。

该归户号簿关于官田的记载，还显示了另一方面的问题，即可发现明代官田与民田的差别趋于消失的明显证据。该簿官田各丘号田土细目之下，大多数都注有人名，这些人无疑当是领种官田的佃户。其中有11户，如金宗孙、吴玄右等，是本保拥有一定数量民田的业户。值得注意的是，在有的丘号田土细目下却注有“入某某”字样，如“没官程伯善田”项下有：“三分七厘五毫上一千一百九十三号月子山下入汪圣孙”，“一亩八分二厘九毫下四百五十九号胡四塚下入程玄保”，等等。官田中这种田土细目下标有“入某某”的，计有31处之多。如前所述，这里所谓“入某某”是土地所有权转移的一种表示。这可以从明代的土地买卖契约中找到证明。现引述嘉靖三十一年（1552）休宁汪众积卖田白契如下：

---

① 万历《休宁县志》卷三《食货志·公赋》，国家图书馆藏万历三十五年刻本。

② 弘治《徽州府志》卷三《食货二·财赋》，天一阁藏明代方志选刊本，上海古籍书店1964年版。

③ 弘治《徽州府志》卷三《食货二·财赋》，天一阁藏明代方志选刊本，上海古籍书店1964年版。

十二都住人汪众积，今将续置程伯中水官田一号，坐落土名下坑口，系“黎”字一千一百四十六号，内取中水官田三分二厘；又将土名庙南，“黎”字一千一百七十三号，又千二百七十二号，共二号，民地三厘三毫；又将“黎”字八百三十二号，民山七分五厘；又将五百七十六号，土名朱梓岭，民山三分；又将三百九十二号；又将三百八十六号；又将一千一百四十五号，土名下坑口；又将一千一百三十五号，同处；又将一千一百四十三号，同处；又将一千一百五十六号，土名丁伯塘；又将九百四十四号，土名麻榨坞；又将九百三十一号，同处；又将“羌”字五十号，共山九号，该得山一亩一分二厘；又将“黎”字五百八十五号，程伯善官山，合得四分，共计官民山一十二号，计税山二亩五分七厘整，今省四至，自有保簿该载，不及开写。今来本家缺支用，自情愿将前项四至内官民田、山共计一十五号，共计官民田、地、山税三亩二分三厘整，凭中出卖与同族汪邦魁、玘岩、互口、闰谥、印信、齐祥名下，三面议作时值价白纹银六两整，其价当日收足。其田、地、山一听买人随即管业，如有来历不明及重复交易、一切不明等事，尽是出卖人抵当，不及买人之事。所有税粮，系是本户头汪瑞云户内赴割过户，即无阻当。今恐人心无凭，立此出卖文契为照。

六契

嘉靖三十一年五月初二日立契出卖人　汪从积（押）契

中见人　方九富（押）

依口代笔人　汪社佪（押）

今领前项契内价银并收足讫，同日再批为照（押）领。①

不难看出，这份土地买卖契约，就是该归户号簿所载休宁县十二都一保

① 中国社会科学院古代史研究所藏契003000号，见安徽省博物馆编《明清徽州社会经济资料丛编》第二集，中国社会科学出版社1990年版，第57～58页。

“黎”字号有关田土的买卖文契。其中所言“程伯中水官田一号”即“没官程伯善田”中的一号，其下所属土名、字号与该归户号簿所载完全相同。又，“五百八十五号程伯善官山”亦与归户号簿上的记载相同。这份将官田和民田合在一起进行交易的买卖文契，足以证明当时的官田已与民田没有多大区别了。而且据契中称，其官田土的来源是“续置”，即官田的买卖在此之前早已发生了。该归户号簿中官田项下多处记有土地转移的事实，说明至迟在弘治时官田土的买卖就相当普遍了。本来，作为国家所有的官田，民间是不能进行买卖的。然而，“官田承佃于民者日久，各自认为已业，实于民田无异”①，买卖的事就不可避免。明代中期以后，民间买卖官田的现象越来越普遍，正是这一制度走向崩溃的明显标志。

在民田占有方面，该归户号簿共载有 167 个户头，其中属于其他都保的 48 户，约占 30%。在其他都保的业户中，有的是本都即十二都其他保的业户；有的则是其他都，如三十都、三十一都、十二都、十七都、十都、东南隅、西北隅等跨都在本保占有土地。关于其他都保在十二都一保和十二都一图中占有的土地数额及其比例见表 6-20。其中图的资料是根据《天启休宁汪氏实征册》统计的②，属于万历时期。

表 6-20　十二都一保和十二都一图中其他都保占有田土比例表　　单位：亩

<table>
<tr><td rowspan="3">十二都一保</td><td>类别</td><td>本保</td><td>本都他保</td><td>他都</td><td>总计</td></tr>
<tr><td>面积</td><td>981.456</td><td>183.415</td><td>134.889</td><td>1299.76</td></tr>
<tr><td>%</td><td>75.5</td><td>14.1</td><td>10.4</td><td>100</td></tr>
<tr><td rowspan="3">十二都一图</td><td>类别</td><td>本图</td><td>本都他图</td><td>他都</td><td>总计</td></tr>
<tr><td>面积</td><td>2602.538</td><td>844.266</td><td>36.1277</td><td>3482.9317</td></tr>
<tr><td>%</td><td>74.7</td><td>24.3</td><td>1</td><td>100</td></tr>
</table>

① 〔清〕顾炎武：《天下郡国利病书》原编第八册《江宁・卢安》，《四部丛刊》影印本。

② 《天启休宁汪氏实征册》，中国社会科学院古代史研究所藏 215140000011 号。

通过表6-20可以看出，外都保在本保、本图中所占田土比例均近四分之一。而在外都保占有的田土中，又主要为本都他保和本都他图所占有，真正跨都占有田土的还是少数，这一点在万历时图保方面统计中显得更为突出。十二都一图中跨都占有的田土仅占1%。其他都保在本保本图中占有田土这一现象，是与当时业户占有土地的一般形态有关。宋元以来，由于土地买卖的发展等，特别是占有土地较多的业户，其田产地点多“散在诸乡”，“散漫参错，尤难检计”。① 这样，在一个保或一个图的土地中总有一部分田土为其他都保的业户所占有；同样，本保业户占有的土地中也有一部分是在外都保。因此，仅就一个保的田土资料对业户的土地占有状况进行统计与分析，是不完全的。但另一方面，并不是所有业户都一定在外都保占有土地，一般仍以本保为主，特别是占有土地较少的业户更是如此；又因为每一个保的土地中都有一部分田土为其他都保的业户占有，情况大体相同，所以，就一个保的田土资料，如该归户号簿所载资料，进行统计与分析，仍可反映该保业户在土地占有方面的主要情况，它是该保业户在土地占有方面的一个缩影。特别是在业户占有土地的完整资料极为难得的今天，这类统计与分析就更具有重要的参考价值。以下仅据该归户号簿所载资料，对民田的土地占有情况试作一统计与分析。按各业户占有田地山塘总面积多少分类如表6-21。按各业户占有田的面积多少分类如表6-22。

① 〔宋〕朱熹：《晦庵先生朱文公文集》卷一九《条奏经界状》，《四部丛刊》初编，上海涵芬楼藏明刊本，商务印书馆1929年版。

表 6-21　十二都一保业户占有田地山塘总面积分类表　　单位:亩

都保 \ 类别		1 以下	1~5 不满	5~10 不满	10~20 不满	20~30 不满	30 以上	总计
十二都一保	户数	18	39	26	27	6	3	119
	面积	8.827	103.15	197.897	361.525	144.081	165.976	981.456
	%	0.9	10.5	20.2	36.8	14.7	16.9	100
其他都保	户数	9	23	9	4	1	2	48
	面积	2.475	67.757	55.871	57.773	28.958	105.47	318.304
	%	0.8	21.3	17.5	18.2	9.1	33.1	100

表 6-22　十二都一保业户占有田的面积分类表　　单位:亩

都保 \ 类别		1 以下	1~5 不满	5~10 不满	10~20 不满	20~30 不满	30 以上	总计
十二都一保	户数	9	41	20	10	1	3	84
	面积	3.699	115.839	155.235	120.897	28.696	157.521	581.887
	%	0.6	19.9	26.7	20.8	4.9	27.1	100
其他都保	户数	5	21	4	2	2	1	35
	面积	1.624	58.653	28.387	25.571	52.778	58.912	225.925
	%	0.7	26	12.6	11.3	23.3	26.1	100

通过表 6-21 可以看出,在本保的 119 户业户中占有土地不满 10 亩的业户达 83 户,占本保业户总数的 69.7%,但占有土地面积的比例却仅为 31.6%。需要说明的是,这里统计的业户占有土地数额,田地山塘都包括在内,因该地是山区,山地占较大比例。故占有 10 亩以下土地的业户是不能自给自足的,这类业户应看作是半自耕农兼佃农,而占有土地不满 2 亩的业户则只能是佃农了。其中最少的一个业户仅有一厘七毫山地(第九十九号户头余得付)。另一方面,占有 20 亩土地以上的业户仅占本保业户总数的 9%,却占有 30%

以上的大量土地，其中最多的一户有70余亩田地（一号户头汪义和）。在田的占有方面，这类差别更为明显。在本保的119户业户中有35户属于无田户，加上占田不满10亩的业户，总计达105户，占该保业户总数的88%以上，但占有田的面积却仅为47.2%。而占田20亩以上的业户仅4户，占本保业户总数的3.4%，但占有田的面积比例却达30%以上。总之，土地占有情况差别很大，租佃关系是普遍存在的。另一方面，即便是占有土地较多的业户，其绝对数额也不是很大，这与徽州地区田少山多的自然条件是有很大关系的。

关于土地所有权的转移

该归户号簿所载各丘田土细目中，注有"入某某"字样，属于民田的有95处，属于官田的有31处，计126处，田土面积总和为116.626亩。安徽博物院及中国社会科学院古代史研究所现存的明代前期徽州地区土地买卖契约中，属于休宁县十二都九保、十保的相当多，即与该归户号簿所载业户同属于一个都，从这一方面也可以看出，这种土地所有权的转移，当是通过土地买卖进行的。从绝对数量上看，这在一个保之内已为数不少，但总的来看，土地买卖仅占鱼鳞丘号总数的9%，占该保田土总面积的7%，仍是少数，土地所有权代代相承还是主要的。

四　万历归户册

安徽博物院藏有一本万历清丈归户册，封面题“万历玖年清丈贰拾柒都五图归户亲供册”，一册，册纵 28.1 厘米，横 26 厘米，厚约 3 厘米。连封皮计 324 页，648 面。为明万历九年（1581）清丈所造的一种鱼鳞归户册，见图 6–9、图6–10。①

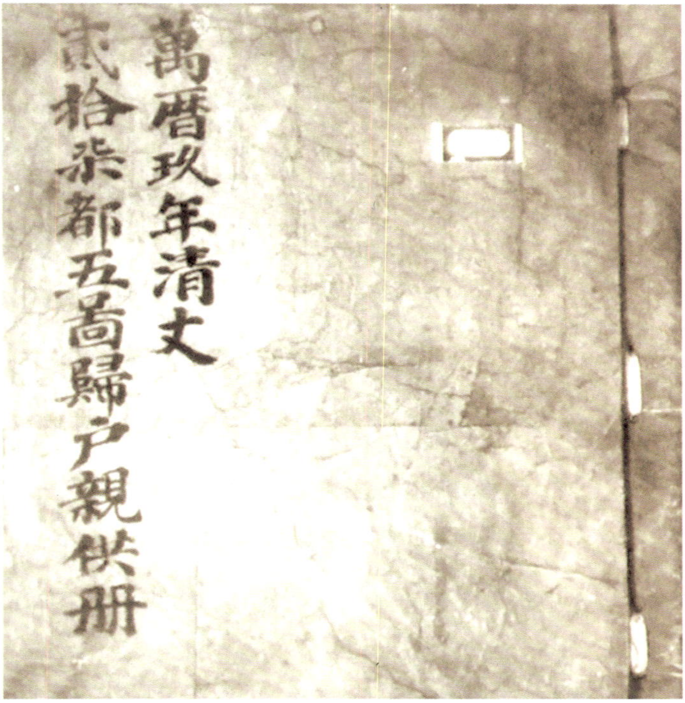

图 6–9　万历清丈归户册封面

① 安徽博物院藏 2:24528 号。

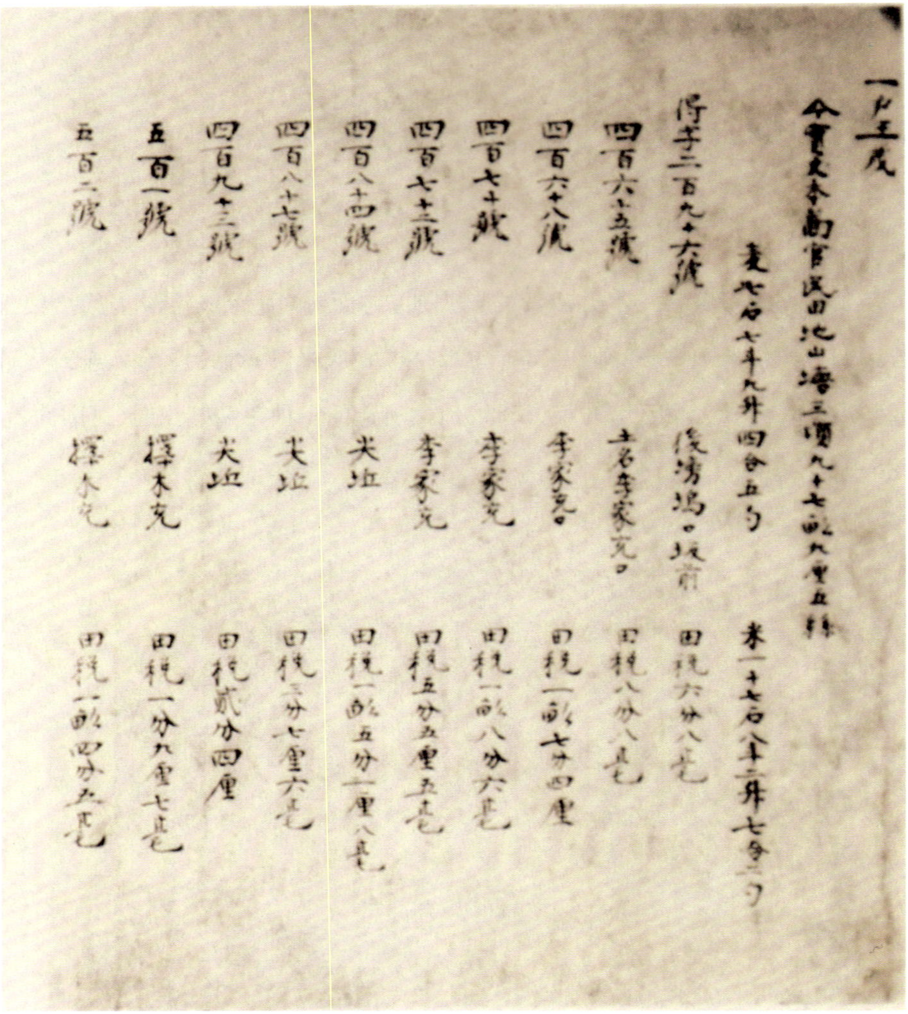

一户王虎
今實丈本名官民田地山塘三頃九十七畝九厘五絲
麦七石七斗九升四合五勺
米一十七石八斗三升七合三勺
得字三百九十六號 後塘鳩□坑前 田税六分八毫
四百六十五號 土名李家充□ 田税八分八毫
四百六十八號 李家充 田税一畝七分四厘
四百七十號 李家充 田税一畝八分六毫
四百七十三號 李家充 田税五分五厘五毫
四百八十四號 尖坵 田税一畝五分一厘八毫
四百八十七號 尖坵 田税三分七厘六毫
四百九十三號 尖坵 田税貳分四厘
五百一號 擇木充 田税一分九厘七毫
五百二號 擇木充 田税一畝四分五毫

图 6-10　万历清丈归户册册页

以下简称“二十七都五图归户亲供册”，其登载格式与内容如下：

贰拾柒都伍图归户亲供册

新收

外都外图推来官民田地山塘一十七顷六十一亩八分五厘三毫三丝

麦三十三石四斗三升四勺　米七十四石二斗八合七勺

一则官民田一十顷四十九亩七分四厘四毫二丝

麦二十二石四斗六升四合五勺

米五十六石一斗六升一合四勺

一则官民地三顷四十亩八分一厘六毫六丝

麦六石七斗七升三合　　　米一十三石一斗九升四合

一则官民山三顷五十亩七分二厘五丝

麦三石七斗五升二合七勺　米三石七斗五升二合七勺

一则官民塘二十亩五分七厘二毫

麦四斗四升二勺　　　　　米一石一斗六勺

开除

外都外图收去官民田地山塘(以下只列项目,具体数字均缺)

麦　　　　　　　　　　　米

一则官民田

麦　　　　　　　　　　　米

一则官民地

麦　　　　　　　　　　　米

一则官民山

麦　　　　　　　　　　　米

一则官民塘

麦　　　　　　　　　　　米

实在

官民田地山塘三十一顷九十五亩八分六厘八毫六丝

麦六十一石四斗一升一合四勺　米一百三十八石二斗六升二合

田二十顷三十四亩三分二厘八丝

麦四十三石五斗三升四合五勺　米一百八石八斗三升

(以下缺)

一甲总

实在

官民田地山塘七顷四亩三分七厘九毫六丝

　　麦一十三石一斗四升五勺　米二十八石八斗九升八合四勺

一则官民田四顷一十五亩五分五厘三毫六丝

　　麦八石八斗九升二合八勺　米二十二石二斗三升二合一勺

一则官民地一顷二十一亩二分八厘五毫八丝

　　麦二石四斗一升　　　　　米四石六斗九升三合八勺

一则官民山一顷六十三亩三分四厘二丝

　　麦一石七斗四升七合八勺　米一石七斗四升七合八勺

一则官民塘四亩二分

　　麦八升九合九勺　　　　　米二斗二升四合七勺

正管里长

一户王茂

今实丈本图官民田地山塘三顷九十七亩九厘五丝

　　麦七石七斗九升四合五勺　米一十七石八斗二升七合二勺

“得”字二百九十六号　　后塝坞口坂前　　田税六分八毫

四百六十五号　　　　　土名李家充口　　田税八分八毫

(以下分列田地山塘各字号、土名及税亩数,略)

新收

本都一图带丈推来官民田地山塘一顷一十七亩八分七厘四毫四丝

“必”字一千四百四十三号　　丫丘　　田五分七厘六毫五丝

一千四百四十五号　　　　　朱清岭　田五分九厘

(以下分列田地山塘各字号、土名与税亩及外都图带丈推来田地各字号、土名与税亩,略)

〔实在〕

官民田地山塘五顷四十七亩三分四厘五丝

　　麦一十石三斗一升三合八勺　　米二十三石二升四合六勺

一则官民田三顷四十七亩七分一厘一毫八丝

　　麦七石四斗四升一合　　米一十八石六斗二合六勺

一则官民地七十六亩一分四厘二毫四丝

　　麦一石五斗一升三合　　米二石九斗四升六合七勺

一则官民山一顷一十九亩八分八厘七毫二丝

　　麦一石二斗八升二合八勺　　米〔一〕石二斗八升二合八勺

一则官民塘三亩五分九厘九毫

　　(麦、米缺)

甲首一户　程相

今实文本图官民田地山塘一十二亩八分九厘三毫

　　麦二合(当为斗)六升八勺　　米六斗二升二合九勺

〔得〕字六百六十二号　社屋充　田八厘二毫

六百六十二号　同　田三分三厘六毫

(以下分列田地山塘各字号、土名及税亩数,略)

新收

本都六图带丈推来地二分一厘八毫

　　麦四合三勺　米八合五勺

“能”字三千七百六十号　岭脚　地　七厘八毫

　　三千七百六十三号　同　地　八厘

　　三千六百四十七号　金象林　地　六厘

实在

民田地山塘一十二亩八分九厘三毫

　　麦二斗六升八合　米六斗二升二合九勺

一则民田十亩四分七厘

麦二斗二升四合一勺　（米缺）

一则民地九分五厘八毫

麦一升九合一勺　　　米五斗六升一勺

一则民山一亩三分八厘

麦一升四合　　　　　米三升七合二勺

一则民塘三分七厘五毫

麦八合　　　　　　　米二升一勺

如上所示，该册首先为“图总”（册首所列该图田亩税粮总额）的内容。先列“新收”项目，载外都外图推来官民田地山塘的税亩数额及麦米税额，先为总额，其下分列田地山塘各类田土的具体数额。次列“开除”项目，载外都外图收去官民田地山塘各项，但只抄有项目名称，具体数额均缺。再次列“实在”项目，载该图业户所有的官民田地山塘实在的总数额及麦米税额，其下具体只抄有田的税亩及麦米税额，其余均缺。

其次，从第一甲开始，分别登载每甲各户归户田土的具体内容。每甲先列“甲总”，即该甲业户所有田土税亩及麦米税额总数。后分载各户归户的田土税亩及麦米税额。

每户所载内容分三大部分。第一部分列“实丈本图”官民田地山塘内容。先载总额，后按田地山塘顺序，详细开列各类土地的每笔田土所属的鱼鳞字号、土名和税亩数额。第二部分为“新收”外图外都“带丈推来”官民田地山塘内容。先列本都外图，后列外都外图，亦均详细开列每笔田土所属的鱼鳞字号、土名和税亩数额。第三部分是“实在”官民田地山塘内容。先列该户田土税亩数额及麦米税额总数，后分列田地山塘各类田土的税亩数额和麦米税额。

不难看出，册中按田地山塘顺序，详细开列的各类土地的每号田土，其所属鱼鳞字号、土名和税亩数额，都是万历九年（1581）实际丈量的数据。万历丈量时，按官府要求，每号田土丈量完毕，即由图正与弓、书、算手等佥押，发给业户一张归户票，其上填写业户姓名与所属图甲、田土字号、土名、四至、丈量弓步、税额等，这是业户对该号田土权属的法律证明，同时，业户还须执此前往该图册里亲供归户。如万历十年（1582）吴玄湘等归户票载："贰拾叁都玖图奉本县明示，丈过田地山塘，每号照丈积步，依则清查分亩，给发小票，业人亲领，付该图亲供归户。执此凭证。"①这种归户票便成为归户册攒造的原始根据。归户册中详细开列的每笔田土的字号、土名、税亩等，则是依据归户票而攒造的。上引万历归户册原文中所述"实丈本图""带丈推来"等文字，即指此意。总之，可以明确，该册是以二十七都五图所属各户为中心，以人户为母，将万历九年（1581）清丈的各项田土数据，归于其业户名下而攒造的归户册。

以下，即据该册所载资料，对二十七都五图的人户构成、土地占有以及经济结构等情况作一统计与分析。

首先，看一下二十七都五图的人户构成情况。

二十七都五图是按明代赋役黄册制度的里甲编制组成的。按明初开始实行的黄册制度，以一百一十户为一里（又称图），推丁粮多者十户为长，每里编为十甲，每甲有一户里长户，十户甲首户。里编为册，册首总为一图。先后以丁粮多少为序，凡十年一周，轮流应役。又有带管、畸零，附于甲后。通过二十七都五图归户亲供册所载，可以看出其人户编制与明代的里甲制度是相符的。只是由于从洪武十四年（1381）开始实行黄册制度，到万历九年（1581），已整整经过200年，二十七都五图各甲的户数已不尽相同。以下，据二十七都五图归户亲供册所载，将该图人户构成情况列表如下，见表6-23。

---

① 王钰欣、周绍泉：《徽州千年契约文书》宋元明编卷三"万历十年吴玄湘等归户票"，花山文艺出版社1993年版，第108页。

表 6-23　万历九年(1581)二十七都五图人户构成表

户别 \ 甲别	一甲	二甲	三甲	四甲	五甲	六甲	七甲	八甲	九甲	十甲	总计
里长户	1	1	1	1	1	1	1	1	1	1	10
有产户	10	9	9	10	9	17	10	8	4	14	100
无产户	3	3	5	4	2	0	3	5	7	1	33
绝户	4	3	3	4	6	4	5	3	6	3	41
实在户数	14	13	15	15	12	18	14	14	12	16	143

通过表 6-23 可以看出,二十七都五图共分 10 甲,每甲有一名里长户,这与明代里甲制度的规定完全相符。但《二十七都五图归户亲供册》上关于甲首户的记载并不十分明确,有的户明确标识其为甲首户,“甲首一户”某某,有的户则没有标识。而对每户田产多少、有无记载则十分清楚。一般说来,有田产户多为甲首户,无田产户多为畸零户等。但这种情况也不是绝对的。到了明代后期,甲首户之中亦有田产全无者。如在《万历三十年大造二十七都五图黄册底籍》①中即可看到此种情况。从表中可以看出,当时二十七都五图各甲的有产户和无产户的户数多不相同,所以其各甲的甲首户数亦不全是整齐划一的。又,在《二十七都五图归户亲供册》上登载的无产户之中,通过与该图万历十年(1582)、二十年(1592)、三十年(1602)、四十年(1612)等黄册底籍对照可知,其中又有一些绝户,全户人丁的年龄都在百岁甚至 200 岁以上,显然这类绝户实际上已不存在。“此等绝户彼处官司惮于申豁,以故册中不敢开除,节年造报,徒淆耳目,无补实数。”②这是明代后期黄册中常见的一种现象。该归户册中登载的户数共计 184 户,其中上述一类绝户计 41 户,因此其实在户数当为 143 户。在黄册制度实行 200 年之后,该图里甲编制上出

① 安徽博物院藏 2:24527 号。

② 《后湖志》卷一〇《事例七》,美国国会图书馆藏明刊本。

现上述一些变动,应当说并不奇怪。总之,当时二十七都五图的里甲组织基本上是完整存在的,其赋役册籍的攒造与赋役征调等仍然是在里甲制度之下运作的。众所周知,里甲组织既是明代征调赋役的基层组织,亦是构成明代农村社会的基本单位。所以,二十七都五图归户亲供册所记载的资料,无疑为考察明代农村的阶级构成、经济结构等提供了一个最基本的依据。

关于业户占有土地的情况,先看一下二十七都五图业户占有土地的自然形态及其分布情况。据该归户册所载资料统计,二十七都五图全图业户占有土地的总额,以及各类土地面积与所占比例,请看表6-24。其业户占有土地的地域分布情况见表 6-25。

表 6-24 业户占有各类土地面积及其比例表 单位:税亩

类别	总额	田	地	山	塘
面积	3195.8695	2034.3208	553.3173	573.2514	34.9800
%	100	64	17	18	1

表 6-25 二十七都五图业户占有土地分布表 单位:税亩

都图	本图	本都他图			其他都图
		一图	三图	六图	(计 16 个都、42 个图)
面积	1434.0153	802.2265	182.9397	440.4304	336.2567
%	45	45			10

通过表 6-24、表 6-25 的统计可以看出,万历九年(1581)二十七都五图业户占有的土地共计 3195.8686 亩,这些田土分别属于 6719 个鱼鳞字号地段,平均每个字号地段约为 0.5 亩。其地域分布情况是:本图为 1434.0153 亩,占 45%;外都外图为 1761.8542 亩,占 55%。其中有一半以上的田土是在外都外图,呈现的无疑是一种分散的状态。而在外都外图之中,属于本都他图者

为1425.5966亩，亦占全图总额的45%，所以又可看出，其业户占有的土地主要是分布于本都范围之内的。但各业户在其他都图亦占有相当数量的土地，据归户册所载，这些都图有西南隅、一都、二都、三都、四都、五都、八都、十一都、十三都、十四都、十七都、二十四都、二十六都、二十九都、三十都、三十一都等等，计16个都，42个图。总之，业户占有土地的分布情况是相当分散的。应该指出的是，这仅是在各处高山阻隔、交通不便的徽州地区所显示的状况。而在其他平原地区，业户占有土地分散的情况当更甚于徽州地区。南宋朱熹在经界田土时曾说，各“田业散在诸乡”，“散漫参错，尤难检计”①，明人桂萼亦云，“诸色田土散漫参错，难以检讨”②。业户占有土地的分布情况呈现出极为分散的状态，是与中国封建社会一些基本特质密切相关的。在中国封建社会里，土地私有由来已久，相当发达，实行诸子均分制，允许土地买卖等，因而使田土地段的分割日益严重，土地转移相当频繁。这就使各土地所有者的田土分布情况，必然呈现出犬牙交错、极为分散的状态。这种情况在开发历史较早的地区尤为突出。《二十七都五图归户亲供册》所记载的资料，即十分明显地表现出中国封建社会后期业户占有土地方面的这一特点。

其次，看一下二十七都五图各类业户占有土地的具体情况。

如上所述，万历九年(1581)二十七都五图实际共有143户，除去33户无产户，占有土地的业户有110户。这些业户共占有土地3195.8686亩，按全图户数平均，每户占有土地22.3487亩；按占有土地的业户平均，每户占有土地29.0534亩。前已叙及，万历九年(1581)清丈时，休宁全县田地山塘总额为569266.285亩，而万历十年(1582)休宁县籍户口共41830户、179260口(平均

---

① 〔宋〕朱熹：《晦庵先生朱文公文集》卷一九《条奏经界状》，《四部丛刊》初编，上海涵芬楼藏明刊本，商务印书馆1929年版。

② 〔明〕桂萼：《桂文襄公奏议》卷八《进任民考疏》，《四库全书存目丛书》史部第60册，第177页。

每户 4.285 口）①，即平均每户占有土地 13.609 亩，每人占有土地 3.176 亩。可以看出，二十七都五图平均每户占有土地的数量要高于休宁县的平均水平。据万历《休宁县志》卷首《舆地各图・隅都图》及《二十七都五图归户亲供册》的有关记载可知，二十七都位于休宁县南部率水（新安江上游支流之一）两岸，属于河谷平原地区，平地相对要多一些；而二十七都五图即在率水之滨霞瀛（清代称下盈）一带。二十七都五图平均每户占有土地的数量高于休宁县的平均水平，当与其所处的地理位置有关。

在分析二十七都五图各类业户的土地占有情况时，首先必须对明清时期农村各阶级、阶层的一般土地占有量作一考察。即按一般标准，一个农夫所能耕种的土地是多少，一个自耕农户所占有的土地是多少，一个地主的最低土地占有量是多少，等等。这些问题当然会因时代、地区、人口密度、农业生产率以及各户人口多少等诸因素的不同而异，在考察一般情况的同时，还应因时因地作具体分析。

“夫数口之家，一人跖耒而耕，不过十亩。”②“金陵上田十亩，一夫率家众力耕。”③“瘠田十亩，自耕尽可足一家之食。”④明清时期，关于一个农夫所能耕种的土地一般为十亩左右的记载，在当时的史籍中多有所见。又《学庵类稿》云，明嘉靖时“西苑地五顷七十亩，岁用农夫五十人、老人四人耕获，天子常临观之，向有户部官提督。中废，至是乃复”⑤。这里所示，当时一个农夫所能耕种的土地亦为十亩左右。从上述记载还可看出，十亩左右，亦是作为一

① 万历《休宁县志》卷三《食货志》，国家图书馆藏万历三十五年刻本。

② 〔清〕顾炎武：《天下郡国利病书》原编第二二册《浙江下・义乌县志・田赋书》，《四部丛刊》影印本。

③ 〔清〕方苞：《方望溪全集》卷一七《家训・甲辰示道希兄弟》，中国书店出版社 1991 年版，第 234 页。

④ 〔清〕张履祥：《杨园先生全集》卷五〇《补农书下・策邹氏生业》，清同治十年刻本，四库全书存目丛书本。

⑤ 《中国历代食货典》卷三五《农桑部》，江苏广陵古籍刻印社影印本 1989 年版。

个自耕农的最低的土地占有量。清人章谦在言及佃户的土地耕作量时说，“上农佃二十亩，口必多；中、下以次而降”，“工本大者，不能过二十亩，为上户；能十二三亩者为中户；但能四五亩者为下户”。[①] 从中亦可看出，当时自耕农的一般土地占有量当是在十亩至二十亩，而占有二十亩以上土地的自耕农，一般是上农。由此还可推知，占有三十亩以上土地的人户中即有土地出租者。而在农业生产率较发达的一些地区，占有五十亩左右土地、家庭人口又少的人户即可成为地主，或者说，某些地区地主的最低土地占有量为五十亩左右。事实上，明清时期江南地区的小户地主多只占田几十亩，占有百亩以上土地的人户已是少数，乃属较富裕的地主之列了。

以上只是就明清时期江南地区的一般情况而言，而徽州地处山区，“徽之山大抵居十之五，民鲜田畴”[②]，又由于其开发历史较早，人口相当稠密，因此，其人均占有土地的数量比其他地区要少。特别是由于山区的自然条件所限，农夫耕作异常艰苦，费工费力，依山垦田，“层累而上，指十数级不盈一亩”[③]，“壮夫犍牛，日不过数亩，粪壅缛栉，视他郡农力过倍”[④]。所以，徽州地区一个农夫所能耕种的土地一般只能在十亩以内，与此相应，其各阶层的一般土地占有量亦要少于其他地区。

这里再引用一下 1950 年 9 月统计的休宁县土地改革时的有关资料，以资参考。当时全县共有 39523 户，占有土地计 298325.895 亩。其中各阶层占有的土地情况是：(一)地主、富农(包括半地主式富农、地主兼工商业、工商业兼地主、债利生活者、富农、佃富农)共 1779 户，占有土地计 104063.083 亩，平均每户占有土地 58.495 亩；(二)小土地出租者(包括工商业兼小土地出租、小商

---

① 〔清〕贺长龄、魏源等：《清经世文编》卷三九《户政一四·备荒通论》，中华书局影印本 1992 年版。

② 康熙《徽州府志》卷二《风俗》，国家图书馆藏康熙三十八年刻本。

③ 弘治《休宁志》卷一《贡赋》，国家图书馆藏弘治四年刻本。

④ 嘉靖《徽州府志》卷八《食货志》，嘉靖四十五年刻本。

业、小商贩、手工业、小商人、自由职业）共3313户，占有土地计30001.233亩，平均每户占有土地9.06亩；（三）中农共10347户，占有土地计70624.098亩，平均每户占有土地6.826亩；（四）贫农（包括贫民、雇农、工人）共23864户，占有土地计55205.528亩，平均每户占有土地2.313亩。①

参照以上考察和有关资料，以下试对二十七都五图各类业户占有土地的具体情况作一分析。

关于二十七都五图各业户占有土地总额（田地山塘）的分类情况见表6-26，其业户占有田的数额的分类情况见表6-27。

表6-26　二十七都五图业户占有土地总额分类表　　单位：税亩

业户占有土地类别	户数		面积（合计）	
	实数	%	实数	%
无产户	33	23	0	0
0~5不满	43	30	87.6734	3
5~10不满	12	8	93.5074	3
10~20不满	18	13	267.6372	8
20~30不满	12	8	278.1826	9
30~50不满	13	9	499.6767	16
50~100不满	5	4	364.7168	11
100以上	7	5	1596.0573	50
总计	143	100	3187.4514	100

① 《休宁县志》卷五《农业》，安徽教育出版社1990年版。

表 6-27　二十七都五图业户占有田的数额分类表　　　单位:税亩

占田类别	户数		面积(合计)	
	实数	%	实数	%
无田户	50	35	0	0
0~5 不满	37	26	74.1711	4
5~10 不满	13	9	102.3930	5
10~20 不满	15	10	209.1390	10
20~30 不满	11	8	281.3780	14
30~50 不满	11	8	404.2778	20
50~100 不满	2	1	144.1040	7
100 以上	4	3	810.1758	40
总计	143	100	2025.6387	100

从表 6-26 所列业户占有的土地总额(田地山塘)来看,在占有土地不满 10 亩的业户之中,占有 5~10 亩(不满)的业户有 12 户,若当时自耕农的最低土地占有量为 10 亩左右,那么这些占田不满 10 亩的农户还需依靠租种一些他人的土地等才能生活,当属于半自耕农阶层。其次是占有 5 亩以下的农户,这些农户主要依靠租种他人土地为生,是一些拥有少量土地的佃农,这类人户数量最多,共有 43 户,占全图人户的 30%。此外,在二十七都五图中还有 33 户无产户,这些田产全无的人户,无疑多是完全依靠租种他人土地为生的佃户。总之,由拥有少量不等土地和田产全无的农户构成了二十七都五图的贫雇农阶级,这些农户均需程度不同地租种他人的土地才能生活。

此外,二十七都五图中占有 10~20 亩土地的农户有 18 户,占全图总户数的 13%;占有土地面积计 267.6372 亩,占全图业户占有土地总面积的 8%,平均每户占有土地 14.869 亩。如上所述,按当时一个农夫的土地耕作量和农业生产率计算,可知这类农户是一般的自耕农阶层。而占有 20~30 亩土地的农户则为“上农”,是较富裕的自耕农了,这类人户在二十七都五图中共有 12

户，占全图总户数的8%；占有土地面积计278.1826亩，占全图业户占有土地总面积的9%，平均每户占有土地23.182亩。

在二十七都五图中还有一些占有30～50亩土地的业户，共13户，占全图总业户的9%；计占有土地面积499.6767亩，占全图业户占有土地总面积的16%，平均每户占有土地38.437亩。关于这类人户的所属阶层，应该说是比较复杂的。若其人丁较多，平均每人占有的土地并不多，则仍属自耕农这一阶层。若其人丁较少，有部分土地需出租，则为小土地出租者。特别应指出的是，明清时期徽州地区多有外出经商的人户，但他们在徽州本地亦常拥有数量不等的地产，其地产一般多出租给他人。而在占有三五十亩土地的经商人户中，既有资本微薄的小工商业者，亦有资产颇丰的富户。现存徽州文书中即不乏此类例子。如《嘉靖四十年孙时立阄书》①中所述事例，孙时父子因“经商”而“生计用是颇遂，资产用是益新”，至嘉靖四十年（1561）析分家产时，积有本银近2000两，而土地只有120余亩，按三子均分，除银两外，每户仅有土地42亩余（包括存众应得部分）。这些土地全部出租给他人耕种。又如《万历二十八年休宁洪岩德等立阄书》②所载，洪岩德兄弟“苦志江湖，创积数十年”，致“家业颇丰，创造厅楼房屋”多所，而其田产亦只有120余亩，按三房均分，每户仅为44亩余（包括存众应得部分）。这些土地亦全部出租给他人耕种。这些析分后的新户头虽然拥有的地产不多，但全部出租给他人耕种，特别是由于经商而家资颇丰，所以其当属于商人兼地主这一阶层。

在二十七都五图中占有50～100亩土地的业户共5户，占全图总户数的4%；计占有土地面积364.7168亩，占全图业户占有土地总面积的11%，平均每户占有土地72.943亩。单从拥有土地的数量来看，这类业户已是该图中少

---

① 王钰欣、周绍泉：《徽州千年契约文书》宋元明编卷五《嘉靖四十年孙时立阄书》，花山文艺出版社1993年版，第415～435页。

② 王钰欣、周绍泉：《徽州千年契约文书》宋元明编卷七《万历二十八年休宁洪岩德等立阄书》，花山文艺出版社1993年版，第311～346页。

数占有土地较多的业户，当属靠出租土地或主要靠出租土地为生的人户，即属于地主或富农之列了。而据现存徽州文书中记载的资料统计，明清时期一些富户在析分家产之后，各新户头所拥有的土地数量，一般多不足百亩，而这些土地亦都全部出租，其仍属地主或富农阶层是无疑的。例如，据《嘉靖二十二年歙县余程氏立阄书》①所载，歙县凤山余兰，本为乡之"隐君子也，明天子荣以冠带而弗受，乡邦益重之"。嘉靖二十二年(1543)析分家产，按三份均分，其子每户分有土地62亩余(包括共业应得部分)。这些土地仍全部出租。又如，《隆庆六年祁门方佐等立阄书》②载，祁门方佐兄弟叔侄于隆庆六年(1572)析分家产，按两份均分，每户分得土地89亩余。内除5亩多自佃外，余皆出租。再如，《雍正五年休宁黄楷等立阄书》③载，黄楷等其家本"承祖父遗资本典业"，其后又续置地产，雍正五年(1727)析分家产，按四份均分，每户分得54亩余，皆全部出租。等等。

该图占有百亩以上土地的人户共7户，占全图总户数的5%；计占有土地1596.0573亩，占全图业户占有土地总面积的50%，平均每户占有土地228.008亩。明人吕坤说："梁宋间百亩之田，不亲力作，必有佣佃。"④二十七都五图中这类少数占有土地最多的业户，属于以出租土地为生的地主阶层，当是无疑的。他们或为完全靠出租土地为生的一般地主，或为地主兼商人高利贷者，或为商人高利贷者兼地主，等等。不过，对这些占有百亩以上土地人户的具体情况，尚需作进一步考察。结合万历十年(1582)、二十年(1592)二十七都

---

① 王钰欣、周绍泉:《徽州千年契约文书》宋元明编卷五《嘉靖二十二年歙县余程氏立阄书》，花山文艺出版社1993年版，第211~246页。

② 王钰欣、周绍泉:《徽州千年契约文书》宋元明编卷五《隆庆六年祁门方佐等立阄书》，花山文艺出版社1993年版，第451~475页。

③ 王钰欣、周绍泉:《徽州千年契约文书》清民国编卷六《雍正五年休宁黄楷等立阄书》，花山文艺出版社1993年版，第115~137页。

④ 〔明〕吕坤:《实政录》卷二《民务·小民生计》，《续修四库全书》，国家图书馆藏明万历刻本，第753册，第244页。

五图大造黄册底籍①所载资料，这 7 户占有百亩以上土地人户的具体情况见表 6-28。

表 6-28　二十七都五图占有百亩以上土地人户表

户名	王茂	朱清	朱洪	陈章	金万政	朱广	王齐兴
土地亩数	547.3405	305.6265	203.6334	176.0080	138.7560	115.1109	109.5820
人丁数	69	48	25	29	45	18	52
户等	上户	上户	中户	中户	中户	中户	中户
户籍	军籍	匠籍	民籍	民籍	军籍	民籍	军籍
里甲职役	一甲里长	三甲里长	二甲里长	五甲里长	十甲里长	六甲里长	七甲里长

据文献记载和徽州文书提供的资料，通过考察可知，中国封建社会里一些拥有众多人口和土地的大户，就其本身经济存在的具体形态来说，大致可分为累世同居共业与析产分户这样两种形态。前者是极少数，后者是大量的、主要的。而在析产分户这一形态之中，又可分为析产随即分户与析产而未正式分户这样两种情况。所谓析产而未正式分户者，即一个大户其下子孙业已分居，分成了经济上各自独立的子户，但在官府的册籍上仍作为一户而并未正式分户。由于封建国家的赋役政策和封建宗族势力的影响等，致使析产而未正式分户这种情况在封建社会里多有存在。据其他有关文书所载资料可知，作为二十七都五图占有百亩以上土地人户之一的朱清户（万历二十年后户长为朱学源），就是这样一个析产而未正式分户、其下包含有众多子户的一个大户。在万历十年（1582）的黄册底籍中，有关朱清户的记载之下即分别注有“密”“昆”“鳌”“列”“昭”“自成”“儒”等子户名称；而通过《万历至崇

① 安徽博物院藏 2:24527 号。

祯二十七都五图三甲朱学源户册底》则可看出,在万历四十年(1612)朱学源户下的子户共有40多户。这些子户在经济上是独立的,子户间存在的土地买卖关系跟子户与外户间的土地买卖关系完全相同,各子户占有的土地数量差别很大,多者近百亩,少者不足一亩,两极分化十分明显。当时该户在官府的册籍上仍作为一户登记在册,占有土地500余亩,这一数字是其各子户占有土地数字的总和,而其通户税粮,即按各子户占有的土地数量分摊于各子户名下。①

值得注意的是,如表6-28所示,二十七都五图中占有百亩以上的7户中,有4户是军户或匠户,朱清即其中的一个匠户。又,二十七都五图中占有土地最多的两户,以及人丁最多的几户亦均为军户或匠户。这是因为,有明一代国家的赋役政策规定,军籍、匠籍"不许分居"。所以在明代的军户、匠户之中多有人口与土地较多的大户。由此我们还可以推知,表6-28中所列其他几户占有土地百亩以上、而又人丁颇多的军户,如王茂、金万政、王齐兴等,他们亦很可能是像朱清这样的包含有众多子户的大户。当然,析产而未分户、大户之下包含众多子户的情况,并不只限于军户、匠户之中,在民户中亦不少见。表6-28中所列民户朱洪就是一个业已析产分户、包含有四个子户的大户。据《二十七都五图归户亲供册》载,万历九年(1581),朱洪户下有户丁(即子户)朱大,占有土地24.2216亩;朱滨,占有土地57.3416亩;朱滔,占有土地61.0051亩;朱淳,占有土地61.0651亩;计通户占有土地203.6334亩。该户于万历十年(1582)大造黄册时归并为一户,充当万历十二年(1584)里长户。此户情况或可解释为朋充里长的一种类型。

大户之下常包含众多子户的情况使我们了解到,明清时期一些占有土地较多的大户,由于人口众多和实行诸子均分制,遂大大地减弱了其经济实力。而当时占有千亩、万亩以上土地,真正具有经济实力的大地主只是极少数。

---

① 参阅拙文:《明清庶民地主经济形态剖析》,《中国社会科学》1996年第4期。

综上所述，通过二十七都五图各阶层占有土地数量的巨大差别，可以明显地看出当时该图所存在的三个不同阶层。首先，若大致以占有土地不满10亩和田产全无的农户作为当时的贫农和佃农，那么，从统计中可以看出，这类人户最多，共有88户，占全图总人户的61%；而其占有的土地合计仅为181.1808亩，只占全图业户占有土地总面积的6%，平均每户占有土地2.059亩。这是该图人户最多、而占有土地最少或根本不占有土地的贫雇农阶层。其次，若大致以占有土地10~50亩作为当时的自耕农与小土地出租者，那么，这类人户共有43户，占全图总人户的30%；计占有土地面积1045.4965亩，占全图业户占有土地总面积的33%，平均每户占有土地24.314亩。这可以说是该图以自耕农和小土地出租者为主的中等阶层。再次，若大致以占有土地50亩以上作为当时的地主或富农，其总共只有12户，仅占全图总人户的9%；却占有土地1960.7741亩，占全图业户占有土地总面积的61%，平均每户占有土地163.398亩。这是二十七都五图中人户最少而占有土地最多的地主富农阶层。

而从该图业户占有田的数额的分类情况，亦可看出大致相同的阶层划分。如表6-27所示，该图的无田户共有50户，占田10亩以下的业户亦有50户，二者合起来共有100户，占全图总业户的70%；计占田176.5641亩，占全图业户占有田的总面积的9%，平均每户占田1.766亩。这类业户显然是由佃农和贫农构成的该图的贫雇农阶层。该图占有10~50亩田的业户共有37户，占全图总业户的26%；计占田894.7948亩，占全图业户占有田的总面积的44%，平均每户占田24.184亩。这类业户可以说是由自耕农及小土地出租者等组成的该图的中等阶层。该图占有50亩以上田的业户共有6户，只占全图总业户的4%；计占田954.2798亩，占全图业户占有田的总面积的47%，平均每户占田159.047亩。这类业户显然是该图人户最少而占田最多的地主富农阶级。

总之，在二十七都五图之中，一方面由人户最多（为60%~70%）、而占有土地最少（不到10%）的佃农和贫农构成了该图的广大的贫雇农阶级，他们或全部,或部分地,需要租种他人的土地才能生活;另一方面则存在一个人户很少(不到10%)、而占有土地最多(为50%~60%)的少数的地主富农阶级,他们主要靠出租土地为生。正是由于这两方面在土地占有上的巨大差别,土地过于集中在地主富农一方,而形成了封建社会中的地主剥削佃农的地主制经济方式,形成了地主与农民两大阶级的对立。在二十七都五图中还存在一个以自耕农、小土地出租者为主的中等阶级。尽管其在全图中仍占有一定比例(约为30%),但与由地主和佃户构成的地主制经济相比,自耕农经济无疑处在次要地位。

还应指出,像徽州这样的地方,一直是佃仆制盛行的地区。而佃仆,一般只是以“小户”的身份附属于大户之下,不入“公籍”的,即在黄册、归户册之类官府攒造的册籍上,对他们是没有记载的。所以,如果我们再考虑到佃仆这一贫苦农民的最底层,那么,当时农村的贫雇农阶级所占的比例以及地主制经济所占的比重则要更大。应该说,地主制经济为其主体,自耕农经济占有一定比重,此即二十七都五图的经济结构。当然,自耕农经济也是处于地主制经济的支配之下,时时受到被其兼并的威胁。

二十七都五图所反映的这种经济结构是带有普遍性的。这种地主制经济为主体的经济结构所形成的地主与农民两大阶级的对立,遂成为封建社会的基本矛盾。而地主制经济,亦是封建社会的政治、法律、道德等上层建筑各个方面赖以存在的基础。二十七都五图的里长户,几乎全由该图占有土地最多的地主充当,并非偶然。这固然与里甲制度的规定有关,然而从本质上说,其当是地主制经济占统治地位在政治上的一种表现。

五　清代鱼鳞册

（一）顺治十五年丈量休宁二十七都五图鱼鳞册

清开国之初，为核准土地税额，落实赋役征派，朝廷屡屡下诏令清丈土地。史载，顺治三年（1646）、顺治十年（1653）都曾下令清丈江南及直省州县田土；顺治十五年（1658），“命御史二员诣河南、山东，率州县履亩清丈，分别荒熟实数，其地亩绳尺，悉遵旧制”。又令“凡各省亩数不均者悉令地方官踏丈改正”①。可知顺治十五年（1658）进行了一次全国性的土地清丈活动。徽州各县于顺治初年即遵朝廷旨令，开展土地清丈，攒造鱼鳞册籍，所造鱼鳞图册有多部遗留至今。至顺治十五年，徽州府仍有清丈活动，也有攒造的鱼鳞图册遗存下来。

休宁县档案馆现藏休宁二十七都五图“良”字鱼鳞册，册纵 25 厘米，横 20 厘米。残缺，页内多有虫蛀。现存共 5 册，前 4 册自“良”字 1 号起至 600 号止，中缺 302~400 号；最后一册封面扉页第一面标为“得字”，第二面题“良字壹千贰百壹号起至壹千捌百号止”，册内填写“今丈良字”，现存自 1201 号起至 1399 号止。②

第一册前面有数页开列多项内容，第一面首列各田则每亩所合丈量步数，第二面至第四面列出册中出现的各个土名（第三面空白），第五面、第六面

① 〔清〕嵇璜、刘墉等：《皇朝通志》卷八一《食货略一》，《文渊阁四库全书》第 645 册，第 196 页。

② 休宁县档案馆藏鱼鳞图册，第 1057 册。

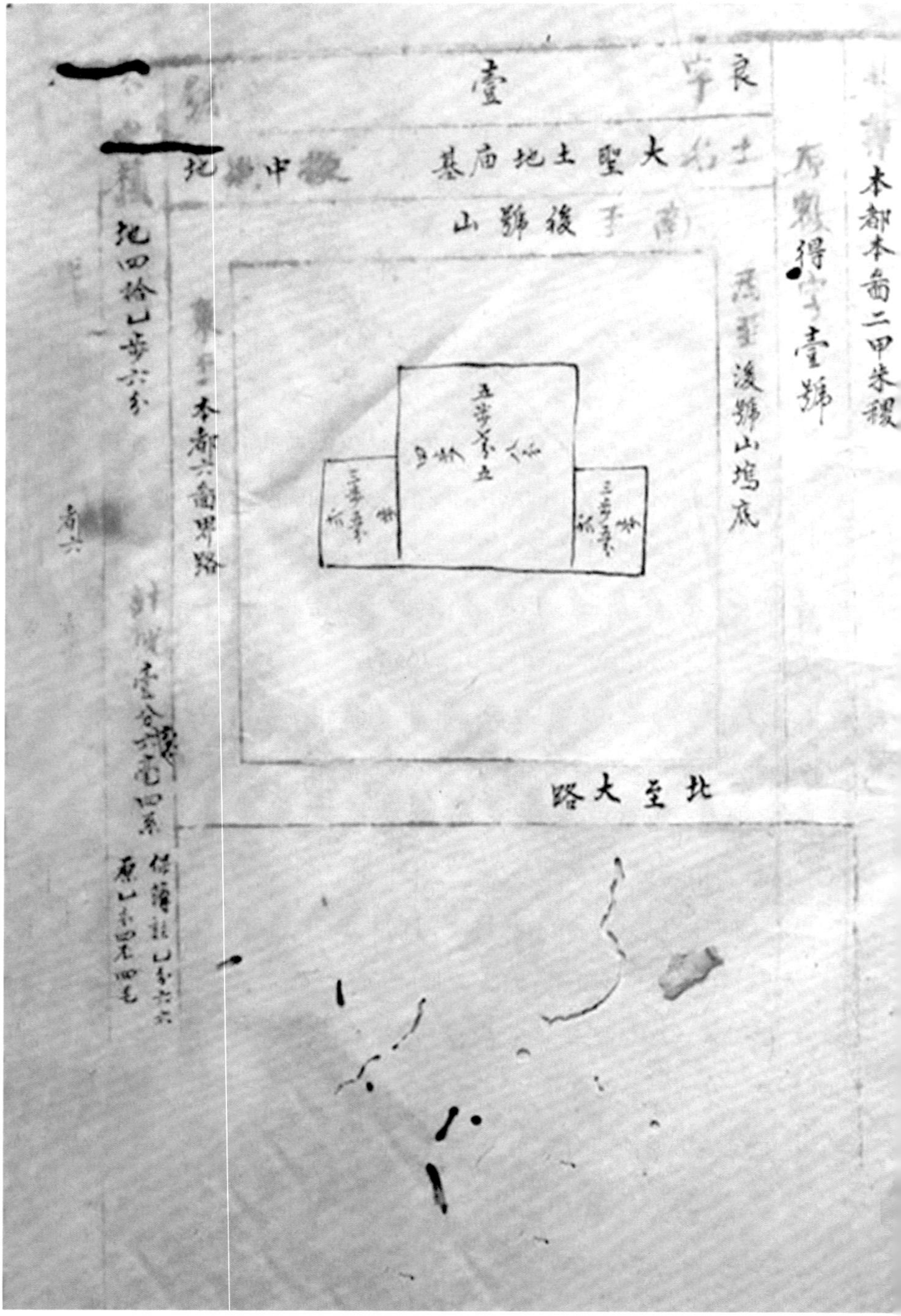

图 6-11　清休宁二十七都五图良字鱼鳞册扉页及正文

一是冊照本經丈謄録其中尚有錯訛業已查對蓋印改正以便查閱

一原額字號則步之併註明于稅畝之下內有則步稅畝與原額同者不註

一是冊多畫反者亦有四至錯按方向者未便更改查閱者宜自會心

一原本僉業歸戶遺漏未經註者今照為冊補之上加紅圈以便攷查

一照原圖尚有未繪者亦有未註字号者未敢輕填俟對明臨田詳細補繪

一田地之步數山之稅畝業已對明僉完者於一完字中其中仍存僉遺已經不註
明白

题有下列文字：

顺治拾伍年丈量鱼鳞经册

休宁县贰拾柒都伍图新丈田土总数

计开

"良"字壹号起至叁千伍百柒拾壹号

事产

官民田地山塘税叁拾贰顷贰拾亩玖分叁厘柒毫

一则田税贰拾壹顷柒拾肆亩柒分伍厘贰毫

一则地税伍顷肆拾壹亩肆厘叁丝

一则山税肆顷陆拾肆亩玖分肆厘肆丝

一则塘税肆拾亩贰分柒厘

顺治拾伍年　月　日经〔手〕　都正　朱李铨

图正　朱正美

量手　王盛琴

王善宗

画手　朱国钱

书手　朱　钦

算手　汪　瑞

第七面所列，为二十七都五图原"得"字田地山塘各丈量总数（税亩），与今丈量总数之对比，其中有多有少；第八面列有如下文字：

照此印鳞册总面

顺治八年六月初六日送鳞册

五图原额"得"字号

新丈"良"字号　共丈叁千五百七十一号

送鳞册总面底稿

第九面至第十一面分别开列二十七都五图、一图、二图、六图鱼鳞字号，以及图下各甲排年里长与所在村落：

二十七都

五图　良字号

一甲	王　茂		二甲	朱　国	原朱洪
二甲	朱学源	原朱清	四甲	王正芳	原王时
五甲	陈国兴	原陈章	六甲	朱　贵	原朱广
七甲	王永昌	原王齐兴	八甲	陈元和	原陈沧

九甲　王茂五　朱启元　原王叙　王正顺

十甲　金正茂　原金万政

一图　"男"字号

（以下为一图、二图、六图鱼鳞字号，以及图下各甲排年里长与所在村落，略）

最后所列文字如下：

——是册照本经年誊录，其中尚有错讹，概已查对，盖印改正，以便查阅。

——原额字号则步，一并注明于税亩之下，内有则步税亩，与原额同者不注。

——是册多画反者，亦有四至错于方向者，未便更改，查阅者宜自会心。

——原本佥业归户，迩年未经注者，今照图册补之，上加红圈，以便考察。

——照原图尚有未绘者，亦有未注弓口者，未敢轻填，俟对明临田详细补绘。

——田地之步数，山之税亩，概已对明，佥完者盖一完字中，其中仍存佥透，已经分注明白。

从册前所载这些文字可知，该册为一誊录本，系照"顺治十五年丈量鱼鳞经册"抄录，并参照其他册籍，加以核对注明，所载资料颇多。其正文册页书口印刷"都图丈量登业草册"，各页每面登录一个字号，上画丈量弓口，下注业户分庄，以"良"字五十九号为例，其登载格式如下：

见业本都本图十甲

原额得**字**同

良**字**五十九**号**

土名消坞口　拟**中则田**

西至一百〇六号山

南至路

田形及丈量弓口（略）

北至前号田

东至山及四十三号田路

今丈积田三百贰拾叁步三分

原三百十七步二分

年　**月**　**日丈过**

朱鋕镜　各九十六步九分九厘　各税四分四厘一毫三丝

朱宠选　各六十四步六分六厘　各税二分九厘四毫二丝

〇总入朱毓户

一图五甲陈积教户丁光坚

计税壹亩四分六厘九毫五丝

保簿注一亩四分六厘九毫

原一亩四分四厘二毫

注：黑体字表示版刻印刷字体

每号登载的项目有见业、字号、原额字号、土名、田形、四至、今丈积、计税、某年某月某日丈过及分庄佥注等。其中值得注意的是，在“今丈积”与“计税”栏中，还有“保簿注……”及“原……”的批注文字，其下各填有相应数字。如该册书口所题，其本为“丈量登业草册”，所谓“保簿”，当指该图所造正册，即鱼鳞清册。宋元直至明万历丈量之前，鱼鳞图册是以保为单位而攒造的，故鱼鳞图册又别称为“保簿”，而在万历丈量之后，乃至清代，虽改以图为单位攒造，但“保簿”之称仍延续下来。那么，该册中所批注的“原”字，又是指何而言呢？

原来，这是指该图原丈量册籍，即万历丈量该图“得”字号鱼鳞图册。难得的是，万历丈量该图册籍亦被保存下来。上海图书馆藏《休宁县二十七都五图丈量保簿》[①]，一册，册纵 35 厘米，横 30.3 厘米，厚约 6 厘米，计 884 页。每页双面，每面分 4 格，记载 4 个田土字号，现存“得”字 9 号至 3544 号，内略有残缺，但资料保存基本完整，版心印刷“休宁县贰拾柒都伍图丈量保簿”文字，页面字号印有“得”字，见图 6-12。据《海阳都谱》(《休宁县都图地名字号便览》)载，休宁县二十七都五图“得”字，本是万历九年(1581)清丈的鱼鳞字号，[②]故可知，该册为明万历九年(1581)丈量休宁县二十七都五图鱼鳞图册。该册全为木活字印刷刻本，当是万历九年(1581)休宁县县令曾乾亨主持清丈而印刷的一批活字版鱼鳞册之一。

将上引清顺治十五年(1658)丈量二十七都五图“良”字登业草册五十九号中所注“原(丈积)三百十七步二分”“原(计税)一亩四分四厘二毫”，与《万历丈量休宁县二十七都五图得字保簿》五十九号查对，万历“得”字册上载有：

---

① 休宁县二十七都五图丈量保簿，上海图书馆藏线普 563585 号；参阅〔日〕伊藤正彦《从丈量保簿与归户亲供册看万历年间徽州府休宁县二十七都五图之事产所有情况》，载王振忠、刘道胜主编：《徽州文书与中国史研究》第一辑，中西书局 2019 年版，第 76～99 页。

② 《海阳都谱》，中国社会科学院古代史研究所藏史 980-7727 号。

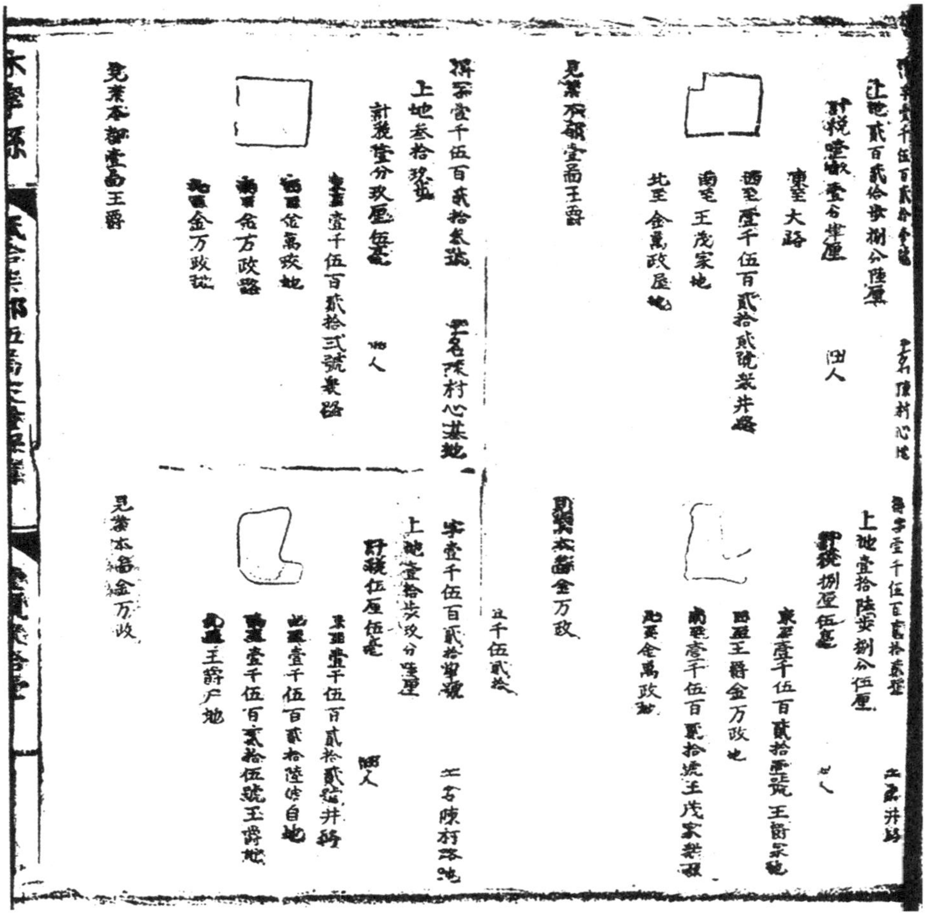

图 6-12　明万历九年休宁县二十七都五图丈量保簿

“得字伍拾玖号，土名消坞口，中田叁百壹拾柒步贰分，计税壹亩肆分肆厘贰毫。”①二者所载号数、土名、田则、亩步、计税，均完全相同，可证明清初“良”字册所注“原”字，即指万历“得”字册所载。

若将《顺治十五年丈量二十七都五图良字登业草册》（以下简称《顺治良字登业草册》），与《万历丈量休宁县二十七都五图得字保簿》（以下简称《万

① 休宁县二十七都五图丈量保簿第五十九号，上海图书馆藏线普 563585 号。

历得字保簿》)全面对照一下,又可发现二者具有多方面的不同特征。

首先,《顺治良字登业草册》所载各号丈量弓步与计税数额,与《万历得字保簿》所载各号相比,除相同者外,又有很多不同者,兹以《顺治良字登业草册》第一册前100号所见为例,将其与万历册各号所载对比,见表6-29。

表6-29 二十七都五图顺治册与万历册所载差额表(部分)

顺治册良字号码	丈量弓步(单位:步)			计税(单位:亩)		
	顺治册	万历册	差额	顺治册	万历册	差额
1				0.1664	0.144	0.0224
6				0.87	0.8	0.07
8	321.1	326.1	5	1.0084	1.087	0.0786
13				0.6145	0.52	0.0945
15				0.692	0.512	0.18
16				1.32	1.00	0.32
18				0.5727	0.497	0.0757
22				0.733	0.636	0.097
24	62.75	58.4	4.35	0.2416	0.195	0.0466
26	268.2	234.0	34.20	0.8942	0.78	0.1142
27	118.8	115.54	3.26	0.4577	0.404	0.0537
29	50.3	41.9	8.4	0.1935	0.161	0.0325
30	236.24	244.8	8.56	1.0738	0.577 (标"错"字)	
31				0.159	0.134	0.025
32	90.4	85.5	4.9	0.3477	0.328	0.0197
33	299.2	268.0	31.2	1.151	1.031	0.12
34	233.2	207.0	26.2	0.897	0.796	0.101
35	250.0	245.5	4.5	1.136	1.12	0.016

续表

顺治册良字号码	丈量弓步（单位：步）			计税（单位：亩）		
	顺治册	万历册	差额	顺治册	万历册	差额
36	186.0	182.0	4.0	0.7153	0.607	0.1083
37	471.5	461.5	10.0	1.813	1.715	0.098
38	165.8	162.5	3.3	0.6377	0.665	0.0273
39				0.845	0.733	0.112
40				0.302	0.318	0.016
41				1.267	0.8775	0.3895
42				0.33	0.284	0.046
43	75.2	91.5	16.3	0.3418	0.306	0.0358
45				0.125	0.100	0.025
46				0.1047	0.104	0.0007
48				0.04307	0.031	0.01207
49				0.237	0.205	0.032
51				0.057	0.066	0.009
53				0.7045	0.596	0.1085
54				0.0316	0.031	0.0006
56				0.416	0.414	0.002
58	120.3	120.4	0.1	0.46	0.459	0.001
59	323.3	317.2	6.1	1.4695	1.442	0.0275
60	46.8	39.6	7.2	0.18	0.152	0.028
62	134.5	103.5	31.0	0.6114	0.47	0.1414
63	444.0	452.8	8.8	2.018	2.058	0.04
68				0.1338	0.115	0.0188
70	289.7	262.0	27.7	1.314	1.19	0.124
71	116.1	115.8	0.3	0.5277	0.526	0.0017
72				1.971	1.967	0.004

续表

顺治册良字号码	丈量弓步(单位:步)			计税(单位:亩)		
	顺治册	万历册	差额	顺治册	万历册	差额
73				1.72	1.50	0.22
80				1.37	1.25	0.12
81	369.0	300.0	69.0	1.50	1.25	0.25
84				0.176	0.146	0.03
85	136.4	132.4	4.0	0.2728	0.265	0.0078
86	80.2	78.4	1.8	0.3082	0.261	0.0472
87				1.612	1.186	0.426
88	47.8	46.7	1.1	0.1365	0.18	0.0435
89				0.154	0.108	0.046
90	85.0	83.0	2.0	0.327	0.319	0.008
91	157.3	153.5	3.8	0.601	0.59	0.011
94	516.36	515.6	0.76	1.986	1.983	0.003
95	213.2	208.3	4.9	0.82	0.801	0.019

以上所录,即《顺治良字登业草册》1～100号中所载丈量亩步、计税,与《万历得字保簿》不同者各号的具体情况,在这100号中,所载相同者计44号,不同者计56号,后者占多数。按册中所载,这种不同的情况有多种成因。其中有的字号是因田土形态变迁,如"良"字第8号田,土名黄茅坞口,万历丈量时为326.1步,顺治丈量为321.1步,少5步;其中有田成地200步,实田121.1步,因而造成丈量弓步与计税二者均不相同。又有不少是因田则变化而出现计税不同。如"良"字第18号田,土名干子源,万历丈量为下下则田,税0.497亩;顺治丈量改为下则田,计税0.5727亩;又如"良"字第43号田,土名水碓岭,原定为下下则,今拟为中则,尽管顺治丈量弓步比原丈少16.3步,但计税却比原额多0.0358亩。此外,还有新增垦地的情况,如"良"字第81号,土名徐充西培外坞,万历丈量时只有山税1.25亩,顺治丈量时则增新垦地

69 步，计税亦相应增加。而更多的情况是丈量弓步与计税的细微不同，差额多在毫厘之间。

因现存册籍残缺，对这种不同的情况不能做全面统计。但难得的是，在该鱼鳞册册首第七面，列有二十七都五图原“得”字田地山塘各丈量总数（税亩），与今（顺治）丈量总数之对比：

二十七都五图原“得”字壹号起至叁千五百六十七号

田　原贰千一百八十亩二分一厘九毫

　　今贰千一百八十六亩四分五厘七毫六丝

　　多六亩贰分叁厘八毫九丝

地　原五百贰十贰亩六分八厘叁毫

　　今五百贰十八亩贰分六厘柒毫九丝一忽

　　多五亩五分八厘四毫九丝一忽

山　原四百六十贰亩六分八厘叁毫

　　今四百六十五亩贰分叁厘五毫九丝

　　多贰亩五分五厘贰毫九丝

塘　原四拾一亩七分一厘九毫

　　今四拾亩六分六厘〔九毫〕

　　少一亩〇五厘

从总体上看，二十七都五图顺治丈量与万历丈量相比，田地山塘各项总数均不相同，其中有多有少，不过，差额总数并不很大。上表所列各号弓步与计税的不同情况，亦多在毫厘之间，二者情况是相符的，可相互印证。这种细微的差别情况，表明了清顺治该图丈量并非照抄旧册，马虎从事，而是经过临田履亩清丈的；同时亦显示明万历丈量也是认真的，可信的。由于时间关系导致田土形态变迁，或因人工开垦等，而呈现细微差异，这是必然的。

其次,顺治良字登业草册较明万历得字保簿登载内容更为全面详细。按遗存文书实物所见,明万历得字保簿所载事项有字号、土名、田则、弓步、计税、佃人、田形、四至、见业等。而顺治良字登业草册所载事项有见业、字号、原额字号、土名、田形、四至、今丈积、计税、某年某月某日丈过及分庄佥注等,所设事项显著不同,增加了不少新的项目,特别是其各项之下所载内容更为详细。如田形一项,万历册只画有简单的田形,不载弓口;而顺治册不但画有田形,而且详注丈量弓步,这当然与其“登业草册”的性质相关。再如现业一项,万历册所设见业一项,或可理解包括分庄在内,但其下多只载业主户名,若有多个业主,则注有各业户的分业亩步,或注“均业”。如该册“得”字第九号载:“得字玖号,山,计税壹亩柒分伍厘……见业:本图朱洪户玖分柒厘;朱滔、朱滨、朱淳各贰分陆厘。”又如“得”字第十一号载:“得字壹拾壹号,山,计税壹亩叁分叁厘……见业:本图朱滔、朱滨、朱淳各贰分陆厘。”①实际上各业户之下分庄的详细情况并未登录,所载比较简略。而顺治册不但设见业一项,又另辟分庄一栏,详细填注分庄情况。如顺治“良”字第十七号载:

“良”字十七号

土名　成堀坞　山

见业　本都本图二甲朱滨、朱滔

(分庄栏载)

五图二甲	朱晓章山二厘	象方入
五图二甲	胡兴户丁奇芳山七厘	秉周入
五图二甲	朱作仲二分九厘二毫	
五图二甲	胡兴户七厘五毫捌丝	作仲入
一图五甲	陈田茂户七厘	朱英户入

① 休宁县二十七都五图丈量保簿第九号、第十一号,上海图书馆藏线普563585号。

五图二甲　陈永盛三厘　　　　　　庭三入

　　　　　陈永户三厘　　　　　　永盛入①

该号既于见业栏填有业主户名，又于分庄栏中详细登载各子户图甲、姓名、所占税亩以及田土来源。

又如“良”字第二十七号载：

“良”字二十七号　　　　田

土名　干子源　今丈积田一百拾八步八分

见业　本都本图

（分庄栏载）

朱　镜　三十五步六分四厘

朱　选　二十三步七分六厘

朱　铥　三十五步六分四厘

朱　宠　二十三步七分六厘

　○共入十甲胡元乾户讫②

该号在分庄栏中载有4个分庄户姓名及其所占丈量弓步，这些弓步总计118步8分，与该号今丈积弓步完全相同，又在其后批注“共入十甲胡元乾户讫”。

再如“良”字第二百二十一号载：

“良”字二百二十一号　　　　地

① 休宁县档案馆藏鱼鳞图册，第1057册，第17页。

② 休宁县档案馆藏鱼鳞图册，第1057册，第27页。

土名　里充尾　今丈积地一百拾二步五分

（分庄栏载）

本都五图二甲　　　　旧注朱滔等

朱　滔（滨、淳）　　九十六步

朱来仪　　　　　　　三步五分

朱　铦　　　　　　　三步五分

朱　汶　　　　　　　九步九分

　　　　　　　　　　透归四分①

该号分庄栏中分别载有各子户所归丈量弓步，最后注有“透归四分”文字，这里的“透归”又是指何而言呢？若将各子户所归弓步加以统计，共为112亩9分，比该号“今丈积”填写的数额多出4分，所谓“透归四分”，当是指此而言，即各子户所归弓步之和超出了今丈积弓步，此溢额便是透归之额。该册文书册前所载出现“佥透”一语，亦是此意，即各子户分佥之和，溢出了该号田土应佥总额。该册文书中此类记载，无疑反映了册籍攒造者的认真与精细。

第三，顺治良字登业草册中，除对各户分庄等详细登载之外，还记录了历代佥注的内容。如顺治良字登业草册第八十号载：

“良”字八十号

土名　　徐冲中心坞　　　　山

见业　　本都本图十甲

今丈积　山　计税　　　　　壹亩叁分七厘

（分庄栏载）

朱　铦　五分

① 休宁县档案馆藏鱼鳞图册，第1058册，第18页。

朱　镜　三分七厘　出税一分入徐玉

朱　选　二分五厘

朱　宠　二分五厘

五图十甲　汪应明户丁德林山一分一厘　朱传入

一图十甲　陈齐福户山五厘　寿入

本图一甲　谢廷奉山叁厘　育入

五图十甲　金正茂户山叁厘　廷奉入江云章

一图五甲　陈永成户一分　寿铸入

道光二十一年八月本图九甲徐玉户佥税一分　朱出①

该号在分庄栏中，先是记载朱铓、朱镜、朱选、朱宠等 4 户的分庄情况，其各所归税亩之和为一亩三分七厘，与该号"计税"栏所载完全相同，可知这 4 户即该号田土最初的分庄子户。而在其后，又有多笔不同图甲人户的佥税情况，这些记载的墨迹与前 4 户所载墨迹显著不同，可看出其所载时间不同。这些记载，是该号田土于造册之后，陆续发生的土地产权转移在鱼鳞图册上的佥注。其最后一笔为"道光二十一年八月本图九甲徐玉户佥税一分，朱出"，而在前面朱姓 4 个子户之下，则有"出税一分入徐玉"文字，与之呼应。

又如，"良"字第一百五十七号载：

"良"字壹百五十七号

土名　士安充桃花坞界

见业　本都五图二甲　朱滔　滨　淳

今丈积　山　计税　六分六厘七毫

（分庄栏载）

---

① 休宁县档案馆藏鱼鳞图册，第 1057 册，第 80 页。

二甲　朱作仲二分二厘二毫三丝

六图四甲　程天员山税一厘　　□入

乾隆十一年正月

十一都二图三甲汪养户丁尧阶壹分　　滔入

五图二甲　朱晓章山贰厘　　象方入

二十六都四图五甲　吴元祥山陆厘　　朱滔户□入

本图一甲　谢廷奉四厘　　庭三入

五图五甲　陈瑞隆户山叁厘　　朱明入

本图十甲　金正茂户山四厘　　廷奉入

五图五甲　陈瑞隆户丁徐玉美山叁厘　　贵先入

二甲　朱仲户二分五厘八毫五丝　　廷三入

二甲　朱永兴户徐玉美一厘　　育元入

九甲　徐玉户丁玉美三分七厘　廷入　　仰周入

五甲　陈元昌户五厘　　仲入

道光十一年八月，二十七都五图九甲徐玉户佥税一厘三毫九丝　朱振等出　验契

九甲　徐玉户丁玉美三厘　瑞隆入

又五厘　育源入

又五毫　连寿①

该号分庄栏载有众多图甲人户的佥税情况，其中标明时间的有“乾隆十一年正月，十一都二图三甲汪养户丁尧阶壹分，滔入”，“道光十一年八月，二十七都五图九甲徐玉户佥税一厘三毫九丝，朱振等出，验契”等。在遗存的《顺治良字登业草册》中，关于这种土地产权转移的诸多记载，还可见到的有

① 休宁县档案馆藏鱼鳞图册，第1057册，第157页。

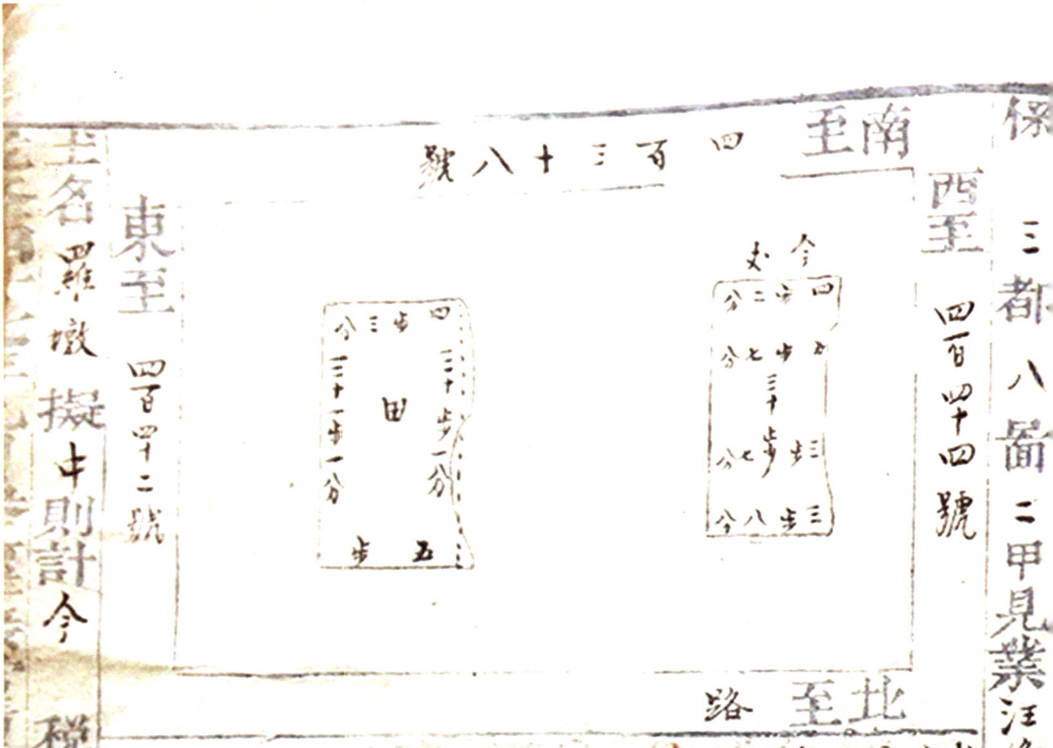

图 6-13　乾隆四十七年休宁宿字号清丈弓口佥归册册页

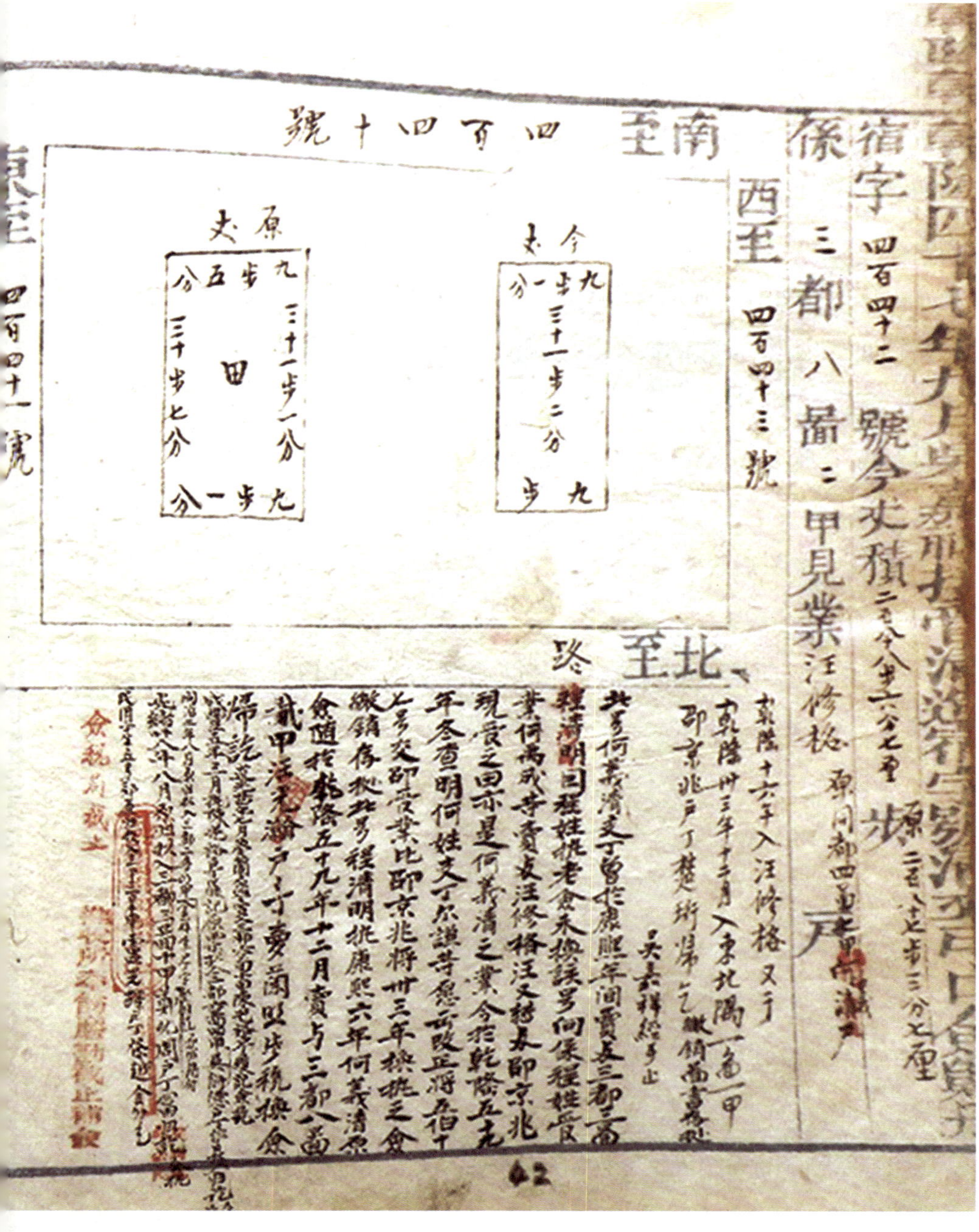

康熙五年(1666)关于买卖换佥业票的夹条批注("良"字1245号),道光十一年(1831)、道光十三年(1833)、道光二十一年(1841)、道光二十九年(1849)的佥税批注(分别见"良"字153号、167号、207号、2038号等),此外,还有民国二年(1913)的佥税批注("良"字498号、499号),等等。

如前所述,在清代徽州休宁地区,顺治、康熙等鱼鳞图册攒造完成之后,一直被其后各朝所利用,如有田土买卖、承继过户、典当转让等土地产权转移事项发生,随即在鱼鳞图册之上加以批佥注明,这不仅是为了查考方便,更重要的是它也成为一种官方记录,具有一定的法律效力。这种佥注,在徽州地区清代以前的鱼鳞图册中是很少见到的,而在清代徽州休宁的鱼鳞册中则十分普遍,乃清代徽州鱼鳞图册的一大特色。

(二)乾隆四十七年休宁"宿"字号清丈弓口佥归册

在休宁县档案馆遗存的鱼鳞册之中,有数册清乾隆年间所造鱼鳞图册。册纵26.0厘米,横23.5厘米,各册多有残缺,现存为"宿"字402~478号一册;"宿"字481~560号一册;"宿"字561~640号一册,共3册。① 每页双面,每面登录一个田土号码,登载格式见图6-13。各号所设登载事项有:字号、今丈积、系都图甲、见业户、田形、四至、土名、拟则、计税,下方留有较大空白,以填写历年佥注事项。其与一般鱼鳞图册的登载事项大致相同,又有不同之处。引人注目的是册中各页书口印刷如下文字:"乾隆四十七年九月吴嘉祥接管清造宿字号清丈弓口佥归册。"这在现存鱼鳞册中是很少见的。所谓"吴嘉祥接管清造"是怎么一回事呢?

这需要从乾隆年间的清厘鱼鳞图册之举说起。

原来,清代开国之初,虽历经顺治、康熙两次较大规模的土地清丈,各地

① 休宁县档案馆藏鱼鳞图册,第49~51册。

也比较认真地攒造了鱼鳞图册，但到了乾隆年间，业已过去五六十年以上，其间虽然田土的自然形态变化不大，但业主多有变更，或因土地买卖，有的丘号田土甚至历经多次转卖，业主早已变为他姓，或屡被承继分析，原业主已非的名，遂造成业去粮存，钱粮逋欠累累，而官府则难以稽查。于是，至乾隆年间，安徽省院司（总督、巡抚及布政使、按察使）便饬令各府道州县清厘鱼鳞图册，稽查粮赋根底，以解决钱粮逋欠问题。

乾隆十二年（1747），徽州府休宁县县令郑鸿任奉安徽院司宪牌，发布了一则告示，要求张贴到县属各都图。该告示首先援引安徽院司宪牌的主要内容，言及“安省鱼鳞册籍田地山塘，年久业主更易者固多，以致业去粮存，是以积年钱粮逋欠累累，种种弊窦，皆由此起”。其根本是由于“图正不将田地山塘照数佥归注明，现今管业之人名目无由稽查”所造成的，因而饬令“彻底清厘”。具体做法是照鱼鳞库册挨号清查，“某号田地山塘若干，某号之内或系一人管理，或系数户分管，务须厘毫丝忽，按号照册佥归，注明现管业主名目，不得淆混舛错，致滋弊窦”。要求“务宜总、撒相符，以图总而合都总，以都总而合县总，装订齐全，送署核对，钤印贮库”。休宁县奉此发布告示，要求各图正及现管业户，“所有置买田地山塘，未经佥归者，速即遵照宪檄，星速换佥，执据输粮，佥就齐全，以便该图正攒造明白，填注弓口清册，送县核对，钤印贮库。”①由此可知，在乾隆时期，休宁县曾奉上司饬令，为稽查钱粮，有清厘鱼鳞图册之举措。

一方面，由于土地买卖、承继分析等而形成的土地流转与业主更换，在传统社会里是经常发生的，并非一时现象，这样，佥归现业的名业主，清厘鱼鳞图册，就不能只是一时之举，需要经常进行。另一方面，从遗存的清初顺治、康熙徽州地区所造鱼鳞图册可以看出，其上所载，多有造册之后各种换佥、佥归等，注明各号田土业主之转换，表明在徽州地区自清初起，已在鱼鳞图册之

① 周向华编：《安徽师范大学馆藏徽州文书》，安徽人民出版社2009年版，第172页。

上进行了各种佥注，其后一直继续下来。在上引休宁县的告示中，也是要求“该图正攒造明白，填注弓口清册，送县核对，钤印贮库”的。以上这些，当是《乾隆四十七年九月吴嘉祥接管清造宿字号清丈弓口佥归册》攒造的历史背景。

那么，吴嘉祥又是何人呢？从该册书口所题“吴嘉祥接管清造宿字号清丈弓口佥归册”可知，他是该图掌管鱼鳞图册之人。明清时期，鱼鳞图册的攒造与日常管理一般是由图正与图书负责。前引乾隆十二年（1747）休宁县告示中所言即可证明。在《乾隆四十七年休宁宿字号清丈弓口佥归册》中亦有相关记录，该册第五百七十五号佥注载：“乾隆十三年吴光煊原买该号（盖‘转卖’红色印戳），因上首曹图正误以五百五十二号佥发收据，今吴光煊之子公信查丈明白，所管之田实属五百七十五号，今凭中吴廷章等浼今现管图正改正。乾隆五十二年六月批，即发佥讫（盖“转卖”红色印戳）。乾隆五十三年八月执吴光煊原佥，换入三都五图四甲吕和梓户，归讫。吴嘉祥经手止。”这里虽未直接言明吴嘉祥是该图现管图正，但从其所言“上首曹图正”，又说到“今现管图正”，最后署“吴嘉祥经手”来看，吴嘉祥当是该图图正。明清时图书虽亦是管册人员，但主要负责册籍保管，而攒造图册与发票佥归等，则主要由图正负责。康熙《休宁县志》编者言：“古者画井为田，沟洫经界，粲若指掌，争端息而讼狱清。休邑隅分十干，都图乡聚，绘形编字，虽阡陌犬牙交错，而丝牵绳贯，尺寸不可紊乱，犹有井田遗意，可谓至纤悉矣。然册籍掌于图正，愚民不能尽知，常挟其奸诡以谋利。安得经纬册成，业与税符，俾积弊清而奸伪之徒屏迹乎。”①这里明言，鱼鳞图册等册籍掌于图正。从吴嘉祥接管清造鱼鳞图册，并经手佥注各种田土产权转移、归户佥讫来看，这正是图正的主要职责。

在现存的乾隆四十七年（1782）休宁县三都一图“宿”字号清丈弓口佥归册中，每一田土丘号上，即使没有任何佥注批文，也都有“吴嘉祥经手止”的批

① 康熙《休宁县志》卷一《方舆·隅都》，国家图书馆藏康熙三十二年刻本。

注，以表明在此之前由吴嘉祥负责。从该册各号所注批文来看，乾隆五十五年（1790）批文仍为吴嘉祥经手（见该册第 577 号），而乾隆五十九年（1794）批文已不属于吴嘉祥经手了（见该册第 428 号、第 442 号等）。吴嘉祥是在乾隆四十七年（1782）接管清造“宿”字号清丈弓口佥归册的，由此可知吴嘉祥是在乾隆四十七年至乾隆五十七年（1782—1792）这段时间担任该图图正的。

该册的特点首先表现在清丈弓口方面。如上所述，该册在字号之下，设有“今丈积”一栏，其下所填分不同情况，若是弓步与原丈相同，则填“仍旧”“照旧”等字样；若是不同，则填今丈积弓步若干，原弓步若干。同时在田形栏画有“今丈”与“原丈”的不同田形；并在税额栏中标明原税、今税的不同税额。如该册第 462 号所载（见图 6-14）：

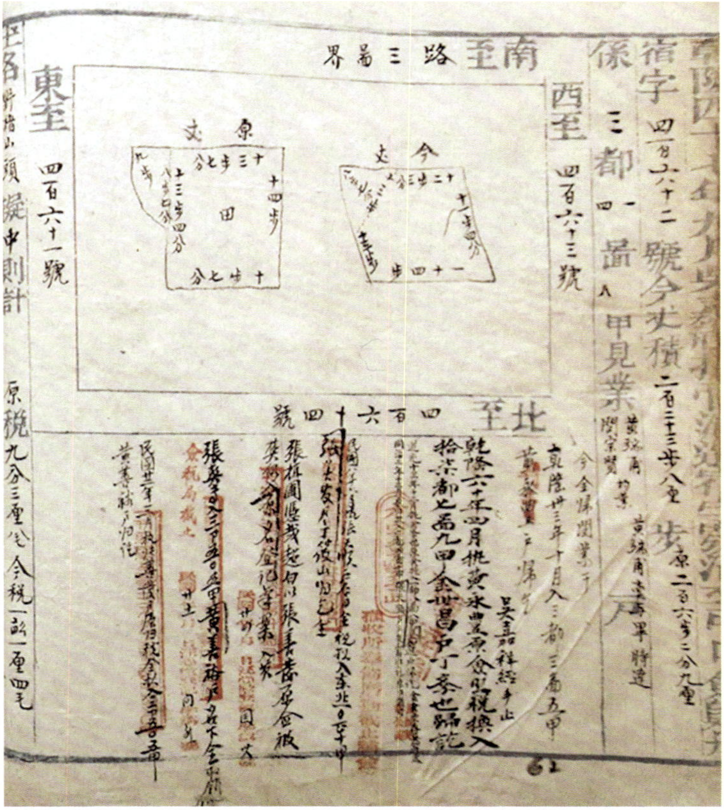

图 6-14　乾隆四十七年休宁宿字号清丈弓口佥归册田形图

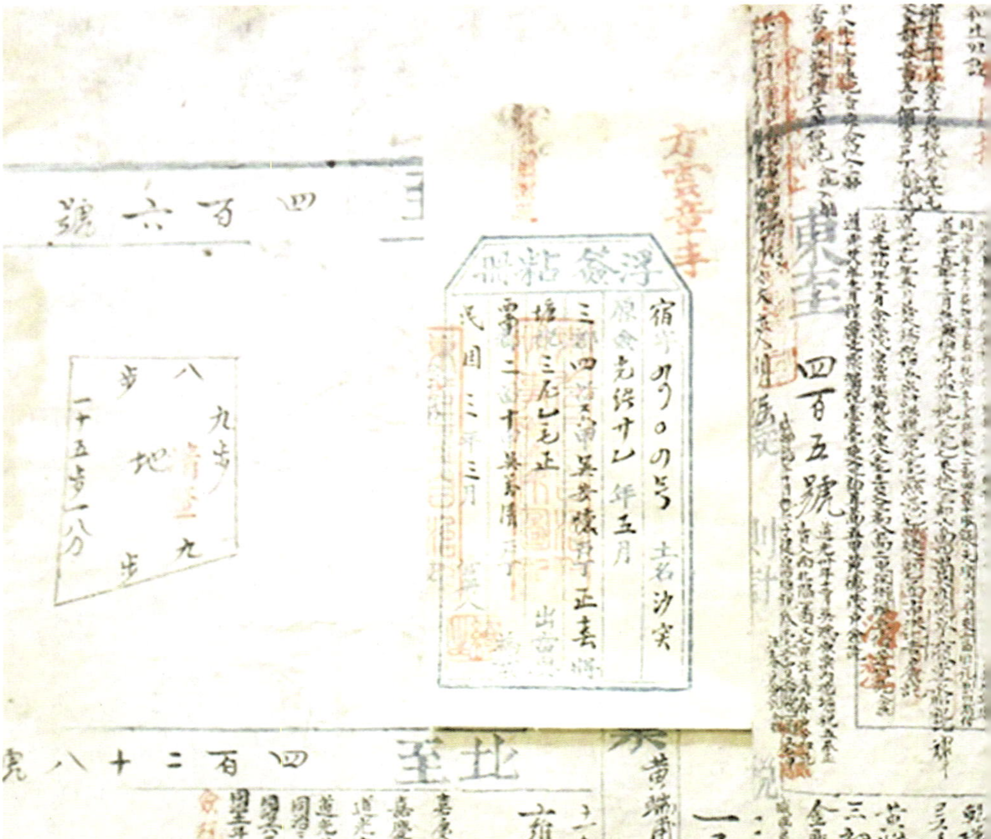

图 6-15　乾隆四十七年休宁宿字号清丈弓口佥归册批注

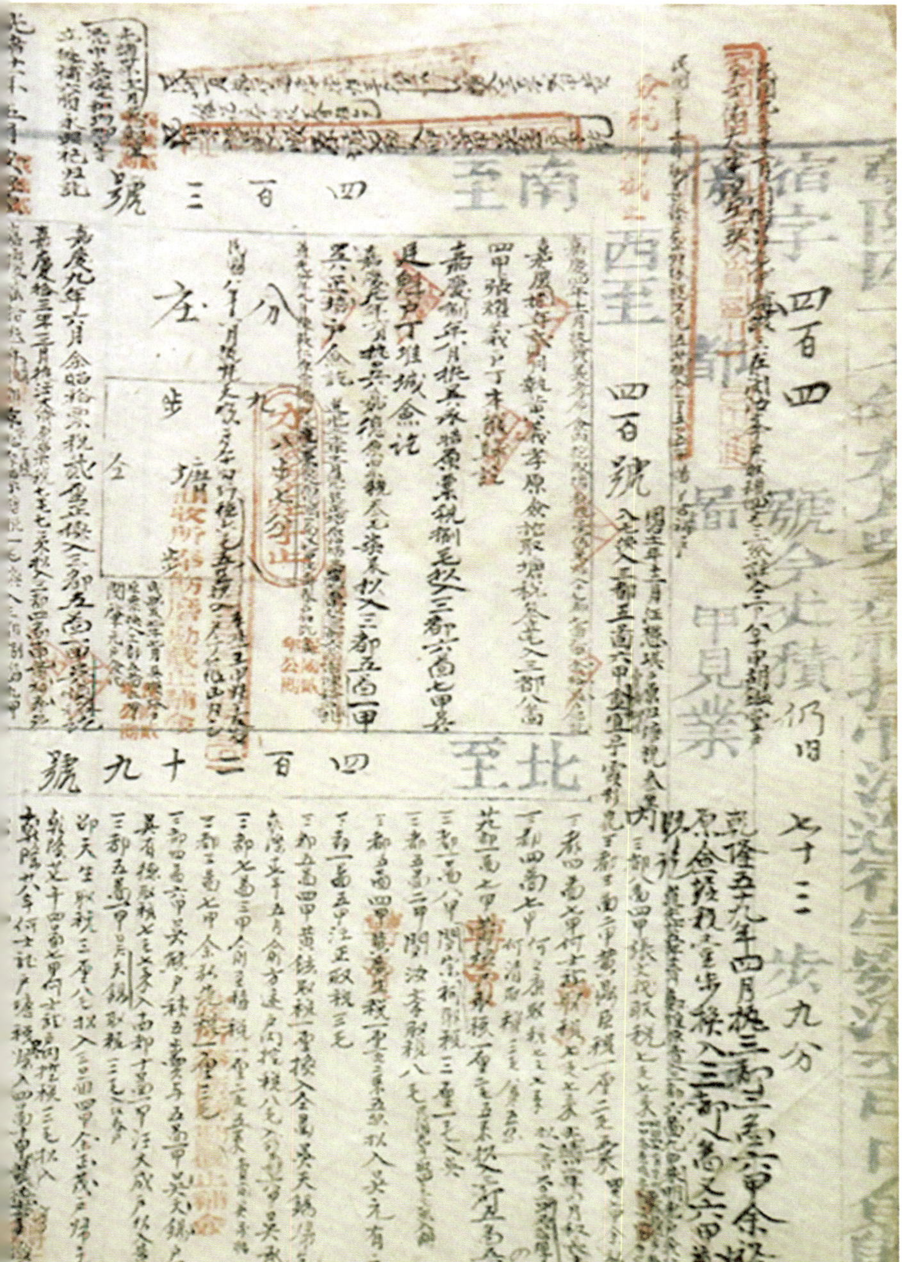
四百四
四百號
四百三號
四百二十九號
南至
西至
北至
乾隆五十九年四月

"宿"字四百六十二号　今丈积二百二十三步八厘　原二百六步二分九厘

今丈田形(略)　　　原丈田形(略)……

原税九分三厘八毫　　今税一亩一厘四毫①

此外,在一些田形之上还盖有"清厘"红色戳印。而其"今丈"与"原丈"的弓口对比,亦多在毫厘之间,差异不大,可看出其丈量清造之认真。

该册攒造的重点,主要体现在稽查业主产业的佥归上面。在该册所设各丘号登录的页面上,留有很大空白,以填注该号田土的各种佥归事项。其中在一些分庄较多的丘号上几乎填满了整个页面。如该册第404号田土为塘,其分庄较多,田土买卖转移频仍,佥注佥归繁复,仅到"吴嘉祥经手止",就将下面的佥注栏填满了,而其后的佥注只好在页面上部见缝插针,遂将整个页面填得满满的(见图6-15)。

为了解这些佥注的具体内容,兹将该号所载转录如下:

"宿"字四百四号　今丈积仍旧　七十三步九分

系　都　图　甲　见业

塘　田形(略)　南至四百三号　北至四百二十九号　西至四百号东至四百五号

土名沙突夹明堀　拟　则　计税二分八厘五毫

(以下为分庄归税)

内三都八图四甲张文我取税七毫七丝。

三都三图二甲黄鼎臣税一厘二毫五丝,买七甲余弘毅。

① 休宁县档案馆藏鱼鳞图册,第49册,第62页。

三都四图七甲何士龙取税七毫七丝。

三都四图七甲何之康取税七毫七丝,何清取税三毫八丝五忽。

二十九都一图七甲黄焕户取税一厘二毫五丝,换入三都五图五甲黄义孝户,四黄。

三都一图八甲闵宗祠取税三厘一毫,入吴。

三都五图二甲闵汝学取税八毫。民国九年取四毫三丝,入胡。

三都五图四甲黄广生税一厘一毫二丝五忽,换入吴元有户。

三都一图五甲汪正取税三毫。

三都五图四甲黄铉取税一厘,换入同图吴天锡,归讫。

乾隆十七年五月,俞方远户内挖税八毫,入四图六甲吴承皓。

三都七图三甲俞至禧税一厘二毫五丝,卖前吴承皓。

三都三图七甲余弘先税一厘三毫。

三都四图六甲吴熊户积五步,卖与五图一甲吴天锡户,归讫。入洪比吉户。

吴有德取税七毫七丝,入十四都十图一甲汪大成户,换入黄柏寿户。

三都五图一甲吴天锡取税三毫,入汪春户。

邵天生取税三厘八毫,换入三图四甲余正茂户,归讫。入汪懋琪户丁弘道。

乾隆二十七年,四图七甲何士龙户内挖税三毫,换入。

乾隆二十八年,何士龙户塘税尽归入四图十甲黄德亨户,换新票,归讫。

又三十六年,三都三图六甲余裕丰户,执五都一图程文征前票,换佥堀税积一步,归讫。

乾隆四十八年四月,黄德亨户税四毫七丝,转入本甲余贻裕户,归讫。

乾隆五十年三月,执黄有德原佥取税一步,入三都四图六甲吴秀实户丁懋,均讫。

乾隆五十三年四月，内挖税贰毫，入十四都五图四甲俞永泰，入汪；内挖税一毫，入东北〔隅〕一图一甲邵京兆丁瑾。

黄焕堀税一厘二毫五丝原票，换入三都五图五甲黄义孝户丁谦裕、奠周。

三都一图十甲余益昌户堀税四毫七丝正，余□。

金广裕户取税一厘一毫，入三都五图一甲吴天锡。

吴嘉祥经手止。

乾隆五十九年四月，执三都三图六甲余裕丰户原佥堀税壹步，换入三都八图又六甲郑煌户，归讫。

道光二十五年十二月，郑煌原卖入三都六图九甲朱明光户，佥讫。

同治四年二月，朱明光堀积一步，换入三都六图四甲吴应兆户丁程长丰，归讫。

光绪三十二年四月，程长丰原归，换入三都六图二甲石芝厚户丁虞书，归讫，同执。

嘉庆四年十一月，执黄义孝原佥内挖取塘税陆毫伍丝，归入十七都七图九甲金裕益户，归讫。

嘉庆捌年贰月，执黄义孝原佥挖取塘税叁毫，入三都八图四甲张耀义户丁本熊，归讫。

嘉庆捌年八月，执吴承皓原票税捌毫，换入三都六图七甲吴廷魁户丁堆城，佥讫。

嘉庆九年六月，执吴嘉德原票税叁毫柒丝，换入三都五图一甲吴正培户，佥讫。

道光二十一年十一月，凭吴正培原归塘三毫七丝，换入三都六图十甲陈裕户敦仁讫。

道光三十年九月，陈敦仁原票塘税三毫七丝，换入西北隅一图又七甲汪寿春户，归讫，同执。

嘉庆九年六月，余贻裕票税贰厘正，换入三都五图一甲吴顺裕讫。

咸丰七年七月，吴顺裕户原票，换入三都五图二甲闵肇元户，佥讫。

嘉庆拾三年三月，执汪大成原票税七毫七丝，换入三都四图十甲黄柏寿户。

嘉庆贰拾叁年十二月，执邵京兆丁瑾原票塘税一毫，换入三都捌图九甲程仁杰户户丁丽文，归讫。

嘉庆二十四年八月，执吴廷魁原票内挖税五毫，换入三都十图七甲方文明户丁瑞贞，归讫。

嘉庆二十五年二月，执吴廷魁原票内挖税一毫，入三都四图六甲吴鸿户，归讫。

道光十三年十二月，执金裕益原佥取税六毫五丝，换入一都八图八甲吴加进户，归讫，金旧票存吴加进处。

同治二年十二月，吴加进户原归税六毫五丝，换入二都四图十甲张天顺户户丁来富，归讫，原归销付。

道光十五年十二月，执黄柏寿原归分税七毫七丝，换入三都六图四甲吴应兆户丁六顺堂永昭祀讫。补千(佥)。

道光十七年五月，吴天锡原归五步，计堀税一厘九毫二丝三忽七纤，换入一都七图十甲洪比吉户，佥讫。

道光二十四年十二月，余正茂原票堀税叁厘八毫，卖入三都八图二甲汪懋琪户丁修道，归讫，同执。

同治十一年十二月，汪懋琪户原归塘税叁厘八毫，换入三都五图六甲金宜户丁霞彩，归讫。卖与何姓。

道光二十八年十一月，程丽文票堀税壹毫，换入三都五图五甲黄德茂户，佥讫。

道光三十年十二月，吴鸿原票内挖塘税五丝正，卖入西北隅一图又七甲汪寿春户，分归讫。

咸丰贰年十一月，俞永泰原票塘税贰毫正，换入西北隅一图又七甲汪思齐户，归讫，同执。

咸丰四年十月，执吴子健原归塘税叁毫正，卖入西北隅一图又七甲汪春户，佥讫，同执。

咸丰八年十二月，洪比吉原佥，换入三都九图六甲汪敦礼户丁芳郁，归讫，同执入胡。

光绪十三年十月，金宜户塘税叁厘八毫，换入贰都柒图五甲何宾户丁宾，归讫，同执。

光绪十六年十一月，闵宗祠塘税三厘一毫，换入三都四图又六甲吴安怀户丁和生，归讫。

光绪二十一年五月，安怀原归换入原户户丁正春，归讫，同执。

光绪三十年十二月，吴韵笙凭中吴燮和均卿等立据补六顺永昭祀，归讫。

民国八年六月，执张天顺户原归堀税六毫五丝，换入东北〔隅〕一〔图〕三甲张善发户户丁篯田，归讫。

民国九年十二月，闵树昌凭中赵敬三在闵汝学户取税四毫三丝，注入三都八图十甲胡鉴堂户。

民国二十年十一月，张善发户原归堀税六毫五丝，换入一都五图五甲黄善裕户。

民〔国〕二十七年一月，汪敦礼原归一厘九毫二丝三忽〇七纤，换入三都四图十甲胡鉴记，归讫。

民国二十七年十二月，执吴六顺原堀七毫七丝，入三都六图四甲吴志户，分讫。

民国三十年一月，执石芝厚原归三毫八丝四忽六微，换入三都六图贰甲黄筱记户丁筱春，归讫。①

① 休宁县档案馆藏鱼鳞图册，第49册，第4页。

以上该号所载佥注及浮佥共计60余笔。佥注的主要内容是围绕土地业权转移，而确认业主，佥业归户。其中有田土买卖，如“三都七图三甲俞至禧税一厘二毫五丝，卖前吴承皓”，“三都四图六甲吴熊户积五步，卖与五图一甲吴天锡户”等，像这样明确记载田土买卖的有7笔；此外还有多笔虽未明确记载买卖，但其上盖有“转卖”红色戳印，如“三都四图七甲何士龙取税七毫七丝”，“二十九都一图七甲黄焕户取税一厘二毫五丝，换入三都五图五甲黄义孝户”等，亦有7笔。又有“挖税”“取税”，如“乾隆十七年五月，俞方远户内挖税八毫，入四图六甲吴承皓”，“金广裕户取税一厘一毫，入三都五图一甲吴天锡”等，这是在业户所有产业之内取出部分进行交易。在这些佥注之中，更多的是“换入”某某，如“嘉庆九年六月，余贻裕票税贰厘正，换入三都五图一甲吴顺裕讫”，“咸丰七年七月，吴顺裕户原票，换入三都五图二甲闵肇元户，佥讫”，等等。这里所谓“换入”又是指何而言呢？这可从该册另一字号的佥注中得到启示。

该册“宿”字四百四十二号载，田，“今丈积二百八十八步六分七厘，原二百八十七步三分七厘。系三都八图二甲见业汪修格，原同都四图七甲何义清户”，其分庄栏注“乾隆十六年入汪修格，又于乾隆三十三年十二月入东北隅一图一甲邵京兆户丁楚珩，归讫，缴销图书存处。吴嘉祥经手止”。其后，乾隆五十九年（1794）有以下批注：

此号何义清支丁曾于康熙年间卖与三都三图程清明，因程姓执老佥未换，该号向系程姓管业。何禹成等卖与汪修格，汪又转与邵京兆。现管之田亦是何义清之业。今于乾隆五十九年冬查明，何姓支丁尔谦等愿出改正，将五百十七号交邵管业，比邵京兆将三十三年换执之佥缴销存处。此号程清明执康熙六年何义清原佥，随于乾隆五十九年十二月卖与三都八图贰甲汪光翰户户丁梦兰，照步税换佥，归讫。①

此号田土先是何姓卖与程姓，后何姓又卖与汪姓，汪姓又转卖邵姓，因多次转卖，造成管业错乱，佥业不清。经乾隆五十九年(1794)查明，何姓愿意出来改正，将另一号田土补给邵姓，此号田土仍归程姓。程姓于乾隆五十九年(1794)又与汪姓进行了买卖交易。在叙述这些买卖交易时，批注中出现了“老佥未换”“换执之佥”“照步税换佥”等说法，简称“换佥”。所谓“换佥”，即当土地买卖交易之际，将原业主的“佥业归户票”(亦称“老佥”“原佥”)，换成新业主的“佥业归户票”(亦称“新佥”“新票”)。如该册第415号的佥注中载：“康熙十一年，换闵伯永归票，其前归票共四号，仍在伯永收贮。三都四图三甲闵嘉会前票换新票。吴嘉祥经手止”；第425号载：“乾隆五十二年四月，执吴宥原佥换入同都四图六甲吴应兆户丁世琇，照税归讫”；第417号载：“同治三年十一月，户丁闵小枫凭中毕松舲补佥，入三都九图十甲金文庄户丁汝屏。归讫。同治八年六月文庄原归换入一都六图九甲余天赐户丁知稼，归讫……”换票之际，须将老佥缴出，不再行用，并在佥注末尾批有“老归销付”“原归销付”等语，其前归、前票，与新归票一起，交给新业主同时保管，注“原归销付同执”“原票销付同执”，或盖相同文字戳印，简注为“同执”。如该册第402号载：“同治六年十二月原归换入三都五图六甲吴枝户，归讫。老佥同执。同治十一年十二月原归换入三都五图六甲王加吉户丁良全，归讫。原归销付同执(戳印)。”②总之可以看出，在佥注中常见的“换入”一语，是在进行田土交易时，“前票换今票”，原佥换新佥，将佥业归入新业主之意。其反映的仍然是一笔笔田土买卖等土地业权转移之交易。

又有“补佥”之说。或因上首老佥遗失，立据补佥，如该册第510号载：

① 休宁县档案馆藏鱼鳞图册，第49册，第42页。

② 以上所列分别见休宁县档案馆藏鱼鳞图册第49册，第15页、第25页、第17页、第2页。

"乾隆五十一年五月，汪逋臣因乾隆三十六年原佥遗失，今凭中立亲供补佥一纸，计税一亩五分五厘。"或在进行田土交易时未及时佥业，其后则验契补佥，如第568号佥注载："嘉庆十四年十二月，验明吴宗荣乾隆三十六年承买印契，照册该号全业补佥，归于三都四图六甲吴宗荣户讫……"①

除了土地买卖，还有田土典当等其他交易。在该册404号页面上，还粘有一张民国时期的"浮佥"：

浮佥粘册

"宿"字四百〇四号，土名沙突，原佥光绪二十一年五月，三都四图又六甲吴安怀户丁正春，将塘税三厘一毫正，出当与西南都二图十甲吴万清户丁为业。

民国三年三月　　管册人（签章）②

所谓"浮佥"，有浮动佥业之意，因为典当之业到期可被出典者赎回。浮佥粘册具有阻止他人在典当期间冒佥的作用，有的浮佥之上印有"浮佥阻供""分粘册归为据，日后对同销缴"等文字。

从该册现存所填写的佥注文字看，大致可分为两个阶段：一是从清初至"吴嘉祥经手止"，这个阶段大致到乾隆五十七年（1792）前后为止，记录了此前该册的各种佥归事项；一是从乾隆末年至民国时期，记录了这段时间内该册的各种佥归事项。其中记录的最早年代言及顺治八年（1651，513号），其后康熙、雍正、乾隆、嘉庆、道光、咸丰、同治、光绪、宣统各朝都有佥注。此外，又有相当多民国时期的各种佥注，较早的有民国二年（1913），较晚的有民国三十年（1941），民国时期还钤盖了许多红色印戳，如"民国贰年公阅""方云章经

① 以上所列分别见休宁县档案馆藏鱼鳞图第50册，第30页，第51册第8页。

② 休宁县档案馆藏鱼鳞图册，第49册，第4页。

手止”“推收所奉饬磨勘截止补佥”“佥税局截止”等。如果从清顺治初年算起，至民国后期，时间跨度近300年。在这期间，清初所造鱼鳞图册一直被有效利用，对各号田土的业权变动进行了长时段的跟踪，展现了鱼鳞图册新的价值，同时也表明了鱼鳞图册制度在民国时期的延续。

第七章　社会功用

鱼鳞图册自宋代创立之后，不断发展，成为宋代以后的基本土地制度。鱼鳞图册在经济社会运行之中，发挥着独特的功效，起到了根本性的作用。具体来说，它主要体现在产权佥业、买卖凭据、诉讼证据，以及均平赋役等诸多方面。

一　产权佥业

关于徽州地区的土地产业权属，有其特有的称谓，一般称之为“佥业”。在徽州文书档案中，“佥业”“佥票”“佥业归户票”“佥业收税册”“佥业底册”，以及“老佥”“新佥”“改佥”“换佥”等名词术语频频出现。“佥业”一词，在徽州见于整个明清时代，并延及民国时期。它是有关明清徽州土地清丈、产权归属、田土交易以及司法诉讼等的一个关键性用语，具有丰富的社会经济内涵。

（一）土地清丈与佥业

佥业，原作“签业”，明代中期以降多作“佥业”。宋元以后，在“签押”“征集”“指派”等场合,“佥”与“签”互用。① 在徽州文书中多数场合用“佥业”,以下行文中一律作佥业,引文中以原文书用字为准。从遗存的契约文书来看,徽州地方的土地佥业始于元末明初。在洪武十三年(1380)祁门汪守位出批山契中已出现“佥业”一词,该契文如下:

立出批山契岳汪守位,今有承祖汪日辛签业山柒号,坐落西都十保“伐”字一千七百九号,土名胡廷坑,上地拾伍步;又一千七百十号,土名同处,上山六亩三角;又一千七百七十号,土名同处,下山十亩;又一千六百八十四号,土名赤叉源,山五亩;一千六百八十五号,土名赤叉大坞头,山二亩;一千六百八十一号,土名大岭,山一亩;一千六百八十八号,土名大岭青林弯,山三亩;前山柒号,所有四至悉照该保经理可查。今为身乏子,仅生一女,出室谢则成名下为妻,因身家业淡薄,妆饰无措,愿将前山柒号出批与谢则成名下入山为业,以作妆饰之资。自批之后,本家无得生奸异说,如有生奸反悔情弊,凭婿执批鸣官理治,以作不孝罪论。今恐无凭,立此出批山契为照。

洪武十三年五月蒲日立出批契

岳　汪守位(押)契

中见亲　胡文贞(押)②

批契,类似遗嘱,多为家庭财产继承之际所立契约,一般由长辈直接将其土地等资产批给后人,亦有签字画押,同样具有法律效力。从这份批契可以看出,洪武时民间契约中已使用“签业”一词,可见“签业”的说法相当普及。

---

① 参阅罗竹凤主编:《汉语大词典》“佥”字条释文,上海,汉语大词典出版社 1997 年版,缩印本第 683 页。

② 南京大学历史系资料室藏 000066 之 00024 号。

从文契中的“坐落西都十保”文字，可知其所属地点为徽州府祁门县。① 契中所批“签业山”共七号，并言明“前山柒号，所有四至悉照该保经理可查”。“经理”即指鱼鳞图册，这表明其所说佥业，即指登录于鱼鳞图册上的各号田土。又，其立契者汪守位身为岳父，年龄自然不小，而其所批土地乃“承祖汪日辛签业山”，由此不难明了，所谓“汪日辛签业”，则应是洪武十三年(1380)之前即元代之事了。考诸史籍，元末在徽州确有土地经理之事。朱元璋在元末至正十七年(1357)占领徽州，随后于至正十八年(1358)、至正二十四年(1364)几次进行土地经理，因当时的朱元璋政权仍按红巾军韩林儿的宋龙凤纪年，故史称“龙凤经理”。而龙凤经理的鱼鳞图册实物，尚有多部遗存至今。② 徽州地区龙凤时期的土地经理，实为当地明朝开国之初的第一次土地经理，地位十分重要。其所确立的地权，延及整个明代乃至清代。道光《祁门县志》仍然提到龙凤经理之事：“山为云雾山场，佥业定于明洪武前龙凤经理，向无山税，与婺源同，间有古墓茂林，听从民便，报垦起科。”③所以，上述契文中所言“汪日辛签业山”，即指登录于元末龙凤经理鱼鳞册上的田土，乃无疑问。

再看洪武时期鱼鳞图册中的佥业之称。国家图书馆藏明洪武十九年休宁十都六保罪字保簿有多处关于佥业的记载④。该保簿“罪”字第325号田土，在其“现业”栏后面有下列注文：

---

① 据永乐《祁阊志》卷一《乡都》载，祁门元代“乡凡六……定都二十有二。……入国朝，乡因之，都削其名，合三四都为一都，析十为东、西两都，凡二十二都，编五十一里”。弘治《徽州府志》卷一《厢隅乡都》亦有类似记载。再查有关文献，徽州府所属各县中，只有祁门县在明代以后有十东都和十西都的建置。故可确定该文契的所属地点为徽州府祁门县。

② 参阅拙文《龙凤时期朱元璋经理鱼鳞册考析》，《中国史研究》1988年第4期；《徽州府祁门县龙凤经理鱼鳞册考》，《中国史研究》1994年第2期。

③ 道光《祁门县志》卷一三《食货二·田土》，国家图书馆藏道光七年刻本。

④ 国家图书馆善本部藏16828号。参阅拙文《洪武鱼鳞图册考实》，《中国史研究》2004年第4期。

乡保簿见业是汪售甫、汪保二人，官印保簿见业是汪再、汪善二人。今详查归类庄户，并洪武十九年紫阳书院对同棋盘米麦册，俱是汪售甫、汪保名目，并无汪再、汪善名目。又且汪再、汪善分厘与原签山分厘大不相侔，决是誊官印者之谬录也。

这是为纠正该号田土见业栏名目上的记载之误而所附注文。其中出现了“乡保簿”“官印保簿”“归类庄户”“棋盘米麦册”等册籍名称。乡保簿、官印保簿，指鱼鳞图册。鱼鳞图册以保为单位攒造，故又称保簿；归类庄户当是一种归户册，而棋盘米麦册则是一种赋税册，明初沿袭此前的两税制度，夏税主征麦，秋粮主征米，故称米麦册。应注意的是，其中还有“汪再、汪善分厘与原签山分厘大不相侔”的记载。很明显，这是一句作同质比较之语。前面“汪再、汪善分厘”指该鱼鳞册上所登录的田土数额；后面“原签山分厘”则指原来鱼鳞图册上所登录的田土数额①，却用了“原签山”即原佥业之山的说法。可以看出这里的佥业与鱼鳞图册为同义语。又，该册第 471 号田土中有“十四年保簿”的注文，而在第 540 号田土中又有“十四年签业”的注文，二者所言实为同一册籍，这也是佥业即指鱼鳞图册的一个证明。

此外，在该鱼鳞册中还有多号田土，或注有“米麦册”，或注有“册上”，或注有“米麦册上”。如“罪”字第 34 号田土注有：“米麦册汪洪甫九分一厘七毫”；“罪”字第 36 号田土注有：“册上郑大付五分七厘三毫，吴道右一分九厘二毫”；“罪”字第 54 号田土注有“米麦册上杨干保”，不难看出，其所言“米麦册”“册上”及“米麦册上”虽略有不同，但均为同一种册籍，即米麦册。与此同时，该鱼鳞册中还有多号田土注有“签上”的记载，如“罪”字第 141 号田土载，“见业：汪克俊三分九厘二毫，汪洪三分六厘三毫；签上：许德茂一角二十七步，汪子正一角二十七步”。这里的“签上”并未具体指明是何种册籍，其下所

① 该册“罪”字四百七十一号田土中出现有“十四年保簿”的记载。

述为多少角步，系丈量田土面积，其他关于“签上”的记载凡注有具体数字者，亦均为丈量田土面积。而该册第471号田土则有以下注文：“签上：汪克俊二十七步，汪龙售二十步；十四年保簿：汪应，汪克进；米麦册上：吴社英一分一厘二毫，汪克俊一分一厘三毫。”这里的“十四年保簿”无疑是指鱼鳞图册，是说十四年鱼鳞册业主姓名与“签上”所记业主姓名不同，也是作同质比较的。由此可推知，所谓“签上”当是指与土地清丈密切相关的一种文书，诸如佥业归户票之类的文书，或指保簿即鱼鳞图册。

关于洪武时期的土地丈量与佥业，明代徽州人文集中亦有记载，嘉靖、万历时期歙县人吴文奎在其所撰《荪堂集》中说：

> 私有社簿，官有保簿。临溪之吴，如秀才吴旦为擂地吴，书算吴子宪为针匠吴，彼即通往来，而社不共，则所云立社聚族，俱出七府君之派，社簿可据审矣。国初法严，丈量产土，不敢为奸利，某保某姓，某业某人，无不得冒，有不得隐，其所载佥业，源流相承，保簿可证审矣。①

从这里所言，亦可看出佥业与鱼鳞图册之间的密切关系，佥业是指载于保簿即鱼鳞图册上的各业户之土地产业。

明代另一次全国性的土地清丈是在万历时期。徽州土地清丈于万历九年（1581）开始进行。在这次清丈中，徽州府休宁县知县曾乾亨为印刷“保簿”（鱼鳞图册）而刊发布告，其文如下：

> 休宁县为酌定刊刷保簿，以便稽查，以垂永久事。照得国初丈量，原设保簿，便民经业，立法甚善。今奉明旨清丈，民业更新，若照先时保簿

---

① 〔明〕吴文奎：《荪堂集》卷九《谱·读谱记》第四则，《四库全书存目丛书·集部》第189册，第218~219页。

画图填写，费用浩繁，致势家则有，弱民则无，后世疆界纷更，稽查实难。为此欲垂永久，酌定画一之规，行令总书等锓梓印刷，广布流行，以遗佥业人民，使有凭据，后世本本相同，不致滋生异议。为尔诸民奕世悠远之计，所愿世世相承，人人共守，不蹈去籍之害，而增让畔之风，岂非本县与地方所深幸哉！

知休宁县事吉水曾乾亨书①

从布告所云“行令总书等锓梓印刷，广布流行，以遗佥业人民，使有凭据”可以看出，所谓佥业，即指鱼鳞图册上登录的各号田土，这是十分明确的，而且它是人户土地产业的凭据。遗存的明代其他文书记载亦可为之佐证。如《万历二十八年休宁洪岩德等立阄书》载：

原承祖阄书田地山塘及续置等业，于万历九年已经丈量，佥业编号，四至、亩步、税粮逐一查数，注入七房，新立合同，派清各该粮数，归户总册一样七本，各执存照。仍未佥业者，后已割税入上，黄册可考。②

这里说得很清楚，所谓佥业，乃指经过清丈，在鱼鳞图册之上被编号的田土，而未被编入鱼鳞图册的田土，则属未佥业者。

在徽州万历土地清丈中，其攒造的鱼鳞图册，也有直接以“佥业”冠名者。如中国社会科学院古代史研究所藏《明万历十年丈量歙县三十五都三图步亩

① 万历《休宁县志》卷三《食货志》，国家图书馆藏万历三十五年刻本。

② 王钰欣、周绍泉主编：《徽州千年契约文书》宋元明编卷七，花山文艺出版社1993年版，第345页。

金业收税册》①,该鱼鳞图册为一残册,无封面,现存福字233号起至873号止。各页书口上部均刻印:“万历拾年壬午岁丈量”,下部刻印:“三十五都三图步亩佥业收税册”。该册每页双面,每面载四个号数的田土资料,其每一号田土所刻印的填写事项有土名、今丈、折税、分庄、四至、佥业、税入等项,其登载的大多数事项与一般鱼鳞图册并无区别,而特别值得注意的是其中有“佥业”一项,以该册“福字柒百陆拾玖号”为例②,具体登载格式和文字如下:

<table>
<tr><td colspan="11">号 玖 拾 陆 百 柒 字 福</td></tr>
<tr><td rowspan="3">税入
二甲
同户</td><td rowspan="3">佥业
本都
本图
王镗</td><td colspan="6">庄 分</td><td rowspan="3">折税
柒厘捌毫壹丝</td><td rowspan="3">今丈
平田壹百柒步伍分</td><td rowspan="3">原
下田柒厘五毫
土名
同</td></tr>
<tr><td colspan="6">田</td></tr>
<tr><td></td><td>北至
坑</td><td>南至
路</td><td>西至
坑</td><td>东至
路</td><td></td></tr>
</table>

① 中国社会科学院古代史研究所藏315141000001号。载王钰欣、周绍泉主编:《徽州千年契约文书》宋元明编卷一七,第107~271页,该书定名为《万历十年五都三图步亩金业收税簿》,有误。其编目又载王钰欣等编《徽州文书类目》,黄山书社2000年版,第532页。

② 王钰欣、周绍泉主编:《徽州千年契约文书》宋元明编卷一七,花山文艺出版社1993年版,第243页。

以上所录文字,黑体表示刻版印刷文字,楷体表示墨迹填写文字。在鱼鳞图册的各号田土登载之中,明确出现佥业事项,说明了佥业与鱼鳞图册二者之同质关系。其所列“佥业”一项,在其他鱼鳞图册中,多标为“见业”或“业主”。这表明,在鱼鳞图册之中,“佥业”与“见业”或“业主”是可以互换的。所谓佥业,指的就是现业或业主,而它所特别表明的,则是签定业主,确定本块土地的所有者之意。

由于佥业与土地清丈关系密切,故佥业又称“佥丈”“丈佥”“号佥”“挂佥”等。万历年间撰修的《新安大阜吕氏宗谱》在叙及吕氏丘墓及祠产时说:“今我明兴,各复旧土,据我世传号佥,对查明甚,仅有文仲公之丘陵而已,余悉成墟,莫睹其迹。”①“吕云甫佥业于国初,祠挂分字三号……万历九年惧蹈汪孽,奉例佥丈升科。”又说:“始祖血食,祠落郡西,续当祠前葬坟植木,丈佥祀业,谱志册案交征。”②《万历三十二年歙县汪士望等息讼呈文》中说:“告和息状人汪士望、鲍通等……各照册额佥丈四至、弓步,埋界明白,二各无事,不愿终讼。”③

清承明制,顺治初年即实行土地清丈,攒造鱼鳞图册。徽州地方也开展了土地丈量,现存的《康熙休宁陈氏置产簿》中录有《大清国清丈田土告示》:“为此示谕概县图正、量、画、书、算诸民人等知悉,即将各图田土速行清丈,但各里有未报者,速行佥报,未认者速行具认状,立等造册,报府转报。”④其中有“速行佥报”之语,这里的“佥报”是什么意思呢?从此语之后“未认者速行具认状”的说法可知,这是要求各里对清丈过的各号田土必须具有认状,也就是核实业户,签定业主,而后速行上报官府。

---

① 《新安大阜吕氏宗谱》卷五《丘墓》,黄山市中国徽州文化博物馆藏。

② 《新安大阜吕氏宗谱》卷六《吕氏负冤历朝实录》,黄山市中国徽州文化博物馆藏。

③ 王钰欣、周绍泉主编:《徽州千年契约文书》宋元明编卷三,花山文艺出版社 1993 年版,第 331 页。按:该文书原编者定名为《万历三十二年歙县吴宗贵状文》,不确。

④ 《康熙休宁陈氏置产簿》,南京大学历史系资料室藏。

康熙初年，清廷下诏清丈田土。康熙《徽州府志》载："二年癸卯，诏天下丈量田土。"①此次清丈在清代徽州占有重要地位，此后徽州的土地经理多以康熙清丈为基础，康熙清丈所造鱼鳞图册，一直沿用至清末。同样，在这次清丈中，对每一块丈量过的田土，亦核定业主，发给佥业归户票。如《康熙五年休宁黄起志户佥业归户票》载：

佥业归户票

休宁县贰拾都壹图遵奉县主明示清丈地土，照量积步依则科税，编发号票付与业人，执赴该图亲供归户。今据现业黄福承丈本图"首"字贰千玖百肆拾贰号，土名江坞干。

积田贰拾贰步。

下下则，计税柒厘叁毫叁丝叁忽。

归入二十都八图五甲黄起志户办课毋漏。此照。

康熙五年十一月日公正吴正中票②

该票现藏于中国社会科学院古代史研究所，纵22厘米，横12厘米，皮纸，四周刻印单线框，顶栏横印"佥业归户票"五个大字，正文刻版墨书填写。应注意的是，该号田土属于二十都一图首字，但其业主却在二十都八图。该归户票上分别钤有"贰拾都壹图图正吴正中图记"和"贰拾都八图册里程元清归户（押）"两方戳记，表示该号田土已分别经过两图的公正、册里核准，佥业归户无误，此佥业票即作为业户的土地所有凭证而生效。

清后期太平天国战乱，徽州亦受重创。清政府为恢复税收，在徽州又一次清理田赋，重新佥业，确立业户土地产权。如《同治七年休宁程汝承户佥业

① 康熙《徽州府志》卷一《建置沿革表》，国家图书馆藏康熙三十八年刻本。

② 王钰欣、周绍泉主编：《徽州千年契约文书》清民国编卷一，花山文艺出版社1993年版，第61页。

票》载：

金业票

"字"字叁千壹百贰拾叁号　经管册书(钤戳记)　经丈县书(钤戳记)

同治六年休宁县十六都遵奉县颁给示谕，清理赋业，今照原额积步税数亲供纬税，凭册清丈查验，给发新佥，付业主收执，输纳国课，存票对验凭照。

现业土名湖塝上，南至地，北至地，西至地，东至地。分庄(戳记)

现业十六都壹图正三甲花户程汝承户丁(空缺)　旧管现业(戳记)

丈中积壹百肆拾玖步捌分壹厘肆毫，计地则税伍分玖厘玖毫贰丝伍忽陆微。

同治柒年七月　日补佥(戳记)　清厘局□发佥票①

该票之上，还钤有"拾陆都清厘局图记""拾陆都清厘局验对发佥""倘有讹错即行赴局更正"等戳记，以及"此号当业原主远贸，凭局照税贴本户完纳，此批；取赎日，将此佥缴还程姓收执"墨批，并有民国时期的"陈报验讫"戳记。这是一份补发的佥业票，该号田土系旧管现业，且业主远贸在外，但重新佥业时并没有漏掉，表明此次重新佥业是相当全面的。

清末光绪年间，徽州又一次进行土地清丈，并攒造了新的鱼鳞图册。在中国社会科学院古代史研究所收藏的《光绪二十一年休宁二十九都六图长字号弓口册》的田土丘块及见业栏中，多有"佥税""佥全""补佥""加佥"等记载。如该册"长"字第260号载："七图六甲黄鲁如七十九步二分五厘出，入黄文明户丁相荣佥一半，光绪十九年黄德廷加佥，光绪十七年廿九都七图六甲

① 黄山学院图书馆特藏部徽州文化资料中心藏。

黄启辉佥税贰分三厘九毫五丝，姚勤甫、忆春出”；“长”字第276号载：“一图二甲童秀峰户佥全，贻泽出，光绪廿五年童秀峰加佥”；“长”字第396号载：“光绪八年六图二甲张祖添户丁姚茂补佥一百二十步整”等。[①] 这类有关佥业的各种提法，在该册中频频出现，不胜枚举，充分显示了佥业与鱼鳞图册二者密不可分的关系。

在明代的徽州族谱中，还出现了“受国佥业”或“国佥”的说法，明万历年间所修《新安大阜吕氏宗谱·顺公传》载：“公讳顺，字云实，性明敏，特达过人。涉猎书史，常以辨博服众心……至于受国佥业，父所遗产，一毫敢不（不敢）改移，每遇农事，躬先倡率，尽力田亩，故群下罔不奔命。”[②]这里所说“受国佥业”，即被官府佥定、载于国家版籍鱼鳞图册之中的土地产业。

总之，佥业与土地清丈的关系十分密切。所谓佥业，即通过土地清丈，经过官府认定，而登录于国家版籍即鱼鳞图册上的土地产业。从业户的角度来说，佥业则指经过官方认定的土地业主。

（二）佥业归户票性质

佥业归户票是在土地清丈佥业之际发给业主的一种凭证。在徽州，明清两代有相当多的“签业归户票”被保存下来。“签业归户票”又称“佥业归户票”“分亩归户票”“分税归户票”“佥业票”“业户执票”“跽业印票”“纬税票”等。兹以《万历十年五字号归户票》为例，其文如下：

五字号归户票

贰拾叁都玖图奉本县明示，丈过田地山塘，每号照丈积步，依则清查

① 王钰欣、周绍泉主编：《徽州千年契约文书》清民国编卷二〇，花山文艺出版社1993年版，第160页、第176页、第296页。

② 《新安大阜吕氏宗谱》卷四《世德·顺公传》。

分亩，给发小票，业人亲领，付该图亲供归户。执此凭证。

计开

丈过“五”字贰千伍百六号，土名朝山下。

应拟下则，地玖拾四步六分四厘。

该税贰分柒厘〇四丝。

给付本都本图一甲吴大兴户丁玄湘、应泰存照。

万历拾年八月十五日图正吴继宁票①

该票现藏于中国社会科学院古代史研究所，纵24厘米、横14厘米，皮纸，四周刻印单线框，顶栏横印“五字号归户票”，刻版墨书填写。票上还钤有“二十三都五图图正吴继宁记”及“票换新佥，老佥不准”戳记红印。此印或为清代钤盖，所谓“新佥”，当指清代新发的归户票，所谓“老佥”，即指该归户票。

归户票又有“分亩归户票”“分税归户票”之称。如休宁县《万历十年汪保分亩归户票》，纵26厘米、横15厘米，皮纸，墨迹填写，四周刻印单线框，顶栏横印“分亩归户票”。票上钤有两方戳记红印。其文如下：

分亩归户票

贰拾肆都贰图奉本县明示，丈过田地山塘，每号照丈积步，依则清查分亩，给发小票，业人亲领，前付该图亲供归户。仍执凭票。

计开

丈过土名所坞，“恭”字一千三百五十五号，计积一百叁拾贰步叁分壹厘五毫，下则田税五分零玖毫，系本都一图九甲汪保户，见业户丁（空缺）。

① 王钰欣、周绍泉主编：《徽州千年契约文书》宋元明编卷三，花山文艺出版社1993年版，第108页。

执此票证。

万历拾年七月二十三日公正洪良法票①

又如休宁县《万历十年吴明坤分税归户票》，纵23厘米、横14.5厘米，皮纸，墨迹填写，四周刻印单线框，顶栏横印“分税归户票”几个大字。票上钤有三方戳记红印。其文如下：

分税归户票

贰拾叁都叁图今奉县主明示，丈过田地山塘，每号照丈积步，依则查清分亩，给发小票，业人亲领，前去付该图亲供归户造册。执此证。

计开

丈过土名庄前，“盖”字叁千贰百捌拾陆号，计则中田肆百柒拾伍步贰分。

税（空缺）

二十三都一图五甲吴杰户，见业吴明坤存证。

万历拾年八月初六日图正胡天赦票②

这种佥业归户票多为各都图分别印制，故名称、格式略有不同。佥业归户票又常冠以“分亩”“分税”之名。这是因为，宋代以后随着土地私有的发展和土地买卖的频繁，业户占有的土地多不是连成一片，而呈散漫参错的状态，业户所有的土地多分属于互不相连的鱼鳞字号；又由于人口增加和实行诸子均分制等，即使一号成块田土，从产权划分来说，也常被分成多股所有，故在

① 王钰欣、周绍泉主编：《徽州千年契约文书》宋元明编卷三，花山文艺出版社1993年版，第100页。

② 王钰欣、周绍泉主编：《徽州千年契约文书》宋元明编卷三，花山文艺出版社1993年版，第107页。

鱼鳞清册各号田土的登录事项中，常设“分庄”一项，详细登载该号田土的产业分割情况，一个业户所有的土地只是其中的几分之一，甚至几十分之一。而一张佥业票，也只是业户占有某一块或某一份土地的证明。从归户票实物所载文字来看，其作用主要有二：一是业主据此“前去付该图亲供归户”，攒造归户册；二是业户“仍执凭票”，以为“凭证”，即作为该号土地所有者的一种书证。

清代的徽州土地清丈亦同明制，对清丈过的每一号田土，向业主给发“佥业归户票”。如中国社会科学院古代史研究所藏《顺治六年休宁程质夫户佥业归户票》，其文如下：

佥业归户票

贰拾壹都玖图奉本县明示，丈过田地山塘，每号照丈积步，依则拟税，给发佥业票，业主亲领，前付该图册里亲供归户。

票照

“归”字贰千叁百六拾贰号，土名王家滩。

今丈积壹百贰拾肆步壹分五厘〇毫。

应拟中地，税〇亩叁分伍厘肆毫柒丝〇忽。

见业二十一都二图　　甲户丁　程质夫

顺治六年十月　日　　图正　汪本昭

册里　何承凤

量手　汪克家

画手　汪振德

书手　何元魁

算手　汪种德①

① 王钰欣、周绍泉主编：《徽州千年契约文书》清民国编卷一，花山文艺出版社1993年版，第26页。

该佥业票的文字与明代佥业票的文字基本相同。其末尾不仅刻印有图正、册里的姓名，而且还刻印了量手、画手、书手、算手的姓名。有关土地清丈的各类役员齐备，充分表明了佥业与土地清丈的密切关系。

在徽州婺源县，佥业归户票则称“跽业印票”。如《顺治八年婺源叶金贵户跽业印票》载：

问字一千六百三十一号

婺源县为清丈事，照奉部院司道府明文前事，奉此遵行，督令各号公正丈量，取册申报在案，各号丈过田地山塘，合给跽业印票，付业主照证归户，供纳税粮，永为遵守。须至业票者：

十一都二图七甲业人叶金贵户应中己业。

山，南至垅脊直下至坳，北至弯心小垅脊上至尖，西至弯心直下至田，东至尖。

今丈积步　　　计山税柒厘

坐落本都土名兰青

顺治捌年六月二十六日

公正汪德瑞　书算詹时周　汪廷训　宋成茂

　　　　贰百贰号①

其上钤有满汉文对照“婺源县印”全印、半印各一方，以及公正戳记两方。其中所言“跽业印票”即佥业归户票，“跽”字原意为长跪，引申为敬奉，跽业即取其敬奉之意，蕴含对佥业的敬奉。土地通过佥业，取得官府的认证，业户即具有长久的产权；土地通过佥业，须向国家完纳税粮，同时也取得了国家编户

① 王钰欣、周绍泉主编：《徽州千年契约文书》清民国编卷一，花山文艺出版社1993年版，第34页。

齐民的资格。在徽州,佃仆小户即使拥有自己的土地,也不能直接向官府缴税,而必须附在主家户内纳税,因为他们还没有取得国家编户齐民的资格。

通过佥业票所载文字,我们还可以了解到土地佥业制度实施的一些具体过程。《顺治七年休宁戴氏分亩归户票》载:

> 拾捌都拾壹图公正戴应新,遵奉县主明示,清丈田地山塘,照号丈过积步,验契注业,依则清查,分亩填号,给发纬税正票,业人亲领,前付该图亲供归户。票照。(下略)
>
> 顺治七年二月　票①

由此可以看出,佥业实施的过程大致分以下几个步骤:第一,清丈土地,照号丈量积步;第二,验契注业,即查验与业户所持契约如买卖文契等是否相符,核实业主;第三,依则清查,确定税额;第四,给发归户票,业人亲领,前付该图亲供归户。在《顺治十六年何万良户月字号归户票》中,还载有"合给信票,前赴该图册里对验字号步税,登册归户,上纳国课,庶无遗漏"等文字②,即在业人前赴该图归户之际,还要与册里掌握的册籍进一步核对,最后登册归户。

业户产业受佥又称"注佥"或"挂佥"。《顺治十一年祁门李来泰等立合文》载:"其税粮原在十东都一图六甲李时华户、二图一甲李时尚户、八甲李时春户供解。今奉清丈'黄'字叁百零玖号,其业李御书注佥,其地税众族合议:不便分散归户,今合并归入十东都二图一甲李时尚户供解,递年照则付银,上

① 王钰欣、周绍泉主编:《徽州千年契约文书》清民国编卷一,花山文艺出版社 1993 年版,第 28 页。

② 王钰欣、周绍泉主编:《徽州千年契约文书》清民国编卷一,花山文艺出版社 1993 年版,第 46 页。

官完纳。”①《嘉庆二十三年歙县郑裕昆户佥业票》中亦有“挂佥”说法：

佥业票

歙县拾捌都陆图公正郑思敬，弓手　画手　书手　算手

计开

新丈“羌”字叁拾叁号，土名长龄桥池塘兜。

地则　　计税柒厘正。

本都本图捌甲郑裕昆户见业。

嘉庆贰拾叁年伍月　日佥票

挂佥须执该图册里税票磨对，庶免隐漏，如无税票，不准挂佥。

验明赤契。②

其中所载文字“挂佥须执该图册里税票磨对，庶免隐漏，如无税票，不准挂佥”，在佥票内最后两行，为刻印字体，说明这是一个制度性的规定。还可看出，业户完纳国课为佥业的一个必要条件。

由于土地买卖、重新丈量以及转让继承等，业户对产业的持有并非长久固定，即使已佥业的土地也会发生变动，于是，又出现了“换佥”“改佥”等名目。《康熙三十三年休宁戴大有户奉旨纬税票》载：

奉旨纬税票

休宁县拾捌都拾贰图遵旨清丈，又奉县主严示，眼同业主丈明，挨号彻底清查。今照丈实积步亩，验契注业，即发纬税票付业主，亲赴该图册

① 王钰欣、周绍泉主编：《徽州千年契约文书》清民国编卷一，花山文艺出版社 1993 年版，第 41 页。

② 转引自储敖生编著：《华夏土地证集粹》所摄图片，黑龙江人民出版社 2007 年版，第 134 页。

里归户。但步亩时有更形,业主新旧不一,册里验明新票,注填亲供,庶无隐漏奸弊。须票。

“拱”字贰千柒百伍拾壹号,土名水碓湾,佃人(空缺)。

积叁百拾柒步叁分壹厘伍毫,则计下地,税玖分陆毫陆丝。

见业十八都一图十甲戴大有户户丁千一。

康熙三十三年又伍月　日　公正戴瑞暄　票

量手戴廷正　画手戴文洗

书手戴恒瑞　算手戴文运

册里戴盛①

鱼鳞图册以田土丘段为序攒造,黄册、归户册则以人户为中心编制,二者实为经纬关系。故鱼鳞图册又称经册,黄册、归户册又称纬册。因而归户票又称纬税票。纬税票是一种佥业归户票。该票刻印有“步亩时有更形,业主新旧不一,册里验明新票,注填亲供”等文字,票上还钤有一个“换”字戳记。前文所引万历十年五字号归户票上亦钤有“票换新佥,老佥不准”的戳记红印。这些都是在重新清丈土地时换给新票的例子。乾隆六十年休宁县程天阶户佥业纬票也反映了这种情况:

佥业纬票

休宁县贰拾贰都贰图图正奉旨清丈田土事。今丈过“鸣”字壹千叁百叁拾叁号,土名山湾。

积步　　　　拟则田税壹亩壹分伍毫叁丝肆忽。

见业宗海,系本都本图拾甲程天阶户。

① 王钰欣、周绍泉主编:《徽州千年契约文书》清民国编卷一,花山文艺出版社1991年版,第131页。

事干宪件，该图册里速同业主即领纬票归户，不致遗漏，以杜争端。纬票存照。

乾隆六十年九月　日　图正程序忠

量吴一元　画金　法

书姚毓佳　算程元茂　票①

该票中还钤有两方"票换新佥，老佥无用"戳记红印，这也是一个换佥实例。除了重新清丈土地换给新佥，在土地买卖业主转移之际，亦多将旧佥换给新佥。其他一些业主发生变更的场合，亦出现换佥或改佥。《歙淳方氏柳山真应庙会宗统谱》载：

永乐间，族之贤士大夫增置祀产。五十世孙广西佥事如森惧分办税赋之未善，因尽更真应庙名，改签鳞册，计庙基地贰亩玖分叁厘捌毫，祀田柒拾伍亩零，并将丈量字号税亩铸载庙钟，以示稽考。万历间增至捌拾余亩。②

即柳山方氏在永乐间曾增置宗族祀产，但祀产名目不一，各自分办赋税，因而"尽更真应庙名，改签鳞册"，将其佥业名目都统一改到真应庙名下，以避免分办赋税的弊端。

《乾隆二十七年休宁程氏立置产簿》所收《乾隆四年休宁程子惠立批据》中，亦提及"改佥"与"转佥"，这是一起因土地转让而发生的转佥事例：

廿一都一图立批据程春生户丁程子惠、汝文，向承祖遗旧"戎"字新

① 黄山学院图书馆特藏部徽州文化资料中心藏。

② 乾隆《歙淳方氏柳山真应庙会宗统谱》卷一八《歙南柳亭山真应庙纪事》，上海图书馆藏。

丈"章"字一百十五号山,税柒分玖厘;又一百十七号地,税壹亩壹分九厘,土名竹林坞,原买本都九图程元绝业,今转出与十九都三图三甲刘亮户为业,因未改佥,立批据,以便图正执此转佥。倘有来历不明,是身理值。恐后无凭,立此批据存照。

乾隆四年十一月　日　　立批据　程子惠

程汝文(泰塘图证)

中　见　程君荣①

此外,亦有佥业名目与产权实际不符的情况,则称之为"混佥"或"冒佥"。《新安大阜吕氏宗谱》载:"水西宁康寺,前坤艮向,眠猫捕鼠形,'分'字六十一号,内坟山一分八毫,一名宁江寺,安葬御史中丞开运公、沂臾万五公,并女坟五穴,我明国初丈量,被许应崇混佥,本家清理,税入九都五图黄村吕云甫、吕云荣、吕云实三户支解。"②

如上所述,佥业与土地清丈的关系十分密切。然而,至迟到清初已出现了新的变化。南京大学历史系资料室藏康熙休宁孙氏文契簿所录"佥业归户票"中,即有两类不同的归户票,一类是土地清丈归户票,另一类则是因田土买卖而佥发的归户票。如顺治九年休宁姚部户佥业归户票载:

"归"字二百七十五号,土名北山头,今丈积一百八十四步三分四厘,应拟下田税七分零八毫,见业廿二都四图二甲户丁姚部。

量手汪克家　画手汪振德　书手何元魁　算手汪种德

顺治九年七月廿四日图正汪本昭　册里何承凤③

---

① 王钰欣、周绍泉主编:《徽州千年契约文书》宋元明编卷一〇,花山文艺出版社 1993 年版,第 457 页。按,该置产簿原定名为"崇祯十五年休宁程氏立置产簿",有误。

② 民国重刊《新安大阜吕氏宗谱》卷五《丘墓表》。

③ 康熙休宁孙氏文契簿,南京大学历史系资料室藏。

而《顺治十八年休宁孙大有户佥业归户票》则载：

廿一都一图四甲孙大有户，收“归”字二百六十一号，田税四分六厘，土名刀板丘，顺治十七年　月买到廿一都二图十甲程惟仁户下元圣业。

顺治十八年三月　册里汪世昭　书（缺）　算（缺）①

再如康熙五年休宁孙大有户佥业归户票载：

“归”字四百八十六号，土名上屋，丈积内取地柒步八分七厘，应拟中则地税三厘一毫五丝，东至　西至　南至　北至　见业廿一都一图四甲孙大有。

康熙五年十月　日　图正汪桂芳

量手程廷玉　书手何先　画手汪宁

算手汪英卿②

而康熙十年休宁孙大有户佥业归户票则载：

廿一都一图四甲孙大有户，契买“腾”字二千六十九号，土名溪阳后、充口，计地税壹厘整，康熙六年六月　日收西北隅都壹图六甲俞有仁户。

康熙十年九月　日　册里汪世昭

书手程友昭　算手孙德茂③

---

① 康熙休宁孙氏文契簿，南京大学历史系资料室藏。

② 康熙休宁孙氏文契簿，南京大学历史系资料室藏。

③ 康熙休宁孙氏文契簿，南京大学历史系资料室藏。

以上所列,是顺治和康熙时各自不同种类的归户票。顺治三年(1646)以后,徽州进行了一次土地清丈,《顺治九年休宁姚部户佥业归户票》无疑属于土地清丈归户票;而《顺治十八年休宁孙大有户佥业归户票》,则系田土买卖的佥业归户票,是因孙大有户在顺治十七年(1660)契买他图土地,收入自己名下,而给发的归户票。同样,《康熙五年休宁孙大有户佥业归户票》则为康熙初年土地清丈而佥发的归户票;而《康熙十年休宁孙大有户佥业归户票》,乃因康熙六年(1667)契买土地而给发的归户票。其所载之不同是很明显的。

在考察徽州土地佥业票时可以发现,清代顺治、康熙、雍正、乾隆、嘉庆、道光、咸丰、同治、光绪、宣统等各朝的佥业归户票都有遗存。这既表明,徽州的土地佥业制度是贯穿清代始终的,同时又说明,清代徽州的土地佥业已超出了土地清丈的范围,因为清代并不是每朝都进行了大规模的土地清丈的。清代徽州的土地佥业,已经从土地清丈之际的归户凭证扩大为业户的土地买卖、转让以及业户土地所有的凭证了,它作为土地产权书证的范围大为扩展。

(三)佥业源流述议

就中国古代的土地制度来说,至宋代已发展到了一个新的阶段,土地私有占据了主要地位。国家为了掌握私人业主占有的土地数目和征收对象,通过清丈田土,核实各业户占有田土情况,同时攒造相关册籍。北宋神宗时实行方田法,史载:

> 熙宁五年八月,诏司农以方田均税条约并式颁之天下。方田之法,以东西南北各千步,当四十一顷六十六亩一百六十步为一方。岁以九月,县委令佐,分地计量,据其方庄帐籍,验地土色号,别其陂原平泽、赤淤黑墟之类凡几色,方量毕,记其肥瘠,定其色号,分为五等,以地之等均定税数。至明年三月毕,揭以示民,仍再期一季,以尽其词。乃书户帖,

连庄帐付之，以为地符。①

这里所言北宋实行方田丈量，最后“乃书户帖，连庄帐付之，以为地符”，“符”者，本为古代凭证符券等信物之称②，即将户帖连庄帐付给业户，以作为土地所有之凭证。这是迄今所见关于发给业户土地凭证的较早记载。

至南宋李椿年主持绍兴土地经界，除按都保逐丘丈量核实各乡田土外，还特别强调攒造砧基簿：

令官、民户各据画图了当，以本户诸乡管田产数目，从实自行置造砧基簿一面，画田形丘段，声说亩步四至、元典卖或系祖产，赴本县投纳点检，印押类聚。限一月数足，缴付措置经界所，以凭照对画到图子，审实发下，给付人户，永为照应。日前所有田产虽有契书，而不上今来砧基簿者，并拘入官。今后遇有将产典卖，两家各赍砧基簿及契书赴县，对行批凿。如不将两家簿对行批凿，虽有契帖干照，并不理为交易。③

首先，所谓砧基簿，是将“本户诸乡管田产数”都收载于册，实为一种归户册；其次，砧基簿须送县点检印押，经官府审核，发给人户，永远为照，具有土地执照之性质；最后，砧基簿与契书有别，田产交易只有买卖契约不行，还必须拿出砧基簿对行批凿，方才成立，它已从一般契帖干照之中独立出来，这是值得注意的。

砧基簿直到元代仍在实行。在元代的核田中，则出现了对每一号田土颁

① 〔宋〕杨仲良：《皇宋通鉴长编纪事本末》卷七三《神宗皇帝》，清嘉庆《宛委别藏》本。

② 参阅罗竹凤主编：《汉语大词典》“符”字条释文，汉语大词典出版社1997年版，缩印本第5200页。

③ 〔清〕徐松：《宋会要辑稿》第123册《食货六·经界》，中华书局1957年影印本，第4898页。

发票证的做法。元武宗至大元年(1308),李拱辰任绍兴路新昌县尹,“患经界之不正,则核其实,而图其地形,书其保甲,编次鳞集。印分两券间,官报其左,户执其右,鬻产则券随之,隐没诡并之弊无所容,而赋役以均”①。由此可知,在核田中印发的这种证券分为两联,中间盖有骑缝官印,官执其左,户执其右,买卖则券随之,而成为业户所有土地的一种凭证。元末,刘辉受命主持余姚州之核田,史载:

侯受檄以来,出宿公宇,日一还,问太夫人起居而已。昼夜悉心,须发为变。田一区,印署盈尺之纸以给田主,为之乌由,凡四十六万余枚。田后易主,有质剂,无乌由,不信也。②

关于当时的土地清丈及其所造各种册籍,朱右《白云稿》中有更详细的记载:

国朝至元以来,虽累行理田之令,而迄无成式者,非法之过,不得人以任法者之过也。比年邻境骚绎,民力益殚。天台韩侯自行来为令,深为此惧。乃议履亩以计田定赋,而差役思以均齐其民。其法每田一区,亩至百十,随其广袤高下形势,标其号若干,画为之图,曰鱼鳞;以鱼鳞条号第载简册,曰流水;每号署图一纸,具四至、业佃姓名,俾执为券,曰乌由;集各号所载得亩若干,曰保总;集各保所积得亩若干,曰都总;又自各都流水攒类户,第计其实管田数,曰鼠尾。大小相承,多寡分合,有条而

① 〔元〕黄溍:《金华黄先生文集》卷三一《墓志铭·奉议大夫御史台都事李公墓志铭》,《续修四库全书·集部》,第1323册,上海古籍出版社2002年版,第407页。

② 〔明〕危素:《说学斋稿》卷一《余姚州核田记》,《文渊阁四库全书》本,第1226册,第655页。

不紊，其为法可谓密矣。①

以上两则记载中均出现"乌由"的说法。这里所说"乌由"，与前引至大核田中的土地证券相同，即在清丈田土之际对每一号田土，都制作有票证，其上画有田形四至，署业户、佃户姓名，发给业主，"俾执为券"，即作为业主对该号田土所有的土地凭证，而且是不同于"质剂"即买卖契约的一种凭证。由于丈量时所编田土号数甚多，故一个地区所发这种券证即达数十万枚之巨。元代核田中出现的土地证券和乌由，实为后世"佥业归户票""执业方单""丈单"之肇端。

据方志所载，南宋绍兴经界和元代延祐经理均曾在徽州实施，然其记述简略，难究其详。不过，徽州的土地清丈由来已久，为宋元土地经理的典型地区之一，其受到宋元时期土地清丈普遍做法的影响应属无疑。

又，关于元代站户，则有"元签当站田土"的说法，《大元圣政国朝典章》户部卷五《田宅・典卖》"站户典卖田土"条载：

今准咨，该先据福建省咨，站户消乏，将元签当站田土典卖与僧、道、医、儒、军、匠等，产去户乏。今后站户如必消乏，典卖田土，当该社长、里正、主首、亲邻，并原签同甲站户，从实保勘是实，止于同甲户内互相成交，如独力不能成就，听从众户议价典买，若本甲马户无钱成买，许听于本站别甲户计成交，务要随地当役，苗米不失。②

其"站户卖讫田土随地收税"条又载：

① 〔明〕朱右：《白云稿》卷四《序・韩侯核田事实序》，《文渊阁四库全书》本，第1228册，第52页。

② 〔元〕《大元圣政国朝典章》户部卷五《田宅・典卖》，中国广播电视出版社影印元刊本，第754页。

至大元年三月，江西行省准中书省咨来，咨抚州路崇仁县站户杨汝玉，元佥云山站马贴户入站田六顷七十亩七分九厘，除粮四十五石二斗，因为马死频并支持不敷，户下消乏，节次将田出卖与谢正甫、周信甫等为业，不堪当役，委官体复相同。①

元代站户当役负担繁重，而有税粮优免，乃以土地为计算标准，北方站户每户四顷地免税，南方则以税粮七十石出站马一匹，其土地又称“入站田”或“当站田土”。因站户当役及其占有的土地最初都要经过官府认定，故称“元签”。这与明清时期徽州地方将载于鱼鳞图册、经过官方确认的田土称为佥业，显然有某种相通之处。其或是徽州佥业提法的缘起。

总之，土地佥业在徽州一府六县广泛实行，并于明、清两代贯彻始终，实为业户土地产权方面的一项基本制度。关于土地佥业，从现存的文书档案来看，仅限于在徽州一地实行。但这似乎又不是绝对的。在与徽州相邻近的浙江严州府淳安县，海瑞于明嘉靖三十七年至四十一年（1558—1562）任其知县，他在《量田申文》中说：“若欲存抚疲民，招回逃流，均平赋役，诚莫若概县丈量，通融补算，一劳而可永定也。缘干税赋，合无容令卑县亲诣各里，佥督管保、书、算、量手，照依见管田地山塘丘段，从实丈量，吊查原号，佥定今业。”②又说：“产业争论者极多，今日丈量止以见今管业人佥为业主，不论前事。”③海瑞在这里所说的“吊查原号，佥定今业”和“以见今管业人佥为业主”等，与徽州地方的土地佥业的含义完全一致，并无不同。然迄今尚未见到该

① 《大元圣政国朝典章》户部卷五《田宅·典卖》，中国广播电视出版社影印元刊本，第755页。

② 〔明〕海瑞：《海瑞集》上编《淳安知县时期·量田申文》，中华书局1962年影印本，第160页。

③ 〔明〕海瑞：《海瑞集》上编《淳安知县时期·量田则例》，中华书局1962年影印本，第192页。

县“佥业归户票”之类的文书，故该县的丈量归户与产权确定，是否也被称为佥业，尚无定论。不过，在明清时期，各地对业户土地产权的认证是相当普遍的。政书方志，多有记载；文书档案，尚有遗存。作为土地产权书证的文书实物，诸如“丈单”“归户由帖”“执照单”“执照”“执业田单”“执业方单”“遵照”“宪照”等，在各地时有发现，至今仍有相当多遗存。这类文书尽管名称不一，形式各异，但在作为土地产权书证这一点上，其性质是基本相同的。徽州的土地佥业，即属明清时代业户土地产权认证性质，在土地权属认证方面具有独特功能。

二　交易凭据

宋代以后，土地买卖、典当与抵押时有发生，交易相当频繁。鱼鳞图册是各种土地交易的基本依据，从而成为官府与民间公认的凭据。

首先，土地的继承转让，多以鱼鳞图册所载为据。

前引洪武十三年祁门汪守位出批山契所述汪守位将其承祖汪日辛佥业山，批给其女作嫁妆，其中言：“今有承祖汪日辛签业山柒号，坐落西都十保伐字一千七百九号，土名胡廷坑，上地拾伍步；又一千七百十号，土名同处，上山六亩三角；又一千七百七十号，土名同处，下山十亩；又一千六百八十四号，土名赤叉源，山五亩；一千六百八十五号，土名赤叉大坞头，山二亩；一千六百八十一号，土名大岭，山一亩；一千六百八十八号，土名大岭青林弯，山三亩；前山柒号，所有四至悉照该保经理可查。”①很明显，这是以鱼鳞图册所载田土字号与四至为其依据的。明清徽州土地买卖契约中言及田土来源时，多有“承

① 南京大学历史系资料室藏000066之00024号。

祖佥业”的提法，乃属常例。在徽州，洪武时期被佥业的土地，多传给家族子孙，世代相承；而首次登录于鱼鳞图册的业主，后世则称之为“佥业祖”。如万历时所修《新安大阜吕氏宗谱》载：“我明洪武，演饬兄弟各爨，百二公迁本里石堨，复迁溪东，子孙赴襄阳承伍伯四公，讳仕达迁呈口，乃子寿山公即龄师，为佥业祖，考之‘迩’‘体’‘率’字号保簿，皆可证也。”①康熙二十四年祁门胡公度等卖山地赤契中说：“同都胡公度同侄仕凯，今立凑全契，原崔家坐、茶园坐、戴家边、前山坞地、小溪山共五处，前明末季先叔伯祖辈曾三次立契，前项山地卖过十分之八，仍存十分之二未曾出契。……兹托亲议说明白，立契将祖遗及买受佥业前项地山应有分法，丝毫无存，坐落字号亩步另载于契尾，四至仍照龙凤经理为准，不及细注，山骨地皮一并在内，立契卖与张亲名下，凑成全业。”②这里所言，胡公度所卖土地中包括有祖遗佥业，其“四至仍照龙凤经理为准”，说明元末韩林儿龙凤时所造鱼鳞册的佥业土地一直传承到清康熙时，而且是合法有效的。

在宋代以后的土地买卖契约中，当叙及田土这一交易对象时，一般都要言明其字号、土名、四至等，这些均以当时鱼鳞图册所载为准，鱼鳞图册是各项土地买卖的基本依据。如现存南宋宝祐四年（1256）祁门县李通卖山赤契载：

> 武山乡尤昌上都第十甲李通，今将自己分帐内山一段，在儒教上都芦坞源，楼字叁拾玖号，夏（下）山壹亩贰角。其山地东止小田坞口及兄郑商弼田，南止坞心及坑，西止降，北止垄抵郑支地。今将前项四止内山地，出卖与胡二秀才，三面平（评）议价钱十八界官会贰贯文省。其钱当立契日两相分付，并无少欠。其山未卖已前，与家、外人即无交易。如有

① 《新安大阜吕氏宗谱》卷一《源流·歙北呈坎寿山公迁派源流》，第30页。

② 该契为抄件，夹在祁门十东都三保《谷字号经理》（安徽博物院藏2:16722号）册内。抄件上有“契字第14586号”字样，可知原契经官税契本为赤契。

交加不□,□是出产人自行支当,不涉买人之事。今恐人无信,立此文契为凭。宝祐四年四月初八日,李通(押)。

今领去前项卖楼字叁拾玖号契内价钱十八界官会,尽数交领足讫,别无碎领,只此一领为照。宝祐四年四月初八日,李通(押)。①

(该契为赤契,钤多方印信,印文已模糊不清)

该契卖主所在"武山乡尤昌上都",属南宋时祁门县的建置,位于祁门县城东南部,与儒教上都相邻。契中言明了交易田土的土名、字号、田则、面积和四至,这些无疑是鱼鳞图册所载事项,是以鱼鳞图册为依据的。

元代土地买卖契约所载亦是如此。如元统三年(1335)祁门郑俊卿卖山赤契载:

□□(十五)都三保郑俊卿,共有山地壹段,坐落本都六保,土名□桐岭下,元系"禽"字壹百二十三号,经理系"万"字壹阡(仟)□佰三十六号,夏(下)山壹拾伍亩。又夏(下)山壹拾伍亩,尚(上)山壹角。东至郑一德山,从陇分水直上至降,下至田,两□□□,南至郑商臣山,从大丘田塍直上至降,西至大降,北至高尖,□陇分水直下至田。四水俱流全系。今为无钞支用,情愿将前项四至内山地并杉木拾分中合得壹分,立契出卖□郑子才名下为主,面议时值中统价钞叁拾贰贯□钱。其钞当立契日一并交足无欠。其山地并杉木未□已前,与家、外人即无交易。如有一切不明,并系出产人自行抵当,不涉受产主之事。今人难凭,立此文契为用者。

元统三年乙亥岁拾月初一日郑俊卿(押)契②

① 山东省图书馆藏。

② 王钰欣、周绍泉主编:《徽州千年契约文书》宋元明编,第一卷,花山文艺出版社1993年版,第15页。

文契言及出卖山地之土名、经理字号、田则、面积、四至等，亦均为鱼鳞图册所载事项，其中“元系‘禽’字壹百二十三号”，是指该山地元代延祐经理之前所属鱼鳞字号，“经理系‘万’字壹阡(仟)□佰三十六号”，则指延祐经理所编鱼鳞字号。

明清时期土地买卖与宋元通行的做法一脉相承，亦以鱼鳞图册所载为基本依据，已成惯例。如洪武二十六年(1393)休宁李资衮卖田赤契载：

十二都九保住人李资衮，今将本户田一号，系八保“迩”字一千五百七号，田一亩六分二厘五毫，东至吴名山，西至倪保田，南至汪显彰田，北至朱铁千田，土名大干源查木丘。每年上租谷壹拾柒秤，上田。今来缺物支用，自情愿将前项四至内田取一半，计八分一厘三毫，出卖与同里人汪猷观名下，面议时值价钞六贯整，前去用度。其钞当成契日一并收足无欠。其田今从出卖之后，一任买人自行闻官受税，收苗管业为定。如有四至不明，重复交易，内外人占拦，并是出产人抵当，不及买者之事。所有上手来脚入户契文与别产相连，缴付不便，日后要用，本家索出参照不词。今恐人心无凭，立契文书为用。

洪武二十六年十二月　日出产人　李资衮契

见交易人　胡　羊

今就领去契内价钞并收足讫，同月日再批。①

明嘉靖四十年(1561)祁门吴什卖山地赤契载：

① 安徽省博物馆:《明清徽州社会经济资料丛编》第一集，中国社会科学出版社 1988 年版，第 1 页。

十一都吴什,承祖有椿祥、钦远山地,共六备,坐落东都三保,土名下岭坞、长坞、外坞,系经理"谷"字八百九十号,八百九十四、八百九十五、八百九十六号,八百九十七、八百九十九号。其前项〔山〕地骨、亩步、四至,自有本保经理该载,不及开写,自情愿该本边承祖佥业分数,尽行立契出卖与江 名下为业。面议时值价银捌钱整,其价并契当日两相交付,契后再不立领。今从卖后,一听买人入山栽笛(苗)管业。未卖之先,即无重复交易。如有一切不明等事,并是卖人之当,不及买人之事。今恐无凭,立此为照。

嘉靖四十年后五月初六日立卖契(人) 吴什(押)契

中见人 吴奇勋(押)①

清嘉庆七年(1802)歙县童加祥卖田赤契载:

二十三都四图立杜卖契人童加祥,今因钱粮正用,自愿将自置已业"鞠"字二千四百五十八、九号,田税一亩二分三厘六毫,土名冷塘上,四至照依清册,凭中立契出卖与二十三都八图郑名下为业,三面言定得受时值价九四平九七色银十八两整。其银当即收足,其田税随即过割入买人户内,输粮管业。从前至今并未当卖他人,亦无重复交易,并无威逼、准折等情。倘有亲房内外人等异说,俱系卖人一并承当,不涉买人之事。恐口无凭,立此杜卖契永远存照。

嘉庆七年九月 日 立杜卖契人 童加祥

凭中 童加帧

童盛福

① 王钰欣、周绍泉主编:《徽州千年契约文书》宋元明编卷二,花山文艺出版社1993年版,第302页。

吴澜远

郑苑山

代笔　童明有①

以上明嘉靖四十年祁门吴什卖山地赤契中言："其前项〔山〕地骨、亩步、四至，自有本保经理该载，不及开写"；清嘉庆七年歙县童加祥卖田赤契中言"四至照依清册"，为明清土地买卖契约的常见说法，此外还有"四至照依清册，不另开载"，"四至不开，照依清册"，"其田、塘、地东西四至自有经理可照"，"四至均照依清册"等说法，其中所谓"本保经理""清册"，即指鱼鳞图册而言。这些说法充分表明了鱼鳞图册所载是土地买卖的基本依据，参考鱼鳞图册已成为明清田土交易的惯例。

登载于鱼鳞图册的佥业土地亦可进行典当。《同治九年林恒发户当田浮佥票》载：

浮　佥

"鸣"字壹千伍拾捌号，土名小路边，拾捌都玖图拾甲林恒发户丁礼有户，原佥中田税壹亩肆分肆厘叁毫伍丝，出当与拾陆都叁图拾甲汪吕斋户为业。

同治玖年六月　日　分粘册归为据，日后对同销缴。②

这是一份佥业田土典当的票据，林恒发户丁礼有，将其原来佥业的田土典给他人，其上有"票换新佥，老佥无用"红色戳记，表明受典者重换了新的佥业。浮佥是与实佥相对而言的，乃里甲图书为核对田土归户而用，浮贴于鱼

① 安徽省博物馆编：《明清徽州社会经济资料丛编》第一集，中国社会科学出版社 1988 年版，第 143～144 页。

② 黄山学院图书馆特藏部徽州文化资料中心藏。

鳞册中该号田土页面之上，票上最后印有“分粘册归为据，日后对同销缴”的文字。

又如，休宁县档案馆藏“拾捌都拾壹图首字号临场草簿”（原“首”字，今“垂”字）册中一千四百三十六号贴有一张批照，其文如下：

“垂”字一千四百三十六号，田税一分四厘八毫，戴振户户丁张秉仁出当与十五都四图八甲朱炜户户丁永义，执原佥对册挂当佥。日后不得私行补佥，取销之日，当佥缴还。册上此照。①

该号鱼鳞册上佥注栏中有下列批注：“道光二十九年六月，十八都十一图四甲戴振户丁张秉仁佥，同都图十甲戴敬仪户出。”由此可知，该批照当为道光以后所写。这是一份出当田土在鱼鳞图册上的批照，其上首先载有鱼鳞字号和田土面积及典当双方姓名，其中特别言明“执原佥对册挂当佥”，即出典人须执原佥，对照鱼鳞图册核对无误，再发给受当人挂当佥。

这也是当时典当土地的一般过程，表明典当田土必须经过“对册”这一环节。

与鱼鳞图有密切关系的土地佥业票又可作为借贷抵押的证券。咸丰四年戴楚三借券载：

立券借字戴楚三，今借到程名下九五平九五色纹银四十两整，凭中言定按月一分五厘行息，期到来年冬间，本利一并归楚。恐口无凭，立此借券为据。

当将地契一纸、签票两纸，收税票一纸，曹源盛租折一本付执，以租作利。此批。

① 休宁县档案馆藏鱼鳞图册，第659册，第118页。

咸丰四年七月　日　立借券人　戴楚三
凭中　　戴鲁詹
戴丽川
亲笔①

这里,田土买卖契约、土地佥业票和收税票,都成为借贷抵押的有价证券。

三　诉讼证据

宋元以降,随着土地私有的发展,民间田土争端频频发生,官司不断,为当时地方诉讼之一大宗。明中叶大臣、文人程敏政说:"夫徽州之讼虽曰繁,然争之大要有三:曰田,曰坟,曰继。……田者,世业之所守;坟者,先体之所藏;继者,宗法之所系,虽其间不能不出于有我之私,然亦有理势之所不可已者。"②当田土诉讼之际,官府单凭两造口供是难以定案的。"理诉田产,公私惟凭干照。"③所谓"干照",即有关的文书证据,诸如买卖契约(赤契)、批契、分书等等。《明史·食货志》在论述鱼鳞册与黄册的功用时说:"鱼鳞册为经,土田之讼质焉。黄册为纬,赋役之法定焉。"④鱼鳞图册及其相关文书,作为官府主持攒造的册籍文书,则是田土诉讼的重要书证之一,这是鱼鳞图册最主

① 安徽省博物馆编:《明清徽州社会经济资料丛编》第一集,中国社会科学出版社 1988 年版,第 560 页。

② 程敏政:《篁墩集》卷二七《序·赠推府李君之任徽州序》,《文渊阁四库全书》第 1252 册,第 479 页。

③ 〔明〕张四维:《名公书判清明集》卷九《过二十年业主死者不得受理》,《续修四库全书》,第 973 册,第 454 页。

④ 〔清〕张廷玉:《明史》卷七七《食货一》,中华书局标点本 1974 年版,第 1882 页。

要的社会功用。

在徽州，田土诉讼之类的案例屡见不鲜，这里仅举数例。

（一）隆庆三年歙县欺占坟山案

隆庆三年徽州府付给吴伯起杜害帖文载：

直隶徽州府为恳照杜害事。据歙县十七都三图民吴伯起告称，承祖佥业坟山，被休宁县豪恶金帅欺家穹远盗葬，平坟毁碑，情急告台，抗提捏告。该县批老勘明，催提人卷，解案审判，其原坟山照以原册界管业，拟罪发落讫。今豪故违天判，又复谎告，休宁县批周阴阳处明缴。奈豪势大，刁诈百端，缠无了期，恳赐抄招执证杜患等情。据此案照，先据本犯告为土豪盗葬事，据此，随据金帅告为挖冢盗占事，俱经行据歙、休二县申解各犯前来研审前情明白，问拟金帅应得罪名追赎完卷发落讫，今据告称前因，拟合抄招给发，为此，今抄招由给付本告收执，以杜后患。须至帖者。

右帖给付本告吴伯起。准此。

隆庆三年十月初八日　典吏周天道

恳照杜害事

帖（押）①

（原件钤“徽州府印”整印、半印各一方）

该帖文称，吴伯起有“承祖佥业坟山”被金帅欺占，经诉讼由官府判定，

① 王钰欣、周绍泉主编：《徽州千年契约文书》宋元明编卷二，花山文艺出版社 1993 年版第 438 页。

“原坟山照以原册界管业”，所谓原册，即指原来佥业的鱼鳞图册。鱼鳞图册所载之佥业，乃为官府定案的依据。

（二）崇祯四年祁门息讼清业合同

崇祯四年黄记秋、谢孟义息讼清业合同载：

立清业合文人黄记秋、谢孟义，为因黄记秋祖误买谢濛等山八号，契业不明，以致谢孟义讦告仓院，告送本府刑厅鲁太爷台下，蒙发牌行县，即拘原、被并唤里排、保甲、地邻知证，赍带保簿前去告争山处所查看，得“伐”字一千六百七十一号程二坞山二亩一角，谢天祥佥业。又一千六百七十二号程二坞山一亩，谢芝惠佥业。俱谢孟义祖买，葬祖三穴，勒有墓碑。又一千六百八十四号赤叉源山五亩，又一千六百八十五号赤叉源大坞头山一亩，又一千六百八十八号青龙弯山叁亩，俱汪日新佥业，谢孟义祖买业。旧因黄记秋误种本山三号，致谢孟义告县审明，山断谢孟义业，招卷存照。又一千六百八十六号大岭山山一亩，李起宗佥业，亦系谢孟义祖买业，公同勘明，前山六号系谢孟义明业。又一千六百七十八号檀木坞山一角，谢文炳佥业，系江祖管业。又一千六百七十九号枧坑山一亩，谢芝惠佥业，系记秋管业。以上八号山场四至悉照经理，俱各勘明，两毋相涉，凭中劝谕，荒山小忿，不愿终讼，所各衙门讼费等项，各告各管，毋得混累。自立合文之后，各管各业，永远遵守，毋得悔异。如悔者，听不悔人赍文理论。恐后无凭，立此清业合文二纸，各收一纸为照。

“合同存照”（半字）

崇祯四年四月　日　立清业合文人　黄记秋（押）

谢孟义（押）

中见里长　李德寿（押）

地邻　汪社保(押)

保长　李君益(押)

甲长　谢祖

代书人　李君辅(押)①

该合同未载明所在地点,但文书中出现了业户名“汪日新”,田土字号“伐”字,以及土名“赤叉源大坞头”等,这与前引南京大学历史系资料室藏洪武十三年祁门汪守位出批山契所载相同,故可知该合同所属地点为徽州府祁门县十西都。按,祁门县在万历清丈以后,都图已改新的字号,而在民间,仍有据旧的字号进行田土交易者;又,本案田土涉及万历丈量之前字号,故其所录为旧的经理字号。

据该合同载,立清业合文人黄记秋、谢孟义,为因黄记秋祖误买谢濠等山八号,契业不明,以致谢孟义讦告官府,官府即拘原、被告,并唤里排、保甲、地邻知证,“赍带保簿前去告争山处所查看”,对告争各号“山场四至悉照经理,俱各勘明,两毋相涉”;并凭中劝谕息讼,订立合同,各管各业,永远遵守。在这一田土告争息讼事件中,鱼鳞图册所载四至为田土边界划分的基本依据,起到了至关重要的作用。

(三)清初徽州会审学田案

学田,是指古代各类学校所有的田产,是学校办学经费的一个主要来源。学田之中有属于府学、县学等官学的,称“官学田”,为官田之一种;有属于私塾、书院等私学的,称“私学田”或“义学田”,属义田之一种。学田的来源,或

---

① 王钰欣、周绍泉主编:《徽州千年契约文书》宋元明编卷四,花山文艺出版社1993年版第306页。

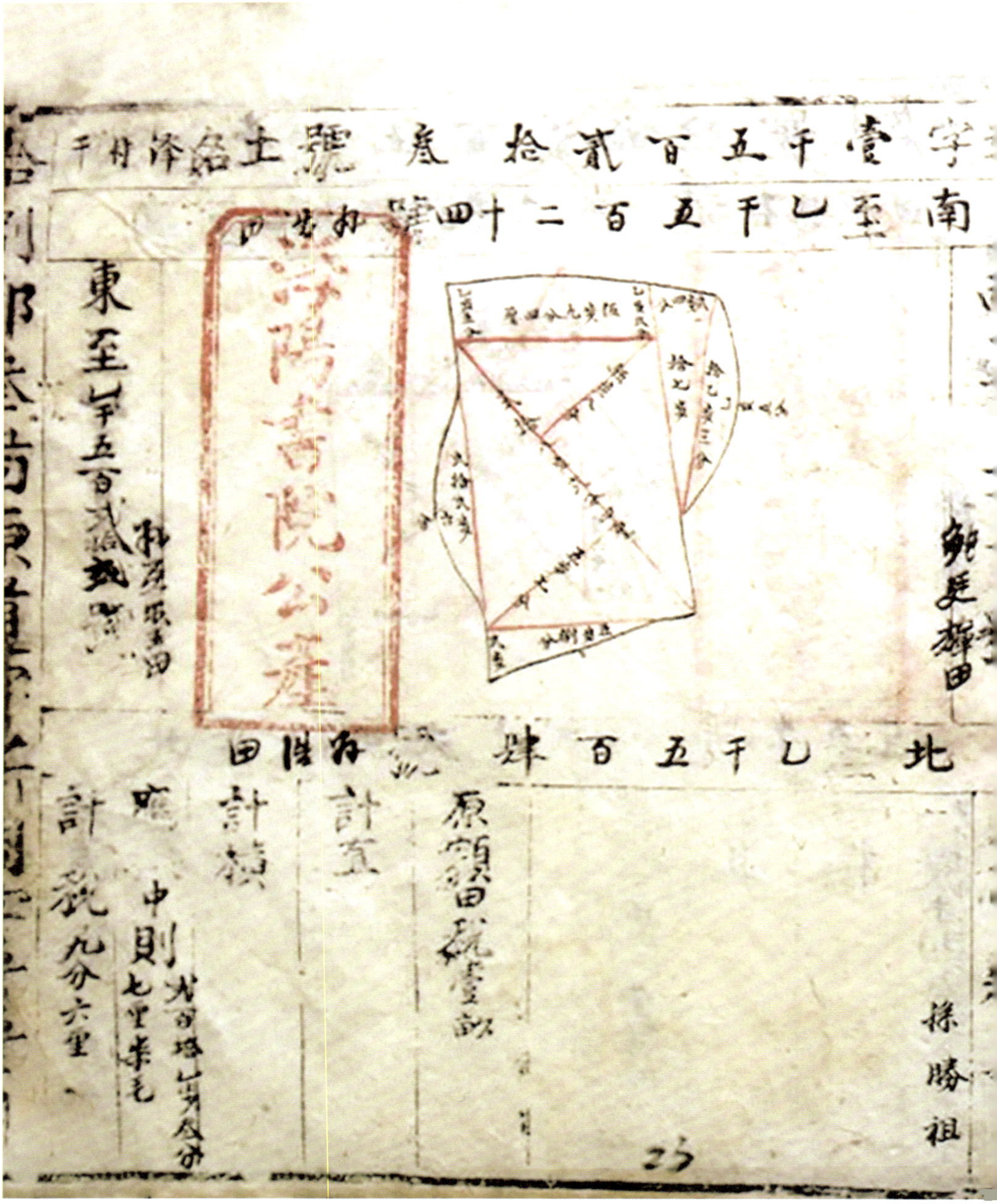

图 7–1　清休宁县十八都三图鱼鳞册载书院公产

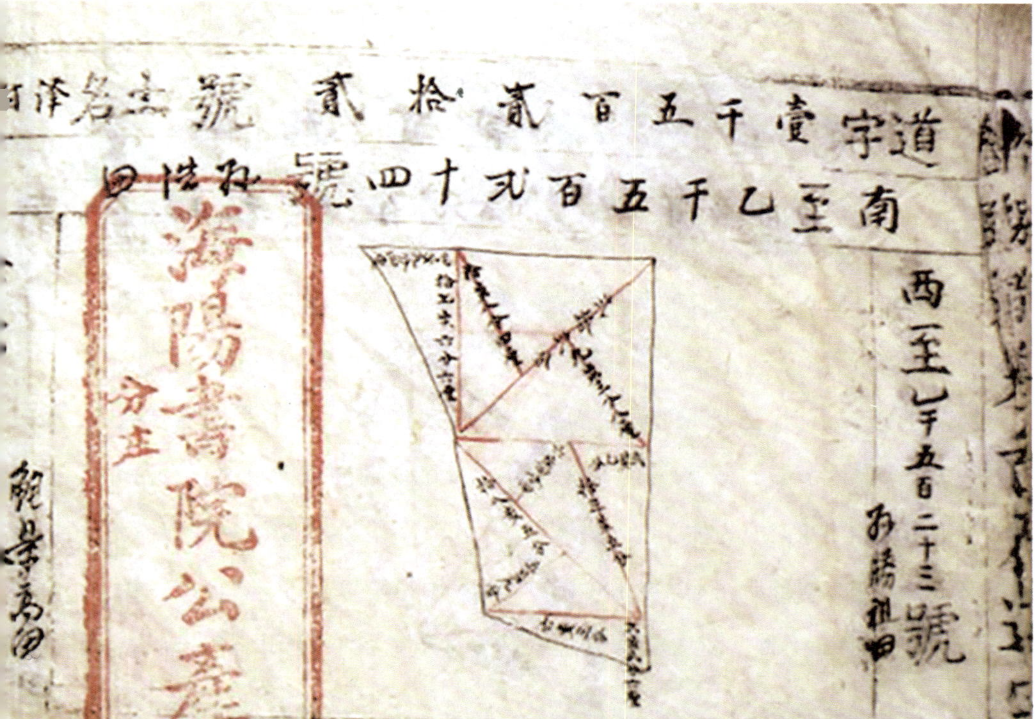
道字壹千五百壹拾貳號
南至乙千五百弍十四號
海陽書院公產
西至山千五百二十三號
北至山千五百肆
田稅貳畝
見業十五都五啚十

由官府从官田中划拨及拨银购置，或由私人捐献及捐款购置。徽州自宋代以后，兴文重教，随着官学、私学的发展，学田的数量不断增加，明清时期达到顶峰。在徽州鱼鳞图册之中，亦可见到不少丘号田土标为学田公产。如清休宁县十八都三图“道”字鱼鳞图册中，即有相当多字号之上盖有“海阳书院公产”红色戳印，见图7-1。而在各种田土纷争中，亦不乏有关学田纠纷的案例。

清初徽州会审学田案，见于清康熙休宁县县令廖腾煃所著《海阳纪略》下卷《会审学田详府看语》①，有关案件始末的原始卷宗迄今不见遗存，以下仅据《会审学田详府看语》（以下简称《看语》）所言，对该案略作介绍与分析。

该案所涉田土，其在万历年间本为歙县张氏家族所有，因徽州府库吏张文选侵帑，挪借休宁儒学官银补款，张氏家族则以田地助文选抵银还休，此田遂变为休宁儒学所有，成为休宁学田。《看语》开头一段说：“顺治三年，经歙县宋令清查官田，歙县册里、里长张一麟、张天元回呈称系休宁学田，此一据也。又查顺治十五年歙邑清丈印册，现注‘休宁儒学’字样，此田之源流版籍又班班可考。”

其后，适逢明清鼎革，公众产土无人专管，以致失业；田地又在外县，隔县之物，可随意吞匿。顺治时徽州知府蔺一元（顺治十三年至十八年任），于顺治十八年（1661）遂将此田批给文昌阁僧人②，乃以此田无人承管暂为香火之资。然查其批札，并未实指此田来历。而后，该田又被歙人汪烈、王道谦私人侵匿强占。当文昌阁僧人静修在日，则以静修为名，而汪、王于中分之；静修死后，僧人未得颗粒，俱汪烈、王道谦二人肥己，各佃户供吐凿凿，汪王二人无辞，而辩称田租乃修寺展祭之费。廖知县反驳道，文昌阁合郡输资，现今窗楹倒坏，圣像不整，幸得徽营赵参府捐俸装金；再查歙县志书，龙井山文昌阁款

① 廖腾煃《海阳纪略》下卷《会审学田详府看语》，清康熙浴云楼刻本，《四库未收书辑刊》第七辑第28册，第426~429页。

② 按，廖腾煃《会审学田详府看语》中有“龙井山文昌阁”一语，乾隆《歙县志》卷一《山川》载龙井山“上建禹庙，又建阁，以祀文昌”，《看语》所言文昌阁当指此。

下并无“置田祭祀”字样，则此田之出息不明，明为汪烈、王道谦二人侵收入已耶。

休宁廖知县奉宪在府城会审此案，在审理之后，正拟同歙令会看详复，而歙令又以别务竟尔他出，而廖知县不能在府久待，因具详稿送歙令参正会详。不料，歙令意见与廖知县不同，将其文稿发还差役，另具详稿会廖令详复。于是，休宁知县廖腾煃针对歙令详文，逐段辨正，一一为府宪陈之：

据歙令详称，张文选侵府帑而非侵休帑是矣。不思文选侵府帑，家产尽绝，适休学有银存积，当年奉府宪移用补款，后以本族张葱等捐助之田地，抵还休学银两，因行本都图立休宁儒学户，此歙田入休之源流也，何得云虚悬而无实据乎？

据歙令详称，鳞册有“休宁儒学”字样共六号，其余只注“儒学”二字。不思府清丈所印册注“休宁儒学”四字者二十二号，注“儒学”二字者二十九号，及查顺治三年歙县册里里长张一麟、张天元回呈，逐号俱是休宁儒学，宋令朱批有案。今搜出册里身上底册，逐号亦是休宁儒学，且字号税亩土名，与府册相符。则有“休宁”字样者固为休学之田，无“休宁”而止有“儒学”字样者亦为休学之田矣。府册亦系图正攒造，岂有异同？或因省笔而前数号以“休宁”二字冠之。倘此田诸号之上有“歙县”二字，亦可尽为歙学之田矣。且顺治四年纳粮共二两七钱三分零，本色物料银九钱零，若六号田仅数亩何必纳如许之粮乎？此又不辨自明者也。

据歙令详称，前审无顺治四年粮票，今因搜而出，愈见一麟袒诬。不思歙令惑于奸宄之言，胸有成见，惟恐休宁添出证佐，未加严讯，以致一麟惧汪烈苛威焰，不敢呈验。卑职奉宪委讯，矢心天日，细心究诘，始得真情。况粮票乃休宁纳歙县官粮之票，而非无印信之私票，只辨印票之真伪，不必问搜与不搜也。且搜而始出，愈见一麟袒歙，而非袒休矣，若袒休则不待搜而即呈验矣。诚如所言是怪卑职多此一搜，可以朦胧详结矣，诚所不解。

据歙令详称，顺治四年既已纳粮，后又抗粮。不思百里之外，通学众物无人专管，以致失业，此亦常情。歙因盗税改入文昌阁，历年收租。

从休宁知县廖腾煃所呈这一《看语》不难看出，其中虽有不少事理方面的分析，而最根本的是反复吊查相关的鱼鳞册籍及相关文书，其中有“底册”，即清丈时最初所造册底；“印册”，即钤有官府印信的正册；“府册”，即藏于官府的库册，等等，最终是以鱼鳞图册所载为判案证据的。此案最后如何结案，上述《看语》并未言明。不过，道光《休宁县志》卷三《学校·学田》附录有康熙三十二年(1693)祁门县知县祝，会同掌休宁县事本府督厅刘、歙县知县李，会审详府“看语”，其最后称：“今既清查应还故主，即请蔺宪持平于今日，亦难置丈册、粮单、印票于不问，而以圣人之田归之寺僧。况肯任豪强之占据乎？其田相应断归休学。”①

(四)乾隆休宁汪胡互控案

乾隆三十年(1765)前后在徽州休宁发生的汪胡互控案，系佃仆(胡姓)力争开豁为良、大户(汪姓)坚持压良为贱而相互控告的一桩大案，案情起伏跌宕，错综复杂，前后拖延数年。其中多有涉及土地产权情节，无论两造具词，还是官府谳批，皆以土地佥业为据。如乾隆三十一年(1766)五月二十六日，主家监生汪增燮等禀：“生家承祖佥业‘潜’字四千三百七十二号，土名安山，胡富住基业地三百八步零，于上祖造墓祠一所，祠旁并造余屋数间，与庆等上祖胡富住守。现奉堂吊‘潜’‘重’两册，查明并无庆等分法，其葬山土名柿宅瓦窑丘等处，亦生家承祖佥业……不思业各有主，经纬两册炳据。”县官在此

① 道光《休宁县志》卷三《学校·学田》附录，国家图书馆藏道光刻本。

禀文后“批：胡葬之山并住屋之基，果系尔业，自应照例起租，堂谕甚明。但是否尔业，候送军厅带同图正，照册查勘契并移。”①与此同时，佃仆胡琪生等亦具禀文，其中说：“至三千七百五十三号，土名盘野，册佥身祖胡舟敬名，四千七百五十一、二、三、四等号，土名陈四六居后、石板垄、板石下等处全业，均有佥凭，胡姓众祖坟山；又四千二百三十八、九号，土名柿宅，系国正已祖坟山，册载胡黑、胡奇富名，册佥叠证，则身葬坟己山明矣。”文后县官“批：候并送确勘。”②不久，休宁县军厅将查勘结果呈报：“敝厅查勘得……据汪增燮称系墓祠基地，指旁屋为伊祖所造，查图册载地四百余步，汪尚义等名下共地三百余步，与库册合符……所有空屋，汪姓管业……各号山场俱有胡姓坟墓石碑，查册现系汪姓办税。”③

这里所说“经纬两册”，即指鱼鳞图册与实征册而言。鱼鳞图册以土地为主，按田土丘块编为流水字号，在徽州多有“鱼鳞经册”之称；实征册以人户为主，汇集人户土地税额，有“纬税”之称。发生田土纠纷，即吊验经、纬二册，照册查勘，以核实业主与税额；还要查对与库册是否相符，即与官府所藏鱼鳞图册正本核对，以防乡里篡改图册之弊；并集结里长、图正、保长等到现场踏勘，而由官府最后勘定结案。

徽州佃仆制度由来已久，颇为盛行。魏晋隋唐以来，直至明清，在徽州一直广泛存在。佃仆与奴婢有别，但与主家具有严格的隶属关系。佃仆因种主田、住主屋、葬主山，除缴纳地租外，又必须为主家担负多种徭役。不过，从明中叶以后，由于社会经济的发展变迁，特别是商品经济的发展，徭役地租开始向货币地租转变，佃仆人数逐渐减少，佃仆自身的经济亦有所壮大，加之佃

① 安徽省图书馆藏2:43651号，《汪胡互控案抄·乾隆三十一年五月二十六日汪增燮等禀文》。

② 安徽省图书馆藏2:43651号，《汪胡互控案抄·乾隆三十一年五月二十九日胡琪生等禀文》。

③ 安徽省图书馆藏2:43651号，《汪胡互控案抄·乾隆三十一年六月二十二日休宁县军厅移文》。

仆、奴仆起义频繁发生,佃仆制日渐衰落。至清雍正时,朝廷发布了“开豁伴当世仆”旨令,适应并加速了这一历史进程。然地方大族宗法势力仍然强大,百般阻挠世仆开豁。地方官府对朝廷旨令的执行亦不十分有力。乾隆休宁汪胡互控案正反映了这一历史背景。该案的实质本是社会身份之争,其审理多有反复,最后仍以土地占有关系为断案的根本依据。至乾隆三十二年(1767)六月五日,知县“堂谕:讯明胡庆等住葬山地,业经核对图册,均系汪姓佥业,自应服役,不应开豁为良。但胡庆等既系汪姓族中众仆,自应以汪姓祠内遇节祭扫,至祠服役,不应至各私家服役。至两造前各滋事,均从宽免究。即取各遵存查”①。官府仍以鱼鳞图册佥业为据结案,胡姓最终没能完全摆脱佃仆的身份。

四　均平赋役

在中国古代社会,土地是国家与人民最根本、最主要的资产。土地为国家赋役的基本来源之一。土地占有是否均衡,国家能否掌控人户所占有的田土,成为赋役是否均平的根源。从某种意义上说,鱼鳞图册制度从一开始就是官府为了核实整个土地的占有情况,掌握各户占有土地的实际数字与税额而设计,以达到赋役征调有效运转的目的。均平赋役是鱼鳞图册制度的一个根本功能。

宋代以后,每当改朝换代,重新掌控全国的耕地情况——举行土地清丈与攒造鱼鳞图册,便成为新王朝的一件大事。元初即有“经括”田土之举,明初有洪武丈量,清初有顺治与康熙清丈。而在社会经济的运行之中,当赋役

① 安徽省图书馆藏2:43651号,《汪胡互控案抄·乾隆三十二年六月五日审案堂谕》。

征调出现大的问题、必须改革之际，亦需通过土地清丈与攒造鱼鳞图册，从根本上解决赋役不均的问题。

明中期以后，明初实行的以传统制度为主的赋役征调，出现了种种弊病。明初承继传统所定田土之制，有官田与民田之分。“官田，官之田也。国家之所有，而耕者犹人家之佃户也。民田，民自有之田也。各为一册而征之。”[①]明代的官田数量巨大，在整个田土中占有相当大的比例，特别是在江浙一带，有的府县官田甚至超过民田。不过，至明中叶，官田普遍成瓦解之势，已与民田没有大的区别。官田收租，民田纳税，然官田之租要远高于民田之税，成为赋役不均的一大根源。又，官田和民田又各自分为无数的等则，少则数十，多则数百，甚至有千余则、几千则的。如成化时苏州田则“乃至千余”[②]，正德年间湖州田地竟多达“四千四百四十七则”[③]。役法之中，不论正役，还是杂泛差役，其下均有数不清的各色役目，五花八门，难以枚举。“田苦则多，役苦名多。”等则既多，里胥遂得以上下其手，成为其作弊的一大渊薮。再如，官绅优免亦成为明中后期的一大社会问题。所谓官绅，除皇族、贵族外，还包括具有进士、举人、贡监生员身份的出仕、致仕、未仕等人员。明代按传统规定，官绅有优免权，既优免徭役，又优免钱粮，而庶民必须当差服役。在法令上，虽规定官绅是限额优免，但实际上，他们往往利用权势，多是全额优免。不仅本身全免，而且通过花分、诡寄、寄庄、投献等手段，荫庇族党，结果他们也被全额优免。明中叶以后，“江南缙绅蔚起，优免者众，应役之田，什仅五六，再加隔省官户占籍优免，应役者什仅四五。大户之豪有力者亦通官奴以诡寄，贿办役以花分，应役者什止三四矣。凡承重役，无不破家”[④]。此外，还出现其他一

① 〔清〕顾炎武著、黄汝成集释：《日知录集释》卷一〇《苏松二府田赋之重》，清道光刻本。

② 〔明〕陈子龙等：《明经世文编》卷一二〇，《王文恪公文集·吴中赋税书与巡抚李司空》，《续修四库全书》，中华书局 1962 年影印本，第 1656 册，第 538 页。

③ 万历《湖州府志》卷一一《赋役》，上海图书馆藏万历六年刻本。

④ 〔清〕陆世仪：《复社纪略》卷二，《续修四库全书·史部》，湖南省图书馆藏清抄本，第 438 册，第 514 页。

些根本性问题，赋役制度已到了非改不可的地步。于是，均田均役呼声四起，一条鞭法亦开始推行。

然而，无论均田均役，还是一条鞭法，这些改革虽与很多制度相关，涉及社会经济诸多方面，但清丈土地、核实田土都为其根本。嘉靖时江浙一带清查欺隐田土，实行官民一则改革，即从“履亩清丈”开始。史载：

嘉靖十七年，顾鼎臣为大学士，言苏松常镇嘉湖杭七府供输甲天下，而里胥豪右蠹弊特甚，宜将欺隐及坍荒田一一检核改正。于是应天府巡抚欧阳铎检荒田二千余顷，计租十一万石有奇，以所欺隐田粮六万余石补之，余请豁免，户部持不下。时嘉兴知府赵瀛建议田不分官民，税不分等则，一切以三斗起征。铎乃与苏州知府王仪尽括官民田裒益之，履亩清丈，定为斗则，明年事竣，所造经赋册以八事定税粮。①

至嘉靖时，浙江绍兴府飞诡虚悬田粮极为严重，有田连阡陌，而户之输者止于升斗之征，地无立锥，而粮之倍者反有十百之积，或有田无粮，或有粮无田，当地称为“无挨田”。仅会稽一县，“无挨田”就达一万四千余亩，“无挨粮”达一千六百余石。而山阴、诸暨、余姚等县无挨之田、无挨之粮，比之会稽尤甚。此皆飞诡之田粮。为推行一条鞭法，改为官民一则，嘉靖二十六年(1547)，会稽知县张鉴建议：

均一之法，非徒总算均摊可以集其事而定其业也，必须先之以清查。夫所谓清查者，按圩图流水以立其本，参黄册实征以稽其弊。有不明者，加之丈量，以核其实。本职躬睹苏州府知府王尝用是道，建议于巡抚欧公，举一郡之粮而均之。其名曰均耗，而不曰均粮，盖以成宪未敢更移

① 乾隆《吴江县志》卷四四《经略四》，上海图书馆藏乾隆十二年刻本。

也。其登黄册之则,其额如故,而造实征之数。其粮则均分,高卑肥瘠、山海川原,通摊一则。是以赋役均,万世永赖,刊行文册,班可考也。切今会稽欲均三则,意非不善。以愚筹之,若不清查,究其飞诡之粮,悉还本根之土,则前所谓无粮之田,仍旧无粮;无田之粮,仍旧无田……窃照会稽无挨田一万四千三十九亩零,而无挨粮一千六百五石七斗零,惟此田被奸人所朦隐,故此粮无所归着,不免累倍于无辜之愚民。其在山阴、诸暨、余姚无挨之田、无挨之粮,比之会稽为尤甚,皆如是之飞诡耳,非此田之外别有此粮也。苟不清查改正,而遽以三则均之,不知此田此粮当复置之于何等之则也,是以敢谓所议三则不如一则之公且易也,如一则而不先之以清查,则如前所陈山阴八县照前数而均之,无劳旦夕而可责成其就绪然,但可以为救偏补隙之图,而非所以为拔本塞源之政也,故愚曰必清查丈量而后可。①

该议指出,实行均一之法,"必须先之以清查。夫所谓清查者,按圩图流水以立其本,参黄册实征以稽其弊。有不明者,加之丈量,以核其实"。所谓"圩图流水",即鱼鳞图册,按鱼鳞图册清查,乃是根本。张鉴认为,"若不清查,究其飞诡之粮,悉还本根之土,则前所谓无粮之田,仍旧无粮;无田之粮,仍旧无田",若不清查,"但可以为救偏补隙之图,而非所以为拔本塞源之政也,故愚曰必清查丈量而后可"。指明了丈量土地与攒造鱼鳞图册,乃为清查隐匿土地"拔本塞源"之举,是实施均田均役、推行一条鞭法的前提。

其后不久,万历初年则有张居正主持的全国性土地清丈,成效显著。明代朝廷掌握的田土总额在弘治时为四百多万顷,万历清丈后已达七百多万顷,其中有大量隐匿田土被清除。这为其后实施均田均役、推行一条鞭法奠定了基础。

---

① 万历《绍兴府志》卷一四《田赋志一》,国家图书馆藏万历十五年刻本。

徽州是认真执行万历清丈的一个地区。前已叙及，休宁县万历清丈是在县令曾乾亨主持下进行的，成效十分显著。“万历九年奉旨清丈过实在官民一则田地山塘五千六百九十二顷六十六亩二分八厘五毫”①，这是通过清丈所统计的休宁县田土总数，其中也清出了不少浮额土地。在汪道昆专为休宁万历清丈所写的《曾令君经野记》中，对此评价说：“先是，税粮千二百石失额而浮，既籍，则为之核实黜浮，视故额无所加损，土田均矣。明年，民间当更版。按旧版浮者且六千丁，令君悉召三正，赴丛祠与之约，力诎则弛，赢则张，弛则虽丁壮不兴，张则虽老弱不复。具曰惟命，力役于是乎平。”②即通过清丈，使先前该县一千二百余石浮额田土得以核实，但总的赋额并未增加，并进而均役，从而达到了均平赋役的效果。当时，汪道昆还曾走访休宁各地，“余度朗原，营白岳，穷率水，匿商山，足迹几遍四境，所至经界毕正，比屋称平”③。休宁万历清丈所取得的成效是十分明显的。

均田均役的推行与一条鞭法的实施，是中国古代赋役制度乃至社会经济方面的一次重大改革，自明中叶开始直至清雍正时实行摊丁入亩，才最后完成，延续很长的历史时间。清代除顺治和康熙两次较大规模的清丈外，不少地方州县也曾举行各种田土丈量，以配合当时的赋役改革。土地清丈与鱼鳞图册攒造在明清赋役改革中发挥了根本性的重要作用。

---

① 万历《休宁县志》卷三《食货志·公赋》，国家图书馆藏万历三十五年刻本。

② 〔明〕汪道昆：《太函集》卷七五《曾令君经野记》，《续修四库全书》，国家图书馆藏明万历刻本，第1347册，第622页。

③ 〔明〕汪道昆：《太函集》卷七五《曾令君经野记》，《续修四库全书》，国家图书馆藏明万历刻本，第1347册，第622页。

第八章　档案价值

一 历史悠久

如前所述，迄今已发现鱼鳞图册文书档案的遗存总数在5000册以上，数量颇为可观。但其中大多数是属于清代的，现存明代的鱼鳞图册为少数，仅几百册。而在遗存的明代鱼鳞图册中，大多数又为万历清丈所攒造，属于万历以前的鱼鳞册则很稀少，十分珍贵。徽州鱼鳞图册档案，不仅有明万历以后各朝代鱼鳞图册的大量遗存，而且有明万历以前的鱼鳞图册遗存，其中既有明中期的鱼鳞图册，又有明洪武时期所造鱼鳞图册，最早可追溯至元代延祐所造鱼鳞图册。特别应指出的是，明中期以前的鱼鳞图册，如今也只有在徽州鱼鳞图册档案中才有遗存。

现存明中期徽州鱼鳞图册，本书第六章已叙及，有《弘治九年抄休宁十二都一保鱼鳞归户号簿》，中国社会科学院古代史研究所藏；①又有《成化五年歙县二十四都六保鱼鳞图册》，安徽省图书馆藏。该册书口题："歙县，清册流水某某号，成化五年刊行"，其"清册流水"下填某某号，为该册各页（古装筒子页）号码。每页双面，每面登载4个田土号数，如图8-1。

该册现存"因"字自25号起至946号止，册中残缺较为严重，资料并不完整；各页加有衬纸，系后来装订，有所错乱。据上海图书馆藏《嘉靖徽州府歙县程玄信黄册析户册底》所载，可知明万历丈量之前徽州府歙县二十三都十保的田土字号为"声"字，②按《千字文》所载顺序，"声"字后面第6个字即"因"字，结合该册所载其他信息，可断定该册为成化徽州府歙县二十四都六

① 中国社会科学院古代史研究所藏HZY3100001号。

② 参阅拙文《明代黄册归户底籍二种》，载《明代黄册研究》附录一，2007年增订本，第442-448页。

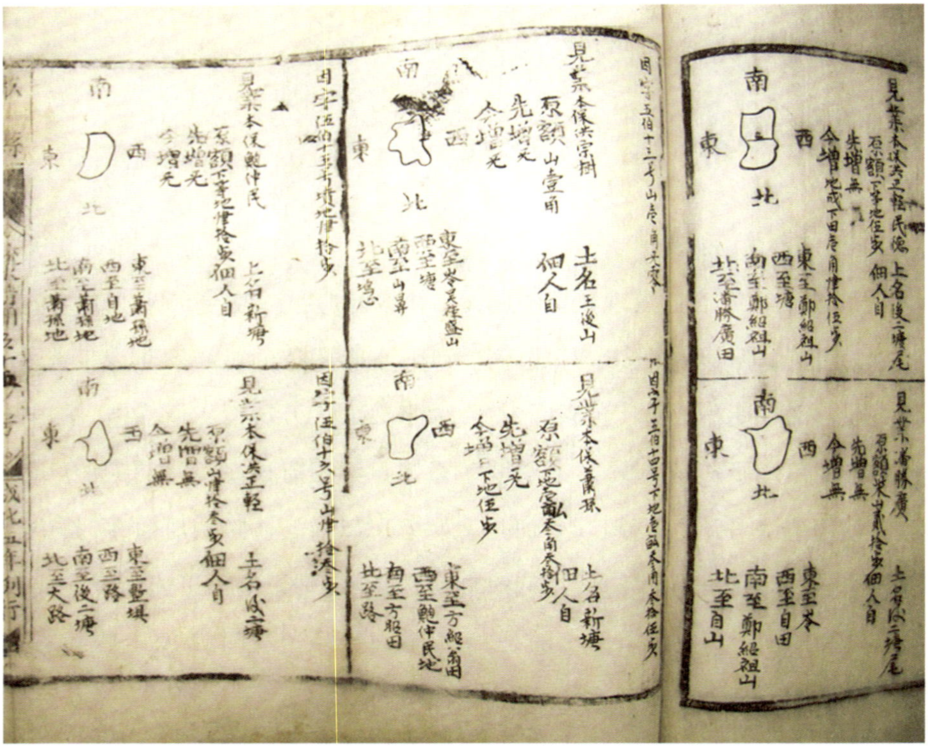

图 8-1　成化五年歙县二十四都六保鱼鳞图册

图鱼鳞册。

明洪武时期的徽州鱼鳞册,迄今为止,已发现有多部遗存。主要如下:

1.《洪武十八年歙县十六都三保万字号清册分庄》,一册,书口印“洪武清册分庄”字样,中国社会科学院古代史研究所藏。① 该册现存自“万”字一七号起至“万”字六九四号止,为一残册。

2.《洪武十九年休宁县十都六保罪字保簿》,一册,封面题“拾都陆保罪字保簿洪武延祐前”,国家图书馆藏。② 该册内所载自“罪”字一号起至“罪”字七百二十号止,计载 720 号。册内还录有该保延祐经理的资料。图册保存完

① 中国社会科学院古代史研究所藏 315010000001 号。

② 国家图书馆善本部藏 16828 号。

好，资料完整无缺。

3.《洪武歙县二十三都一保名字保簿》，一册，安徽省档案馆藏。① 该册前29页（古装筒子页）残缺，现存自30页起至278页止，计248页，每页双面，每面登载4个田土号数，现存自“名”字二百二十五号起至“名”字二千零二十号止。

4.《洪武歙县十八都一保女字保簿》，一册，上海图书馆藏。② 该册现存自“女”字一号起至“女”字二千七十二号止，仅首尾数号文字略有残缺，资料基本完整。

等等。

在现存的徽州鱼鳞图册之中，又有多部元末龙凤时期所造鱼鳞册。主要如下：

1.《龙凤经理祁门县十四都五保鱼鳞册》，一册，中国社会科学院古代史研究所藏。③ 该册现存计48页（古装筒子页），96面，有残缺，但文字资料保存基本完好。

2.《龙凤经理祁门县十西都九保鱼鳞册》，一册，中国社会科学院古代史研究所藏。④ 残册，现存计109页（古装筒子页），217面。现存册中载有九〇六号至一七四〇号各号田土内容。

3.《龙凤经理祁门县十东都三保鱼鳞册》，一册，安徽博物院藏。⑤ 封面题“‘谷’字号经理”，首载“十东都叁保‘国’字经理壹号”，二号以下皆为“谷”字，“谷”与“国”通。现存册中载有一号至一千〇三十六号各号田土内容。保存完整无缺。

① 安徽省档案馆藏46-1-214号。

② 上海图书馆藏563663号。

③ 中国社会科学院古代史研究所藏314150000001号。

④ 中国社会科学院古代史研究所藏1000179号。

⑤ 安徽博物院藏2:16722号。

4.《龙凤经理祁门县十五都七保鱼鳞册》，抄本，一册，安徽省黄山市徽州文化博物馆藏。① 开头载“经理七保‘方’字”，现存册中载一号至一千〇三十九号田土内容，个别字号所载文字略有残缺，资料基本完整。

等等。

特别值得注意的是，在现存的徽州鱼鳞图册之中，还有一部元代延祐经理鱼鳞册，抄本，一册，安徽博物院藏。② 该册封里题“嘉靖十九年庚子孟冬月一日奇峰桐山书立”，下钤“郑登俊”红色戳印。首页开头载：“祁门县十五都元延祐甲寅老经理，系六保‘万’字号，开具原佥业人本都住居各保及外都并浮梁县姓名，详载于后。郑琮誊录。”郑琮誊录旁又钤“郑登俊”红色戳印。该册载十五都六保自“万”字一号起至“万”字一千四百八十九号止，最后一号之下载：“‘万’字共一千四百八十九号，誊录纸共计六十三叶。”末尾载有下列文字：

十五都六保延祐甲寅年经理，系元朝七世祖秀一公原誊录真本，故长伯域收贮。

先祖素四公，号知足翁，照七世祖旧本一样誊录经理本二部，俱长伯、长兄笏收，见(现)又谅侄孙收贮。

大明正德五年岁次庚午秋八月初六日，兄梅照旧本一样誊录一部收贮。桐山恐久遗失，于嘉靖十九年庚子岁孟冬一日照兄梅誊录旧本，一样亲录一本，示后为目，勿当故纸，谨收者贤。大明嘉靖十九年庚子孟冬一日桐山谨书。

由此可知，该鱼鳞册原系据元朝延祐经理“真本”所录，其后又经几次誊录，其顺序如下：

---

① 安徽省黄山市中国徽州文化博物馆藏。
② 安徽博物院藏 2:16753 号。

七世祖秀一公(原誊录真本,元朝)→先祖素四公→兄梅(明正德五年)→桐山即郑琼(今存抄本,嘉靖十九年)。该册虽经多次抄录,但顺次清楚,流传有序。可确认其所据原本为元延祐经理鱼鳞册,系祁门县十五都六保“万”字号,明嘉靖十九年(1540)抄录。该鱼鳞册虽为抄本,但文字完整无缺,保存完好。这是迄今发现的元延祐经理整本鱼鳞册的唯一遗存,具有很高的研究价值。

现存元末龙凤鱼鳞册,多为元顺帝至正甲辰年即公元1364年攒造,距今已有660余年;元朝延祐甲寅,即公元1314年,延祐经理鱼鳞册,距今已达710余年。徽州鱼鳞图册档案的遗存可谓相当丰富,且独一无二。

二　体系完整

前已叙及,徽州鱼鳞图册文书档案的遗存数量十分巨大,总数在5000册以上,在中国古代整个鱼鳞图册遗存中占大多数。不仅如此,徽州鱼鳞图册文书档案的遗存还具有完整的体系。

由于鱼鳞图册是有关土地制度的基本册籍,为土地管理之本,具有多种功用,故鱼鳞图册所造册籍不止一种,而是类别多样,册籍繁多。有草册与正册之分。鱼鳞图册须先造各种草册,其名称有:鱼鳞草册、经理草册、鱼鳞清丈册、清丈册簿、清丈细底、丈量鱼鳞号册、丈量图册、覆丈底册、弓口册、弓口草底、弓口册底等,其上录有字号、土名、业主、丘块四至,多画有田形草图,详载丈量弓步和应纳税额等。草册经过核实无误,然后再造正册,其中有以保或图为单位的鱼鳞清册,称为“保簿”或某图“鱼鳞清册”等,其名称有:鱼鳞清册、鱼鳞册、鱼鳞图册、鱼鳞经册、鱼鳞京册、鱼鳞号册、鱼鳞底册、鱼鳞弓口清册、保簿、经理保簿、经理簿、经理册、印信经理、经理册底籍、佥业底册、亩步佥业收税册、弓口鱼鳞册、流水号簿、临田图册、清册分庄等,其上按其所编田土字号为序,登载各号田土丘块的详细信息,又称“流水”册。这种鱼鳞清册是鱼鳞册中最基本的一种册籍,按其大界,攒造都图县图;汇其总数,以造都总县总;据其细图,核实各户田产,以造砧基簿、类姓簿、归户册等。其上多钤有县印。正册之中,又有向上各级官府(包括中央官府)呈送的鱼鳞正册。呈送县、府的鱼鳞清册多贮于县衙、府衙的架阁库,又称“库册”。这种向上各级官府呈送的鱼鳞正册,一般逐级简化,只载其相应下一级的各种田土数字,不列细图。但也有呈送鱼鳞清册的。

在攒造鱼鳞清册的同时,又画有鱼鳞总图,其所绘“状若鱼鳞”,故称鱼鳞图册。鱼鳞总图在徽州地区称为“摊佥”。鱼鳞总图亦分别有保图、都图、县图等。

此外,还造有鱼鳞归户册。归户册是在鱼鳞册造好之后,依据鱼鳞清册而攒造的,宋元时期称为砧基簿、类姓簿等。明清之后称为归户鱼鳞册、归户清册、亲供归户册、归户鳞册、归户册、田土号簿、田土号单、分庄归户、归户底籍、清丈产簿、户领丘册、庄册等。鱼鳞清册是以田为主,以户从田,而田赋征收则以人户为主,以田从户。但业户所属田土一般多散在诸乡,即散在各鱼鳞册之中。所谓归户鱼鳞册,则是以人户为主,将其分散登载于鱼鳞册上的各号田土归于本户之下而攒造的一种册籍。其中有将各户所有田土都进行归户的“归户鱼鳞册”,也有只将某一鱼鳞字号田土进行归户的“田土号簿”。鱼鳞清册以地为母,以户为子;归户册则是以户为母,以地为子,二者在性质上有所区别。

以上这些,一般是每次土地清丈所必须攒造的基本鱼鳞图册。当然,不同时期、不同地区所造鱼鳞图册亦不尽相同。又,鱼鳞图册除收贮于官府外,乡里和民间亦有所藏,并造有各种鱼鳞家册。总之,所谓鱼鳞图册,实为一个包含多种类别的土地册籍系统。

在徽州鱼鳞图册的遗存中,如鱼鳞草册、鱼鳞正册(清册)、鱼鳞总图、鱼鳞归户册、鱼鳞家册等，这些不同类别的鱼鳞图册都有相当遗存，举例如下：

鱼鳞草册

1.《明绩溪县十三都斯字号经理草册》，一册，中国社会科学院古代史研究所藏；①

2.《明黟县覆丈底册》，一册，中国社会科学院古代史研究所藏；②

3.《清顺治休宁二都四图弓口册》，十二册，黄山市休宁县档案馆藏；③

4.《清休宁十七都三图丈草》，十八册，黄山市休宁县档案馆藏；④

5.《清康熙休宁十七都六图丈量登业草册》，二十四册，黄山市休宁县档案馆藏。⑤

等等。

鱼鳞正册（清册）

1.《明万历九年歙县二十五都六图丈量鱼鳞清册》，一册，中国社会科学院古代史研究所藏；⑥

2.《明万历九年歙县二十五都四图丈量鱼鳞清册》，一册，上海图书馆藏；⑦

3.《清顺治六年丈量休宁县七都一图鱼鳞清册》，四册，黄山市休宁县档案馆藏；⑧

4.《清顺治休宁县十三都一图丈量鱼鳞经册》，一册，黄山市休宁县档案馆藏；⑨

---

① 中国社会科学院古代史研究所藏 315000000004 号。

② 中国社会科学院古代史研究所藏 315000000006 号。

③ 黄山市休宁县档案馆：《档案目录》第 33～44 册。

④ 黄山市休宁县档案馆：《档案目录》第 401～418 册。

⑤ 黄山市休宁县档案馆：《档案目录》第 453～470 册。

⑥ 中国社会科学院古代史研究所藏 315140900011 号。

⑦ 上海图书馆藏 563562 号。

⑧ 黄山市休宁县档案馆藏鱼鳞图册，第 137～140 册。

⑨ 黄山市休宁县档案馆藏鱼鳞图册，第 209 册。

5.《清康熙休宁县十五都四图丈量鱼鳞清册》,一册,黄山市休宁县档案馆藏;①

等等。

鱼鳞摊佥(总图)

1.《明万历休宁县十二都鳞字号摊佥册》,一册,中国社会科学院古代史研究所藏;②

2.《明休宁县鱼鳞摊佥册》,一册,黄山市中国徽州税文化博物馆藏;③

3.《清休宁二十九都六图长字号鱼鳞图》,一册,中国社会科学院古代史研究所藏;④

4.《清休宁二十三都五图木字号摊佥册》,一册,安徽省图书馆藏;⑤

5.《清休宁县霞溪村鱼鳞总图》,一册,安徽博物院藏;⑥

等等。

鱼鳞归户册

1.《弘治九年抄写的鱼鳞归户号簿》,一册,中国社会科学院古代史研究所藏;⑦

2.《万历九年丈量休宁二十七都五图归户亲供册》,一册,安徽博物院藏;⑧

---

① 黄山市休宁县档案馆藏,无编号。

② 中国社会科学院古代史研究所藏 1000193 号。

③ 中国徽州税文化博物馆藏,无编号。

④ 中国社会科学院古代史研究所藏 316000000023 号。

⑤ 安徽省图书馆藏,无编号。

⑥ 安徽博物院藏 2:24549 号,参阅汪庆元《清代徽州鱼鳞图册研究》第十章第三节《清休宁霞溪村鱼鳞总图》,安徽教育出版社 2017 年版,第 337~341 页。

⑦ 中国社会科学院古代史研究所藏契 1000210 号,载《徽州千年契约文书》第一一卷,第 101~214 页。

⑧ 安徽博物院藏 2:24528 号。

3.《清顺治休宁胡氏鱼鳞归户册》，一册，安徽省图书馆藏；①

4.《清顺治至康熙归户分庄粮册》，一册，南京大学历史系资料室藏；②

5.《清歙县二十九都二图三甲归户册》，一册，中国社会科学院古代史研究所藏；③等等。

以上所举，仅是一些例证。在徽州鱼鳞图册的遗存中，各种不同类别的鱼鳞图册，如鱼鳞草册、鱼鳞正册（清册）、鱼鳞总图、鱼鳞归户册、鱼鳞家册等，都有相当遗存。此外，还有与鱼鳞图册相关的其他文书档案，如丈量归户票、清丈合同等，这些一起构成了一个完整的鱼鳞图册文书档案体系。

三　特色突出

徽州鱼鳞图册文书档案具有鲜明的特色，这主要表现在其登载详备，内容丰富；实时编制，动态管理。

徽州鱼鳞图册攒造由于历史悠久，制度成熟，至明清时特别是清代，其登载项目十分详备，所载内容颇为丰富。在徽州鱼鳞图册中，一般都载有字号、土名、田土类别、图形、四至、积步、田则、税额、业主姓名、分庄、佃户、佃人等基本项目。此外，在一些鱼鳞图册中还设有“原额”“今丈积（亩步）”“应拟（上中下）则”“计税”，并有“计丘”“田丘”及“本田受水”“用水浇灌”等项，其中或填“溪”，或填“塘”，或填“堨”等水利设施；在一些丘号中还设有“年月日丈过”“年月日佥过”“年月日丈（付）票”等项。其中有很多图册，对一些基本项目的登载尤为详备。如对业主的登录，有原业户与现业户之分，或称旧业

① 安徽省图书馆藏2：38604号。

② 南京大学历史系资料室藏，无编号。

③ 中国社会科学院古代史研究所藏216000000014号。

主与新业主；除了业主本身户名外，还载有其下户丁的姓名；在一个丘号之下几个业主共业时，都标明各个业主所在都图甲，所占亩步数额与税额，在所画田形之上，亦分别标明各业主所属丘块。在分庄项之下，不仅详载各分庄业主户名，还登载其所占田土亩步、股份与税额等。

徽州鱼鳞图册中登载的田土类别除了田、地、山、塘这些基本项目外，还有坟山、坟地、厝、山园、竹园、柿园、水碓、水堀、水井、路、巷，乃至野外田地所建厕所，亦在所画田形中标出。其中对屋基地的登载尤为详细，其类别有火佃屋、庄屋、社屋、土库屋、店屋、楼屋、坦屋、厅屋、堂屋、书屋、学堂等，有关房屋的附属建筑如天井、月池、花园、厨房、厕所等，亦均在鱼鳞图册所画屋基图中一一标明。图 8-2 为清休宁二十二都五图鱼鳞图册所绘住宅图。①

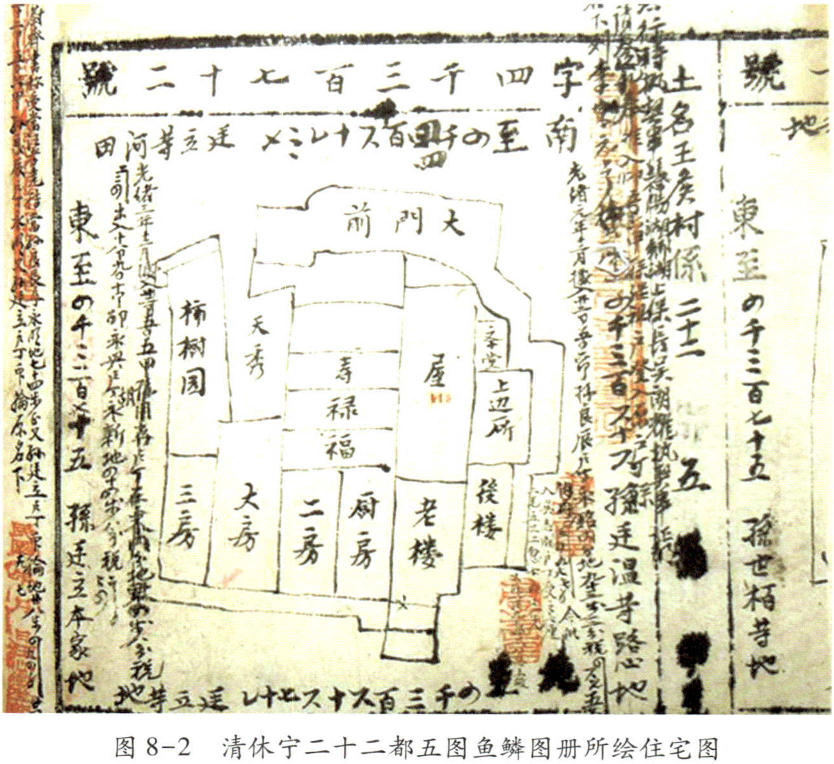

图 8-2　清休宁二十二都五图鱼鳞图册所绘住宅图

① 休宁县档案馆藏鱼鳞图册第 806 册。

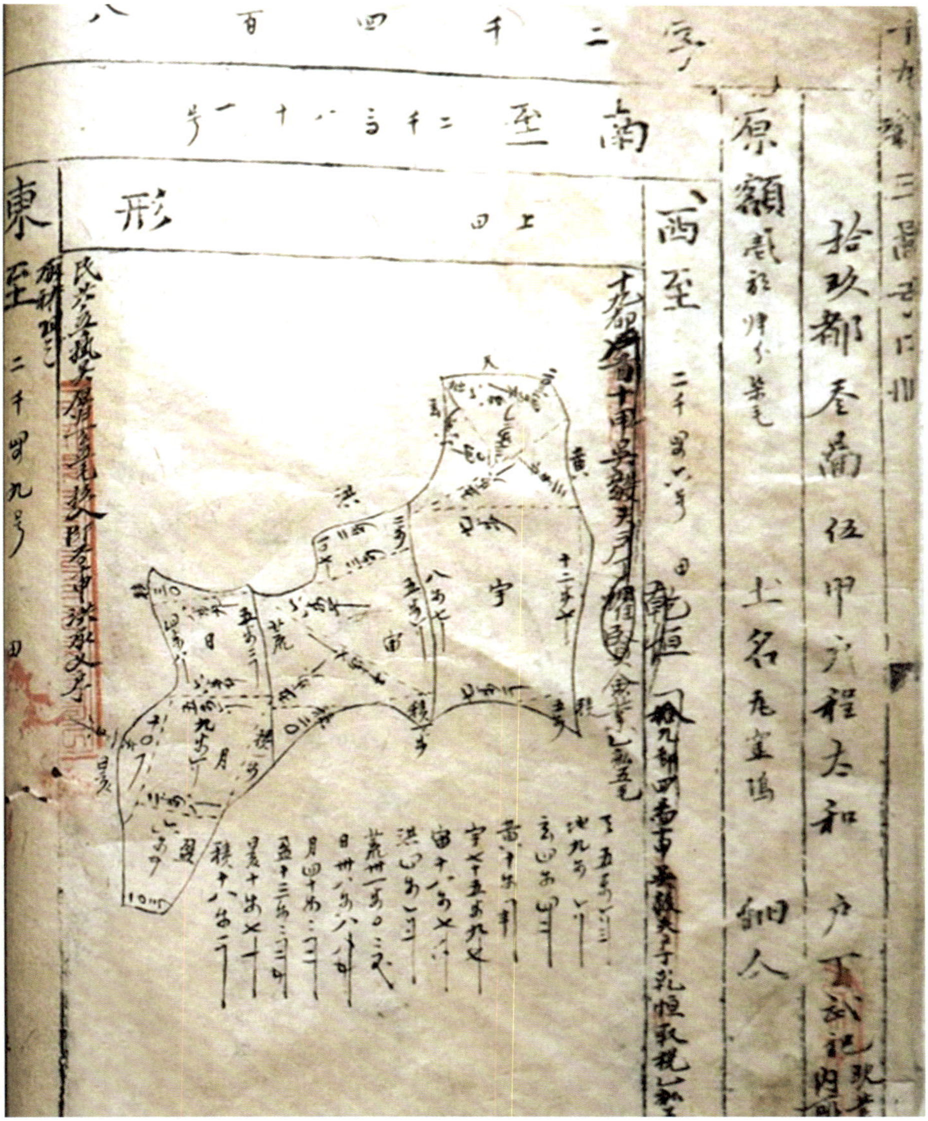

图 8-3　清休宁县十九都三图弓口册所绘田形

在徽州鱼鳞图册中，对各丘号田土丈量的登载特别详备。对丈量亩步，多设有一些细项，如“原额”“原丈”“今丈”“计直”“计横”“弓积”“积步”“亩积”“新增”“计税”“弓口科则”“挂税步则”等。图8-3是《清休宁县十九都三图弓口册》登载的一个田土丘号①,其所绘田形十分精细,画有丈量时对该号田土所分割的各种图形,对每个图形的丈量弓步都一一标注,又对各个图形按《千字文》"天、地、玄、黄、宇、宙、洪、荒"等顺序编号,在图形之下,按序号标注其所积丈量弓步;其中对分割图形之外的零碎边角,则以"积"字标注,各注积步,并在图下最后标注"积"的总步数。所画田形精细,所注步亩详明,以便复查核对。像这种精细的丈量图形,在现存的休宁鱼鳞图册中,可以见到很多。

田土耕地的自然属性,如田、地、山塘这些类别,以及丘块四至等,相对来说比较固定,长时间很少变动。故鱼鳞图册以土地为母、人户为子而攒造,以此来核准业主,落实赋役的征派。这成为宋代以后土地管理的有效途径。不过鱼鳞图册亦有它的弱点,即有一定的时效性。按照规定攒造的鱼鳞图册,在完成之初,其登载的各方面信息都与实际相符,而过了若干年之后,其中有的信息就过时了。这主要表现在人地关系方面,田虽一定不移,人则变迁不一。随着家产世代传承,土地典卖时有发生,田土分割与业主更换则是必然,于是,原来册籍上登录的相关信息就不足为凭了。而土地清丈需要动员各方面力量,费时费力,随时随地重新攒造册籍是不现实的。这是鱼鳞图册制度有待解决的一个普遍性问题。

从徽州现存的鱼鳞册籍中,特别是现存清代休宁鱼鳞图册中,可以看到与此前的册籍有显著不同。这就是鱼鳞图册中,除登载相关的基本信息,如字号、土名、田土类别、四至、田则、税额、业主姓名、分庄、佃户等基本项目之外,还详细登录了人地关系方面的历年变迁信息,如《康熙休宁十八都五图鱼鳞册》所载,见图 8-4②。

以下,仅录其中"商"字二千二十八号所载文字:

① 休宁县档案馆藏鱼鳞图册,第 627 册,第 8 页。
② 休宁县档案馆藏鱼鳞图册,第 506 册,第 22~23 页。

(商)字二千二十八号,土名牛靰湾,佃人(空)。

田形(略)　南至二千二十六号吴钜鉴田,北至二千〇五号水坑心,西至二千二十七号吴必兆田,东至二千二十九号吴昆田。

见业十八都五图六甲吴世夔、四图一甲吴有韬。

吴有韬税七分七厘五毫七丝,二百〇一步六分七半;

吴易户丁夔七分七厘五毫七丝,二百〇一步六分七半;

十八都九图三甲孙文锦分税一亩五分七,积四百〇三步三分半,共积八百陆步七分。共税(空)。

田　原额税叁亩一分四〇毫。本田受塘水。应拟下则。

以上为该丘号田土的基本信息,与一般鱼鳞图册所载基本一致。而除此之外,还载有该号田土继承、买卖、典当等各种注佥:

康熙二十四年四月,十八都四图一甲孙济昌佥税一亩五分七,汪家岭俊卿兄经手。

康熙三十年四月十四日,十八都五图五甲票换户丁孙连可,买吴易税七分七厘五毫七丝。

乾隆二十五年二月,入十八都四图十甲王(入吴姓)紫书户,佥田税七分七厘五毫七丝,吴渭若卖。

乾隆叁十三年十二月,入十八都四图十甲王松友户户丁王松友,佥田税七分七厘五毫七丝,本都五图吴汉文卖。

乾隆四十六年十月,入十八都四图十甲咸万沧户户丁咸阿大,佥田税一亩五分七厘正(整),孙鸣岐卖。

乾隆四十六年十二月,入十八都五图六甲吴正顺户户丁吴绣武,佥田税七分七厘五毫七丝正,此佥入二千三十号老佥,批讫。

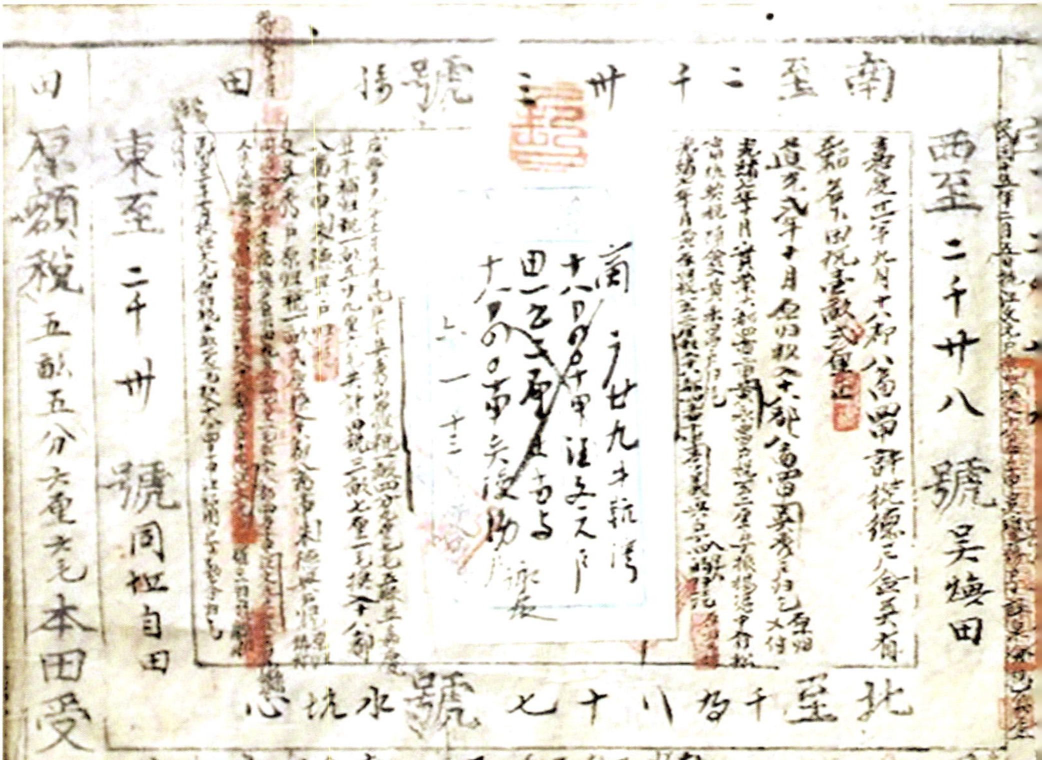

图 8-4　康熙休宁十八都五图鱼鳞册之一页

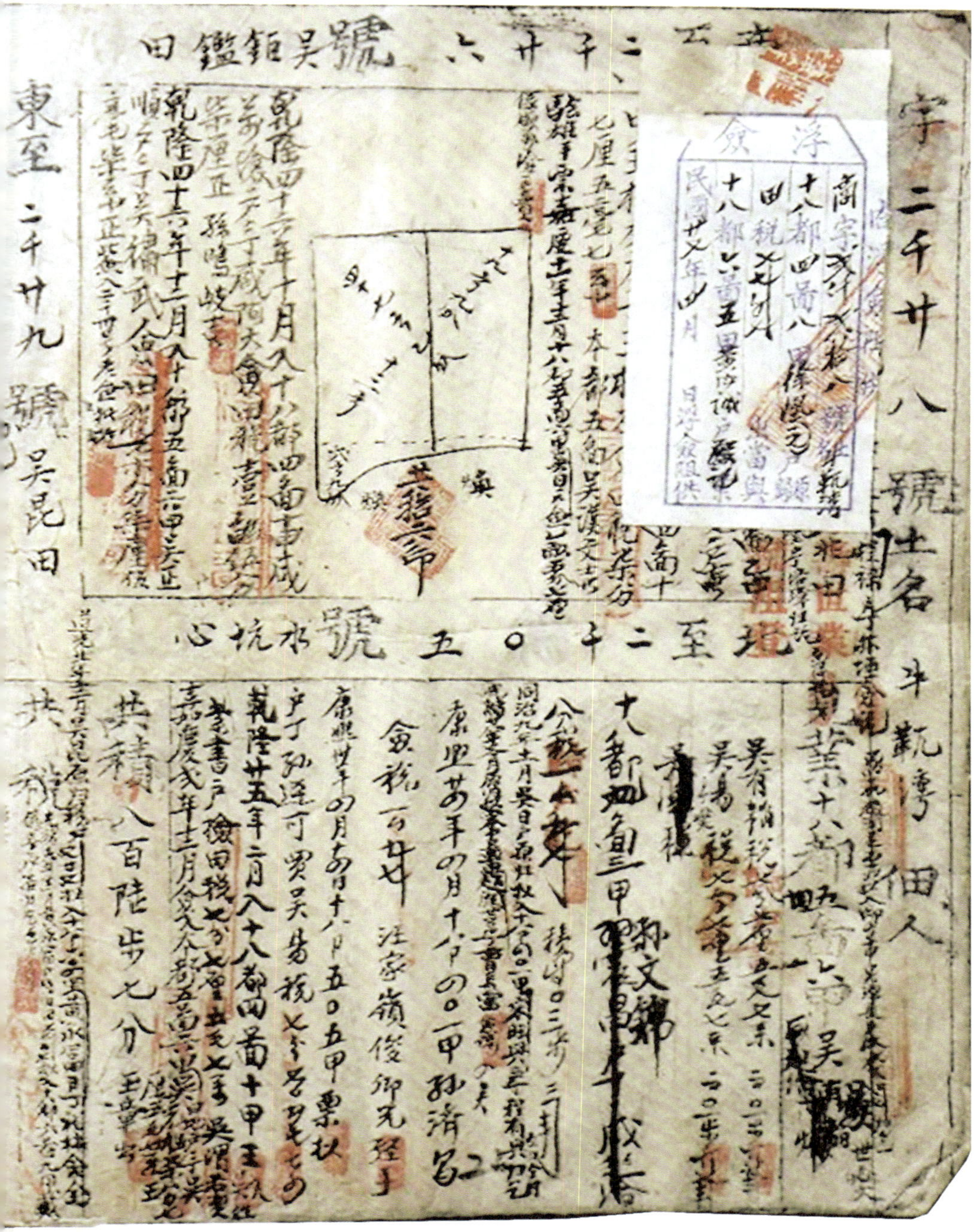
五字二千廿六號吴鉅鑑田
五至二千〇五號水坑心
宇二千廿八號
東至二千廿九號吴昆田

嘉庆二年十二月，佥入本都五图六甲吴昆户户丁吴光旭七分七厘五毫七丝，王玉章出。

嘉庆五年七月，入二十二都二图一甲程光春，光户佥，王松友户卖。

验雄手票，嘉庆十一年十二月，十八都五图六甲吴日户，佥一亩五分七厘，系咸万沧户卖。

道光四年正月，程光春原归税七七五七(七分七厘五毫七丝)，换入二十二都二图一甲程禄户丁亦垣，佥讫。

道光二十一年十二月，吴昆原归税七分七五七，换入十八都图四甲黄永富户丁礼林，佥全。

同治四年七月，程禄户原归田税七分七五七，换入十八都四图八甲徐元凰户丁培璋，归讫。原归讫。

同治九年十一月，吴日户原归换入十八都六四图一甲宋旺兴户丁程有兴，归讫。原归同付。

光绪十九年十二月，黄永富户原归田七分七五七，换入十八都六图九甲戴锡户丁承浩，归讫。原归同付。

光绪二十八年冬月，原归换入本都图一甲赵润芝户丁曹长富，佥讫。入吴。

(以上每笔佥注都盖有红色戳记，“共拾六印”；页面上还盖有“徐寿世业，阻补阻登”红色戳记)

其上还粘有民国二十七年(1938年)典当浮佥一张，其文如下：

浮　佥

商字贰仟贰拾捌号，土名牛靰湾，十八都四图八甲徐凰园户，原归田税七分七五七，出当与十八都六图五甲黄汝诚户为业。殿记。

民国二十七年四月　日浮佥阻供

以上所录,即该丘号田土所附各种注佥,计16则,涉及清康熙、乾隆、嘉庆、道光、同治、光绪各朝,最后至民国时期,时间跨度从康熙二十四年至民国二十七年(1685—1938),达254年。涉及孙、吴、王、咸、程、黄、宋、徐、戴、赵、曹等十几个户姓。这些批注所载内容,主要是以该丘号产权佥业为中心,记录各时期由于承继、买卖、典当等手段,而发生的业主转移事实。从图册中可以看出,不同时间的注佥笔迹并不一致,表明是在不同时期随时注佥的。每则注佥之下盖有管册人的红戳印,页面上还有"共拾六印"的批语,其上还盖有红色戳印一枚,这些表明,注佥具有一定的法律效用,不能随意批写与改动。在现存的徽州休宁鱼鳞图册中,类似这样注佥的图册有很多,可以说比比皆是,这是现存休宁鱼鳞图册的一大特色。有的一个丘号上的各种注佥比上述事例还要多得多,有的多达几十则,上千字,蝇头小楷,密密匝匝,见缝插针,填满了整个页面。休宁鱼鳞册注佥涉及的事因很多,或因各种事故,没有及时佥业,而经官补佥;或因土地纠纷,经官查实,在图册上加以注明等。但主要是以产权佥业转移为中心,包括土地买卖、典当、家产继承与分割等。在时间上,往往一本图册,这类注佥从清初到清末,乃至民国时期,一直都有。汇集了当地农村发生的各种土地流转的真实记录,为考察人地关系提供了第一手资料,其研究价值不言而喻。

四　价值珍贵

迄今关于鱼鳞图册的研究，以引用文献资料为多，而利用鱼鳞图册文书档案的研究较少。这一方面是由于鱼鳞图册的文书档案分藏各地，且多不开放，相关资料的收集十分困难，另一方面也是因为对鱼鳞图册的文书档案资料认识不够。有的学者甚至根本否认历史上鱼鳞图册制度真正实施过，否认鱼鳞图册这种册籍的存在。美籍华人著名学者何炳棣先生关于鱼鳞图册研究发表了多篇论著①，认为“六百年来最为传统及当代史家称道的明初全国各地履亩丈量绘制的《鱼鳞图册》根本不是史实而是‘传奇’”，并声言他是做了“最多面、最缜密”的考证。② 然而，阅读何先生的诸多论著，不难发现，其对鱼鳞图册文书档案并无涉及，对遗存至今的数千册鱼鳞图册不屑一顾。然而，就在遗存的徽州鱼鳞图册文书档案之中，迄今已发现多部明初鱼鳞图册实物，因此何先生的结论显然是难以成立的。

时至今日，社会科学研究必须走出以文献证文献的圈子，重视原始资料，重视第一手资料的发掘，重视文书档案资料的运用。鱼鳞图册是一种社会经济制度，对鱼鳞图册的研究当然离不开文献记载，但鱼鳞图册本身就是一种

---

① 何炳棣:《明初以降人口及其相关问题:1368—1953》，英文版 1959 年；中译本葛剑雄译《1368—1953 年中国人口研究》，上海古籍出版社 1989 年版；后译作《明初以降人口及其相关问题:1368—1953》，三联书店 2000 年版，第 117～159 页；同氏《南宋至今土地数字的考释和评价》，《中国社会科学》1985 年第 2、3 期；后汇集成书《中国古今土地数字的考释和评价》，中国社会科学出版社 1988 年版；同氏《鱼鳞图册编制考实》，载冯尔康、郑克晟编:《郑天挺学记》，三联书店 1991 年版，第 109～131 页；《中国历代土地数字考实》，台北联经出版事业公司 1995 年版。

② 何炳棣:《中国历代土地数字考实》序言，台北联经出版事业公司 1995 年版，序言第 7 页。

册籍。所以在鱼鳞图册制度的研究中，绝不能忽视鱼鳞图册文书档案本身。宋元明清直至民国实施了近千年的鱼鳞图册制度到底是怎样一种制度？履亩丈量到底实行了没有？鱼鳞图册又是怎样攒造的？册上到底登载了什么？田土面积是如何计算的？鱼鳞图册又是如何演变的？等等，对这些有关鱼鳞图册制度的基本问题，传统文献记载十分有限，或含糊不清，或语焉不详，且多属宏观描述性质。若只根据文献上的某些记载就断言如何如何，就轻易下结论，恐怕难免失之偏颇。研究鱼鳞图必须依靠对鱼鳞图册文书档案的发掘和利用。

徽州鱼鳞图册至今仍有数千册遗存于世。这些鱼鳞图册实物，不仅数量大，而且攒造认真，图画精细，设项繁多，登载详明，堪称中国古代鱼鳞图册攒造的一个典型样本。在现存的徽州鱼鳞图册文书档案中，我们可以找到鱼鳞草册、鱼鳞正册、鱼鳞总图、鱼鳞归户册以及鱼鳞家册等各种鱼鳞图册，类别繁多而又相互关联，了解到其实际上存在着一个完整的册籍体系；打开"鱼鳞清册"，就可看到按字号顺序登录的各号田土内容，其中有字号、土名、田土类别、等则、田形、四至、丈量弓步、丘段面积等，有的还标明了荒熟，在有水田稻作田土的鱼鳞册中，甚至还有"本田受 水"一项，其中填有"塘""溪"等字样；特别是册上还详细记录了各种田形的划分及其丈量弓步，一一标注在册，图画精细，文字详明，可以说，与田土形态相关的种种信息多登录在册，这对于了解鱼鳞图册是如何攒造的，册籍上登载了怎样的内容，以及田土面积的计算方法等，都是难得的原始资料。鱼鳞图册的攒造是鱼鳞图册制度实施的集中体现，是它的核心，是这一制度实施而产生的最后结果。毫无疑问，鱼鳞图册文书档案是研究鱼鳞图册制度的第一手资料，有着不可替代的重要研究价值。大批徽州鱼鳞图册文书档案的遗存，是鱼鳞图册制度存在的最有力证明，是对鱼鳞图册制度的最好诠释。特别是明中期以前徽州鱼鳞图册的遗存，更是独一无二，其对宋代以后鱼鳞图册制度的实施与发展的研究尤为珍贵。

鱼鳞图册之上既登录了每块耕地的诸多自然属性,也记载了人地关系的种种信息;既有当时官府土地管理的原始记录,也留下了土地流转、桑田变迁的历史印记。这就为揭示鱼鳞图册所蕴含的丰富的社会经济内容提供了各种极有价值的研究素材。通过鱼鳞总图地段和鱼鳞清册各号土名、田土类别、等则、四至的记载,可在一定程度上复原耕地的田土自然形态;通过鱼鳞图册业户占有土地的统计分析,可反映当地的土地占有形态和地权分配问题;通过鱼鳞图册上业主与佃户的相关记载,可反映农村的租佃关系;通过鱼鳞图册"乡→都→图→庄→户"的编制序列,可反映农村基层组织单位的大小及其演变过程;通过鱼鳞册详细登记的业主姓氏及其住址情况,结合族谱等其他资料,可了解较大区域范围的宗族分布状况;通过鱼鳞图册详细登录的业主与分庄资料,可明了宗族之下的各人户的构成形态;通过鱼鳞册上登载的多种多样的会社组织,可开展会社类型、组织规模及其分布特点的研究。此外,通过鱼鳞册上记载的土地荒熟变动等信息,以及一些独特类型的鱼鳞册资料,可探索环境变迁及地域社会应对环境演变等问题。① 而徽州鱼鳞册上登录的长时段的土地流转与产权变动记录,更可为探索相关经济史的动态演变趋势做出翔实的考察。总之,徽州鱼鳞图册所载资料丰富,可为土地流转、地权分配、社会结构、基层组织、赋役制度、民间会社、宗族社会、环境变迁等诸多问题,提供其独特的研究素材,为社会经济史的深度研究展现了广阔的前景。

在大数据时代,史学研究的数字化趋势正在加强。传统的研究方法固然不能废弃,但对数字化这一新趋势必须加以关注。鱼鳞图册中所载,有丈量弓步、丘块面积、应纳税额等各种数字,已不必说。特别是与一般文献记载不同,鱼鳞图册所载资料不是描述性的,而是按规定的项目进行登录,每一丘号

---

① 胡英泽:《营田庄黄河滩地鱼鳞册及相关地册浅析——一个生态史的视角》,《中国史研究》2007 年第 1 期;刘炳涛:《环境变迁与村民应对:基于明清黄河小北干流西岸地区的研究》,《中国农史》2008 年第 4 期。

所登录的项目相同,而其下所填写的文字各异,这样,对每一项目都可做出数据统计分析;又,其每一图册登载的田土丘数多是成千上万,总量巨大,这也具备了数据统计与数据分析的重要条件。通过对鱼鳞图册所载数据资料进行统计分析,会得到在一般文献记载中难以找到的数据,会使研究水平达到新的高度。在大数据时代,在史学研究的数字化趋势加强之际,鱼鳞图册所载资料必将大有用武之地。遗存的数千册徽州鱼鳞图册,其中有不少保存是完整的,特别是休宁县档案馆现存的1100余册鱼鳞图册,虽有残缺,但其中也有一批册籍保存得相当完整,仍不失为数据统计与数据分析的珍贵资料,具有很高的研究价值。

鱼鳞图册是中国古代独创的土地管理制度,从宋代一直延续至民国,其对田土的精细的丈量,对业主产权的确认,对土地权属转移的记录等,形成了一整套十分完善的登记管理制度,而成为中国古代极其重要的经济制度之一。它的许多成就都远远早于西方近代相关文明的形成,是中国古代创造的优秀的文化遗产之一,对于今天我们继承传统文化、坚定制度自信无疑具有重要意义。

附录

一　海阳都谱

按:《海阳都谱》,一册,抄本,中国社会科学院古代史研究所藏。封面题“海阳都谱”,首题“休宁县都图地名字号便览”。正文各都图之下列有鱼鳞图册字号、乡里及某朝代年份所增里图,最早年份注洪武十四年(1381),最晚年份注清康熙三十年(1691)。其鱼鳞字号先列明万历丈量字号,新丈为康熙丈量字号。

休宁县都图地名字号便览

休宁县宋时置九乡:

忠和,安乐,吉阳,履仁,黎阳,由山,和睦,千秋,虞芮。

洪武十八年置十二乡、四隅、三十三都。

良安乡在北,岭(领)里五,间(闲)田,安乐,群贤,移风,还珠。〔嘉善乡〕在南,岭(领)里五,奉止(正),睦亲,绍圣,〔从〕善,永丰(下缺)。

东至长充铺廿里,西至界首铺四十里,

南至官亭铺百廿里,北至韩岭铺六十里。

东西广长六十八里,南北广长百七十九里。

至北京四千零六十五里,至南京七百二十里。

至本府六十里。

在城四隅:东、西北隅,东、西南隅。

东北隅共三图。天、地、玄三字号。忠和乡,在县市及西南,岭〔领〕里四。新丈甲、乙、丙。孝芝、宣仁、怀义、孝义。洪武十四年,籍编户二百四十七户(里)。

一图　甲　县前,北街东,藕荷池。

二图　乙　东街,淳化巷,县前北街,西羊干,上河。

三图　丙　松萝门,鹤山巷,古墨巷,北街,韩家巷,野猪塘,晁熙里,苏家巷北,塘郭。

西北隅共二图。黄、宇二字号。忠和乡。新丈丁、戊。孝芝、宣仁、怀义、孝义、正月里,里设长一人。

一图　丁　苏家巷南,北街西,西油,舟干,朱紫巷,培郭头,西街,西关社。

二图　戊　西街,陪郭头,南街,城北,高市巷,化成桥,中街西,宣仁巷。

东南隅共三图。宙、洪、荒字号。忠孝乡。新丈己、庚、辛。丙寅十九年,置乡隅都图。

一图　己　东门内东街,后街,保宁坊玉堂巷,汝宁坊,培郭头,学基。

二图　庚　化成桥文昌坊,龙池巷中街东,小寺学基。

三图　辛　南街东文昌街,叶家巷胡氏官巷,后田。

西南隅共二图。日、月字号。忠孝乡。新丈壬、癸。二十四年辛未,编户一百六十里,减八十里。

一图　壬　宣仁巷,南街西,旌孝坊名儒世里,美俗门,马桥头,文昌坊。

二图　癸　南街南关社,古楼巷上,早稻充。

一都共八图,缺三图。盈、昃、辰、宿、列、张、寒七字号。忠孝乡。新丈天、地、玄、黄、宇、宙、洪。弘治十五年壬戌,编户二百里,增四十里。

一图　天　杨村白观,杨后瓦窑坦,柳塘巷。

二图　地　城西桥下,水碓巷,社坛,小南门。

四图　玄　断石,上汶溪,南门西边。

五图　黄　下汶溪,上充,燕窝,染店。

六图　宇　凤湖街,石叶巷,上峡东,下滩。

七图　宙　和村洪水塘毕、毕家岭,晓阁,麦祈村,长塘。

八图　洪　杨后,峡东,老柏墩。

二都共七图，缺一图。来、暑、往、秋、收五字号。安乐乡。新添五图，补冬字号。安乐乡。新丈荒、日、月、盈、昃。嘉靖三十一年壬子，编户二百有一里，增二里。

二图　荒　张村，新塘，北铳，里讲，查村在岭下，里六，县东，鹤山下。

三图　日　小北门，峡东，皮匠坦，乾头山，小塘。

四图　月　枫林园，大寺前，崇寿观，厚田，小东门外，安乐，车田宣瑯，下汶溪，县前，牛皮坦，建初寺。

五图　盈　董干岭，下东，上堨田。万历十年增。

六图　昃　下东，栗子坦，下堨田。

七图　辰　厚田，石羊干，上河，曹村。

三都共十图。冬、藏、闰、余、成、岁、律、吕、调、阳十字号。安乐乡。四十一年壬戌编户二百有六里，增四里。新丈宿、列、张、寒、来、暑、往、秋、收、冬。

一图　宿　万安街螺桥起，闵家巷吴家祠井边止，茑山。富来社管。

二图　列　西坑西山，上石塔路途山，阴干升官，枫林。

三图　张　水西街余头村，万安街粿桥止，茑山，枫林。

四图　寒　万安街吴家祠起，坛场巷，北园，富家桥上止。

五图　来　万安街富来桥起，皂荚巷下止。

六图　暑　后村长订，东山下，万安街皂荚巷下起，观音桥上止。

七图　往　上堨田坞，福寺茑山，洪家山，茂林。

八图　秋　上水南，中水南，下水南。平林。

九图　收　下水南，古城桥。

十图　冬　古城涨山，唐村旧市，唐田王家山头，桑园。

四都共十二图。云、腾、致、雨、露、结、为、霜、金、生、丽、水十二字号。安乐乡。新丈藏、闰、余、成、岁、律、吕、调、阳、云、腾、致、雨。隆庆六年壬申编户二百一十里，增五里。

一图　藏　澄溪陈坑，落佗山，陀罗山，堨美，李村，大阳。

二图　闰　泮溪伯石充，杨源，溪阳，石岭。

三图　余　野鸭塘霞塘，方大基下山，高梯山塘云，协塘古名带溪。

四图　成　沾路约山，罗岭，下山。

五图　岁　丰大基下山，下约山焦光，申大亭，鹊山头，低山，澄溪。

六图　律　汪村藕塘，干边，下观塘，方大基。

七图　吕　斜头，施村，庄上，下藕塘。

八图　调　榔源，潘村口，高上脚，石渚，田干里。

九图　阳　吴田，望干，忧干，伯石村，沙塘里。

十图　云　上山，霞塘，下山塘，高低山，徐村。

十一图　腾　石岭溪泽，七方下山，东山，遐槎塘。

十二图　致　欧山，长充铺，伯石冲，石岭。

五都共十图，缺七、八、九（图）。玉、出、昆、岗、剑、号、巨七字号。吉阳乡。万历十年壬午编户二百十三户（里），增二里。新丈雨、露、结、为、霜、金、生。

一图　雨　堨田琅琊，蒲黄，破塘吉阳乡，在县西，岭（领）里五。

二图　露　堨田琅琊，潢源白溪，富载石羊干，木斜。

三图　结　富载冬青树，小坑口迪祥，洽舍，石壁。

四图　为　人王寺七桥，龙源新屋下，后塘，山槝。

五图　霜　龙源新村岭，北山新田岭，余村坦，山脚。

六图　金　余村，贵岭，闵坑，色岭，吴干坑，米坑。

十图　生　文居，黄岭，三官殿，山头，新寺。

六都共三图。阙、珠、称三字号。履仁乡。新丈丽、水、玉。永康、太平、仁义、仁德、四溪，在西，岭（领）里五。

一图　丽　高桥虎岭，下东干在县西，岭（领）里五，榆村小溪，金龙山。

二图　水　潘村，蓝田。

三图　玉　溪口西村，小溪村石壁山，里田源仁义、仁德，四溪。

七都共三图。夜、光、果三字号。吉阳乡。二十年壬辰，编户二百一十五里，增二里。在县西，岭(领)里五。新丈出、昆、岗。兴善、太和、松溪、鼓腹、永和。

一图　出　山坑南坑，东亭，小溪，黄土岭，高枧胡树街，塘头。

二图　昆　藕塘口大塘，田干里白茅，岩脚，齐云山，岭脚。

三图　岗　张村，白茅，西居岭。

八都共六图，缺二图。珍、李、柰、菜、重五字号。吉阳乡。在县西，岭(领)里五。新丈剑、号、巨、阙、珠。三十年壬寅，编户二百一十六里，增一里，后并去一里。

一图　剑　沈村，培元，石人前。

三图　号　高家源孤舟岭，塘源江山，堨头，西源平亭，水关。

四图　巨　查干，宋村，查岭，典村，岭下山。

五图　阙　叶村，大塘，江村，上干，渔坑。

六图　珠　许村，东关，山秀。

九都共三图，缺二图。芥、姜二字号。吉阳乡。新丈称、夜。在县西，岭(领)里五。

一图　称　郑村，西馆，环珠。

三图　夜　蓝渡社塘，山头下溪，典口大桀，坑上瑶头。五图顺治八年增。

十都共三图，缺一图。海、咸二字号。履仁乡。新丈光、果、石。在县西。四溪，岭(领)里五。永康、太平，国朝，仁德、仁义。

二图　光　社屋岭木龙岩，板桥郑家坞，横街白果树。

三图　果　资村潜川，上资演口，方塘湾里，吴村渭桥，资村。

十一都共四图，缺二图。河、淡二字号。万历二十年，增八图履仁，在东乡。新丈珍、李、柰。

一图　珍　石田霞汶约，东坑，黄石埠，霞汊。增二都(图)。顺治八年增四图。

三图　李　金墡，小珰，大祖，倪干，金村，珰溪。

八图　李　小珰，洲洋干，黄泥塘万历二十年增。

十二都共三图，缺二图。鳞、潜二字号。履仁乡。新丈菜、重。顺治八年辛卯编户二百十六里，增五里。将三十三都四图均入三、五图，并去一里。

一图　菜　珰坑街，鹤坞，石门寺，池湖。

三图　重　渠口，双溪口。

十三都共四图。羽、翔、龙字号，四图附虞芮乡。新丈芥、姜、海、咸。在县西，岭（领）里五，常乐，靖安，趋化，䜣，淳义。

一图　芥　上溪口，海涵渡。

二图　姜　石坑，蓭下。

三图　海　山背，旗旌城岭下坞，溪口，河镇。

四图　咸　河村。　附虞芮乡。

十四都共十一图。火、帝、鸟、官、人、黄、始、制、文、字、乃十一字号。黎阳乡。在县东南，里五。新丈河、淡、鳞、潜、羽、翔、龙、师、火、帝、鸟。信行，依仁，合阳，信安，怀仁。

一图　河　引充，后村，东湖，约山。黎阳西乡，在县东南，里五。

二图　淡　皂角头，古楼，毕村。

三图　鳞　竹林，梅林，引充，东湖。合阳，信安。

四图　潜　梅林，竹林，引充，东湖。怀仁。

五图　羽　石砘，水阁里，石窟。

六图　翔　居安古名朱汪。

七图　龙　官村，石砘。

八图　师　潜阜，新珠楼，厚村。

九图　火　珠伯海，东湖，官村，墙里。

十图　帝　约山，方山，岭后坞，石塘，金家坞即木匠坞。

十一图　乌　石门庄柞树下，东湖益门坊，竹林。

十五都共六图。服、衣、裳、推、位、让六字号。黎阳乡。新丈官、人、皇、始、制、文。信行，依仁，合阳，信安，怀仁。

一图　官　新屯田麻桥，溪滩上塥上，田桥，兹口亭。黎阳西乡。

二图　人　孙牛栏上坦，资口扁尾，仙人林。

三图　皇　三教塘下庄，黎阳，冬干。

四图　始　新屯兹口岭，田墩上，阳坑。

五图　制　冬干口，杀牛塘，屯溪，田背里。

六图　文　屯溪并背里，屏头云村，田背坑。

十六都共十三图，缺六、七、八、九、十图。让、国、有、虞、陶、唐、吊、民八字号。黎阳乡。新丈〔字〕、乃、服、衣、裳、推、位、让。东南乡。

一图　字　牛坑又名油溪，坑口阜上，大路上溪东，长干塝，前山，率口。黎阳东乡。

二图　乃　牛坑坑口，阜上大路上，溪东，长干塝，前山。信行，怀仁。

三图　服　率口择坞，沙淡上下资，后底田。合阳，信安。

四图　衣　率口朱塘铺，前坑口北山下，长干塝。怀仁。

五图　裳　草市溪东，湖容，洪天塘。

十一图　推　率口前山，井坞排边。

十二图　位　草市，率口。

十三图　让　下草市源抛岭，师姑潭，屯溪。

十七都共七图。伐、罪、周、发、商、汤、坐七字号。由山乡。在县南，岭(领)里五。方潭，同化，嘉禾。新丈国、有、虞、陶、唐、吊、民七号。

一图　国　溪边村安岐，汪祈，孝塘。由山西乡，在岭南，里五。

二图　有　上黄，下黄，油麻塘。方潭，同化，重信，嘉禾，忠义。

三图　虞　朴塘色源，八角亭，泉水亭。嘉禾，忠义。

四图　陶　右源，江村。

五图　唐　合干，安岐，择林。

六图　吊　易村，查坞，林塘坦宋村，平风山南官店，查塘铺。

七图　民　南官店朱村，流塘，蜈公岭，西充。八图顺治八年增。

十八都共十二图。朝、问、道、垂、拱、平、章、爱、育、黎、首、臣十二字号。由山乡。新丈伐、罪、周、发、商、汤、坐、朝、问、道、垂、拱。

一图　伐　隆阜，屯溪桥，新屯。由山东乡。方泽，同化，重信，嘉禾，忠义。

二图　罪　珠里变溪淇，上桥头。

三图　周　下林塘，蓝如桥。

四图　发　闵口渡高枧，范家墩观音岩，汪家巷。

五图　商　屎缺吴，孙打渔，霞山。

六图　汤　油潭，水磨湾，前山。

七图　坐　博村，后塘。

八图　朝　黎阳，金墩，苧山里，许坑塝。

九图　问　黎阳，孙打渔。

十图　道　隆阜，前山岭，前朴寺。

十一图　垂　隆阜，前山岭，千秋寺。

十二图　拱　隆阜。十三图顺治八年增。

十九都共五图。伏、戎、羌、遐、迩五字号。和睦乡。新丈平、章、爱、育、黎。

一图　平　临溪巧坑，方山下，本立，充上。和睦乡，在县南，岭（领）里六

二图　章　临溪。方溪，兴教，轻财。

三图　爱　临溪。

四图　育　临溪，珮瑯。富义，长乐，大清。

五图　黎　苦珠树，陋头，陋岭。

二十都共九图，缺二、七图。壹、体、率、宾、归、王、鸣七字号。和睦乡。新丈首、臣、伏、戎、姜（羌）、遐、迩。

一图　首　黄源，古楼坦，桃林。

三图　臣　议口。

四图　伏　议口。

五图　戎　吴田岭。

六图　姜(羌)　大富嬴,许家源。

八图　遐　议口,佛座。

九图　迩　议口。

二十一都共九图,缺五、六、七、八图。凤、在、竹、白、驹五字号。黎阳东乡。在县东南,里岭(领)五。新丈壹、体、率、宾、归五字号。

一图　壹　大塘,白际岭,充山,兖山,桃源。

二图　体　榆村,占田,塘尾,桃林,古岐湾。

三图　率　富助,富溪,富凿,点马塘。

四图　宾　藏溪。

九图　归　充山,大塘,小姑潭,兖山渠。

二十二都共十图,缺七、八图。食、场、化、被、草、木、赖、及八字号。黎阳乡。在县东南,岭(领)里五。新丈王、鸣、凤、在、竹、白、驹、食。

一图　王　雁塘,里田。

二图　鸣　汪东干,高枧,江塘干,塝下。

三图　凤　杨湖,浩阳,瑶林,朱家插。

四图　在　浩洋,项口,严家铭,杨湖,璜口。

五图　竹　杨湖,方口,严家铭。

六图　白　闵口,树南,潢口,山茶树。

九图　驹　高枧,奇雁里,华山,溪西。

十图　食　教敬,方山下。

二十三都共九图。万、方、盖、此、身、发、四、大、〔五〕九字号。由山东乡。新丈场、化、被、草、木、赖、及、万、方。方潭,重信,周化,忠义,嘉禾。康熙三十年辛未,编户二百二十里,增一里。

一图　场　商山，新渡，上山。

二图　化　浯田，培下，兀山头，小贺。

三图　被　苏田，古源，塘汸，塘口。

四图　草　朱家村，新渡。

五图　木　黄土坑，淏田，苏田。

六图　赖　小贺，竹林。

七图　及　长干，东山下。

八图　万　浯田，培村。

九图　方　商山，邵家村。

二十四都共七图，缺五图。**常、恭、惟、鞠、养、岂、敢七字号。由山西乡。在县南，岭(领)里五。新丈盖、此、身、发、四、大、五。**

一图　盖　孚潭，里洲，黄村，芳干。

二图　此　西岸，石塘，钗坑，洪家山，汪干口。

三图　身　霞阜，黄村，西尤，溪州，山下。

四图　发　石佛，古塘，竹培后，里坞充。

六图　四　汪干，渔滩，外边田。

七图　大　遐富，西充。增八图五，高场。

二十五都共八图，缺七图。**毁、伤、女、贞、慕、烈、男七字号。新丈常、恭、惟、鞠、养、岂、敢。由山西乡。**

一图　常　西干，茶亭，会里，后塘。

二图　恭　洪方，朱村，唐家洲，涌塘。

三图　惟　东沟，下庄，山培坑，充上。

四图　鞠　瑶溪，涌塘，杨村，会里，还谷。

五图　养　瑶干，长岭，水坑塝，巴庄山。

六图　岂　朱村铺，尤村，南塘，昶塘。

八图　敢　钟泽，瑶干，岭后，溪头。

二十六都共六图。效、才、良、知、过五字号。履仁东乡。永康，太平，仁义。新丈毁、女、慕、贞、洁、男。仁德。

一图 毁 梅田，首村。

二图 伤 梅田，西庄，首村。

三图 女 上岩溪，中岩溪，岭后。

四图 慕 回溪，韩村，半路，临溪。

五图 贞 毕村，回口，季家干，回溪。

六图 洁 巴庄，梅田口，首村。

二十七都共六图，缺四图。必、改、得、能四字号。里仁东乡。新丈效、才、良、知、过。

一图 效 陈村，上桥里，合潭，麻查干。

二图 才 下盈，泠水干，出地山，西岸。万历二十年增。

三图 良 汪溪桥，苦竹林，青山，祖源。

五图 知 陈村，水路岭，烟村，杨冲，村岐，言阳。

六图 过 还田，瑶头，梅结，岭下，观音堂，宁溪。

二十八都共九图，缺六图。莫、忘、罔、谈、彼、短、靡、恃、己九字号。千秋南乡。在县西南，岭（领）里九。新丈必、改、得、能、莫、忘、罔、谈。

一图 必 东流溪，西溪，青山，牛岭。同口、中平。

二图 改 溪西，九龙坑，东流溪，汝南。通衷、永庆。

三图 得 山斗。和化，承瑞。

四图 能 岭南，三宝寺，山溪。

五图 莫 山斗，下井中。千秋，江潭津。

六图 康熙三十年增。

七图 忘 山斗，燕源，干滩。中平，回口。

八图 罔 新岭脚，山斗。仙凫，通衷。

九图　谈　下坞,塘尾,高沧,黄茅坦。和化,承瑞。

十图　　　塔坑,黄土岭,升培坑,四马塘小贺坑、山林里。

二十九都共十二图,缺九图。长、信、使、可、复、器、欲、难、量、墨、悲十一字号。千秋南乡。新丈彼、短、靡、恃、己、长、信、使、可、覆、器。

一图　彼　五城,阳台山,中洲。

二图　短　下溪口,青漪堨,龙湾。

三图　靡　下溪口,渔滩。

四图　恃　伦塘。回口,中平,通衷。

五图　己　月潭。

六图　长　青漪堨。

七图　信　五城,古林。

八图　使　五城,古林。

十图　可　岩下溪,山下,李村李家亭,金竹。

十一图　覆　杉木干,甘干,藕塘,下坞。

十二图　器　五城,昆干。

三十都共四图,缺二图。丝、染、诗三字号。虞芮乡。在县西,岭(领)里五。常乐,靖安,趋化。新丈欲、难、量。加新析淳义。

一图　欲　江潭,旗城。

三图　难　长丰,左功。

四图　量　长丰,苏岭,下村,长里,蛇岭脚,坑口培,小研,源头,磣口音孙。

三十一都共四图,缺二图。赞、羔二字号。虞芮乡。新丈墨、悲、丝三字号。

一图　墨　大溪,冰潭尾,蜈闵,坑口。

三图　悲　杭溪,坞里,乌昊,冰潭,钓渔溪。

四图　丝　蛇岭脚,杭口培,小研,磣口。

三十二都共四图。羊、景、行、维四字号。虞芮乡。新丈染、诗、赞、羔四字号。

一图 染 半南，杭口，海云寺，新城。

二图 诗 汪村，大连，后山，小连坑。

三图 赞 叚山后，左议，茶山，里广山。

四图 羔 珠帘，碜溪，葛坑，广源桥。

三十三都共八图，缺七图。贤、克、念、作、圣、德、建七字。虞芮乡，附十三都四图。新丈羊、景、行、维、贤、克、念。

一图 羊 大川口，章源，大海。

二图 景 古龙口，羊塘，王家田，山林。顺治八年增。

三图 行 汪村，坑口，环坑，泉坑，小洞源。

四图 维 小叶，流口，山后，长源，半流寺。

五图 贤 冯村，马坑，林村，流溪，鹏源。

六图 克 米州，茗州，鹏源，流口。

八图 念 流口，泉坑，白坑，前源。

休宁县共二百一十六图

（以下所录为休宁街、巷、门、桥及徽州府与休宁县《赋役全书》内容，从略）

二 歙县都图总谱

按：《歙县都图总谱》，一册，抄本，原件藏处不详。安徽大学徽学研究中心刘伯山教授有复印件，载同氏编著《徽州文书》第五辑第三册。封面题“歙县都图总谱”，扉页题“潘仲山抄录”，正文首题“歙县都图全载并附十六乡名新丈字号”，次载自“歙东一都一图天字号”起，至“西北隅二图似字号”止，所载都图字号与《徽州歙县各都图字号乡村地名》相同，后者载明系“顺治六年清丈”；又，康熙《歙县志·隅都》及乾隆《歙县志·都鄙》均载，该县第三十七都共十个图,而该总谱所载为九个图,由以上可知,《歙县都图总谱》所谓"新丈"当指清初顺治清丈。

歙县都图总谱

潘仲山抄录

歙县都图全载并附十六乡名新丈字号

歙东

一都一图 "天"字号 明德乡

五王阁,教场塝,下车田,黄荆渡,工车田,冯桥头,吴山铺,承旧岭,石壁山,和村,飞山,坑儿口。

一都二图 "地"字号

项里,吴山铺。

一都三图 "玄"字号

牌头。

一都四图 "黄"字号

连瑞,佛岭坦,岭后干,杨村,章村,金川,古塘,佛岭后。

一都五图 "宇"字号

方村,狮塘,金坑。

一都六图

下项里。

二都一图 "宙"字号

石庙上,中市,下市,良干村,牛市岭,铺前,堪上。

二都二图 "洪"字号

新馆,阳高山,良堨山,环江,到坑,石岔山,平坑,赭坑。

二都三图 "荒"字号

新馆街，黄村巷口，黄村，下岔村，墈上。

三都一图 “日”字号

丰溪，方塘，坑边村，前村。

三都二图 “月”字号

方塘，胡眉干，考干。

三都三图 “盈”字号

考干，大呈村，小呈村。

三都四图 “昃”字号

竦口，虎川。

三都五图 “辰”字号

溪西，程村墓，澄塘，长庆。

三都六图 “宿”字号

竦口，大呈村。

四都一图 “列”字号

洪塘，溪东，潜坑，汪村，盈坑村。

四都二图 “张”字号

叶岐，上叶岐，潘村垂，河坑，西波，堨头，三里坑，竹园，木坑垣。

五都一图 “寒”字号 仁礼乡

垣头，下碓门，柘坑村，大源，项坑，潘村，大溪庄上，到溪茶园。

五都二图 “来”字号

七里降，亭干，溪西，垣头，中奇村，上源，梨树村。

五都三图 “暑”字号

大河坑。

五都四图 “往”字号

六都一图 “秋”字号

溪头，上西塘，富山寺，岩下，潘坞，竦坑，桃岭村，泥窝，桃坑。

六都二图　“收”字号

硋口，跳岭，西坑，汪满田，大国用。

六都三图　“冬”字号

蓝田，胡村。

六都四图　“藏”字号

蓝田，石头村，梓坑。

六都五图　“闰”字号

蓝田，石头村。

七都一图　“余”字号　登瀛乡

叶岔岔　苇岔　大坑

七都二图　“成”字号

洪岔塍。

七都三图　“岁”字号

大坑。

七都四图　“律”字号

光田坞，源塘。

七都五图　“吕”字号

过溪，桂林，灵果桥。

七都六图　“调”字号

潭头石，宋村，太芝山，梅川，长湖。

七都七图　“阳”字号

山昆。

七都八图　“云”字号

桂林。

七都九图　“腾”字号

胡汉,务坑,叶岔,灰坑,东塘岭,石塘岭。

七都十图 “致”字号

中和村。

八都一图 “雨”字号 德政乡

双溪,师姑潭,黄荆渡,百亩干,尧苏,登弟桥,埵上。

八都二图 “露”字号

和村,尧苏。

八都三图 “结”字号

片上村,王宅村,上慈菇。

八都四图 “为”字号

慈菇。

八都五图 “霜”字号

沙埧,新洲。

八都六图 “金”字号

章塘庙,大塘边,招姑亭,杨公塘,上宅,槐台。

八都七图 “生”字号

前沙埧,姚家村,毛家园,沙坝上,东山。

八都八图 “丽”字号

和村。

歙北

九都一图 “水”字号

外江村。

九都二图 “玉”字号

界塘。

九都三图 “出”字号

前庄，岑山，庙坦，田干，运子山。

九都四图 “昆”字号

云雾塘，仰村。

九都五图 “冈”字号

黄村。

九都六图 “剑”字号

徐村。

九都七图 “号”字号

沙溪。

九都八图 “巨”字号

俞宅村，溪坪上，呈狮村，王家宅，文宗庙，鲍家那，汪望坦，社屋村，清流。

九都九图 “阙”字号

范村。

九都十图 “珠”字号

宋祁，梅山，后山课，仰村。

九都十一图 “称”字号

徐村。

九都十二图 “夜”字号

徐村。

九都十三图 “光”字号

清流，呈狮。

九都十四图 “果”字号

九都十五图 “珍”字号

江村。

九都十六图 同“玉”字号合

江村。

十都一图 “李”字号

丰瑞里,飞布山,程竹塘,鲍家那,清流,大坑。

十都二图 “柰”字号

宋村,北山下,松关。

十都三图 “菜”字号

富堨,善屋里,当门岭,杨村,黄村。

十都四图 “重”字号

律村,麻湖田。

十都五图 “芥”字号

富堨,上村,郝村,范里,岑山,腾紫山,许家那。

十都六图 “姜”字号

沙园山,新屋下,汪家那,槐亭下,冯塘。

十都七图 “海”字号

沙坦,后塘,勋村,尹村,麻榨山。

十都八图 “咸”字号

凤凰。

十都九图 “河”字号

叶村。

十都十图 “淡”字号

汪家苓,小灵山,高山。

十都十一图 “鳞”字号

十都十二图 “鳞”字号

善屋里,大尉殿,麻湖田,古村,项村。

十一都一图 “潜”字号 凝泰乡

西凤凰,竹会寺,大尉殿,石柱,丰口,跳石。

十一都二图　“羽”字号

跳石，龚村，霞丰，礬村。

十一都三图　“翔”字号

塘头，古城，下垢，坽山，东流桥，罗田桥。

十一都四图　“龙”字号

十一都五图　同〔上〕字号

乳坑坑，石牌头，汪家段，舍头。

十二都一图　“师”字号

兆田，罗坦，古溪，赵村，王家坦，祁凡村，杨家坦，溪头，外村。

十二都二图　“火”字号

上丰。

十二都三图　“帝”字号

金村，大桥头，茅舍，坑口。

十二都四图　“鸟”字号

齐屋，桥下，上田，泉泽，泉水龙，程思坑，高山环里。

十二都五图　“官”字号

许村。

十二都六图　“人”字号

许村。

十二都七图　“皇”字号

许村。

十二都八图　“皇”字号

江岭，西坑，寒下，茶坦，若岭，杉木岭，汪进舍。

十三都一图　“始”字号　通德乡

东廻，庄边，叶村，西力坞。

十三都二图　“制”字号

汪村，曹溪，辛田。

十三都三图　“文”字号

梅村，江村，仲坑，长镇，胡树坑，院溪山，双坑口，小岭方村，寒西，查木岭，胡村，良源，堨石，汤口，光源，苦竹溪，黄系党。

十三都四图　“字”字号

上垢，乌石，下汪村。

十三都五图　同〔上〕字号

许村湾，武山，朱大丘。

十四都一图　“乃”字号

王干，容溪，小容，溪东，周林田，石门滩，东西坞石，梁下呈坎。

十四都二图　“服”字号

呈坎。

十四都三图　“衣”字号

杨村，黄村，山口，山下，冶舍，桃源，岭下，蒋村，吕家舍，东坑口，混岭山，吴家林，上舍，牛头坑口。

十四都四图　元字号

十四都五图　“裳”字号

呈坑。

十四都六图　元字号

十四都七图　“推”字号

歙西

十五都一图　“位”字号　孝弟乡

礼庄，访塘，盛塘，宋村，上礼庄。

十五都二图 “让”字号

古塘，坤沙。

十五都三图 “国”字号

澄塘。

十五都四图 “有”字号

陈村，下灵，上灵，油榨，金山下。

十五都五图 “虞”字号

佛子岭，宝塔下，庆福院，潜口。

十五都六图 “陶”字号

潜口。

十五都七图 “唐”字号

水界山，上汪，村口，桃源，株树林。

十五都八图 “吊”字号

塘郎，塘贝，前门，山后，大塘边，胡茶村，太公山，松明山。

十五都九图 “民”字号

前村，坝上，莘墟，下宅，金家村，西山。

十五都十图 “伐”字号

上溪头，金家村，半节街，中村，江祈，葛山，笑塘，铺后，岭塘，田里，上坞，梓树下，上半节街。

十五都十一图 “罪”字号

潜口。

十五都十二图 “周”字号

十六都一图 “发”字号 中鹄乡

溪南，寺后，詹塘，胡家坦。

十六都二图 “殷”字号

溪南,长林,坑桥,黄柏坦,托山岭。

十六都三图 “汤”字号

飞鸟,水阁,寺前,前村,麻鹊楼,溪塝下,孙家坞,芝黄,塔塝下,上富桥。

十六都四图 “坐”字号

上临河,山下叶,罗村。

十六都五图 “朝”字号

溪南。

十七都一图 “问”字号

高泗坞,竹匠坞,祖胡塘,詹村,竹坞,昌坞,林场,谢宇巷,柏山。

十七都二图 “道”字号

莲花塘,金竹坞,谢家园,竦塘,坎下,宝村,大庄,临头桥,塔山林,塔边。

十七都三图 “垂”字号

琶村,石桥,竦塘尾。

十七都四图 “拱”字号

琶塘,圩塘,塘边,溪坦,田干,大溪,后田,庙山下。

十七都五图 “平”字号

黟坑,坑上,谷山,上竹林,外琶塘。

十八都一图 “章”字号

长林,叶村,吕村,横山。

十八都二图 “爱”字号

儒堂,田干,连堨,中头村,梧桐坞,上坞,石塔下,项天汇。

十八都三图 “育”字号

凌成村,麻榨坞,光木坞,塘拌下,过塘山,篁程堂,寺后,长坦，庙后，过塘坞。

十八都四图　“黎”字号

石碌头，檡树下，汪家坞，槐光，何山，长塘，瓦瑶山。

十八都五图　“首”字号

托山，山后，新塘坞，黄源充。

十八都六图　“臣”字号

长龄桥，柿小岭，方和兴，里城，庄上，世塘，尖村，睦上坞。

十八都七图　“伏”字号

下长林。

十九都一图　同〔上〕字号

下路口，梅村，江山头。

十九都二图　“戎”字号

上路口，大圣塘，芭蕉坦，江山，桑林。

十九都三图　“羌”字号

黄土墩，竹林巷，桂家巷，堨塍上，张家巷，汤瓶巷，前村中村，芭蕉坦，岩镇，枯株树下，官塘山上，黄村。

十九都四图　“遐”字号

岩镇。

十九都五图　“迩”字号

岩镇，洪塘，务巷，后街，中渡桥，连塘巷，杀羊巷，章森塘，畲家巷，章村塘，水屈口，大桥下，梧桐树下，汪村，高塍，柳塘巷。

十九都六图　“壹”字号

先生巷，南山下，新街内，上渡桥，朱市坦，后路。

十九都七图　“体”字号

上新街，后路上，九龙池，梁边桥，南山下，蔡家桥，余家坞，长汧山，忠臣庙上，一管，石痕，宋村，畴磂。

十九都八图　“率”字号

塘架，茆田铺，临河，丛睦坊。

十九都九图　“宾”字号

魁摇，上塘，梅岭，塘下，珠冲坞。

十九都十图　“归”字号

岩镇。

十九都十一图　“王”字号

岩镇。

二十都一图　“鸣”字号　孝悌乡

厚美，路村，小里，蒋家村，堨田街。

二十都二图　“凤”字号

前山，王口，厚美，王充，里庄，西充，东充，芳坞，同家高桥。

二十都三图　“在”字号

上元，富饶，湖村，下渡桥，方家坦。

二十都四图　“竹”字号

张村，朱方，寺后，江坦，后坦，信行山。

二十都五图　“白”字号

方家坦，下渡桥，中渡桥，上渡桥，李家坦，叶家坦，社屋后，龙颈，运里，塘芳草坦。

二十都六图　“驹”字号

联墅，信行，社屋后。

二十都七图　“食”字号

余家山。

二十一都一图　“场”字号　衮绣乡

叶村，后坞，上庄，山泉，和善堂，山泉寺，水杨充，唐充。

二十一都二图　“化”字号

塘模，胡村，塘美村。

二十一都三图　“被”字号

甸子上，仇家塘，塘美村，汪村边，西王村，西村。

二十一都四图　“草”字号

下横街，上横街，荷花塘，上元，礼门，塝下，横街，树林下，社屋后，后街，上鲍，堨田。

二十一都五图　“木”字号

堨田，厚田，坦头，东街，西枝，甸子上。

二十一都六图　同〔上〕字号

唐模，胡村。

二十二都一图　“赖”字号

灵山，东官，舍头。

二十二都二图　“及”字号

官中，岭后，范坑，水碓，后村，产庆，灵坑，湿坑。

二十二都三图　“万”字号

东山，舍头，蜀源，铁匠坞。

二十二都四图　“方”字号

稠墅，上村，吴溪，郝家落，麻榨山，兆石岭。

二十二都五图　“盖”字号

大里，前山，舒塘，涌塘，上坞，稠墅，张家山，中沙园。

二十二都六图　“此”字号

槐塘。

二十二都七图　“身”字号

槐塘。

二十二都八图　“发”字号

槐塘。

二十二都九图 “四”字号

棠越。

二十二都十图 “大”字号

槐棠，汪家岭。

二十二都十一图 “五”字号

赤坎，涌塘，大亩塌。

二十三都一图 “常”字号

浩村，鲍潭，牌边，里江山。

二十三都二图 “恭”字号

向果。

二十三都三图 “惟”字号

向果，山坑，查坑。

二十三都四图 “鞠”字号

张潭，吴村，查坑，山坑，童坑，大树下，张村店。

二十三都五图 “养”字号

古溪，黄潭，畲塘，旸村，林村，上方。

二十三都六图 “岂”字号

七里湾，张家山，陈家塝，仇村，湾里。

二十三都七图 “敢”字号

西溪。

二十三都八图 “毁”字号

郑村。

二十三都九图 “伤”字号

潭渡。

二十三都十图 “女”字号

郑村。

二十三都十一图　慕”字号

潭渡。

二十三都十二图　“贞”字号

下市，冷水铺，狮山下。

二十三都十三图　“洁”字号

潭渡，方村。

二十三都十四图　“男”字号

方村，石坦上，舒塘，歙水南。

二十四都一图　“效”字号　永丰乡

环山，姚村。

二十四都二图　“才”字号

环山，小岩，干村，百大，高段，垣头村。

二十四都三图　“良”字号

石岭。

二十四都四图　“知”字号

社屋后，装输垣，朱呈桥，古亩塘，儒家堨，石冈，浩泽，察塘，岩塘。

二十四都五图　“过”字号

潭墅，棠坞，芦龙。

二十四都六图　“必”字号

棠坞，岩堂，尖山下，石壁下。

二十四都七图　“改”字号

虹梁堨，罗下田。

二十四都八图　“得”字号

烟村。

二十四都九图 “能”字号

罗田。

二十五都一图 “莫”字号 仁爱乡

石门,中溪,詹田,狮子石,浙源。

二十五都二图 “忘”字号

黄坑,旃田,朱坑,余村,大宅,王宜。

二十五都三图 “罔”字号

后底山,俞村坑,尖山下,山头,汉洞,岭后,柏山,坑口,大泽,田冲,横坑。

二十五都四图 “谈”字号

汉南,刘村。

二十五都五图 “彼”字号

溪南,半沙,大园,麻榨头,富丁山。

二十五都六图 “短”字号

篁墩,石柏塘,小练。

二十六都一图 “靡”字号 长寿乡

坑口,苦竹。

二十六都二图 “恃”字号

小溪。

二十六都三图 “己”字号

长标,山后,孤岭,长陔。

二十六都四图 “长”字号

石门山,盘坑,狮豹坞,韶鉴,岭脚。

二十六都五图 “信”字号

岭口,下濂,泱沱,上下泽。

二十六都六图 “使”字号

石耳,朱陈,下濂,锦桥,珠琪。

二十六都七图　“可”字号

大坑,瑶田,安坑,刘村,卉山,张村。二十六都七图可字号卉山今呼地名上坞。

二十七都一图　“覆”字号

王村,庄前,大干,黄泥丘,后塘,高坑,叶西,上溪,王公舍,茶坦岭,朱连塘,石堪下,飞龙坑。

二十七都二图　“器”字号

王村。

二十七都三图　“欲”字号

富登,富丁,礼堂下。

二十七都四图　“难”字号

古塘,毛坦,下埠,上埠,语(梧)村。

二十七都五图　“量”字号

梧村。

二十七都六图　同〔上〕字号

叶西,仁山。

二十八都一图　“墨”字号　永丰乡

杏村,中洲,山下,培上。

二十八都二图　“悲”字号

结岭,培上,富岱,叶干,逢村,下石匠。

二十八都三图　“丝”字号

桐岭,山斗,冷水坑,谢村。

二十八都四图　“染”字号

洪坑。

二十八都五图　“诗”字号

洪坑。

二十八都六图　“赞”字号

潘村。二十八都六图潘村,永丰乡永阳里。

二十八都七图　“羔”字号

结林。

二十八都八图　“羊”字号

岑山渡,庄上高田,山头,杭埠头。

二十八都九图　同〔上〕字号

敬兴,凤山亭,姜村,刘村。

二十九都一图　“景”字号　长寿乡

汪云滩。

二十九都二图　“行”字号

森村,汊口,黄备,学士源。

二十九都三图　“维”字号

汊口,工庄,高径,余坑,隐里,盘岭,黄备。

二十九都四图　“贤”字号

余岸,汪坞,森村,汊口,村末,呈村,仓坞,四口。

二十九都五图　“克”字号　　六图　“念”字号

绍村,古源,胡家坑,方家坞,许家坞。

三十都一图　“作”字号　孝女乡

上泽,下泽,上冈,胡部口,胡部源,蜈蚣岭,上黄田。

三十都二图　“圣”字号

黄蔚口,黄荆山,雁洲田,庙前湾,下黄田,黄蔚,黄田,黄源蔚。

三十都三图　“德”字号

街口,八郎庙。

三十都四图　“建”字号

山人街,山茶源,长庄坞,二十六亩,西坡坟,洁湖坑,滩头,横石,山港,沙湾。

三十都五图　“名”字号

小川,梅袋口,凌家坞,洁湖头,程家坞堨,元镜坟,关山,枧坞坟,十岭,半山,灵山坦,猛坑头,汪阳丹山。

三十都六图　“立”字号

正口,村头,白石岭,洲头梁,钱家山,庄边坦。

三十都七图　“形”字号

武阳,光村,洽河,大坑,岔坝岭,抽司,虎坝山。

三十都八图　“端”字号

胡村,岭里,黄香,黄宅,金村,庙前,周家村,百罗坟,栈坑口,工周家,十九曲,竹木坦,佛堂下,木林后。

三十都九图　“表”字号

太平源口,太平村,仰坦,仓基,到中坟,到坑,牛岭后,庙坞,黄柏源,尾滩。

三十一都一图　“正”字号

车田,上坝,横石坞,凌山坦,杨潭,羊栈,昌溪,淙头,河坑,凌家巷,密次坑,汪山,约坑,用公坑,开山,下村。

三十一都二图　“空”字号

定潭,深渡。

三十一都三图　“谷”字号

川口,九沙,大会,查川,棉溪口,小溪,王村,棉溪,向坑,大木村。

三十二都一图　“传”字号

三十二都二图　“声”字号

慈坑,金竹,横坞,长春坞,东山,坑下,鸭子塘,零牌,山阳,王千司,小坑口,思尖坑,中村,小岫,黄柏山,白石源,老竹岭,老竹铺,老竹源,查坑,叶村,杂木岭,白石。

三十三都一图　“虚”字号

苏村,齐坞,下坑,南坑,水竹坑,铜山,杞梓里,大俻坑,西村,崇村,吴坑,上宅,白毛干,下坑路口。

三十三都二图　“堂”字号

石潭,蛇坑,竹坑,土坑,里坦,营上斜坑,石壁,白毛干,利石,余畲川。

三十三都三图　“习”字号

磻溪,齐武,苏村,斜干,狐狸坌闸,西村,王子坑,长岭坑,西山下,井潭,吴铺坑,何村,石岭。

三十三都四图　同〔上〕字号

后坑,斜干,溪上,塝外,塘梨,方村,上干。

三十三都五图　同〔上〕字号

塘里,西山下。

三十四都一图　“听”字号　上乡

三十四都二图　“祸”字号

洪鲸,野鸭坞,山后铺,察坑,吴辉,溪上,佛子干,里方村,埵头,金村,源头。

三十四都三图　“因”字号

师干,柏宅村,七贤,逢川里,焦家,汪埸干,松林坋,西川坞,方村,小佛坑,新祈头。

三十四都四图　同〔上〕字号

洪鲸。

三十四都五图　同〔上〕字号

方村，七贤，洪坑口，大坑，西村，汪村，上村。

三十五都一图　“恶”字号

大阜，小阜。

三十五都二图　“积”字号

茆坑，孝女村，东村，呈村，晋村，后降，藤坑。

三十五都三图　“福”字号

菜坞。

三十五都四图　“缘”字号

章岐，五里牌，金鸡石。

三十五都五图　“善”字号

北岸，南村，桥东，大佛市，下村坞，白羊坑，佛堂坑。

三十五都六图　同〔上〕字号

金竹岭，高山，栏杆头。

三十六都一图　“庆”字号　上乡

里黄汰，里庄坑，漳岭山，大麦坞，绵潭，绵潭坑。

三十六都二图　“尺”字号

章潭，漳村湾，箬岭干，自城，薛口岸，大麦坞，洪村。

三十六都三图　“璧”字号

上圻，薛坑口，黄金㰖，姚村，金滩，芳坑，牛岭下，汪村，朱家坞，岑岭下，薛坑段。

三十六都四图　“非”字号

郭坞口，板桥里，王坑，岭坑口，阳坑，柔岭下。

三十六都五图　“宝”字号

瀹潭，瀹坑。

三十七都一图　“寸”字号

五里牌，王村茂，王村山，金鸡石，汪村，高山下，就田，青山湾，坦头，竹岭，琅源，汪龙坑，南源口。

三十七都二图 “阴”字号

王家岐，中堡，下坑。

三十七都三图 “是”字号

浦口，丰村，庄村，鲍坑，庄源，朱家村，长龙湾。

三十七都四图 “竞”字号

义成村。

三十七都五图 “资”字号

山根，李树园，汪村，程家坞，丰隆岭，狮坞，程塘，下马山，将军山，流坑，柘树坞。

三十七都六图 “父”字号

方家村，高山降，坑口，林村。

三十七都七图 “事”字号

稠木岭，大圣桥，园头，七里头，鲍家庄，土桥，林村，后坞。

三十七都八图 “君”字号

雄村，土桥。

三十七都九图 “曰”字号

梅口。

（凝仁乡，三十七都；长乐上乡，三十三都、三十四都；长乐下乡，三十二都）

东关一图 “严”字号

二图 “与”字号

三图 “敬”字号

四图 “孝”字号

五图 “当”字号

西关一图 “竭”字号

　　二图　“力”字号
北关一图　“忠”字号
　　二图　“则”字号
古关一图　“尽”字号
　　二图　“命”字号
东南隅一图　“临”字号
　　　二图　“深”字号
西南隅一图　“履”字号
　　　二图　“薄”字号
东北隅一图　“夙”字号
　　　二图　“兴”字号
　　　三图　“温”字号
西北隅一图　“清”字号
　　　二图　“似”字号

徽州府歙邑
东南西北乡
东乡一百六十七处
南乡四百七十三处
西乡三百七十一处
北乡一百八十处
　共计一千一百九十一处

征引文献

典籍

[1]〔宋〕李心传:《建炎以来系年要录》,《文渊阁四库全书》本。

[2]〔宋〕《两朝纲目备要》,《文渊阁四库全书》本。

[3]〔宋〕杨仲良:《宋通鉴长编纪事本末》,清嘉庆《宛委别藏》本。

[4]〔宋〕赵彦卫:《云麓漫钞》,中华书局点校本1996年版。

[5]〔宋〕朱熹:《晦庵先生朱文公文集》,《四部丛刊》初编,上海涵芬楼藏明刊本,商务印书馆1929年版。

[6]〔宋〕欧阳修:《欧阳文忠公集》,《四部丛刊》初编,上海涵芬楼藏元刊本,商务印书馆,1929年版。

[7]〔宋〕真德秀:《西山先生真文忠公文集》,《四部丛刊》影明正德刊本。

[8]〔宋〕楼钥:《攻媿集》,清武英殿聚珍版丛书本。

[9]〔宋〕舒璘:《舒文靖公类稿》,清雍正九年刻本。

[10]〔元〕脱脱等:《宋史》,中华书局标点本1985年版。

[11]〔元〕马端临:《文献通考》,万有文库《十通》影印本,浙江古籍出版社,2000年版。

[12]〔元〕《大元圣政国朝典章》,中国广播电视出版社影印元刊本。

[13]〔元〕舒頔:《贞素斋家藏集》,清道光二十六年刻本。

[14]〔元〕赵汸:《东山存稿》,《文渊阁四库全书》本。

[15]〔元〕黄溍:《金华黄先生文集》,《续修四库全书·集部》,第1323

册，上海古籍出版社2002年版。

［16］〔明〕《明太祖实录》，台湾“中研院”历史语言研究所1963年校勘本。

［17］〔明〕宋濂等：《元史》，中华书局标点本1976年版。

［18］〔明〕宋濂：《宋学士文集》，《四部丛刊》影印本。

［19］〔明〕朱升：《朱枫林集》，《四库全书存目丛书》第24册，黄山书社1997年版。

［20］〔明〕苏伯衡：《苏平仲文集》，《四部丛刊》影印明正德刊本。

［21］〔明〕方孝孺：《逊志斋集》，上海涵芬楼藏明刊本，《四部丛刊》1929年影印本。

［22］〔元〕杨维桢：《东维子集》，《文渊阁四库全书》本。

［23］〔明〕正德《大明会典》，正德六年刊本。

［24］〔明〕吕坤：《实政录》，国家图书馆藏明万历刻本。

［25］〔明〕桂萼：《桂文襄公奏议》，清康熙重刊本。

［26］〔明〕万历《大明会典》，明万历内府刻本。

［27］〔明〕沈文：《圣君初政记》，丛书集成初编本。

［28］〔明〕吴侃：《在是集》，上海图书馆藏明崇祯十四年刻本。

［29］〔明〕危素：《说学斋稿》，《文渊阁四库全书》本。

［30］〔明〕黄淮、杨士奇：《历代名臣奏议》，哈佛大学燕京图书馆藏本。

［31］〔明〕程敏政：《篁墩集》，明正德二年刻本。

［32］〔明〕程敏政：《新安文献志》，弘治十年刻本。

［33］〔明〕章潢：《图书编》，《文渊阁四库全书》本。

［34］〔明〕朱右：《白云稿》，《文渊阁四库全书》本。

［35］〔明〕顾起元：《客座赘语》，中华书局《元明史料笔记丛刊》点校本。

［36］〔明〕海瑞：《海瑞集》，中华书局1962年版。

［37］〔明〕张居正：《张太岳集》，上海古籍出版社1984年影印本。

[38]〔明〕汪道昆:《太函集》,国家图书馆藏明万历刻本。

[39]〔明〕刘应秋:《刘大司成集》,明万历刻本。

[40]〔明〕沈懋学:《郊居遗稿》,《四库存目丛书·集部》,第163册,明万历刻本。

[41]〔明〕邹元标:《愿学集》,《文渊阁四库全书》本。

[42]〔明〕顾鼎臣:《顾文康公文草》,《四库全书存目丛书·集部》第55册。

[43]〔明〕吴文奎:《荪堂集》卷九,《四库全书存目丛书·集部》第189册。

[44]〔明〕王樵:《方麓集》,《文渊阁四库全书》本。

[45]〔明〕程任卿:《丝绢全书》,国家图书馆藏明万历刻本。

[46]〔明〕王圻:《续文献通考》,明万历三十年松江府刻本。

[47]〔明〕陈子龙等:《明经世文编》,中华书局1962年影印本。

[48]〔明〕陈子壮:《昭代经济言》,台湾新文丰出版公司1985年版。

[49]〔清〕《清实录》,中华书局1986年影印本。

[50]〔清〕《清史稿》,中华书局1977年影印本。

[51]〔清〕张廷玉等:《明史》,中华书局标点本1974年版。

[52]〔清〕顾炎武著、黄汝成撰:《日知录集释》,清道光刻本。

[53]〔清〕贺长龄、魏源等:《清经世文编》,中华书局1992年影印本。

[54]〔清〕陆世仪:《复社纪略》,湖南省图书馆藏清抄本,《续修四库全书·史部》,第438册。

[55]〔清〕方苞:《方望溪全集》,中国书店出版社1991年版。

[56]〔清〕张履祥:《杨园先生全集》,《四库全书存目丛书》本。

[57]〔清〕《清文献通考》,中华书局1988年《十通》本。

[58]〔清〕嵇璜、刘墉等:《清通志》,乾隆三十二年官修本,商务印书馆1935年版。

[59]〔清〕赵吉士:《寄园寄所寄》,清康熙三十五年刻本。

[60]〔清〕徐松:《宋会要辑稿》,中华书局 1957 年影印本。

[61]〔清〕廖腾煃:《海阳纪略》,清康熙浴云楼刻本,《四库未收丛书辑刊》第七辑。

[62]〔清〕顾公燮:《消夏闲记摘抄》,江苏古籍出版社 1985 年版。

[63]《中国历代食货典》,江苏广陵古籍刻印社 1989 年版。

方志

[1]〔宋〕淳熙《新安志》,《宋元方志丛刊》第 8 册,中华书局 1989 年版。

[2]〔宋〕咸淳《重修毗陵志》,《宋元方志丛刊》第 3 册,中华书局 1989 年版。

[3]〔宋〕孙应时:宝祐《重修琴川志》,清道光景元钞本。

[4]〔元〕徐硕:至元《嘉禾志》,《文渊阁四库全书》本。

[5]〔明〕永乐《祁阊志》,安徽省黄山市祁门县图书馆藏本。

[6]〔明〕成化《金华府志》,台湾学生书局 1965 年版。

[7]〔明〕弘治《徽州府志》,天一阁藏明代方志选刊本,上海古籍书店 1964 年版。

[8]〔明〕弘治《休宁志》,国家图书馆藏弘治四年刻本。

[9]〔明〕嘉靖《休宁县志》,国家图书馆藏嘉靖二十七年刻本。

[10]〔明〕嘉靖《浦江志略》,天一阁藏明代方志选刊本,1964 年版。

[11]〔明〕嘉靖《开州志》,天一阁藏明代方志选刊本,1964 年版。

[12]〔明〕嘉靖《裕州志》,国家图书馆藏嘉靖二十五年刻本。

[13]〔明〕嘉靖《淳安县志》,天一阁藏明代方志选刊本,上海古籍 1964 年版。

[14]〔明〕万历《新城县志》,台湾"中研院"图书馆藏万历四十五年刻本。

[15]〔明〕万历《休宁县志》,国家图书馆藏万历三十五年刻本。

[16]〔明〕万历《绩溪县志》,国家图书馆藏万历九年刻本。

[17]〔明〕万历《祁门志》,安徽省图书馆藏万历刻本。

[18]〔明〕万历《安丘县志》,国家图书馆藏万历刻本。

[19]〔明〕万历《金华府志》,国家图书馆藏万历六年刻本。

[20]〔明〕万历《嘉定县志》,国家图书馆藏万历三十三年刻本。

[21]〔明〕万历《湖州府志》,上海图书馆藏万历六年刻本。

[22]〔明〕万历《威县志》,国家图书馆藏万历四十八年刻本。

[23]〔明〕万历《和州志》,国家图书馆藏万历三年刻本。

[24]〔明〕万历《绍兴府志》,国家图书馆藏万历十五年刻本。

[25]〔明〕崇祯《松江府志》,上海图书馆藏崇祯三年刻本。

[26]〔明〕《后湖志》,美国国会图书馆藏明刊本。

[27]〔清〕《天下郡国利病书》,四部丛刊影印本,1929 年版。

[28]〔清〕康熙《徽州府志》,国家图书馆藏康熙三十八年刻本。

[29]〔清〕康熙《休宁县志》,国家图书馆藏康熙三十二年刻本。

[30]〔清〕康熙《成安县志》,国家图书馆藏康熙十二年刻本。

[31]〔清〕康熙《山阴县志》,浙江图书馆藏康熙十年刻本。

[32]〔清〕康熙《海宁县志》,国家图书馆藏康熙二十二年刻本。

[33]〔清〕康熙《婺源县志》,国家图书馆藏康熙三十三年刻本。

[34]〔清〕乾隆《婺源县志》,国家图书馆藏乾隆五十二年刻本。

[35]〔清〕乾隆《绩溪县志》,天津图书馆藏乾隆二十一年刻本。

[36]〔清〕乾隆《歙县志》,国家图书馆藏乾隆三十六年刻本。

[37]〔清〕乾隆《吴江县志》,《中国方志丛书》华中地方第 163 号,台湾成文出版社 1975 年版。

[38]〔清〕道光《祁门县志》,国家图书馆藏道光七年刻本。

[39]〔清〕同治《黟县三志》,国家图书馆藏同治十年刻本。

[40]〔清〕同治《祁门县志》,《中国方志丛书》第 240 号,台湾成文出版社

1982年版。

［41］〔清〕同治《兴国县志》，国家图书馆藏同治十一年刻本。

［42］〔清〕光绪《婺源县志》，国家图书馆藏光绪九年刻本。

［43］〔清〕光绪《松阳县志》，国家图书馆藏光绪元年刻本。

族谱

［1］〔明〕程一枝：《程典》，国家图书馆藏万历刻本。

［2］〔明〕万历《双桥郑氏先茔图志》，稿本，安徽博物院藏。

［3］〔明〕《新安大阜吕氏宗谱》，黄山市徽州文化博物馆藏民国重刊明万历刻本。

［4］〔明〕吴子玉：《茗洲吴氏家记》，日本东京大学东洋文化研究所藏抄本。

［5］〔明〕《休宁商山吴氏家谱》，清抄本，上海图书馆藏。

［6］〔明〕《崇祯歙县吴氏家志》，中国社会科学院古代史研究所藏。

［7］〔清〕《歙西溪南吴氏先茔志》，日本东京大学东洋文化研究所藏清道光二十九年补刊本。

［8］〔清〕《歙县潭渡黄氏族谱》，清雍正九年刻本，上海图书馆藏。

［9］〔清〕同治《腴川程氏宗谱》，安徽大学徽学研究中心藏。

［10］〔清〕乾隆《汪氏通宗世谱》，中国社会科学院古代史研究所藏。

［11］〔清〕乾隆《歙淳方氏柳山真应庙会宗统谱》，上海图书馆藏。

论著

［1］梁方仲：《明代鱼鳞图册考》，《地政月刊》1933年第1卷第8期，收载《梁方仲经济史论文集》，中华书局1989年版。

［2］梁方仲：《历代户籍、地籍、租约、赋役册诠释》，载同氏《中国社会经济史论》，中华书局2008年版。

[3]何炳棣:《中国古今土地数字的考释和评价》,中国社会科学出版社1988年版。

[4]何炳棣:《鱼鳞图册编制考实》,载冯尔康、郑克晟编:《郑天挺学记》,三联书店1991年版。

[5]何炳棣:《中国历代土地数字考实》,台北联经出版事业公司1995年版。

[6]何炳棣:《南宋至今土地数字的考释和评价(上)》,《中国社会科学》1985年第2期。

[7]何炳棣著、葛剑雄译:《明初以降人口及其相关问题:1368—1953》,三联书店2000年版。

[8]林增杰等:《地籍管理》,中国人民大学出版社2001年版。

[9]张海瀛:《张居正改革与山西万历清丈研究》,山西人民出版社1993年版。

[10]汪庆元:《清代徽州鱼鳞图册研究》,安徽教育出版社,2017年版。

[11]汪庆元:《清代徽州鱼鳞图册研究——以〈休宁县新编弓口鱼鳞现业的名库册〉为中心》,《历史研究》2006年第4期。

[12]〔日〕清水泰次:《明初的版籍研究》,《兴亚经济研究所纪要》一,1943年版。

[13]〔日〕鹤见尚弘:《中国历史博物馆藏万历九年清丈徽州府一种鱼鳞册》,载《和田博德教授古稀记念·明清时代的法与社会》,汲古书院1993年版。

[14]〔韩〕权仁溶:《从祁门县"谢氏纷争"看明末徽州的土地丈量与里甲制》,《历史研究》2000年第1期。

[15]唐文基:《明代鱼鳞图册始造于洪武元年》,《社会科学战线》1981年第3期。

[16]刘敏:《明代"鱼鳞图册"考源》,《学习与思考》1982年第3期。

[17]尚平:《南宋砧基簿与鱼鳞图册的关系》,《史学月刊》2007 年第 6 期。

[18]王曾瑜:《宋朝的鱼鳞簿和鱼鳞图》,《中国历史大辞典通讯》1983 年第 1 期,收载同氏《锱铢编》,河北大学出版社 2006 年版。

[19]樊树志:《万历清丈述论——兼论明代耕地面积统计》,《中国社会经济史研究》1984 年第 7 期。

[20]栾成显:《明代黄册研究》,中国社会科学出版社 2007 年增订本。

[21]栾成显:《龙凤时期朱元璋经理鱼鳞册考析》,《中国史研究》1988 年第 4 期。

[22]栾成显:《关于朱元璋攒造的龙凤时期的鱼鳞册》(鹤见尚弘译),载〔日〕《东洋学报》1989 年第 70 卷,第 1-2 号。

[23]栾成显:《徽州府祁门县龙凤经理鱼鳞册考》,《中国史研究》1994 年第 2 期。

[24]栾成显:《明清庶民地主经济形态剖析》,《中国社会科学》,1996 年第 4 期。

[25]栾成显:《弘治九年抄录鱼鳞归户号簿考》,《明史研究》第一辑。

[26]栾成显:《明代里甲编制原则与图保划分》,《史学集刊》1997 年第 4 期。

[27]栾成显:《洪武鱼鳞图册考实》,《中国史研究》2004 年第 4 期。

[28]栾成显:《洪武丈量考论》,《明史研究论丛》第 6 辑,2004 年。

[29]栾成显:《徽州鱼鳞图册文书的遗存及其研究价值》,《黄山学院学报》2005 年第 1 期。

[30]栾成显:《明清徽州土地佥业考释》,《中国史研究》2010 年第 4 期。

[31]栾成显:《鱼鳞图册的遗存与研究价值》,《浙江学刊》2019 年第 1 期。

[32]余庭光:《歙县发现明代洪武鱼鳞图册》,《文物参考资料》1958 年第

4 期。

[33]赵华富:《首届国际徽学学术讨论会文集》,黄山书社 1996 年版。

[34]江志伟:《“鱼鳞图册”:朱元璋的“美政档案”》,《东方收藏》2011 年第 11 期。

[35]章有义:《康熙初年江苏长洲三册鱼鳞簿所见》,《中国经济史研究》1988 年第 4 期。

[36]夏维中、王裕明:《南京大学历史系所藏徽州文书评介》,《中国社会经济史研究》2000 年第 4 期。

[37]夏维中、王裕明:《也论明末清初徽州地区土地丈量与里甲制的关系》,《南京大学学报》(哲学·人文科学·社会科学)2002 年第 4 期。

[38]夏维中:《宋代乡村基层组织衍变的基本趋势——与〈宋代乡里两级制度质疑〉一文商榷》,《历史研究》2003 年第 4 期。

[39]梁建国:《南宋乡村区划探析——以都保为中心》,《烟台大学学报》(哲学社会科学版)2006 年第 1 期。

[40]刘道胜:《明清徽州赋役户籍和基层职役的“朋名”》,《安徽大学学报》(哲学社会科学版)2019 年第 2 期。

[41]黄忠鑫:《明清徽州土地字号的分配与使用实态》,《中国经济史研究》2020 年第 1 期。

[42]胡英泽:《营田庄黄河滩地鱼鳞册及相关地册浅析——一个生态史的视角》,《中国史研究》2007 年第 1 期。

[43]刘炳涛:《环境变迁与村民应对:基于明清黄河小北干流西岸地区的研究》,《中国农史》2008 年第 4 期。

[44]余坚:《民国时期休宁县的土地陈报工作》,安徽省徽学学会编《徽学丛刊》第二辑,2004 年。

[45]翦伯赞:《中国史纲要》,人民出版社 1964 年版。

[46]吴晗:《朱元璋传》,生活·读书·新知三联书店 1987 年版。

[47]韦庆远:《明代黄册制度》,中华书局1961年版。

[48]邓散木:《篆刻学》,人民美术出版社1988年版。

[49]《上海博物馆藏印选》,上海书画出版社1979年版。

[50]《北京图书馆古籍善本书目》,书目文献出版社1987年版。

契约文书

[1]〔明〕张四维:《名公书判清明集》,中华书局点校本。

[2]《宋宝祐四年祁门县李通卖山赤契》,山东省图书馆藏。

[3]《郑氏誊契簿》,安徽博物院藏明抄本。

[4]《延祐二年祁门李教谕买山田税契凭证》,安徽博物院藏。

[5]《明嘉靖至清嘉庆承当都长丈量公正里役排年合同议约》,南京大学历史系资料室藏。

[6]《隆庆三年徽州府付给吴伯起杜害帖文》,中国社会科学院古代史研究所藏。

[7]《明万历至天启休宁汪氏实征册》,中国社会科学院古代史研究所藏。

[8]《崇祯四年祁门息讼清业合同》,中国社会科学院古代史研究所藏。

[9]《顺治三年歙县清丈土地条款》抄本,中国徽州税文化博物馆藏。

[10]《顺治四年歙县张义朋等立签报图正合同》,载《槐溪张氏茂荆堂田契册》,上海图书馆藏。

[11]《顺治祁门县清丈条款》,安徽大学徽学研究中心刘伯山教授藏复印件。

[12]《康熙二十四年祁门胡公度等卖山地赤契》抄件,安徽博物院藏。

[13]《康熙陈氏置产簿》,南京大学历史系资料室藏。

[14]《康熙休宁孙氏文契簿》,南京大学历史系资料室藏。

[15]《乾隆休宁汪胡互控案抄》,安徽省图书馆藏。

[16]《同治七年休宁程汝承户佥业票》,黄山学院图书馆特藏部徽州文化

资料中心藏。

[17]叶拙园:《明清两朝丈量田亩条例》,歙县集成书局1937年印本。

[18]王钰欣、周绍泉主编:《徽州千年契约文书》,花山文艺出版社1993年版。

[19]王钰欣等编:《徽州文书类目》,黄山书社2000年版。

[20]安徽省博物馆编:《明清徽州社会经济资料丛编》第一集,中国社会科学出版社1988年版。

[21]安徽省博物馆编:《明清徽州社会经济资料丛编》第二集,中国社会科学出版社1990年版。

[22]刘伯山:《徽州文书》,第一至第六辑,广西师范大学出版社2005—2017年。

[23]张传玺:《中国历代契约会编考释》,北京大学出版社1995年版。

[24]周向华:《安徽师范大学馆藏徽州文书》,安徽人民出版社2009年版。

[25]《海阳都谱·休宁县都图地名字号便览》抄本,中国社会科学院古代史研究所藏。

[26]《休宁县新丈都图字号乡村地名便览》抄本,安徽省图书馆藏。

[27]《婺邑户口都图》抄本,黄山学院图书馆藏。

[28]《北京大学图书馆藏古籍善本书目》,北京大学出版社1999年版。

[29]储敖生:《华夏土地证集粹》,黑龙江人民出版社2007年版。

鱼鳞图册

[1]《元延祐祁门十五都六保经理鱼鳞册》抄本,安徽博物院藏。

[2]《谷字号经理》鱼鳞册,安徽博物院藏。

[3]《龙凤经理祁门县十五都七保鱼鳞册》抄本,安徽省黄山市中国徽州文化博物馆藏。

[4]《明洪武十九年休宁县十都六保罪字保簿》,国家图书馆善本部藏。

[5]《明洪武十八年歙县十六都三保万字清册分庄》,中国社会科学院古代史研究所藏。

[6]《明洪武歙县十八都一保女字鱼鳞册》,上海图书馆藏。

[7]《明洪武歙县十五都六保场字鱼鳞册》,安徽省档案馆藏。

[8]《明洪武歙县二十三都一保名字鱼鳞册》,安徽省档案馆藏。

[9]《明成化五年歙县二十四都六保鱼鳞图册》,安徽省图书馆藏。

[10]《明弘治九年抄休宁十二都一保鱼鳞归户号簿》,中国社会科学院古代史研究所藏。

[11]《明万历九年歙县二十五都六图丈量鱼鳞清册》,中国社会科学院古代史研究所藏。

[12]《明万历九年歙县二十五都四图丈量鱼鳞清册》,上海图书馆藏。

[13]《万历九年丈量休宁二十七都五图归户亲供册》,安徽博物院藏。

[14]《明万历歙县十六都一图发字鱼鳞册》,安徽省黄山市歙县博物馆藏。

[15]《明万历歙县十六都二图商字鱼鳞册》,中国国家博物馆藏。

[16]《明万历歙县三十七都五图资字鱼鳞册》,安徽省黄山市歙县博物馆藏。

[17]《明万历休宁县十二都鳞字号摊佥册》,中国社会科学院古代史研究所藏。

[18]《明万历歙县三十五都三图步亩佥业收税册》,中国社会科学院古代史研究所藏。

[19]《明万历休宁县二十七都伍图丈量保簿》,上海图书馆藏。

[20]《明休宁县鱼鳞摊佥册》,中国徽州税文化博物馆藏。

[21]《明绩溪县十三都斯字号经理草册》,中国社会科学院古代史研究所藏。

[22]《明黟县覆丈底册》,中国社会科学院古代史研究所藏。

[23]《清顺治六年祁门县三四都二图月字鱼鳞清册》,中国社会科学院古代史研究所藏。

[24]《清顺治休宁胡氏鱼鳞归户册》,安徽省图书馆藏。

[25]《清顺治至康熙归户分庄粮册》,南京大学历史系资料室藏。

[26]《清休宁二十三都五图木字号摊佥》,安徽省图书馆藏。

[27]《清祁门县十东都四保收字鱼鳞册》,中国社会科学院古代史研究所藏。

[28]《清歙县二十九都二图三甲归户册》,中国社会科学院古代史研究所藏。

[29]《清休宁二十九都六图长字号鳞图》,中国社会科学院古代史研究所藏。

[30]《清光绪休宁二十九都六图长字号弓口册》,中国社会科学院古代史研究所藏。

[31]《清休宁县霞溪村鱼鳞总图》,安徽博物院藏。

[32]《清顺治休宁县二都四图弓口册》,休宁县档案馆藏鱼鳞图册第37册。

[33]《清乾隆休宁县三都一图吴嘉祥接管清造宿字号清丈弓口佥归册》,休宁县档案馆藏鱼鳞图册第49—51册。

[34]《清休宁县三都八图鱼鳞经册》,休宁县档案馆藏鱼鳞图册第92册。

[35]《清休宁县五都一图册底》,休宁县档案馆藏鱼鳞图册第118—126册。

[36]《清顺治六年休宁县七都一图鱼鳞清册》,休宁县档案馆藏鱼鳞图册第137—140册。

[37]《清顺治休宁县八都五图新旧弓口草册》,休宁县档案馆藏鱼鳞图册第206册。

［38］《清顺治休宁县十三都一图丈量鱼鳞经册》，休宁县档案馆藏鱼鳞图册第209册。

［39］《清顺治休宁县二十七都五图丈量登业草册》，休宁县档案馆藏鱼鳞图册第1057—1060册。

［40］《清休宁县十四都十图鱼鳞图册》，休宁县档案馆藏鱼鳞图册第286册。

［41］《清康熙休宁县十五都四图丈量鱼鳞清册》，休宁县档案馆藏鱼鳞图册第350—363册。

［42］《清休宁十七都三图丈草》，休宁县档案馆藏鱼鳞图册第401—418册。

［43］《清康熙休宁十七都六图丈量登业草册》，休宁县档案馆藏鱼鳞图册453—470册。

［44］《清休宁县开垦升科报簿》，休宁县档案馆藏鱼鳞图册第471册。

［45］《清休宁县十八都五图鱼鳞图册》，休宁县档案馆藏鱼鳞图册第506册。

［46］《清休宁县十八都十一图临场草簿》，休宁县档案馆藏鱼鳞图册第559册。

［47］《清休宁县十八都十二图丈量登业弓口草册》，休宁县档案馆藏鱼鳞图册第579册。

［48］《清休宁县十九都三图弓口册》，休宁县档案馆藏鱼鳞图册第627册。

［49］《清休宁县二十二都五图鱼鳞图册》，休宁县档案馆藏鱼鳞图册第806册。

［50］《清休宁县二十三都三图鱼鳞图册》抄本，休宁县档案馆藏鱼鳞图册第837册。

［51］《清休宁县二十四都二图草册》，休宁县档案馆藏鱼鳞图册第

887 册。

[52]《清光绪休宁二十三都九图方字号鱼鳞册》,休宁县档案馆藏鱼鳞图册第 864—868 册。

[53]《明万历休宁县三十三都八图建字鱼鳞图册号丈》,休宁县档案馆藏(流口新入馆鱼鳞图册,暂无编号)。

后　记

本书系休宁县档案馆国家重点档案保护与开发项目——休宁“鱼鳞图册”档案保护、展示及研究成果出版的一个子项目，主要是基于对休宁县档案馆馆藏鱼鳞图册研究的基础上，编撰出版《徽州明清“鱼鳞图册”研究》的一个研究课题，该项目于2017年9月启动。

鱼鳞图册是中国古代独创的土地管理制度，从宋代一直延续至民国，曾广泛实行，而成为极其重要的社会经济制度，是中国古代创造的优秀文化遗产之一，对于今天我们继承传统文化、坚定制度自信具有重要意义。

鱼鳞图册本是一种土地账籍，其上所录与一般文献记载很不相同。它按固定的格式登录，看起来千篇一律，十分枯燥；它以数据登录为主，每册所录各类数据成千上万，研究需要对庞大的数据进行统计分析，极为烦琐。特别是通过鱼鳞图册记载以揭示其所反映的社会经济内涵，更需要深厚的功底。目前遗存的鱼鳞图册文书虽多，但分藏于国内外各个单位，大多数文书尚未公布，搜集起来困难重重，研究者不免视为畏途。藏家分散，资料多未公开，搜集费时费力，成为鱼鳞图册研究的一个瓶颈。

本书稿的撰写以休宁县档案馆所藏明清鱼鳞图册资料为主，而其他藏地的有关资料亦不可或缺，搜集资料的任务极为繁重。以休宁馆藏而言，其所藏明清鱼鳞图册达1160余册，数量巨大，查阅如此数量的档案，绝非轻而易举之事。接到任务之后，笔者遂于2017年10月初至11月中旬，连续一个多月到休宁县档案馆集中调研。对该馆所藏鱼鳞图册一一过目，摘录拍摄。鱼鳞图册文书册本较大，拍摄时必须弯腰，按快门的一刹那，身体的任何部位都不能动，精力必须高度集中，这样连续作业，对腰腿颈椎都是一个考验，一天下来，十分辛苦。有的册本必须从头到尾全部拍摄，工作量极大。凡开馆时间，从早到晚都得抓紧时间，有时甚至周六、周日亦加班加点。这样连续工作了40多天，结果只查阅了图册的一半左右。2018年3月下旬至4月底，不得不再去档案馆继续调研。其间，黄山天籁文化传播有限公司曾派人协助工作，年轻人也坚持不下来，先后换了4个人，而我却得坚持到底。两次调研耗时80余天。之后，又于2019年6月在黄山市各区县调研，才为本书写作准备了基础资料。

感谢时任休宁县档案局局长徐劲松，在调研期间多方筹划，细心照顾，为了抓紧时间，有时休息日亦陪同调研，令我感动；感谢休宁县档案馆档案管理股股长张眉，不辞辛苦，楼上楼下奔忙，调阅档案；感谢休宁县方志办主任汪顺生慷慨提供资料；现任休宁县档案馆馆长黄永强亦为此书出版鼎力相助，谨致谢意。

感谢黄山天籁文化传播有限公司董事长孙梅森，亲自陪同在黄山市各区县调研；特别是该公司项目部王雷，为本书立项多方策划，在调研期间亦十分关照；公司项目部胡晓玲，协助拍摄时间最长，工作认真，兢兢业业。对天籁公司的全力协助，致以衷心的谢意。

在黄山市调研期间，还承蒙黄山市档案局（馆）长田玉峰、四级调研员汪杨，黄山市社会科学联合会主席杨永生，黄山市徽学专家陈琪，黄山市图书馆馆长倪清华，歙县徽学专家张艳红，绩溪徽学专家方静，中国徽州税文化博物馆馆长潘力、馆员王月玲等人的大力相助，一并致以谢忱。

黄山书社地方文化编辑室主任向焱、照排刘翠侠为本书的编辑校对、排版付出心血，尽职尽责，致以衷心谢忱。

笔者从20世纪80年代起，即开始搜集鱼鳞图册资料，从事这方面研究。此前搜集的资料与相关研究，在本书撰写中亦得以利用。尽管如此，还有一些徽州鱼鳞图册文书档案难以看到,笔者并未掌握;又,除去资料搜集与整理所耗费的大量时间,本书撰写的时间只有一年多,笔者学识有限,加之时间紧迫,难免错讹,尚祈识者指正为盼。

栾成显

2020 年 3 月于北京农光里